국가유공자법

박 경 수

박영사

머리말

국가와 국민을 위해 희생·공헌한 사람을 국가유공자라 부른다. 평화의 시대에는 국가유공자를 잊어버리기 쉽다. 그러지 말아야 한다. 시대를 막론하고 가장 존중받아야 할 분들이다. 평화의 시대는 그분들 덕분이다.

보훈제도가 어느 정도 틀을 갖춘 지 수십 년. 제도가 시행되니 국가의 처분에 대해 법적 다툼도 생긴다. 반면, 국가유공자법에 대한 변변한 해설서가 없었다. 법률가들에게 보훈법령은 난해하다. 마침 국방부 법무관리관을 거쳐 보훈심사위원장직을 맡게 되었다. 국가보훈처에서 보훈제도를 종합적으로 경험하고 정리할 수 있었다.

이 책은 보훈심사의 실무에서 핵심적 위치를 차지하는 요건심사와 상이등급심사를 중심으로 서술하였다. 아울러 최신 판례를 정리하여 근년의 흐름을 파악할 수 있도록 하였다. 국민의 여론을 반영한 제도 변화가 계속 진행 중이므로 업데이트도 지속할 생각이다.

출간을 결심하고 도와주신 박영사에 감사드린다. 꼼꼼한 교정을 도운 윤혜경 대리에게도 감사드린다. 가족은 나의 최대 응원군이다. 아내와 딸, 아들에게 고맙다고 전하고 싶다.

2022년 8월

서초동에서

목차

Chapter 01 개관 1

제1절 ‖ 서언(序言) 3

제2절 ‖ 국가유공자법 연혁 4

1. 군사원호법 : 보훈처 창설 이전(1950년~1960년) 4
2. 군사원호보상법 : 구축 및 정비기(1961년~1984년) 5
3. 「국가유공자 예우 등에 관한 법률」 : 전환기(1985년~1996년) 6
4. 「국가유공자 등 예우 및 지원에 관한 법률」 : 발전기(1997년~2012년) 9
5. 「국가유공자 등 예우 및 지원에 관한 법률」과 「보훈보상대상자 지원에 관한 법률」 : 2012년 보훈체계 개편으로 이원적 보상체계 도입 10

제3절 ‖ 국가보훈 법령체계 21

1. 국가보훈기본법 21
2. 대상자별 예우 및 지원에 관한 법령 22
3. 보훈단체 및 개별 사업에 관한 법령 25

제4절 ‖ 국가유공자 예우 및 지원체계 30

1. 국가유공자와 그 유족 또는 가족 30
2. 예우와 지원 45
3. 타 법률과의 관계 51

Chapter 02 등록신청 57

제1절 ‖ 개관 59

1. 등록신청주의 59

2. 국가유공자와 보훈보상대상자의 관계 62

3. 등록신청의 제척기간 63

4. 등록신청 횟수 64

제2절 ‖ 등록신청권자 65

1. 독립유공자와 그 유족 또는 가족 65

2. 국가유공자와 그 유족 또는 가족 66

제3절 ‖ 등록신청 내용 67

1. 등록신청서 67

2. 국가유공자 등 요건관련 사실확인서 발급요청서 70

3. 작성 시 유의할 점 71

제4절 ‖ 등록신청절차 71

1. 신청 접수 72

2. 등록신청에 따른 후속절차 76

제5절 ‖ 보훈심사위원회 81

1. 개관 81

2. 보훈심사위원회 구성 82

3. 보훈심사위원회 심의구조 86

4. 보훈심사위원회 심의절차 90

Chapter 03 요건심사 107

제1절 ‖ 개관 109

1. 의의 109

2. 국가의 자료수집책임 111

3. 상이등급 심사와의 관계 112

4. 요건심사의 생략 113

제2절 ‖ 인과관계 114

1. 2012년 보훈체계 개편 이전 : 상당인과관계 114
2. 2012년 보훈체계 개편 이후 : 직접적 원인관계 126

제3절 ‖ 적용 대상별 요건 131

1. 개요 131
2. 순국선열 · 애국지사 134
3. 전몰군경 · 전상군경 135
4. 순직군경 · 공상군경 138
5. 순직공무원 · 공상공무원 146
6. 기타 국가유공자 150
7. 보훈보상대상자의 요건심사 157

제4절 ‖ 요건심사의 효력 및 후속절차 165

1. 심의의결서의 기재사항 165
2. 처분청에 대한 기속력 167
3. 보훈심사위원회 및 당사자에 대한 기속력 168
4. 요건심사 효력이 미치는 상이 범위 170
5. 요건심사의 후속절차 171

제5절 ‖ 요건심사 사례 172

Chapter 04 상이등급 판정 229

제1절 ‖ 신체검사 231

1. 의의(意義) 231
2. 신체검사의 대상 232
3. 신체검사의 종류 233
4. 신체검사 담당의사 237

5. 신체검사 장소 237
6. 신체검사 항목 238
7. 서면에 의한 신체검사 239
8. 신체검사 실시 후의 조치 240

제2절 ‖ 상이등급 판정 241
1. 상이(傷痍)의 뜻 241
2. 상이가 있는 신체부위의 특정 242
3. 상이등급의 구분 및 판정기준 244
4. 상이등급의 판정 297
5. 상이등급 판정 결과 301

제3절 ‖ 상이등급 심사 사례 303

Chapter 05 법적용 배제 331

제1절 ‖ 개요 334
1. 의의(意義) 334
2. 법적용 배제 제도의 연혁 335
3. 유사 입법례 343

제2절 ‖ 법적용 배제요건 344
1. 법적용 배제 사유 344
2. 법적용 배제 대상 348

제3절 ‖ 법적용 배제효과 354
1. 법적용 배제조치 354
2. 법적용 배제조치 후 재등록 355

제4절 ‖ 법적용 배제 관련 사례 359

Chapter 06 등록 369

제1절 ‖ 법적용 대상 결정 371

1. 법적용 대상 결정 및 통보 371
2. 통합보훈시스템 등록 373

제2절 ‖ 보상수급권의 발생 374

1. 보상수급권의 의의 374
2. 보상수급권의 종류 376
3. 보훈급여금 377
4. 교육지원 403
5. 취업지원 411
6. 의료지원 432
7. 대부지원 437
8. 그 밖의 지원 452

제3절 ‖ 보상수급권의 변동 463

1. 순위변경 464
2. 보상정지 465

제4절 ‖ 보상수급권의 소멸 469

1. 보상수급권의 비소급적 소멸 469
2. 보상수급권의 소급적 소멸 471

제5절 ‖ 보상수급권의 회복 472

1. 실종선고의 취소 472
2. 국적회복 472
3. 친족관계 회복 472
4. 법적용 배제 후 재등록 473

Chapter 07 기타 475

제1절 ‖ 보훈급여금 등의 환수 477

1. 환수 사유 477
2. 환수처분의 법적 성격 479
3. 환수 대상자 479
4. 환수 목적물 480
5. 환수의 면제 480
6. 체납처분에 따른 징수 481
7. 결손처분 482

제2절 ‖ 국가유공자법에 따른 각종 의무 및 제한 사항 등 482

1. 국가유공자 지원단체조직 등의 제한 482
2. 국가유공자의 품위유지 의무 482
3. 관계기관 등의 협조의무 482
4. 사법경찰권 483
5. 벌칙 등 483
6. 포상금의 지급 485

CHAPTER
01

개관

Chapter 01

개관

제1절 | 서언(序言)

「국가유공자 등 예우 및 지원에 관한 법률」[1]은 국가보훈법 체계에서 가장 중요하고 대표적인 법률이다.

국가보훈법이란 국가보훈에 관련된 법령을 총칭하는 것으로서, 형식적으로는 국가보훈처 소관의 17개 법률을 뜻하지만, 실질적으로는 법 형식에 구애됨이 없이 국가보훈에 관한 법 규범 전부를 지칭한다. 「국가보훈기본법」 제3조 제3호는 "국가보훈대상자에 대한 예우 및 지원과 관련된 법령"을 "국가보훈관계 법령"이라고 정의하고 있는 바, 이를 실질적 의미의 국가보훈법이라고 보아도 무방할 것이다.

국가보훈이란 국가와 민족, 그리고 사회를 위하여 희생하고 공헌한 분들에 대한 예우와 지원을 통해 국가의 정체성 확립, 국민공동체 유지와 발전, 안보역량의 강화, 국가사회 발전의 추동 등에 대한 정신적 · 물질적 토대를 구축하는 기반을 의미한다. 이에 따라 「국가보훈기본법」 제1조(목적)도 "이 법은 국가보훈에 관한 기본적인 사항을 정함으로써 국가를 위하여 희생하거나 공헌한 사람의 숭고한 정신을 선양하고 그와 그 유족 또는 가족의 영예로운 삶과 복지향상을 도모하며 나아가 국

1) 편의상 이 책의 본문에서는 '국가유공자법'이라 하고, 각주에서는 '법'으로 표시한다.

민의 나라사랑정신 함양에 이바지함을 목적으로 한다."고 규정하고 있다.

국가유공자법은 그 입법 연혁이나 법률 구성을 볼 때 국가보훈법 체계의 핵심적 지위를 차지한다. 국가유공자법이 국가보훈법령의 기본 뼈대를 이루고 있고 다른 보훈법률들은 국가유공자법을 인용하거나 원용하는 경우가 많다. 국가유공자법의 내용과 구조를 이해하면 여타 국가보훈법령도 이해가 쉽다. 때문에 이 책의 목적은 국가유공자법의 해설을 통해 전체 국가보훈법에 대한 이해를 도모하고자 하는 것이다.

제2절 | 국가유공자법 연혁

국가보훈처 소관 보훈관계 법률은 보훈처 창설 이전의 4개 법률에서 2022년 현재 17개 법률에 달할 정도로 크게 늘어났다. 변화하는 사회여건과 행정환경 등을 반영하여 보다 합리적이고 효과적인 보훈정책을 추진하는 방향을 제 · 개정을 거듭해왔다.

1. 군사원호법 : 보훈처 창설 이전(1950년~1960년)

(1) 우리나라 보훈관계 법률의 효시는 군에 복무하는 장병과 그 가족 또는 유족에 대한 원호를 목적으로 1950년 4월 4일 제정된 「군사원호법」(1950. 6. 1. 시행, 법률 제127호)이었다. 광복 후 이념대립으로 1946년 대구 10월 사건, 1948년 제주 4 · 3사건, 여수 · 순천사건이 연이어 일어났으며 1950년 6 · 25 전쟁 직전 공비토벌 등의 유혈사건을 잇따라 겪었다. 이 과정에서 많은 군인과 경찰이 부상을 당하거나 목숨을 잃어 정부는 전몰군경 또는 유족에 대한 지원에 나섰다. 이 같은 목적으로 1950년 4월 14일 군사원호법을 제정하고 원호제도를 도입 · 시행했으며, 이것이 대한민국 현대 국가보훈제도의 효시라 할 수 있다.[2] 동법은 상병군인에 대하여 생계부조(제2장), 직업보호(제3장) 및 수용보호(제4장)에 관해 규정하였다.

(2) 1950년 6 · 25 한국전쟁이 일어나자 국군장병뿐만 아니라 경찰 · 청년단 · 향토

2) 보훈 60년사, 국가보훈처, 2021년, p.78~79

방위대 · 소방관 등과 애국단체 구성원들이 총동원되어 전투에 참가하였고, 그 결과 수많은 사상자가 발생했다. 이들에 대한 국가적 지원대책이 절실히 요구됨에 따라 국회는 1951년 4월 12일 「경찰원호법」(1951. 6. 1. 시행, 법률 제187호)을 제정하였다.[3)]「경찰원호법」상 생계부조의 대상은 상이경찰관 및 그 가족으로서 생계를 유지하기 곤란한 자와 순직경찰관의 유족으로서 순직경찰관의 사망에 따라 생계를 유지하기 곤란한 자로 규정했다. 생계부조대상자가 취업을 원할 경우 고용주는 부조대상자를 우선적으로 채용해야 하며, 직업소개를 처리하는 행정관청 역시 상이경찰관의 직업소개를 우선적으로 취급하고, 직업보도 시설에서 부조대상자가 직업보도 교육을 받을 수 있도록 규정했다. 1952년 9월 26일에는 전투 또는 전투에 준하는 행위로 인하여 사망한 군인 또는 경찰관의 유족과 상이를 입은 군인 또는 경찰관에게 연금을 지급하는 「전몰군경유족과 상이군경연금법」(1952. 9. 26. 시행, 법률 제256호)이 제정되었다.

2. 군사원호보상법 : 구축 및 정비기(1961년~1984년)

(1) 1961년 5 · 16 군사정변으로 집권한 정부는 종래의 산발적이고 미온적이던 보훈시책을 근본적으로 개선해 국가유공자들이 새로운 희망과 용기를 갖도록 도움을 주고자 했다. 나아가 국가를 위해 고귀한 희생을 한 분들이 자긍심을 가지고 새로운 삶을 개척해 나갈 수 있도록 각종 지원시책을 수립 · 추진했다. 당시 군사정부는 전사자나 상이군경에 대한 각종 지원시책을 총괄 조정할 중앙부처의 필요성을 인식했고, 국가의 독립을 위해 희생했거나 옥고를 치른 순국선열의 유족과 애국지사를 적극 예우함으로써 5 · 16 군사정변의 당위성과 정통성을 확보하고자 했다.[4)]이에 1961년 원호업무의 기본법이라 할 수 있는 「군사원호보상법」(1961. 11. 1. 시행, 법률 제758호)이 제정되었고, 이를 시작으로 1961년부터 1984년까지 약 20년 동안 다수의 법률이 제정 · 공포되었다. 원호관계법률 중 「군사원호보상법」과 「국가유공자 및 월남귀순자 특별원호법」은 군사원호대상과 애국지사 등 특별원호 대상자의 보상에 관한 기본법라고 할 수 있었다. 이를 근간으로 교육지원, 취업지원 등 개별적

3) 보훈 60년사, 국가보훈처, 2021년, p.80
4) 보훈 60년사, 국가보훈처, 2021년, p.83

인 원호 사항을 규정한 법률이 제정됨으로써 원호제도의 법적 체계가 확립되었다.

(2) 이 시기에 제정된 법률은 다음과 같다.

「군사원호대상자 임용법」(1961. 7. 5. 법률 제648호)

「군사원호대상자 고용법」(1961. 7. 5. 법률 제649호)

「원호대상자 정착대부법」(1961. 7. 5. 법률 제650호)

「군사원호 특별회계법」(1961. 11. 1. 법률 제757호)

「군사원호보상법」(1961. 11. 1. 법률 제758호)

「군사원호대상자 자녀교육보호법」(1961. 11. 1. 법률 제759호)

「군인보험법」(1962. 3. 21. 법률 제1036호)

「국가유공자 및 월남귀순자 특별원호법」(1962. 4. 16. 법률 제1053호)

「군사원호보상급여금법」(1962. 4. 16. 법률 제1054호)

「원호재산 특별처리법」(1963. 7. 26. 법률 제1368호)

「군사원호대상자 단체설립에 관한 법률」(1963. 8. 7. 법률 제1389호)

「애국지사사업기금법」(1967. 3. 30. 법률 제1945호)

「월남귀순용사 특별보상법」(1978. 12. 6. 법률 제3156호)

「원호기금법」(1981. 3. 27. 법률 제3400호)

「한국원호복지공단법(1981. 4. 4. 법률 제3419호)

3. 「국가유공자 예우 등에 관한 법률」 : 전환기(1985년~1996년)

가. 군사원호보상법 등 통합

(1) 원호관계법을 제정, 시행하는 동안 사회여건 및 행정환경의 변화, 입법상의 미비점 등으로 인해 법률을 보완, 정비할 필요성이 꾸준히 대두되었다. 원호관계법률은 원호대상자와 원호사업별로 각각 분리, 제정되어 법률체계가 복잡하였고, 법률 간 중복되는 부분이 적지 않았다.

(2) 1961년 군사원호청 창설 이후 '원호'라는 이름으로 발전을 거듭하던 보훈제도는 1980년대부터 그동안의 생계지원 중심 시책에서 예우 중심 시책으로 전환하기 위한 기반조성 작업이 진행되었다.[5] 특히 국가유공자와 그 유족이 국가와 사회로부터 합당한 예우를 받고 자긍심과 명예감을 느낄 수 있도록 하기 위한 정책 방안을

적극 모색하게 되었다. 이에 1984년 8월 2일, 그동안 시행되어 오던 「군사원호보상법」, 「국가유공자 및 월남귀순자 특별원호법」 등 7개 법률을 흡수, 통합하고 법률상 미비점 등을 보완하여 「국가유공자 예우 등에 관한 법률」(1985. 1. 1. 시행, 법률 제3742호)이 제정되었다. 이 법을 기반으로 하여 국가와 민족을 위해 희생·공헌한 국가유공자의 명칭과 범위를 새롭게 정립하고, 종래의 물질적 지원뿐 아니라 정신적 예우도 함께 시행함으로써 국가유공자와 그 유족 등의 영예로운 생활이 보장되도록 함은 물론 국가유공자의 숭고한 애국정신이 후손들에게 귀감이 될 수 있는 방향으로 제반 보훈 정책을 시행하게 되었다.

(3) 「국가유공자 예우 등에 관한 법률」은 국가보훈 체계의 기틀이 된 법률로서 그 주요내용을 정리하면 다음과 같다.

첫째, 원호 관련 14개 법률 중 「군사원호보상법」, 「국가유공자 및 월남귀순자 특별원호법」, 「군사원호보상급여금법」, 「군사원호대상자 자녀교육보호법」, 「군사원호대상자 임용법」, 「군사원호대상자 고용법」, 「원호대상자 정착대부법」 등 7개 법률을 흡수, 통합하였다.

둘째, 국가유공자에 대한 명칭을 원호대상자에서 국가유공자로, 그 유족에 대한 명칭을 국가유공자의 유족으로 변경하였다.

셋째, 국가유공자의 범위에 무공수훈자 중 충무·화랑·인헌 무공훈장과 보국훈장 수훈자를 추가하고 국가사회발전특별공로자, 특별공로상이자, 특별공로순직자가 포함되도록 대상자 범위를 확대하였다.

넷째, 국가유공자 및 그 유족에게 지급하고 있는 생계부조수당, 의료수당, 근로수당 및 간호수당(애국지사 훈장수령자)을 부가연금으로 일원화하는 등 보상금의 종류를 종전의 10개에서 5개로 통합하였다.

나. 국가유공자로 명칭 변경

「군사원호보상법」에서는 희생·공헌자를 <군사원호대상자>라고 호칭하였으나, 「국가유공자 예우 등에 관한 법률」에서는 이를 <국가유공자>라고 바꾸었다. 이에 국가유공자로 등록된 이들이 자부심을 갖게 되었다. 그와 더불어 각종 예우와 지원도 강화되면서 국가유공자에 대한 관심이 제고되었다. '도움을 받아야 할 사람'

5) 보훈 60년사, 국가보훈처, 2021년, p.116

이 아니라 '나라에 공을 세운 사람'으로 바뀌었으니 그럴 만했다. 문제는, 국가유공자의 인정 요건인 '직무를 수행하다가 상이를 입은 사람'이라고 해서 곧 '나라에 공을 세운 사람'으로 볼 수는 없다는 점이었다. 전쟁이 끝나고 평시체제가 되면서 '직무수행 중 상이'를 곧 '공(功)'이라고 보기 어려운 경우가 점점 많아졌다. 전투체육 시간에 무릎 부상을 입는 경우가 대표적이었다. 이러한 논란은 대대적인 체계개편으로 이어졌다. 후술하는 바와 같이 2012년 7월 1일부터 <보훈보상대상자>라는 개념을 신설하여, 직무수행 중 상이를 입은 희생자라 하더라도 국가의 수호 · 안전보장 또는 국민의 생명 · 재산 보호와 직접적인 관련이 있다고 보기 어려운 사람들을 국가유공자에서 분리하여 별도의 법률(보훈보상자법)로 예우하고 지원하게 되었다.

다. 법적용배제 제도 신설

「국가보안법」 위반행위자와 국외에서 반국가행위를 한 자, 그리고 품위손상행위로 전체 국가유공자의 명예를 크게 손상한 자를 국가유공자법의 적용대상에서 배제할 수 있도록 하였다.[6] 그러나 이 제도는 당시의 시대적 환경에 비추어 볼 때, 해외에서 권위주의 정권의 반민주적 행태에 반대하는 사람들을 순치시키려는 제도가 아닌 가 의심되는 면이 있었다. 시대가 흐르면서 여러 차례 개정을 거듭했으나, 실무자와 국가유공자들을 혼란에 빠뜨리는 제도가 되었다.[7] 유사한 기능을 담당하는 보상정지(법 78조) 제도는 이 제도로 인해 그 존재의의가 반감된 느낌이다.

라. 보훈심사제도 도입

국가유공자의 요건과 관련하여 전투 또는 이에 준하는 직무수행과 교육훈련, 공무 등의 범위를 대통령령으로 정하도록 하고, 모든 국가유공자에 대하여 보훈심사위원회의 심의 · 의결을 거치도록 하는 등 제도를 개선 · 보완하였다.[8]

---

6) 구 국가유공자법(법률 제3742호) 79조

7) 법적용이 배제되는 범죄의 수는 약 90개다. 그런데 개정 때마다 범죄가 추가되었기 때문에 실무자 입장에서는 매번 개정 법률의 시행시기와 확정 판결의 시점을 일일이 대조 · 확인해야 하는 실정이다. 이처럼 범죄마다 개별적으로 개정 연혁을 일일이 숙지해야 하는 번거로움 때문에, 일률적 심사가 가능하도록 하자는 개정 논의가 진행 중이다.

8) 구 국가유공자법(법률 제3742호) 82조

마. 보훈대상의 확대

(1) 독립유공자

1994년 광복 50주년을 계기로 「국가유공자 예우 등에 관한 법률」에 규정되어 있던 순국선열과 애국지사에 대한 예우와 지원 내용을 분리하여 「독립유공자 예우에 관한 법률」(1995. 1. 1. 시행, 법률 제4856호)로 별도 입법함으로써 독립유공자의 희생과 공헌을 재평가하고 예우에 대한 미비점을 보완할 수 있게 하였다.

(2) 참전유공자 및 고엽제환자

6·25 전쟁과 월남전쟁에 참전한 군인들에 대한 보상과 예우가 필요하다는 의견에 따라 「참전군인 등 지원에 관한 법률」(1994. 1. 1. 시행, 법률 제4658호)과 「고엽제후유의증환자 진료 등에 관한 법률」(1993. 5. 11. 시행, 법률 제4547호)을 제정하여 보훈영역에서 예우, 보상의 대상이 확대되었다.

4. 「국가유공자 등 예우 및 지원에 관한 법률」: 발전기(1997년~2012년)

가. 「국가보훈기본법」의 제정

2000년대에 이르러 보훈대상이 확대되고 각 대상별로 개별적인 지원 법률이 마련됨에 따라 보훈정책을 일관성 있게 추진하기 위한 법률체계 정비의 필요성이 대두되었다. 종합적인 보훈정책의 추진을 위한 「국가보훈기본법」(2005. 12. 1. 시행, 법률 제7572호)이 제정되었다. 이 법률에는 보훈의 목적과 기본이념, 국가보훈발전 기본계획 수립과 그 추진체계 정비 등에 관한 내용을 규정하였으며, 이를 통해 국가보훈업무가 종합적, 체계적으로 추진되고 선진보훈문화가 확산될 수 있는 기반을 마련하였다.

나. 보훈대상의 확대

(1) 광주민주화유공자와 특수임무유공자

2002년 1월 26일 「광주민주유공자 예우에 관한 법률」(2002. 7. 27. 시행, 법률 제6650호)과 2004년 1월 29일 「특수임무수행자 지원에 관한 법률」(2004. 7. 30. 시행,

법률 제7122호)이 제정됨에 따라 민주화 유공자와 특수임무유공자 등이 새롭게 보훈 대상에 포함되면서 보훈의 대상이 크게 확대되었다.

(2) 제대군인

제대군인의 원활한 사회복귀를 돕기 위해 「제대군인지원에 관한 법률」(1998. 7. 1. 시행, 법률 제5482호)을 제정, 기존 유공자 이외에 제대군인을 보훈영역으로 편입시키는 법적 근거를 마련하였다.

다. 국가보훈업무의 확대

국가보훈대상의 확대와 더불어 국가보훈업무의 영역 또한 확대되었다. 독립기념관에 대한 관리업무가 문화관광부에서 국가보훈처로 이관됨에 따라 「독립기념관법」(1986. 5. 9. 시행, 법률 제3820호, 1986. 5. 9. 제정)이 소관 법률에 추가되었으며, 국립묘지 및 관리업무도 국방부에서 국가보훈처로 이관됨에 따라 「국립묘지의 설치 및 운영에 관한 법률」(2006. 1. 30. 시행, 법률 제7649호)도 국가보훈처 소관 법률로 제정되었다. 「국립묘지의 설치 및 운영에 관한 법률」은 대통령령으로 각각 있던 「국립묘지령」과 「국립 4·19묘지규정」, 「국립 5·18묘지규정」을 통합한 것으로 안장대상자 선정기준, 안장대상심의위원회 등 국립묘지 운영에 기초가 되는 내용을 규정하였다. 보훈대상자들의 단체설립이 활발해져 고엽제전우회, 6·25참전유공자회, 특수임무유공자회의 설립근거가 각 개별법에 명시되기도 했다. 우리나라의 자유민주주의 수호를 위하여 헌신한 유엔참전용사의 명예를 선양하고 유엔참전국고의 우호를 증진하기 위해 「유엔참전용사의 명예선양에 관한 법률」(2020. 9. 25. 시행, 법률 제17117호)이 제정되었다.

5. 「국가유공자 등 예우 및 지원에 관한 법률」과 「보훈보상대상자 지원에 관한 법률」: 2012년 보훈체계 개편으로 이원적 보상체계 도입

2006년 국가보훈위원회[9]에서 보훈보상 체계를 전면 개편하기로 결정한 뒤 연구

---

9) 국가보훈기본법 제11조 : 국가보훈에 관한 주요시책을 심의하기 위하여 국무총리 소속으로 국가보훈위원회(이하 '위원회'라 한다)를 둔다.

용역, 공청회 개최, 전문가 및 이해관계자의 의견수렴 과정 등을 거쳐 지난 50년 간 유지되어 온 보훈보상 체계를 대대적으로 개편한 「국가유공자 등 예우 및 지원에 관한 법률 일부 개정법률안」, 「보훈보상대상자 지원에 관한 법률안」 등 9개 법률안이 2011년 8월 23일 국회를 통과하여 2012년 7월 1일부터 시행되었다. 2012년 보훈체계 개편의 주요내용은 아래에서 보는 바와 같다. 구체적 내용은 본문 중 해당 부분에서 설명하기로 한다.

가. 보훈보상대상자 신설

전쟁이 아닌 평시에 경미한 부상이나 질병에 걸려도 국가유공자가 되는 인정기준에 대해 국민 대다수가 의문을 제기하고 국민들로부터 외면을 받는 국가유공자 이미지가 확산되었다. 이에 따라 2011년, 국가의 수호 · 안전보장 또는 국민의 생명 · 재산보호와 직접 관련이 있는 희생 · 공헌을 한 자는 <국가유공자>로, 단순한 사고 · 질환자는 <보훈보상대상자>로 분류하여 지원수준을 달리하는 내용의 보훈체계 개편을 단행하였다.[10] 이는 희생 · 공헌이 뚜렷한 <국가유공자>와 보상이 필요한 <보훈보상대상자>를 구분함으로써, 존경과 예우를 받을 사람과 보상이 필요한 사람을 명확히 구분하여 국가보훈의 정체성을 살리려는 것이었다.

대표적 사례	개정 전	개정 후
• 전투 또는 그에 준하는 직무수행 중 사망 · 부상자 • 경계근무, 수색 · 정찰, 첩보활동 등으로 사망 · 부상자 • 범인체포, 화재진압, 인명구조 등으로 사망 · 부상자	국가유공자 (전상 · 공상 · 순직)	국가유공자 (전상 · 공상 · 순직)
• 일상적인 행정업무 수행 중 사망 · 부상자 • 출 · 퇴근, 음식물 중독, 취침 중 사망 · 부상자	국가유공자 (전상 · 공상 · 순직)	보훈보상대상자 (재해부상 · 사망)

동법 제12조 : 위원회는 다음 각 호의 사항을 심의한다.
1. 국가보훈정책의 방향 설정에 관한 사항
2. 기본계획의 수립 및 변경에 관한 사항
3. 보훈문화 창달 및 애국심 고취에 관한 중요사항
4. 국가보훈대상자의 신규인정 등 국가보훈대상의 범위 및 기준 설정에 관한 사항
5. 국가보후대상자에 대한 보상기준의 결정 등 국가보훈에 관한 중요 사항
6. 국가보훈에 관한 중요 정책의 조정에 관한 사항
7. 제대군인 지원정책에 관한 사항
8. 그 밖에 위원장이 국가보훈과 관련하여 위원회의 심의가 필요하다고 인정하는 사항

10) 보훈보상자법(2011. 9. 15. 법률 제11042호로 제정된 것) 제2조 참조

나. 등록신청 전 사망자 분류 개선

종전에 등록신청 전 상이를 원인으로 사망한 경우는 전몰·순직군경으로, 등록신청 후 사망(등록신청 전 상이원인 이외 사망자 포함)한 경우에는 전상·공상군경으로 분류하던 것을, 상이를 입고 전역하거나 퇴직한 사람은 등록신청 전·후 또는 상이원인 사망 여부에 관계없이 모두 전·공상군경(공무원) 또는 그 유족으로 등록하도록 했다. 이는 상이를 입고 전역한 사람 중 등록신청 이전 사망자는 현장에서 사망한 사람과 같이 전몰·순직군경 등으로 등록되어 동일한 상이에 대해 등록신청 시점 전·후에 사망했는지 여부에 따라 법률효과가 달라지는 등 일관성 측면에서 문제가 있었기 때문이었다.[11]

국가유공자법 개정 전(2012. 7. 1. 이전)	국가유공자법 개정 후(2012. 7. 1. 이후)
제4조(적용대상 국가유공자) ① 3. 전몰군경(戰歿軍警): 다음 각 목의 어느 하나에 해당하는 자 가. 군인이나 경찰공무원으로서 전투 또는 이에 준하는 직무수행 중 사망한 자[군무원(軍務員)으로서 1959년 12월 31일 이전에 전투 또는 이에 준하는 직무수행 중 사망한 자를 포함한다] 나. 군인이나 경찰공무원으로서 전투 또는 이에 준하는 직무수행 중 상이(傷痍)를 입고 전역(퇴역·면역 또는 상근예비역 소집해제를 포함한다. 이하 같다) 또는 퇴직(면직을 포함한다. 이하 같다)한 후 제6조제1항에 따른 등록신청 이전에 그 상이로 인하여 사망하였다고 의학적으로 인정된 자(군무원으로서 1959년 12월 31일 이전에 전투 또는 이에 준하는 직무수행 중 상이를 입고 퇴직한 후 제6조제1항에 따른 등록신청 이전에 그 상이로 인하여 사망하였다고 의학적으로 인정된 자를 포함한다)	제4조(적용대상 국가유공자) ① 3. 전몰군경 : 군인이나 경찰공무원으로서 전투 또는 이에 준하는 직무수행 중 사망한 사람(군무원으로서 1959년 12월 31일 이전에 전투 또는 이에 준하는 직무수행 중 사망한 사람을 포함한다)

11) 종전의 규정(법 제4조 제1항 제3호 나목)은 사망한 사람에 대한 신체검사가 곤란하여 상이를 입었지만 사망하였다는 이유로 국가유공자로 등록될 수 없는 사람들을 구제하기 위해 2002년 예외적으로 마련된 제도였다. 이후 병상일지 등 확인된 자료를 근거로 사망한 경우에도 상이등급을 판정하여 국가유공자로 등록될 수 있도록 시행령이 개정(2007년)됨에 따라 이러한 문제점이 해소되었는데도 동 규정은 바뀌지 않고 있었다. 결국 2012년, 동 규정을 현행 법률 제4조 제1항 제3호와 같이 개선하였다.

다. 독립유공자 유족범위 확대

2012년 보훈체계 개편 시 「독립유공자예우에 관한 법률」(2012. 2. 17. 법률 제11332호로 개정된 것)을 개정하여, 기존에 손자녀까지 유족범위로 인정하던 것을 독립유공자로 선정될 당시 보상받을 유족이 없는 경우(자녀 · 손자녀 모두 사망) 가장 가까운 직계비속 중 1명을 손자녀로 보아 보상이 가능하도록 했다. 이는 독립운동 공로로 뒤늦게 대통령 표창, 건국포장 및 훈장을 받았지만 보상받을 유족이 없는 경우에도 조국의 독립을 위해 희생 · 공헌하신 분들과 그 유족의 영예성을 제고하기 위함이었다.

독립유공자법 개정 전(2012. 7. 1. 이전)	독립유공자법 개정 후(2012. 7. 1. 이후)
제5조(유족 등의 범위) ① 이 법에 따라 보상을 받는 독립유공자의 유족 또는 가족의 범위는 다음과 같다. 3. 손자녀(孫子女)	제5조(유족 등의 범위) ① 3. ----------------. **다만, 독립유공자의 유족으로 최초로 등록할 당시 이미 자녀 및 손자녀까지 사망한 경우에는 독립유공자의 가장 가까운 직계비속 중 1명을 손자녀로 본다.**

라. 국가유공자에 준하는 군경(지원대상자) 규정 삭제

순직군경 · 공상군경 · 순직공무원 · 공상공무원 요건에 해당하는 자로서 불가피한 사유 없이 본인의 과실 또는 본인의 과실이 경합한 사유로 사망 또는 상이를 입은 자의 그 유족 또는 가족을 지원순직군경 · 지원공상군경 · 지원순직공무원 · 지원공상공무원으로 분류하고[12] 이들에게는 보상금 · 교육지원 · 취업지원 · 의료지원 ·

12) 법률 제11041호로 개정되기 전의 국가유공자법 제73조의 2 : ① 국가보훈처장은 제4조제1항제5호 · 제6호 · 제13호 또는 제14호의 요건에 해당하는 자로서 그 요건에서 정한 사망 또는 상이(이하 이 조에서 "사망 또는 상이"라 한다)를 입은 자 중 불가피한 사유 없이 본인의 과실이나 본인의 과실이 경합된 사유로 사망 또는 상이를 입은 자와 그 유족 또는 가족을 제4조제1항 및 제6조에 따라 등록되는 국가유공자, 그 유족 또는 가족에서 제외하되, 대통령령으로 정하는 순직을 한 경우 또는 공상기준(公傷基準)에 준하는 사유로 사망하거나(상이를 입고 전역하거나 퇴직한 후 제6조제1항에 따른 등록신청 이전에 사망한 경우를 포함한다) 상이를 입은 경우에는 그 사망한 자의 유족 또는 상이를 입은 자와 그의 가족을 제9조, 제11조부터 제62조까지의 규정을 준용하여 보상한다. 다만, 국가보훈처장은 보상을 할 때 대통령령으로 정하는 바에 따라 국가유공자, 그 유족 또는 가족과 그 보상의 정도를 달리할 수 있다.

대부지원을 실시했으나, 2012년 보훈체계 개편 시 지원 대상자에 대한 규정은 폐지되었다. 보훈대상을 국가유공자와 보훈보상대상자로 구분함에 따라 종전 지원대상자의 요건인 "과실 또는 과실과 경합된 사유로 희생한 경우"도 "국가수호 · 안전보장 또는 국민의 생명 · 재산보호와 직접 관련성 여부"로 종합판단이 가능하기 때문이었다. 다만, 기등록자를 보호하기 위한 경과조치로서 부칙 제19조를 두어 기등록된 지원대상자는 종전의 규정에 따라 보호받을 수 있도록 했다.

국가유공자법 개정 전(2012. 7. 1. 이전)	국가유공자법 개정 후(2012. 7. 1. 이후)
제73조의2(국가유공자에 준하는 군경 등에 대한 보상) ① 국가보훈처장은 제4조제1항제5호 · 제6호 · 제13호 또는 제14호의 요건에 해당하는 자로서 그 요건에서 정한 사망 또는 상이(이하 이 조에서 "사망 또는 상이"라 한다)를 입은 자 중 불가피한 사유 없이 본인의 과실이나 본인의 과실이 경합된 사유로 사망 또는 상이를 입은 자와 그 유족 또는 가족을 제4조제1항 및 제6조에 따라 등록되는 국가유공자, 그 유족 또는 가족에서 제외하되, 대통령령으로 정하는 순직을 한 경우 또는 공상기준(公傷基準)에 준하는 사유로 사망하거나(상이를 입고 전역하거나 퇴직한 후 제6조제1항에 따른 등록신청 이전에 사망한 경우를 포함한다) 상이를 입은 경우에는 그 사망한 자의 유족 또는 상이를 입은 자와 그의 가족을 제9조, 제11조부터 제62조까지의 규정을 준용하여 보상한다. (이하 생략)	〈삭 제〉

마. 보국수훈자 등록제도 개선

(1) 전역 또는 퇴직 후 등록

군인이나 경찰공무원 등이 보국훈장을 받는 경우에는 전역이나 퇴직 여부와 상관없이 재직 중에도 바로 국가유공자로 등록할 수 있었으나, 공상군경이나 공상공무원과 비교할 때 재직 중에도 교육 · 취업 등 지원이 이루어지는 등 수혜가 과다한 부분이 있어서 2012년 보훈체계 개편 시 공상군경 등과 동일하게 전역 또는 퇴직 후에만 등록할 수 있도록 했다.

(2) 자녀에 대한 취업지원 폐지

종전에는 본인 · 배우자 · 자녀에게도 취업지원을 하였으나, 개편 후에는 본인 · 배우자에 한해 취업지원을 하도록 하였다. 이에 따라 2012. 7. 1. 이후 등록되는 보국수훈자의 자녀는 취업지원을 받을 수 없게 되었다.

국가유공자법 개정 전(2012. 7. 1. 이전)	국가유공자법 개정 후(2012. 7. 1. 이후)
제4조(적용대상 국가유공자) ① 8. 보국수훈자 : 보국훈장을 받은 자	제4조(적용대상 국가유공자) ① 8. 보국수훈자 : 다음 각 목의 어느 하나에 해당하는 사람 가. 군인으로서 보국훈장을 받고 전역한 사람 나. 군인 외의 사람으로서 간첩체포, 무기개발 및 그 밖에 대통령령으로 정하는 사유(이하 "간첩체포등의 사유"라 한다)로 보국훈장을 받은 사람. 다만, 「국가공무원법」 제2조 및 「지방공무원법」 제2조에 따른 공무원(군인은 제외한다)과 국가나 지방자치단체에서 일상적으로 공무에 종사하는 대통령령으로 정하는 직원이 간첩체포등의 사유로 보국훈장을 받은 경우에는 퇴직한 사람만 해당한다.

바. 자해사망 인정요건 신설

종전에는 불가피한 사유 없는 본인의 고의 또는 중과실, 법령 또는 상관의 명령을 현저히 위반, 공무이탈 상태에서 사고나 재해, 장난 · 싸움 등 사적행위, 자해행위로 사망하거나 상이를 입은 경우는 제외했었으나, 2012년 보훈체계 개편 시 적용대상 제외요건에서 자해행위를 삭제하였다. 군 복무 등과의 관련성 등을 파악하여 인정 여부를 결정할 수 있도록 여지를 두기 위해서였다. 다만, 전체 국가유공자 등의 영예성과 직결되는 사안이므로 직무와 관련하여 사망하였다고 명확히 밝혀진 경우만 보훈보상대상자로 인정하였다.[13]

13) 그런데 2012년 대법원이 전원합의체 판결로, 자유로운 의지가 배제된 상태에서의 자해행위인지

	보훈보상대상자법 제정 후(2012. 7. 1. 이후)
〈신설〉	제2조(적용대상 보훈보상대상자) ③ 제1항 각 호에 따른 요건에 해당되는 사람이 다음 각 호의 어느 하나에 해당되는 원인으로 사망하거나 상이(질병을 포함한다)를 입으면 제1항 및 제4조에 따라 등록되는 보훈보상대상자, 그 유족 또는 가족에서 제외한다. 1. 불가피한 사유 없이 본인의 고의 또는 중대한 과실로 인한 것이거나 관련 법령 또는 소속 상관의 명령을 현저히 위반하여 발생한 경우 2. 공무를 이탈한 상태에서의 사고나 재해로 인한 경우 3. 장난 · 싸움 등 직무수행으로 볼 수 없는 사적(私的)인 행위가 원인이 된 경우 ※ 보훈보상대상자법 시행령 [별표 1] 15 / 군인 또는 의무복무자로서 직무수행 또는 교육훈련과 관련한 구타 · 폭언 또는 가혹행위 등이 직접적인 원인이 되어 그로 인하여 자유로운 의지가 배제된 상태에서 자해행위로 인하여 사망하였다고 의학적으로 인정된 사람

사. 등록신청 의제규정 신설

2012년 보훈체계 개편으로 보훈보상대상자 제도가 도입됨에 따라, 공무수행 중 사망하거나 상이를 입으면 국민의 생명 · 재산 보호 등과의 직접 관련성 여부에 따라 국가유공자 또는 보훈보상대상자로 구분되므로 국가유공자로 등록신청하면 보훈보상대상자도 등록신청한 것으로 간주하도록 함으로써 권리보호와 행정처리의 간소화를 도모하였다.

국가유공자법 개정 후(2012. 7. 1. 이후)	보훈보상대상자법 제정 후(2012. 7. 1. 이후)
제6조(등록 및 결정) ② 「보훈보상대상자 지원에 관한 법률」 제4조	제4조(등록 및 결정) ② 국가유공자 등 예우 및 지원에 관한 법률 제4

여부를 묻지 않고 오로지 직무수행 또는 교육훈련과 사망 사이에 상당인과관계가 있는지 여부에 따라서 국가유공자 요건 해당 여부를 따져야 한다는 취지로 판단하고 동일 취지의 판결이 잇따르자 결국 2019년 1월 1일부터는 위 제15호를 "군인 또는 의무복무자로서 직무수행 또는 교육훈련과 관련한 구타 · 폭언, 가혹행위, 단기간에 상당한 정도의 업무상 부담 증가, 만성적인 과중한 업무의 수행 또는 초과근무 등에 따른 육체적 · 정신적 과로가 직접적인 원인이 되어 자해행위를 하여 사망하였다고 의학적으로 인정된 사람"으로 개정하였다.

제1항에 따라 등록을 신청하는 사람에 대하여는 그 등록신청을 한 날에 제1항에 따른 등록을 신청한 것으로 본다.	조 제1항 제3호부터 제6호까지, 제14호 및 제15호의 국가유공자가 되기 위하여 같은 법 제6조 제1항에 따라 등록을 신청하는 사람에 대하여는 그 등록신청을 한 날에 제1항에 따른 등록을 신청한 것으로 본다.

아. 정부의 조력의무 강화

국가유공자에 대한 예우와 지원을 얘기하면서도 현장에 가 보면 정부의 태도가 소극적이라는 비판이 있었다. 이에 2012년 보훈체계 개편 시 등록신청자의 권익을 보다 보호한다는 차원에서 사실조사와 관련하여 정부의 의무성을 강화하는 방향으로 개정하였다.

국가유공자법 개정 전(2012. 7. 1. 이전)	국가유공자법 개정 후(2012. 7. 1. 이후)
제6조(등록 및 결정) ② ---- 등록을 신청하는 경우에는 그 소속하였던 기관의 장이 대통령령으로 정하는 바에 따라 **그 요건과 관련된 사실을 확인하여 국가보훈처장에게 통보**하여야 한다.	제6조(등록 및 결정) ③ ---- 등록을 신청하는 경우에는 그 소속하였던 기관의 장에게 그 요건과 관련된 사실의 확인을 요청하여야 하며, 그 소속하였던 기관의 장은 **관련 사실을 조사한 후 대통령령으로 정하는 바에 따라 그 요건과 관련된 사실을 확인하여 국가보훈처장에게 통보**하여야 한다.[14]

자. 진행성 질환에 대한 직권 재판정신체검사제도 도입

종전에는 직권에 의한 재분류 신체검사의 근거규정 마련에 그치고, 상이 상태의 변동이 예상되는 경우 재판정(再判定)에 대한 규정이 미비했다. 시간경과에 따라 악화 또는 호전이 예상되는 질병(진행성 질환)에 대해서는 상이가 고착된 상태에서 판정하는 것이 원칙이나 전역 후 등록신청이 있으면 단기간 내 상이등급을 판정하여 지원해 주고 일정 기간이 지난 후 다시 상이등급을 판정하는 것이 합리적이다. 이에 2012년 보훈체계 개편 시 진행성 질환에 대해 상이등급의 판정을 받은 날을 기준으로 일정기간(별표에서 규정한 기간)이 지난 후 재판정신체검사를 실시하는 것으로 규

14) 소속 기관장에게 관련 사실의 조사의무를 부과하였지만, 실무에서 볼 때 이전과 크게 달라진 것으로 보이지는 않는다.

정하였다.

국가유공자법 제6조의 3 제4항, 제5항	국가유공자법 시행령
제6조의3(신체검사) ④ 국가보훈처장은 다음 각 호의 어느 하나에 해당하는 경우 **직권으로 재판정신체검사를 실시**할 수 있다. 1. 상이(질병을 포함한다)의 특성상 **일정한 기간이 지난 후 상이등급을 재판정할 필요가 있다고 인정되는 경우** 2. 그 밖에 상이등급을 재판정할 필요가 있다고 국가보훈처장이 인정하는 경우 ⑤ 제4항 제1호에 따라 직권으로 실시하는 재판정신체검사는 **1회에 한하여** 실시하되 상이(질병을 포함한다)가 호전되거나 악화된 정도 등을 고려하여 이를 달리할 수 있다.	제17조(재판정신체검사) ⑤ 법 제6조의3 제4항 제1호에 따라 직권에 의한 재판정신체검사를 받아야 하는 상이(질병을 포함한다. 이하 이조에서는 같다) 및 시기는 별표 3의2와 같다. ⑥ 국가보훈처장은 상이등급을 받은 신체상이가 둘 이상인 사람의 경우 **별표 3의2에 따른 상이로 판정받은 상이등급이 변경되더라도 그 외의 상이 때문에 최종 상이등급이 변경되지 아니하는 경우에는 제5항에도 불구하고 직권에 의한 재판정신체검사 대상에서 제외할 수 있다.**

국가유공자 등 예우 및 지원에 관한 법률 시행령 [별표 3의2] 〈개정 2021. 1. 5.〉

직권 재판정신체검사 대상 상이 및 시기(제17조제5항 관련)			
구분	질병명	한국표준질병 사인분류코드(KCD)	시기
1. 특정 감염성 및 기생충성 질환	결핵성 수막염	A17.0 †	3년 이후
	바이러스수막염	A87 ~ A87.9	3년 이후
2. 정신 및 행동장애	조현병	F20 ~ F20.9	3년 이후
	양극성 정동장애(조울병)	F31 ~ F31.9	3년 이후
	우울병 에피소드	F32 ~ F32.9	3년 이후
	재발성 우울병장애	F33 ~ F33.9	3년 이후
	외상후 스트레스장애	F43.1	3년 이후
	적응장애	F43.2	3년 이후
3. 신경계통의 질환	수막염	G00.9 ~ G03.9	3년 이후
	얼굴 신경마비	G51.0	2년 이후
4. 눈 및 눈 부속기의 질환	각막 혼탁	H17.1 ~ H17.9	2년 이후

	망막 질환	H33 ~ H42.8*	2년 이후
	유리체	H43 ~ H43.9	2년 이후
	무수정체안	H27.0	2년 이후
5. 귀 및 꼭지돌기의 질환	평형기능 장애	H81 ~ H81.9	2년 이후
6. 순환계통의 질환	뇌경색	I60.1 ~ I67.9	3년 이후
	만성 심부전	I50 ~ I50.9	3년 이후
7. 호흡계통의 질환	후두협착	J38.6	2년 이후
	기관협착	J39.8	2년 이후
8. 소화계통의 질환	턱관절내장증	K07.60	2년 이후
9. 피부 및 피하조직의 질환	피부의 흉터 병태 및 섬유증	L90.5	3년 이후
	비대성 흉터	L91.0	3년 이후
10. 근골격계통 및 결합조직의 질환	결핵성 척추염	M49.0* ~ M49.09*	3년 이후
	교감신경이영양증(복합부위통증증후군)	M89.0 ~ M89.09	3년 이후
11. 손상, 중독 및 외인에 의한 특정 기타 결과	뇌출혈	S06.6 ~ S06.7	3년 이후
	화상	T20 ~ T25.7, T29 ~ T31.9	3년 이후

비고: 위 표의 시기란의 기간의 기산시점은 상이등급의 판정을 받은 날로 한다.

차. 6급3항 신설 및 보훈심사위원회의 상이등급 판정

종전에는 상이등급이 1급~7급까지 10개 등급이 있었고 상이등급은 지방보훈청에 설치된 상이등급구분심사위원회에서 판정하였으나, 2012년 보훈체계 개편 시 6급3항을 신설하면서 11개 등급으로 조정하였고 상이등급은 보훈심사위원회에서 심의·의결토록 하였다. 6급3항을 신설한 이유는 6급2항과 7급의 보상금 격차와 관련해 민원이 많았고 의학기술 및 의료기기의 발달 등을 반영할 필요가 있었기 때문이었다. 또한 각 지방보훈청에 설치된 상이등급구분심사위원회별로 보훈병원 전문의 등의 의학적 소견을 들어 상이등급을 판정했으나 등급판정의 일관성과 정확성이 떨어진다는 비판을 수용하여 보훈심사위원회가 일괄적으로 심의 · 의결토록 하였다.

구분	제도개요	변경사항
1961년	3개 등급(78개 호수)	1 · 2 · 3급
1973년	4개 등급	특급 추가
1979년	5개 등급	2급 → 2급 갑 · 을
1987년	7개 등급	2급 갑 → 2 · 3급 2급 을 → 4 · 5급
1988년	8개 등급	특급 · 1급 → 1급 1 · 2 · 3항
1989년	9개 등급	6급 → 6급 1 · 2항
2000년	10개 등급(167개 호수)	7급 신설
2012년	11개 등급(198개 호수)	6급3항 신설

카. 상이분류번호 및 상이등급기준 배열방식 개선

종전의 상이 분류번호(167개)는 '61년도 78개로 출발하여 7차에 걸쳐 개정되었으나 일정한 기준이 없이 추가를 반복하면서 일관성이 결여된 단점이 있었다. 이에 2012년 보훈체계 개편 시 상이 분류번호는 상이부위 및 상위계열별로 구분하고 일련번호를 부여하는 방식으로 개정하였다. 상이등급 기준도 종전 상이등급 대신 신체부위별로 구분하여 배열하였다. 이로써 상이분류 번호만으로 상이부위 등을 알 수 있어 민원편의와 신체검사 업무의 효율성을 도모할 수 있게 되었다.

타. 2개 이상 상이처 종합판정기준 개선

종전에는 상이계열의 다른 6급2항 이상의 상이가 2개 이상인 사람만 종합판정기준표에 따라 종합판정하였으나, 2012년 보훈체계 개편 시 상이계열을 달리하는 6급3항이나 7급의 신체상이가 셋 이상인 경우 각각 6급2항과 6급3항의 등급을 부여하고 등급기준 미달의 경우도 종합하였을 때 7급에 해당된다고 판단될 경우에는 7급으로 판정할 수 있도록 개선하였다.

부여방식 예시

구 분	종 전	개편 후
상이분류번호 부여방식	• (1급2항 1호) 두 눈 실명 • (6급1항 124호) 한 눈 실명 • (1급2항 6호) 두 팔 상실 • (5급 25호) 한 팔 상실	• (1급2항 1102호) 두 눈 실명 • (6급1항 1112호) 한 눈 실명 • (1급2항 7102호) 두 팔 상실 • (5급 7112호) 한 팔 상실
상이등급 기준 배열방식	• (1급2항 1호) 두 눈 실명 • (1급2항 6호) 두 팔 상실 • (5급 25호) 한 팔 상실 • (6급1항 124호) 한 눈 실명	1. 눈의 장애 • (1급2항 1102호) 두 눈 실명 • (6급1항 1112호) 한 눈 실명 7. 팔의 장애 • (1급2항 7102호) 두 팔 상실 • (5급 7112호) 한 팔 상실

국가유공자법 시행규칙 개정 전	국가유공자법 시행규칙 개정 후
제8조의4(상이처 종합판정 등) 영 제14조 제2항에 따른 6급 이상의 신체상이가 둘 이상인 자 등에 대한 상이처의 종합판정 기준은 별표 5와 같다.	제8조의4(상이처 종합판정 기준) ⑤ 영 별표 3 제9호에 따른 신체상이가 둘 이상인 사람에 대한 상이처의 종합판정 기준은 별표 5와 같다.

제3절 | 국가보훈 법령체계

1. 국가보훈기본법

보훈정책을 일관성 있게 추진하기 위하여 2005년 법률 제7572호로 제정된 총괄적 · 종합적인 기본법으로서, 보훈의 목적 및 기본이념 정립, 국가보훈발전 기본계획의 수립, 국가보훈위원회의 설치, 국가보훈대상자에 대한 예우 및 지원, 공훈선양사업의 추진, 국민의례 및 의전상의 예우사업 등을 정하고 있다.

동법은 국가보훈에 관한 기본적인 사항을 정함으로써 국가를 위하여 희생하거나 공헌한 사람의 숭고한 정신을 선양하고 그와 그 유족 또는 가족의 영예로운 삶과 복지향상을 도모하며 나아가 국민의 나라사랑 정신 함양에 이바지하는 것을 목적으로 하고 있는데.[15] 국가보훈의 기본이념은 우리와 우리의 후손들이 국가를 위하여 희생하거나 공헌한 분들의 숭고한 정신을 기억하고 선양하며 이를 정신적 토대로 삼아 국민 통합과 국가 발전에 기여하는 것이라고 선언하고 있다.[16]

2. 대상자별 예우 및 지원에 관한 법령

가. 「독립유공자 예우에 관한 법률」[17]

적용대상은 ① 순국선열과 ② 애국지사이다. 순국선열 및 애국지사들의 희생과 공헌을 보다 정당하게 재평가하기 위해 순국선열 및 애국지사들에 대한 보훈관련 사항을 「국가유공자 예우 등에 관한 법률」로부터 분리, 입법하였다. 보상을 받는 독립유공자의 유족 또는 가족의 범위, 의전상의 예우, 보훈급여금 지급, 교육지원, 취업지원, 의료지원, 대부지원, 양육·양로지원, 수송시설의 이용지원, 고궁 등의 이용지원, 해외 거주 독립유공자나 그 유족이 대한민국 국적취득 시 정착금 지급, 순국선열·애국지사사업기금의 운용 등을 이 법에서 규정함으로써 순국선열·애국지사에 대한 예우시책을 보다 강화하였다.

나. 「국가유공자 등 예우 및 지원에 관한 법률」[18]

적용대상은 ① 전몰군경, ② 전상군경, ③ 순직군경, ④ 공상군경, ⑤ 무공수훈자, ⑥ 보훈수훈자, ⑦ 참전유공자, ⑧ 재일학도의용군인, ⑨ 4·19혁명사망자, ⑩ 4·19혁명공로자, ⑪ 순직공무원, ⑫ 공상공무원, ⑬ 국가사회발전특별공로순직자, ⑭ 국가사회발전특별공로상이자, ⑮ 국가사회발전특별공로자들이다. 이들 국가유공자와 그 유족 등에게 국가가 응분의 정신적인 예우와 물질적인 보상을 아울러 행함으로써 영예로운 생활이 보장되도록 하고, 보훈급여금 지급, 교육지원, 취업지원, 의료지원, 대부지원, 양육·양로지원, 현충시설의 지정, 보훈심사위원회의 설치·운영 등에 관한 사항을 규정함으로써 국가유공자 등의 생활안정과 복지향상을 도모하며 국민의 애국정신을 기르는 데 이바지하려는 법률이다.

---

15) 국가보훈기본법 1조
16) 국가보훈기본법 2조
17) 1995. 1. 1. 시행, 법률 제4856호, 1994. 12. 31. 제정
18) 1985. 1. 1. 시행, 법률 제3742호, 1984. 8. 2. 제정

다. 「보훈보상대상자 지원에 관한 법률」[19)]

적용대상은 보훈보상대상자(① 재해사망군경, ② 재해부상군경, ③ 재해사망공무원, ④ 재해부상공무원)이다. 이들에게 국가의 수호 · 안전보장 또는 국민의 생명 · 재산보호와 직접적인 관련이 없는 업무로 사망하거나 부상을 입은 군경 및 공무원에 대한 보훈급여금 및 교육 · 취업 · 의료 등 각종 지원을 정함으로써 보훈보상대상자 및 그 유족 또는 가족의 생활안정을 도모하는 법률이다.

라. 「참전유공자 예우 및 단체설립에 관한 법률」[20)]

적용대상은 참전유공자(6 · 25전쟁 및 월남전쟁)이다. 6.25전쟁 등의 전투 또는 월남전에 참전하여 국가를 위하여 헌신하고 전역하거나 퇴직한 참전유공자 등에게 참전명예수당의 지급, 의료지원, 양로지원, 국립묘지 안장지원, 고궁 등의 이용지원, 단체설립 및 지원 등을 실시하고, 이들의 명예를 선양하며 응분의 예우를 함으로써 국민의 애국정신 배양에 기여하려는 법률이다.

마. 「고엽제후유의증 등 환자지원 및 단체설립에 관한 법률」[21)]

적용대상은 ① 고엽제휴유증환자, ② 고엽제후유의증환자, ③ 고엽제후유증2세 환자들이다. 월남전에 참전하고 전역한 사람으로서 고엽제로 인한 질병을 얻은 자에게는 국가유공자 등 예우 및 지원에 관한 법률에 따른 보상을 실시하고, 고엽제로 인하여 발생되었다고 의심되는 질병을 얻은 사람에게는 이 법을 통해 진료, 수당지급, 교육지원 및 취업지원 등을 실시한다. 또한 고엽제가 인체에 미치는 영향 등에

---

19) 2012. 7. 1. 시행, 법률 제11042호, 2011. 9. 15. 제정

20) 1994년에 「참전군인 등 지원에 관한 법률」(1994. 1. 1. 시행, 법률 제4658호, 1993. 12. 27. 제정)이었으나, 2002년에 「참전유공자 예우에 관한 법률」(2002. 10. 1. 시행, 법률 제6649호, 2002. 1. 26. 개정)로 명칭이 변경되었다가, 2009년 「참전유공자예우 및 단체설립에 관한 법률」(2009. 3. 7. 시행, 법률 제9465호, 2009. 2. 6. 개정)로 다시 명칭이 변경되었다.

21) 1993년 「고엽제후유의증 환자진료 등에 관한 법률」(1993. 5. 11. 시행, 법률 제4547호, 1993. 3. 10. 제정)이었으나, 1996년 「고엽제후유의증 환자지원 등에 관한 법률」(1996. 3. 31. 시행, 법률 제5147호, 1995. 12. 30. 개정)로 명칭이 변경되었다가, 2012년 「고엽제후유의증 등 환자지원에 관한 법률」(2012. 9. 1. 시행, 법률 제11141호, 2011. 12. 31. 개정)로 변경되었으며, 2013년 다시 「고엽제후유의증 등 환자지원 및 단체설립에 관한 법률」(2013. 6. 19. 시행, 법률 제11556호, 2012. 12. 18. 개정)로 바뀌어 오늘에 이르고 있다.

관한 역학조사 및 연구활동을 하는 데에 필요한 사항을 정하여 환자 지원을 위한 연구가 꾸준히 이루어질 수 있는 법적 토대를 마련하고 있다.

바. 「5 · 18민주유공자 예우 및 단체설립에 관한 법률」[22)]

적용대상은 ① 5 · 18민주화운동사망자 또는 행방불명자, ② 5 · 18민주화운동부상자, ③ 기타 5 · 18민주화운동희생자들이다. 5 · 18민주화운동과 관련하여 사망하거나 행방불명된 자 또는 상이를 입은 자와 그 유족에 대하여는 「5 · 18민주화운동 관련자 보상 등에 관한 법률」로 보상금 · 의료지원금 · 생활지원금 등의 보상을 실시하였으나 그 보상과 지원의 정도가 미흡하여 교육지원, 취업지원, 의료지원, 대부지원, 국립묘지 안장지원 등을 실시하도록 하여 그 희생에 상응하는 예우와 지원을 실시토록 하였다.

사. 「특수임무유공자 예우 및 단체설립에 관한 법률」[23)]

적용대상은 ① 특수임무사망자 또는 행방불명자 ② 특수임무부상자 ③특수임무공로자들이다. 특별한 희생이 요구되는 특수임무수행과 관련하여 국가를 위하여 희생한 자와 그 유족 등에게 교육지원, 취업지원, 의료지원, 대부지원, 양육 · 양로지원, 수송시설의 이용지원 등을 실시함으로써 특수임무유공자의 명예를 선양하고, 국민의 애국정신을 함양하려는 법률이다.

아. 「제대군인지원에 관한 법률」[24)]

적용대상은 단기, 중 · 장기복무 제대군인들이다. 국토방위의 임무를 성실히 수행하고 전역한 제대군인의 원활한 사회복귀를 돕고 그 인력의 활용을 촉진하기 위하

---

22) 2002년 「광주민주유공자 예우에 관한 법률」(2002. 7. 27. 시행, 법률 제6650호, 2002. 1. 26. 제정)이었으나, 2004년 「5 · 18민주유공자 예우에 관한 법률」(2004. 1. 20. 시행, 법률 제7105호, 2004. 1. 20. 개정)로 변경되었다가, 다시 2021년 「5 · 18민주유공자 예우 및 단체설립에 관한 법률」로 변경되었다.

23) 2005년 「특수임무수행자 지원에 관한 법률」(2005. 7. 30. 시행, 법률 제7160호, 2004. 1. 29. 제정)이었으나, 2008년 「특수임무수행자 지원 및 단체설립에 관한 법률」(2008. 1. 28. 시행, 법률 제8566호, 2007. 7. 27. 개정)로 변경되었고, 다시 2011년 「특수임무유공자 예우 및 단체설립에 관한 법률」(2011. 8. 4. 시행, 법률 제11029호, 2011. 8. 4. 개정)로 변경되었다.

24) 1998. 7. 1. 시행, 법률 제5482호, 1997. 12. 31. 제정

여 취업지원, 의료지원, 교육지원, 대부지원 등 제도적 대책을 마련하여 시행함으로써 군의 사기와 전력을 강화하며 제대군인의 생활안정을 도모하고 경제 · 사회발전에 이바지하려는 법이다.

3. 보훈단체 및 개별 사업에 관한 법령

가. 「국가유공자 등 단체설립에 관한 법률」[25)]

대한민국상이군경회 · 대한민국전몰군경유족회 · 대한민국전몰군경미망인회 · 광복회 · 4 · 19민주혁명회 · 4 · 19혁명희생자유족회 · 4 · 19혁명공로자회 · 재일학도의용군동지회 및 대한민국무공수훈자회를 설립하여 국가유공자와 그 유족의 자활능력을 배양하고, 순국선열과 호국전몰장병의 유지를 이어 민족정기를 선양하며, 국민의 애국정신을 함양하기 위하여 제정된 법률로서 보훈단체 회원의 자격, 임원구성, 보훈단체의 수익사업 등에 관한 사항을 정하고 있다.

나. 「대한민국재향군인회법」[26)]

대한민국재향군인회를 설립하여 재향군인 상호 간의 상부상조를 통해 친목을 도모하고 회원의 권익을 향상시키며 국가발전과 사회공익을 증진하기 위해 만들어진 법률로서, 재향군인회의 주요 사업, 회원 등 조직관리, 총회구성 등 의결기관, 임직원 활동 등 집행기관, 그 밖의 재정에 관한 사항을 정하고 있다.

다. 「국립묘지의 설치 및 운영에 관한 법률」[27)]

국가나 사회를 위하여 희생 · 공헌한 사람이 사망한 후 그를 안장하고 그 충의와 위훈의 정신을 기리며 선양하기 위하여 제정된 법률로서 국립묘지의 종류, 안장대상, 안장대상심의위원회의 설치 · 운영, 그 밖에 안장지원에 관한 사항을 정하고 있다.

---

25) 1963년 「군사원호대상자 단체설립에 관한 법률」(1963. 8. 7. 시행, 법률 제1389호, 1963. 8. 7. 제정)이었으나, 1973년 「원호대상자 단체설립에 관한 법률」(1973. 3. 3. 시행, 법률 제2564호, 1973. 3. 3. 개정)로 변경되었으며, 1985년 다시 「국가유공자 등 단체설립에 관한 법률」(1985. 1. 1. 시행, 법률 제3742호, 1984. 8. 2. 개정)로 변경되었다.
26) 1961. 5. 10. 시행, 법률 제617호, 1961. 5. 10. 제정
27) 2006. 1. 30. 시행, 법률 제7649호, 2005. 7. 29. 제정

라. 「유엔참전용사의 명예선양 등에 관한 법률」[28)]

우리나라의 자유민주주의 수호를 위하여 헌신한 유엔참전용사의 명예를 선양하고 유엔참전국과의 우호를 증진하기 위해 제정된 법률로서 관련계획 수립 · 시행, 유엔참전용사에 대한 적절한 예우와 지원, 유엔참전국과의 교류협력 추진 및 민간단체에 대한 경비지원 등에 관한 사항 등을 정하고 있다.

마. 「보훈기금법」[29)]

보훈대상자의 명예를 선양하며 복지를 증진하고 대한민국재향군인회의 사업을 지원하기 위하여 보훈기금을 설치하고 기금운영심의회의 운영 등 보훈기금 전반의 운용 · 관리에 관한 사항을 정하고 있다.

바. 「한국보훈복지의료공단법」[30)]

한국보훈복지의료공단을 설립하여 보훈대상자를 진료하고, 중상이자의 의학적 · 정신적 재활 및 직업 재활을 통해 자립 정착을 도모하며, 보훈대상자의 복지증진에 기여하기 위하여 제정된 법률로서 공단의 주요사업, 보훈병원, 이사회의 구성, 예산 · 결산, 회계관리에 관한 사항 등을 정하고 있다.

사. 「독립기념관법」[31)]

독립기념관을 설립하여 우리 민족의 국난 극복사와 국가 발전사에 관한 자료를 수집 · 보존 · 전시 · 조사 · 연구함으로써 민족문화의 정체성을 확립하고 투철한 민족정신을 북돋우며 올바른 국가관을 정립하기 위하여 만들어진 법률로서 독립기념관의 설립, 임원의 임기와 직무, 국 · 공유재산의 무상양여, 예산 · 결산 등 회계관리,

---

28) 2020. 9. 25. 시행, 법률 제17117호, 2020. 3. 24. 제정

29) 1981년 「원호기금법」(1981. 3. 27. 시행, 법률 제3400호, 1981. 3. 27. 제정)이 제정되었는데, 1985년부터 「보훈기금법」으로 명칭이 변경되었다.

30) 1981년 「한국원호복지공단법」(1981. 4. 4. 시행, 법률 제3419호, 1981. 4. 4. 제정)이 제정되었는데, 1984년 「한국보훈복지공단법」(1985. 1. 1. 시행, 법률 제3742호, 1984. 8. 2. 타법개정)으로 명칭 변경되었다가, 2001년 「한국보훈복지의료공단법」(2001. 1. 16. 시행, 법률 제6372호, 2001. 1. 16. 일부개정)으로 그 명칭이 다시 변경되었다.

31) 1986. 5. 9. 시행, 법률 제3820호, 1986. 5. 9. 제정

기념관의 지도·감독에 관한 사항을 정하고 있다.

아. 「독도의용수비대 지원법」[32)]

독도를 수호하기 위하여 특별한 희생을 한 독도의용수비대 대원과 유족 등에 대하여 국가가 응분의 예우와 지원을 하기 위하여 만들어진 법률로서 독도의용수비대의 정의, 독도의용수비대기념사업회의 설립, 보조금 및 출연, 국유재산의 무상대부 등에 관한 사항을 정하고 있다.

국가보훈처 소관 법령

※( )는 제정일자

법률 17	대통령령 16	총리령 17
국가보훈기본법(05.5.31)	국가보훈위원회 규정	
독립유공자 예우에 관한 법률(94.12.31)	독립유공자 예우에 관한 법률 시행령	독립유공자 예우에 관한 법률 시행규칙
보훈보상대상자 지원에 관한 법률(11.9.15)	보훈보상대상자 지원에 관한 법률 시행령	보훈보상대상자 지원에 관한 법률 시행규칙
참전유공자 예우 및 단체 설립에 관한 법률(93.12.27)	참전유공자 예우 및 단체 설립에 관한 법률 시행령	참전유공자 예우 및 단체 설립에 관한 법률 시행규칙
5·18민주유공자예우에 관한 법률(02.1.26)	5·18민주유공자예우에 관한 법률 시행령	5·18민주유공자예우에 관한 률 시행규칙
고엽제후유의증 등 환자지원 및 단체설립에 관한 법률(93.3.10)	고엽제후유의증 등 환자지원 및 단체설립에 관한 법률 시행령	고엽제후유의증 등 환자지원 및 단체설립에 관한 법률 시행규칙
특수임무유공자 예우 및 단체설립에 관한 법률(04.1.29)	특수임무유공자 예우 및 단체설립에 관한 법률 시행령	특수임무유공자 예우 및 단체설립에 관한 법률 시행규칙
제대군인지원에 관한 법률(97.12.31)	제대군인지원에 관한 법률 시행령	제대군인지원에 관한 법률 시행규칙
국립묘지의 설치 및 운영에 관한 법률(05.7.29)	국립묘지의 설치 및 운영에 관한 법률 시행령	국립묘지의 설치 및 운영에 관한 법률 시행규칙
유엔참전용사의 명예선양 등에	유엔참전용사의 명예선양 등에	유엔참전용사의 명예선양 등에

32) 2005. 10. 30. 시행, 법률 제7644호, 2005. 7. 29. 제정

관한 법률(20.3.24)	관한 법률 시행령	관한 법률 시행규칙
국가유공자 등 단체설립에 관한 법률(63.8.7)		국가유공자 등 단체설립에 관한 법률 시행규칙
대한민국 재향군인회법(61.5.10)		대한민국 재향군인회 수익사업에 관한 규칙(15.11.23)
보훈기금법(81.3.27)	보훈기금법 시행령	
한국보훈복지의료공단법(81.4.4)	한국보훈복지의료공단법 시행령	
독립기념관법(85.5.9)		
독도의용수비대지원법(05.7.29)	독도의용수비대지원법 시행령	
	현충시설의 지정 · 관리 등에 관한 규정(02.3.30)	현충시설의 지정 · 관리 등에 관한 규정 시행규칙
		국가보훈처 소관 비영리법인의 설립 및 감독에 관한 규칙(94.9.13)
	국가보훈처와 그 소속기관 직제(61.7.29)	국가보훈처와 그 소속기관 직제 시행규칙
		국가보훈대상자 의료지원에 관한 규칙(09.7.3)
		6 · 25전쟁 정전 60주년 기념 호국영웅기장 수여규칙(13.7.24)
		국가유공자 등의 명패관리에 관한 규정(19.5.20)

타 부처 소관 국가보훈 관계법령(등록관련)

연번	법령명	제정	
		일자	공포번호
1	대한민국 헌법(제32조)	48.7.17	
2	정부조직법(제22조의 2)	73.1.16	제6467호
3	국가공무원법(제2조, 제42조)	63.4.17	제1325호

4	지방공무원법(제2조, 제40조)	63.11.1	제1427호
5	경찰공무원법(제16조)	69.1.7	제2077호
6	소방공무원법(제18조)	77.12.31	제3042호
7	대통령 등의 경호에 관한 법률(제13조)	63.12.14	제1507호
8	국가정보원직원법(제13조)	80.12.31	제3314호
9	경비교도대 폐지에 따른 보상 등에 관한 법률(제4조)	16.5.29	제14170호
10	의무경찰대 설치 및 운영에 관한 법률(제8조)	70.12.31	제2248호
11	의무소방대설치법(제8조)	01.8.14	제6505호
12	예비군법(제9조)	68.5.29	제2017호
13	민방위기본법(제29조)	75.7.25	제2776호
14	비상대비자원관리법(제21조)	84.8.4	제3745호
15	국가보안법(제23조)	80.12.31	제3318호
16	5 · 18민주화운동 등에 관한 특별법(제5조)	95.12.21	제5029호
17	5 · 18민주화운동 관련자 보상 등에 관한 법률(제4조, 제16조)	90.8.6	제4266호
18	민주화운동관련자 명예회복 및 보상 등에 관한 법률(제18조)	00.1.12	제6122호
19	상훈법(전문)	67.1.16	제1885호
20	병역법(제74조의2, 제75조)	93.12.31.	제4685호
21	재외동포의 출입국과 법적 지위에 관한 법률(제16조)	99.9.2	제6015호
22	국군포로의 송환 및 대우 등에 관한 법률(제11조)	06.3.24	제7896호
23	고엽제가 사용된 남방한계선 인접지역의 범위에 관한 규칙(제1조, 제2조)	00.7.5	제517호
24	특수임무수행자 보상에 관한 법률(제2조, 제25조)	04.1.29	제7122호
25	친일반민족행위자 재산의 국가귀속에 관한 특별법(제2조, 제25조)	05.12.29	제7769호
26	일제강점하 반민족행위 진상규며엥 관한 특별법(제2조)	04.3.22	제7203호
27	독립유공장 예우에 관한 법률에 의한 가족관계등록 사무처리규칙(전문)	09.2.17	

28	독도의 지속가능한 이용에 관한 법률(제11조)	05.5.18	제7497호
29	군인연금법(제10조, 제11조)	63.1.28	제1260호
30	군인재해보상법(제18조)	19.12.10	제16761호
31	공무원연금법(제87조)	09.12.31	제9905호
32	공무원재해보상법(제20조, 제59조)	18.3.20	제15522호

제4절 | 국가유공자 예우 및 지원체계

1. 국가유공자와 그 유족 또는 가족

가. 개요

(1) 국가유공자들에게 보상과 예우를 실시함에 있어 그 대상 범위에 관한 원칙과 기준을 정립하는 문제는 국가보훈정책의 핵심적인 사항이다. 보훈대상 범위에 관한 기준은 각 국가별로 달리 정립되어 있으며, 우리나라도 시대 여건의 변화나 정부의 국정철학 또는 방침 등에 따라 각기 다르게 정립·운영되어 왔다. 보훈대상 범위의 기준설정 문제는 보훈 대상자들의 명예와 직결될 뿐만 아니라 국가의 정체성·지향성·안보·사회·문화정책과도 연관성이 있으며, 정치적 이념 논리와도 관련이 있다.

(2) 우리나라는 1950년 전후 태동한 보훈제도에 기원하여 그 틀을 갖추고 체계적으로 수행하게 되었다. 광복에 뒤이은 사회혼란기 좌우 이념대립 과정에서 많은 희생자가 발생함에 따라 이들에 대한 원호를 목적으로 1950년 「군사원호법」이 제정되었고, 이후 보훈제도의 지속적 정비, 개선과 함께 보훈대상 범위도 점차 확대되었다.

(3) 1962년 「국가유공자 및 월남귀순자 특별원호법」이 제정되어 상이군경과 전몰군경유족 등 군사원호 대상자 외에 애국지사, 4·19의거 관련자, 월남귀순자 등이 원호대상자로 추가되었고, 이후 재일학도의용군인 및 반공귀순 상이자(현 6·18자유상이자), 순직·공상 공무원, 생계곤란 태극·을지 무공수훈자도 대상에 포함되었다.

(4) 1970년대에는 경제성장을 바탕으로 국가유공자들에 대한 지원제도가 어느 정도 내실화 · 체계화되는 단계에 이르렀고, 1980년대에는 이들에 대한 물질적 지원 위주 정책에서 정신적 예우로 정책을 전환하게 되었다. 1985년 「국가유공자 예우 등에 관한 법률」 제정으로 보훈행정의 가치를 생계지원 위조인 '원호'에서, 정신적 예우 중심의 '보훈'으로 전환하여 국가유공자와 그 가족이 사회로부터 존경과 예우를 받을 수 있도록 했다. 충무 · 화랑 · 인헌 무공훈장 수훈자와 보국훈장 수훈자 등을 국가유공자 범위에 새롭게 포함했으며, 국가사회발전 특별순직 · 상이공로자도 국가유공자에 포함했다.

(5) 1990년대 이후에는 고엽제 관련 질환자와 참전자, 제대군인 등이 보훈대상자로 신규 또는 확대 편입되었다. 2000년대에 이르러 보훈정책은 국가유공자와 범위와 관련하여 새로운 변화기를 맞게 되었다. 2002년 「5 · 18민주화유공자 예우에 관한 법률」의 제정과 「참전군인 등 지원에 관한 법률」의 개정으로 종래의 독립유공자 외에 민주유공자와 참전유공자 개념이 새로 정립되었으며, 4 · 19혁명 공로자와 특수임무 유공자 등이 보훈대상으로 추가 편입되었다. 6 · 25참전유공자에게 국가유공자 명칭을 부여하는 등 다양한 영역으로 보훈 대상이 확대됨에 따라 보훈 대상 인원과 예산이 급격하게 증가하게 되었다.

(6) 이처럼 보훈대상의 범위 확대는 시대적 상황이나 정책적 필요성에 따라 이루어졌으며, 보훈 관련 집단민원의 해결차원에서 이루어진 측면도 있었다. 보훈의 영역을 어느 범위까지 설정할 것인가 하는 문제에 대해서는 충분한 정책적 검토와 연구, 국민적 합의를 통해 국가유공자 인정과 보상에 관한 합리적 원칙과 체계를 정립할 필요가 있어 보인다.

나. 국가유공자의 뜻

'넓은 의미의 국가유공자'란 국가보훈처의 등록 여부를 불문하고 국가를 위하여 희생하거나 공헌한 사람을 뜻한다.[33] 그런데 그들 모두가 법령에 정해진 예우와 지원을 받을 수 있는 것은 아니다. 엄격한 심사를 거쳐 희생과 공헌 사실이 객관적으

33) 국가유공자법 제1조는 "이 법은 국가를 위하여 희생하거나 공헌한 국가유공자, 그 유족 또는 가족을 합당하게 예우하고 지원함으로써 이들의 생활안정과 복지향상을 도모하고 국민의 애국정신을 기르는 데에 이바지함을 목적으로 한다."고 규정하고 있다.

로 확인되고, 또한 그것이 직무수행과 직접적 혹은 상당한 인과관계가 있다고 확인되어야 비로소 국가유공자로 '등록'될 수 있고, 그렇게 등록된 사람들만이 법에서 정한 예우와 지원을 받을 자격을 획득한다. 이처럼 국가보훈처가 관리하는 공적 명부에 등록된 국가유공자를 '좁은 의미의 국가유공자'라고 볼 수 있다.[34)]

다. 국가유공자의 구분

(1) 순국선열(제1호, '62. 4. 16. 시행)

순국선열은 일제의 국권침탈 전후로부터 1945년 8월 14일까지 국내외에서 일제의 국권침탈을 반대하거나 독립운동을 위하여 일제에 항거하다가 그 반대나 항거로 인하여 순국한 자로서, 그 공로로 건국훈장 · 건국포장 또는 대통령 표창을 받은 사람이다.[35)]

(2) 애국지사(제2호, '62. 4. 16. 시행)

애국지사는 일제의 국권침탈 전후로부터 1945년 8월 14일까지 국내외에서 일제의 국권침탈을 반대하거나 독립운동을 위하여 일제에 항거한 사실이 있는 자로서, 그 공로로 건국훈장 · 건국포장 또는 대통령 표창을 받은 사람이다.[36)]

(3) 전몰군경(제3호, '61. 11. 1. 시행)

군인 또는 경찰공무원으로서 전투 또는 이에 준하는 직무수행 중 사망한 사람(군무원으로서 1959년 12월 31일 이전에 전투 또는 이에 준하는 직무수행 중 사망한 사람을 포함)이다.[37)]

(4) 전상군경(제4호, '61. 11. 1. 시행)

군인 또는 경찰공무원으로서 전투 또는 이에 준하는 직무수행 중 상이를 입고 전역(퇴역 · 면역 또는 상근예비역 소집해제를 포함)하거나 퇴직(면직을 포함한다)한 사람

---

34) 국가유공자법에서는 '넓은 의미의 국가유공자'를 '적용대상 국가유공자'라고 칭하고 있다(법 제4조).
35) 법 4조 1항 1호
36) 법 4조 1항 2호
37) 법 4조 1항 3호

(군무원으로서 1959년 12월 31일 이전에 전투 또는 이에 준하는 직무수행 중 사망한 사람을 포함) 또는 6개월 이내에 전역이나 퇴직하는 사람으로서 그 상이 정도가 국가보훈처장이 실시하는 신체검사에서 상이등급으로 판정된 사람이다.[38]

(5) 순직군경(제5호, '61. 11. 1. 시행)

군인이나 경찰 · 소방공무원으로서 국가의 수호 · 안전보장 또는 국민의 생명 · 재산보호와 직접적인 관련이 있는 직무수행이나 교육훈련 중 사망한 사람(질병으로 사망한 사람을 포함한다)이다.[39]

(6) 공상군경(제6호, '61. 11. 1. 시행)

군인이나 경찰 · 소방공무원으로서 국가의 수호 · 안전보장 또는 국민의 생명 · 재산보호와 직접적인 관련이 있는 직무수행이나 교육훈련 중 상이(질병을 포함한다)를 입고 전역하거나 퇴직한 사람 또는 6개월 이내에 전역이나 퇴직하는 사람으로서 그 상이 정도가 국가보훈처장이 실시하는 신체검사에서 상이등급으로 판정된 사람이다.[40]

(7) 무공수훈자(제7호, '85. 1. 1. 시행)

무공훈장을 받은 사람이다. 다만, 「국가공무원법」 제2조 및 「지방공무원법」 제2조에 따른 공무원과 국가나 지방자치단체에서 일상적으로 공무에 종사하는 대통령령으로 정하는 직원이 무공훈장을 받은 경우에는 전역하거나 퇴직한 사람만 해당한다.[41]

(8) 보국수훈자(제8호, '85. 1. 1. 시행)

군인으로서 보국훈장을 받고 전역한 사람. 군인 외의 사람으로서 간첩체포, 무기개발 및 그 밖에 대통령령으로 정하는 사유로 보국훈장을 받은 사람. 다만, 「국가공무원법」 제2조 및 「지방공무원법」 제2조에 따른 공무원과 국가나 지방자치단체에서 일상적으로 공무에 종사하는 대통령령으로 정하는 직원이 간첩체포 등의 사유로

38) 법 4조 1항 4호
39) 법 4조 1항 5호
40) 법 4조 1항 6호
41) 법 4조 1항 7호

보국훈장을 받은 경우에는 퇴직한 사람만 해당한다.[42]

(9) 6·25참전재일학도의용군인(제9호, '62. 4. 16. 시행)

대한민국 국민으로서 일본에 거주하던 자로서 1950년 6월 25일부터 1953년 7월 27일까지의 사이에 국군 또는 국제연합군에 지원 입대하여 6·25전쟁에 참전하고 제대한 사람(파면된 사람이나 형을 선고받고 제대한 사람은 제외한다)이다.[43]

(10) 참전유공자(제10호, 6·25참전자 : '08. 9 .29. 시행, 월남참전자 : '11. 6. 30. 시행)

「참전유공자 예우 및 단체설립에 관한 법률」 제2조 제2호에 해당하는 사람 중 「참전유공자 예우 및 단체설립에 관한 법률」 제5조에 따라 등록된 사람과 「고엽제후유의증 등 환자지원 및 단체설립에 관한 법률」 제4조 또는 제7조에 따라 등록된 사람이다.[44]

(11) 4·19혁명 사망자(제11호, '62. 4. 16. 시행)

1960년 4월 19일을 전후한 혁명에 참가하여 사망한 4·19혁명 사망자[45]

(12) 4·19혁명부상자(제12호, '62. 4. 16. 시행)

1960년 4월 19일을 전후한 혁명에 참가하여 상이를 입은 사람으로서 그 상이정도가 국가보훈처장이 실시하는 신체검사에서 상이등급으로 판정된 사람[46]

(13) 4·19혁명공로자(제13호, '01. 1. 1. 시행)

1960년 4월 19일을 전후한 혁명에 참가한 사람 중 제11호 4·19혁명사망자와 제12호 4·19혁명부상자에 해당하지 않는 사람으로서 건국포장을 받은 사람[47]

---

42) 법 4조 1항 8호
43) 법 4조 1항 9호
44) 법 4조 1항 10호
45) 법 4조 1항 11호
46) 법 4조 1항 12호
47) 법 4조 1항 13호

(14) 순직공무원(제14호, '75. 1. 1. 시행)

「국가공무원법」 제2조 및 「지방공무원법」 제2조에 따른 공무원(군인 및 경찰공무원은 제외한다)과 국가나 지방자치단체에서 일상적으로 공무에 종사하는 대통령령으로 정하는 직원으로서 국민의 생명 · 재산보호와 직접적인 관련이 있는 직무수행이나 교육훈련 중 사망한 사람(질병으로 사망한 사람을 포함한다)이다.[48]

(15) 공상공무원(제15호, '75. 1. 1. 시행)

「국가공무원법」 제2조 및 「지방공무원법」 제2조에 따른 공무원(군인 및 경찰공무원을 제외한다)과 국가나 지방자치단체에서 일상적으로 공무에 종사하는 대통령령으로 정하는 직원으로서 국민의 생명 · 재산보호와 직접적인 관련이 있는 직무수행이나 교육훈련 중 상이(질병을 포함한다)를 입고 퇴직하거나 6개월 이내에 퇴직하는 사람으로서 그 상이정도가 국가보훈처장이 실시하는 신체검사에서 상이등급으로 판정된 사람이다.[49][50]

(16) 국가사회발전특별공로순직자 · 상이자 및 공로자(제16호 · 제17호 · 제18호, '85. 1. 1. 시행)[51]

국가사회발전에 현저한 공이 있는 사람 중 그 공로와 관련하여 순직한 사람으로

48) 법 4조 1항 14호
49) 법 4조 1항 15호
50) 공상공무원의 범위에 사립학교 교원을 포함시키지 아니한 것이 사립학교 교원의 평등권을 침해한 것인지 여부가 문제된 사안에서 헌법재판소는, "공상공무원에 국 · 공립학교 교원만을 포함시키고 사립학교 교원을 포함시키지 아니한 것은 보훈대상의 범위, 내용 등에 관한 입법자의 입법형성 자유에 속하는 입법정책 문제로서 합리적인 근거와 이유 있는 차별"이므로 사립학교 교원의 평등권을 침해한 것이라 볼 수 없다고 결정하였다(헌법재판소 1994. 6. 30. 선고 91헌마161 결정).
51) 1983년 10월 9일 미얀마 수도 양곤에 있는 아웅산 묘소에서 한국 대통령을 암살하려는 북한 공작원에 의해 폭파사건이 발생했다. 이 사고로 대통령 공식수행원과 수행 보도진 17명이 사망하고 10여명이 중경상을 입었다. 희생된 17명의 공식 수행원에는 부총리 겸 경제기획원장관, 외무부장관, 상공부장관, 동자부장관 등 고위관료가 많았다. 그런데 기존의 국가원호보상법으로는 이들의 희생을 포섭하기에 마땅치 않았다. '군에서 전투 또는 공무집행 중 사망'한 것이 아니고, '군에서 공무집행 중 상이를 입은 자'도 아니었기 때문이었다. 그래서 대대적인 법령 정비에 나서게 되었다. 국가유공자법 제4조 제16호(국가사회발전 특별공로순직자), 제17호(국가사회발전 특별공로상이자), 제18호(국가사회발전 특별공로자)는 이런 경위로 신설되었다.

서 국무회의에서 법 적용대상자로 의결된 사람은 <국가사회발전특별공로순직자>로, 그 공로와 관련하여 상이를 입은 사람으로서 그 상이 정도가 국가보훈처장이 실시하는 신체검사에서 상이등급으로 판정되어 국무회의에서 법 적용대상자로 의결된 사람은 <국가사회발전특별공로상이자>로, 국가사회발전에 현저한 공이 있는 사람 중 국가사회발전특별공로순직자 및 국가사회발전특별공로상이자에 해당하지 않는 사람으로서 국무회의에서 법 적용대상자로 의결된 사람은 <국가사회발전특별공로자>에 해당된다.[52]

(17) 다른 법률에 의한 공상군경 등 예우

의무경찰대원[53] · 교정시설 경비교도대원[54] · 예비군대원[55] · 민방위대원[56] · 의무소방원[57] · 보안유공자[58] · 비상대비훈련참가자[59] · 학생군사교육생[60] · 사회복무요원[61] · 대체복무요원[62] · 국제협력요원(순직 · 재해사망군경만 해당)[63] · 국가정보원직원[64] · 대통령경호실 직원[65] · 위험직무순직공무원[66] · 공무수행사망자[67] 등이 전투 또는 직무수행 또는 교육훈련 중 사망하거나 상이를 입은 경우는 그 희생의 요건에 따라 순직 · 재해사망군경이나 공상 · 재해부상군경으로 분류한다.

---

52) 법 4조 1항 16호 내지 18호
53) 의무경찰대법 8조
54) 「경비교도대 폐지에 따른 보상 등에 관한 법률」 4조
55) 예비군법 9조
56) 민방위기본법 29조
57) 의무소방대설치법 8조
58) 국가보안법 23조
59) 비상대비자원관리법 21조
60) 병역법 75조 5항
61) 병역법 75조 2항
62) 병역법 75조 2항
63) 「국제협력요원제도 폐지에 따른 순직심사 등에 관한 법률」 6조
64) 국가정보원직원법 13조
65) 「대통령 등의 경호에 관한 법률」 13조
66) 공무원재해보상법 59조
67) 공무원재해보상법 59조 2항

(18) 국가유공자에 준하는 군경

(가) 지원순직군경 · 지원공상군경 · 지원순직공무원 · 지원공상공무원

순직군경 · 공상군경 · 순직공무원 · 공상공무원 요건에 해당하는 자로서 불가피한 사유 없이 본인의 과실 또는 본인의 과실이 경합된 사유로 사망 또는 상이를 입은 자와 그 유족 또는 가족을 지원순직군경 · 지원공상군경 · 지원순직공무원 · 지원공상공무원으로 분류하고[68] 이들에게는 보상금 · 교육지원 · 취업지원 · 의료지원 · 대부지원만을 실시하며, 국가유공자증이나 대통령 명의 증서는 수여하지 않았다. 2012년 7월 1일 보훈대상 및 보상체계 개편에 따라 「국가유공자 등 예우 및 지원에 관한 법률」상 지원대상자에 대한 규정은 폐지되었다. 다만, 경과조치로서 부칙 제19조를 두어 기 등록된 지원대상자는 종전의 규정에 따라 보호받을 수 있도록 했다.[69]

(나) 6 · 18자유상이자

6 · 18자유상이자는 국가유공자(공상군경)에 준하여 보상하는 대상이다.[70] 6 · 18자유상이자는 북한의 군인 또는 군무원으로서 1950년 6월 25일부터 1953년 7월 23

---

68) 제73조의2(국가유공자에 준하는 군경 등에 대한 보상) [2011. 9. 15. 법률 제11041호로 개정되기 전의 것(법률 제11029호)]
① 국가보훈처장은 제4조제1항제5호 · 제6호 · 제13호 또는 제14호의 요건에 해당하는 자로서 그 요건에서 정한 사망 또는 상이(이하 이 조에서 "사망 또는 상이"라 한다)를 입은 자 중 불가피한 사유 없이 본인의 과실이나 본인의 과실이 경합된 사유로 사망 또는 상이를 입은 자와 그 유족 또는 가족을 제4조제1항 및 제6조에 따라 등록되는 국가유공자, 그 유족 또는 가족에서 제외하되, 대통령령으로 정하는 순직을 한 경우 또는 공상기준(公傷基準)에 준하는 사유로 사망하거나(상이를 입고 전역하거나 퇴직한 후 제6조제1항에 따른 등록신청 이전에 사망한 경우를 포함한다) 상이를 입은 경우에는 그 사망한 자의 유족 또는 상이를 입은 자와 그의 가족을 제9조, 제11조부터 제62조까지의 규정을 준용하여 보상한다. 다만, 국가보훈처장은 보상을 할 때 대통령령으로 정하는 바에 따라 국가유공자, 그 유족 또는 가족과 그 보상의 정도를 달리 할 수 있다.
② 제1항에 따른 상이는 그 상이정도가 국가보훈처장이 실시하는 신체검사에서 제6조의4에 따른 상이등급에 해당된다고 판정된 신체의 장애를 말한다.
③ 제1항에 따라 보상을 받는 자에 대하여는 제4조제5항 · 제5조 · 제7조 · 제10조 · 제78조 · 제79조 · 제80조제1항 및 제81조를 준용한다.

69) 부칙 제19조(국가유공자에 준하는 군경 등의 보상에 관한 경과조치) 이 법 시행 당시 종전의 제73조의2에 해당하는 사람으로 등록된 사람(부칙 제12조제2항에 따라 등록된 사람을 포함한다)의 보상에 관하여는 제73조의2의 개정규정에도 불구하고 종전의 규정에 따른다.

70) 법 73조

일까지 사이에 국군 또는 국제연합군에 포로가 된 사람 중 포로수용소에서 대한민국을 지지하다가 북한을 지지하는 사람으로부터 상이를 입은 사람 또는 대한민국에 귀순할 목적으로 포로수용소를 탈출하는 과정에서 상이를 입은 사람으로서 그 상이 정도가 국가보훈처장이 실시하는 신체검사에서 상이등급으로 판정된 사람이다. 대상자 명칭은 2006년 3월 3일, 반공귀순자 상이에서 6 · 18자유상이자로 변경되었다.

(다) 전투종사 공무원 등

군사적 목적으로 외국에 파견된 군무원이나 공무원으로서 전투 또는 이에 준하는 직무수행 중 사망한 사람과 상이를 입은 사람으로서 그 상이 정도가 국가보훈처장이 실시하는 신체검사에서 상이등급 1급 내지 7급으로 판정된 사람, 정부의 승인을 받아 전투나 군 작전에 종군하는 기자로서 그 종군 중 사망한 사람과 상이를 입은 사람, 「전시근로동원법」(1999년 2월 8일 법률 제5846호에 의하여 폐지되기 전의 것)에 의하여 동원된 사람, 청년단원 · 소방관 · 의용소방관 · 학도병, 그 밖의 애국단체원으로서 전투, 이에 준하는 행위 또는 이와 관련된 교육훈련 중 사망한 사람과 상이를 입은 사람은 요건에 따라 전몰군경 · 전상군경 · 순직군경 또는 공상군경으로 보고 보상한다.[71]

(19) 고엽제후유증환자 · 후유의증환자 · 후유증2세환자 · 후유증환자유족

(가) 「고엽제후유유의증 등 환자지원 및 단체설립에 관한 법률」 적용대상은 고엽제후유증 환자 · 후유의증환자 · 후유증2세환자 · 후유증환자유족으로 구분된다. 고엽제후유증환자는 월남전참전자와 대한민국 비무장지대 남방한계선 인접지역에서 복무한 사람으로서, 월남전 참전의 경우 1964년 7월 18일부터 1973년 3월 23일 사이에 월남전에 참전하여 고엽제살포지역에서 「병역법」, 「군인사법」 또는 「군무원인사법」에 의한 군인이나 군무원으로 복무하고 전역 · 퇴직한 자와 정부의 승인을 얻어 전투나 군의 작전에 종군한 기자로서 고엽제후유증 질병을 얻은 자이다.[72] 남방한계선 인접지역에서 복무한 사람은 1967년 10월 9일부터 1970년 7월 31일 사이에 대한민국 비무장지대 남방한계선의 인접지역으로서 국방부령[73]으로 정하는 지

71) 법 74조
72) 고엽제법 2조 2호 가목
73) 「고엽제가 사용된 남방한계선 인접지역의 범위에 관한 규칙」(2000. 7. 5. 제정, 국방부령 제517호)

역에서 「병역법」, 「군인사법」 또는 「군무원인사법」에 의한 군인이나 군무원으로 복무하고 전역·퇴직한 자와 정부의 승인을 얻어 전투나 군의 작전에 종군한 기자로서 고엽제후유증 질병을 얻은 자이다.[74]

(나) 후유증환자로 결정·등록된 자 중 신체검사에서 상이등급 판정을 받은 경우, 월남전에 참전하고 전역한 자는 「국가유공자 등 예우 및 지원에 관한 법률」에 따른 전상군경으로, 남방한계선 인접지역에 복무하고 전역한 자 등은 공상군경으로 보고 법으로 정하는 바에 따라 보상을 실시한다.[75] 고엽제후유증환자의 경우 등록신청이 있더라도 보훈심사위원회의 심의·의결을 받지 않는다.[76]

(다) 후유의증환자는 월남전에 참전하고 전역한 자 또는 남방한계선 인접지역에서 복무하고 전역한 자 등으로서 후유의증 질병을 얻은 자이다.[77] 월남전에 참전하고 전역한 자 등 또는 남방한계선 인접지역에서 복무하고 전역한 자 등으로서 고엽제법 제5조 제2항 각 호의 어느 하나에 해당하는 질병을 얻은 자는 같은 조 제4항에 해당하는 것이 입증되지 아니하는 한 고엽제후유의증환자로 본다.[78] 후유증2세환자는 후유증환자로 결정·등록된 자 및 이미 사망한 후유증환자로 인정된 자의 자녀(월남전에 참전한 날 이후 또는 1967년 10월 9일부터 1970년 7월 31일 사이에 남방한계선 인접지역에서 복뭏나 날이나 고엽제살포업무에 참가한 날 이후에 잉태되어 출생한 자녀) 중 척추이분증(은폐성척추이분증 제외), 말초신경병, 하지마비척추병변의 질병을 얻은 자이다.[79] 후유증환자유족은 월남전에 참전하고 전역한 자 등과 남방한계선 인접지역에서 복무하고 전역한 자 등 등록 전에 사망한 사람으로서 후유증으로 인정되어 국가보훈처장이 실시하는 신체검사에서 상이등급 1급 내지 7급으로 판정된 사람의 유족이며, 「국가유공자 등 예우 및 지원에 관한 법률」에 따라 전상군경유족

제2조(남방한계선의 인접지역의 범위) 고엽제후유의증환자지원등에 관한 법률 제2조제1호에서 "대한민국 비무장지대 남방한계선의 인접지역으로서 국방부령이 정하는 지역"이라 함은 다음 각 호의 1에 해당하는 지역으로서 국방부장관이 세부적으로 정하는 지역을 말한다.

1. 남방한계선에 설치된 철책에서 남쪽 또는 북쪽으로 100미터까지의 지역
2. 남방한계선에 인접하여 설치된 관측소·지휘소 기타 주요시설의 주변지역
3. 남방한계선에 설치된 철책 주변에 있는 전술도로에서 왼쪽 또는 오른쪽으로 30미터까지의 지역

74) 고엽제법 2조 2호 나목
75) 고엽제법 6조 1항
76) 고엽제법 6조 3항
77) 고엽제법 2조 3호
78) 고엽제법 5조 6항
79) 고엽제법 2조 4호

또는 공상군경유족으로 분류된다.[80)]

신분별 근거법령 및 요건관련사실 확인기관 구분

대상 구분	근거법령	대상요건	적용대상	확인서 발급기관	법 시행일
군인	국가유공자법 시행령 제9조 보훈보상대상자법 시행령 제6조	전투 또는 공무수행 중 사망한 자와 상이를 입고 전역한 자	전몰 · 순직군경 전상 · 공상군경 재해사망군경 재해부상군경	각군참모총장	'61. 11. 01.
경찰	상동	전투 또는 공무수행 중 사망한 자와 상이를 입고 퇴직한 자	전몰 · 순직군경 전상 · 공상군경 재해사망군경 재해부상군경	(지방)경찰청장	'61. 11. 01.
공무원	상동	공무수행 중 사망한 자와 상이를 입고 퇴직한 자	순직공무원 공상공무원 재해사망공무원 재해부상공무원	공무원연금공단 이사장, 소속기관장	'74. 12. 24.
국회의원	상동	공무수행 중 사망한 자와 상이를 입고 퇴직한 자	순직공무원 공상공무원 재해사망공무원 재해부상공무원	국회사무총장	'74. 12. 24.
소방 공무원	상동	소방공무원으로서 교육훈련 또는 직무수행 중 사망 또는 상이를 입고 퇴직한 자	순직군경 공상군경 재해사망군경 재해부상군경	소방청장	'74. 12. 24.
의무 경찰 대원	의무경찰대설치법 제8조 동 시행령 제56조	전투 또는 공무수행 중 사망한 자와 상이를 입고 퇴직한 자	전몰 · 순직군경 전상 · 공상군경 재해사망군경 재해부상군경	(지방)경찰청장, 해양(지방)경찰청장	'70. 12. 31.
교정시설 경비교도 대원	경비교도대 폐지에 따른 보상 등에 관한 법률 제4조	전투 또는 공무수행 중 사망한 자와 상이를 입고 퇴직한 자	전몰 · 순직군경 전상 · 공상군경 재해사망군경 재해부상군경	법무부장관	'81. 04. 13.
예비 군대원	예비군법 제9조 동 시행령 제23조	예비군대원으로서 동원되어 임무	전몰 · 순직군경 전상 · 공상군경	각군참모총장	'68. 05. 29.

80) 고엽제법 8조 1항

		수행 또는 훈련 중에 사망한 자와 상이를 입은 자 (소집장소로 이동+훈련종료 후 귀가 중인 경우 포함)	재해사망군경 재해부상군경		
민방위 대원	민방위기본법 제29조 동 시행령 제42조	민방위대원으로서 동원되어 임무수행 중 또는 교육훈련 중 사망한 자와 상이를 입은 자	전몰 · 순직군경 전상 · 공상군경 재해사망군경 재해부상군경	행정안전부	'75. 08. 25.
의무 소방원	의무소방대설치법 제8조, 동 시행령 제47조	직무수행 중 사망한 자와 상이를 입고 퇴직한 자	순직군경 공상군경 재해사망군경 재해부상군경	소방청장	'01. 09. 15.
보안 유공자	국가보안법 제23조	국가보안법의 죄를 범한 자를 신고 또는 체포와 관련하여 사망한 자와 상이를 입은 자	전몰 · 순직군경 전상 · 공상군경 재해사망군경 재해부상군경	국가보안유공자 심사위원회 (법무부)	'80. 12. 31.
비상대비 훈련 참가자	비상대비자원관리법 제21조 동 시행령 제37조	훈련에 참가하여 임무수행 중 사망한 자와 상이를 입은 자	순직군경 공상군경 재해사망군경 재해부상군경	국방부장관, 주무부장관	'84. 11. 04.
학생군사 교육생	병역법 제75조 제5항	학생군사교육 중 그 군사교육이 직접 원인이 되어 사망한 자와 상이를 입은 자	순직군경 공상군경 재해사망군경 재해부상군경	국방부장관 (군참모총장) 교육부장관	'85. 03. 12.
사회 복무요원	병역법 제75조 제2항	사회복무요원으로 복무 중 순직한 자와 공상으로 인하여 소집해제된 자(산업기능요원 제외)	순직군경 공상군경 재해사망군경 재해부상군경	지방병무청장	'95. 01. 01.
대체복무 요원	병역법 제75조 제2항	대체복무요원으로 복무 중 순직한 자와 공상으로 인하여 소집해제된 자	순직군경 공상군경 재해사망군경 재해부상군경	법무부장관	'20. 01. 01.

국제협력요원	국제협력요원제도 폐지에 따른 순직 심사 등에 관한 법률 제6조	국제협력요원으로 직무수행 중 사망한 자	순직군경 재해사망군경	외교부장관	'20. 11. 27.
국가정보원 직원	국가정보원직원법 제13조	직원으로서 간첩체포 및 국가안전보장 업무 수행과 관련하여 사망한 자와 상이를 입고 퇴직한 자	전몰 · 순직군경 전상 · 공상군경 재해사망군경 재해부상군경	국가정보원장	'81. 01. 01.
대통령 경호실 직원	대통령 등의 경호에 관한 법률 제13조	경호 임무수행 또는 그와 관련하여 사망한 자와 상이를 입고 퇴직한 자	전몰 · 순직군경 전상 · 공상군경 재해사망군경 재해부상군경	대통령 경호실장	'00. 01. 01.
위험직무순직공무원	공무원재해보상법 제59조 제1항	공무원으로서 생명과 신체에 대한 고도의 위험을 무릅쓰고 직무를 수행하다가 위해를 입고 이 위해가 직접적인 원인이 되어 사망한 자	순직군경 재해사망군경 순직공무원 재해사망공무원	공무원연금공단 이사장	'06. 03. 24.
공무수행사망자	공무원재해보상법 제59조 제2항	공무원 이외 사람으로서 국가 또는 지방자치단체의 사무를 수행하다가 사망한 자 공무원 재해보상심의회 심의를 거쳐 인사혁신처장이 인정하는 사람	순직군경 재해사망군경 순직공무원 재해사망공무원	공무원연금공단 이사장	'18. 09. 21.

출처 : 2022년도 보훈업무시행지침(I)

라. 국가유공자의 유족 또는 가족

법에 따라 지원을 받는 국가유공자의 유족이나 가족의 범위는 ① 배우자, ② 자녀, ③ 부모, ④ 성년인 직계비속이 없는 조부모, ⑤ 60세 미만의 직계존속과 성년인 형제자매가 없는 미성년 제매이다.[81)]

(1) 배우자

배우자는 법률상 혼인뿐만 아니라 사실혼 관계에 있는 사람을 포함하고, 배우자 및 사실혼 관계에 있는 사람이 국가유공자와 혼인 또는 사실혼 후 그 국가유공자가 아닌 다른 사람과 사실혼 관계에 있거나 있었던 경우는 적용대상에서 제외된다.[82] 대한민국 국민들 사이의 혼인의 성립요건은 민법에 따른다. 혼인을 하는 두 사람의 국적이 서로 다른 경우에 혼인의 성립요건은 각 당사자에 관하여 그 본국법에 의한다.[83] 혼인의 방식은 혼인거행지법 또는 당사자 일방의 본국법에 의한다. 다만, 대한민국에서 혼인을 거행하는 경우에 당사자 일방이 대한민국 국민인 때에는 대한민국 법에 의한다.[84]

(2) 자녀

자녀의 경우, 미성년 자녀뿐만 아니라 성년 자녀도 포함된다. 구 군사원호보상법 시절에는 미성년 자녀만 포함되었으나,[85] 1985년 국가유공자법이 제정되면서 성년 자녀도 포함시키는 것으로 하였다. 양자(養子)는 국가유공자가 직계비속이 없어 입양한 사람 1명만을 자녀로 인정한다.[86] 2005년 3월 31일 개정된 구 민법(2005. 3. 31. 법률 제7427호로 개정된 것) 제908조의2에 따라 2008년 1월 1일부터 친양자(親養子) 제도[87]가 시행되었는바, 친양자의 경우에는 인원수 제한 없이 자녀로 인정된다.

---

81) 법 5조 1항
82) 법 5조 2항
83) 국제사법 36조 1항
84) 국제사법 36조 2항
85) 구 군사원호보상법의 적용대상은 ① 제대군인, ② 상이군경, ③ 전몰군경의 유족이었다(동법 제2조). 그런데 전몰군경의 유족 범위에 관해 ① 처, ② 미성년인 자녀, ③ 부모, ④ 성년남자인 직계비속이 없게 된 조부모, ⑤ 60세 미만의 남자 또는 55세 미만의 여자인 직계존속과 성년 남자인 형이 없게 된 미성년제매(매에 있어서는 출가한 자를 제외한다)로 규정하였기 때문에, 성년인 자녀는 유족 범위에서 제외되었던 것이다(동법 제5조 제4항 참조).
86) 법 5조 3항
87) 종래의 입양법에 의하면 입양에도 불구하고 친부모와의 친생자관계는 그대로 유지될 뿐만 아니라 양자의 성도 그대로 유지된다. 이러한 상황 때문에 입양 자체를 기피하거나 입양신고 대신 친생자로서 출생신고를 하는 현상이 나타났다. 이러한 결과는 양자로 될 자의 이익에 반하기 때문에 외국의 완전양자제도를 부분적으로 도입하여 친양자제도가 신설되었다. 친양자 제도는 가정법원의 재판에 의해야 하고, 양부(또는 양모)의 성과 본을 따르며, 친생부모와의 친자관계가 단절된다는 점에서 보통양자와 다르다(지원림, 제19판 민법강의, 2054면).

사후양자(死後養子)는 어떻게 되는가. 구 국가유공자법(1984. 8. 2. 법률 제3742호로 제정된 것)은 제5조 제2항 본문에서 명시적으로 사후양자를 국가유공자의 유족에 포함하고 있었지만 1991. 12. 27. 법률 제4457호로 개정할 때 제5조 제2항에서 '사후양자를 포함한다'는 문구를 삭제함과 동시에 관련부칙 제4조에서 경과규정을 둠으로서 사후양자가 더 이상 국가유공자의 유족에 포함되지 않음을 분명히 하였다. 사후양자의 경우 양자가 되는 시점에 이미 국가유공자가 사망하였으므로 국가유공자와 생계를 같이 하였거나 부양받는 상황에서 그의 희생으로 인하여 사회 · 경제적으로 예전보다 불리한 지위에 놓이게 될 여지가 없다. 사후양자와 일반양자는 생활의 안정과 복지의 향상을 도모할 필요성의 면에서 보면 상당한 차이가 있으므로 사후양자를 국가유공자의 유족에서 제외하더라도 헌법상 평등원칙에 위배된다고 볼 수 없을 것이다.[88)]

(3) 부모

부모의 경우, 생부 또는 생모 외에 국가유공자를 양육하거나 부양한 사실 있는 부 또는 모의 배우자가 있는 때에는 국가유공자를 주로 양육하거나 부양한 사람 1명을 부 또는 모로 본다.[89)]

(4) 조부모

조부모의 경우, 성년인 직계비속이 대통령령으로 정하는 생활능력이 없는 정도의 장애인이거나 다음의 어느 하나에 해당하는 사람으로서 의무복무 중인 경우에는 성년인 직계비속이 없는 것으로 본다.[90)]

① 병역법 제16조 또는 제20조에 따라 입영된 현역병(본인이 지원하지 아니하고 임용된 부사관을 포함한다)

② 병역법 제22조에 따라 소집된 상근예비역

③ 병역법 제25조에 따라 전환복무된 의무경찰 및 의무소방원

④ 병역법 제2조에 따른 사회복무요원 및 대체복무요원으로 소집된 사람

---

88) 헌법재판소 2021. 5. 27. 선고 2018헌바277 결정 참조
89) 법 5조 4항
90) 법 5조 5항

(5) 미성년 제매

미성년 제매의 경우, 60세 미만의 직계존속과 성년인 형제자매가 있더라도 대통령령으로 정하는 생활능력이 없는 정도의 장애인이거나 위 조부모의 경우에 나열된 ① ~ ④항의 어느 하나에 해당하는 사람으로서 의무복무 중인 경우에는 60세 미만의 직계존속과 성년인 형제자매가 없는 것으로 본다.[91]

2. 예우와 지원

가. 예우와 지원 의무

대한민국의 오늘은 국가를 위하여 희생하거나 공헌한 분들의 숭고한 정신으로 이룩된 것이므로 국가와 지방자치단체는 그 분들의 숭고한 정신을 선양하고 그 유족 또는 가족의 영예로운 삶과 복지향상을 도모해야 한다. 이러한 차원에서 국가보훈기본법은 국가와 지방자치단체[92]로 하여금 희생 · 공헌자들에 대해 그 희생과 공헌의 정도에 상응하는 예우와 지원을 하도록 하였다.[93] 국가는 국가보훈대상자에게 관계 법령에서 정하는 바에 따라 보상금 등을 지급하는데, 이 경우 지급의 수준은 전국 가구의 가계 소비지출액 등을 고려하여 결정하여야 한다.[94]

나. 예우와 지원을 받을 권리

국가보훈대상자는 단순히 국가와 지방자치단체의 시혜에 따라 보상금 등을 수령하는 것이 아니라, 국가보훈관계법령에서 정하는 바에 따라 예우 및 지원을 받을 권리를 가진다.[95] 다만, 예우 및 지원을 받으려는 사람은 국가보훈관계법령에서 정하는 바에 따라 국가보훈처장에게 등록 또는 지원을 신청해야 한다.[96]

---

91) 법 5조 6항

92) 국가가 국가유공자에게 시행하는 예우와 지원은 일률적이나, 지방자치단체는 자체 조례에 의해 제도를 시행하기 때문에 각 지자체별로 국가유공자에 대한 예우와 지원이 다 다르다. 이로 인해 형평성 문제가 제기되고 있는 실정이다.

93) 국가보훈기본법 18조

94) 국가보훈기본법 19조 1항

95) 국가보훈기본법 20조 1항

다. 권리의 보호

국가보훈기본법에 의하면, 국가보훈대상자의 예우 및 지원을 받을 권리는 국가보훈관계법령에서 정하는 경우를 제외하고는 다른 사람에게 양도하거나 담보로 제공할 수 없으며, 다른 사람은 이를 압류할 수 없다.[97] 이러한 정신에 입각하여 법도 "보훈급여금을 받을 권리는 양도하거나 압류할 수 없으며, 담보로 제공할 수 없다."라고 규정하고 있다.[98] 그런데 <보훈급여금을 받을 권리> 그 자체는 압류하지 못하더라도, <보훈급여금을 받을 권리>를 행사하여 보훈급여금이 국가보훈대상자의 계좌에 입금이 되면 사정이 달라진다. 계좌에 입금된 돈은 <보훈급여금을 받을 권리>가 아니라 <예금채권>에 불과하기 때문이다. 따라서 이 돈은 제3자가 압류할 수 있다. 이런 문제점을 해결하기 위해 국가유공자법은 "입금된 월 보훈급여금 중「국민기초생활보장법」제2조 제11호에 따른 기준 중위소득과 보훈급여금 등을 고려하여 대통령령으로 정하는 액수 이하의 금액에 관한 채권은 압류할 수 없다."라는 규정을 신설하였다.[99] 이 조항에 의해 비로소 국가유공자의 계좌에 입금된 돈을 제3자가 압류할 수 없게 되었다. 다만, 대부를 받는 경우에는 담보로 제공할 수 있게 하였고,[100] 보훈급여금을 환수하는 경우에는 압류도 할 수 있게 허용하였다.[101] 국가유공자의 잘못으로 보훈급여금이 환수되는 경우에도 압류를 하지 못하도록 하면 보훈급여금의 환수제도의 취지가 몰각되기 때문이다.

라. 예우와 지원의 종류 및 개략적 내용

예우와 지원의 종류		내용
보훈급여금	보상금	국가보훈대상자들의 애국정신이 항구적으로 존중되고 영예로운 생활이 보장되도록 하기 위하여 희생과 공헌의 정도에 따라 차등 지급하는 금전적 급여(법 12조)

96) 국가보훈기본법 20조 2항
97) 국가보훈기본법 21조
98) 법 19조 1항
99) 법 19조 3항(2015. 12. 22. 법률 제13606호로 개정된 것)
100) 법 19조 2항
101) 법 19조 4항

<table>
<tr><td></td><td colspan="2"></td><td>지급대상
1. 전상군경, 공상군경, 4 · 19혁명부상자 및 특별공로상이자
2. 재일학도의용군인 및 그가 사망한 경우 그 유족 중 선순위자 1명
3. 전몰군경, 순직군경, 4 · 19혁명사망자 및 특별공로순직자의 유족 중 선순위자1명
4. 제1호에 해당하는 사람 중 대통령령으로 정하는 상이등급 이상으로 판정된 사람이 사망한 경우 그 유족 중 선순위자 1명</td></tr>
<tr><td></td><td rowspan="4">수당</td><td>생활 조정수당</td><td>생활수준조사를 거쳐 기준 중위소득 50% 이하의 생계곤란자에게 차등 지급하는 금전적 급여
지급대상
1. 국가유공자
2. 국가유공자의 유족 중 보상금을 받는 사람
3. 국가유공자의 유족 중 보상금을 받는 사람이 없는 경우에는 법 제5조 제1항 각 호(유족 또는 가족 범위)의 순위에 따른 선순위자 1명</td></tr>
<tr><td></td><td>간호 수당</td><td>상이정도가 심해 다른 사람의 보호 없이는 활동이 어려운 사람에게 지급하는 간병비 명목의 금전적 급여
지급대상
전상군경, 공상군경, 4 · 19혁명부상자, 공상공무원 및 특별공로상이자로서 상이정도가 심하여 다른 사람의 보호 없이는 활동이 어려운 사람</td></tr>
<tr><td></td><td>무공 영예수당</td><td>무공수훈자의 명예선양과 고령으로 인한 소득감소를 보전하기 위한 제도
지급대상
60세 이상 무공수훈자</td></tr>
<tr><td></td><td>6 · 25 전몰군경 자녀수당</td><td>보훈제도의 미비 등으로 실제 수혜를 받지 못했거나 그 정도가 미미한 6 · 25전몰군경자녀에 대한 보전적 차원에서 지원하는 제도로 제적자녀와 승계자녀, 신규 승계자녀로 구분해 차등 지급
지급대상</td></tr>
</table>

			1953년 7월 27일 이전 및 참전유공자법 별표에 따른 전투기간 중에 전사하거나 순직한 전몰군경 또는 순직군경의 자녀 중 법 제13조 에 따른 보상금 지급순위가 선순위인 사람 1명
		부양가족 수당	부양가족이 있는 경우 그 수에 따라 지급하는 수당 **지급대상** 다음 각 호의 어느 하나에 해당하는 사람으로서 부양가족이 있는 경우 전상군경, 공상군경, 4 · 19혁명부상자 및 특별공로상이자 중 대통령령으로 정하는 상이등급 이상으로 판정된 사람 및 재일학도의용군인 전몰군경 · 순직군경 · 4 · 19혁명사망자 및 특별공로순직자의 배우자 및 제1호에 해당하는 사람이 사망한 경우 그 배우자 전몰군경 · 순직군경 · 4 · 19혁명사망자 및 특별공로순직자의 자녀와 제1호에 해당하는 사람이 사망한 경우 그 자녀. 다만, 보상금을 받는 자녀에 한정한다.
		중상이 부가수당	1급 상이등급으로 판정받은 사람에게 지급하는 수당 **지급대상** 전상군경, 공상군경, 4 · 19혁명부상자, 공상공무원 및 특별공로상이자 중 대통령령으로 정하는 상이등급[102] 이상으로 판정된 사람
		4 · 19 혁명 공로 수당	4 · 19민주이념을 기리기 위하여 지급하는 수당 **지급대상** 4 · 19혁명공로자
		기타 대통령령으로 정하는 수당	**고령수당** 고령의 국가유공자 등에게 지급하는 수당 **지급대상** 법 제12조 제1항 제1호에 해당하는 사람[103] 또는 같은 항 제2호의 재일학도의용군인 중 60세 이상인 사람 법 제12조 제1항 제2호부터 제4호까지에 해당하는 사람[104] 중 60세 이상인 배우자 3. 국가유공자의 유족 중 보상금을 받는 사람이 없는

				경우에는 법 제5조 제1항 각 호(유족 또는 가족 범위)의 순위에 따른 선순위자 1명
			2명 이상 사망 수당	2명 이상 사망한 국가유공자의 배우자 또는 부모에게 지급하는 금원 **지급대상** 법 제12조 제1항 제2호부터 제4호까지에 해당하는 사람 중 배우자 또는 부모로서 가. 사망자(상이등급 7급에 해당하는 전상군경, 공상군경, 4 · 19혁명부상자 및 특별공로상이자는 제외한다)가 2명인 경우 나. 사망자가 3명 이상인 경우에는 가목의 지급액에 2명을 초과하는 1명당 274천원을 더하여 지급한다.
			전상 수당	법 제12조 제1항 제1호에 해당하는 사람 중 전상군경에게 지급하는 금원
	사망 일시금			보상금을 받고 있는 국가유공자가 사망한 경우 보상금 종결에 따른 소득감소 및 장제보조비의 성격으로 지급하는 금원 **지급대상** 보상금을 받고 있는 국가유공자가 사망한 경우 그 유족
교육 지원	수업료 등 면제/학습보조비 지급			국가유공자와 그 유족 또는 가족이 필요한 교육 등을 받음으로써 건전한 사회인으로의 자립을 위한 지원
취업 지원	채용시험 가점/국가기관 등의 채용의무/기업체 등의 우선고용의무/보훈특별고용/능력개발 장려금 지급			국가유공자와 그 유족 등의 생활안정 및 자아실현을 위한 지원
의료 지원	진료			국가유공자와 그 유족 등이 건강한 생활을 유지하고 필요한 진료 등을 받을 수 있도록 하는 지원
	보철구 지급			신체장애가 있는 국가유공자에게 보철구를 지급하는 지원
	재활			국가유공자와 그 유족 등에게 심리적 안정과 사회적응을 원활히 하도록 지원

대부 지원	국가유공자와 그 유족 등의 자립과 생활안정을 위하여 장기저리로 대부하는 제도	
그 밖의 지원	양로지원	국가유공자나 그 유족으로서 65세 이상의 남성 또는 60세 이상의 여성 중 부양의무자가 없는 자에 대해 국가의 양로시설에서 지원
	요양지원 보조	요양등급을 판정받은 고령의 국가유공자에게 요양시설 이용에 따른 본인 부담금의 일부를 지원
	보훈재가 복지서비스	국가유공자와 그 유족 또는 가족의 원활한 일상생활을 위하여 가정에서 가사활동, 건강관리 및 정서활동 등을 지원하는 서비스
	양육지원	국가유공자의 미성년 자녀와 미성년 제매 중 부양의무자가 없는 사람 또는 부양의무자가 양로지원을 받고 있는 사람에 대하여 국가의 양육시설에서 지원
	수송시설 지원	전상군경 · 공상군경 등에 대하여 공공기관의 수송시설 이용료를 받지 아니하거나 할인을 해 주는 제도
	고궁 등의 이용지원	국가유공자, 그 유족 또는 가족에게 국가나 지방자치단체가 관리하는 고궁과 공원 등의 시설 이용료를 받지 아니하거나 할인을 해 주는 제도
	주택의 우선공급	국가나 지방자치단체가 국가유공자와 그 유족에게 공공주택을 우선 공급하는 제도
	생업지원	국가와 지방자치단체, 그 밖의 공공단체가 소관 공공시설 안에 일상생활용품의 판매를 위한 매점의 운영이나 자판기 등의 설치를 허가 또는 위탁하는 경우, 국가유공자와 그 유족의 신청을 우선적으로 반영하는 제도

※ 고엽제후유증환자로 결정 · 등록된 사람 중 그 장애정도가 국가보훈처장이 실시하는 신체검사에서 법에 따른 상이등급에 해당하는 것으로 판정된 사람으로서, 월남전에 참전하고 전역한 자 등은 〈전상군경〉으로, 남방한계선 인접지역에서 복무하고 전역한 자 등은 〈공상군경〉으로 보고 보상함(고엽제법 제6조 제1항)

102) 상이등급 1급

103) 전상군경, 공상군경, 4 · 19혁명부상자 및 특별공로상이자

104) 법 제12조 제1항

1. 전상군경, 공상군경, 4 · 19혁명부상자 및 특별공로상이자
2. 재일학도의용군인 및 그가 사망한 경우 그 유족 중 선순위자 1명
3. 전몰군경, 순직군경, 4 · 19혁명사망자 및 특별공로순직자의 유족 중 선순위자 1명
4. 제1호에 해당하는 사람 중 대통령령으로 정하는 상이등급 이상으로 판정된 사람이 사망한 경우 그 유족 중 선순위자 1명

3. 타 법률과의 관계

가. 개요

국가유공자법에 따른 보상금 등 보훈급여금은 군인 · 경찰공무원 등이 직무수행 또는 교육훈련 중에 사망 또는 상이를 입는 경우에 지급되는 것이어서 사안에 따라서는 국가배상제도와 중첩되는 경우가 발생한다. 이런 경우 국가유공자법에 따른 보훈급여금과 국가배상법에 따른 손해배상금을 모두 지급할 것인지 여부가 문제된다.

나. 국가배상법 제2조 제1항 단서와의 관계

(1) 국가유공자법에 따라 보상을 받을 수 있는 경우 손해배상청구 제한

헌법 제29조 제2항에 의하면 "군인 · 군무원 · 경찰공무원 기타 법률이 정하는 자가 전투 · 훈련 등 직무집행과 관련하여 받은 손해에 대하여는 법률이 정하는 보상 외에 국가 또는 공공단체에 공무원의 직무상 불법행위로 인한 배상을 청구할 수 없다."고 정하고 있고, 이를 근거로 국가배상법 제2조 제1항 단서는 "다만, 군인 · 군무원 · 경찰공무원 또는 예비군대원이 전투 · 훈련 등 직무집행과 관련하여 전사 · 순직하거나 공상을 입은 경우에 본인이나 그 유족이 다른 법령에 따라 재해보상금 · 유족연금 · 상이연금 등의 보상을 지급받을 수 있을 때에는 이 법 및 민법에 따른 손해배상을 청구할 수 없다."라고 규정하고 있다.[105)]

따라서 국가유공자법이 정한 보상에 관한 규정은 국가배상법 제2조 제1항 단서가 정한 '다른 법령'에 해당하므로, 국가유공자법에서 정한 국가유공자 요건에 해당하여 보상금 등 보훈급여금을 지급받을 수 있는 경우는 법에 따라 '보상을 지급받을 수 있을 때'에 해당한다.[106)] 따라서 군인 · 군무원 · 경찰공무원 또는 향토예비군대원(이하 '군인 등'이라 함)이 전투 · 훈련 등 직무집행과 관련하여 공상을 입는 등의 이유로 국가유공자법이 정한 국가유공자 요건에 해당하여 보상금 등 보훈급여금을 지급받을 수 있는 경우에는 국가배상법 제2조 제1항 단서에 따라 국가를 상대로 국가

105) 헌법재판소와 대법원은 헌법 제29조 제2항 및 국가배상법 제2조 제1항 단서가 헌법에 위반되지 않는다고 한다(헌법재판소 2001. 2. 22. 선고 2000헌바38 결정; 대법원 1994. 12. 13. 선고 93다29969 판결ㅣ).

106) 대법원 1994. 12. 13. 선고 93다29969 판결

배상을 청구할 수 없다.

(2) 국가유공자법에 따라 보상을 받을 수 없는 경우 손해배상청구 가능

군인, 군무원 등 국가배상법 제2조 제1항 단서에 열거된 자가 전투 · 훈련 기타 직무집행과 관련하는 등으로 공상을 입은 경우라 하더라도 군인연금법 또는 국가유공자법에 의하여 재해보상금, 유족연금, 상이연금 등 별도의 보상을 받을 수 없는 경우에는 국가배상법 제2조 제1항 단서의 적용 대상에서 제외된다.[107] 국가유공자법에 따른 보상을 받을 수 없음이 판명되어 국가배상법 제2조 제1항 단서 규정의 적용이 배제됨이 확정될 때까지는 같은 항 본문에 기한 손해배상청구권은 법률상 이를 행사할 수가 없다 할 것이므로, 이처럼 다른 법령에 의하여 보상을 받을 수 없음이 판명되지 않고 있다는 사정은 손해배상청구권의 행사에 대한 법률상의 장애라고 할 수 있다.[108] 따라서 국가유공자법에 의한 보상을 받을 수 없음이 판명될 때까지는 법률상의 장애기간으로서 시효가 진행되지 않는다.

(3) 보상받을 권리를 실제로 행사하여야 비로소 손해배상청구가 배제되는지 여부

헌법 제29조 제2항 및 국가배상법 제2조 제1항 단서 규정의 입법 취지는, 국가 또는 공공단체가 위험한 직무를 집행하는 군인 · 군무원 · 경찰공무원 또는 향토예비군대원에 의한 피해보상제도를 운영하여 직무집행과 관련하여 피해를 입은 군인 등이 간편한 보상절차에 의하여 자신의 과실 유무나 그 정도에 관계없이 무자력의 위험부담이 없는 확실하고 통일된 피해보상을 받을 수 있도록 보장하는 대신에, 군인 등의 동일한 피해에 대하여 국가 등의 보상과 배상이 모두 이루어짐으로 인하여 발생할 수 있는 과다한 재정지출을 피해 군인 등 사이의 불균형을 방지하고, 또한 가해자인 군인 등과 피해자인 군인 등의 직무상 잘못을 따지는 쟁송이 가져올 폐해를 예방하려는 데에 있고, 또 군인, 군무원 등 이 법률 규정에 열거된 자가 전투, 훈련 기타 직무집행과 관련하는 등으로 공상을 입은 데 대하여 재해보상금, 유족연금, 상이연금 등 별도의 보상제도가 마련되어 있는 경우에는 이중배상의 금지를 위하여 이들의 국가에 대한 손해배상청구권 또는 민법상의 손해배상청구권 자체를 절대적

107) 대법원 1996. 12. 20. 선고 96다42178 판결
108) 대법원 1998. 7. 10. 선고 98다7001 판결

으로 배제하려는 것이다. 이러한 입장에서 대법원은, "국가배상법 제2조 제1항 단서 규정은 다른 법령에 보상제도가 규정되어 있고, 그 법령에 규정된 상이등급 또는 장애등급 등의 요건에 해당되어 그 권리가 발생한 이상, 실제로 그 권리를 행사하였는지 또는 그 권리를 행사하고 있는지 여부에 관계없이 적용된다."고 한다.[109]

(4) 손해배상금 선 수령 후 보상받을 권리를 행사하는 경우

전투·훈련 등 직무집행과 관련하여 공상을 입은 군인 등이 먼저 국가배상법에 따라 손해배상금을 지급받은 다음 법이 정한 보상금 등 보훈급여금의 지급을 청구하는 경우에는 어떻게 되는가? 다음과 같은 사정에 비추어 국가배상법에 따라 손해배상을 받았다는 사정을 들어 보상금 등 보훈급여금의 지급을 거부할 수 없다.[110]

첫째, 국가배상법 제2조 제1항 단서가 명시적으로 '다른 법령에 따라 보상을 지급받을 수 있을 때에는 국가배상법 등에 따른 손해배상을 청구할 수 없다.'고 정하고 있는 것과 달리, 법은 국가배상법에 따른 손해배상금을 지급받은 자를 보상금 등 보훈급여금의 지급대상에서 제외하도록 하는 규정을 두고 있지 아니하다.

둘째, 헌법 제29조 제2항 및 국가배상법 제2조 제1항 단서의 취지는, 국가 또는 공공단체가 위험한 직무를 집행하는 군인 등에 대한 피해보상제도를 운영하여, 직무집행과 관련하여 피해를 입은 군인 등이 간편한 보상절차에 의하여 자신의 과실 유무나 그 정도와 관계없이 무자력의 위험부담이 없는 확실하고 통일된 피해보상을 받을 수 있도록 보장하는 대신 피해 군인 등이 국가 등에 대하여 공무원의 직무상 불법행위로 인한 손해배상을 청구할 수 없게 함으로써, 군인 등의 동일한 피해에 대하여 국가 등의 보상과 배상이 모두 이루어짐으로 인하여 발생할 수 있는 과다한 재정지출과 피해 군인 등 사이에 불균형을 방지하기 위한 것이다.[111] 그런데 법 제12조가 정한 공상군경 등에 대한 보상금의 액수는 해당 군인 등의 과실을 묻지 아니하고 상이등급별로 구분하여 정해지고, 그 지급수준도 가계조사통계의 전국가구 가계소비지출액 등을 고려하여 국가유공자의 희생과 공헌 정도에 상응하게 결정되며, 이와 같이 정하여진 보상금은 매월 사망시점까지 지급되는 반면, 국가배상법에 따

109) 대법원 2002. 5. 10. 선고 2000다39735 판결
110) 대법원 2017. 2. 3. 선고 2014두40012 판결
111) 대법원 2002. 5. 10. 선고 2000다39735 판결 등 참조

른 손해배상에서는 완치 후 장해가 있는 경우에도 그 장해로 인한 노동력 상실 정도에 따라 피해를 입은 당시의 월급액이나 월실수입액 또는 평균임금에 장래의 취업가능기간을 곱한 금액의 장해배상만을 받을 수 있고, 해당 군인 등의 과실이 있는 경우에는 그 과실의 정도에 따라 책임이 제한되므로, 대부분의 경우 법에 따른 보상금 등 보훈급여금의 규모가 국가배상법상 손해배상금을 상회할 것으로 보인다. 이와 같은 국가배상법 제2조 제1항 단서의 입법 취지, 법이 정한 보상과 국가배상법이 정한 손해배상의 목적과 산정방식의 차이 등을 고려하면, 국가배상법 제2조 제1항 단서가 법 등에 의한 보상을 받을 수 있는 경우 추가로 국가배상법에 따른 손해배상청구를 하지 못한다는 것을 넘어 국가배상법상 손해배상금을 받은 경우 일률적으로 법상 보상금 등 보훈급여금의 지급을 금지하는 취지로까지 해석하기는 어렵다.[112]

다. 군인/공무원재해보상법과의 관계

군인재해보상법은 군인의 공무로 인한 부상 · 질병 · 장해 · 사망에 대하여 적합한 보상을 통해 군인 및 그 유족의 복지 향상에 이바지함을 목적으로 하는 법령이고,[113] 공무원재해보상법은 공무원의 공무로 인한 부상 · 질병 · 장해 · 사망에 대하여 적합한 보상을 하고 공무상 재해를 입은 공무원의 재활 및 직무복귀를 지원하며 재해예방을 위한 사업을 시행함으로써 공무원이 직무에 전념할 수 있는 여건을 조성하고 공무원 및 그 유족이 복지향상에 이바지함을 목적으로 하는 법령이며,[114] 국가유공자법은 국가를 위하여 희생하거나 공헌한 국가유공자, 그 유족 또는 가족을 합당하게 예우하고 지원함으로써 이들의 생활안정과 복지향상을 도모하고자 하는 법령이다. 따라서 이들 모두 법 적용대상자들의 부상 · 질병 등에 대한 '보상'을 통해 복지향상을 도모하고자 한다는 점에서 그 제도적 목적이 비슷하다.

그런데, 군인재해보상법이나 공무원재해보상법은 '보상'을 통한 복지향상에 방점을 두고 있는 반면 국가유공자법은 '예우'에 방점이 있다. 즉, 국가유공자법은 법 적용대상자들에 대해 단순히 보상을 하려는 것이 아니라 국가를 위해 희생하거나 공헌한 분들에 대한 예우와 지원을 통해 국민의 애국정신을 기른다는 점에 제도적 의

112) 대법원 2017. 2. 3. 선고 2014두40012 판결
113) 군인재해보상법 1조
114) 공무원재해보상법 1조

의가 있다. 그렇기 때문에, 국가유공자법에 따른 보훈급여금은 국가의 부담으로 지급한다는 면에서 재해보상법상의 급여와 유사하여 중첩적 지급의 성격이 있음에도 군인재해보상법은 국가유공자법에 따른 보훈급여금을 중복지급 제한대상에서 제외하고 있고,[115] 공무원재해보상법 역시 순직육족급여 · 위험직무순직유족급여 수급자에게 급여 지급 시 국가유공자법에 따른 보상금을 중복지급 제한대상에서 제외하고 있다.[116]

115) 군인재해보상법 18조 3항
116) 공무원재해보상법 20조 5항

CHAPTER 02

등록신청

Chapter 02

등록신청

제1절 | 개관

공법상 각종 급부청구권은 법령의 규정에 의하여 직접 구체적인 권리가 발생하는 경우와 관할 행정청의 심사·인용 결정에 따라 비로소 구체적인 권리가 발생하는 경우로 나눌 수 있다.[1] 그중 사회보장수급권은 법령에서 실체적 요건을 규정하면서 수급권자 여부, 급여액 범위 등에 관하여 행정청이 1차적으로 심사하여 결정하도록 하는 후자의 유형이 일반적이다. 국가유공자법상 보훈급여금도 관할 행정청인 국가보훈처가 심사하여 지급결정함으로써 비로소 구체적인 수급청구권이 발생하므로 후자의 유형에 해당된다.

1. 등록신청주의

가. 원칙

(1) 신규 등록신청

국가를 위해 희생·공헌을 한 사람이라고 해서 당연히 국가유공자로서 예우와 지

1) 대법원 2021. 3. 18. 선고 2018두47264 전원합의체 판결

원을 받는 것은 아니다. 국가유공자법에 따른 심사를 통해 희생·공헌 사실을 인정받아야 비로소 보상받을 권리가 생긴다. 즉, 희생·공헌자와 그 유족 또는 가족으로서 국가유공자법의 적용대상자가 되어 예우 및 지원을 받으려면 해당 법령에 따라 국가보훈처장에게 등록을 신청하여야 한다.[2)]

(2) 재 등록신청

(가) 종전 등록절차에서 요건심사를 통과하지 못한 경우

과거 국가유공자 등록절차를 밟았으나 요건심사에서 비해당 의결되어 기각된 경우 그 기각의 결정에는 기속력이 없으므로 추후 재등록 신청이 가능하다. 따라서 다시 심사를 받고자 할 때는 등록신청서를 제출해야 한다. 이 경우 보훈심사위원회는 신규 등록신청의 예에 따라 요건심사부터 진행한다.

(나) 종전 등록절차에서 상이등급을 받지 못한 경우

국가유공자 등록신청을 하고 요건심사를 통과하였으나 신체검사에서 상이등급의 판정을 받지 못한 경우 그 등록신청은 기각된 것으로 본다.[3)] 이 경우에도 기속력은 없으므로 추후 재등록신청이 가능하다. 따라서 다시 신체검사를 통해 상이등급을 판정받고자 할 때는 등록신청서를 제출해야 한다. 다만, 이 경우 요건심사부터 진행해야 하겠지만, 특별한 사정이 없는 한 요건심사는 생략되는 것이 실무 관행이다.[4)] 종전 심의에서 요건해당으로 의결하였으므로 특별한 사정이 없는 한 동일한 결론이 도출될 것이기 때문이다.

나. 등록신청의 예외

(1) 사망 등 불가피한 사정이 있는 경우

이미 당사자가 사망했다든지 기타 신청을 할 수 없는 불가피한 사정이 있는 경우에도 신청을 강요할 경우에는 불합리한 점이 있을 수 있어 일부 예외를 두고 있다. 즉, 신청 대상자가 ① 국가보훈기본법 제23조 제1항 제3호의2에 따라 발굴된 희생·

---

2) 법 6조 1항 본문
3) 법 6조의3 3항 1호
4) 영 16조 2항. 규정상 요건심사의 생략은 재량적이지만, 실무관행상 특별한 사정이 없는 한 생략된다.

공헌자의 경우 ② 전투 또는 이에 준하는 직무수행 중 상이를 입거나 사망한 경우, ③ 그 밖에 대통령령으로 정하는 사유[5]로 직접 등록을 신청할 수 없는 경우에는 국가보훈처 소속 공무원이 신청 대상자의 동의를 받아 등록을 신청할 수 있고, 그 동의를 받은 경우에는 신청 대상자가 등록을 신청한 것으로 본다.[6] 독립유공자법[7] · 참전유공자법[8]에도 동일한 취지가 규정되어 있다.

(2) 보훈보상대상자 등록을 신청하는 경우

보훈보상자법 제4조 제1항에 따라 보훈보상대상자가 되기 위하여 등록신청을 한 사람에 대하여는 그 등록신청을 한 날에 국가유공자 및 그 유족 또는 가족의 등록신청을 한 것으로 본다.[9] 즉, 보훈보상자법에 따라 보훈보상대상자 등록신청을 하면 동시에 국가유공자 등록신청을 한 것으로 간주되는 것이다. 따라서 보훈보상대상자 등록을 신청하는 사람은 별도로 국가유공자 등록신청을 할 필요가 없다. 반대로 국가유공자가 되기 위하여 등록을 신청하는 사람에 대하여도 그 등록신청을 한 날에 보훈보상대상자 등록신청을 한 것으로 본다.[10] 즉, 국가유공자법에 따라 국가유공자 등록신청을 하면 동시에 보훈보상대상자 등록신청을 한 것으로 간주되는 것이다. 따라서 이 경우에도 별도로 보훈보상대상자 등록신청은 필요 없다.

(3) 상이의 추가인정을 신청하는 경우

이미 국가유공자로 등록된 사람이 상이의 추가인정을 신청하는 경우 등록신청을 하는 것이 아니라 <전 · 공상 추가인정 신청서>를 제출하면 된다.[11] 다만, 이 경우에도 신청 상이에 대해서는 보훈심사위원회의 요건심사를 거쳐야 한다.[12] 엄밀하게 볼 때, 상이의 추가인정은 새로운 요건심사이기 때문이다. 실무상 '상이의 추가인정'과 구별해야 하는 것이 있는데, 바로 신청병명과 동일부위 또는 동일사고로 인

---

5) "대통령령으로 정하는 사유"란 고령, 부상, 질병, 신체적 · 정신적 장애 또는 그 밖의 부득이한 사유를 말한다(영 제8조 제2항).
6) 법 6조 1항 단서
7) 독립유공자법 6조 4항
8) 참전유공자법 5조 5항
9) 법 6조 2항
10) 보훈보상자법 4조 2항
11) 규칙 18조 2호
12) 법 6조의5 1항

한 미신청 원상병명[13]의 심사다. 동일한 직무집행 또는 교육훈련으로 다수의 상이(질병)를 입었음에도 신청 상이처에서 빠뜨린 경우가 있다. 이런 경우에는 신청인의 의도를 선해(善解)하여 미신청 병명에 대해서도 요건심사를 하고 있다.[14] 심사 결과 인과관계가 인정된다면 그 상이처에 대해서도 요건해당 의결을 하게 된다.

2. 국가유공자와 보훈보상대상자의 관계

가. 보훈보상대상자 여부는 국가유공자 여부의 예비적 심사 대상

보훈보상대상자 개념을 도입한 2012년 7월 1일부터는 국가유공자 등록을 신청할 경우 반드시 예비적으로 보훈보상대상자 여부를 심사하도록 하였다. 요건에 대해 심의를 해 보면 비록 국가유공자는 되지 못하더라도 보훈보상대상자에는 해당될 수 있는데, 국가유공자 요건심사가 모두 끝난 뒤 다시 보훈보상대상자 등록절차를 밟으라고 하는 것은 매우 비경제적이기 때문이다. 그 반대의 경우에도 마찬가지다. 이에 따라 전몰군경 · 전상군경 · 순직군경 · 공상군경 · 순직공무원 · 공상공무원이 되기 위해 등록신청을 한 사람에 대해서는 그 등록신청을 한 날에 보훈보상대상자 등록도 동시에 신청한 것으로 본다.[15] 보훈보상대상자법에 따라 등록을 신청한 사람에 대해서도 그 등록신청을 한 날에 국가유공자 등록신청을 한 것으로 본다.[16][17]

나. 양자의 소송법상 관계

이와 같이 국가유공자 해당 여부를 심사할 때는 반드시 보훈보상대상자 여부도 심사하게끔 되어 있는데, 이 양자의 소송법상 관계는 어떻게 보아야 할까?

---

13) 실무상, 의무기록에 기재되어 있는 병명을 '원상병명'이라 하고, 신청인이 주장하는 병명을 '현상병명'이라 한다.
14) 보훈심사위원회 운영세칙(2021. 6. 23. 개정, 규칙 제56호) 4조 2항
15) 보훈보상대상자법 4조 2항
16) 법 6조 2항
17) 실무관행을 보면, 국가유공자 신청이 접수되면 먼저 국가유공자 요건에 해당하는지 여부를 검토한 후, 보훈보상대상자 요건에 해당되는지 여부도 검토한다. 국가유공자 요건에 해당된다고 판단되면 보훈보상대상자 요건 해당 여부는 판단하지 않는다. 국가유공자 요건에 해당되지 않으나 보훈보상대상자에는 해당된다고 판단하면, "국가유공자 비해당, 보훈보상대상자 해당"이라는 주문을 의결하고, 둘 다 요건에 해당되지 않는다고 판단되면 "국가유공자 비해당, 보훈보상대상자 비해당"이라는 주문을 의결하게 된다.

국가유공자법과 보훈보상자법은 사망 또는 상이의 주된 원인이 된 직무수행 또는 교육훈련이 국가의 수호 · 안전보장 또는 국민의 생명 · 재산 보호와 직접적인 관련이 있는지에 따라 국가유공자와 보훈보상대상자를 구분하고 있으므로, 국가유공자와 보훈보상대상자는 서로 양립이 불가능한 개념이다. 즉, 국가유공자이면서도 동시에 보훈보상대상자가 될 수는 없다. 따라서 국가유공자 비해당결정처분과 보훈보상대상자 비해당결정처분의 취소를 동시에 청구하는 것은 허용될 수 없다. 원칙적으로 국가유공자 비해당결정처분의 취소청구를 주위적 청구로 하고 보훈보상대상자 비해당결정처분의 취소청구를 예비적 청구로 하는 주위적 · 예비적 관계에 있다고 할 것이다.[18)]

3. 등록신청의 제척기간

국가유공자 또는 보훈보상대상자 등록신청에 기간의 제한이 있는가? 국가유공자 제도의 목적과 특성상 희생 · 공헌한 때로부터 상당한 기간이 지나도 등록신청을 함에는 아무런 제한이 없다.[19)] 등록의 실익이 있는 한, 아주 오래 전에 희생 · 공헌을 한 경우라도 그 사실을 입증할 수만 있다면 등록신청을 할 수 있다. 군인이나 공무원의 경우 전역 또는 퇴직한 이후에야 비로소 등록신청이 가능하므로, 예컨대 장기

---

18) 대법원 2016. 7. 27. 선고 2015두46994 판결 참조.

19) 대법원 2021. 3. 18. 선고 2018두47264 전원합의체 판결은 고용보험법상 육아휴직급여청구권의 신청기간이 제척기간인지 소멸시효기간인지 여부를 심리하면서 사회보장수급권의 행사방법을 4가지 입법유형으로 분류하였다. 첫째, 추상적 형태의 권리행사기간과 구체적 형태의 권리행사기간을 각각 병존적으로 규정한 경우(국세기본법 제26조의2, 제27조, 지방세기본법 제38조, 제39조, 질서위반행위규제법 제15조, 제19조) 둘째, 추상적 권리의 행사에 관해서만 기간을 규정한 경우(석면피해구제법 제9조 제4항) 셋째, 추상적 권리의 행사에 관하여 아무런 기간을 규정하지 않은 경우(「국가유공자 등 예우 및 지원에 관한 법률」 제9조 제2항, 제15조 등) 넷째, 각각의 권리단계를 구분하지 않고 하나의 규정으로 권리행사기간을 규정한 경우(산업재해보상보험법 제112조 제1항 제1호). 동 판결은, 국가유공자법처럼 추상적 권리의 행사에 관하여 아무런 기간을 규정하지 않은 경우 다시 추상적 권리를 구체적 권리로 전환하기 위한 권리행사를 별도의 기간 제한 없이 허용하면서 그 권리행사에 따라 결정되는 구체적 권리를 권리행사시점부터 장래에 대해서만 인정하는 취지에서 별도의 추상적 권리의 행사기간을 두지 않은 경우와 추상적 권리에 대해서도 그 권리가 발생한 때부터 일반 조항에 따라 소멸시효 규정이 적용되어야 함을 전제로 별도의 기간을 두지 않은 경우로 나눌 수 있는데, 어느 경우에 해당하는지는 개별 실정법 규정과 그 권리의 성질에 따라 정할 것이라고 설명하였다. 국가유공자법은 전자의 경우에 해당된다.

복무한 제대군인의 사례를 보면 입대 초기에 상이를 입었다면 30년 이상 세월이 흐른 후 등록신청을 하는 사례가 많다. 실무상 60~70년 전에 전사한 군인의 전몰군경 등록신청도 드물지 않다. 독립유공자의 경우 100년이 넘은 역사적 사건도 등록신청이 제출되는 경우도 있다.[20)]

4. 등록신청 횟수

국가유공자 또는 보훈보상대상자 등록신청에 횟수의 제한이 있는가? 법에는 이에 대해 아무런 제한 규정이 없다. 실무상으로도 아무런 제한 없이 반복적 등록신청을 허용하고 있다. 반복적 등록신청을 하더라도 매번 신규신청으로 보아 관련 절차를 진행하고 있다.[21)]

등록처리 흐름도

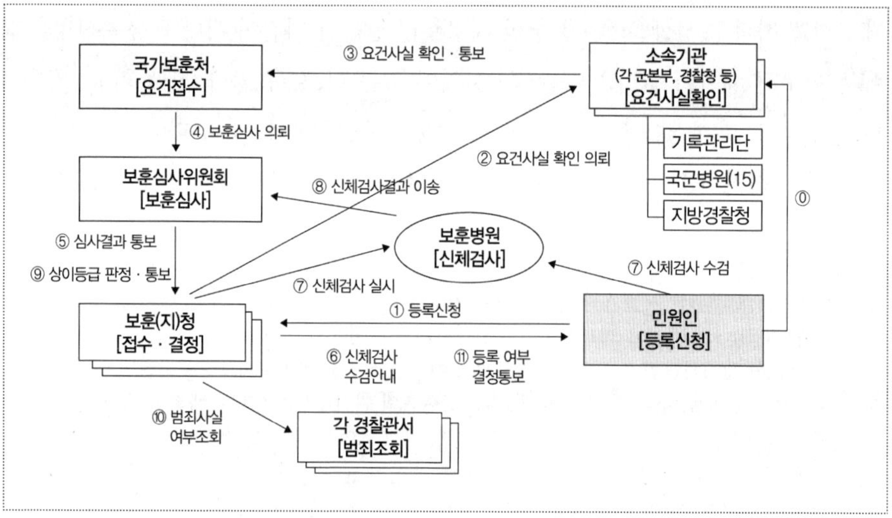

20) 재해부상군경 · 재해부상공무원의 경우에는 제척기간을 두자는 주장도 있다.

21) 실무에 의하면, 전체 등록신청 건수의 대략 10% 정도는 과거 요건 비해당 결정처분에 대한 (반복적) 재등록 신청이라고 한다. 이 경우 과거 결정을 번복할 만한 자료가 없으면 다시 요건 비해당 처분을 할 수밖에 없는 것이 현실이다. 때문에 새로운 자료의 제출이 없는 경우에는 '각하'하자는 주장이 힘을 얻고 있다.

제2절 | 등록신청권자

1. 독립유공자와 그 유족 또는 가족

순국선열 및 애국지사는 국가유공자임과 동시에 독립유공자로도 분류된다. 1995년부터 독립유공자법에 의해 독립유공자라는 개념으로 별도 관리되고 있다. 그래서 국가유공자이지만 이들의 예우에 관하여는 독립유공자법에 따르도록 되어 있다.[22] 신청자격도 독립유공자법에 규정되어 있다.[23] 그런데, 여전히 국가유공자에 포함되어 있기 때문에 독립유공자 등록이 이루어지면 국가유공자로 분류된다.[24]

(1) 독립유공자 본인

(2) 독립유공자의 유족 또는 가족(독립유공자법 제5조)

구 분	적용 또는 인정 범위
배우자 (제1호)	• 사실상의 배우자를 포함[25] • 배우자 및 사실상의 배우자가 독립유공자와 혼인 또는 사실혼 후 그 독립유공자가 아닌 다른 자와 사실혼 중에 있거나 있었던 경우는 제외[26]
자녀 (제2호)	• 양자는 독립유공자가 직계비속이 없어 입양한 자 1명만을 자녀로 봄. 다만, 1945년 8월 15일 이후에 입양된 경우 독립유공자, 그의 배우자 또는 직계비속을 부양한 사실이 있는 자에 한함.[27] • 2008.1.1.부터 친양자[28]는 인원수 제한 없이 자녀로 인정
손자녀 (제3호)	• 독립유공자의 유족으로 최초로 등록을 할 당시 이미 자녀 및 손자녀까지 사망한 경우에는 독립유공자의 가장 가까운 직계비속 중 1명을 손자녀로 봄(2012.7.1.시행)[29] – 가장 가까운 직계비속이란 선순위 자녀의 자녀 여부와 상관없이 독립유공자의 친 · 외증손자녀(증손이 없는 경우에는 고손자녀 등) 중 가장 나이가 많은 사람을 말하며, 증손자녀 간 협의에 의하여 1명을 보상을 받을 손자녀로 지정할 수 있음. 〈등록관리과-1688, 2015.4.8. 참조〉 • 독립유공자 직계비속의 양자는 그가 직계비속이 없어 입양한 자 1명만을 손자녀로 봄. 다만, 1945년 8월 15일 이후에 입양된 경우 독립유공자, 그의 배우자 또는 직계존비속을 부양한 사실이 있는 자에 한함[30]
며느리	• 1945년 8월 14일 이전에 입적된 자[31]

22) 법 4조 3항
23) 독립유공자법 4조, 5조
24) 법 4조 1항 1호, 2호

(제4호)	• 다만, 보상금을 받는 제1호부터 제3호까지의 유족이 없어야 하되, 2명 이상인 때에는 그 남편의 보상금 지급순위에 따른 선순위자 1명에 한함[32]

2. 국가유공자와 그 유족 또는 가족

(1) 국가유공자, 보훈보상대상자 본인

(2) 국가유공자, 보훈보상대상자의 유족 또는 가족(법 제5조, 보훈보상대상자법 제3조)

국가유공자나 보훈보상대상자의 유족 또는 가족도 독립적인 신청권자이다. 이들에게 신청권을 부여한 이유는, 국가유공자나 보훈보상대상자 본인이 이미 사망했거나 의사표현의 제한 등으로 신청하기 어려운 경우가 있는데다가, 국가유공자 또는 보훈보상대상자 등록이 되면 자신들도 법령에 따른 권리가 주어지기 때문이다.

구 분	적용 또는 인정 범위
배우자 (제1호)	• 사실상의 배우자를 포함[33] • 배우자 및 사실상의 배우자가 국가유공자와 혼인 또는 사실혼 후 그 국가유공자(보훈보상대상자)가 아닌 다른 자와 사실혼 중에 있거나 있었던 경우는 제외[34]
자녀 (제2호)	• 성년 자녀 포함[35] • 양자는 국가유공자가 직계비속이 없어 입양한 자 1명만을 자녀로 봄.[36] • 2008.1.1.부터 친양자[37]는 인원수 제한 없이 자녀로 인정(병역혜택 없음)
부모 (제3호)	• 생부 또는 생모 외에 국가유공자(보훈보상대상자)를 양육하거나 부양한 사실이 있는 부 또는 모의 배우자가 있는 때에는 국가유공자(보훈보상대상자)를 주로 양육하거나 부양한 자 1명을 부 또는 모로 본다.[38] ※ 생부 또는 생모가 사망하여 다툼이 없더라도 보훈심사위원회 심의에서 양육 또는 부양한 사실이 인정되어야 부모로 등록 가능함.[39]

25) 독립유공자법 5조 2항 본문
26) 독립유공자법 5조 2항 단서
27) 독립유공자법 5조 3항
28) 민법 제4편(친족) 제4장(부모와 자) 제2절(양자) 제4관(친양자) 부분 참조
29) 독립유공자법 5조 1항 3호 단서
30) 독립유공자법 5조 4항
31) 독립유공자법 5조 1항 4호
32) 독립유공자법 5조 5항
33) 법 5조 2항 본문

성년인 직계비속이 없는 조부모 (제4호)	• 성년인 직계비속이 없는 경우에 한함 • 성년인 직계비속이 없는 것으로 보는 경우40) - 대통령령으로 정하는 생활능력이 없는 정도의 장애인(법 및 보훈보상대상자법 시행령 별표 2의 장애인장애구분표에 해당하는 심신장애자) - 의무복무 중에 있는 경우 • [의무복무자에 포함되는 자] - 병역법 제16조 또는 제20조에 따라 입영된 현역병(지원하지 않은 부사관 포함) - 병역법 제22조에 따라 소집된 상근예비역 - 병역법 제25조에 따라 전환복무된 의무경찰, 의무소방원 - 병역법 제2조에 따른 사회복무요원으로 소집된 사람
60세 미만의 직계존속과 성년인 형제자매가 없는 미성년제매 (제5호)	• 60세 미만의 직계존속과 성년인 형이 있더라도 없는 것으로 보는 경우41) - 대통령령으로 정하는 생활능력이 없는 정도의 장애인이거나 의무복무 중인 경우 (제4호 참조)

제3절 | 등록신청 내용

1. 등록신청서

(1) 국가유공자, 그 유족 또는 가족이 등록신청을 할 경우에는 아래와 같은 서식의 등록신청서에 제출서류를 첨부하여 신청인의 주소지를 관할하는 지방보훈청장 또는 보훈지청장에게 제출해야 한다.42)

34) 독립유공자법 5조 2항 단서
35) 구 「군사원호보상법」(1985. 1. 1. 법률 제3742호로 폐지됨) 시절에는 '미성년인 자녀'여야 전몰군경의 유족이 될 수 있었다(동법 제5조 제4항 제2호 참조). 국가유공자법 제정 시, 성년 자녀도 포함시켰다. 이로 인해 군사원호보상법에 따라 <권리소멸>되었던 국가유공자의 자녀가 국가유공자법에 따라 <권리부활>을 신청하는 경우가 생겼다.
36) 법 5조 3항
37) 민법 제4편(친족) 제4장(부모와 자) 제2절(양자) 제4관(친양자) 부분 참조
38) 법 5조 4항
39) 법 6조 4항
40) 법 5조 5항
41) 법 5조 6항
42) 규칙 3조 1항

(2) 등록신청서는 국가유공자와 신청인의 성명과 주민등록번호, 군번 등 등록에 필수적인 인적사항과 연락처 등을 위주로 기재하는 서류이다.

[별지 제2호서식] <개정 2021. 4. 7.>

정부24(www.gov.kr)에서도 신청할 수 있습니다.

국가유공자(유족) 등 등록신청서

※ [ ]에는 해당하는 곳에 √표시를 합니다. (앞쪽)

접수번호	접수일시	처리기간 20일 (사실확인 및 심사기간 제외, 무공·보국수훈자는 14일)

국가유공자	성명	주민등록번호 -	
	군별(소속)		
	군번	계급(직급)	
	입대일(임용일)	년 월 일	
	전공사상·포상일 년 월 일	전공사상·포상훈격 [ ]전상 [ ]공상 [ ]전사 [ ]순직 [ ]포상 (훈격:)	
	전역일(퇴직일)	년 월 일	
신청인	국가유공자와의 관계	성명	주민등록번호 -
	주소		
	전화번호	휴대전화번호	

유족 및 가족사항 (신청인 포함)	국가유공자와의 관계	성명	주민등록번호	비고
			-	
			-	
			-	
			-	
			-	

「국가유공자 등 예우 및 지원에 관한 법률」 제6조제1항, 같은 법 시행령 제8조제1항·제16조제1항 및 같은 법 시행규칙 제3조·제7조제1항에 따라 위와 같이 등록을 신청합니다.

년 월 일

신청인 (서명 또는 인)

지방보훈청장
보훈지청장 귀하
제주특별자치도지사

☞ **뒤쪽에 제출 서류 및 동의서가 있습니다.**

210mm×297mm[백상지(80g/㎡) 또는 중질지(80g/㎡)]

(뒤쪽)

신청인 제출 서류	1. 가족관계기록사항에 관한 증명서 1부 2. 제적등본(가족관계기록사항에 관한 증명서를 통해 국가유공자와의 관계를 확인할 수 없는 경우에만 제출합니다) 1부 3. 사진(3.5cm×4.5cm) 1장[전자문서로 신청하는 경우에는 50킬로바이트 이하 디지털사진파일(JPG파일)을 제출하시기 바랍니다] 4. 4·19혁명부상자 및 4·19혁명사망자의 유족: 4·19혁명 당시 혁명참가자가 소속하였던 단체나 학교의 장이 발행한 4·19혁명참가확인서와 4·19혁명으로 인하여 사망하였거나 상이를 입었음을 증명할 수 있는 서류 각 1부 5. 국가유공자와 사실혼 관계에 있는 사람: 그 사실혼 관계를 증명할 수 있는 서류 1부 6. 국가유공자를 주로 부양하거나 양육한 사실이 있는 사람: 그 사실을 증명할 수 있는 서류 1부 7. 같은 순위 유족 간의 협의에 따라 보상금 수급자나 선순위 유족으로 지정된 사람: 별지 제12호서식의 보상금 수급자 지정서 또는 별지 제13호서식의 선순위 유족 지정협의서 1부 8. 군인, 경찰·소방 공무원 등으로서 전역하거나 퇴직한 사람: 전역일자 또는 퇴직일자를 확인할 수 있는 서류 1부 9. 군인, 경찰·소방 공무원 등으로서 6개월 이내에 전역이나 퇴직하려는 사람: 전역예정일자 또는 퇴직예정일자를 확인할 수 있는 서류 1부	수수료 없음
담당 공무원 확인사항	1. 주민등록표 등본 2. 무공수훈자, 보국수훈자 및 4·19혁명공로자의 경우 행정안전부장관이 발급하는 상훈수여 증명서 3. 병적증명서(군인으로 전역한 경우에만 제출합니다)	

행정정보 공동이용 동의서

본인은 이 건 업무처리와 관련하여 담당 공무원이 「전자정부법」 제36조제1항에 따른 행정정보의 공동이용을 통해 담당 공무원 확인사항을 확인하는 것에 동의합니다.

* 동의하지 않는 경우에는 직접 관련 서류를 제출해야 합니다.

* 동의함 [ ] 동의하지 않음[ ] 신청인 (서명 또는 인)

개인정보 수집 및 이용 동의서

이 건 업무처리와 관련하여 「한국보훈복지의료공단법」 제7조에 따른 보훈병원으로부터 전자의무기록을 제공받아 상이등급 판정을 위한 신체검사 및 심사 업무에 이용하는 것에 동의합니다.

* 동의하지 않는 경우에는 신청인이 직접 관련 자료를 제출해야 합니다.

* 동의함[ ] 동의하지 않음[ ] 신청인 (서명 또는 인)

처리절차

신청인	처리기관	관련기관
	국가보훈처	소속기관 (각 군 본부, 지방경찰청, 소방청, 공무원연금공단 등)

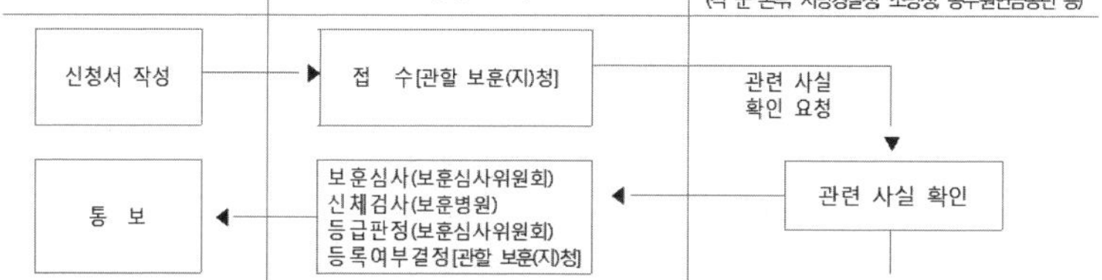

신규신체검사 또는 재확인신체검사

소견	승인 [ ] 불승인 [ ]	사유

확인

담당	주무	과장	(지)청장

2. 국가유공자 등 요건관련 사실확인서 발급요청서

(1) 국가보훈처장은 법 제4조 제1항 제3호부터 제6호, 제8호, 제14호 및 제15호의 국가유공자가 되기 위한 등록신청서를 접수한 경우에는 그 소속하였던 기관의 장에게 그 요건과 관련된 사실의 확인을 요청하여야 하는 바,[43] 이에 따라 신청인은 등록신청서 제출 시 <국가유공자 요건 관련 사실 확인서 발급요청서>[44]를 작성 후 함께 제출하여야 한다.

국가유공자 등 요건관련사실확인서 발급요청서

※ □에는 해당되는 곳에 √표를 하고, 색상이 어두운 란은 신청인이 작성하지 않습니다.

접수번호		접수일자	

사망(상이)자					
성 명		생년월일			
신 분	□ 군인 □ 경찰 □ 소방공무원 □ 전투의무경찰 □ 공무원 □ 기타( )				
소 속		계급(직급)		군 번 *군인만 기재	
입대일자 (임용일자)		직책(직위)		전역일자 (퇴직일자)	

사망·상이(질병) 발생경위			
구 분	□ 사망 □ 부상 □ 질병 □ 부상·질병	사망·상이발생일	
사망·상이원인, 부상부위(질병명)			
치료기관(병원 등) (순서대로 기재)			
사망·상이 당시 소속		전역당시 소 속	
공무원인 경우 재해보상 승인사항	승인번호	급여구분	□ 요양 □ 순직 □ 장해

* 사망, 부상 또는 질병 발생 경위를 6하 원칙에 의거하여 기재

※ 기재란이 부족할 경우 별지로 작성

신청인					
성 명		생 년 월 일		사망(상이)자와의 관계	
주 소				전 화	

위와 같이 국가유공자등 요건관련사실확인서 발급을 신청합니다.

년 월 일

신청인 : (서명 또는 인)

참모총장/경찰청장/해양경찰청장
소방청장/병무청장/공무원연금공단이사장 귀하

43) 법 6조 3항

(2) 「요건 관련 사실 확인서 발급요청서」에는 사망/상이 일자, 사망/상이 장소, 사망/상이 원인, 사망/상이 경위 등을 기재해야 하는데, 특히 사망/상이의 경위에 대해서는 구체적으로 기재해야 한다. 필요하면 별지를 사용해도 무방하다. 소속기관장은 이를 토대로 자료를 수집하고, 보훈심사위원회도 이렇게 수집된 자료를 중심으로 요건해당 여부를 심사하게 된다

3. 작성 시 유의할 점

국가유공자가 되려면 직무수행 또는 교육훈련이 국가의 수호 · 안전보장 또는 국민의 생명 · 재산 보호와 직접적인 관련이 있어야 할 뿐 아니라 그러한 직무수행 또는 교육훈련이 사망 또는 상이의 직접적 원인(주된 원인)이어야 하는데, 이에 대해서는 이를 주장하는 자가 입증하여야 한다.[45] 따라서 요건 관련 사실 확인서를 작성할 때에는 이 점을 항상 염두에 두고, 사망 또는 상이의 경위를 구체적으로 기재하되 그에 부합하는 객관적 입증자료를 함께 제출해야 한다. 이렇게 해야 설령 국가유공자에 비해당 되더라도 예비적으로 이루어지는 보훈보상대상자 심사에 대비할 수 있다. 단순히 자기가 기억하고 있는 사실관계만을 나열할 경우에는, 입증 정도가 부족하다고 보아 국가유공자뿐만 아니라 보훈보상대상자 모두 요건 비해당 처분이 나올 수 있음을 유의해야 한다.[46]

제4절 | 등록신청절차

국가유공자 신청을 하면 서류심사(접수 보훈관서)를 거쳐 요건확인(각군/경찰 등), 요건심사(보훈심사위원회), 신체검사(보훈병원), 등급심사(보훈심사위원회), 결정처분(보훈관서)의 단계를 거치게 된다. 이에 소요되는 기간은 대략 250일~270일 정도이다.[47]

44) 국가보훈처 예규 제81호 등록관리예규 [별지 제1－3 서식]

45) 대법원 2003. 9. 23. 선고 2003두5617 판결

46) 국가가 국가유공자의 사망 또는 상이와 관련된 자료를 성실히 수집할 책임이 있으나, 선량한 관리자의 주의의무로 자료를 수집했음에도 인과관계를 입증할 자료가 없을 때에는 신청인의 불이익을 부담할 수밖에 없는 것이다.

1. 신청 접수

가. 관할 보훈(지)청

(1) 주소지 관할 보훈(지)청에 접수하는 것이 원칙이다.[48] 다만, 실무상 주소지 관할 보훈(지)청에 가지 않고 가까운 보훈(지)청에 접수해도 무방하다. 이때에는 등록신청서를 접수한 보훈(지)청이 소속기관에 요건관련사실 확인 · 통보를 요청하고, 주소지 관할 보훈(지)청에 일건 서류를 송부하게 된다.[49]

(2) 군인, 경찰공무원, 소방공무원, 일반공무원, 의무경찰대원, 교정시설경비교도대원, 의무소방대원, 사회복무요원 등으로 상이를 입은 자는 전역 · 퇴직 6개월 전부터 등록신청이 가능하므로,[50] 반드시 전역 · 퇴역을 기다릴 필요가 없다.

(3) 과거에는 등록신청서 제출 시 신청인이 직접 소속기관(각 군 본부, 경찰청 등)에 전 · 공사망(상이) 확인 신청하여 그 확인서를 받은 후 등록신청서에 첨부하여 제출하였으나, 1999년 3월부터는 신청인의 편의를 위해 등록신청서만 제출하도록 하였다. 이때부터 보훈(지)청이 소속기관에 전공사망(상이)사실의 확인 · 통보를 요청할 수 있도록 개선하였다.

(4) 보훈관서가 등록신청서를 접수하게 되면, 국가보훈처 보훈상담시스템에 의해 주요 진행사항을 SMS로 제공한다. 등록신청서 및 구비서류가 미비할 경우에는 「민원처리에 관한 법률 시행령」 제24조에 따른 기간 내에 보완해야 한다.[51]

(5) 보훈관서가 등록신청서를 접수하게 되면 동일 사유로 기 등록신청자, 등록신청 후 등외판정자, 법 적용배제 처분자 여부, 전사 · 순직자의 배우자에 대하여는 사실상 개가여부 등을 확인한다.[52]

---

47) 신청서를 접수한 보훈관서의 서류심사에 4일~5일, 각 군의 요건확인에 55일~60일, 요건심사에 80일~90일, 신체검사에 70일~80일, 등급심사에 30일~35일, 결정처분에 13일~15일 정도 소요된다.

48) 규칙 3조 1항

49) 등록관리예규, p.27

50) 법 4조 1항 4호, 6호 및 보훈보상자법 2조 1항 2호 각 참조

51) 등록관리예규, p.27

52) 등록관리예규, p.27

나. 등록신청서 제출 시 구비서류

(1) 독립유공자, 그 유족 또는 가족[53)]

구비서류
• 등록신청서
• 가족관계기록사항에 관한 증명서 1통 • 제적등본(가족관계기록사항에 관한 증명서를 통하여 국가유공자와의 관계를 확인할 수 없는 경우) • 사진 1매(3.5cm × 4.5cm) 1장 • 사실혼 관계에 있는 사람의 경우에는 그 사실을 증명할 수 있는 서류 • 독립유공자법 제5조 제3항 및 제4항에 따른 입양도니 사람으로서 독립유공자 등을 부양한 사실이 있는 경우에는 부양사실을 증명할 수 있는 서류 • 독립유공자법 제12조 제4항 제1호 단서에 따른 독립유공자를 주로 부양한 사람인 경우에는 그 사실을 증명할 수 있는 서류 • 같은 순위인 유족 간의 협의에 의하여 보상금 수급자나 선순위 유족으로 지정된 사람인 경우에는 보상금 수급자 지정서 또는 선순위 유족 지정서
※ 신청을 받은 관할 청장 또는 지청장은 행정정보의 공동이용을 통하여 다음 각 호의 행정정보를 확인하여야 한다. 다만, 신청인이 확인에 동의하지 아니하는 경우에는 그 서류(상훈수여증명서의 경우에는 건국훈장증, 건국포장증 또는 대통령표창증 사본)를 첨부하도록 하여야 한다. • 주민등록표등본 • 상훈수여증명서

(2) 국가유공자, 그 유족 또는 가족[54)]

구분	구비서류
공통	• 등록신청서(법 시행규칙 서식) • 가족관계기록사항에 관한 증명서 1부 • 제적등본(가족관계기록사항에 관한 증명서를 통하여 국가유공자와의 관계를 확인할 수 없는 경우) • 주민등록표등본 1통(신청인이 관할 보훈(지)청장의 행정정보 공동이용을 통한 확인에 동의하지 아니하는 경우) • 사진 1매(3.5cm × 4.5cm), 다만 상이자는 사진 2매
독립유공자 및 그 유족	• 건국훈장증, 건국포장증, 대통령표창증 사본(사본제출이 불가능한 경우에는 행정안전부장관이 발행하는 상훈 수여증명서) 1부

53) 독립유공자규칙 2조
54) 규칙 3조

무공 · 보국수훈자	• 무공 · 보국훈장증 사본 1부(사본제출이 불가능한 경우에는 행정안전부장관이 발행하는 상훈 수여증명서)
6 · 25참전재일학도의용군인	• 병적증명서 1부. 단, 발급불가자는 재일학도의용군동지회 회장이 발행한 참가확인서로 대체 가능
4 · 19혁명부상자 및 사망자의 유족	• 4 · 19혁명 당시 혁명참가자가 소속하였던 단체 또는 학교의 장이 발행한 4 · 19혁명참가확인서 및 4 · 19혁명으로 인한 사망 또는 부상자 확인서류 1부
6 · 18자유상이자	• 탈출 및 상이 경위서 1부
기타	• 사실상의 배우자인 경우에는 이를 입증할 수 있는 경위서 또는 증명서류 1부 • 부양 또는 양육한 사실이 있는 자인 경우에는 이를 입증할 수 있는 서류 1통 • 생활능력이 없는 정도의 장애인인 경우에는 이를 입증할 수 있는 서류 1부 • 보상금 수급자 지정서 및 선순위 유족지정서 1부

(3) 보훈보상대상자, 그 유족 또는 가족[55)]

구분	구비서류
공통	• 등록신청서(법 시행규칙 서식) • 가족관계기록사항에 관한 증명서 1부 • 제적등본(가족관계기록사항에 관한 증명서를 통하여 국가유공자와의 관계를 확인할 수 없는 경우) • 사진 1매(3.5cm × 4.5cm), 다만 상이자는 사진 2매
사실혼 관계에 있는 배우자	• 사실혼 관계를 증명할 수 있는 서류
보훈보상대상자를 주로 부양하거나 양육한 사실이 있는 사람	• 보훈보상대상자를 주로 부양하거나 양육한 사실을 증명할 수 있는 서류
같은 순위 유족 간의 협의에 따라 보상금 수급자나 선순위 유족으로 지정된 사람	• 보상금 수급자 지정서 또는 선순위 유족 지정협의서 1통
군인, 경찰, 소방공무원 등으로 전역하거나 퇴직한 사람	• 전역일자 또는 퇴직일자를 확인할 수 있는 서류 1통
군인, 경찰, 소방공무원 등으로서 6개월 이내에 전역이나 퇴직하려는 사람	• 전역예정일자 또는 퇴직예정일자를 확인할 수 있는 서류 1통

※ 신청을 받은 관할 청장 또는 지청장은 행정정보의 공동이용을 통하여 다음 각 호의 행정정보를 확인하여야 한다. 다만, 신청인이 확인에 동의하지 아니하는 경우에는 그 서류(상훈수여증명서의 경우에는 건국훈장증, 건국포장증 또는 대통령표창증 사본)를 첨부하도록 하여야 한다.

• 주민등록표등본
• 상훈수여증명서

다. 신청 기한

국가유공자, 그 유족 또는 가족이 되기 위해 등록을 신청함에 있어 기간의 제한이 없다는 점에 대해서는 앞서 설명한 바 있다. 독립유공자나 보훈보상대상자 등 다른 국가보훈대상자의 경우에도 등록신청의 기간 제한은 없다. 뿐만 아니라, 이미 등록신청을 하여 국가유공자 등 비해당 처분을 받은 경우에도 추후 언제든지 다시 등록신청이 가능하다.

라. 신청 상이

요건관련 사실확인서 발급요청서에는 신청 상이에 관해 기재하는 난이 있다. 여기에는 자신이 부상 또는 질병을 입었다고 주장하는 상이의 구체적인 내용을 기재하는 칸이다. 소속기관의 장은 이 신청한 상이를 중심으로 관련 사실을 확인하는 것이고, 보훈심사위원회도 이 신청 상이를 대상으로 심의 · 의결하는 것이다. 따라서 상이를 입었다고 생각되는 부위는 모두 기재하는 것이 좋다.

특정 상이처를 대상으로 국가유공자가 되었다고 하더라도, 추후 다른 상이처를 대상으로도 등록신청이 가능하다.[56] 예컨대, 기존에 '요추간판탈출증'을 상이처로 하여 국가유공자 또는 보훈보상대상자로 등록이 된 사람이 추후 기존 상이처와 전혀 다른 '십이지장 천공성궤양'이라는 상이처로 등록신청을 하는 것도 무방하다.

55) 보훈보상자규칙 3조
56) 법 6조의5 상이의 추가인정

마. 신청 대상자가 없어 등록 신청을 할 수 없는 사람에 대한 특례

국가보훈처장은 제4조 제1항 각 호(제1호 순국선열, 제2호 애국지사 및 제10호 참전유공자는 제외)의 어느 하나에 해당하는 적용 대상 국가유공자임에도 불구하고 신청대상자가 없어 등록신청을 할 수 없는 사람에 대하여는 보훈심사위원회의 심의 · 의결을 거쳐 국가유공자로 기록하고 예우 및 관리를 할 수 있다.[57)]

2. 등록신청에 따른 후속절차

가. 국가보훈처장의 요건 관련사실 확인 요청

국가보훈처장은 등록신청을 받을 경우 대통령령으로 정하는 바에 따라 관련 법령에 따른 요건을 확인한 후 국가보훈대상자에 해당하는지 여부를 결정하는데, 이를 위해 희생 · 공헌자가 소속하였던 기관의 장에게 그 요건과 관련된 사실의 확인을 요청하여야 한다.[58)]

(1) 요청대상

전몰군경, 전상군경, 순직군경, 공상군경, 보국수훈자, 순직공무원, 공상공무원이 되려는 사람으로서 보훈(지)청에 등록신청서를 제출한 자가 요건 관련사실 확인요청 대상이다.

(2) 요청 비대상

독립유공자, 무공 · 보국수훈자, 6 · 25참전재일학도의용군인, 4 · 19혁명사망자 · 부상자 · 공로자, 6 · 18자유상이자가 되려는 자는 요건 관련사실 확인요청 대상이 아니다.

(3) 대상기관

요청의 대상기관은 사망 또는 상이 당시 소속하였던 기관의 장이다.[59)]

---

57) 법 6조 5항
58) 법 6조 3항 등

(가) 국회의원 : 국회사무총장

(나) 경찰공무원 및 의무경찰 : 경찰청장 또는 해양경찰청장

(다) 군인 : 국방부장관

(라) 소방공무원 및 의무소방원 : 소방청장

(마) 그 밖의 공무원 :

1) 「공무원 재해보상법 시행령」 제28조 또는 제41조에 따른 공무상 요양 승인 신청 또는 장해급여 청구를 한 공무원의 경우 : 인사혁신처장

2) 「공무원 재해보상법 시행령」 제28조 또는 제41조에 따른 공무상 요양 승인 신청 또는 장해급여 청구를 하지 아니한 공무원(「공무원 재해보상법」의 적용대상이 아닌 공무원 포함) : 해당 공무원이 사망하였거나 상이(질병 포함)를 입은 당시에 재직하였던 기관의 장

(바) 사회복무요원 : 병무청장

(사) 대체복무요원 : 법무부장관

(아) 기타 경비교도대원 등

대상 구분	대상기관
교정시설 경비교도대원	법무부장관
예비군대원	군참모총장
민방위 대원	행정안전부장관
의무 소방원	소방청장
보안 유공자	국가보안유공자심사위원회(법무부)
비상대비훈련 참가자	국방부장관, 주무부장관
학생군사교육생	국방부장관, 교육부장관
국제협력요원	외교부장관
국가정보원직원	국가정보원장
대통령 경호실 직원	대통령경호실장

59) 영 9조 1항

60) 공무수행사망자 : 다음의 요건에 모두 해당하는 것으로 공무원재해보상심의회 심의를 거쳐 인사

위험직무순직 공무원	'18.9.21.이전심사자 공무원연금공단이사장, '18.9.21 이후 심사자 인사혁신처
공무수행사망자[60]	인사혁신처

나. 소속기관장의 요건관련사실 확인 통보

(1) 소속기관장은 국가보훈처장의 요건관련사실 확인요청에 대하여 관련사실을 조사한 후 대통령령으로 정하는 바에 따라 그 요건과 관련된 사실을 확인하여 국가보훈처장에게 통보하여야 한다.[61] 국가유공자법 시행령에서는 소속기관장이 국가보훈처장의 확인 요청뿐만 아니라 해당 상이자, 그 가족 또는 사망자의 유족으로부터 확인 신청이 있는 경우에도 그 요건과 관련된 사실을 확인하여 지체 없이 국가보훈처장에게 통보하도록 하고 있다.[62]

(2) 실무상, 소속기관장이 확인요청을 받은 후 국가보훈처에 통보하기까지 보통 1개월~2개월이 소요된다. 이 기간을 조금이나마 단축할 수 있다면 신청자들의 대기기간이 좀 줄어 들 수 있을 것이다.[63]

다. 보훈심사위원회 심의 회부

국가보훈처장은 소속기관장으로부터 요건관련사실 확인통보를 받으면 지체 없이 보훈심사위원회의 심의에 회부하여야 한다.[64]

혁신처장이 인정하는 사람

① 국가 또는 지방자치단체의 사무를 수행할 것

② 국가 또는 지방자치단체가 업무상 관리 · 감독하는 권한을 직접 또는 간접적으로 가지고 있을 것

③ 국가 또는 지방자치단체가 법령 또는 계약 등에 따라 보수 또는 수당 등을 직접 지급하거나 대통령령으로 정하는 바에 따라 간접적으로 지급하고 있을 것

④ 산업재해보상보험법 또는 그 밖의 법령(이하 "산업재해보상보험법 등"이라 한다)에 따른 재해보상 적용자일 것

61) 법 6조 3항

62) 영 9조 2항

63) 신청사건의 대부분은 국방부를 경유하여 각 군 참모총장이 사실관계를 확인하여 통보하는 것이다. 각 군이 관리하고 있는 자료는 오래되고 아날로그 형태가 많아 담당자가 관련 기록을 찾는데 시간이 오래 걸린다고 한다. 하루빨리 자료를 디지털화해서 검색이 용이하도록 개선해야 할 것이다.

64) 영 9조 6항

라. 보훈심사위원회 심의 · 의결(요건심사)을 거치지 아니할 수 있는 경우

(1) 객관적 사실에 의하여 확인된 경우

국가보훈처장은 국가유공자, 그 유족 또는 가족의 요건이 객관적인 사실에 의하여 확인된 경우로서 다음과 같은 경우에는 보훈심사위원회의 심의 · 의결을 거치지 아니할 수 있다.[65]

(가) 상훈법에 따른 무공훈장 · 보국훈장 또는 건국포장 수훈자

상훈법에 따른 무공훈장 · 보국훈장(법 제4조 제1항 제8호 가목의 '군인으로서 보국훈장을 받고 전역한 사람'만 해당) 또는 건국포장을 수여받은 사실이 훈장증 · 포장증 또는 수여증명 서류에 의하여 확인된 경우[66]

(나) 공적기록으로 확인된 경우

가족관계 기록사항에 관한 증명서나 제적등본 등 공적인 기록에 의하여 국가유공자와 그의 유족 또는 가족의 신분요건이 확인된 경우[67]

(다) 국적회복자

「재외동포의 출입국과 법적지위에 관한 법률」 제16조에 따라 대한민국 국적회복 이전까지 보훈급여금을 받은 사실이 확인된 경우[68]

(라) 전사자 또는 순직I형 군인

군인이 「군인사법」 제54조의2제1항제1호의 전사자 또는 같은 항 제2호가목의 순직 I 형에 해당하는 사실이 공적인 증명 서류나 자료로 확인된 경우[69]

(마) 위험직무순직공무원

경찰공무원 또는 소방공무원이 「공무원 재해보상법」에 따른 위험직무순직공무원에 해당하는 사실이 공적인 증명 서류나 자료로 확인된 경우[70]

---

65) 법 6조 4항 단서
66) 영 8조 3항 1호
67) 영 8조 3항 2호
68) 영 8조 3항 3호
69) 영 8조 3항 4호
70) 영 8조 3항 5호

(바) 유의사항

이상과 같은 경우에는 보훈심사위원회의 심사를 생략할 수 있는데, 실무상 한 가지 유의해야 할 점이 있다. 보훈심사위원회 심사를 생략할 수 있다고 해서 무작정 군인사법 또는 공무원재해보상법에 따른 공적증명을 기다릴 경우 그 기간만큼 보상금을 손해 보는 결과가 될 수 있다. 왜냐하면 보상받을 권리는 원칙적으로 등록신청을 한 날이 속하는 달부터 발생하는데,[71] 등록신청을 미루면 결국 그 기간만큼 보상금을 받지 못하기 때문이다. 어떤 이유로 절차가 장기화되면 그만큼 손실이 확대된다. 따라서 이런 경우에는 우선 등록신청을 한 후 공적증명을 받아 심사를 생략토록 하는 것이 좋을 것이다. 실무에서도 그렇게 하고 있다.[72]

(2) 재확인신체검사의 경우

신규신체검사나 재심신체검사에서 상이등급의 판정을 받지 못한 사람은 그 판정이 있은 날부터 2년이 지나거나, 상이처의 재발이나 악화 등으로 상이등급의 판정을 받을 수 있는 상당한 사유가 있는 경우에는 재확인신체검사를 신청할 수 있는데,[73] 이 경우 국가유공자 요건심사를 생략할 수 있다.[74] 다만, 구 국가유공자법 시행령(2012. 6. 27. 대통령령 제23885호로 개정되기 전의 것)의 관련 규정에 따라 국가유공자 등의 요건에 해당하는 것으로 보훈심사위원회에서 심의 · 의결된 사람 중 신규신체검사나 재심신체검사에서 상이등급의 판정을 받지 못한 사람이 위 개정 대통령령 제23885호 시행 후 다시 국가유공자 등으로 등록 신청하는 경우에는 보훈심사위원회의 요건심사를 거쳐야 한다.[75]

71) 법 9조 1항 본문
72) 보훈심사위원회 심의절차 생략지침(2022년) 참조
73) 법 6조의3 2항 3호, 영 16조 1항
74) 영 16조 2항
75) 2012. 6. 27. 대통령령 제23885호로 개정된 국가유공자법 시행령 부칙 제2조

제5절 | 보훈심사위원회

1. 개관

(1) 보훈심사위원회는 「국가유공자 등 예우 및 지원에 관한 법률」 및 「보훈보상대상자 지원에 관한 법률」에 의거하여 독립유공자를 비롯한 국가유공자, 보훈보상대상자 및 그 유족의 요건 인정에 관한 심의와 상이군경 및 고엽제후유증환자 등의 상이등급 구분 판정에 관한 사항을 심의 · 의결하는 국가보훈처 소속의 합의제 의결기관이다.

(2) 보훈심사위원회는 국가유공자법 제74조의5에 따라 보상 등에 관련된 사항을 심의 · 의결하지만 그 결과를 국가보훈처장에게 통보함에 그치고,[76] 그 심의 결과에 따라 국가유공자법의 적용대상에 해당하는지 여부를 스스로 결정하고 이를 대외적으로 표시할 수 있는 기관이 아니어서 독립하여 행정처분이나 재결을 할 수 있는 행정청이라 할 수는 없다.[77]

(3) 보훈심사위원회는 신청인이 소속하였던 기관의 장이 확인, 통보한 자료에 구속되지 않고, 통보된 자료 등을 참작, 국가유공자 요건에 해당하는지 여부를 독자적으로 심의, 결정한다.[78]

(4) 보훈심사위원회의 심사대상은 다음과 같다.[79]

---

76) 영 10조 2항

77) 대법원 1989. 1. 24. 선고 88누3314 판결. 따라서 보훈심사위원회 위원장은 피고적격이 없다. 다만, 이 대법원 판결이 있었던 당시의 국가유공자법(1985. 1. 1. 시행 법률 제3742호)상으로는 보훈심사위원회의 기능이 지금과 달리 매우 제한적이었다. 즉, 지금과 같이 모든 국가유공자와 그 유족 또는 가족의 요건을 심의 · 의결하는 것이 아니라 순국선열 · 애국지사 · 무공수훈자 · 재일학도의용군인 · 4 · 19의거상이자에 대해서만 심의 · 의결을 하였을 뿐, 전 · 공상군경 또는 전몰 · 순직군경과 그 유족의 경우에는 국가보훈처장(접수기관장)이 심사하여 직접 결정하였다. 이후 1989. 1. 1.부터는 신청서를 접수한 기관장이 보훈심사위원회의 심의 · 의결 결과에 따라 대상여부를 결정하는 것으로 변경되었다. 2011. 9. 15.부터는 국가유공자법 제8장의3에 보훈심사위원회에 관한 장을 신설하여 그 권한과 기능을 법률사항으로 규정하였고, 국가보훈처장과의 업무관계를 명확히 하였다. 따라서 위 판례와 달리, 보훈심사위원회는 단순히 국가보훈처장을 돕기 위해 필요한 사항을 심의 · 의결하는 기관이 아니라 법률에 근거하여 독립적으로 법률이 정한 심의사항을 의결하는 기관이라고 보아야 할 것이다.

78) 대법원 1993. 6. 29. 선고 92누14762 판결

79) 법 74조의5 1항

① 국가보훈기본법 제3조 제2호에 따른 국가보훈대상자 중 보훈심사위원회의 심의 · 의결을 거치도록 규정된 사람의 등록요건의 인정 여부에 관한 사항
② 제6조의4에 따른 상이정도의 판정에 관한 사항
③ 제6조의5제1항에 따른 상이의 추가인정 여부에 관한 사항
④ 제9조에 따른 권리소멸의 확인에 관한 사항
⑤ 제13조2제2항제2호에 따른 국가유공자를 주로 부양하거나 양육한 사람의 확인에 관한 사항
⑥ 제74조의10에 따른 재심의에 관한 사항
⑦ 제74조의11에 따른 행위규범과 그 운영에 관한 사항
⑧ 제74조의14제2항에 따른 위원의 기피에 관한 사항
⑨ 제74조의18에 따른 이의신청에 관한 사항
⑩ 제75조제3항에 따른 보훈급여금 등의 결손처분에 관한 사항
⑪ 제76조데 따른 보훈급여금 등의 반환의무 면제에 관한 사항
⑫ 제78조제1항에 따른 보상정지 기간 및 보상의 정도에 관한 사항
⑬ 제79조제1항제5호에 해당하는 사람에 대한 법적용 대상 제외 여부 및 같은 조 제3항에 따른 법 적용 대상자로의 결정 여부에 관한 사항
⑭ 국가유공자 등의 등록요건에 관한 심사기준의 정립에 관한 사항
⑮ 그 밖에 다른 법령에서 보훈심사위원회의 소관으로 규정한 사항

2. 보훈심사위원회 구성

가. 심사위원회 개요

(1) 심사위원의 수

보훈심사위원회는 위원장 1명을 포함한 210명 이내의 위원으로 구성하고, 위원 중 상임위원은 5명 이내로 한다.[80] 즉, 위원장 1명을 포함한 상임위원 5명과 205명 이내의 비상임위원으로 구성된다.[81] 위원장과 상임위원은 일정한 자격요건을 갖춘

80) 법 74조의6 1항
81) 국가보훈처와 그 소속기관 직제 22조 1항

사람 중에서 국가보훈처장의 제청에 따라 대통령이 임명하고 비상임위원은 일정한 자격요건을 갖춘 사람 중에서 국가보훈처장이 위촉한다.[82]

(2) 심사위원의 자격

'일정한 자격요건을 갖춘 사람'이라 함은 ① 국가보훈 관련 업무에 5년 이상 종사한 자 중에서 4급 이상 공무원의 직에 있거나 있었던 사람, ② 3급 이상 공무원 또는 고위공무원단에 속하는 공무원, 경무관 이상의 경찰공무원, 소방준감 이상의 소방공무원이나 대령 이상의 장교의 직에 있거나 있었던 사람, ③ 판사·검사 또는 변호사로 6년 이상 재직하고 있거나 재직하였던 사람, ④ 「의료법」 제77조에 따른 전문의로서 의사의 업무에 6년 이상 종사하고 있거나 종사하였던 사람, ⑤ 대학이나 법률에 따라 설립된 연구기관에서 부교수 이상 또는 이에 상당하는 직에 3년 이상 재직하고 있거나 재직하였던 사람을 말한다.[83] 위원장과 위원의 임기는 각각 3년으로 하되 한 차례만 연임할 수 있다.[84]

(3) 심사위원의 결격사유

「국가공무원법」 제33조 각 호의 어느 하나에 해당하는 사람은 위원이 될 수 없다.[85]

위원은 ① 장기간의 심신쇠약으로 직무를 수행할 수 없게 된 경우 ② 직무와 관련된 비위사실이 있거나 위원의 직을 유지하기에 적합하지 아니하다고 인정되는 비위사실이 있는 경우 ③ 법 제74조의11에 따른 행위규범을 위반하여 위원으로서 직무를 수행하기 곤란한 경우를 제외하고는 그 의사에 반하여 면직 또는 해촉되지 아니한다.[86] 위원이 국가공무원법 제33조 각 호의 어느 하나에 해당하게 된 경우에는 당연히 면직 또는 해촉된다.[87]

82) 법 74조의6 2항
83) 법 74조의6 2항 각 호
84) 법 74조의6 3항
85) 법 74조의12
86) 법 74조의13 1항
87) 법 74조의13 2항

(4) 심사위원의 행위규범

위원은 법과 양심에 따라 공정하고 성실하게 업무를 수행하여야 한다. 보훈심사위원회는 위원이 업무를 수행하기 위하여 준수하여야 할 행위규범과 그 운영에 관한 사항을 보훈심사위원회의 의결을 거쳐 정한다. 행위규범에는 ① 위원의 업무수행과 관련하여 향응·금품 등을 받는 행위의 금지에 관한 사항 ,② 위원의 업무수행과 관련하여 공정성과 중립성을 훼손하는 행위의 금지·제한에 관한 사항, ③ 보훈심사위원회 회의 또는 분과위원회 회의의 출석 및 안건 검토 등 성실한 업무수행과 관련된 사항, ④ 그 밖에 위원의 품위유지 등을 위하여 필요한 사항이 포함되어야 한다.[88]

(5) 심사위원의 제척·기피 등

위원은 ① 위원 또는 그 친족관계이거나 친족관계였던 사람이 해당 안건의 당사자가 되거나 그 안건과 관련하여 이해관계가 있는 경우, ② 위원이 해당 안건에 관하여 진술이나 감정을 한 경우, ③ 위원이 해당 안건에 관하여 당사자의 대리인으로서 관여하거나 관여하였던 경우, ④ 위원이 해당 안건의 원인이 된 처분이나 부작위에 관여한 경우의 어느 하나에 해당하는 경우에는 그 안건의 심의·의결에서 제척된다.[89] 당사자는 위원에게 심의·의결의 공정을 기대하기 어려운 사정이 있는 경우에는 기피신청을 할 수 있다. 이 경우 보훈심사위원회는 의결로 해당 위원의 기피 여부를 결정하여야 하되, 기피신청을 받은 위원은 그 의결에 참여하지 못한다.[90] 위원은 제척·기피사유에 해당하는 경우 스스로 그 안건의 심의·의결에서 회피할 수 있다.[91]

나. 위원장

보훈심사위원회의 위원장은 보훈심사위원회를 대표하고, 보훈심사위원회의 사무를 총괄하며, 소속 공무원을 지휘·감독한다.[92] 위원장은 고위공무원단에 속하는

---

88) 법 74조의 11
89) 법 74조의14 1항
90) 법 74조의14 2항
91) 법 74조의14 3항
92) 영 94조의6 1항

임기제 공무원으로 보하되 그 직무등급은 가등급으로 한다.[93] 위원장이 부득이한 사유로 그 직무를 수행할 수 없을 때에는 상임위원 중 호선에 의하여 선임된 위원이 그 직무를 대행한다.[94] 위원장은 보훈심사위원회의 원활한 운영을 위하여 필요하다고 인정할 때에는 특정 위원에게 미리 지정한 안건을 검토하여 보훈심사위원회에 보고하게 할 수 있다.[95] 위원장은 보훈심사위원회의 회의를 소집하고 그 의장이 된다.[96]

다. 상임위원

상임위원은 위원장의 지정을 받아 분과위원회의 위원장이 되고, 분과위원회의 사무를 총괄한다.[97]

라. 비상임위원

(1) 비상임위원의 종류

비상임위원은 각종 심사의 전문성과 객관성 제고를 위해 전문직 비상임위원과 경력직 비상임위원으로 구분된다.[98] 전문직 비상임위원은 인사혁신처 · 여성가족부 · 대한의사협회 · 한국보훈복지의료공단 · 대한변호사협회 등 관련 기관에서 추천을 받아 위촉한다.[99] 경력직 비상임위원은 국가보훈처 소속 전직공무원 중에서 위촉한다. 인원은 대략 5명~6명이다. 위촉 대상자에 대해 등록기준지 관할 구청, 읍 · 면 · 동사무소, 경찰청 등 관계기관에 신원 조회하여 신원특이사항 여부 등 법 제74조의12에 규정된 결격사유를 확인한 후에 처장에게 위촉을 건의한다.[100]

(2) 전문직 비상임위원

전문직 비상임위원에 대하여는 회의 참석일정을 20일 전에 편성 · 통지하되, 이

---

93) 국가보훈처와 그 소속기관 직제 시행규칙 19조 1항
94) 영 94조의6 2항
95) 영 94조의6 3항
96) 영 94조의6 4항
97) 영 94조의7 3항
98) 보훈심사위원회 운영세칙 33조 1항
99) 운영세칙 34조 1항
100) 운영세칙 34조 3항

해관계인의 부당한 교섭이나 압력의 회피 등 공정성을 확보하기 위하여 그 편성 명부 및 관련 서류는 비공개로 관리한다. 경력직 · 전문직 비상임위원의 주소 · 전화번호 · 직장 등 개인의 신상정보는 「개인정보보호법」에 따라 최대한 보호하여야 한다.[101]

(3) 경력직 비상임위원

경력직 비상임위원은 매주 3일씩 출근하여 주심위원으로 배정된 안건에 대하여 제안 주문 등을 확정하고, 회의에 참석하여 안건의 심의 · 의결에 필요한 의견을 제시하거나 청문 또는 구술심리 출석자에 대하여 질문 및 공무관련성, 상이등급 적정성에 대한 행정적, 의학적 또는 법률적 사항에 대한 종합의견을 제시할 수 있다.[102]

3. 보훈심사위원회 심의구조

가. 본회의

(1) 본회의 구성

보훈심사위원회의 본회의는 위원장 · 상임위원 및 위원장이 회의마다 지정하는 위원(비상임위원)을 포함하여 총 11명의 위원으로 구성한다.[103] 위원장이 비상임위원을 지정할 때에는 상정된 심의 · 의결 안건의 특성을 고려하되 변호사 1명을 포함한 의사, 교수 등 전문직 비상임위원을 과반수로 지정하여야 한다. 다만, 위원의 결원 등 특별한 사정이 있거나 본회의 당일 회의 구성원으로 지정된 전문직 비상임위원이 예상하지 못한 갑작스러운 사유로 회의에 참석하지 못하는 사유가 발생하여 전문직 비상임위원으로의 교체가 시간적으로 어려워 불가피하게 전문직 비상임위원이 회의 구성원의 과반수가 되지 못하는 경우에는 예외로 한다.[104]

---

101) 운영세칙 36조
102) 운영세칙 35조
103) 영 94조의5 1항
104) 운영세칙 22조 2항

(2) 본회의 의사·의결 정족수

보훈심사위원회의 회의 구성원 과반수의 출석과 출석위원 과반수의 찬성으로 의결한다.[105] 상임위원 중에 결원이 있거나 각 분과회의 운영상 부득이한 경우에는 경력직 비상임위원 또는 전문직 비상임위원으로 대체하여 지정할 수 있다.[106]

(3) 국가보훈처 소속 전직 공무원에 대한 심사

위원장은 국가보훈처 소속 전직 공무원에 대한 심사는 공정·투명성 제고와 객관성 확보를 위해 사무국장인 상임위원과 전문직 비상임위원 9명을 지정할 수 있다. 다만, 사무국장인 상임위원이 불가피한 사유로 회의참석이 곤란한 경우에는 다른 상임위원 중에서 지정한다.[107]

(4) 본회의 부의안건

본회의에서는 분과회의 심의에서 심사위원 전원 합의가 되지 아니한 안건,[108] 재심의 또는 이의신청 안건,[109] 심사자료의 보완 또는 추가적인 검토 등을 거친 후에 본회의에 회부하는 안건을 심의한다.

나. 분과위원회

(1) 분과위원회의 심의사항과 의결의 효력

보훈심사위원회는 심사대상 중 법 제74조의5 제1항 제1호부터 제5호까지, 제10호부터 제13호까지 및 제15호의 사항에 관해 심의·의결한다.[110] 분과위원회가 심

105) 영 94조의5 2항
106) 운영세칙 22조 1항
107) 운영세칙 22조 3항
108) 법 74조의7 2항에 의하면 분과위원회에서 심의하여 위원 전원의 합의로 의결한 사항은 보훈심사위원회가 심의·의결한 것으로 본다는 규정이 있다. 따라서 위원 전원의 합의가 이루어지지 않은 사항은 본회의에서 다시 심의·의결하여야 한다.
109) 법 제74조의10에 따라 재심의 요구된 사항과 법 제74조의18에 따라 이의신청된 사항에 관한 안건은 분과위원의 심의사항이 아니다(법 제74조의7 1항 참조). 다라서 재심의 안건과 이의신청 안건은 본회의에서 심의·의결해야 하는 것이다.
110) 법 74조의7 1항

의 · 의결하더라도 보훈심사위원회, 즉 본회의에서 다시 심의 · 의결해야 하는 것이 원칙이다. 다만, 이렇게 될 경우 보훈심사위원회(본회의)의 업무 부담이 매우 가중되므로, 분과위원회에서 심의하여 위원 전원의 합의로 의결한 사항은 보훈심사위원회(본회의)가 심의 · 의결한 것으로 본다.[111)]

(2) 분과위원회 심의불가 사항

분과위원회는 동법 제74조의5 제1항 제6호(재심의에 관한 사항), 7호(행위규범과 그 운영에 관한 사항), 8호(위원의 기피에 관한 사항), 9호(이의신청에 관한 사항), 14호(국가유공자 등의 등록요건에 관한 심사 기준의 정립에 관한 사항)에 대해서는 심사할 수 없다.

(3) 분과위원회의 구분

(가) 위원장은 국가유공자의 적용대상 또는 상이 · 질병 등의 의학적 분류를 고려하여 분과위원회의 전문분야를 구분할 수 있다.[112)]

(나) 제1분과위원회는 독립유공자와 유가족 및 전몰군경 · 전상군경의 요건심사와 보상심사(상이등급 6급 이하 자의 상이원인사망 인정여부 심사 제외) 등에 관한 안건을 분장한다.[113)]

(다) 제2분과위원회는 공상군경(전상군경 요건 경합자 포함) · 순직군경(등록신청 전 사망자, 상이등급 6급 이하 자의 상이원인사망 인정 여부 포함), 고엽제후유의증환자 및 순직 · 공상공무원, 재해부상군경, 재해 부상공무원 중 정형외과 질환 등에 해당하는 자의 요건심사에 관한 안건을 분장한다.[114)]

(라) 제3분과위원회는 공상군경(전상군경 요건 경합자 포함) · 순직군경(등록신청 전 사망자, 상이등급 6급 이하 자의 상이원인사망 인정 여부 포함), 고엽제후유의증환자 및 순직 · 공상공무원, 재해부상군경, 재해 부상공무원 중 신경외과 · 신경과 질환 등에 해당하는 자의 요건심사에 관한 안건을 분장한다.[115)]

(마) 제4분과위원회는 공상군경(전상군경 요건 경합자 포함) · 순직군경(등록신청 전

---

111) 법 74조의7 2항
112) 영 94조의7 1항
113) 운영세칙 6조 1항
114) 운영세칙 6조 2항
115) 운영세칙 6조 3항

사망자, 상이등급 6급 이하 자의 상이원인사망 인정 여부 포함), 고엽제후유의증환자 및 순직 · 공상공무원, 재해부상군경, 재해 부상공무원 중 내과 질환 등에 해당하는 자의 요건심사에 관한 안건을 분장한다.[116)]

(바) 제5분과위원회는 제2 내지 제4분과위원회가 분장하는 질환 이외의 질환에 해당하는 자의 요건심사에 관한 안건을 분장한다.[117)]

(사) 제6분과위원회는 전 · 공상군경, 4 · 19혁명부상자, 공상공무원, 국가사회발전특별공로상이자, 6 · 18자유상이자, 재해부상군경, 재해부상공무원의 요건으로 인정된 사람 및 고엽제후유증환자의 상이등급 구분심사에 관한 안건을 분장한다.[118)]

(아) 위원장은 필요한 경우 경합 안건이나 안건의 특수성, 안건적체 해소 등을 고려하여 분과위원회를 달리 지정하여 관장하게 할 수 있다.[119)]

다. 전문위원회

(1) 보훈심사위원회는 법 제74조의5제1항 제14호에 따른 업무를 효율적으로 수행하기 위하여 필요한 경우 전문위원회를 구성하여 운영할 수 있다.[120)]

(2) 전문위원회는 위원장 1명을 포함한 7명의 위원으로 구성하고, 위원은 보훈심사위원회의 위원이나 국가유공자 등록요건 심사기준의 정립 업무에 관해 학식과 경험이 풍부한 사람 중에서 위원장이 임명하거나 위촉한다.[121)] 전문위원회 위원장은 위원 중에서 보훈심사위원회 위원장이 지정한다.[122)]

(3) 전문위원장은 전문위원회의 회의를 소집하고 그 의장이 된다.[123)] 전문위원회가 심의한 사항은 위원장에게 보고하고 보훈심사위원회의 심의 · 의결을 거쳐야 한다.[124)]

---

116) 운영세칙 6조 4항
117) 운영세칙 6조 5항
118) 운영세칙 6조 6항
119) 운영세칙 6조 7항
120) 법 74조의7 3항
121) 영 94조의9 1항
122) 영 94조의9 2항
123) 영 94조의9 3항
124) 법 74조의7 4항

4. 보훈심사위원회 심의절차

가. 개관

(1) 서면심사 원칙

보훈심사는 위원회에 접수된 관련 자료에 의한 서면심사를 원칙으로 하되, 사실조사가 필요한 자에 대해서는 사실조사 결과를 참고하여 심사한다. 다만, 사실조사 내용의 진위 여부 또는 기타 추가 확인이 필요한 경우에는 본인 또는 관계인을 본회의 또는 분과회의에 출석하게 하여 구술심리 또는 청문을 실시할 수 있다.[125]

(2) 원상병명과 현상병명의 구분

전몰 · 전상군경 · 재해부상군경 · 특수임무수행자 요건 인정여부에 관해서는 원칙적으로 전공사망(상이)확인신청서에 기재된 상이(질병 포함)와 병상일지 등 객관적인 자료가 있는 상이에 대하여 원상병명[126]과 현상병명[127]으로 구분하여 요건 인정여부를 심사하여야 한다.[128] 원상병명 중 '의증'으로 표시된 상이처는 최종 진단명으로 확정하되, 병상일지 등 의무기록상 기재된 SOAP 원칙[129]을 참고하여 분석 평가항목 중심으로 검토하여야 한다.[130]

(3) 처리기간

위원회는 심사자료를 접수한 때에는 최대한 신속히 심의 · 의결하도록 적극 노력하여야 하고, 처리기간은 자체 평가지표로 관리하여야 한다.[131] 의학적 또는 법률적 자문이 필요하거나 추가 자료의 보완, 해외거주 독립유공자 유가족과 독립유공

---

125) 운영세칙 4조 1항
126) 의무기록 등에 기재되어 있는 병명을 뜻한다.
127) 신청인이 주장하는 병명을 뜻한다.
128) 운영세칙 4조 2항
129) 1. 주관적 정보(Subjective information, S) : 환자 또는 직계가족이 제공하는 것으로서 주소, 증상, 병력 등, 2. 객관적인 정보(Objectibe information, O) : 신체조사결과, 임상결과 소견 등에서 얻어지는 것, 3. 분석평가(Assesment, A) : 두 가지 정보를 토대로 한 의사의 판단, 진단 및 예후에 대한 전망, 4. 계획(Plan, P) : 진단과 치료에 대한 계획, 환자나 가족에 대한 교육계획 및 추적계획
130) 운영세칙 4조 3항
131) 운영세칙 5조 1항

자 등과의 가족관계 확인, 인우보증인과 관련 자료의 진위 여부 등에 대한 사실조사를 하는 경우에는 적절한 독촉 등 신속한 심의 · 의결을 위한 최선의 조치를 취하여야 한다.132) 전사 · 순직자 또는 중상인 공상전역자, 법원의 조정권고, 감사원 또는 국민권익위원회의 재심사 권고 등 신속한 등록결정과 의료지원 등이 필요하다고 인정되는 사안에 대해서는 일반 사안에 우선하여 신속히 처리할 수 있다.133) 의견청취 지연, 구술심리 또는 청문에 대한 불응, 구비서류 미비자의 자료 보완기간 등은 처리기간 산정에서 제외한다.134) 보훈심사위원회가 심사자료를 접수한 때(등록신청서를 접수한 지방 보훈관서로부터 관련 심사자료 일체를 이관받은 때)부터 심사완료까지는 70일 내지 80일 정도 소요된다.

(4) 회의일정

본회의 간사는 심사 1과장으로 지정하고, 분과회의의 간사는 해당 분과위원회의 심사를 지원하는 부서의 과장을 당연직으로 한다.135) 본회의 및 분과회의는 매주 1회 이상 개최함을 원칙으로 하되, 안건 수나 심사인력 등을 감안하여 격주로 실시할 수 있고, 회의 개최일이 공휴일이거나 기타 사정이 있을 경우에는 그 일정을 조정할 수 있다.136) 회의는 안건의 적체 등 부득이한 사정이 있을 경우에는 주간회의 일정과 횟수를 변경 또는 조정할 수 있다. 이 경우 7일 전까지 회의구성 위원에게 변경 또는 조정일정을 통보하여야 한다.137)

(5) 독립성

보훈심사위원회는 신청인이 소속하였던 기관의 장이 확인, 통보한 자료에 구속되지 않고, 통보된 자료 등을 참작, 국가유공자 요건에 해당하는지 여부를 독자적으로 심의, 결정한다.138)

---

132) 운영세칙 5조 2항
133) 운영세칙 5조 3항
134) 운영세칙 5조 4항
135) 운영세칙 24조 1항
136) 운영세칙 25조 1항
137) 운영세칙 25조 2항
138) 대법원 1993. 6. 29. 선고 92누14762 판결

(6) 청문 및 구술심리

(가) 보훈심사위원회는 심의·의결과 관련하여 필요하다고 인정하면 심의안건과 관련되는 분야의 관계 공무원, 전문가 및 증인을 보훈심사위원회에 출석하게 하여 그 의견을 들을 수 있다.[139] 이와 같이 의견을 진술할 수 있는 사람은 다음과 같다.[140]

① 보상의 정지, 법적용배제 및 법적용배제자의 법적용대상자로의 결정 등 관련 법령에 의견진술의 기회를 부여하도록 정한 자

② 신청인이 구술심리를 요구하거나, 주무관·팀장·과장이 구술심리가 필요하다고 의견을 제시한 사안으로서 주심위원이 구술심리가 필요하다고 판단하거나 사전검토회의 또는 분과위원회에서 구술심리 대상자로 결정된 경우

③ 기타 관할 청장 또는 지청장이 신청인 또는 관계인의 청문 또는 구술심리가 필요하다고 의뢰한 경우

(나) 진술기회가 부여된 청문 또는 구술심리 대상자에게는 해당 심사과에서 회의 개최 7일 전까지 일시·장소 및 내용 등을 서면으로 통지한다. 다만, 긴급을 요할 경우에는 회의 개최 1일 전까지 전화 또는 전자우편 등으로 통지할 수 있다.[141] 청문 또는 구술심리 대상으로 결정된 사람은 회의에 출석하여 의견을 진술하도록 하되, 부득이한 사유로 출석이 어려운 경우에는 서면으로 의견을 진술하게 할 수 있다.[142] 청문 및 진술은 반드시 위원회에 실제 출석하여 대면진술할 필요는 없고, 영상 등을 통한 방법으로도 가능하다. 코로나-19 이후 방역의 필요성 때문에 상당기간 영상통화 방식으로 청문 및 진술이 진행된 바 있다. 청문 및 구술심리 대상자 등으로 결정되어 해당 회의에 참석하는 사람은 원활하고 공정한 심사 진행을 위하여 임의로 도구를 이용한 녹음·녹화 및 촬영하는 행위를 할 수 없다.[143]

139) 법 74조의8 2항 전단
140) 운영세칙 21조 1항 각 호
141) 운영세칙 21조 2항
142) 운영세칙 21조 3항
143) 운영세틱 21조 4항

(7) 국민참여심사제도

보훈심사위원회는 심의 · 의결의 공정성과 투명성을 높이기 위하여 심사 과정에 국민을 참여시킬 수 있다.[144] 국민의 참여를 활성화하기 위하여 국민으로 구성된 참여단을 운영할 수 있다.[145] 국민참여단은 100명 이내의 단원으로 구성하는데, 국가보훈에 관한 지식과 관심이 있는 성년인 사람 중에서 위원장이 위촉한다.[146] 단원의 임기는 2년으로 하며, 한 차례 연임할 수 있다.[147] 국민참여단은 지정된 안건에 대해 각자 의견을 제출할 수 있으나 보훈심사위원회를 기속하는 것은 아니다.[148]

(8) 사실조사

(가) 개요

신청인이 제출한 자료와 소속기관 등의 자료에 의문이 있거나 그 자료만으로는 심의하기 곤란한 경우 보훈심사위원회는 위원 또는 소속 직원에게 증인과 증거에 대하여 조사하게 하거나 현지 확인을 하게 할 수 있다.[149] 현지조사 등 사실조사의 필요성이 있다고 인정되는 사안에 대하여는 주무관 등이 조사의 필요성 · 범위 · 방법 등을 기재한 후 사전검토회의 또는 분과회의 · 본회의에 회부하여 현지조사 등 사실조사 대상 여부를 결정한다. 다만, 신속한 심사를 위해 부득이한 경우 소관 부서장이 현지조사 등 사실조사 여부를 결정할 수 있다.[150] 사실조사는 통상 800~900건 내외로 이루어지고 있다.

(나) 사실조사의 방법

사실조사가 필요한 사안은 그 내용에 따라 전화확인, 소속기관 등에 대한 자료보완, 우편조사, 현지조사 및 의견청취 등의 방법으로 구분하여 조사한다.[151] 현지조

---

144) 법 74조의19 1항
145) 법 74조의19 2항
146) 영 94조의12 1항, 2항
147) 영 94조의12 3항
148) 국가유공자법과 동법 시행령상 국민참여단의 의견에 기속력을 부여하는 규정은 없다. 실무상으로도, 국민참여단의 의견은 참고용으로만 운용하고 있다.
149) 법 74조의8 2항
150) 운영세칙 17조 3항
151) 운영세칙 18조 1항

사 등 사실조사를 할 때에는 그 권한을 표시하는 증표를 관계인에게 보여주어야 한다.[152] 현지조사 대상으로 결정된 자에 대하여는 현지에 출장하여 진술조서를 작성하거나 녹취할 수 있다. 녹취를 하는 경우에는 녹취를 하기 전 반드시 당사자에게 녹취를 하겠다는 것을 알려야 한다.[153]

(다) 인우보증인을 통한 자료의 보완

군 복무 당시의 기록이나 병상일지 등에 병명은 기재되어 있으나 발병 경위가 기재되어 있지 않은 경우, 인우보증인을 통해 이를 보완할 수 있다. 인우보증인이 될 수 있는 사람은 ① 전공상 당시 상황을 직접 목격한 지휘관이나 동료, 부하 등, ② 전공상 부위를 직접 치료한 군의관 등 의료업무 종사자, ③ 동일 병상 입원환자 등으로서 치료 장면 등을 직접 목격한 자, ④ 기타 전·공상 사실을 입증할 위치에 있었거나 자격이 있는 것으로 위원회가 인정하는 자이다. 인우보증인에게는 허위사실을 진술할 경우 법 제85조 제1항 제1호의 규정에 의하여 업무방해로 처벌받을 수 있음을 사전에 고지하여야 한다.[154] 다만, 필요하다고 인정되는 경우 당시 정황 등을 고려하여 인근 주민 등에 대한 탐문조사를 실시하여 국가유공자 등의 요건에 중요 참고자료로 활용할 수 있다.[155] 참전자로서 진단서상 신체에 파편 또는 참전과 관련된 것으로 인정되는 이물질 내재의 소견이 있는 자에 대하여도 인우보증인을 입보할 수 있다.[156]

(라) 사실조사의 결과보고

조사할 내용이 경미한 사항은 전화조사보고서에 의하여 할 수 있고, 참고인 등 직접조사가 곤란한 경우에는 진술서로 조사에 갈음할 수 있다. 사실조사자에 대하여는 사실조사결과보고서를 작성하여야 하며, 신청인 등으로부터 진술을 받은 때에는 진술조서를 추가로 작성하여야 한다. 위원장 또는 분과위원장은 당해 안건을 조사한 주무관 등을 회의에 출석시켜 조사결과에 대한 의견을 발언하게 할 수 있다.[157]

---

152) 법 74조의8 3항
153) 운영세칙 18조 2항, 3항
154) 운영세칙 19조 1항
155) 운영세칙 19조 1항
156) 운영세칙 19조 2항
157) 운영세칙 20조

(9) 사실규명 요구

보훈심사위원회는 전몰군경 등이 되기 위하여 등록을 신청한 사람에 대한 등록 요건의 심사와 관련하여 해당 전몰군경 등이 사망하거나 상이(공무상 질병 포함)를 입게 된 경위를 정확히 파악하기 위하여 필요하다고 인정하면 소속하였던 기관의 장에게 등록 요건과 관련된 사실의 규명을 요구할 수 있다.[158]

사실규명의 요구는 자료의 제출 등의 요구와 의견청취 및 증거조사를 통하여도 그 경위를 정확히 파악하기 어렵거나 현지 확인이 곤란한 경우에만 할 수 있다.[159] 사실규명을 요구받은 기관의 장은 자체감사 업무를 담당하는 부서로 하여금 관련 사실을 구체적으로 확인하게 한 후 총리령으로 정하는 바에 따라 그 결과를 보훈심사위원회에 제출하여야 한다.[160]

나. 심사자료의 접수 및 배정

(1) 심사자료 접수

보훈심사위원회는 신청인이 과거 소속하였던 기관의 장으로부터 송부 받은 심사자료를 통합보훈시스템으로 확인한 후 접수한다.[161] 상이등급 구분 심사는 상이등급 구분을 위한 신체검사를 실시하고 보훈병원 신체검사 의사소견서를 비롯한 의무기록 등 심사 자료를 상이판정시스템으로 확인한 후 접수한다.[162]

(2) 심사자료 배정

보훈심사위원회에 접수된 심사자료는 각 분과위원회별 업무관장 분야를 감안하여 소관 분과위원회를 지원하는 부서의 주무관 또는 팀장에게 배정된다.[163] 보훈심사위원회에 접수된 심사자료는 당해 상이자 · 그 가족 또는 사망자의 유족이 등록신청한 심사자료를 우선 배정하고, 관계기관 등으로부터 통보된 등록 미신청 심사

158) 법 74조의9 1항
159) 법 74조의9 2항
160) 법 74조의9 3항
161) 운영세칙 7조 1항
162) 운영세칙 7조 3항
163) 운영세칙 8조 1항

자료는 등록신청을 한 사실을 확인하고 배정한다.[164]

다. 제안 및 상정

(1) 심사자료의 검토

심사자료를 배정받은 주무관 또는 팀장은 검토보고서를 작성하기 전에 다음 각 호의 사항을 먼저 검토하여야 한다.[165]

① 법 등에 의하여 위원회가 심의·의결할 사항인지 여부

② 기 심의여부 및 행정심판·행정소송의 확정 또는 계류 중인지 여부 확인 및 기 심의한 경우 관련 자료, 그 외 심의에 필수적인 구비서류 첨부 여부

③ 소속기관의 요건확인 여부, 특히 공무원인 경우 공무원연금관리공단에서 국가유공자 등 요건관련사실확인서 발급 여부

④ 국가유공자 등 요건심사의 경우 등록신청서 제출 여부

⑤ 상이등급구분 심사 안건 중, 요건 인정상이와 신체검사 의사가 검사한 상이의 동일 여부

⑥ 법 제74조의10(재심의 요구) 및 제74조의18(이의신청) 제1항 해당 여부

위 사항을 검토한 후 적정하지 않거나 즉시 보완할 수 없는 안건은 반송할 수 있다.[166]

(2) 자료의 보완

(가) 국가유공자 등에 대한 심사자료의 보완

법 제74조의5 제1항 각 호에 관한 규정 제2조에 의한 보훈심사 대상 중 군 복무관련자료에 입대 전의 과거 병력이 기재된 자, 척추 또는 무릎 부상자로서 특이한 외상기록이 없거나 복무기간이 1년 미만인 자, 그 외 과거병력 확인이 필요하다고 판단되는 자 등에 대하여는 국민건강보험공단에 건강보험 요양급여내역을 조회한다.[167]

---

164) 운영세칙 8조 2항
165) 운영세칙 9조 1항
166) 운영세칙 9조 2항

위 요양급여내역을 검토한 후 세부 진료내역이 필요하다고 판단되는 경우에는 진료병원에 의무기록을 조회한다.[168)]

국가유공자 등 요건과 보사심사 및 상이등급 구분심사에 따른 보완자료는 원칙적으로 등록신청서 등을 제출한 관할 청장 또는 지청장에게 의뢰하되, 신속성을 기하기 위하여 보훈심사위원회에서 관련 기관이나 신청인에게 직접 보완을 의뢰할 수 있다.[169)]

국가유공자 등 요건관련 사실확인서와 병상일지 · 거주표 및 상이기장명부상의 인적사항(한자 성명, 생년월일)이 상이한 경우에는 지방병무청에 병적증명서의 정정 내용을 확인하여 인우보증인의 적격성을 검토한 후 제적등본을 발급받아 본적 · 당시 주소 · 친권자(부, 모, 형 등)의 동일 여부를 추적하여야 한다.[170)]

위 서류를 통해서도 동일인 여부가 불명확할 경우에는 전역(명예, 의병, 만기) 후 검열 신고된 재향군인신고필증 · 호적(기류)등본 대조 확인증 또는 소집검열신고증을 제출받아 본적 · 주소 · 한자성명과 읍 · 면장의 직인날인 사항을 확인하여야 한다.[171)]

(나) 독립유공자 등에 대한 심사자료의 보완

독립유공자의 호적부(제적등본)가 없는 경우에는 유족 또는 가족의 호적부를 다음 각 호에 따라 비교하여 처리한다.

① 국내거주자는 1945년 8월 14일까지 작성된 원전족보의 자(字)와 행렬표(行列表)에 따라 유공자와 배우자 및 직계비속을 확인한다. 다만, 신청인이 해방 이후의 족보(파보, 가승보)를 제출한 경우에는 그 서문을 징구하여 당해 족보 발행 이전의 대동보 등의 발행년도를 파악하여 종친회(대동회)나 국립중앙도서관, 파보(성씨)집성촌 등에서 1945년 8월 14일까지의 발행 족보의 사본을 확인한다.[172)]

② 중국 거주자는 중화인민공화국의 "친속관계 공증서(원본의 숨은 글자 및 음영을 불빛에 비추고, 외교부의 수수료 영수필인 찍음 확인)" 외에 "상주인구등기표(호구부의

---

167) 운영세칙 10조 1항
168) 운영세칙 10조 2항
169) 운영세칙 10조 3항
170) 운영세칙 10조 4항
171) 운영세칙 10조 5항
172) 운영세칙 별표1. 1항 1호

부속서류)"의 호주와 그 가족을 확인한 후 유공자와의 가족관계는 공안청에 보관 중인 "당안 기록(간부 이력표, 직장 이력표, 학생 등기표, 입당지원서 등)"의 사본을 제출하도록 하여 유공자의 활동사항과 유족의 성명, 생년월일 등의 인적사항을 확인하고, 재외동포의 출입국과 법적지위에 관한 법률 제16조에 따른 신청자는 외국 거주확인서 등을, 국내에 귀화하여 정착한 사람은 호적등본의 취적사실을 검토하여 재외동포법의 보훈급여금 지급자와 국내 귀화자를 반드시 확인하여야 한다.173)

③ 북한에서 월남한 사람은 6·25전쟁 후 공포된 법령에 따라 취적신고한 호적등본의 원적 및 출생지와 속병란의 부모 성명을 확인하여 유공자의 본적·성명과의 일치 여부를 확인한다. 그 밖에 이북 5도청에서 발행한 6·25전쟁 이후의 지역 인물사 등을 참조한다.174)

④ 미국 또는 중남미(브라질, 쿠바 등) 거주자는 영주권 증명서, 사회보장증명서(Social Security Benfit), 출생증명서, 결혼증명서, 사망증명서, 이주관계 허가서류(노동부, 국회 상원 보관), 대사관 등에서 공증한 서류, 국내 유족의 인우보증서 등을 참조한다.175)

⑤ 러시아 또는 중앙아시아(카자흐스탄, 우즈베키스탄 등) 거주자는 출생증명서(해당국 호적등록처 발행), 결혼증명서(해당 구청 호적등록부 발행), 거주증명서(주택관리소장), 사망증명서(해당 구청 호적등록부 발행), 시민권증명서 등을 확인하여야 한다.176)

유공자의 한자성명, 생년월일 및 가족사항은 "판결문(지방법원, 복심법원)", "수형자 신분장지무원지(수감교도소 발행)", "범죄인명부(읍·면 보관)", "사상에 관한 정보(검찰 발행)", "용의 조선인 명부", "고등경찰요사(조선총독부 발행)"를 근거로 한다.177)

관련 자료의 추가 확인은 공훈관리과(유공자의 공적자료 확인), 국제협력담당관(해외공관 조회 및 신청인과의 질의·답변 등)과 유기적인 협조체제를 유지하여야 한다. 관련 자료의 확인이 불명확하거나 귀화자인 경우 최종적인 친속관계 확인을 위해서는

---

173) 운영세칙 별퓨1. 1항 2호
174) 운영세칙 별표1. 1항 3호
175) 운영세칙 별표1. 1항 4호
176) 운영세칙 별표1. 1항 5호
177) 운영세칙 별포1. 2항

국립과학수사연구원과 협의하여 국내 거주 유족과 신청인에 대한 유전자 검사를 실시할 수 있다.[178)]

라. 검토보고서 작성

(1) 요건심사 안건의 검토보고서 작성

주무관 또는 팀장은 배정받은 요건심사 자료에 대하여 다음 각 호의 사항을 검토한 후 통합보훈시스템 소정의 서식에 따라 검토보고서를 작성한다.[179)]

① 입대일자, 전역일자, 상이일자, 상이 당시 소속 등 기본 인적사항을 확인하여 누락·착오기재 등 진정성 여부에 대한 확인을 하여야 한다.

② 국가유공자 등 요건관련사실확인서, 병상일지 등 관련 자료를 확인한 후 상이원인, 원상병명, 현상병명 등을 입력하여야 한다.

③ 추가서류 보완 또는 신청인과 인우보증인에 대한 사실조사의 필요성 및 조사범위에 대한 의견을 기재하여야 한다.

④ 사망 또는 상이의 공무관련성 여부에 대한 의학자문 또는 법률자문, MRI·CT 등 영상자료의 판독 필요성에 대한 의견을 기재하여야 한다.

⑤ 병상일지, 외래환자진료기록지, 공무상병인증서, 간호기록지, 진단서 등을 검토한 후 발병(부상) 경위와 병명 및 발병(부상)경위와 병명 및 발병(부상)일자와, 의병전역 여부를 정확히 기재하여야 한다.

⑥ 심사대상자 또는 신청인의 진술내용 요지를 기재하여야 한다.

⑦ 국민건강보험공단에서 발행한 과거력 관련 건강보험 요양급여내역의 요지(병명, 치료병원 및 기간 등)을 기재하여야 한다.

⑧ 요건 인정 또는 요건 불인정과 관련한 사실내용을 객곽적인 자료에 의거, 논리적으로 기재하되 중요한 안건은 최근 심사사례·의학자문 및 판례 등의 내용을 요약 기재하여야 한다.

⑨ 의학자문 사항은 관할 청장 또는 지청장이 소송업무에 확용할 수 있도록 특기사항란에 명기하여야 한다.

---

178) 운영세칙 별표1. 3항, 4항

179) 운영세칙 11조 1항

(2) 상이등급 구분 심사안건의 검토보고서 작성

상이등급 구분심사의 경우, 팀장 또는 주무관은 배정받은 심사자료에 대하여 다음 각 호의 사항을 검토한 후 상이등급판정시스템의 서식에 따라 검토보고서를 작성한다.[180)]

① 요건인정 및 신체검사 판정 기 이력, 신체검사 의사의 검진소견 등 기본 등록사항 누락 · 착오기재 등에 대한 확인을 하여야 한다.

② 의사소견서 및 문진표, 영상자료(EMR, PACS) 등 상이처(질병 포함)와 진단내용 등 확인 가능한 첨부자료 누락 여부를 확인하여야 한다.

③ 전 · 공상 및 보훈심사대상자 요건 인정 상이처(질병 포함)에 대한 의사의 신체검사 실시 여부와 누락 상이처 여부를 확인하여야 한다.

④ 보훈병원 신체검사 의사가 판정한 상이등급 및 분류번호의 적정성 여부를 검토하여야 한다.

⑤ 상이등급 및 분류번호의 적정성 여부에 대한 의학자문 필요성에 대한 의견을 기재하여야 한다.

⑥ 추가서류 보완 필요성에 대한 의견을 기재하여야 한다.

⑦ 상이처의 직권재판정 대상 여부와 적용기간의 적정성 여부를 검토하여야 한다.

(3) 검토의견 등의 기재

담당 팀장은 주무관이 작성한 검토보고서를 근거로 하여 제안주문, 인정상이처 및 상이등급, 제안이유 등에 대한 기초 의견을 기재한다.[181)] 과장은 주무관의 검토보고서와 팀장 등의 검토 의견에 대하여 다른 의견이나 보완의견이 있는 경우 검토의견란에 기재한다.[182)]

180) 운영세칙 11조 2항
181) 운영세칙 12조 1항
182) 운영세칙 12조 2항

마. 사전검토회의

(1) 원활한 회의 운영을 위하여 본회의 또는 분과회의 전에 사전검토회의를 개최할 수 있으며, 위원(위원장을 포함한다) 및 해당 분과위원회 간사 등으로 구성하여 위원장 또는 해당 분과위원장이 주재하되, 본회의의 경우 필요한 경우에는 사무국장을 겸임하는 상임위원에게 위임할 수 있다.[183)]

(2) 사전검토회의에서 토의할 중요안건은 다음과 같다.

① 영주 귀국한 해외거주 독립유공자 유가족으로서 인적사항 등에 관한 기초 자료가 미비한 안건

② 감사원, 국민권익위원회 등 관련 기관에서 시정권고를 요구하거나 재심의를 요청한 안건

③ 법 제74조의10에 규정된 행정소송 과정에서 재판부의 조정권고가 있거나 재심의가 필요하다고 판단하여 재판부의 승인을 얻은 후 관할 청장 또는 지청장이 재심의를 요구한 안건

④ 행정심판의 인용 재결 또는 이미 수립된 법원 판례와 유사하여 심사기준 변경 등으로 심사기준의 재정립이 필요하다고 인정되는 안건

⑤ 보훈병원 신체검사 의사가 소견한 상이등급이 적정하지 않은 것으로 판단되는 안건

⑥ 기타 중요안건으로서 사전검토회의가 필요하다고 인정되는 안건

(3) 각 분과위원장은 위 중요안건에 대해서 분과회의 결과 명확하다고 판단되는 안건을 제외하고는 '쟁점안건'으로 분류하여 본회의에 회부하여야 한다.[184)]

각 분과위원장은 '쟁점안건'으로 검토된 안건에 대해서 해당 안건을 담당하는 주심위원에게 심층적으로 검토하여 본회의에서 보고하게 할 수 있다.[185)]

---

183) 운영세칙 13조 1항
184) 운영세칙 13조 3항
185) 운영세칙 13조 4항

바. 제안

지정된 주심위원은 심사자료를 심층적으로 검토하여 원상병명의 확인, 상이정도의 구분, 판례 · 의학자문 등 관련 제반 심사기준을 참고하여 병명 또는 부상에 대한 요건해당 및 상이등급의 적정여부 판단근거를 심도있게 검토하여 제안한다.[186] 이 경우 공무수행과의 상당인관관계 여부를 판단함에 있어 영 제3조 제2항의 규정에 의거히여 검토되었는지 여부를 확인하여야 한다.[187]

사. 안건 상정

주심위원이 제안한 안건은 분과회의 또는 본회의에 상정하고, 분과회의에서 전원이 합의하여 의결하지 아니한 안건에 대하여는 본회의에 상정한다.[188] 다만, 자료보완 등이 필요하여 보류하는 안건의 경우에는 분과위원장의 결정으로 분과회의에 재상정하여 의결할 수 있다.[189]

아. 회의소집 및 안건 배부

위원장은 회의 일정을 당해 회의의 구성위원에게 회의 소집 7일 전까지 일시 · 장소 등을 서면 또는 전자우편으로 통지하여야 한다. 다만, 위원의 갑작스러운 불참통보 등으로 시간적인 여유가 없을 때에는 대체 지정한 위원에게 전화 등으로 통지할 수 있다.[190] 전문직 비상임위원에게 회의 개최 5일(상이등급 구분 심사자료는 3일) 전까지 안건을 배부하여 사전에 검토할 수 있도록 하여야 하며, 전문직 비상임위원이 통합보훈시스템 또는 상이판정시스템으로 회의 자료를 열람 · 검토할 수 없는 경우에는 회의 관련 자료를 우편 또는 출장 배부할 수 있다.[191]

자. 회의

(1) 간사는 전체 안건을 일괄 요약 보고하고, 쟁점안건의 주심위원 또는 분과위원

186) 운영세칙 14조 전문
187) 운영세칙 14조 후문
188) 운영세칙 15조 본문
189) 운영세칙 15조 단서
190) 운영세칙 26조 1항
191) 운영세칙 26조 3항

장은 심층적으로 안건을 분석 · 검토한 후 그 의견을 제시하여야 한다.[192] 회의에 상정된 안건에 대하여는 당해 안건의 주심위원이 제안 설명을 하되, 원활한 회의 운영 등 부득이한 사유가 있는 경우에는 간사 또는 다른 심사위원이 주심위원을 대신하여 제안서를 발표할 수 있다.[193]

(2) 제안주문을 검토한 담당 팀장 등은 분과회의에 배석할 수 있으며, 쟁점안건의 사무분장과 담당 팀장 등은 본회의에 배석하게 할 수 있다.[194]

(3) 회의는 출석회의와 전자회의로 구분하는데, 출석회의는 재적위원 과반수의 출석으로 개최하며, 전자회의는 재적위원 과반수가 국가보훈처의 통합보훈시스템과 회의관리시스템 및 상이판정시스템을 이용하여 실시한다.[195]

(4) 회의 실무례를 보면, 미리 배포된 안건 순서대로 주심위원이 제안 설명을 하고 요건심사의 경우 해당 상이처에 전문적 식견이 있는 비상임위원(예컨대, 추간판탈출증의 경우 신경외과 전문직 비상임위원)이 주심위원의 제안에 대해 동의/비동의 여부를 개진한다. 이때 전문직 비상임위원이 주심위원의 제안에 동의하는 경우에는 대부분 추가적 논의 없이 주심위원의 제안주문대로 의결이 된다. 그런데 전문직 비상임위원이 주심위원의 제안에 부동의 하는 경우에는 다른 위원들의 의견을 취합하여 투표로 결론을 내는 것이 보통이다.

차. 심의 · 의결

(1) 본회의 및 각 분과위원회는 상정안건에 대하여 "해당", "비해당" 또는 "보류" 등으로 의결한다. 상이등급 구분심사 안건에 대하여는 "○급○항○○○○호", "등급기준미달", 또는 "보류" 등으로 의결한다.[196]

(2) 각 분과위원회는 상정안건에 대하여 심의 결과, 전원이 합의하지 아니하여 본회의에 회부하는 안건, 심사자료의 보완 또는 추가적인 검토 등을 거친 후에 본회의에 회부하는 안건, 종전의 심의의결에 따른 재심의 안건 등에 대하여는 "일반안건", "쟁점안건", "보류안건", "재심의안건" 등으로 구분하여 본회의에 상정하되 본회의

192) 운영세칙 27조 1항
193) 운영세칙 27조 2항
194) 운영세칙 27조 3항
195) 운영세칙 27조 4항
196) 운영세칙 28조 1항

상정사유를 반드시 구체적으로 기재하여야 한다.[197)]

(3) 본회의 및 각 분과위원회는 심의·의결 결과를 각각 주문으로 결정한다.[198)]

카. 심의·의결 결과의 작성

본회의 및 각 분과위원회 간사는 회의가 종료된 후 심의결정서를 작성한 후 회의에 참석한 위원의 서명 또는 날인을 받아 분과위원장/보훈심사위원장에게 각 보고하여야 한다.[199)]

타. 의결서의 작성 및 송부

(1) 본회의 및 각 분과위원회에서 심의·의결된 안건에 대하여는 안건별로 의결서를 작성하여야 한다. 안건별로 작성된 의결서는 사무국장의 검토를 거쳐 통합보훈시스템으로 관할 청장 또는 지청장에게 송부하여야 한다.[200)]

(2) 보훈심사위원장은 관할청장 또는 지청장에게 의결서가 송부된 후 당해 의결서에 표현상의 오류 등 경미한 사항에 대하여는 경정할 수 있다. 보훈심사위원장이 의결서를 경정한 경우 통합보훈시스템의 심의의결서를 지체 없이 정정한 후 관할청장 또는 지청장에게 통지하여야 한다.[201)]

파. 회의록 작성

간사는 본회의와 각 분과위원회별로 위원의 발언요지·결정사항 및 표결내용 등을 기록하여야 한다.[202)]

하. 재심의 및 이의신청

(1) 재심의

국가보훈처장은 다음과 같은 사유에 해당하는 경우 보훈심사위원회가 심의·의

197) 운영세칙 28조 2항
198) 운영세칙 28조 3항
199) 운영세칙 29조
200) 운영세칙 30조
201) 운영세칙 31조
202) 운영세칙 38조

결한 사항에 대하여 재심의를 요구할 수 있다.[203)]

① 법 제74조의5 제1항 각 호의 사항과 관련된 국가보훈처장의 처분에 대한 행정소송의 진행 중 법원의 담당재판부가 분쟁의 신속한 해결 등을 위하여 국가보훈처장에게 조정을 권고한 경우

② 법 제74조의5 제1항 각 호의 사항과 관련된 국가보훈처장의 처분에 대하여 감사원이나 국민권익위원회 등 국가기관이 국가보훈처장에게 시정을 권고한 경우

③ 그 밖에 보훈심사위원회가 심의 · 의결한 사항에 대하여 재심의할 필요가 있다고 판단되는 경우[204)]

(2) 이의신청

(가) 이의신청 사유

법 제74조의5 제1항 제1호, 제3호부터 제5호까지, 제11호부터 제13호까지 및 제15호의 사항과 관련된 국가보훈처장의 처분에 이의가 있는 자는 다음과 같은 사유에 해당하는 경우 국가보훈처장에게 이의신청을 할 수 있다.[205)]

① 해당 처분이 법령 적용의 착오에 기초하였다고 판단되는 경우

② 국가보훈처장이 해당 처분을 할 때에 중요한 증거자료를 검토하지 아니하였다고 판단되는 경우

③ 해당 처분이 있은 후 그와 관련된 새로운 증거자료거가 발견된 경우

(나) 이의신청 기한

이의신청은 국가보훈처장의 처분을 받은 날부터 30일 이내에 주장하는 사실을 증명할 수 있는 서류를 첨부하여 관할 청장 또는 지청장에게 제출하여야 한다.[206)]

(다) 보훈심사위원회의 조치

보훈심사위원장은 관할 청장 또는 지청장으로부터 이의신청서를 접수한 때에는

---

203) 법 74조의10

204) 행정소송에서 원고가 승소하였으나 판결문에 상이처가 명확하게 표시되지 않았을 경우, 상이처 확정을 위해 재심의가 종종 요구된다. 신청서 접수 당시 당사자에게 결정적으로 유리한 증거가 제출되었음에도 행정착오로 빠진 경우 등 명백한 실수가 있을 때에도 재심의를 통해 경정된다.

205) 법 74조의18 1항

206) 법 74조의18 2항, 동규칙 16조의5.

신규 신청자와 동일한 심사절차에 의하여 분과회의 또는 본회의에서 다시 심의 · 의결하여야 한다.[207] 이에 따라 보훈심사위원회는 당사자가 이의를 신청하지 않은 부분을 포함해 신청내용을 처음부터 새롭게 다시 심사하고 그 결과를 국가보훈처장에게 통보한다.

(라) 국가보훈처장의 조치

국가보훈처장은 보훈심사위원회로부터 심의 · 의결 결과를 통보받으면 이를 토대로 국가유공자 여부를 결정하고 그 결과를 이의신청한 자에게 통보하여야 한다.[208]

(마) 이의신청에 대한 불복

이의신청은 국가유공자 요건에 해당하지 아니하는 등의 사유로 등록신청을 거부한 처분청이 신청 사항을 다시 심사하여 잘못이 있는 경우 스스로 시정하도록 한 절차라서, 이의신청을 받아들이지 아니하는 내용의 결정은 종전의 결정 내용을 그대로 유지하는 것에 불과하다.[209] 따라서 이의신청을 받아들이지 아니하는 결정은 이의신청인의 권리 · 의무에 새로운 변동을 가져오는 공권력의 행사나 이에 준하는 행정작용이라고 할 수 없으므로 원결정과 별개로 항고소송의 대상이 되지는 않는다.[210] 즉, 국가유공자 비해당결정 등 원결정에 대한 이의신청이 받아들여지지 아니한 경우에는 이의신청인으로서는 원결정을 대상으로 항고소송을 제기하되, 이의신청 결과를 통보받은 날부터 90일 이내에 행정심판법에 따른 행정심판 또는 행정소송법에 따른 취소소송을 제기할 수 있다.[211]

207) 운영세칙 32조. 실무관행상 재심의 안건과 이의신청 안건은 본회의에서 심의 · 의결한다.
208) 법 74조의18 3항
209) 대법원 2016. 7. 27. 선고 2015두45953 판결
210) 대법원 2012. 11. 15. 선고 2010두8676 판결 참조
211) 대법원 2016. 7. 27. 선고 2015두45953 판결

CHAPTER

03

요건심사

Chapter 03

요건심사

제1절 | 개관

1. 의의

(1) 국가보훈처장은 신청인으로부터 등록신청을 받으면 국가유공자법 제4조(적용대상 국가유공자) 또는 제5조(유족 또는 가족의 범위)에 따른 요건을 확인한 후 국가유공자, 그 유족 또는 가족에 해당하는지를 결정한다.[1] 이때 국가보훈처장은 국가유공자법 제74조의5에 따른 보훈심사위원회의 심의·의결을 거쳐야 하는데, 이를 <요건심사>라 한다. 요건심사의 핵심은 사망 또는 상이와 직무수행 또는 교육훈련 사이에 인과관계가 있는지 여부를 살펴보는 것이다.

(2) 요건심사의 자료는 신청인으로부터 제출받은 등록신청서 및 관련 자료, 소속기관의 장으로부터 통보받은 요건관련사실확인서, 건강보험공단 등으로부터 제출받은 의무자료 등이 주된 자료지만, 실무상 객관성과 정확성을 담보하고 있다면 어떤 것이라도 심사 자료가 될 수 있다. 모든 제출 자료는 위원들이 심사에 참고할 수 있도록 기록에 편철된다.

---

1) 법 6조 3항 전단

(3) 요건심사는 과거 20,000건을 넘는 적도 있었지만 최근에는 매년 10,000건 정도 접수되고 있다. 2021년 기준 최근 5개년도 평균 인용률은 50% 내외를 보이고 있다.

연도	접수	심사완료			인용율(%)	계류
		계	해당	비해당		
2020년	10,827	9,633	4,706	4,928	48.8%	1,194
2019년	10,650	8,016	3,825	4,191	47.7%	2,634
2018년	10,489	7,740	3,999	3,741	51.6%	2,749
2017년	9,165	7,546	4,174	3,372	55.3%	1,619
2016년	10,143	8,841	4,990	3,849	56.4%	1,302
평균	10,254	8,355	4,338	4,016	51.9%	1,899

출처 : 국가보훈처 보훈연감 2020 (단위 : 건)

(4) 대상구분별 요건심사 현황을 보면, 2020년도의 경우 전체 심사완료 건수 중 재해부상군경의 비율이 가장 높고, 그 다음으로 공상군경, 전상군경, 재해사망군경의 순을 보였다.

구분	접수	심사완료				심사 검토 중
		계	국가유공자	보훈보상 대상자	비해당	
소계 (유공자 · 보상자)	10,827	9,633	2,152	2,553	4,928	1,194
독립유공자	108	82	79		3	26
전몰군경	249	210	170		40	39
전상군경	1,748	1,626	779	34	813	120
순직/재해사망 군경	470	399	45	209	145	71
공상/재해부상 군경	7,110	6,397	861	2,222	3,314	713

순직/재해사망 공무원	86	69	6	32	31	17
공상/재해부상 공무원	130	105	10	47	48	25
고엽제후유(의)증	77	59	16		43	18
4 · 19혁명사망 · 부상자	6	4			4	2
5 · 18부상자						
6 · 18상이자	1	1			1	
재일학도의용군						
무공 · 보국수훈자	14	10	2		8	4

출처 : 국가보훈처 보훈연감 2020 (단위 : 건)

2. 국가의 자료수집책임

(1) 국가유공자, 그 유족 또는 가족의 요건에 해당함을 확인할 수 있는 신뢰성 있는 공적 · 객관적 자료는 상당부분 국가가 보유하고 있다. 특히 군에서 생산된 자료는 일반인의 접근이 어려운 경우가 대단히 많다. 그래서 과거에는 신청 당사자가 요건입증을 위한 자료를 수집하기 위해 어려운 발품을 파는 경우가 많았다. 생각해 보면, 대한민국은 국가를 위하여 희생하거나 공헌한 분들의 숭고한 정신으로 이룩된 것이다. 그렇다면 국가유공자 등록신청이 있는 경우 당사자의 자료수집 및 제출을 기다릴 것이 아니라 오히려 국가가 적극 나서서 관련 자료를 수집하는 것이 타당할 뿐만 아니라 더 효과적일 것이다. 이런 연유로 2012년 보훈체계 개편 시, 국가유공자법상 등록신청이 접수되면 전상군경/순직군경/공상군경/보국수훈자/순직공무원/공상공무원의 경우 국가보훈처장으로 하여금 반드시 그 소속하였던 기관의 장에게 그 요건과 관련된 사실의 확인을 요청하도록 함과 아울러, 요청받은 소속기관의 장은 관련사실을 조사한 후 그 요건과 관련된 사실을 확인하여 국가보훈처장에게 통보하도록 개정하였다.[2] 이렇게 함으로써 이전보다 훨씬 체계적이고 안정적으

2) 법 6조 3항

로 자료가 수집될 수 있었다. 이 규정은 바로 국가의 자료 수집책임을 간접적으로 규정하고 있다고 할 수 있다.[3)]

(2) 이와 관련하여 한 가지 짚어야 할 점은 군 의무기록의 보존문제다. 현재 군 의료시스템은 소속부대 의무실(의원급), 사단 의무대(병원급), 전·후방 병원(종합병원급), 수도병원(상급 종합병원급)의 4단계 의료체계로 구성되어 있다. 그런데 전·후방 병원이나 수도병원의 의무기록은 보존이 잘 되어 있어서 큰 문제가 없지만, 소속부대 의무실이나 사단 의무대에서 생산된 의무기록의 경우 문서보존기간이 짧은데다 문서고 이관 이후에는 그 소재파악이 매우 어렵다. 보훈심사 실무에서는 초기 상황의 의무기록이 중요한 경우가 많은데, 이들 의무기록의 확보가 어려워 심사가 제대로 되지 않는 안타까운 경우가 많은 것이다. 군 간부의 경우 제대 후나 제대 6개월 전에야 비로소 국가유공자 등록신청을 할 수 있는데 임관 초기의 의무기록이 잘 보존되지 않으니 수십 년 뒤의 보훈심사 과정에서 애로가 많다. 의무복무자들도 마찬가지다. 꽤 오랜 기간이 지나서야 국가유공자제도가 있다는 사실을 알고 뒤늦게 등록을 신청하는 경우가 많은데, 이런 경우 당시 상황 파악에 중요한 의무기록의 행방이 묘연한 경우가 많다. 장병들이 아프면 1차적으로 소속부대나 사단 의무실을 방문하므로 해당 기록은 매우 구체적이고 인과성 판단에 큰 도움을 주는 기록들이다. 따라서 병원급이 아닌, 소속부대 의무실이나 사단급 의무기록에 대한 문서보존 체계의 개선이 절실하다.

3. 상이등급 심사와의 관계

국가유공자가 되기 위한 등록절차는 법령이 정한 특별한 경우를 제외하고는 두 절차로 명확하게 구분되어 있다. 하나는, 해당 상이가 교육훈련 또는 직무수행 중의 상이(질병 포함)에 해당하는지를 결정하는 절차이고("요건심사") 다른 하나는, 신체검사를 통해 그 상이가 법령에서 정한 상이등급에 해당하는지를 판정하는 절차이다

3) 하급심판례 중에는 병적관리담당공무원이 병적사항을 잘못 기록하거나 그 정확성 검증을 위한 노력 없이 신청 대상자에게 잘못된 정보를 제공함으로써 신청 대상자로 하여금 국가유공자 등록신청을 사실상 불가능하게 만들었고, 그 등록 및 결정에 따른 보상을 받지 못하는 손해를 입게 했다면 국가가 그 손해를 배상할 책임이 있다고 판단한 사례가 있다(창원지방법원 마산지원 2017. 6. 2. 선고 2016가단106172 판결).

("상이등급 판정"). 이 두 절차는 그 순서에 따라 개별적으로 진행된다. 따라서 상이 정도가 국가유공자법령이 정한 상이등급에 해당되는지 여부는 상이등급 판정절차에서 따져야 하고, 국가유공자에 해당되는지 여부를 따지는 요건심사 절차에서 고려할 것은 아니다.[4] 상이가 미미하여 설령 등급을 받을 수 없다 하더라도 그 점을 미리 감안하여 인과성까지 부정하면 안 되는 것이다. 그런 관점에서, 군인이 직무수행이나 교육훈련 중 상처를 입었고 그로 인해 눈썹 위 머리 부위에 7cm 정도의 흉터가 남아 있지만 국가유공자 또는 보훈보상대상자로 인정될 수 있는 정도의 장해가 남아 있지 않다는 이유로 위 상처와 군 복무 사이의 인과관계를 부정하는 것은 부적법한 것이다.[5][6]

4. 요건심사의 생략

국가보훈처장은 「6 · 25 전사자유해의 발굴 등에 관한 법률」(이하 "6 · 25전사자발굴법")에 따라 국방부장관이 전사자유해로 인정한 경우로서 그 전사자의 유족이 없는 경우에는 법 제6조에 따른 등록 및 결정절차를 거치지 아니하고 그 전사자를 국가유공자로 결정한다.[7] 6 · 25전사자발굴법에 따라 국방부가 체계적이고 과학적 방법으로 발굴 · 감식한 전사자 유해의 경우 국가보훈처가 중복하여 심사할 필요가 없기 때문이다.

4) 대법원 2018. 6. 15. 선고 2018두35292 판결

5) 대법원 2018. 6. 15. 선고 2018두35292 판결

6) 국가보훈처 보훈심사 실무관행을 보면, '염좌'와 같이 일정 기간이 지나면 상이(질병)의 흔적이 거의 남지 않는 경우에는 상당인과관계를 인정하지 않는 경향이 있다. 이는, 인과관계를 인정해 국가유공자에 해당한다고 결정하더라도 상이등급 판정절차에서 대부분 '기준미달' 판정이 나오기 때문인 듯하다. 그런데 기준미달 판정을 받더라도 해당 상이(질병)에 대해서는 보훈병원의 무료진료를 받을 수 있다는 점(법 제73조의2)과 일단 인과관계를 인정받아 두면 추후 해당 상이가 악화될 경우 재확인신체검사 제도를 통해 상이등급을 받을 수도 있다는 점, 그리고 종합판정의 기회가 있다는 점을 고려할 때, 인과관계의 인정이 실익이 없는 것은 아니다.

7) 법 6조의7

1. 2012년 보훈체계 개편 이전 : 상당인과관계

가. 개요

(1) 국가유공자법에서 요건심사의 핵심은 인과관계를 밝히는 작업이다. 즉, 직무수행 또는 교육훈련과 사망 또는 상이 사이의 인과관계를 확인하기 위해 심사역량을 집중한다. 인과관계가 있어야 국가유공자나 보훈보상대상자가 될 수 있기 때문이다. 인과관계를 밝히는 작업은 쉽지 않다. 언뜻 보면 직무수행이 원인이 되어 상이를 입은 것 같은데, 실제로 심사를 해 보면 그렇지 않은 경우가 의외로 많다. 인과관계를 단순히 원인과 결과의 관계라고만 하면 국가유공자가 비상식적으로 확대될 여지가 있다. 너무 엄격하게 제한하면 형평성이나 정서에 반하는 결과가 나올 수도 있다.

(2) 따라서, 직무수행 또는 교육훈련과 사망 또는 상이 사이에 어느 정도의 관련성이 있어야 하는가가 인과관계 규명의 핵심이다. 2012년 보훈체계 개편 이전의 구 국가유공자법은 단순히 "교육훈련 또는 직무수행 중 사망", "교육훈련 또는 직무수행 중 상이"라고 하여 시간적 근접성만 요구할 뿐 인과성 측면에서 어느 정도의 관련성이 있어야 하는지에 대해서는 대통령령[8]에 위임하고 있었는바 그 기준[9]이 반드시 명확한 것은 아니었다. 국가유공자법의 체계와 유사한 산업재해보상보험법이 양자 사이에 상당인과관계가 있어야 한다고 법문에서 명시하고 있는 것과는 대조적이다.[10]

---

8) 법 4조 2항

9) 1985년 제정된 구 국가유공자법(법률 제3742호)은 현행 국가유공자법과 마찬가지로 '직무수행 중 사망', '직무수행 중 상이'라고 규정하였으나, 인과관계에 관한 구체적 기준을 대통령령에 위임하지 않았다. 그 후 1988. 12. 31. 개정 법률 제4072호를 통해 구체적인 기준을 대통령령에 위임하였는데, 그 기준은 재해를 상황별로 구체화한 것일 뿐 인과성 측면에서는 법률에 기재된 표현과 크게 다를 바 없어 어느 정도의 공무관련성이 있어야 하는지 여전히 모호하였다. 이러한 상황이 2012년 보훈체계 개편 때까지 지속되었다.

10) 산업재해보상보험법 제37조 제1항 : 근로자가 다음 각 호의 어느 하나에 해당하는 사유로 부상·질병 또는 장해가 발생하거나 사망하면 업무상의 재해로 본다. 다만, 업무와 재해 사이에 상당인과관계가 없는 경우에는 그러하자 아니하다.

(3) 이에 대해 2012년 보훈체계 개편 이전의 대법원은 국가유공자가 되기 위한 요건으로서 '직무수행(교육훈련)과 상이(사망) 사이에 상당인과관계가 필요하다'는 입장을 보여 왔다. 대법원은, '국가유공자법상 교육훈련 또는 직무수행 중 상이(공무상의 질병을 포함한다)라는 문구는 군인 또는 경찰공무원이 교육훈련 또는 직무수행 중 부상하거나 질병에 걸리는 것을 뜻하므로 위 규정이 정한 상이가 되려면 교육훈련 또는 직무수행과 그 부상·질병 사이에 상당인과관계가 있어야 한다'는 취지로 판단한 바 있고,[11] 이후에도 보훈체계 개편 전까지 일관되게 같은 태도를 취하였다.[12]

(4) 국가유공자법상 직무수행(또는 교육훈련)과 사망(또는 상이) 사이에 상당인과관계가 요구된다는 대법원의 이러한 법리는 사실 산업재해, 공무상재해, 군인재해 등 재해보상 법률관계 전반에 걸쳐 유사하다. 근로기준법은 제8장에서 근로자가 입은 업무상 부상 또는 질병에 대한 사용자의 재해보상책임에 관하여 규정하고 있는데 재해보상책임이 성립하려면 업무와 재해 사이에 상당인과관계가 있어야 하

---

1. 업무상 사고
  가. 근로자가 근로계약에 따른 업무나 그에 따르는 행위를 하던 중 발생한 사고
  나. 사업주가 제공한 시설물 등을 이용하던 중 그 시설물 등의 결함이나 관리소홀로 발생한 사고
  다. 삭제 <2017.10.24.>
  라. 사업주가 주관하거나 사업주의 지시에 따라 참여한 행사나 행사준비 중에 발생한 사고
  마. 휴게시간 중 사업주의 지배관리하에 있다고 볼 수 있는 행위로 발생한 사고
  바. 그 밖에 업무와 관련하여 발생한 사고
2. 업무상 질병
  가. 업무수행 과정에서 물리적 인자(因子), 화학물질, 분진, 병원체, 신체에 부담을 주는 업무 등 근로자의 건강에 장해를 일으킬 수 있는 요인을 취급하거나 그에 노출되어 발생한 질병
  나. 업무상 부상이 원인이 되어 발생한 질병
  다. 「근로기준법」 제76조의2에 따른 직장 내 괴롭힘, 고객의 폭언 등으로 인한 업무상 정신적 스트레스가 원인이 되어 발생한 질병
  라. 그 밖에 업무와 관련하여 발생한 질병
3. 출퇴근 재해
  가. 사업주가 제공한 교통수단이나 그에 준하는 교통수단을 이용하는 등 사업주의 지배관리하에서 출퇴근하는 중 발생한 사고
  나. 그 밖에 통상적인 경로와 방법으로 출퇴근하는 중 발생한 사고

11) 대법원 1991. 6. 28. 선고 91누2359 판결
12) 대법원 2003. 9. 23. 선고 2003두5617 판결 등

고,[13] 산업재해보상보험법 제3조 제1항 소정의 업무상의 재해도 근로자와 업무수행 중 그 업무에 기인하여 발생한 재해를 말하므로 그 재해가 질병인 경우에는 업무와 질병 사이에 상당인과관계가 있어야 한다.[14] 공무원연금법 제4조 제1항과 군인재해보상법 제4조 제1항도 모두 재해의 인정기준을 규정하면서 '공무와 재해 사이에 상당한 인과관계가 없는 경우에는 공무상 재해로 보지 아니한다.'는 취지의 단서를 두고 있고, 대법원 역시 공무원재해보상과 군인재해보상의 법률관계에서 공무와 재해 사이에 상당인과관계가 있어야 한다는 입장이다.[15]

나. 상당인과관계의 의의

(1) 원인과 결과 사이의 관련성

인과관계란 행위와 결과 사이의 원인적 관련성을 말한다. 즉, 어떤 행위가 어떤 결과를 초래했다면 그 행위는 그 결과의 원인이라고 볼 수 있다. 이때, 그 행위와 결과 사이의 관련성을 인과관계라고 하는 것이다. 이렇게 보면, 일정한 결과 발생에 관여했던 모든 조건은 당해 결과의 원인이 될 수 있다. 인과관계론 중 조건설은 이런 자연과학적 관점에서 원인과 결과 사이의 관련성을 파악한다.[16] 그런데 조건설에 의하면 원인과 결과 사이에의 관련성이 무한히 확장될 수 있다. 예컨대, 가해자의 행위가 타인의 법익을 침해함으로써 손해가 발생한 경우에 그 손해배상책임은, 행위자인 가해자뿐만 아니라 가해자의 출생에 관여했던 모든 직계존속들에게까지 무한히 확대될 수 있다. 왜냐하면 어느 직계존속이 존재하지 않았더라면 가해자는 태어나지 않았을 것이고, 가해자에 의한 가해행위도 존재할 수 없었을 것이기 때문이다. 조건설에 따라 원인과 결과 사이의 관련성을 파악할 경우 그 도출된 결론은 부당하다. 상당인과관계론은 조건설에 따른 무한정 책임에 대해 유의미한 책임을 설정하기 위한 제한이론으로 등장했다.[17]

---

13) 대법원 1986. 8. 19. 선고 83다카1670 판결 참조
14) 대법원 1992. 5. 12. 선고 91누10022 판결
15) 대법원 2021. 9. 9. 선고 2017두45933 전원합의체 판결 참조
16) 지원림, 제19판 민법강의, p.1113
17) 성대규, 상당인과관계설의 본래적 의미, 한계와 중요조건설, 인하대학교 법학연구 제22집 제3호, 2019, p.269, 271 참조

(2) 결과 발생의 개연성

상당인과관계론에 따르면, 결과 발생에 관여했던 모든 원인(조건)들 가운데 결과 발생과 '상당한 관계'에 있는 원인만을 결과에 대한 인과관계로 인정한다.[18] 즉, 국가유공자로 인정받기 위해서는 직무수행(교육훈련)이 사망 또는 상이와 상당한 관계에 있어야 한다는 것이다. 그렇다면 '상당한 관계'란 무엇을 의미하는가. 통설적 견해에 따르면, 그 원인으로부터 그러한 결과가 발생한 개연성, 즉 통상적으로 그러한 결과를 발생시키기에 적합하거나 적어도 그러한 결과 발생에 대하여 개연성이 존재해야 한다고 한다.[19] 대법원은 "당해 군인이 수행하던 직무에 내재하거나 이에 통상 수반하는 위험의 현실화라고 볼 수 있는 사정이 있어야 직무수행 중의 상이에 해당된다."고 파악한다.[20] 보훈심사 실무에서는 통상 의학적 인과관계로 이해하고 있다.[21] 국가유공자의 사망 또는 상이가 직무수행 또는 교육훈련으로 초래되었다는 사실이 의학적으로 설명될 수 있다면 양자 사이에 상당인과관계가 있다고 보는 것이다. 이 때문에 보훈심사 실무에서는 대체로 의학적 전문성이 있는 의사들의 견해를 중심으로 상당인과관계 유무를 판단하고 있다.

(3) 기존의 질병이 있는 경우

국가유공자 등록신청자의 신청 상이처를 심사한 결과 이전에 이미 동일한 상이(질병)가 존재하는 경우에는 직무수행(교육훈련)과 상이(질병) 사이에 원칙적으로 상당인과관계를 인정하기가 어렵다. 예컨대, 훈련 중 탈구가 생겼다고 주장하는 병사의 상태를 확인해 보니 진구성 탈구(오래된 탈구)라고 판단되는 경우에는 그 훈련과

---

18) 성대규, 상당인과관계설의 본래적 의미, 한계와 중요조건설, 인하대학교 법학연구 제22집 제3호, 2019, p.269, 271

19) 지원림, 제19판 민법강의, p.1115

20) 대법원 1999. 7. 27. 선고 99두2079 판결

21) 상이나 질병의 발생 또는 악화를 판단하려면 통상 의학적 설명이 요구된다. 특히 국가유공자 요건의 기준 및 범위를 정한 영 [별표 1] 제2호 2–8의 가목 내지 라목 모두 "의학적으로 인정된 질병"이라는 표현을 사용하고 있고, 보훈보상대상자 요건의 기준 및 범위를 정하고 있는 보훈보상자법 시행령 [별표 1] 제11호도 "직무수행 또는 교육훈련과 상당한 인과관계가 있다고 의학적으로 인정된 질병에 의하여 사망하거나 상이를 입은 사람"이라는 표현을 사용하고 있다. 이런 연유로 해서, 보훈심사위원회의 심사는 통상 의학적 관점에서 인과관계의 상당성을 파악하고 있는 것이다.

탈구 사이의 상당인과관계를 인정하기 어려운 것이다.[22)]

(4) 기존의 질병이 직무수행(교육훈련)으로 재발 또는 악화한 경우

그런데, 기존의 질병이 교육훈련이나 직무수행으로 인한 과로나 무리 등이 겹쳐서 재발 또는 악화된 경우라면 어떻게 보아야 할까. 대법원은 평소에 정상적인 근무가 가능한 기초질병이나 기존질병이 훈련 또는 직무의 과중 등이 원인이 되어 자연적인 진행속도 이상으로 급격하게 악화된 경우, 직무수행 또는 교육훈련과 그 질병 사이의 상당인과관계가 증명이 된 경우에 포함된다고 한다.[23)] 이러한 법리에 따라 대법원은, "비록 원고에게 기존에 '샤르코 마리 투스 타입2'의 인자가 있었다고 하더라도 원고가 군에 입대하기 전에는 그로 인한 증상이 발현되지 아니하였던 점, 원고가 군인으로 복무하는 동안 교육훈련 및 직무수행 중 반복적으로 척골골절 등으로 인하여 위 '샤르코 마리 투스 타입2'의 인자가 비로소 발현되어 이 사건 상이에 이르게 된 점, 만약 군 복무 중 위와 같은 골절 등을 입지 않았다면 원고는 장기간 동안 위 '샤르코 마리 투스 타입2'의 인자를 가지고 있다는 것도 모르고 지냈을 가능성이 많은 점 등 여러 가지 사정에 비추어, 원고의 이 사건 상이는 위 '샤르코 마리 투스 타입2'의 인자를 가지고 있던 원고가 군복무 중의 교육훈련과 직무수행으로 입은 부상으로 인하여 그 발병이 촉진되어 발생하게 된 것이라고 추단함이 상당하다"고 판시한 바 있다.[24)] 또 다른 사례에서 대법원은, "전경의 추간판탈출증이 신병교육훈련 중 사격술예비훈련 과정에서 계속적, 반복적으로 허리부분에 무리를 주어 발병한 것이거나 기존의 허리 이상이 있던 것이 위 훈련 과정에서 계속적, 반복적으로 허리에 충격이 가해짐으로써 악화되어 위 증세로 발전된 것이라면 교육훈련과 추간

---

22) 대전고등법원 2007. 12. 13. 선고 2007누1192 판결 : 원고의 병상일지상 발병경위서, 수술보고서 및 재심사의결서의 기재사항과 의학백과사전의 내용을 종합하여 보면, 원고는 군 입대 전인 1990. 5. 레슬링 경기 도중 좌 견관절 탈구가 발생한 후 약 80여 차례 재발하였고, 심한 낙상과 접촉성 경기를 하는 자유형 레슬링 선수였으므로 반복된 습관성 탈구로 인하여 견관절막 등이 늘어나고 느슨한 상태였음이 짐작되고, 생활기록부에 1990년경 어깨 탈구 증상의 관절치료를 위해 5일간 결석으로 기재되어 있고 국군수도병원에 입원 전 좌측 견관절 습관성 탈구 증상의 발현으로 수술을 요하고 있었으며 견관절막 등이 찢어졌다는 기록도 보이지 않으므로 원고의 이 사건 상병은 자연적인 진행경과를 벗어나 급격히 악화되어 수술치료를 받은 것이 아니라 입대 전 지병의 발현으로 밖에는 보여지지 않는다 하겠음.

23) 대법원 2007. 9. 6. 선고 2006두6772 판결

24) 대법원 2007. 9. 6. 선고 2006두6772 판결

판탈출증 사이에는 상당인과관계가 있다."고 보았다.[25)]

(5) 고의 또는 중과실의 경우 등

(가) 국가유공자 등록 제외

구 국가유공자법(2011. 9. 15. 법률 제11041호로 개정되기 전의 것) 제4조 제6항 제1호 내지 제4호에 의하면, ① 불가피한 사유 없이 본인의 고의 또는 중대한 과실로 인한 것이거나 관련 법령 또는 소속 상관의 명령을 현저히 위반하여 발생하였거나, ② 공무를 이탈한 상태에서의 사고나 재해로 인한 경우이거나, ③ 장난·싸움 등 직무수행으로 볼 수 없는 사적인 행위가 원인인 경우, ④ 자해행위로 인한 경우에는 국가유공자, 그 유족 또는 가족에서 당연히 제외하도록 규정하고 있었다. 이러한 원인으로 사망하거나 상이를 입었을 경우 상당인과관계를 인정하기 어렵다고 봤기 때문이었다.

(나) 자해사망의 경우

위에서 본 것처럼 자해행위로 사망에 이르게 된 경우에는 실무상 직무수행(교육훈련)과 사망 사이에 상당인과관계가 없다고 보아 국가유공자 등록에서 제외되었었다. 이에 대해 대법원은, "근로자의 업무와 질병 또는 질병에 따르는 사망 사이의 인과관계에 관하여는 이를 주장하는 측에서 입증하여야 하지만, 그 인과관계는 반드시 의학적, 자연과학적으로 명백히 입증하여야만 하는 것이 아니라 제반 사정을 고려하여 업무와 질병 또는 사망 사이에 인과관계가 있다고 추단되는 경우에도 그 입증이 있다고 보아야 할 것이므로, 근로자가 업무상 질병으로 요양 중 자살한 경우에 있어서는 자살자의 질병 내지 후유증상의 정도, 그 질병의 일반적 증상, 요양기간, 회복가능성 유무, 연령, 신체적 심리적 상황, 자살자를 에워싸고 있는 주위상황, 자살에 이르게 된 경위 등을 종합적으로 고려하여 상당인과관계가 있다고 추단할 수 있으면 그 인과관계를 인정하여야 할 것이고, 이와 같은 법리는 군인 또는 경찰공무원의 사망이 국가유공자등예우및지원에관한법률 제4조 제1항 제5호에서 정한 공무상의 질병에 의한 것인지 여부를 판단함에 있어서도 마찬가지로 적용된다."고 판결하였다.[26)] 즉, 자해행위로 인한 사망의 경우에도 직무수행 또는 교육훈련과 사이

---

25) 대법원 1991. 6. 28. 선고 91누2359 판결

에 상당인과관계가 있을 수 있음을 천명한 것이다.

그 후 군내 가혹행위로 인한 자살 사건에서 대법원은 여기서 한걸음 더 나아가, '자해행위로 인한 사망'은 '자유로운 의지에 따른 사망'을 의미한다고 하면서 "군인이 상급자 등으로 부터 당한 가혹행위가 자살을 결의하게 하는 데 직접적인 동기나 중요한 원인이 되었다는 것만으로는 자유로운 의지에 따른 것이 아니라고 할 수 없고, 자살이 자유로운 의지에 따른 것인지의 여부는 자살자의 나이와 성행, 가혹행위의 내용과 정도, 자살자의 신체적 · 정신적 심리상황, 자살과 관련된 질병의 유무, 자살자를 에워사고 있는 주위상황, 가혹행위와 자살행위의 시기 및 장소, 기타 자살의 경위 등을 종합적으로 고려하여 판단하여야 한다."고 판시하였다.[27] 또한, 이러한 논리의 연장선에서 망인이 우울증 등으로 인하여 '자유로운 의지가 완전히 배제된 상태'에서 자살을 하게 된 것이라면 자해행위로 인한 사망이 아니라고 보아 국가유공자가 될 수도 있다는 입장을 보여 왔다.[28] 이러한 판례가 잇따르자 정부는 2012년 보훈체계 개편 시 국가유공자법 제4조 제6항에서 제4호 '자해행위로 인한 경우'를 삭제함과 동시에 보훈보상자법 시행령 [별표 1] 보훈보상대상자 요건의 기준 및 범위 제15호에 '군인 또는 의무복무자로서 직무수행 또는 교육훈련과 관련한 구타 · 폭언 또는 가혹행위 등이 직접적인 원인이 되어 그로 인하여 자유로운 의지가 배제된 상태에서 자해행위로 인하여 사망하였다고 의학적으로 인정된 사람'을 재해사망군경으로 분류하기에 이르렀다. 이처럼 대법원은 자해사망에 대해 그것이 '자유로운 의지에 따른 사망'이면 직무수행 또는 교육훈련과 사망 사이에 상당인과관계를 부정하고, '자유로운 의지가 완전히 배제된 상태'에서 사망한 것이라면 직무수행 또는 교육훈련과 사망 사아의 상당인과관계를 종합적으로 고려하여 판단하는 태도를 보여 왔다. 즉, 제1단계로 자유의지 유무를 선 판단한 후, 2단계에서 상당인과관계 유무를 판단하는 태도를 취해 왔다.[29]

---

26) 대법원 1999. 6. 8. 선고 99두3331 판결

27) 대법원 2004. 3. 12. 선고 2003두2205 판결

28) 대법원 2006. 9. 14. 선고 2005두14578 판결, 대법원 2010. 11. 25. 선고 2010두15636 판결, 대법원 2010. 12. 9. 선고 2010두12521 판결, 대법원 2010. 12. 9. 선고 2010두18994 판결

29) 대법원이 자유의지라는 추상적인 개념을 법적 판단의 도구로 사용하면서도 자유의지의 유무에 대한 객관적인 판단기준은 제시한 적이 없다는 점, 국가유공자법 규정의 취지 및 규범적 구조가 산업재해보상보험법이나 공무원재해보상법 · 군인재해보상법 등의 그것과 다르지 않음에도 불구하고 자살한 군경의 순직 인정기준을 더 엄격하게 적용하여 왔다는 점, 대법원 논리를 극단적

그런데 2012년에 이르러 대법원은 전원합의체 판결로, "'교육훈련 또는 직무수행 중 사망'이라 함은 교육훈련 또는 직무수행과 사망 사이에 상당인과관계가 있는 경우를 말한다고 하겠고, 이는 군인의 사망이 자해행위인 자살로 인한 경우에도 마찬가지라고 할 것이다. 다만 구 국가유공자법 제4조 제6항 제4호는 위와 같이 국가유공자 제외사유의 하나로 '자해행위'를 들고 있으나, 위 조항은 또한 제1호 내지 제3호에서 '불가피한 사유 없이 본인의 고의 또는 중대한 과실로 인한 것이거나 불가피한 사유 없이 관련 법령 또는 소속 상관의 명령을 현저히 위반하여 발생한 경우(제1호), 공무를 이탈한 상태에서의 사고나 재해로 인한 경우(2호), 장난 · 싸움 등 직무수행으로 볼 수 없는 사적 행위가 원인이 된 경우(제3호)'를 국가유공자 제외사유로 들고 있어, 이는 모두 교육훈련 또는 직무수행과 사망 등과의 사이에 상당인과관계가 없는 자해행위의 경우에는 국가유공자에서 제외된다는 취지를 주의적 · 확인적으로 규정한 당연한 규정이라고 보아야 한다. 따라서 군인이 군 복무 중 자살로 사망한 경우에도 구 국가유공자법 제4조 제1항 제5호 (가)목에서 정한 '교육훈련 또는 직무수행 중 사망'에 해당하는지는 교육훈련 또는 직무수행과 사망 사이에 상당인과관계가 있는지에 따라 판단해야 하고, 교육훈련 또는 직무수행과 사망 사이에 상당인과관계가 인정되는데도 사망이 자살로 인한 것이라는 이유만으로, 또는 자유로운 의지가 완전히 배제된 상태에서 한 자살이 아니라는 이유로 국가유공자에서 제외되어서는 안 된다." 판시하였다.[30] 즉, 자해사망의 경우에도 자유로운 의지가 완전해 배제된 상태에서 한 자살인지 여부를 묻지 않고 오로지 교육훈련 또는 직무수행과 사망 사이에 상당인과관계가 인정되는지 여부에 따라 판단해야 한다는 것이었다. 이 대법원의 전원합의체판결 직후 같은 취지의 대법원 판결이 이어졌고,[31] 하급심에서도 위 전원합의체 판결을 수용한 판결이 잇따르자[32] 결국 국가보훈처는 보훈보상자법 시행령 [별표 1] 보훈보상대상자 요건의 기준 및 범위 제15호를 개정

으로 따른다면 수류탄 투척훈련 중 부하들의 생명을 구하기 위해 수류탄을 몸으로 덮친 강재구 소령의 경우 오히려 국가유공자로 인정받을 수 없게 된다는 점에 비추어 대법원의 태도를 비판하는 견해가 있다(주영학, 「국가유공자 인정절차에 관한 공법적 연구」, 청주대학교 대학원 박사학위논문, 2015년, pp.119~120).

30) 대법원 2012. 6. 18. 선고 2010두27363 전원합의체 판결

31) 대법원 2012. 7. 12. 선고 2012두3927 판결, 대법원 2012. 8. 17. 선고 2012두8762 판결

32) 서울고등법원 2012. 12. 27. 선고 2011누43678 판결, 대전지방법원 2016. 10. 27. 선고 2016구단100517 판결

(2018. 6. 12. 대통령령 제15703호)하여 "군인 또는 의무복무자로서 직무수행 또는 교육훈련과 관련한 구타 · 폭언, 가혹행위, 단기간에 상당한 정도의 업무상 부담 증가, 만성적인 과중한 업무의 수행 또는 초과근무 등에 따른 육체적 · 정신적 과로 직접적인 원인이 되어 자해행위를 하여 사망하였다고 의학적으로 인정된 사람"을 재해사망군경으로 인정하기에 이르렀다.[33]

(6) 미국 보훈법령상 인과관계 인정의 범위

미국의 보훈의료지원 경우, 입대 당시 발견된 부상 · 질병을 제외하고는 정신적 · 육체적으로 건강한 상태에서 군 입대를 하였다는 전제하에, ① 군복무중 본인의 고의 · 과실 등으로 인해 초래된 부상 · 질병이 아닌 한 군복무 중 최초로 발생된 부상 · 질병은 군복무와 관련된 것으로 인정하고 있다. 또한 군복무 중에 처음으로 부상 · 질병이 발생된 경우는 물론 ② 입대 전의 부상 · 질병이 군복무로 인해 악화 · 재발된 경우에도 군복무와 관련된 것으로 인정하고 있다. 나아가 ③ 군복무로 인해 발병 또는 악화된 것은 아니지만 군복무 관련 장애가 2차적인 질병을 초래한 경우에도 군복무 당시 발생한 장애에 부속된 장애로 취급하여 군복무 관련성을 인정하고 있으며, ④ 질병의 특성상 군 제대 당시에는 알지 못하다가 이후 일정기간이 경과한 후에 증세가 출현된 경우에도 기본적으로 제대 후 1년 이내에 확정 · 진단되어 장애율 10% 이상의 등급판정을 받은 경우에는 군복무와 관련된 장애로 추정하고 있다.[34][35]

다. 상당인과관계의 입증책임

(1) 신청인의 주장 및 입증책임

국가유공자의 사망 또는 상이경위가 요건에 부합한다는 점에 대해서는 등록신청

---

33) 「구 보훈보상대상자 지원에 관한 법률 시행령」(2018. 12. 31. 대통령령 제29465호로 개정된 것) 2조 3항 [별표 1] 제15호

34) 국가보훈처 · 보훈교육연구원, 「보훈정책 중장기 발전방안 연구」, p.61

35) 이렇게 되면 보훈심사가 비교적 간명하고 신속하게 이루어질 수 있다는 장점이 있다. 다만, 이런 제도를 우리 법제에 도입할 경우에는 보훈혜택을 포함한 제도 전반의 재설계가 필요하다. 우리 보훈제도는 의료지원 외에도 보상금과 취업지원 · 주택공급지원 · 대부지원 등 각종 보훈혜택이 부가되어 있기 때문이다.

인이 주장 · 입증하여야 한다. 대법원도 "'교육훈련 또는 직무수행중 상이(공무상의 질병을 포함한다)'라 함은 군인 또는 경찰공무원이 교육훈련 또는 직무수행 중 부상하거나 질병에 걸리는 것을 뜻하므로, 위 규정이 정한 상이가 되기 위하여는 교육훈련 또는 직무수행과 그 부상 · 질병 사이에 상당인과관계가 있어야 하고, 위 같은 조항 제4호(전상군경)에서 말하는 '전투 또는 이에 준하는 직무수행 중 상이'의 경우에도 이러한 상당인과관계가 있어야 하며, 그 직무수행 등과 부상 등 사이에 인과관계에 관하여는 이를 주장하는 측에서 입증을 하여야 한다."고 판시한 바 있고,[36] 이러한 대법원의 태도는 일관되고 확고하다.[37]

보훈심사 실무에서 보면, 국방부(각 군) 등 소속기관으로부터 수집한 각종 기록과 신청인이 제출한 자료 등을 통해 웬만한 경우 직무수행과 상이 사이의 인과관계를 가늠할 수 있다. 그런데 어떤 경우에는 확보된 자료만으로는 인과관계를 판단하는 것이 어렵거나 불가능한 경우가 있다. 신청인은 분명히 자신이 군에 있을 때 임무를 수행하던 중 다쳤으니 국가유공자(보훈보상대상자)로 등록해 달라 주장하지만, 그 주장을 입증할 만한 의무기록 등 관련 자료가 부족하거나 없는 것이다. 이런 경우 안타깝기 그지없지만 신청인 측에서 불이익을 감수하는 수밖에 없는 것이다.

(2) 국가입증책임제 도입 논의

이처럼 판례와 실무의 확고한 입장에도 불구하고, 나라를 위해 희생 · 헌신한 국가유공자에 대해서는 국가가 그 요건의 해당성 여부에 대해 입증책임을 부담해야 한다(소위 '국가입증책임제')는 주장이 지속적으로 이어져 오고 있다.[38] 국가입증책임제를 채택한다면 어떤 방식이 될까. 예컨대, 국가유공자법 제6조 제3항에 '이 경우 직무수행 또는 교육훈련을 받던 중에 사망 또는 상이(질병 포함)를 입으면 국가유공자로 본다. 다만, 직무수행 또는 교육훈련과 사망 또는 상이 사이의 상당인과관계가 없는 경우에는 그러하지 아니하다'는 문구를 삽입하는 방식이 유력할 것이다. 이와 유사한 입법례로 「산업재해보상보험법」을 꼽을 수 있다. 동법은 제37조 제1항에

36) 대법원 2003. 9. 23. 선고 2003두5617 판결

37) 대법원 2005. 7. 29. 선고 2005두3615 판결, 대법원 2008. 9. 25. 선고 2008두8260 판결, 대법원 2009. 5. 28. 선고 2009두2498 판결, 대법원 2012. 1. 27. 선고 2010두16028 판결 등 다수

38) 국회 정무위에서는 '국가입증책임제'를 채택할 것을 요구하는 국회의원들의 질의가 자주 있어 왔다.

서 "근로자가 다음 각 호의 어느 하나에 해당하는 사유로 부상·질병 또는 장해가 발생하거나 사망하면 업무상의 재해로 본다. 다만, 업무와 재해 사이에 상당인과관계가 없는 경우에는 그러하지 아니하다."라고 규정하고 있다. 그런데 대법원은 2021. 9. 9. 선고 2017두45933 전원합의체 판결을 통해, "산재보험법상 보험급여의 지급요건, 이 사건 조항 전체의 내용과 구조, 입법경위와 입법 취지, 다른 재해보상제도와의 관계 등을 고려하면, 2007년 개정으로 신설된 이 사건 조항은 산재보험법상 '업무상의 재해'를 인정하기 위한 업무와 재해 사이의 상당인과관계에 관한 증명책임을 공단에 분배하거나 전환하는 규정으로 볼 수 없고, 2007년 개정 이후에도 업무와 재해 사이의 상당인과관계의 증명책임은 업무상의 재해를 주장하는 근로자 측에게 있다고 보는 것이 타당하므로, 기존의 판례를 유지하여야 한다."고 판시하였다. 유사 입법례로는 위 「산업재해보상보험법」뿐만 아니라, 2018. 3. 20. 법률 제15522호로 제정된 「공무원 재해보상법」 제4조 제1항, 2019. 12. 10. 법률 제16761호로 제정된 「군인재해 보상법」 제4조 제1항의 공무상 재해의 인정기준 및 「사립학교교직원 연금법」 제33조, 같은 법 시행령 제29조 제2항의 직무상 재해의 인정기준도 위 「산업재해보상보험법」 제37조 제1항과 거의 동일하게 '공무(직무)와 재해 사이에 상당한 인과관계가 없는 경우에는 공무(직무)상 재해로 보지 아니한다.'는 취지의 단서 규정을 두고 있다. 2009. 5. 27. 법률 제9727호로 개정된 「어선원 및 어선 재해보상보험법」 제2조 제2항에서는 어선원 등의 재해 인정기준에 관한 사항은 「산업재해보상보험법」 제37조 제1항을 준용하도록 하고 있다. 위 각 법률들의 재해 인정기준 규정들에 대해서도 대법원은 위 전원합의체 판결문에서 "위 조항들의 제정·개정 시 상당인과관계의 증명책임을 수급권자로부터 전환시키려는 입법 의도가 있었다는 사정을 찾기 어려울 뿐만 아니라, 오히려 「공무원 재해보상법」과 관련하여서는 인과관계의 증명책임이 여전히 수급권자에게 있음을 전제로 하여 그 증명책임을 일정한 경우 인사혁신처장에게 부담시키려는 취지의 개정안이 제출되어 있기도 하다."는 의견을 피력하였다. 이러한 대법원의 태도에 비추어 볼 때, 국가유공자법상 국가입증책임제도를 구현하기는 그리 쉬워 보이지 않는다. 큰 틀에서 볼 때, 국가유공자법도 재해보상제도의 일종이므로, 운용상의 혼란을 방지하려면 다른 재해보상제도와 비슷하게 규율될 필요가 있기 때문이다.[39]

라. 상당인과관계의 입증 정도

상당인과관계의 입증 정도에 대하여 대법원은, "반드시 의학적, 자연과학적으로 명백히 입증하여야만 하는 것이 아니라 제반 사정을 고려하여 업무와 질병 또는 사망 사이에 상당인과관계가 있다고 추단되는 경우에도 그 입증이 있다"고 보았다.[40] 그러면서, 군 입대 후 별다른 이상증세 없이 생활해 오다가 선임병으로부터 M-16 소총 개머리판으로 왼쪽 귀 뒤 부위를 구타당하여 혼절한 후부터 갑자기 정신분열 증세를 보이기 시작한 사안에서, 신체감정촉탁결과와 가족의 진술, 진단서, 발병경위서 및 이에 근거한 원고본인진술, 병상일지 등을 종합하여 질병의 발생과 선임병의 구타 사이에 상당인과관계를 인정할 수 있다고 했다.[41] 또 다른 사례에서는, "근로자가 업무상 질병으로 요양 중 자살한 경우에 있어서는 자살자의 질병 내지 후유증상의 정도, 그 질병의 일반적 증상, 요양기간, 회복가능성 유무, 연령, 신체적 심리적 상황, 자살자를 에워싸고 있는 주위상황, 자살에 이르게 된 경위 등을 종합적으로 고려하여 상당인과관계가 있다고 추단할 수 있으면 그 인과관계를 인정하여야 한다고 함이 대법원의 입장이고, 이와 같은 법리는 군인 또는 경찰공무원의 사망이 법 제4조 제1항 제5호에서 정한 공무상의 질병에 의한 것인지 여부를 판단함에 있어서도 마찬가지로 적용된다."고 하였다[42].[43]

39) 앞서 본 국가의 자료수집책임을 보다 강화하는 방향으로 정책을 펼치는 것이 어떨까 싶다.

40) 대법원 1999. 6. 8. 선고 99두3331 판결

41) 대법원 2009. 3. 26. 선고 2008두23245 판결

42) 대법원 1999. 6. 8. 선고 99두3331 판결

43) 대법원이 갈파한 것처럼, 의학적/자연과학적 관점에서만 상당인과관계 여부를 판단하다보면 국가유공자의 인정범위가 국민적 정서나 기대와는 다소 어긋날 수도 있다. 특히 젊은 군인들의 경우 짧은 의무복무기간 중 발생하거나 악화된 상이 또는 질병에 대해 복무와의 상당인과관계를 구체적으로 입증하기도 결코 쉽지 않다. 그런 차원에서 정부는 2020. 6. 9. 개정 대통령령 제30780호로 보훈보상대상자의 요건에 제16호를 추가하여 의무복무자가 복무 중 발생하거나 현저히 악화된 질병이 직무수행 또는 교육훈련과 상당한 인과관계가 있다고 의학적으로 인정되는 경우 외에도 질병 발생의 여러 원인과 상황을 종합적으로 고려하여 해당 질병과 직무수행 또는 교육훈련이 상당한 인과관계가 있다고 인정되면 의무복무자가 보훈보상대상자로 될 수 있도록 그 요건을 완화하였다(제16호 : 의무복무자로서 복무 중 해당 질병의 발생 또는 악화(자연경과적인 진행 속도 이상의 현저한 악화를 말한다)가 직무수행 또는 교육훈련과 상당한 인과관계가 있다고 인정된 질병에 의하여 상이를 입은 사람).

마. 상당인과관계론의 적용범위 : 보훈보상대상자

이상과 같은 상당인과관계론은 2012년 보훈체계 개편 이후 국가유공자 요건심사에서는 더 이상 적용되기는 어렵다. 왜냐하면 동 개편 이후 국가유공자 요건심사에서는 아래에서 설명하는 바와 같이 '상당인과관계'가 아니라 '직접적 원인관계'가 요구되고 있기 때문이다. 그렇다면 상당인과관계론은 더 이상 무의미한가. 그렇지 않다. 보훈보상대상자는 여전히 상당인과관계론에 따라 규율되고 있다. 2012년 보훈체계 개편의 목적이 국가유공자에 대해서는 그 요건을 보다 엄격하게 적용하기로 해 직접적 원인관계론을 채택했지만, 보훈보상대상자에 대해서는 기존 요건을 유지하기로 했었기 때문이다. 따라서 상당인과관계에 관한 이상의 설명은 보훈보상대상자에 대해서는 전적으로 타당한 것임을 유념할 필요가 있다.

2. 2012년 보훈체계 개편 이후 : 직접적 원인관계

가. 직접적 원인관계

앞서 본 바와 같이 2012년 보훈체계 개편 이전의 구 국가유공자법상 순직 · 공상군경은 직무수행 또는 교육훈련과 사망 또는 상이 사이에 상당인과관계만 있으면 인정될 수 있었으나, 2012년 보훈체계 개편으로 이 요건에 중대한 변화가 생겼다. 즉, 동 개편 이후의 개정 국가유공자법(법률 제11041호)과 동법 시행령에 의하면, 각 상황별로 직무수행 또는 교육훈련이 ＜직접적인 원인＞이 되어 발생한 사고나 재해로 사망하거나 상이를 입은 사람이라야 국가유공자가 될 수 있다고 규정하고 있다.[44] '상당인과관계'를 요구하던 것에서 '직접적인 원인관계'를 요구하는 것으로 대폭 강화된 것이다. 국가유공자의 정체성을 강화하기 위한 것임은 앞서 설명한 바와 같다. 그렇다면 이 '직접적 원인관계'는 무슨 의미일까.

---

44) 동법 시행령 제2－1호, 제2－2호, 제2－4호부터 제2－8호에 이르기까지 모두 '직접적인 원인' 관계를 요구하고 있다. 제2－3호에는 '직접적인 원인'이라는 문구가 없지만, 간첩의 신고 및 체포와 관련된 행위 중 사망하거나 상이를 입을 것을 요구하고 있으므로 직접적인 원인관계를 요구하고 있다고 볼 수 있다.

나. 직접적 원인관계의 의의

(1) 주된 원인

대법원은 직접적 원인의 뜻을 '주된 원인'이라는 의미로 새기고 있다. 즉, 순직군경·공상군경으로 인정되기 위하여 필요한 '직접적인 원인관계'는 단순히 직무수행 또는 교육훈련과 사망 또는 상이 사이에 상당인과관계가 있는 것만으로는 부족하고, 사망 또는 상이가 국가의 수호·안전보장 또는 국민의 생명·재산보호와 직접적인 관련이 있는 직무수행 또는 교육훈련을 주된 원인으로 하는 것이어야 한다는 것이다.[45] 따라서 A가 군에 입대하기 전 이미 진행된 추간판의 퇴행이 상이의 발병에 적지 아니한 영향을 미쳤다면 그 상이와 직무수행 또는 교육훈련 사이에 상당인과관계를 인정할 여지가 있음은 별론으로 하고 그 상이의 주된 발병 원인을 A의 직무수행 또는 교육훈련으로 보아 국가유공자법에 따른 보훈의 대상으로 정하기에는 적합하다고 보기 어렵고,[46] 망인이 훈련 중 화장실에 다녀오다가 바다에 실족하여 사망하였다면 그 사망이 국가의 수호 등과 직접 관련이 있는 직무수행 또는 교육훈련을 주된 원인으로 하여 직접적으로 발생되었다고 인정하기에 부족하다고 볼 수 있다.[47] 이처럼 국가유공자 시행령 제3조 제1항 [별표 1] 제2호 중 2-1부터 2-8까지의 기준에 규정되어 있는 '직접적 원인'이라는 문구는 '주된 원인'이라고 새겨야 한다는 것이 대법원의 입장이다.

(2) 기존 질병이 원인이 되거나 악화된 경우

(가) 2012년 보훈체계 개편 이전에 기존 질병이 직무수행이나 교육훈련으로 재발하거나 악화된 경우에도 훈련 또는 직무의 과중 등이 원인이 되어 자연적인 진행속도 이상으로 급격하게 악화된 때에도 상당인과관계를 인정할 수 있다는 점[48]에 대해서는 앞서 본 바와 같다. 그런데, 2012년 보훈체계 개편 이후 국가유공자 요건을 강화하면서 영 [별표 1] 제2호의 2-8에 "다음 각 목의 어느 하나에 해당하는 질병

45) 대법원 2016. 7. 27. 선고 2015두46994 판결, 대법원 2016. 8. 18. 선고 2014두42896 판결 등
46) 대법원 2016. 7. 27. 선고 2015두46994 판결
47) 대법원 2016. 8. 18. 선고 2014두42896 판결
48) 대법원 2007. 9. 6. 선고 2006두6772 판결

에 걸린 사람 또는 그 질병으로 인하여 사망한 사람(기존의 질병이 원인이 되거나 악화된 경우는 제외한다)"라고 규정하여, 직무수행 또는 교육훈련과 사망 또는 상이 사이에 '직접적 원인관계'를 요구함과 아울러 기존의 질병이 원인이 되거나 악화된 경우는 제외하였다. 그래서 이 문구만 보자면, 기존 질병이 원인이 되거나 악화된 경우에는 국가유공자가 될 수 없는 것처럼 읽혀진다.

(나) 이에 대해 대법원은, "국가유공자 등 예우 및 지원에 관한 법률 제4조 제1항 제6호는 '상이'에 관하여 '질병'을 포함한다고 규정하고 있으므로, 별표 제2호의 2-1, 2-2에서 정한 상이에도 사고나 재해로 인한 질병에 의하여 발생한 상이도 포함된다고 보아야 하는데, 어떠한 '질병'이 국가의 수호 · 안전보장 또는 국민의 생명 · 재산보호(이하 '국가의 수호 등')와 직접 관련 있는 직무수행 또는 교육훈련을 주된 원인으로 하여 직접적으로 발생하였다면, 질병 발생 과정에 사고나 재해가 개입되었는지 무관하게 국민으로부터 존경과 예우를 받아야 한다는 데 차이가 있을 수 없고, 이와 달리 위 제2호의 2-8에 규정된 '기존 질병이 원인이 되거나 악화된 경우는 제외한다'는 부분을 문언 그대로 해석하여 기존 질병이 해당 상이의 발생 또는 악화에 영향을 미친 일체의 경우가 제외된다고 해석할 경우, 제2호의 2-1이나 2-2를 적용할 경우와 비교할 때 합리적 근거가 없이 현저하게 차별적인 결과가 초래하게 되어 부당하다. 그러므로 별표 제2호의 2-8에서 '기존의 질병이 원인이 되거나 악화된 경우'에는 국가유공자에서 제외한다고 하고 질병이 '급성으로' 발생할 것을 국가유공자 인정기준으로 한 부분은, 국가의 수호 등과 직접 관련된 직무수행 또는 교육훈련이 문제된 질병의 발생 또는 악화의 주된 원인으로 평가될 수 없는 경우를 배제하고자 한 취지일 뿐이라고 해석하는 것이 타당하다. 따라서 기존 질병이 해당 질병의 발생 또는 악화에 일부 관련되거나 영향을 미쳤다고 볼 여지가 있는 경우에도 직무수행 또는 교육훈련이 발병의 주된 원인으로 인정될 수 있다면 국가유공자 요건을 충족하는 것으로 보아야 한다."고 판시하였다.[49]

(3) 본인의 과실 또는 본인의 과실이 경합된 사유로 사망하거나 상이를 입은 경우

이와 유사한 경우로서, 순직군경 · 공상군경 · 순직공무원 · 공상공무원의 요건에

49) 대법원 2016. 8. 30. 선고 2014두46034 판결, 대법원 2017. 3. 9. 선고 2016두55933 판결

해당하는 자이나 불가피한 사유 없이[50] 본인의 과실 또는 본인의 과실이 경합된 사유로 사망 또는 상이를 입은 자[51]는 어떻게 보아야 할 것인가의 문제가 있다. 불가피한 사유 없이 본인의 과실 또는 본인의 과실이 경합된 경우 사망 또는 상이가 직무수행 또는 교육훈련의 '직접적 원인'이라고 보기 어려울 수 있기 때문이다. 2012년 보훈체계 개편 이전에는 이와 같은 경우 법 제4조 제1항 및 제6조에 따라 등록되는 국가유공자, 그 유족 또는 가족에서 제외하되, 대통령령으로 정하는 순직을 한 경우 또는 공상기준에 준하는 사유로 사망하거나(상이를 입고 전역하거나 퇴직한 후 등록신청 이전에 사망한 경우 포함) 상이를 입은 경우에는 그 사망한 자의 유족 또는 상이를 입은 자와 그의 가족을 법 제9조, 제11조부터 제62조까지의 규정을 준용하여 보상하도록 하였다.[52] 이를 지원순직군경 · 지원공상군경 · 지원순직공무원 · 지원공상공무원(이하 '지원대상자'라 함)이라고 부르며 이들에게 보상금 · 교육지원 · 취업지원 · 의료지원 · 대부지원을 실시했다. 그러다 2012년 보훈체계 개편으로 이들 지원대상자에 대한 규정이 폐지되었다. 그 이유는 보훈대상을 국가유공자와 보훈보상대상자로 구분함에 따라 지원대상자를 보훈보상대상자 개념에 포섭하여 판단할 수 있게 되었기 때문이었다. 다만, 기 등록자를 보호하기 위한 경과조치로서 부칙 제19조를 두어 기등록된 지원대상자에 대해서는 종전의 규정에 따라 보호받을 수 있도록 하였다.[53]

---

50) "이때 '불가피한 사유'라 함은, 재해 당시 해당 군인의 지위, 당시 수행하였던 직무 또는 교육훈련의 내용, 재해 발생 경위 등 제반 사정에 비추어 재해 또는 상이가 발생할 가능성이 있음에도 불구하고 그 원인이 된 행위로 나아갈 수밖에 없었던 사유를 의미한다. 불가피한 사유가 인정되면 본인의 과실은 물론이고 본인의 고의 · 중과실이 개입된 경우에도 국가유공자로 인정될 수 있으므로 불가피한 사유는 본인의 주관적 책임을 면제하여 주는 예외적 정당화사유로서 객관적 사정에 비추어 엄격하게 해석해야 한다."(대법원 2016. 8. 24. 선고 2016두32589 판결)

51) "'본인의 과실이나 본인의 과실이 경합된 사유로 사망 또는 상이를 입은 자'라 함은, 재해의 발생을 예견하거나 회피할 수 있었음에도 불구하고 본인의 부주의가 개입하여 재해가 발생하거나 그로 인한 상이가 확대된 경우를 말하는데, 여기에서 '본인의 부주의'라 함은 재해 발생 당시 존재한 모든 본인의 부주의를 의미하는 것이 아니라 재해 발생 또는 상이 확대와 직접 관련된 부주의만을 의미한다고 보아야 한다."(대법원 2016. 8. 24. 선고 2016두32589 판결)

52) 구 국가유공자법(2011. 9. 15. 법률 제11041호로 개정되기 전의 것) 73조의 2 1항. "법 제73조의 2 제1항이 정한 '불가피한 사유 없이 본인의 과실이나 본인의 과실이 경합된 사유로 사망 또는 상이를 입은 것'은, 재해 또는 상이 발생 가능성이 있음에도 불구하고 그 원인된 행위로 나아갈 수밖에 없는 객관적 사정없이 본인의 부주의로 재해가 발생하거나 그로 인한 상이가 확대된 경우를 의미하고, 이에 대한 증명책임은 처분청에 있다고 보아야 한다."(대법원 2013. 8. 22. 선고 2011두26589 판결)

(4) 자해사망의 경우

국가유공자법상 자해행위로 인하여 사망한 경우에도[54] 그 직무수행 또는 교육훈련과 사망 사이에 직접적인 원인관계가 있다면 국가유공자에 해당될 수 있음은 의문의 여지가 없다. 국가유공자법상 순직군경으로 인정되기 위하여 필요한 '직접적인 원인관계'는 단순히 직무수행이나 교육훈련 사이에 상당인과관계가 있는 것만으로는 부족하고 그 사망이 국가의 수호 등과 직접 관련이 있는 직무수행이나 교육훈련을 직접적인 주된 원인으로 하여 발생한 것이어야 한다.[55] 예컨대, 교육훈련 중 수류탄이 참호에 터지는 것을 막기 위해 몸을 던져 사망한 군인의 경우라면 국가유공자로 인정될 수 있을 것이다. 대부분의 자해사망은 국가유공자보다 보훈보상대상자에 해당될 가능성이 높다.

다. 직접적 원인관계론의 적용 범위 : 국가유공자

상당인과관계론은 '보훈보상대상자'의 요건 해당여부를 심사할 때 적용되는데 반해, 직접적 원인관계론은 '국가유공자'의 요건 해당 여부를 심사할 때 적용된다. 이처럼 2012년 보훈체계 개편을 계기로 국가유공자법은 보다 엄격하게 강화된 인과관계 요건을 통해 국가유공자의 인정범위를 보훈의 정체성에 부합하도록 축소하고 보훈보상자법은 기존의 상당인과관계론을 계속 유지함으로써, 전체적으로 볼 때 국가를 위해 희생 · 헌신한 사람들의 예우와 지원이 균형을 이루게 되었다.

---

53) 구 국가유공자법(2011. 9. 15. 법률 제11041호로 개정되기 전의 것) 부칙 제19조

54) 구 국가유공자법(2011. 9. 15. 법률 제11041호로 개정되기 전의 것) 제4조 제6항 4호에는 '자해행위로 인한 경우'에는 국가유공자가 될 수 없음을 규정하고 있었으나, 2012년 보훈체계 개편 시 이 문구가 삭제되었다.

55) 대법원 2020. 2. 13. 선고 2017두47885 판결

제3절 | 적용 대상별 요건

1. 개요

가. 2012년 보훈체계 개편 이전 : 직무·교육훈련의 성격 불문

2012년 보훈체계 개편 이전에는 군인 또는 경찰공무원 등이 직무수행 또는 교육훈련 중 사망하거나 상이를 입었을 때 그 직무수행 또는 교육훈련이 어떤 성격인지 관계없이 상당인과관계만 확인되면 국가유공자로 인정하는 경향이 있었다. 그러다 보니 군대에서 축구하다가 다쳐도 국가유공자라고 할 정도가 되어 버렸다. 일반 국민들이 생각할 때 국가유공자라고 하면 전쟁터에서 용감하게 싸우다 전사하거나 상이를 입은 경우를 떠올리는데, 휴일에 연병장에서 축구하다 다친 것으로 국가유공자라는 지위를 부여하는 것은 다소 과하다는 생각을 하게 되었다. 이처럼 과거 직무수행 또는 교육훈련의 성격과 관계없이 그러한 직무수행 또는 교육훈련과 사망 또는 상이 사이에 상당인과관계만 인정되면 국가유공자로 인정함에 따라 국가유공자의 인정 범위가 지나치게 확장된 결과 보훈의 정체성이 약화된 것에 대해 비판이 많았다.

나. 2012년 보훈체계 개편 이후 : 국가의 수호 등과 직접적 관련 있는 직무·교육훈련

이러한 반성적 고려에서 2012년 7월 1일부터는 국가의 수호·안전보장 또는 국민의 생명·재산 보호와 직접적 관련 있는 직무수행 또는 교육훈련을 하던 중에 사망하거나 상이를 입은 사람에 대하여는 <국가유공자>로, 직접적 관련이 없는 직무 또는 교육훈련을 하던 중에 사망하거나 상이를 입은 사람에 대하여는 <보훈보상대상자>라는 지위를 부여하기로 제도를 대폭 변경하였다.[56][57] 이후 국가유공

---

56) 대법원 2016. 7. 27. 선고 2015두46994 판결 참조

57) 헌법재판소는 보훈체계 개편으로 보다 엄격해진 공상군경의 요건이 헌법 위반 아니냐는 주장에 대해, “이러한 국가유공자법의 개정 및 보훈보상대상자 제도의 도입취지, 국가유공자 제도의 목적과 이념 및 위 규정의 문언적 의미 등을 종합할 때, 국가유공자법 제4조 제1항 제6호는 당해 직무수행이나 교육훈련이 직접적으로 국가의 수호·안전보장 또는 국민의 생명·재산보호를 위한 것이고, 상이의 주된 원인이 그러한 직무수행이나 교육훈련과 실질적인 관련이 있을 것을 ‘공상

자 요건심사는 이전보다 까다로운 요건심사를 거쳐야 비로소 인정받을 수 있게 되었다. 반면, 보훈보상대상자는 국가유공자보다는 상대적으로 완화된 요건심사를 통해 인정되기 시작했고 점점 그 비율이 늘어나는 추세다.[58]

2012년 보훈체계 개편 전후의 국가유공자 요건 비교

	개편 이전	개편 이후
순직군경	가. 군인이나 경찰 · 소방공무원으로서 교육훈련 또는 직무수행 중 사망한 자 나. 군인이나 경찰 · 소방 공무원으로서 교육훈련 또는 직무수행 중 상이(공무상의 질병을 포함한다. 이하 이 목에서 같다)를 입고 전역하거나 퇴직한 후 제6조제1항에 따른 등록신청 이전에 그 상이로 인하여 사망하였다고 의학적으로 인정된 자	군인이나 경찰 · 소방 공무원으로서 국가의 수호 · 안전보장 또는 국민의 생명 · 재산 보호와 직접적인 관련이 있는 직무수행이나 교육훈련 중 사망한 사람(질병으로 사망한 사람을 포함한다)
공상군경	군인이나 경찰 · 소방공무원으로서 교육훈련 또는 직무수행 중 상이를 입고 전역하거나 퇴직한 자로서 그 상이정도가 국가보훈처장이 실시하는 신체검사에서 상이등급에 해당하는 신체의 장애를 입은 것으로 판정된 자	군인이나 경찰 · 소방 공무원으로서 국가의 수호 · 안전보장 또는 국민의 생명 · 재산 보호와 직접적인 관련이 있는 직무수행이나 교육훈련 중 상이(질병을 포함한다)를 입고 전역하거나 퇴직한 사람으로서 그 상이정도가 국가보훈처장이 실시하는 신체검사에서 상이등급으로 판정된 사람
순직 공무원	가. 「국가공무원법」 제2조 및 「지방공무원법」 제2조에 규정된 공무원(군인과 경찰공무원은 제외한다)과 국가나 지방자치단체에서 일상적으로 공무에 종사하는 대통령령으로 정하는 직원으로서 공무로 인하여 사망한 자(공무상의 질병으로 인하여 사망한 자를 포함한다) 나. 「국가공무원법」 제2조 및 「지방공무원법」 제2조에 규정된 공무원(군인과 경	「국가공무원법」 제2조 및 「지방공무원법」 제2조에 따른 공무원(군인과 경찰공무원은 제외한다)과 국가나 지방자치단체에서 일상적으로 공무에 종사하는 대통령령으로 정하는 직원으로서 국민의 생명 · 재산 보호와 직접적인 관련이 있는 직무수행이나 교육훈련 중 사망한 사람(질병으로 사망한 사람을 포함한다)

군경'의 요건으로 규정하고 있음을 충분히 알 수 있으므로, 명확성의 원칙에 위반되지 않는다."고 판단하였고, "군인이나 경찰 · 소방공무원이 직무수행이나 교육훈련 중 상이를 입었다 하더라도, '국가의 수호 · 안전보장 또는 국민의 생명 · 재산보호와 직접적인 관련이 있는 직무수행이나 교육훈련 중 상이를 입은 자'와 '그렇지 아니한 자'는 국민으로부터 존경과 예우를 받아야 할 희생 · 공헌의 정도나 그에 대한 국민감정 등에 있어 큰 차이가 있으므로 '국가의 수호 · 안전보장 또는 국민의 생명 · 재산보호와 직접적인 관련이 없는 직무수행이나 교육훈련 중 상이를 입은 자'를 국가유공자에서 배제하는 것이 현저히 불합리하다고 볼 수 없다."고 판단하였다(헌법재판소 2016. 12. 29. 선고 2016헌바263 결정).

58) 2020년 12월 말 기준 보훈보상대상자는 6,021명이다(보훈연감 2020, p.110).

	찰공무원은 제외한다)과 국가나 지방자치단체에서 일상적으로 공무에 종사하는 대통령령으로 정하는 직원으로서 공무로 인하여 상이(공무상의 질병을 포함한다. 이하 이 목에서 같다)를 입고 퇴직한 후 제6조제1항에 따른 등록신청 이전에 그 상이로 인하여 사망하였다고 의학적으로 인정된 자	
공상 공무원	「국가공무원법」 제2조 및 「지방공무원법」 제2조에 규정된 공무원(군인과 경찰공무원은 제외한다)과 국가나 지방자치단체에서 일상적으로 공무에 종사하는 대통령령으로 정하는 직원으로서 공무로 인하여 상이(공무상의 질병을 포함한다)를 입고 퇴직한 자로서 그 상이정도가 국가보훈처장이 실시하는 신체검사에서 제6조의4에 따른 상이등급에 해당하는 신체의 장애를 입은 것으로 판정된 자	「국가공무원법」 제2조 및 「지방공무원법」 제2조에 따른 공무원(군인과 경찰공무원은 제외한다)과 국가나 지방자치단체에서 일상적으로 공무에 종사하는 대통령령으로 정하는 직원으로서 국민의 생명 · 재산 보호와 직접적인 관련이 있는 직무수행이나 교육훈련 중 상이(질병을 포함한다)를 입고 퇴직한 사람으로서 그 상이정도가 국가보훈처장이 실시하는 신체검사에서 상이등급으로 판정된 사람

※ 국가의 수호 · 안전보장 또는 국민의 생명 · 재산 보호와 직접적인 관련이 없는 직무수행이나 교육훈련 중 사망 또는 상이를 입은 경우에는 **보훈보상대상자**가 됨(재해사망군경, 재해부상군경, 재해사망공무원, 재해부상공무원)

다. 개편에 따른 경과조치

(1) 2012년 보훈체계 개편에 따라 법적용 시점에 따라 요건이 달라지므로 개편 후 개정 국가유공자법(법률 제11041호)은 부칙 제12조 제2항에서 경과규정을 두었다. 즉, "이 법 시행 당시 종전의 규정에 따라 국가유공자와 그 유족 또는 가족 및 종전의 제73조의 2에 해당하는 사람이 되기 위하여 등록신청을 한 사람에 대한 등록에 관하여는 종전의 규정에 따른다."라고 하여, 보훈체계 개편 이전에 이미 등록절차를 밟고 있는 사람들에 대해서는 개편 전의 법률을 적용토록 배려하였다.[59]

59) 이 부칙조항에 의하면 상이의 발생시기와 상관없이, 개정 국가유공자법(법률 제11041호)의 시행 전에 국가유공자 등록을 신청한 경우에는 구 국가유공자법의 적용을 받아 국가의 수호 · 안전보장 또는 국민의 생명 · 재산보호와 직접 관련성이 요구되지 않지만, 개정 국가유공자법 시행 이후에 등록을 신청한 경우에는 보다 엄격하게 개정된 국가유공자법의 적용을 받게 된다는 점에서 일응 차별이 발생한다고 볼 수 있다. 이 점에 대해 헌법재판소는 "법이 개정될 때에는 신법의 적용을 받는 사람과 그렇지 않은 사람 사이에 차별이 발생하므로 입법자가 구체적 타당성과 법적 안정성을 비교형량한 후 경과규정을 통해 정책적으로 그 적용범위를 확정할 수밖에 없다. 국

(2) 또한, 이미 등록하여 국가유공자 지위를 획득한 사람들에게까지 신법을 소급 적용하여 그들의 기득권을 박탈하지는 않겠다는 의미에서 개편 후 개정 국가유공자법(법률 제11041호) 부칙 제12조 제1항으로 "이 법 시행 당시 종전의 규정에 따라 국가유공자와 그 유족 또는 가족으로 등록된 사람(제2항에 따라 등록된 사람을 포함한다)은 이 법에 따른 국가유공자와 그 유족 또는 가족으로 등록된 것으로 간주한다."고 선언하였다. 따라서 개편 전의 구법을 적용받아 이미 국가유공자 등록을 마친 사람들의 국가유공자 지위에는 아무런 영향이 없도록 하였다.

2. 순국선열 · 애국지사

가. 요건

순국선열이라 함은 일제의 국권침탈 전후로부터[60] 광복절 하루 전인 1945년 8월 14일까지 국내외에서 일제의 국권침탈을 반대하거나 독립운동을 위하여 일제에 항거하다가 그 반대나 항거로 인하여 순국한 자로서, 그 공로로 건국훈장 · 건국포장 또는 대통령 표창을 받은 자이다.

애국지사라 함은 일제의 국권침탈 전후로부터 1945년 8월 14일까지 국내외에서 일제의 국권침탈을 반대하거나 독립운동을 위하여 일제에 항거한 사실이 있는 자로서, 그 공로로 건국훈장 · 건국포장 또는 대통령 표창을 받은 자이다.

가유공자법상의 국가유공자등록은 권리취득요건 중 하나로서 등록하기 전의 상이군경의 지위는 단지 수급권취득에 대한 기대이익을 가지고 있는 것에 불과하므로 경과규정을 통하여 등록을 마친 경우에만 제한적으로 국가유공자로서의 지위를 유지하도록 하되 특별히 등록신청을 한 사람까지 등록한 것으로 보아 유리한 구법을 적용할 수 있게 한 입법자의 선택이 자의적이어서 현저히 불합리하다고 보기 어렵다. 유공과 보훈의 개념을 구별하는 이 사건 법률조항이 종전의 제도에 대한 반성적 고려에 의한 것이라는 점에서도 이미 구법에 의하여 생긴 효력은 가능한 한 제한적으로 유지되는 것이 바람직하므로, 이 사건 부칙조항이 평등원칙에 위배된다고 볼 수 없다."고 판단하였다(헌법재판소 2019. 6. 28. 선고 2018헌바189 결정).

60) 일제의 국권침탈일은 1910년 8월 29일이다. 이날 이후에 독립운동을 한 분이 순국선열이나 애국지사라는 점에 대해서는 이견이 없다. 문제는 그 전에 일제의 국권침탈에 반대한 분들이다. 이에 대해서는 명확한 기준이 없어 사안별로 판단을 할 수밖에 없을 것이다.

나. 등록 추이

2000년대 들어서는 순국선열과 애국지사의 경우 본인에 대한 등록신청은 거의 없고 유족에 해당하는지 여부에 대한 심사가 대부분이다. 순국선열 · 애국지사의 경우 자녀뿐만 아니라 손자녀도 유족의 범위에 포함된다.[61] 따라서 현재는 실무상 독립유공자의 손자녀에 해당된다고 등록신청을 하는 경우가 많다. 이러한 신청이 있으면 국가보훈처 공훈발굴과 등 유관부서와 협업하여 제적등본, 사적자료 등 관련 기록을 참고해서 법적용 대상자 여부를 판단하게 된다.

3. 전몰군경 · 전상군경

가. 의의

전몰군경이라 함은, 군인이나 경찰공무원으로서 전투 또는 이에 준하는 직무수행 중 사망한 사람(군무원으로서 1959년 12월 31일 이전에 전투 또는 이에 준하는 직무수행 중 사망한 사람을 포함한다)을 말한다.[62] 군인사법상 전사자[63]와 사실상 동일한 개념으로 볼 수 있다.

전상군경이라 함은, 군인이나 경찰공무원으로서 전투 또는 이에 준하는 직무수행 중 상이를 입고 전역(퇴역 · 면역 또는 상근예비역 소집해제를 포함한다. 이하 같다)하거나 퇴직(면직을 포함한다. 이하 같다)한 사람(군무원으로서 959년 12월 31일 이전에 전투 또는 이에 준하는 직무수행 중 상이를 입고 퇴직한 사람 포함한다) 또는 6개월 이내에 전역이나 퇴직하는 사람으로서 그 상이 정도가 국가보훈처장이 실시하는 신체검사에서 상이등급으로 판정된 사람을 말한다.[64] 군인사법상 전상자[65]와 사실상 동일

---

61) 독립유공자법 5조 1항. 독립유공자도 원래 국가유공자법에서 함께 규율되었는데 광복 50주년을 계기로 별도로 독립유공자법이 제정되었다. 이때 손자녀도 유족의 범위에 포함되는 것으로 규정되었다.

62) 법 4조 1항 3호

63) 가. 적과의 교전 또는 적의 행위로 인하여 사망한 사람 나. 무장폭동, 반란 또는 그 밖의 치안교란을 방지하기 위한 행위로 인하여 사망한 사람(군인사법 54조의2 1항 1호)

64) 법 4조 1항 4호

65) 적과의 교전이나 무장폭동 또는 반란을 진압하기 위한 행위로 인하여 상이를 입은 사람(군인사법 54조의2 1항 4호)

한 개념으로 볼 수 있다.

나. 요건

(1) 군인 또는 경찰공무원

전몰·전상군경으로 인정되려면 군인이나 경찰공무원이어야 한다. 군인은 현역에 복무하는 장교, 준사관, 부사관 및 병과 사관생도·사관후보생·준사관후보생·부사관후보생, 소집되어 군에 복무하는 예비역 및 보충역을 의미한다.[66] 경찰공무원은 국가공무원 중 경력직공무원인 경찰공무원을 말한다.[67] 군무원의 경우 군인은 아니지만 1959년 12월 31일 이전에 전투 또는 이에 준하는 직무수행 중 사망한 사람은 군인과 동일하게 대우한다.

군인이나 경찰공무원이 아니라도 전몰·전상군경으로 보는 경우가 있다.

① 군사적 목적으로 외국에 파견된 군무원이나 공무원으로서 전투 또는 이에 준하는 직무수행 중 사망한 사람과 상이를 입은 사람(국가보훈처장이 실시하는 신체검사에서 상이등급으로 판정된 사람을 말함. 이하 같다), ② 정부의 승인을 받아 전투나 군 작전에 종군하는 기자로서 그 종군 중 사망한 사람과 상이를 입은 사람, ③「전시근로동원법」(1999년 2월 8일 법률 제5846호에 따라 폐지되기 전의 것)에 따라 동원된 사람, 청년단원·향토방위대원·소방관·의용소방관·학도병, 그 밖의 애국단체원으로서 전투, 이에 준하는 행위 또는 이에 관련된 교육훈련 중 사망한 사람과 상이를 입은 사람이 바로 그들이다.[68]

(2) 전투 또는 이에 준하는 직무수행

전몰·전상군경은 전투 또는 이에 준하는 직무수행 중 사망하거나 상이를 입은 사람이다. 그 구체적인 기준과 범위는 아래 표와 같이 8가지의 경우로 구분된다.[69]

---

66) 군인사법 2조
67) 국가공무원법 2조 2항 2호(특정직공무원)
68) 법 74조 1항
69) 영 3조 1항 1호, 2호

구분	적용 또는 인정 범위
1-1	전투 또는 이와 관련된 행위 중 사망하거나 상이를 입은 사람
1-2	국외에 파병 또는 파견되어 전투 또는 이와 관련된 행위 중 사망하거나 상이를 입은 사람
1-3	공비소탕작전 또는 대간첩작전에 동원되어 그 임무를 수행하는 행위 중 사망하거나 상이를 입은 사람
1-4	1-3의 작전을 수행하기 위하여 필요한 인원, 장비, 물자, 탄약 등을 보급하고 수송하는 등의 지원행위 중 사망하거나 상이를 입은 사람
1-5	적국지역이나 반국가단체가 배타적인 영향력을 행사하는 지역에서 임무를 수행하는 행위 중 사망하거나 상이를 입은 사람
1-6	적이나 반국가단체(이에 동조한 사람을 포함한다)에 의한 테러 · 무장폭동 · 반란 또는 치안교란을 방지하기 위한 전투 또는 이와 관련된 행위 중 사망하거나 상이를 입은 사람
1-7	전투 또는 이와 관련된 행위 중 적의 포로가 되거나 국외에 파병 또는 파견 중 전투 또는 이와 관련된 행위로 억류되어 사망하거나 상이를 입은 사람(적국 등에 동조한 사람은 제외한다)
1-8	가. 적이 설치한 위험물에 의하여 사망하거나 상이를 입은 사람 나. 적이 설치한 위험물을 제거하는 작업 중 사망하거나 상이를 입은 사람

(3) 사망하거나 상이를 입은 사람

사람은 사망과 동시에 권리능력이 소멸된다.[70] 사망의 시기를 결정하는 기준 관해서는 민법 등 법률에 규정되어 있지 않아 학설의 대립이 있다. 종래의 통설에 의하면 호흡과 심장의 박동이 영구적으로 멈추고, 동공이 확대되는 때를 사망시기로 파악한다.[71] 사망의 확증은 없지만 사망한 것이 거의 확실한 경우에 그것을 조사한 관공서의 사망보고에 기하여 등록부에 기재함으로써 사망을 인정하는 인정사망제도가 있다.[72] 사망의 개연성이 큰 경우에 관하여 실종선고라는 절차로 일정 시기에 사망을 인정하는 실종선고제도도 있다.[73]

70) 민법 3조
71) 지원림, 제19판 민법강의, p.67
72) 「가족관계의 등록 등에 관한 법률」 87조(재난 등으로 인한 사망) 수해, 화재나 그 밖의 재난으로 인하여 사망한 사람이 있는 경우에는 이를 조사한 관공서는 지체 없이 사망지의 시 · 읍 · 면의 장에게 통보하여야 한다. 다만, 외국에서 사망한 때에는 사망자의 등록기준지의 시 · 읍 · 면의 장 또는 재외국민 가족관계등록사무소의 가족관계등록관에게 통보하여야 한다.
73) 민법 28조

전투 또는 이에 준하는 직무수행 중 상이를 입은 경우 그 상이 정도가 국가보훈처장이 실시하는 신체검사에서 법 제6조의4에 따른 상이등급으로 판정되어야 한다. 상이등급은 1급~7급으로 구분한다.[74] 따라서 전상군경이 되려면 최소한 7급의 상이등급으로 판정되어야 한다.

(4) 6개월 이내에 전역이나 퇴직하는 사람

과거에는 군인이나 경찰공무원이 전투 또는 이에 준하는 직무수행 중 상이를 입었더라도 전역하거나 퇴직한 경우에만 국가유공자 등록신청을 할 수 있도록 하고 있어서 전상으로 인하여 입원 등 연속적인 의료지원이 필요한 경우에도 의료지원의 공백이 발생하고 개인적으로 비용을 부담하는 등 어려움을 겪고 있었다. 이에 2020. 3. 24. 법률 제17114호로 개정된 국가유공자법은 6개월 이내에 전역 또는 퇴직하는 사람은 전역 · 퇴직 전에 국가유공자 등록신청을 할 수 있도록 함으로써 국가유공자에 대한 국가의 지원이 단절 없이 이루어지도록 하였다. 이 개정 규정은 공포 후 6개월 뒤인 2020년 9월 25일부터 시행되었다.

4. 순직군경 · 공상군경

가. 의의

(1) 순직군경

순직군경이라 함은 군인이나 경찰 · 소방 공무원으로서 국가의 수호 · 안전보장 또는 국민의 생명 · 재산 보호와 직접적인 관련이 있는 직무수행이나 교육훈련 중 사망한 사람(질병으로 사망한 사람을 포함한다)을 말한다.[75]

군인사법에도 '순직자'라는 용어가 사용되고 있지만, 국가유공자법의 '순직군경'과는 구별된다. 순직군경은 국가의 수호 · 안전보장 또는 국민의 생명 · 재산 보호와 직접적인 관련이 있는 직무수행이나 교육훈련 중 사망한 사람만을 뜻하지만, 군인사법상 순직자는 타의 귀감이 되는 고도의 위험을 무릅쓴 직무 수행 중 사망한 사람

74) 법 6조의 4 1항
75) 법 4조 5호

(순직 I형)[76]과 국가의 수호 · 안전보장 또는 국민의 생명 · 재산 보호와 직접적인 관련이 있는 직무수행이나 교육훈련 중 사망한 사람(질병으로 사망한 사람 포함, 순직 II형)[77]뿐만 아니라, 국가의 수호 · 안전보장 또는 국민의 생명 · 재산 보호와 직접적인 관련이 없는 직무수행이나 교육훈련 중 사망한 사람(순직 III형)[78]도 포함하고 있기 때문이다. 순직 III형은 국가유공자가 아니라 보훈보상자법상 재해사망군경의 요건에 해당되는 것이다. 따라서 군인사법상 순직자라 하더라도 국가유공자법상 순직군경에는 해당되지 않을 수 있음을 유의해야 한다. 뿐만 아니라 실무를 보면, 순직 III형으로 결정되었어도 재해사망군경으로 인정되지 않는 경우가 있다. 국방부의 판단과 국가보훈처의 판단이 다를 수가 있기 때문이다.[79]

(2) 공상군경

공상군경이라 함은 군인이나 경찰 · 소방 공무원으로서 국가의 수호 · 안전보장 또는 국민의 생명 · 재산 보호와 직접적인 관련이 있는 직무수행이나 교육훈련 중 상이(질병을 포함한다)를 입고 전역하거나 퇴직한 사람 또는 6개월 이내에 전역이나 퇴직하는 사람으로서 그 상이정도가 국가보훈처장이 실시하는 신체검사에서 상이등급으로 판정된 사람을 말한다.[80]

군인사법상 '공상자'[81]라는 용어가 사용되고 있지만, 국가유공자법의 '공상군경'과는 구별된다. 공상군경은 국가의 수호 · 안전보장 또는 국민의 생명 · 재산 보호와 직접적인 관련이 있는 직무수행이나 교육훈련 중 상이를 입고 전역하거나 퇴직한 사람을 뜻하지만, 군인사법상의 공상자는 그 개념상, 공상군경뿐만 아니라 보훈보상자법의 재해부상군경에 해당되는 사람도 포함하고 있기 때문이다. 따라서 군에서 공상판정을 받았다고 해서 곧바로 공상군경이 되는 것은 아님을 유의해야 한다.

---

76) 군인사법 54조의2 1항 2호 가목 : 타의 귀감이 되는 고도의 위험을 무릅쓴 직무 수행 중 사망한 사람
77) 군인사법 54조의2 1항 2호 나목 : 국가의 수호 · 안전보장 또는 국민의 생명 · 재산 보호와 직접적인 관련이 있는 직무수행이나 교육훈련 중 사망한 사람(질병 포함)
78) 군인사법 54조의2 1항 2호 다목 : 국가의 수호 · 안전보장 또는 국민의 생명 · 재산 보호와 직접적인 관련이 없는 직무수행이나 교육훈련 중 사망한 사람(질병 포함)
79) 이러한 불일치 현상은 국민의 입장에서 볼 때 바람직하지 않으므로, 부처 간 조정을 통해 단일한 결론이 나올 수 있도록 방안을 강구할 필요가 있다.
80) 법 4조 6호
81) 군인사법 54조의2 1항 5호

나. 요건

전몰 · 전상군경의 요건과 다른 것 위주로 설명한다.

(1) 군인 · 경찰/소방공무원

(가) 군인과 경찰공무원

순직군경 · 공상군경이 되기 위해서는 군인이나 경찰 · 소방공무원이어야 한다. 군인과 경찰공무원에 대해서는 앞에서 본 바와 같다.

(나) 소방공무원

소방공무원은 국가공무원 중 경력직공무원(특정직 공무원)인 소방공무원을 말한다.[82] 소방공무원은 직무수행 상 위험에 상시 노출되어 있으므로 1995년 12월에 「소방공무원법」을 개정하여, 소방공무원으로서 화재진압 또는 구조 · 구급업무 수행 중 사망하거나 상이를 입고 퇴직한 자를 순직군경과 공상군경에 포함시켰다.[83] 2001년에는 동법을 다시 개정하여 화재진압, 구조 · 구급업무 수행과 관련된 교육훈련 중 사망하거나 상이를 입은 경우에도 순직군경이나 공상군경이 될 수 있도록 인정 범위가 확대되었다.[84] 2011년에는 국가유공자법을 개정하여 순직군경과 공상군경의 정의규정에 포함시킴으로써 국가유공자로서의 법률상 지위를 명확히 하였다.[85]

(다) 군무원

1950년에 제정된 구 「군사원호법」[86]에는 원호대상자에 군무원이 없었다. 1961년 제정된 구 「군사원호보상법」[87]에서 처음으로 '1959년 12월 31일 이전에 임명된 군속(군무원의 옛 명칭)'을 제한적으로 원호대상자에 포함시켰으나, 위 날짜 이후에 임명된 군무원은 제외하였고, 이러한 정책이 장기간 지속되었다. 군무원은 주로 군

---

82) 국가공무원법 2조 2항 2호
83) 구 「소방공무원법」(1995. 12. 6. 법률 제4992호로 개정된 것) 14조의2
84) 구 「소방공무원법」(2001. 5. 24. 법률 제6485호로 개정된 것) 14조의2 1항 참조
85) 구 국가유공자법(2011. 3. 29. 법률 제10471호로 개정된 것) 개정이유 참조. 이에 따라 「소방공무원법」의 관련 조항(14조의2)은 삭제되었다.
86) 1950. 4. 14. 법률 제127호로 제정
87) 1961. 11. 1. 법률 제758호로 제정

수지원 분야나 행정업무에 종사하는 인력으로 보아 군인 · 경찰과는 그 성격이 다르다고 보았던 것이다. 그런데, 2012년 보훈체계 개편 시 순직군경이나 공상군경의 기준 및 범위에 관한 구 국가유공자법 시행령(2012. 6. 27. 대통령령 제23885호로 개정된 것) [별표 1] 제2호 2－1 가목에 "군인(군무원을 포함한다)"라는 문구[88]가 신설되어, 군무원도 순직군경이나 공상군경에 포함되는 것 아닌가 하는 논란이 생겼다. 즉, "국가유공자법 제4조 제1항 제6호는 공상군경의 대상으로 군인이나 경찰 · 소방공무원을 규정하면서도 군무원을 명백히 배제하지는 않은 한편 국가유공자법 제4조 제2항의 위임에 따라 같은 법 시행령 제3조 제1항 제4호는 '군인(군무원을 포함한다)으로서 경계 · 수색 · 매복 · 정찰, 첩보활동, 화생방 · 탄약 · 폭발물 · 유류 등 위험물 취급, 장비 · 물자 등 군수품의 정비 · 보급 · 수송 및 관리, 대량살상무기(WMD) · 마약 수송 등 해상불법행위 단속, 군 범죄의 수사 · 재판, 검문활동, 재해 시 순찰활동, 해난구조 · 잠수작업, 화학물질 · 발암물질 등 유해물질 취급, 인명구조 · 재해구조 등 대민지원 또는 그 밖에 이에 준하는 행위'를 한 사람을 공상군경에 해당한다고 규정하여 명시적으로 군무원을 군인에 포함시키고 있으므로, 국가유공자법상의 공상군경에는 군인뿐만 아니라 군무원도 포함된다."고 보는 견해가 있다.[89] 그러나, 이는 잘못된 해석이다. 군사원호보상법상 1959년 12월 31일 임명된 군무원에 한해 제한적으로 원호보상대상자에 잠시 포함시킨 적은 있으나 이후 군무원은 군인의 개념에서 제외되어 오늘에 이르고 있고, '군인(군무원을 포함한다)'라는 문구가 포함된 것은 군무원이 해당 직무를 수행했을 때에 순직공무원 또는 공상공무원이 될 수 있음을 분명히 하기 위한 것일 뿐 순직군경이나 공상군경에 군무원을 포함시킨다는 의미는 아니라고 보아야 한다.[90] 따라서 군무원은 순직공무원 또는 공상공무원이 될 수 있을 뿐, 순직군경 또는 공상군경이 될 수는 없다고 보아야 한다.

---

88) "2－1 가. 군인(군무원을 포함한다)으로서 …<이하 생략>…" 현행 국가유공자법 시행령 [별표 1] 2－1에 이 문구가 여전히 존재하고 있다.

89) 울산지방법원 2017. 6. 1. 선고 2017구합5014 판결이 이 견해를 취했다.

90) 부산고등법원 2017. 9. 29. 선고 2017누22053 판결 참조. 이 판결은 위 울산지방법원 판결의 항소심 판결이다. 즉, 울산지방법원은 원고의 손을 들어주었으나, 부산고등법원은 1심의 판결을 뒤집고 울산보훈지청의 손을 들어주었다.

(2) 국가의 수호 등과 직접적 관련이 있는 직무수행이나 교육훈련

(가) 2012년 보훈체계 개편으로 인한 변화

2012년 보훈체계 개편 이전 구 국가유공자법(2011. 9. 15. 법률 제11401호로 개정되기 전의 것, 이하 이 장에서 같다)은 직무수행 또는 교육훈련의 내용과 관계없이 직무수행 또는 교육훈련과 사망 또는 상이 사이에 상당인과관계만 인정되면 국가유공자로 인정하였다. 이로 인해 국가유공자의 인정 범위가 지나치게 확장된 결과 보훈의 정체성이 약화되었는데, 이를 바로잡고자 보훈의 대상 중 국민으로부터 존경과 예우를 받아야 할 사람은 국가유공자, 단순히 보상이 필요한 사람은 보훈보상대상자로 구분하기로 정책결정 하였다. 이에 따라 구 국가유공자법은 제4조에서 '군인이나 경찰 · 소방공무원으로서 국가의 수호 · 안전보장 또는 국민의 생명 · 재산보호와 직접적인 관련이 있는 직무수행이나 교육훈련 중 사망하였거나 상이(질병을 포함)를 입고 전역하거나 퇴직한 사람으로서 그 상이 정도가 국가보훈처장이 실시하는 신체검사에서 상이등급으로 판정된 사람'을 국가유공자 중 하나인 순직군경 및 공상군경으로 규정하였다. 이와 달리 '국가의 수호 · 안전보장 또는 국민의 생명 · 재산보호와 직접적인 관련이 없는 직무수행이나 교육훈련 중 사망하거나 상이를 입은 사람'은 보훈보상자법 제2조 제1항에서 보훈보상대상자 중 하나인 재해사망군경 및 재해부상군경으로 규정하였다.

(나) 직접적인 관련

'직접적인 관련'이란 일반적으로 '중간에 제3자나 매개물 없이 바로 연결되는 관계'를 의미하고, 군인이나 경찰 · 소방공무원의 직무나 훈련은 출퇴근에서부터 일상적인 행정업무 및 체육활동에 이르기까지 넓게 보면 모두 국가의 수호 · 안전보장 또는 국민의 생명 · 재산보호와 관련이 있다고 볼 수 있으나, '직접적인 관련'의 사전적 의미를 볼 때, 이는 당해 직무수행이나 교육훈련이 국가의 수호 · 안전보장 또는 국민의 생명 · 재산보호를 직접적인 목적으로 하는 것이어야 함을 의미한다.[91]

(다) 구체적 기준과 범위

순직 · 공상군경은 국가의 수호 · 안전보장 또는 국민의 생명 · 재산 보호(이하 '국

91) 헌법재판소 2016. 12. 29. 선고 2016헌바263 결정

가의 수호 등'이라 한다)와 직접적인 관련이 있는 직무수행이나 교육훈련 중 사망하거나 상이를 입은 사람이다. 그 구체적인 기준과 범위는 아래 표와 같이 8가지의 경우로 구분된다.[92]

구분	기준 및 범위
2-1	가. 다음의 어느 하나에 해당하는 직무수행(이와 직접 관련된 준비 또는 정리행위, 직무수행을 위하여 목적지까지 이동하거나 직무수행 종료 후 소속부대 등으로 이동하는 행위를 포함한다)이 **직접적인 원인**이 되어 발생한 사고나 재해로 사망하거나 상이를 입은 사람 1) 군인(군무원을 포함한다)으로서 경계 · 수색 · 매복 · 정찰, 첩보활동, 강하 및 상륙임무, 고압의 특수전류 · 화생방 · 탄약 · 폭발물 · 유류 등 위험물 취급, 장비 · 물자 등 군수품의 정비 · 보급 · 수송 및 관리, 대량살상무기(WMD) · 마약 수송 등 해상불법행위 단속, 군 범죄의 수사 · 재판, 「군에서의 형의 집행 및 군수용자의 처우에 관한 법률」에 따른 계호업무, 검문활동, 범인 또는 피의자 체포, 주요인사 경호, 재해 시 순찰활동, 해난구조 · 잠수작업, 화학물질 · 발암물질 등 유해물질 취급, 산불진화, 감염병 환자의 치료나 감염병의 확산방지, 인명구조 · 재해구호 등 대민지원업무 2) 경찰공무원으로서 범인 또는 피의자 체포, 경비 및 주요 인사경호, 교통의 단속과 위해의 방지, 대테러임무, 치안정보 수집 및 긴급신고 처리를 위한 현장 활동, 대량살상무기(증) · 마약 수송 등 해상불법행위 단속, 해난구조 · 잠수작업, 화학물질 · 발암물질 등 유해물질 취급, 감염병 환자의 치료나 감염병의 확산방지, 범죄예방 · 인명구조 · 재산보호 · 재해구호 등을 위한 순찰활동 및 대민지원 업무 3) 소방공무원으로서 화재진압, 인명구조 및 구급업무, 화재 · 재난 · 재해로 인한 피해복구, 감염병 환자의 치료나 감염병의 확산방지, 화학물질 · 발암물질 등 유해물질 취급, 119에 접수된 생활안전 및 위험제거 행위(화재 · 재난 · 재해 또는 위험 · 위급한 상황에서의 생활안전 지원에 해당되는 경우를 말한다) 4) 〈생략〉 5) 비무장지대와 인접한 초소, 레이더기지 · 방공포대 및 도서 · 산간벽지 등에 위치한 근무지와 주거지를 이동하는 행위 나. 그 밖에 국가의 수호 · 안전보장 또는 국민의 생명 · 재산보호와 직접적인 관련이 있는 행위로서 직무의 성질, 직무수행 당시의 상황 등을 종합적으로 고려하여 보훈심사위원회가 가목 1)부터 5)까지의 직무수행에 준한다고 인정하는 행위
2-2	2-1의 직무수행과 직접 관련된 실기 · 실습 교육훈련(이와 직접 관련된 준비 또는 정리행위, 전투력 측정 또는 직무수행에 필수적인 체력검정과 교육훈련을 위하여 목적지까지 이동하는 행위를 포함한다)이 **직접적인 원인**이 되어 발생한 사고 또는 재해로 사망하거나 상이를 입은 사람
2-3	간첩의 신고 및 체포와 관련된 행위 중 사망하거나 상이를 입은 사람
2-4	출장 또는 파견기간에 2-1의 직무수행 또는 2-2의 교육훈련이 **직접적인 원인**이 되어 사고나 재해로 사망하거나 상이를 입은 사람

92) 영 3조 1항 3호, 4호 [별표 1]

2-5	국제평화유지 및 재난구조활동 등을 위하여 국외에 파병 · 파견되어 건설 · 의료지원 · 피해복구 등의 직무수행(이와 관련된 교육훈련을 포함한다)이 **직접적인 원인**이 되어 발생한 사고 또는 재해로 사망하거나 상이를 입은 사람
2-6	국외에서 천재지변 · 전쟁 · 교전 · 폭동 · 납치 · 테러 · 감염병 등의 위난상황이 발생하였을 경우 대한민국 국민에 대한 보호 또는 사고수습 등의 직무수행 중 그 직무수행이 **직접적인 원인**이 되어 발생한 사고 또는 재해로 사망하거나 상이를 입은 사람
2-7	국제회의, 국제행사, 정부합동특별대책, 비상재난대책, 국정과제 등 중요하고 긴급한 국가의 현안업무 수행 중 단기간의 현저한 업무량의 증가로 인한 육체적 · 정신적 위해가 **직접적인 원인**이 되어 사망하거나 상이를 입은 사람
2-8	다음 각 목의 어느 하나에 해당하는 질병에 걸린 사람 또는 그 질병으로 인하여 사망한 사람(기존의 질병이 원인이 되거나 악화된 경우는 제외한다) 가. 2-1부터 2-7까지의 직무수행 또는 교육훈련 중 입은 분명한 외상이 **직접적인 원인**이 되어 질병이 발생하였다고 의학적으로 인정된 질병 나. 2-1부터 2-7까지의 직무수행 또는 교육훈련이 **직접적인 원인**이 되어 질병이 발생하였다고 의학적으로 인정된 질병 다. 상당한 기간 동안 심해에서의 해난구조 · 잠수작업, 감염병 환자의 치료 또는 감염병의 확산방지 등 생명과 신체에 대한 고도의 위험을 무릅쓰고 직무를 수행하던 중 그 직무수행이 **직접적인 원인**이 되어 질병이 발생하였다고 의학적으로 인정된 질병 라. 화학물질 · 발암물질 · 감염병 등 유해물질을 취급하거나 이에 준하는 유해환경에서의 직무수행(이와 관련된 교육훈련을 포함한다) 중 이들 유해물질 또는 유해환경에 상당한 기간 **직접적이고 반복적으로 노출되어** 질병이 발생하였다고 의학적으로 인정된 질병

1) 교육훈련과 '직접 관련되는 준비 · 정리행위'가 교육훈련에 포함되는지 여부

위 [별표 1] 제2－2호가 정한 교육훈련에 교육훈련과 '직접 관련되는 준비 · 정리행위'가 포함되는지 여부가 문제된다. 국가유공자법 시행령 제3조 제1항 제3호 [별표 1] 제2－2호가 교육훈련과 관련하여 '이와 관련된 준비 또는 정리행위'가 포함되는지에 대하여 직접 규정하고 있지는 아니하다. 그렇지만 위 [별표 1] 제2－1호가 직무수행에 관하여는 이를 포함한다고 규정하고 있고, 또한 보훈보상대상자 요건의 기준 및 범위를 정한 보훈보상자법 시행령 제2조 [별표 1]이 제1호의 직무수행 및 제2호의 교육훈련에 '이와 관련된 준비 · 정리행위'를 모두 포함하고 있음에 비추어 보면, 위 [별표 1] 제2－2호가 정한 교육훈련에 관하여도 제2－1호의 직무수행과 마찬가지로 교육훈련과 '직접 관련되는 준비 · 정리행위'를 포함한다고 새기는 것이 타당하다.[93] 여기에서 준비 · 정리행위가 교육훈련과 직접 관련되는지는 준비 · 정

93) 대법원 2016. 8. 18. 선고 2014두42896 판결

리행위가 국가의 수호 등과 직접적인 관련이 있는 교육훈련에 직결되는 것으로서 원활한 수행을 위하여 사회통념상 필수적으로 수반되는 필요불가결한 행위에 해당하는지에 따라 판단되어야 할 것이다.[94)]

2) 장비 · 물자 등 군수품의 정비 · 보급 · 수송 및 관리의 의미

장비 · 물자 등 군수품의 정비 · 보급 · 수송 및 관리의 의미에 대해 종종 다투어진다. 위 [별표 1] 제2호의 2－1은 공상군경의 기준 및 범위에 대해, 장비 · 물자 등 군수품의 정비 · 보급 · 수송 및 관리 또는 그 밖에 이에 준하는 행위가 직접적인 원인이 되어 발생한 사고나 재해로 사망하거나 상이를 입은 사람으로 정하고 있을 뿐, 군수품의 정비 · 보급 · 수송 및 관리 또는 그 밖에 이에 준하는 행위가 다른 원인의 개입 없이 바로 사고나 재해로 이어졌을 것을 요구하고 있지 않다. 그렇다면, 군수품인 지게차를 정비하는 과정에서 지게차 전방에서 위 정비 과정을 총괄하면서 지게차의 운행을 감독하고 유도하던 A의 발등에 정비 중인 위 지게차가 추락하여 부상을 입었다면 A는 공상군경에 해당된다고 보아야 할 것이다.[95)]

3) 장비 · 물자 등 군수품의 의미

위 [별표 1] 제2호의 2－1은 공상군경인 국가유공자의 기준 및 범위를 정하면서 "장비 · 물자 등 군수품"의 기준과 범위는 따로 제한하고 있지 않다. 이로 인해 실무상 군수품의 범위를 어디까지로 볼지 종종 다툼이 생긴다. 국가유공자법에 명확한 정의규정을 두지 않았으므로 군수품관리법에 따라 판단하되, 당해 구체적인 직무수행 행위의 성격과 내용, 그 구체적 직무수행에 내재하는 위험의 내용 및 정도를 함께 고려해야 할 것으로 생각한다.[96)]

---

94) 대법원 2016. 8. 18. 선고 2014두42896 판결. 대법원은 이 판결에서 교육훈련 중 '화장실에 가는 행위'는 교육훈련 또는 교육훈련의 직접적인 준비 · 정리행위가 아니라고 보았다.

95) 제주지방법원 2015. 8. 26. 선고 2015구합5102 판결 참조

96) 대전지방법원 2022. 2. 17. 선고 2020구단102398 판결도, "군수품관리법 제3조도 군수품을 전비품과 통상품으로 구분하고 있고 그 위임에 따라 같은 법 시행령 제1조의2는 전투장비 및 전투지원장비와 그 보조장비, 수리부속품 및 탄약류 등은 전비품으로, 전비품 외의 군수품을 통상품으로 분류하고 있으므로, 위와 같은 군수품 관련 법령에 의하더라도 전투장비나 탄약류 등 전투에 제공되거나 전투와 관련된 장비나 물자 외에 군부대의 일상적 운용이나 복무 등에 상시 제공되는 장비나 물자도 군수품에 해당한다."고 하면서 동 사건에서 문제된 '연성세제'도 "장비 · 물자 등 군수품"에 속한다는 취지로 판단하였다. 동 재판부는, "연성세제가 탄약 등와 같이 전투나 경계 · 수색 · 매목 · 정찰 등 군사적으로 중요한 임무수행에 제공되는 군수품이 아니라는 사정만으로 그것이 국가의 수호 등과 직접적인 관련이 없는 것이라고 단정할 수 없을 뿐만 아니라, …

(3) 사망하거나 상이를 입은 사람

사망 또는 상이에 관한 설명은 <전몰 · 전상군경>에 관한 앞의 설명과 동일하니 참조하면 된다. 사망의 경우 유의할 점은, 군인이나 경찰 · 소방공무원이었던 자가 복무 또는 재직 중에 공무상의 질병을 입고 전역 또는 퇴직하여 그 질병 때문에 사망한 경우에도 순직군경으로 인정되고 그 전역사유나 퇴직사유가 무엇인가는 이를 불문한다.[97] 따라서 A가 경찰공무원으로서 국민의 생명 · 재산 보호와 직접적인 관련이 있는 교통사고 처리 업무를 수행하다가 차량에 받혀 상이를 입고 퇴직 및 공상군경 등록이 되었다 하더라도 그 이후에 그 상이로 인해 사망하였다면 순직군경으로 보아야 할 것이다.[98]

직무수행 또는 교육훈련 중 상이를 입은 경우 그 상이 정도가 국가보훈처장이 실시하는 신체검사에서 법 제6조의 4에 따른 상이등급으로 판정되어야 한다. 상이등급은 1급~7급으로 구분한다.[99] 따라서 공상군경이 되려면 최소한 7급의 상이등급으로 판정되어야 한다.

(4) 6개월 이내에 전역이나 퇴직하는 사람(공상군경의 경우)

이 부분은 위 <전몰 · 전상군경>에 관한 앞의 설명 참조하기 바란다.

5. 순직공무원 · 공상공무원

가. 의의

순직공무원이라 함은 「국가공무원법」 제2조 및 「지방공무원법」 제2조에 따른 공무원(군인과 경찰 · 소방 공무원은 제외한다)과 국가나 지방자치단체에서 일상적으로

<중략>… 원고가 수행한 군수품의 보급 · 수송은 대형수송차량을 운전하여 장거리를 오가는 직무이므로 그 직무수행에 내재하는 위험의 내용과 정도가 결코 가볍다고 볼 수 없고, 보급 · 수송의 대상이 된 군수품의 군사적 중요도가 낮다고 하여 그러한 수송행위 자체에 내재한 위험의 내용과 정도에 현저한 차이가 생긴다고 보기도 어렵다."고 판시하였다. 저자는 동 판결의 취지에 공감한다.

97) 대법원 1994. 3. 11. 선고 93누12398 판결

98) 청주지방법원 2021. 4. 22. 선고 2020구합7264 판결 참조

99) 법 6조의 4 1항

공무에 종사하는 대통령령으로 정하는 직원으로서 국민의 생명 · 재산 보호와 직접적인 관련이 있는 직무수행이나 교육훈련 중 사망한 사람(질병으로 사망한 사람을 포함한다)을 말한다.[100)]

공상공무원이라 함은 「국가공무원법」 제2조 및 「지방공무원법」 제2조에 따른 공무원(군인과 경찰 · 소방 공무원은 제외한다)과 국가나 지방자치단체에서 일상적으로 공무에 종사하는 대통령령으로 정하는 직원으로서 국민의 생명 · 재산 보호와 직접적인 관련이 있는 직무수행이나 교육훈련 중 상이(질병을 포함한다)를 입고 퇴직하거나 6개월 이내에 퇴직하는 사람으로서 그 상이정도가 국가보훈처장이 실시하는 신체검사에서 상이등급으로 판정된 사람을 말한다.[101)]

나. 요건

(1) 공무원

순직공무원 · 공상공무원이 되기 위해서는 국가공무원법 제2조 및 지방공무원법 제2조에 따른 공무원(군인과 경찰 · 소방공무원은 제외)과 국가나 지방자치단체에서 일상적으로 공무에 종사하는 대통령령으로 정하는 직원이어야 한다.

국가나 지방자치단체에서 일상적으로 공무에 종사하는 직원이라 함은 공무원연금법 시행령 제2조의 적용을 받는 자를 말하는데,[102)] 구체적으로는 ① 청원경찰법에 따라 국가 또는 지방자치단체에 근무하는 청원경찰, ② 청원산림보호직원 배치에 관한 법률에 따라 국가 또는 지방자치단체에 근무하는 청원산림보호직원, ③ 국가 또는 지방자치단체의 위원회 등의 상임위원과 전임(專任) 직원으로서 매월 정액의 보수 또는 이에 준하는 급여를 받는 사람(다만, 한시적인 자문위원회와 법령에 근거하지 아니하는 위원회 등의 상임위원과 전임 직원은 제외), ④ 그 밖에 국가 또는 지방자치단체의 정규 공무원 외의 직원으로서 수행업무의 계속성과 매월 정액의 보수 지급 여부 등을 고려하여 인사혁신처장이 인정하는 사람과 4 · 16세월호참사 진상규명 및 안전사회 건설 등을 위한 특별법 제2조 제2호에 따른 희생자 중 인사혁신처장이 인정하는 사람을 말한다.[103)]

---

100) 법 4조 14호
101) 법 4조 15호
102) 영 5조

(2) 국민의 생명·재산보호와 직접적 관련이 있는 직무수행 또는 교육훈련

순직공무원 · 공상공무원은 국민의 생명 · 재산 보호와 직접적인 관련이 있는 직무수행이나 교육훈련 중 사망하거나 상이를 입은 사람이다. 그 구체적인 기준과 범위는 순직군경 · 공상군경의 경우가 동일하다.[104]

구분	기준 및 범위
2-1	가. 다음의 어느 하나에 해당하는 직무수행(이와 직접 관련된 준비 또는 정리행위, 직무수행을 위하여 목적지까지 이동하거나 직무수행 종료 후 소속부대 등으로 이동하는 행위를 포함한다)이 직접적인 원인이 되어 발생한 사고나 재해로 사망하거나 상이를 입은 사람 1)~3) 〈생략〉 4) 공무원(군인, 경찰공무원 및 소방공무원은 제외한다)으로서 재난관리 및 안전관리, 산불진화, 산림병해충 항공 예찰 · 방제작업, 불법어업 지도 · 단속, 「형의 집행 및 수용자의 처우에 관한 법률」에 따른 계호업무, 주요 인사경호, 감염병 환자의 치료나 감염병의 확산방지, 화학물질 · 발암물질 등 유해물질 취급, 국외 위험지역에서의 외교 · 통상 · 정보활동 등 생명과 신체에 고도의 위험이 따르는 업무 5) 비무장지대와 인접한 초소, 레이더기지 · 방공포대 및 도서 · 산간벽지 등에 위치한 근무지와 주거지를 이동하는 행위 나. 그 밖에 국가의 수호 · 안전보장 또는 국민의 생명 · 재산보호와 직접적인 관련이 있는 행위로서 직무의 성질, 직무수행 당시의 상황 등을 종합적으로 고려하여 보훈심사위원회가 가목 1)부터 5)까지의 직무수행에 준한다고 인정하는 행위
2-2	2-1의 직무수행과 직접 관련된 실기 · 실습 교육훈련(이와 직접 관련된 준비 또는 정리행위, 전투력 측정 또는 직무수행에 필수적인 체력검정과 교육훈련을 위하여 목적지까지 이동하는 행위를 포함한다)이 직접적인 원인이 되어 발생한 사고 또는 재해로 사망하거나 상이를 입은 사람
2-3	간첩의 신고 및 체포와 관련된 행위 중 사망하거나 상이를 입은 사람
2-4	출장 또는 파견기간에 2-1의 직무수행 또는 2-2의 교육훈련이 직접적인 원인이 되어 사고나 재해로 사망하거나 상이를 입은 사람
2-5	국제평화유지 및 재난구조활동 등을 위하여 국외에 파병 · 파견되어 건설 · 의료지원 · 피해복구 등의 직무수행(이와 관련된 교육훈련을 포함한다)이 직접적인 원인이 되어 발생한 사고 또는 재해로 사망하거나 상이를 입은 사람
2-6	국외에서 천재지변 · 전쟁 · 교전 · 폭동 · 납치 · 테러 · 감염병 등의 위난상황이 발생하였을 경우 대한민국 국민에 대한 보호 또는 사고수습 등의 직무수행 중 그 직무수행이 직

103) 공무원연금법 시행령 2조
104) 영 3조 1항 3호, 4호

	접적인 원인이 되어 발생한 사고 또는 재해로 사망하거나 상이를 입은 사람
2-7	국제회의, 국제행사, 정부합동특별대책, 비상재난대책, 국정과제 등 중요하고 긴급한 국가의 현안업무 수행 중 단기간의 현저한 업무량의 증가로 인한 육체적 · 정신적 위해가 직접적인 원인이 되어 사망하거나 상이를 입은 사람
2-8	다음 각 목의 어느 하나에 해당하는 질병에 걸린 사람 또는 그 질병으로 인하여 사망한 사람(기존의 질병이 원인이 되거나 악화된 경우는 제외한다) 가. 2-1부터 2-7까지의 직무수행 또는 교육훈련 중 입은 분명한 외상이 직접적인 원인이 되어 질병이 발생하였다고 의학적으로 인정된 질병 나. 2-1부터 2-7까지의 직무수행 또는 교육훈련이 직접적인 원인이 되어 질병이 발생하였다고 의학적으로 인정된 질병 다. 상당한 기간 동안 심해에서의 해난구조 · 잠수작업, 감염병 환자의 치료 또는 감염병의 확산방지 등 생명과 신체에 대한 고도의 위험을 무릅쓰고 직무를 수행하던 중 그 직무수행이 직접적인 원인이 되어 질병이 발생하였다고 의학적으로 인정된 질병 라. 화학물질 · 발암물질 · 감염병 등 유해물질을 취급하거나 이에 준하는 유해환경에서의 직무수행(이와 관련된 교육훈련을 포함한다) 중 이들 유해물질 또는 유해환경에 상당한 기간 직접적이고 반복적으로 노출되어 질병이 발생하였다고 의학적으로 인정된 질병

(3) 사망하거나 상이를 입은 사람

<순직 · 공상군경>에 관한 앞의 설명을 참조하기 바란다.

(4) 직무수행 또는 교육훈련이 사망 또는 상이의 직접적 원인

<순직 · 공상군경>에 관한 앞의 설명을 참조하기 바란다.

(5) 6개월 이내에 퇴직하는 사람

과거 공무원이 직무수행 중 사망하거나 상이를 입은 경우에도 퇴직한 경우에만 국가유공자 등록신청을 할 수 있도록 하고 있어서, 입원 등 연속적인 의료지원이 필요한 경우에도 퇴직 전에는 국가유공자 등록신청을 할 수 없어 의료지원의 공백이 발생하고, 개인적으로 비용을 부담하는 등 어려움을 겪고 있었다. 이에 6개월 이내에 퇴직하는 사람은 퇴직 전에 국가유공자 등록신청을 할 수 있도록 함으로써 국가유공자에 대한 국가의 지원이 단절 없이 이루어지도록 하였다.

6. 기타 국가유공자

실무상 가장 신청이 많고 판단이 까다로운 국가유공자는 위에서 살펴 본 전몰·전상군경, 순직·공상군경, 순직·공상공무원의 등록신청이다. 나머지 국가유공자에 대해서는 여기에서 언급해야 할 필요가 있는 내용에 대해서만 간략히 살펴보기로 한다.

가. 보국수훈자

(1) 의의

보국수훈자라 함은 군인으로서 보국훈장을 받고 전역한 사람과, 군인 외의 사람으로서 '간첩체포 등의 사유'로 보국훈장을 받은 사람을 말한다.[105] '간첩체포 등의 사유'란 간첩체포, 무기개발, 테러방지 및 진압활동, 대침투 방어활동, 국가안전저해 소요진압활동, 주요인사 경호활동, 재난구조·복구활동, 그 밖에 이에 준하는 사유를 말한다.[106]

(2) 요건

2011년 이전에는 보국훈장을 받은 사람을 모두 국가유공자로 인정했었다. 그런데 국가안보와 직접적 관련 없이 장기 재직에 따른 보국훈장을 받았다는 이유로 국가유공자로 예우하는 것은 과도하다는 여론이 대두되었다. 이에 2011년 3월 29일 법률 제10471호로 국가유공자법을 개정하여, 보국훈장을 받은 사람 중 국가안보의 직무를 수행하는 군인으로 재직하였던 사람 외에는 간첩체포 또는 무기개발에 기여하는 등 대통령령으로 정하는 특별한 공적이 있는 경우로 한정하였다. 즉, 군인으로서 보국훈장을 받은 사람에 대해서는 과거와 마찬가지로 요건심사 없이 국가유공자로 등록하지만, 군인이 아닌 자로서 보국훈장을 받은 사람에 대하여는 요건심사를 거쳐 특별한 공적이 있는 경우에 한해 국가유공자로 등록하도록 하였다. 다만 이렇게 할 경우 군인 아닌 사람으로서 이미 보국훈장을 받은 사람의 경우 권익이 침해될 가능성이 있다. 이러한 사람들의 기대이익을 보호하기 위해 위 개정 법률 부칙 제3

105) 법 4조 1항 8호
106) 영 3조의 2 1항

조에서 "이 법 시행 당시 국가공무원법 제2조 및 지방공무원법 제2조에 따른 공무원(군인은 제외한다)과 국가나 지방자치단체에서 일상적으로 공무에 종사하는 대통령령으로 정하는 직원으로 재직 중인 사람으로서 보국훈장을 받고 퇴직하는 사람에 대한 등록 및 결정에 관하여는 제4조 제1항 제8호의 개정규정에도 불구하고 종전의 규정에 따른다."라는 경과조치로 이들을 보호하였다.

결론적으로, 위 개정 법률이 시행된 2011년 6월 30일 이전에 보국훈장을 받은 사람은 군인이든 아니든 요건심사 없이 국가유공자로 등록이 되나, 그 이후에 보국훈장을 받은, '군인 아닌 사람'에 대해서는 보훈심사위원회의 요건심사를 통해 '간첩체포 등의 사유'가 있어야 국가유공자 등록이 가능하다. 그런데 공무원이 아닌 순수 민간인 보국훈장 수훈자에 대해서는 경과규정에서도 아무런 언급이 없어 여전히 실무상 논란이 있다.[107]

(3) 신분전환 후 보국수훈자인 군무원의 경우

실무에서 종종 문제되는 경우는, 군인으로 상당기간 복무하다가 2011. 6. 30. 이후 군무원으로 신분을 전환하여 보국훈장을 받은 경우이다. 예컨대, 1990년 장교로 임관한 후 2015년 중령으로 전역한 사람이 다시 군무원으로 임용되어 보국훈장을 받은 경우 어떻게 처리할 것인가. 이에 대해서는 부칙 제3조를 적용할 수 없다는 것이 법제처의 유권해석이다.[108] 동 유권해석에 따르면, 개정 법률 부칙 제3조는 간첩체포 등의 사유로 보국훈장을 받은 경우가 아니어도 개정 전 법에 따라 국가유공자가 될 수 있도록 한 경과규정이므로, 보국훈장을 받는 사유의 제한 없이 국가유공자가 될 수 있는 군인은 해당 경과규정의 적용대상에서 제외된 것인 바, 법 문언 및 규정체계상 개정 법률 시행 당시 군인으로 재직 중이던 사람에 대한 국가유공자 등록 및 결정의 경우에는 같은 법 부칙 제3조가 적용될 여지가 없다는 것이다. 따라서 군인으로 보국훈장을 받았다면 등록에 아무런 제한이 없으나, 중령으로 전역한 후 군무원 신분으로 보국훈장을 받았기 때문에 이 경우 보훈심사를 거쳐 등록 여부를 결

---

107) 2011년 6월 30일 이전의 순수 민간인 보국훈장 수훈자의 존재에 대해서는 간과되었을 가능성이 있다. 이들의 존재를 인식했다면 군무원의 경우와 같이 종전의 법을 적용하는 것으로 부칙에 명시했을 것이다. 차별을 할 이유가 없기 때문이다. 이들에 대해서도 군무원의 경우와 같이 종전의 법률을 적용해서 구제해 주는 것이 좋을 것으로 생각된다.

108) 법제처 20－0302, 2020. 8. 10.

정하게 된다. 실무 심사관행을 보면, 보국훈장 수여 당시 공적내용과 수공기간 중 각종 표창의 공적내용을 함께 검토하는데 간첩체포 등의 사유와 무관한 일반적인 공적만 있는 경우에는 국가유공자 등록을 불허하는 경향이다.

나. 참전유공자

(1) 의의

참전유공자라 함은 참전유공자법 제5조에 따라 등록된 사람을 말하는데, 동법 제2조 제2호에 의하면 다음 어느 하나에 해당하는 사람을 의미한다.[109)]

① 6 · 25전쟁에 참전하고 전역(퇴역 또는 면역을 포함한다. 이하 같다)한 군인

② 병역법 또는 군인사법에 따른 현역복무 중 1964년 7월 18일부터 1973년 3월 23일 사이에 월남전쟁에 참전하고 전역한 군인

③ 6 · 25전쟁에 참전하고 퇴직한 경찰공무원

④ 6 · 25전쟁에 참전(병역의무 없이 참전한 소년지원병을 포함한다)한 사실 또는 월남전쟁에 참전한 사실이 있다고 국방부장관이 인정한 사람

⑤ 경찰서장 등 경찰관서장의 지휘 · 통제를 받아 6 · 25전쟁에 참전한 사실이 있다고 경찰청장이 인정한 사람

(2) 6 · 25전쟁

6 · 25전쟁이란 1950년 6월 25일부터 1953년 7월 27일 사이에 발생한 전투 및 1948년 8월 15일부터 1955년 6월 30일 사이에 발생한 전투 중 아래 표의 전투를 말한다.[110)] 과거에는 1954년 10월 25일까지의 전투가 6 · 25전쟁으로 인정되었으나, 2005년 3월 31일 법률 제7485호로 참전유공자법이 개정되어 1955년 6월 30일까지로 변경되었다.

109) 참전유공자법 2조 2호 본문
110) 참전유공자법 2조 1호

6 · 25 전쟁의 전투

구분	번호	지역명	기간
육군	1	호남 및 영남지구 작전부대 전투지역 (지리산지구 전투사령부 포함)	1948년 10월 19일부터 1950년 6월 24일까지
	2	제주도지구 작전부대 전투지역	1948년 8월 15일부터 1950년 6월 25일까지
	3	옹진지구 작전부대 전투지역	1948년 11월 1일부터 1950년 6월 25일까지
	4	태백산지구 작전부대 전투지역 (오대산전투 포함)3	1948년 10월 20일부터 1950년 6월 25일까지
	5	38선 경비사단 전투지역 (제1,6,7,8사단 전방)	1948년 11월 1일부터 1950년 6월 25일까지
	6	6 · 25전쟁 군단이하부대 작전지구 전투지역	1950년 6월 25일부터 1953년 7월 28일까지
	7	6 · 25전쟁 이후 호남지구 작전부대 전투지역	1953년 7월 28일부터 1954년 5월 25일까지
	8	6 · 25전쟁 이후 중부지구 경비사령부 작전지역	1953년 7월 28일부터 1954년 10월 25일까지
	9	6 · 25전쟁 이후 남부지구 경비사령부 작전지역 (제1, 3, 8경비대대)	1954년 5월 26일부터 1955년 3월 31일까지
해군	1	공비토벌 및 여수반란진압 해상작전지역	1948년 8월 15일부터 1950년 6월 25일까지
	2	각 함대 해상전지역	1950년 6월 25일부터 1950년 8월 10일까지
	3	제1함대 해상작전지역	1950년 8월 10일부터 1953년 7월 27일까지
	4	연합함대 파견	1950년 6월 25일부터 1953년 7월 26일까지
공군	1	호남지구 작전비행부대 전투지역	1948년 10월 19일부터 1950년 3월 31일까지
	2	제주도지구 작전비행부대 전투지역	1948년 8월 15일부터 1950년 6월 25일까지

	3	옹진지구 작전비행부대 전투지역	1948년 11월 1일부터 1950년 6월 25일까지
	4	태백산지구 작전비행부대 전투지역	1948년 10월 20일부터 1950년 6월 25일까지
	5	38선경비사단전투에 참가한 비행부대 전투지역	1948년 11월 1일부터 1950년 6월 25일까지
	6	6 · 25전쟁 중 전투에 참가한 비행부대 전투지역	1950년 6월 25일부터 1953년 7월 28일까지
해병대	1	진주지구 및 제주도지구 작전부대 전투지역(무장폭동 또는 반란진압작전)	1949년 8월 1일부터 1950년 6월 25일까지
	2	6 · 25전쟁 중 전투에 참가한 작전부대 전투지역	1950년 6월 25일부터 1953년 7월 28일까지
경찰	1	제주도지구 전투지역	1948년 8월 15일부터 1950년 6월 25일까지
	2	여수 · 순천 10 · 19사건 진압작전지역 및 지리산지구 특별경찰대 전투지역	1948년 10월 19일부터 1950년 6월 24일까지
	3	서남지구 전투경찰대 전투지역	1953년 4월 18일부터 1955년 6월 30일까지

참고로, 6 · 25전쟁에 참가한 국군전투참가부대 목록은 구 군인연금규칙(1982. 11. 6. 국방부령 제349호로 개정되기 전의 것) 별표 1.에 나와 있다.

(3) 월남전 참전부대 현황

베트남 참전부대 현황

부대명		참전기간	전투지역
수도사단 (맹호)	사단사령부	'65. 10. 1~'73. 2. 22	퀴논
	직할부대	'65. 10. 26~'73. 3. 23	퀴논
	포병사령부	'65. 10. 22~'73. 2. 14	퀴논, 안케페스, 고보이
	기갑연대	'65. 10. 16~'73. 2. 6	안케페스, 퀴논, 빈케
	1연대	'65. 10. 22~'73. 2. 14	푸캇
	26연대	'66. 4. 16~'73. 3. 10	퀴논, 송카우

9사단 (백마)	사단사령부	'66. 7. 15~'73. 2. 26	퀴논
	직할부대	'66. 7. 15.~73. 3. 23	퀴논
	28연대	'66. 8. 30~'73. 2. 11	투이호아
	29연대	'66. 8. 30~'73. 2. 19	닌호아, 반딩, 추라이
	30연대	'66. 10. 2~'73. 3. 14	판랑, 퀴논, 캄란
	포병사령부	'66. 9. 7~'73. 2. 23	퀴논
	30포병대	'66. 8. 15~'73. 2. 10	퀴논, 투이호아
	51포병대	'66. 9. 5~'73. 2. 19	반딩, 닌호야
	52포병대	'66. 9. 25~'73. 3. 14	캄란
	966포병대	'66. 8. 15~'73. 2. 26	투이호아
건설지원단 (비둘기)	사령부대 / 본부근무대	'65. 3. 16~'73. 3. 15	디안, 사이공
	태권도지도단	'64. 9. 22~'73. 3. 14	디안, 나트랑
	1이동외과병원	'64. 9. 22~'73. 3. 14	나트랑
	101경비대대	'65. 3. 16~'73. 3. 14	디안, 사이공
	51경비대대	'65. 6. 27~'73. 3. 14	디안
	127공병대대	'65. 3. 16~'73. 3. 14	나트랑, 디안
	103공병대대	'65. 10. 22~'73. 3. 18	퀴논
	1616공병 덤프 중대	'65. 11. 2~'73. 3. 14	나트랑
100 군수 지원단 (십자성)	사령부	'65. 10. 22~'73. 3. 14	나트랑
	807수자대	'65. 10. 22~'73. 3. 14	송카우
	301수자대	'65. 3. 16~'73. 3. 14	퀴논
	239수자대	'65. 10. 22~'73. 3. 14	퀴논, 나트랑
	830수자대	'65. 10. 22~'73. 3. 14	닌호아, 송카우
	831수자대	'66. 11. 2~'73. 3. 14	다낭
	832수자대	'65. 10. 22~'73. 3. 14	나트랑
	856수자대	'65. 10. 22~'73. 3. 14	송카우, 투이호아

	237수자대	'65. 8. 15~'73. 3. 14	나트랑, 퀴논
	860수자대	'66. 8. 15~'73. 3. 14	투이호아, 캄란
	5통신지원대	'65. 10. 22~'73. 3. 14	나트랑, 퀴논
	1의무치료중대	'65. 10. 8~'73. 2. 7	닌호아
	6후송병원	'65. 10. 22~'73. 3. 14	퀴논, 나트랑
	15의무후송중대	'65. 10. 22~'73. 3. 14	호아안
	5의무장비정비중대	'65. 10. 22~'73. 3. 14	나트랑
	19식품검사반	'65. 10. 22~'73. 3. 14	캄란, 나트랑
	26헌병중대	'65. 10. 22~'73. 3. 18	나트랑, 다낭
	10병기탄약중대	'65. 10. 22~'73. 3. 14	다낭, 호이안
	157병참지원대대	'65. 10. 22~'73. 3. 14	퀴논, 나트랑
	1의무구급대	'65. 10. 22~'73. 3. 14	닌호아, 다낭
	제7의무예방소대	'65. 11. 12~'73. 3. 14	퀴논, 다낭
	102후송병원	'66. 8. 15~'73. 3. 14	나트랑
	106후송병원	'66. 8. 15~'73. 3. 2	퀴논, 나트랑
주월사	통합사령부	'65. 9. 25~'73. 3. 14	사이공
	210방첩파견대	'65. 10. 8~'73. 3. 14	캄란
	군사정보대	'65. 10. 22~'73. 3. 23	캄란, 나트랑

출처 : 병적민원안내, 육군인사사령부, pp.24~25 참조
※ 참전유공자예우 및 단체설립에 관한 법률 : 베트남 참전기간(1964. 7. 18~1973. 3. 23)
※ 해군(해병대) : 청룡부대, 백구부대 / 공군 : 은성부대, 은마부대

(4) 참전유공자 결격사유

6·25전쟁이나 1964년 7월 18일부터 1973년 3월 23일까지 월남전쟁 참전 중 범죄행위로 인하여 금고 이상의 형을 선고받고 불명예스러운 제대를 하거나 파면된 사실이 있는 사람은 제외한다.[111]

111) 참전유공자법 2호 단서

6·25전쟁에 참전하고 계속 장기복무하다가 월남전 파병기간 중 범죄로 징역 8월의 형을 선고받고 제적이 되었으며 이후 일반사면을 받은 경우, 6·25참전유공자로 등록이 가능한가? 월남전 파병기간 중의 범죄로 인하여 형의 선고를 받은 경우 6·25참전유공자로 인정할 수 있는지가 쟁점이다. 참전유공자법의 목적과 법의 제정 취지를 고려할 때, 전역하기 전에 다른 참전기간 중의 범죄로 형의 선고를 받았다 하더라도 참전유공자로서 제외사유에 해당된다는 것이 국가보훈처의 해석이다.[112] 또한 사면을 받았더라도 사면의 효력은 형의 효력에 대해서만 영향을 미치므로 각종 행정처분의 요건에서 벗어날 수 없으므로 사면(형의 실효 또는 형 집행 면제)이 되었더라도 참전유공자 결격사유에 해당된다는 점에는 변함이 없다고 한다.[113]

(5) 비군인 참전확인

국가보훈처장이 참전유공자 등록신청을 받으면 국방부장관 또는 경찰청장에게 참전사실의 확인을 요청하게 된다.[114] 다만 신청인이 등록신청 시 제출한 서류만으로 참전사실이 확인되는 경우에는 그러하지 아니하다.[115] 이에 따라 실무에서는 신청인이 국방부장관에게 먼저 참전사실 확인신청을 하는 경우가 많다. 비군인(징용된 노무자, 근무사단, 예비장병, 호국군 장병, 학도병, 군무원, 교원, 유격대원, 방위사관, 정보원 및 애국단체원 등) 참전확인의 경우도 그러한데, 이때는 국방부 민원실이나 육군 인사사령부 인사처리과에 참전사실 확인신청서를 제출하면 된다.[116]

7. 보훈보상대상자의 요건심사

가. 개요

보훈보상대상자는 2011. 9. 15. 법률 제11042호로 제정된 보훈보상자법에 따라 새로이 시행된 국가보훈대상자 중의 하나이다.[117] 과거 희생·공헌자를 <국가유

112) 등록관리예규 p.22
113) 등록관리예규 p.22
114) 참전유공자영 5조 2항 본문
115) 참전유공자영 5조 2항 단서
116) 병적민원안내, 육군인사사령부, 2012년, p.26
117) 2021년 12월 말 기준, 보훈보상대상자는 6,594명(본인 4,903명, 유족 1,691명)인데, 그중 재해사망군경(유족) 1,102명, 재해부상군경(본인) 5,113명, 재해부상군경(유족) 372명, 재해사망

공자>라는 단일 개념 하에 일원적으로 규율하다가, 보훈보상자법이 제정되면서부터 <국가유공자>와 <보훈보상대상자>의 이원적 개념으로 희생·공헌자를 예우하기 시작했다. 보훈보상대상자는 엄밀히 말해 국가유공자는 아니지만 국가유공자의 보충적/예비적 개념으로 규율되고 있으므로 여기에서 함께 설명한다.

나. 상당인과관계

(1) 보훈보상대상자로 인정받으려면 직무수행 또는 교육훈련과 사망 또는 상이 사이에 상당인과관계가 필요하다. 앞서 본 바와 같이, 국가유공자의 경우 직무수행(교육훈련)과 사망(상이) 사이에 '직접적 원인관계'가 요구되는 반면, 보훈보상대상자의 경우 2012년 보훈체계 개편 전의 국가유공자 인정요건과 동일하게 상당인과관계만 있으면 된다. 따라서 앞서 국가유공자 인정요건에서 살펴 본 상당인과관계에 관한 설명은 이곳 보훈보상대상자에 동일하게 적용된다.

(2) 보훈보상대상자의 인과관계와 관련하여 유념해야 할 부분은 자해사망이다.

(가) 군인이 군 복무 중 자살로 사망한 경우 교육훈련 또는 직무수행과 사망 사이에 상당인과관계가 인정되는데도 사망이 자살로 인한 것이라는 이유만으로 또는 자유로운 의지가 완전히 배제된 상태에서 한 자살이 아니라는 이유로 국가유공자에서 제외되어서는 아니 된다는 것이 대법원의 입장이었음은 앞서 본 바와 같다.[118] 이러한 대법원의 입장이 보훈체계 개편 이후 보훈보상자에 대해 동일하게 적용되고 이에 대해 동조하는 하급심 판결이 잇따르자[119] 국가보훈처는 이를 존중하여 2019년 1월 1일 보훈보상자법 시행령 [별표 1] 제15호를 "군인 또는 의무복무자로서 직무수행 또는 교육훈련과 관련한 구타·폭언, 가혹행위, 단기간에 상당한 정도의 업무상 부담 증가, 만성적인 과중한 업무의 수행 또는 초과근무 등에 따른 육체적·정신적 과로가 직접적인 원인이 되어 자해행위를 하여 사망하였다고 인정된 사람"으로 수정하였다.

(나) 그런데, 위 제15호를 직무수행 또는 교육훈련과 사망 사이에 상당인과관계

공무원(유족) 207명, 재해부상공무원(본인) 172명, 재해부상공무원(유족) 10명이다(국가보훈처 홈페이지 자료공간 : 2021년 12월 말 보훈대상자 기본현황).

118) 대법원 2012. 6. 18. 선고 2010두27363 전원합의체 판결

119) 서울고등법원 2012. 12. 27. 선고 2011누43678 판결, 대전지방법원 2016. 10. 27. 선고 2016구단100517 판결

있는 경우의 한 예시라고 볼 것인지, 아니면 위와 같은 요건을 만족하는 경우에만 인정할 수 있는 제한적 요건으로 볼 것인지가 다소 불분명하다. 보훈처 실무상으로는 위 제15호를 제한적 요건으로 생각하는 경향이 있는 듯하다.[120] 이 때문에 국방부의 심사결과와 불일치하는 경우가 종종 있다. 즉, 국방부 전공사상심사위원회는 자해사망 사건에 대해 군인사법 시행령 [별표 8] 순직자 분류기준표에 따라 순직 III형으로 판단했는데, 국가보훈처 보훈심사위원회는 재해사망군경으로 보지 않는다는 결정이 나오는 경우가 있는 것이다. 이러한 불일치 현상은 군인사법 시행령의 순직III형과 보훈보상자법 시행령의 재해사망군경의 인정요건이 다르기 때문이다. 즉, 군인사법 시행령 제60조의23 제1항 [별표 8] 제2호의 세분류 번호 2－3－10은 "직무수행 또는 교육훈련 등 공무와 상당한 인과관계가 있는 사유로 발생하거나 악화된 정신질환으로 치료를 받았거나 받고 있는 사람이 그 정신질환으로 인하여 자해행위를 하여 사망한 사람", 2－3－11은 "직무수행 또는 교육훈련 중 공무상의 사고나 재해의 발생으로 치료 중인 사람이 그 공무상의 사고나 재해로 인하여 자해행위를 하여 사망한 사람", 2－3－12는 "직무수행 또는 교육훈련과 관련한 구타 · 폭언 · 가혹행위 또는 업무과중 등이 직접적인 원인이 되어 자해행위를 하여 사망한 사람", 2－3－13은 "2－3－10부터 2－3－12까지의 규정에 준하여 직무수행 또는 교육훈련 등 공무와 상당한 인과관계가 있는 사유로 자해행위를 하여 사망한 사람"으로 상당히 폭넓게 규정하고 있다. 보훈보상자법이 한 개의 요건만 규정하고 있는 데 반해, 군인사법은 네 개의 요건을 규정하고 있는 것이다. 게다가 2－3－13은 앞선 3개의 요건에 해당되지 못하더라도 상당인과관계가 있으면 순직으로 판단할 수 있음을 명시하고 있다. 이처럼 군인사법과 보훈보상자법의 시행령상 요건 차이가 동일한 사안에 대하여 실무상 서로 다른 결론을 낳는 요인이라 볼 수 있다.[121] 생각건대, 위 제15호는 직무수행 또는 교육훈련과 사망 사이에 상당인과관계 있는 경우의 한 예시로 보아야 할 것이다. 군인사법상 순직자나 보훈보상자법상 재해사망군경 모두 직무수행 또는 교육

120) 국가보훈처는 제15호 자해사망의 경우 외에 다른 경우를 재해사망군경으로 인정하는 데는 다소 인색한 편이다.

121) 물론 군인사법상의 전공사상 심사제도와 보훈보상자법상 보훈심사 심사제도는 그 목적과 취지가 다르므로 양자의 판단이 반드시 일치할 필요는 없다. 그러나 사실상 동일한 사안에 대해 부처간 다른 판단이 나올 경우 국민들을 설득할 명분이 약해지는 것은 틀림없다. 따라서 되도록이면 양자의 결론이 수렴되는 것이 필요하다.

훈련과 사망 사이에 상당인과관계를 요구하고 있다는 점에서 양자가 다르지 않다. 그런데 양 기관이 서로 독자적 판단절차를 갖추고 있어 같은 사안을 두고도 결론이 달라지는 문제점이 발생하는 것이다. 자해행위로 인한 사망의 경우 군인사법상 순직자의 판단절차와 보훈보상자법상 재해사망군경의 판단절차를 통합하거나 양 기관이 제도적으로 긴밀히 협조할 필요가 있다고 생각한다.

(3) 보훈보상대상자의 인정요건과 관련하여 특기할 만한 사항은 보훈보상자법 시행령 [별표 1] 제16호이다.

(가) 앞서, 상당인과관계란 '어떤 일이 있으면 보통 그런 결과가 발생하리라는 관계'를 의미하는데, 실무에서는 통상 의학적 인과관계로 이해되고 있다고 설명한 바 있다.[122] 그래서 위 [별표 1]에서는 제11호에서 "해당 질병의 발생 또는 악화(자연경과적인 진행 속도 이상의 현저한 악화를 말한다)가 직무수행 또는 교육훈련과 상당한 인과관계가 있다고 의학적으로 인정된 질병에 의하여 사망하거나 상이를 입은 사람"을 보훈보상대상자로 인정하고 있다.

(나) 그런데, 대법원 판례에 따르면 상당인과관계는 "반드시 의학적, 자연과학적으로 명백히 입증하여야만 하는 것이 아니라 제반 사정을 고려하여 업무와 질병 또는 사망 사이에 상당인과관계가 있다고 추단되는 경우에도 그 입증이 있다."고 했음(대법원 1999. 6. 8. 선고 99두3331 판결)에도, 실무상 상당인과관계가 의학적으로 인정되지 않으면 보훈보상대상자로 판단하는 것을 꺼려하는 분위기가 팽배하였다. 그런데 의무복무자의 경우 짧은 복무기간 중에 질병이나 상이를 입었음을 입증하기에는 의학적 설명이 어렵거나 관련 자료가 미흡한 경우가 많았다. 이러한 점을 고려하여 의무복무자에 대해서는 직무수행 또는 교육훈련과 상당인과관계가 있으면 보훈보상대상자로 인정하자는 정책 결정에 따라 개정 보훈보상자법 시행령(2020. 6. 9. 시행 대통령령 제30780호) [별표 1]에 제16호["의무복무자로서 복무 중 해당 질병의 발생 또는 악화(자연경과적인 진행 속도 이상의 현저한 악화를 말한다)가 직무수행 또는 교육훈련과 상당한 인과관계가 있다고 인정된 질병에 의하여 상이를 입은 사람"]가 신설되었다.

(다) 위 제16호에 따르면, 의무복무자의 경우 해당 질병의 발생 또는 악화(자연경과적인 진행 속도 이상의 현저한 악화)가 직무수행 또는 교육훈련과 상당한 인과관계에 있다고 여러 가지 증거 및 자료에 의해 인정되면 의학적 설명이 다소 부족하

---

122) p.117 참조

더라도 보훈보상대상자가 될 수 있는 것이다. 사실 위 제16호는 직무수행과 사망 또는 상이 사이에 상당인과관계를 요한다는 원칙에서 보자면 당연한 내용을 규정한 것이다.

다. 개별요건

(1) 재해사망군경 · 재해부상군경

(가) 의의

재해사망군경이라 함은 군인이나 경찰 · 소방공무원으로서 국가의 수호 · 안전보장 또는 국민의 생명 · 재산 보호와 직접적인 관련이 없는 직무수행이나 교육훈련 중 사망한 사람(질병으로 사망한 사람 포함)을 말한다.[123)]

재해부상군경이라 함은 군인이나 경찰 · 소방 공무원으로서 국가의 수호 · 안전보장 또는 국민의 생명 · 재산 보호와 직접적인 관련이 없는 직무수행이나 교육훈련 중 상이(질병 포함)를 입고 전역(퇴역 · 면역 또는 상근예비역 소집해제 포함)하거나 퇴직(면직 포함)한 사람 또는 6개월 이내에 전역이나 퇴직하는 사람으로서 그 상이 정도가 국가보훈처장이 실시하는 신체검사에서 보훈보상자법 제6조에 따른 상이등급으로 판정된 사람을 말한다.[124)]

(나) 요건

1) 군인 또는 경찰 · 소방공무원

국가유공자 요건 중 전몰 · 전상 · 공상군경 부분을 참고바란다.

2) 국민의 생명 · 재산보호와 직접적 관련이 없는 직무 또는 교육훈련

재해사망군경 · 재해부상군경은 국민의 생명 · 재산 보호와 직접적인 관련이 없는 직무수행이나 교육훈련 중 사망하거나 상이를 입은 사람이다. 그 구체적인 기준과 범위는 제1호부터 제16호까지로 열거되어 있다.

---

123) 보훈보상자법 2조 1항 1호
124) 보훈보상자법 2조 1항 2호

보훈보상대상자 요건의 기준 및 범위(제2조 관련)

구분	기준 및 범위
1.	「국가유공자 등 예우 및 지원에 관한 법률 시행령」 별표 1 제2호의 2-1부터 2-8까지의 직무수행 외의 직무수행(이와 관련된 준비 또는 정리 행위 및 직무수행을 위하여 목적지까지 이동하거나 직무수행 종료 후 소속부대, 근무지 등으로 이동하는 행위를 포함하며, 이하 이 표에서 "직무수행"이라 한다) 중 사고 또는 재해로 사망하거나 상이를 입은 사람
2.	「국가유공자 등 예우 및 지원에 관한 법률 시행령」 별표 1 제2호의 2-1부터 2-8까지의 교육훈련 외의 교육훈련(이와 관련된 준비나 정리 행위 및 교육훈련을 위하여 목적지까지 이동하거나 교육훈련 종료 후 소속부대, 근무지 등으로 이동하는 행위를 포함하며, 이하 이 표에서 "교육훈련"이라 한다) 중 사고 또는 재해로 사망하거나 상이를 입은 사람
3.	부대, 직장 또는 교육훈련기관에서 공급한 음식물 또는 출장 · 교육훈련 중 사서 먹은 음식물의 중독으로 사망하거나 상이를 입은 사람
4.	영내 · 당직실에서 취침하거나 출장 · 파견 등으로 외부에서 취침하는 중 사고 또는 재해로 사망하거나 상이를 입은 사람
5.	주거지와 근무지를 순리적인 경로와 방법으로 출 · 퇴근 중 발생한 사고 또는 재해로 사망하거나 상이를 입은 사람
6.	출장 또는 파견기간에 직무수행 또는 교육훈련 중 사고 또는 재해로 사망하거나 상이를 입은 사람
7.	전보 · 파견 등 명령을 받고 순리적인 경로와 방법으로 근무지 또는 목적지로 이동 중 사고 또는 재해로 사망하거나 상이를 입은 사람
8.	「군인사법」 제6조에 따른 단기복무 장교 · 부사관 및 「병역법」 제2조에 따른 군간부후보생 · 상근예비역 · 사회복무요원 · 대체복무요원, 같은 법 제16조 · 제20조에 따라 입영된 현역병, 같은 법 제25조에 따라 전환복무된 의무소방원 · 의무경찰(이하 "의무복무자"라 한다)로서 휴가 · 외출 · 외박 허가를 받아 순리적인 경로와 방법으로 목적지로 가거나 근무지로 복귀하는 중 발생한 사고 또는 재해로 사망하거나 상이를 입은 사람
9.	의무복무자로서 소속 상관의 지휘하에 체력단련 중 사고 또는 재해로 사망하거나 상이를 입은 사람(해당 체력단련 행위에 함께 참여한 군인, 군무원, 경찰 · 소방 · 교정직 공무원을 포함한다)
10.	소속 부대(부서)장 또는 소속기관장의 지휘 · 지배 · 관리하의 사기진작 또는 직장행사 중 사고나 재해로 사망하거나 상이를 입은 사람
11.	해당 질병의 발생 또는 악화(자연경과적인 진행 속도 이상의 현저한 악화를 말한다)가 직무수행 또는 교육훈련과 상당한 인과관계가 있다고 의학적으로 인정된 질병에 의하여 사망하거나 상이를 입은 사람
12.	의무복무자로서 영내 또는 근무지에서 휴식 또는 내무생활 중 사고 또는 재해로 사망하거나 상이를 입은 사람

13.	의무복무자(비무장지대에 인접한 초소, 해안, 함정 등에서 경계근무를 하는 사람을 포함한다)로서 복무 중 사망한 사람(직무수행 또는 교육훈련과 인과관계가 명백하게 없는 이유로 사망한 사람 및 법 제2조제3항 각 호의 어느 하나에 해당하는 이유로 사망한 사람은 제외한다)
14.	의무복무자로서 복무 중 「국가유공자 등 예우 및 지원에 관한 법률 시행령」 별표 1 제2호의 2-8 및 이 표 제11호에 해당하지 않는 질병이 발생하였거나 그러한 질병의 진단 또는 치료를 받고 복무 중이나 전역한 후 2년 이내에 해당 질병이 직접적인 원인이 되어 사망하였다고 인정된 사람. 다만, 전역한 후 2년이 지나 사망한 경우에도 그 질병의 특성 및 진행 경과 등을 고려하여 해당 질병이 직접적인 원인이 되어 사망하였다고 인정된 경우에는 보훈보상대상자로 인정할 수 있다.
15.	군인 또는 의무복무자로서 직무수행 또는 교육훈련과 관련한 구타 · 폭언, 가혹행위, 단기간에 상당한 정도의 업무상 부담 증가, 만성적인 과중한 업무의 수행 또는 초과근무 등에 따른 육체적 · 정신적 과로가 직접적인 원인이 되어 자해행위를 하여 사망하였다고 인정된 사람
16.	의무복무자로서 복무 중 해당 질병의 발생 또는 악화(자연경과적인 진행 속도 이상의 현저한 악화를 말한다)가 직무수행 또는 교육훈련과 상당한 인과관계가 있다고 인정된 질병에 의하여 상이를 입은 사람

(2) 재해사망공무원 · 재해부상공무원

(가) 의의

재해사망공무원이라 함은 국가공무원법 제2조 및 지방공무원법 제2조에 따른 공무원과 국가나 지방자치단체에서 일상적으로 공무에 종사하는 대통령령으로 정하는 직원으로서 국민의 생명 · 재산 보호와 직접적인 관련이 없는 직무수행이나 교육훈련 중 사망한 사람을 말한다.[125]

재해부상공무원이라 함은 국가공무원법 제2조 및 지방공무원법 제2조에 따른 공무원과 국가나 지방자치단체에서 일상적으로 공무에 종사하는 대통령령으로 정하는 직원으로서 국민의 생명 · 재산 보호와 직접적인 관련이 없는 직무수행이나 교육훈련 중 상이를 입고 퇴직하거나 6개월 이내에 퇴직하는 사람으로서 그 상이 정도가 국가보훈처장이 실시하는 신체검사에서 상이등급으로 판정된 사람을 말한다.[126]

---

125) 보훈보상자법 2조 1항 3호
126) 보훈보상자법 2조 1항 4호

(나) 요건

1) 공무원

재해사망공무원 · 재해부상공무원이 되기 위해서는 국가공무원법 제2조 및 지방공무원법 제2조에 따른 공무원(군인과 경찰 · 소방공무원은 제외)과 국가나 지방자치단체에서 일상적으로 공무에 종사하는 대통령령으로 정하는 직원이어야 한다.

순직공무원 · 공상공무원 설명 부분을 참조바란다.

2) 국민의 생명 · 재산보호와 직접적 관련이 없는 직무수행이나 교육훈련

재해사망공무원 · 재해부상공무원은 국민의 생명 · 재산 보호와 직접적인 관련이 없는 직무수행이나 교육훈련 중 사망하거나 상이를 입은 사람이다. 그 구체적인 기준과 범위는 다음 표에서 보는 바와 같다.[127]

보훈보상대상자 요건의 기준 및 범위(제2조 관련)

구분	기준 및 범위
1.	「국가유공자 등 예우 및 지원에 관한 법률 시행령」 별표 1 제2호의 2-1부터 2-8까지의 직무수행 외의 직무수행(이와 관련된 준비 또는 정리 행위 및 직무수행을 위하여 목적지까지 이동하거나 직무수행 종료 후 소속부대, 근무지 등으로 이동하는 행위를 포함하며, 이하 이 표에서 "직무수행"이라 한다) 중 사고 또는 재해로 사망하거나 상이를 입은 사람
2.	「국가유공자 등 예우 및 지원에 관한 법률 시행령」 별표 1 제2호의 2-1부터 2-8까지의 교육훈련 외의 교육훈련(이와 관련된 준비나 정리 행위 및 교육훈련을 위하여 목적지까지 이동하거나 교육훈련 종료 후 소속부대, 근무지 등으로 이동하는 행위를 포함하며, 이하 이 표에서 "교육훈련"이라 한다) 중 사고 또는 재해로 사망하거나 상이를 입은 사람
3.	부대, 직장 또는 교육훈련기관에서 공급한 음식물 또는 출장 · 교육훈련 중 사서 먹은 음식물의 중독으로 사망하거나 상이를 입은 사람
4.	영내 · 당직실에서 취침하거나 출장 · 파견 등으로 외부에서 취침하는 중 사고 또는 재해로 사망하거나 상이를 입은 사람
5.	주거지와 근무지를 순리적인 경로와 방법으로 출 · 퇴근 중 발생한 사고 또는 재해로 사망하거나 상이를 입은 사람
6.	출장 또는 파견기간에 직무수행 또는 교육훈련 중 사고 또는 재해로 사망하거나 상이를 입은 사람
7.	전보 · 파견 등 명령을 받고 순리적인 경로와 방법으로 근무지 또는 목적지로 이동 중 사

127) 보훈보상자영 2조 1항 2호

	고 또는 재해로 사망하거나 상이를 입은 사람
10.	소속 부대(부서)장 또는 소속기관장의 지휘 · 지배 · 관리하의 사기진작 또는 직장행사 중 사고나 재해로 사망하거나 상이를 입은 사람
11.	해당 질병의 발생 또는 악화(자연경과적인 진행 속도 이상의 현저한 악화를 말한다)가 직무수행 또는 교육훈련과 상당한 인과관계가 있다고 의학적으로 인정된 질병에 의하여 사망하거나 상이를 입은 사람

(3) 예비적 · 보충적 성격

앞서 본 바와 같이, 보훈보상대상자는 사망 또는 상이에 이르게 된 직무수행이나 교육훈련이 국가의 수호 · 안전보장 또는 국민의 생명 · 재산 보호와 직접적 관련이 있는지 여부만 차이가 있을 뿐 나머지 요건은 국가유공자와 사실상 동일하다. 따라서 원칙적으로 먼저 국가유공자 여부를 검토한 후 비해당이라고 판단되면 그때 비로소 보훈보상대상자 여부를 판단하게 된다. 즉, 국가유공자 여부의 판단이 주위적 판단이고 보훈보상대상자 여부 판단은 예비적 · 보충적 판단이다.[128]

제4절 | 요건심사의 효력 및 후속절차

1. 심의의결서의 기재사항

국가유공자 등 요건에 대한 심의 · 의결 후 작성되는 심의의결서에 관해서는 국가유공자법 제74조의 17 및 동법 시행령 제94조의14의 위임에 따라 보훈심사위원회 위원장이 정한 운영세칙에 규정되어 있다.[129] 심의의결서는 크게 의결주문, 인정상이 및 이유로 구성된다. 첫머리에는 회의차수 · 의결번호 · 의결일자 · 부의사항이 기재되고, 말미에 보훈심사위원회 직인이 날인된다.

128) 대법원 2016. 7. 27. 선고 2015두46994 판결
129) 운영세칙 30조

가. 의결주문

의결주문은 요건에 대한 심의 · 의결의 최종 결론으로서 후술하는 바와 같이 처분청에 대한 통보내용의 핵심이다.

(1) 국가유공자 요건에 해당되는 경우

예컨대 요건을 심사한 결과 국가유공자(공상군경)에 해당될 경우 의결주문은, "위 사람을 「국가유공자 등 예우 및 지원에 관한 법률」 제4조제1항제6호 전단의 요건에 해당하는 사람으로 한다."와 같이 기재한다. 국가유공자 요건에 해당한다고 의결하는 경우에는 보훈보상대상자 요건해당 여부를 기재하지 않는다. 양자는 병립이 허용되지 않기 때문이다.

(2) 보훈보상대상자 요건에 해당하는 경우

예컨대 요건을 심사한 결과 보훈보상대상자(재해부상군경)에 해당될 경우 의결주문은, "위 사람을 「국가유공자 등 예우 및 지원에 관한 법률」 제4조제1항제6호 전단의 요건에 해당하지 아니하는 사람으로 한다. 위 사람을 「보훈보상대상자 지원에 관한 법률」 제2조제1항제2호 전단의 요건에 해당하는 사람으로 한다."와 같이 기재한다. 보훈보상대상자요건에 해당된다고 판단하기에 앞서 반드시 국가유공자 요건 해당 여부를 기재해야 한다. 양자가 주위적 · 예비적 관계에 있기 때문이다.

(3) 국가유공자 및 보훈보상대상자 요건에 모두 해당되지 않는 경우

이때의 의결주문은, "위 사람을 「국가유공자 등 예우 및 지원에 관한 법률」 제4조제1항제6호 전단의 요건에 해당하지 아니하는 사람으로 하고, 「보훈보상대상자 지원에 관한 법률」 제2조제1항제2호 전단의 요건에 해당하지 아니하는 사람으로 한다."와 같이 기재한다. 국가유공자 및 보훈보상대상자 요건 해당 여부를 모두 기재해야 한다. 양자가 주위적 · 예비적 관계에 있기 때문이다.

나. 인정 상이

의결서에는 인정된 상이를 기재해야 한다. 인정된 상이를 기준으로 신체검사가 이루어지고 상이등급이 판정되기 때문이다. 상이가 한 개일 경우도 있지만 상당수의 경우 복수이다. 복수의 상이가 인정되어 국가유공자법 시행령 [별표 3] 제9호 '2개 이상 상이처의 장애'에 해당되는 경우 상이등급의 종합판정이 이루어진다. 또한 국가는 인정된 상이에 대해 무상진료 등 의료지원을 하게 된다. 이처럼, 인정된 상이와 그 정도에 따라 상이등급의 판정과 의료지원이 이루어지므로 반드시 의결서에 상이를 기재해야 하는 것이다. 종종 확정판결서상 상이가 명백하지 않아 처분청 입장에서 상이처 확정을 위한 재심의 요구가 종종 이루어지기도 한다.

다. 이유

이유를 기재하는 난에는 신청사항, 관련자료, 관련법령과 종합판단의 순으로 의결주문에 이르게 된 사실관계와 심사기준 및 법리 등을 설명한다. 앞서 설명한 바와 같이, 요건심사의 핵심은 직무수행(교육훈련)과 사망(상이) 사이의 인과관계 규명이므로 이에 대한 의학적 · 법리적 설명이 주를 이루게 된다.

2. 처분청에 대한 기속력

보훈심사위원회는 요건에 해당하는지에 대하여 심의 · 의결한 결과를 지체 없이 국가보훈처장에게 통보하여야 한다.[130] 국가보훈처장은 보훈심사위원회로부터 심의 · 의결 결과를 통보받으면 법의 적용대상 여부를 결정한 후 그 사유를 분명히 밝혀 신청인과 소속기관장에게 통보하여야 한다.[131] 이처럼 국가유공자 등에 해당되는지 여부는 보훈심사위원회가 심의 · 의결하여 그 결과를 국가보훈처장에게 통보하도록 되어 있는바, 처분청에 해당하는 국가보훈처장이 보훈심사위원회의 심의 · 의결 결과에 기속되는지 여부가 문제된다. 국가유공자법은 이에 대해 직접적인 규정을 두고 있지 않다.

생각건대, 등록요건에 관한 심의 · 의결은 보훈심사위원회에 맡기고 이에 대한 처분권한은 국가보훈처장에게 맡김으로써 국가유공자 심사체계를 이원화한 이유는 국가유공자등록요건심사가 전문성 · 공정성 · 중립성 · 타당성 및 신뢰성 제고 측면

130) 영 10조 2항
131) 영 10조 3항 전단

에서 중요하기 때문일 것이다. 이러한 점을 고려하여 현행법은 보훈심사위원회에 실질적인 심사권한을 부여하고 있다. 처분청은 보훈심사위원회의 요건심사과정에 간섭할 수 없고, 그 의결내용에 이의가 있을 경우 재심의를 요청하여 그 결과에 따라 처분하도록 하고 있다.[132] 만약 처분청이 보훈심사위원회의 의결내용에 기속되지 않고 이에 반하여 독자적으로 처분을 할 수 있다면 보훈심사위원회 제도를 둔 본래의 취지가 몰각되고 말 것이다. 실무상으로도 처분청이 보훈심사위원회의 의결내용에 반하여 처분을 한 경우는 찾아볼 수 없다. 따라서 보훈심사와 관련한 제반 법규정과 보훈심사위원회 제도의 본래 취지에 비추어 볼 때, 보훈심사위원회의 의결은 처분청을 기속한다고 보는 것이 타당하다.[133]

3. 보훈심사위원회 및 당사자에 대한 기속력

보훈심사위원회의 요건심사 결과에 대해 확정판결의 기판력과 유사한 효력을 인정할 수 있을까. 어떤 사람이 동일한 내용으로 국가유공자 등록신청을 하였을 경우, 보훈심사위원회는 이전의 결정에 기속되는가. 사안을 나누어 살펴볼 필요가 있다.

가. 국가유공자 및 보훈보상대상자 '요건 비해당 결정' 시

공무관련성을 판단하는 보훈심사위원회의 요건심사에서 '비해당'으로 심의 · 의결되어 처분청으로부터 '국가유공자 및 보훈보상대상자 비해당 처분'[134]을 받게 된 경우, 그 비해당 결정은 아무도 기속하지 않는다. 당사자는 동일한 내용으로 다시 등록신청을 할 수 있고, 관할보훈(지)청은 그 등록신청의 접수를 거부할 수 없다. 국가유공자법상 비해당 처분에 대해 일정한 기속력을 부여하는 명문의 규정이 없기 때문이다. 이에 따라 실무에서는 비해당 처분에 대해 일정 시간 경과 후 다시 등록신청 하는 케이스가 다수 있다. 보훈심사위원회 역시 이전에 비해당으로 심의 · 의결하였다 하더라도 사실관계가 달라지거나 새로운 증거가 현출될 수 있으므로 이전

132) 법 74조의10(재심의 요구) 3호
133) 주영학, 「국가유공자 인정절차에 관한 공법적 연구」, 청주대학교 대학원 박사학위논문, 2015년, p.60
134) 실무에서는 '국가유공자 요건 비해당 및 보훈보상대상자 요건 비해당 결정 통지' 등의 제목으로 공문이 발송되고 있다.

의 결정에 기속되지 않고 다른 의결을 할 수 있다. 실제로 재등록 심사과정에서 새로운 증거가 발견되거나 제출되어 이전과 다른 판단을 하는 사례도 제법 있다.[135)]

나. 국가유공자 또는 보훈보상대상자 '요건 해당 결정' 시

(1) 원칙

명문의 규정은 없으나, 국가유공자 또는 보훈보상대상자 요건에 해당된다고 의결한 경우 특별한 사정이 없는 한 보훈심사위원회는 추후 사실관계가 동일한 사안을 요건심사하게 될 경우 그 판단에 스스로 기속된다고 해야 할 것이다. 동일한 사안이라면 달리 판단할 이유가 없기 때문이다. 동일한 사안이 이론상 다시 요건심사 절차를 거치게 되는 경우는 많지 않지만 그중에 대표적인 사례는 요건심사 통과 후 신체검사에서 기준미달 판정을 받는 경우이다. 기준미달 판정을 받으면 등록신청이 기각된 것으로 간주되기 때문에[136)] 처음부터 다시 절차를 밟아야 한다. 이 경우 다시 요건심사를 한다면 무익한 절차를 반복하는 셈이므로 국가유공자법 시행령 제16조 제2항은 이런 경우 요건심사를 생략할 수 있도록 하고 있다.[137)] 그런 측면에서 동 규정은 보훈심사위원회 결정의 기속력을 간접적으로 시사한다고 볼 수 있다.

(2) 예외

(가) 이의신청

국가유공자 요건심사 결과에 대하여 이의가 있는 경우 이의신청이 가능하다.[138)] 이의신청이 접수되면 보훈심사위원회는 다시 심사를 하게 되는데, 이전의 심의 · 의결이 법령 적영의 착오에 기초했다고 판단되거나, 중요한 증거자료를 검토하지 않고 이루어졌거나, 해당 심의 · 의결이 있은 후 새로운 증거가 발견된 경우 등[139)]에는 이전과 다른 결정을 할 수 있다. 자신의 판단을 반성적 차원에서 다시 검토한다는

---

135) 국가유공자법 및 보훈보상대상자법상 제척기간의 제한도 없으므로, 상당한 기간이 경과한 후 보훈제도가 변경되면 그 변경된 제도의 적용을 받게 되는 경우가 종종 있다. 결국, 요건 비해당 처분을 받더라도 추후 다시 재등록 신청을 할 실익이 있는 셈이다.
136) 법 6조의3 3항
137) 영 16조 2항
138) 법 74조의18 1항
139) 법 74조의18 1항 각 호 참조

이의신청 제도의 본질적 성격상 이는 당연하다고 할 수 있다. 따라서 보훈보상대상자 결정을 받은 당사자가 이의신청을 한 경우 보훈심사위원회는 다시 심사하여 이전의 결정을 번복하고 국가유공자에 해당된다는 결정을 할 수 있다. 국가유공자와 보훈보상대상자는 주위적 · 예비적 관계에 있기 때문이다.

(나) 재심의

국가유공자 요건심사 결과와 관련된 국가보훈처장의 처분에 대한 행정소송의 진행 중 법원의 담당 재판부가 분쟁의 신속한 해결 등을 위하여 국가보훈처장에게 조정을 권고하거나, 감사원 · 국민권익위원회 등 국가기관이 국가보훈처장에 시정을 권고한 경우, 기타 보훈심사위원회가 심의 · 의결한 사항에 대하여 재심의할 필요가 있는 경우에 국가보훈처장은 보훈심사위원회에 재심의를 요구할 수 있다. 재심의 역시 이의신청과 마찬가지로 자신의 판단을 반성적 차원에서 다시 검토하는 것이므로 이전의 결정에 기속되지 않고 번복이 가능하다.

(다) 2012년 보훈체계 개편 전의 국가유공자를 보훈보상대상자로 판단할 경우

2012. 7. 1. 이전에 국가유공자 해당 결정을 받은 사람이 기준미달 판정을 받은 후 위 날짜 이후에 재등록신청을 한 경우에는 요건심사를 다시 하게 된다. 2012년 보훈체계 개편으로 보훈보상대상자라는 개념이 새로 생겼기 때문이다. 이때 심사 결과 이전의 국가유공자 해당 결정을 번복하여 보훈보상대상자에 해당된다는 결정을 할 수도 있다.

4. 요건심사 효력이 미치는 상이 범위

요건에 관한 보훈심사위원회의 심의 · 의결은 대상자가 국가유공자 등 요건에 해당되는지 여부를 판단하는 것이지만, 실무적으로는 그 결정의 효력이 미치는 상이의 범위가 어디까지인지를 정하는 것이 매우 중요하다. 이를 실무상 '인정상이'라고 한다. 위에서 본 바와 같이, 후속절차인 상이등급 판정절차에서는 인정상이를 기준으로 신체검사를 실시하여 그 등급을 정하는 것이다. 상이를 추가하려면 별도로 등록을 신청하여 보훈심사위원회의 심의 · 의결을 거쳐야 한다.[140]

---

140) 법 6조의5

5. 요건심사의 후속절차

가. 상이등급 판정을 위한 신체검사

요건심사 결과 국가유공자법 제4조 제1항 제4호(전상군경) · 제6호(공상군경) · 제12호(4 · 19혁명부상자) · 제15호(공상공무원) 및 제17호(국가사회발전특별공로상이자) · 보훈보상자법 제2조 제1항 제2호(재해부상군경) · 제4호(재해부상공무원)에 따라 국가유공자법(보훈보상자법)의 적용대상자로 될 상이를 입은 사람의 판정과 그가 입은 상이정도 또는 상이처의 변경 등으로 인한 상이등급을 판정하기 위하여 신체검사를 하게 된다.[141] 신체검사 결과 상이등급 판정을 받지 못하면 등록신청이 기각된 것으로 본다.[142] 상이등급 판정을 받은 사람에 한해 범죄전과조회를 거쳐 법 적용배제 사유에 해당되지 않는다는 사실을 확인한 후 비로소 국가유공자로 등록된다.[143]

상이등급 판정을 위한 신체검사에 관해서는 후술한다.

나. 법적용 배제 및 뉘우침 심사

(1) 요건심사를 통과하고 신체검사를 거쳐 상이등급을 판정받은 국가유공자와 보훈보상대상자는 범죄전과조회를 거쳐 법 적용배제 사유에 해당되지 않는다는 사실을 확인한 후 비로소 국가유공자나 보훈보상대상자로 등록된다. 즉, 요건심사를 통과했거나 신체검사 결과 상이등급 판정을 받더라도 이들이 국가유공자법 제79조 제1항 각 호, 보훈보상자법 제72조 제1항 각 호에 규정된 법 적용배제 사유에 해당되지 않아야 국가유공자로 등록될 수 있다.[144] 만약 국가유공자가 될 이들 희생 · 공헌자 또는 그 유족 및 가족이 법 적용배제 사유에 해당되면 법 및 해당 보훈법령의 적용대상에서 제외하고 그가 받을 수 있는 모든 보상을 하지 아니하게 된다.[145]

법 적용배제 사유 및 법 적용배제 결정절차에 관해서는 후술한다.

(2) 한편, 과거의 일시적 잘못, 특히 젊거나 어린 시절의 일시적 과오로 인해 법

---

141) 법 6조의3 1항, 보훈보상자법 6조 1항

142) 법 6조의3 3항

143) 영 10조 3항, 보훈보상자영 7조 3항

144) 독립유공자의 경우 독립유공자법 39조 1항, 참전유공자의 경우 참전유공자법 39조 1항, 고엽제환자의 경우 고엽제법 28조 1항 각 호에 규정된 법적용 배제사유에 해당되지 않아야 한다.

145) 법 79조 1항, 2항

적용배제 사유에 해당되어 모든 보훈 보상의 기회가 박탈되는 것은 상당히 안타까운 일이다. 그래서 국가유공자법은 일정한 요건하에 그 뉘우친 정도가 현저하다고 인정되는 경우 다시 법 적용대상자로 적용될 수 있는 구제의 길을 만들었다.[146] 다만, 국가유공자의 유족 및 가족은 구제대상이 아니다. 실무에서는 이를 소위 '뉘우침 심사'라고도 부르는데, 이 제도에 대해서도 후술하기로 한다.

제5절 | 요건심사 사례

(1) 청와대 외곽 경비 근무를 국가의 수호 등과 직접적 관련 있는 직무수행이라고 본 사례(대법원 2017. 7. 11. 선고 2015두49153 판결)

• **법원의 판단요지**

원고가 수행한 청와대 외곽경비 근무는 영 별표 제2-1호 (가)목에서 정한 '경계 · 수색 · 매복 · 정찰' 업무로서 국가의 수호 등과 직접적인 관련이 있는 직무수행에 해당한다.

(2) 【흉터】 상처와 군 복무 사이에 인과관계를 인정하면서도 갑이 상이등급을 받을 수 있는 대상이 아니라는 이유를 들어 한 거부처분이 적법하다고 판단할 수 없음에도 이와 달리 판단한 원심판결에 법리를 오해한 잘못이 있다고 한 사례(대법원 2018. 6. 15. 선고 2018두35292 판결)

• **법원의 판단요지**

원심은 '원고가 군에서 직무수행이나 교육훈련 중 이 사건 상처를 입었고 그로 인하여 눈썹 위 머리 부위에 7cm 정도의 흉터가 남아 있다'는 사실을 인정하면서도 신체부위별 상이등급 결정에 관한 국가유공자 등 예우 및 지원에 관한 법률 시행규칙 제8조의3 [별표 4] 중 '흉터'에 관한 규정 등을 근거로 원고에게 이 사건 상처로 인하

146) 법 79조 3항

여 상이등급의 대상이 될 만한 장해가 남아 있다고 볼 수 없다는 이유로 원고의 청구를 배척하였다. 그러나 위에서 본 법리에 비추어 보면, 이 사건 상처로 국가유공자 또는 보훈보상대상자로 인정될 수 있는 정도의 장해가 남아 있지 않다는 등의 사정은, 상이가 인정된 이후 상이등급 판정 단계에서 따져야 할 것이지 공상 인정절차에서 고려할 것은 아니다. 따라서 상처와 군 복무 사이에 상당인과관계가 인정되지 않는다는 이유로 피고가 원고의 국가유공자 등록신청을 받아들이지 않은 이 사건에서, 법원이 이 사건 상처와 군 복무 사이에 인과관계를 인정하면서도 원고가 상이등급을 받을 수 있는 대상이 아니라는 사실을 인정한 다음 그 사유를 들어 이 사건 처분이 적법하다고 판단할 수는 없다. 설령 원고가 상이등급을 받지 못하는 경우에도 원고는 '공상이 인정되나 상이등급의 판정을 받지 못한 사람'으로서 국가유공자법 73조의2, 보훈보상자법 제51조의2 또는 제대군인지원에 관한 법률 제20조에 따라 의료지원을 받을 여지가 있다. 이처럼 공상 인정은 그 자체만으로 실익이 있다는 점에서도 이 사건 처분은 적법하다고 볼 수는 없다.

(3) 국가유공자법 제74조의18 제1항이 정한 이의신청(국가유공자 또는 보훈보상대상자 해당/비해당 처분에 대한 이의신청)을 받아들이지 아니하는 결정이 항고소송의 대상이 되는지 여부(소극)(대법원 2016. 7. 27. 선고 2015두45953 판결)

• **법원의 판단요지**

국가유공자법 제74조의18 제1항이 정한 이의신청은, 국가유공자 요건에 해당하지 아니하는 등의 사유로 국가유공자 등록신청을 거부한 처분청인 국가보훈처장이 신청 대상자의 신청 사항을 다시 심사하여 잘못이 있는 경우 스스로 시정하도록 한 절차인 점, 이의신청을 받아들이는 것을 내용으로 하는 결정은 당초 국가유공자 등록신청을 받아들이는 새로운 처분으로 볼 수 있으나, 이와 달리 이의신청을 받아들이지 아니하는 내용의 결정은 종전의 결정 내용을 그대로 유지하는 것에 불과한 점, 보훈심사위원회의 심의 · 의결을 거치는 것도 최초의 국가유공자 등록신청에 대한 결정에서나 이의신청에 대한 결정에서 마찬가지로 거치도록 규정된 절차인 점, 이의신청은 원결정에 대한 행정심판이나 행정소송의 제기에도 영향을 주지 아니하는 점 등을 종합하면, 국가유공자법 제74조의18 제1항이 정한 이의신청을 받아들이지 아니하는 결정은 이의신청인의 권리 · 의무에 새로운 변화를 가져오는 공권력의 행사나 이에 준하는 행정작용이라고 할 수 없으므로 원결정과 별개로 항고소송의 대상이 되지는 않는다.

(4) 【사망】 교육훈련 중 화장실에 다녀오는 행위가 교육훈련에 해당되는지 여부(소극)(대법원 2016. 8. 18. 선고 2014두42896 판결)

• 법원의 판단요지

이 사건 훈련이 원심 인정과 같이 이 사건 별표 제2－2호에서 정한 국가의 수호 등과 직접적인 관련이 있는 교육훈련에 해당할 수 있다 하더라도, 이 사건에서 망인이 화장실에 다녀오는 행위가 이 사건 훈련과 시간적 · 공간적으로 근접하여 이루어졌다는 사정만으로 그 행위가 국가의 수호 등과 직접적인 관련이 있는 교육훈련에 직결되는 것으로서 그 원활한 수행을 위하여 사회통념상 필수적으로 수반되는 필요불가결한 행위에 해당한다고 보기에는 부족하므로, 이를 위 교육훈련과 직접 관련되는 준비행위로서 위 교육훈련에 포함된다고 보기 어렵다. 그리고 원심이 인정한 것과 같이 망인이 화장실에 갔다가 실족하여 사망하였다면 그 실족이 국가의 수호 등과 직접 관련이 있는 직무수행 또는 교육훈련을 주된 원인으로 하여 직접적으로 발생되었다고 인정하기에도 부족하며 원심이 들고 있는 상당인과관계의 가능성만을 가지고 달리 볼 수도 없다. 결국 망인이 사망에 이른 이 사건 사고가 이 사건 별표 제2－2호에서 정한 '제2－1호의 직무수행과 직접 관련된 교육훈련이 직접적인 원인이 되어 발생한 사고'에 해당하여 망인이 국가유공자법 제4조 제1항 제5호에서 정한 순직군경에 해당한다고 보기 어렵다.

(5) 【좌측 족관절 전거비 인대 부분파열 및 좌측 족부 반사성 교감신경 이영양증】 소속부대 연병장에서 축구경기를 하다가 날아온 축구공에 좌측 발을 맞고 중심을 잃어 발목이 꺾인 상태로 땅을 디뎌서 '좌측 족관절 전거비 인대 부분파열 및 좌측 족부 반사성 교감신경 이영양증'의 진단을 받은 경우 국가유공자 해당 여부(지원공상군

경 해당)(대법원 2011. 3. 10. 선고 2010두23309 판결)

• 법원의 판단요지

원심은, 그 채택 증거들을 종합하여 원고가 공군사병으로 근무하던 중 2007. 3. 30. 18:25경 소속 부대 연병장에서 축구경기를 하다가 날아온 축구공에 좌측 발을 맞고 중심을 잃어 발목이 꺾인 상태로 땅을 디뎌서 이 사건 상이를 입은 사실을 인정한 다음, 이 사건 상이는 공무와 상당인과관계가 있는 공무상 부상 내지 질병이라 할 수 있으나, ① 축구경기에 참가하는 선수는 경기 중 발생할 수 있는 여러 가지 상황, 즉 축구공이 강하게 날아올 경우 등에 대비하여 상대팀 선수의 움직임, 축구공의 방향 및 속도 등을 잘 살펴 스스로 위험을 피하거나 이에 적절하게 대비하여야 할 주의의무가 있는 점, ② 이 사건에서 원고는 축구공이 강하게 날아올 가능성을 충분히 예상할 수 있었음에도 이를 피하거나 발로 컨트롤하지 못한 채 축구공에 좌측 발을 맞고 나아가 중심을 잃음으로써 이 사건 부상에 이른 것으로 보이는 점 등을 종합하면, 이 사건 상이는 불가피한 사유 없이 원고의 위와 같은 과실이 경합하여 발생하였다고 봄이 상당하다고 판단하여, 법 제73조의2 제1항을 적용하여 이 사건 처분이 적법하다고 본 제1심 판결을 그대로 유지하였다. 앞서 본 관계규정 및 기록에 비추어 살펴보면, 원심의 위와 같은 사실인정과 판단은 정당한 것으로 수긍할 수 있다.[147)]

(6) 【양측 소음성 난청 및 이명】 금속 원통 안에서 글라인더를 이용한 장기간의 연마작업이 군수품 정비업무에 해당하고, 이것이 직접적인 원인이 되어 입은 양측 소음성 난청 및 이명의 상이에 대해 국가유공자에 해당한다고 판단한 사례(대법원 2018. 8. 30. 선고 2015두54469 판결)

• 법원의 판단요지

원고가 수행한 전투기 정비행위의 성격과 구체적 내용, 그 직무수행에 내재하는

147) 이 사건은 보훈보상대상자 제도가 도입되기 전의 국가유공자법이 적용되는 사안이다. 2012년 7월 1일 이후 새로운 제도하에서는 지원공상군경이 아니라 보훈보상대상자 중 재해부상군경으로 판단했을 것으로 생각된다.

위험의 내용 및 정도, 이 사건 상이의 구체적 발생 경위 등을 종합적으로 고려할 때, 이 사건 상이는 국가의 수호 · 안전보장 또는 국민의 생명 · 재산보호와 직접적인 관련이 있는 행위로서 국가유공자법 시행령 제3조 제1항 제4호 [별표 1] 제2호 2-1(가)목이 예시하는 직무수행의 하나인 군수품 정비행위를 주된 원인으로 하여 발생한 것으로 인정된다. 원심은 그 판시와 같은 이유로, 원고는 군무원으로서 전투기 정비업무 등을 수행한 것이 직접적인 원인이 되어 양측 소음성 난청 및 이명의 상이를 입었으므로, 국가유공자법 시행령 제3조 제1항 제4호 [별표 1] 제2호 2-1(가)목의 '군무원으로서 장비 · 물자 등 군수품 정비업무의 수행이 직접적인 원인이 되어 발생한 재해로 상이를 입은 사람'으로서, 국가유공자법 제4조 제1항 제15호에 따른 국가유공자에 해당한다고 판단하였다. 원심의 설시 이유에서 일부 미흡한 점이 있지만, 원심이 원고를 국가유공자에 해당한다고 판단한 것은 결과적으로 정당하고, 거기에 국가유공자법에서 정한 공상공무원의 요건 등에 관한 법리를 오해한 위법이 없다. 그러므로 원고가 군무원으로서 일상적으로 수행한 군수품 정비업무는 국가의 수호 · 안전보장 또는 국민의 생명 · 재산보호와 직접적인 관련이 있는 직무수행으로 볼 수 없다고 보아야 한다는 취지의 상고이유 주장은 받아들일 수 없다.

(7) 【요추간판탈출증】 81mm 박격포를 운반하던 중 요추간판탈출증(L4-5)의 상이를 입은 원고에게 "어릴 때부터 경미한 요통"이라는 진술이 기재된 병상일지를 근거로 기왕증이 있었던 것으로 추정된다는 진료기록감정을 믿지 않은 사례(대구지방법원 2015. 2. 27. 선고 2014구단10382 판결)

- **법원의 판단요지**

인정사실에 의하여 알 수 있는 바와 같이, 원고는 군 입대 이전에 이 사건 상이와 관련한 특별한 이상이 없는 상태에서 입대한 것으로 보이는 점, 병상일지에 원고가 어릴 때부터 경미한 요통이 있었던 것으로 진술하였다 하더라도 구체적 발현시기, 요통이 있었던 부위와 원인이 특정되지 않았고, 그로 인하여 이 사건 상이와 관련된 치료를 받은 사실이 확인되지 않는 이상 이 사건 상이의 발병과 관련된 기왕증이 있었던 것으로 선뜻 단정하기 어려운 점, 이 사건 상이는 일반 성인 남성이 통상 들어 올릴 수 있는 정도의 하중을 초과한 중화기인 81mm 박격포를 운반하다가 발생한 것인 점, 이 사건 상이 발병에 있어 이 사건 사고의 기여도를 50%로 평가한 진료기록감정의의 견해는 병상일지의 기존 요통과 관련된 원고의 진술을 근거로 객관적 · 합리적 근거가 없이 원고에게 기왕증이 있었던 것으로 추단한 것이어서 이를 선뜻 믿기 어려운 점 등에 비추어 보면, 이 사건 상이는 "군수품의 정비 · 보급 · 수송 및 관리"와 관련된 직무수행 중 발생한 이 사건 사고가 주된 원인이 되어 발생한 것으로 인정함이 타당하다.

(8) 【추간판탈출증】 추간판탈출증이 신병교육훈련 특히 사격술예비훈련과정에서 계속적, 반복적으로 허리 부분에 무리를 주어 발병한 것이거나, 원고에게 기존의 허리 이상이 있던 것이 신병교육훈련 과정에서 계속적, 반복적으로 허리에 충격이 가해짐으로써 악화되어 위 증세로 발전된 것이어서 원고의 교육훈련 중 발생한 상이라고 한 사례(대법원 1991. 6. 28. 선고 91누2359 판결)

• **법원의 판단요지**

원심은, 원고의 추간판탈출증은 위 신병교육훈련 특히 사격술예비훈련과정에서 계속적, 반복적으로 허리 부분에 무리를 주어 발병한 것이거나, 원고에게 기존의 허리 이상이 있던 것이 신병교육훈련 과정에서 계속적, 반복적으로 허리에 충격이 가해짐으로써 악화되어 위 증세로 발전된 것은 어느모로 보나 원고의 교육훈련 중 발생한 상이로서 공상에 해당한다고 판단하였는바, 이러한 원심의 판단에는 상당인과관계에 관한 법리오해의 위법이 없다.

(9) 【좌안 중심성 망막염, 좌안 황반부 변성, 좌안 망막박리】 직무수행 또는 교육훈련에 따른 과로 및 스트레스가 주된 원인이 되어 좌안 중심성 망막염, 좌안 황반부 변성, 좌안 망막박리가 발병하였거나 급격히 악화된 것으로 인정된 사례(대법원 2016. 8. 30. 선고 2014두46034 판결)

• **법원의 판단요지**

원고가 수행한 12시간씩 2교대 경계근무, 1주일 간격의 부대 비상훈련, 포문 청소 및 장갑차 예열을 위한 사전 작업 등의 직무수행은 국가의 수호 등과 직접 관련된 직무수행 또는 이와 직접 관련된 실기 · 실습 교육훈련에 해당하고, ① 원고는 입대 전 시력이 정상이었다가 입대 후 불과 약 11개월이 지난 무렵부터 시력이 악화되어 최종적으로 시력을 상실한 점, ② 원고 수행의 위 직무수행 및 교육훈련의 내용 등에 비추어 보통의 평균인을 기준으로 보더라도 그로 인해 신체의 완전성에 육체적 · 정신적 위해를 초래할 정도로 상당한 과로 및 스트레스가 누적될 수준으로 보이는 점, ③ 진료기록 감정의도 위와 같은 과로 및 스트레스가 좌안 상이의 발병 · 악화 인자로서 그 직접적 원인으로 보인다는 소견을 제시한 점 등에 비추어 위 직무수행 또는 교육훈련에 따른 과로 및 스트레스가 주된 원인이 되어 좌안 상이가 발병하였거나 적어도 급격히 악화된 것으로 보인다.

(10) 【자해행위로 인한 사망】 망인이 논산훈련소에 입소하고 충주경찰학교에서 훈련받은 다음 군포경찰서 경비교통과에 배치되어 복무하다가 부대를 이탈하여 ○○아파트 건물 15층 복도 창문에서 추락하여 자살하였는데, 망인의 사망과 군대에서의 직무수행 사이에 상당인과관계가 인정된다고 본 사례(대전지방법원 2016. 10. 27. 선고 2016구단100517 판결)

• **법원의 판단요지**

인정사실에 비추어 보면, 망인은 군포경찰서에서 긴장된 상태에서 특별한 교육이나 업무 없이 경직된 자세로 장시간 앉아 있기만 하고 군포경찰서에 적응할 수 있도록 하는 대우를 받지 못하였고, 망인이 코를 고는 것은 자신의 의지로 해결할 수 없는 것임에도 밤에는 군대에 적응하지 못하여 긴장된 상태에서 잠을 자는 망인에게 수면 중에 코를 곤다는 이유로 선임대원들이 잠을 깨워 질책하고 긴장하며 자라는 지시를 하여, 망인은 군 업무수행과 관련하여 상당한 스트레스를 받았던 것으로 보이고, 이러한 선임대원들의 부당한 취침행위에 대한 규제 및 소속 경찰서 직원들의 관리, 감독 소홀로 인하여 망인은 평소 밝고 명랑한 성격이었고 가족관계도 원만하였음에도 군대 내에서 자대배치받은 지 4일 만에 위와 같은 스트레스를 견디지 못하고 자살에 이르게 되었다고 할 것이다. 따라서 망인의 사망과 군대에서의 직무수행 사이에 상당인과관계가 인정된다고 할 것이므로, 피고의 이 사건 처분 중 보훈보상대상자 요건 비해당처분은 위법하므로 취소되어야 한다.

(11) 【오른 손바닥】 1987. 12. 초순경 근무 중 내무반 연탄교체 하다가 빙판길에 미끄러져 손바닥이 찢어지고 연탄집게가 손바닥을 관통하여 국군논산병원에서 한 달간 입원치료 하였다며 등록을 신청하였는바 병상일지 등 객관적 입증자료가 확인되지 아니하여 비해당 처분되었으나, 과거 상관의 증언과 신체감정촉탁 결과를 토대로 재해부상군경으로 인정된 사례(부산고등법원 2021. 1. 8. 선고 2020누21142 판결)

• **법원의 판단요지**

원고는 사고 경위를 시간 순서대로 구체적으로 진술하고, 자신의 시각에서 경험한 그대로를 진술하고 있는 것으로 보이는 점, 증인 정○○은 1987년 말경 원고의 상관이었고 현재 군무원으로 근무 중이며 당시 원고의 보직, 원고의 부상을 보고받은 상황 및 내용 등에 대하여 구체적으로 진술한 바 있음. 당시 증인이 출근하여 원고의 부상경위와 입원경위에 대해 보고받았고, 원고가 한 달 정도 입원하던 중 병문안까지 갔다는 증인 진술의 구체성에다, 증인이 현재 군무원 신분으로 위증의 벌을 무릅쓰고 사실과 다른 증언을 할 만한 특별한 이유가 없는 점을 보면, 증인의 진술은 상당히 신빙성 있음. 원고에 대한 신체감정촉탁 결과, 감정의는 '수술반흔으로 보이는 진구성 흉터가 원고의 오른손 엄지 기저부 수장부와 수배부에 약 1~2cm 가량 있고, 그 부위는 흉터가 비교적 깨끗하여 날카로운 물체에 의해 손상을 입은 관통상으로 판단되며, 주상골 불유합 상태'라고 진단하였는데 이러한 봉합흉터 및 주상골 불유합 상태는 원고의 진술과 일치함.

(12) 【좌측 슬관절 반월상 연골판 파열】 1975. 5.경 81mm 박격포 사격훈련 시 포판을 메고 뛰다가 넘어지면서 왼쪽 무릎을 접질렀으며 1975. 8.경 연대 의무대를 거쳐 사단 의무대로 후송되어 몇 주 치료 후 자대로 복귀하였으며 복귀 후에도 계속되는 훈련과 작업으로 인해 또다시 무릎이 부어올라 재차 사단 의무대로 후송되었으며 자대 복귀 후 훈련과 구보는 열외하고 치료하면서 만기 제대하였다며 등록 신청하였는바 병상일지 등 객관적인 입증자료가 확인되지 않아 비해당 처분되었으나, 의

무대 후송기록이 있는 병적기록표를 근거로 재해부상군경으로 인정된 사례(대전지방법원 2021. 1. 14. 선고 2019구단100204 판결)

• 법원의 판단요지

좌측 슬관절 반월상 연골판 파열은 장기간 방치되면서 파열된 연골판이 관절 내에서 이동한 경우에 해당하는 점, 이는 원고의 연골판 파열이 매우 오래 전부터 진행되었음을 나타내는 점, 원고에 대한 건강보험 수진기록상 군 제대 후 연골판 파열일 발생할 정도의 외상을 추단할만한 수진내역이 없는 점, 연골판 파열의 일차적 원인으로는 슬관절 부상(낙상, 꺾임, 비틀림 등) 또는 퇴행성 파열이 있는데, 그 중 슬관절 부상과 관련한 원인은 원고가 주장한 부상경위와 부합하는 점 등에 비추어 보면, 원고의 군 복무 중의 훈련과정 및 작업과정에서 좌측 슬관절 반월상 연골판 파열이 발생하였다고 봄이 타당하며, 원고의 병적기록표에 3차례에 걸친 의무대 후송기록이 기재되어 있는 이상 원고에 대한 진료기록이 사후적으로 소멸되었다거나 찾지 못하게 된 것일 뿐, 당초부터 부존재하였다고는 볼 수 없음.

(13) 【우측 제1수지, 우 족관절】 2013년 훈련장 정비에 따른 수목 제거 간 손가락을 다쳤으며, 안전순찰 도중 우측 발목 부상을 입었다며 등록신청 하였는바 출입과 이동이 자유로운 부사관으로서 부상일과 관련하여 급성으로 발생 및 악화되었다고 보기 어렵다는 이유로 비해당 되었으나, 부상 당시 원고와 함께 근무했던 증인의 증언을 바탕으로 재해부상군경으로 인정된 사례(청주지방법원 2021. 4. 22. 선고 2019구합5811 판결)

• 법원의 판단요지

진료기록 감정의는 '우측 제1수지는 이 사건 제2사고로 인하여 발생하였을 가능성이 있다.', '손가락 관련하여 정형외과 외래재진기록 상 과신전에 의한 외력을 받은 사실은 2013. 5. 사고로 추정된다.'는 소견을 제시하였고, 증인 이○○은 원고가 이 사건 제2사고로 인하여 우측 엄지손가락을 다쳤다는 소식을 듣고 며칠 뒤 병문안을 간 사실을 증언하고 있으며, 2014. 2. 12.자 공무상병인증서에는 이 사건 제2사고로 인하여 원고가 우측 엄지손가락을 다쳤다고 기재되어 있는 점, 2016. 3. 17. 자 입원기록지에 '수년 전부터 상기 증상이 있었으나 그냥 지내오다 이 사건 제3사고로 인하여 우측 발목을 접질렸다.'고 기재되어 있으나 이 사건 제3사고 이전에 우측 발목에 관하여 진료 또는 수술을 받았다는 자료가 없는 점, 진료기록 감정의가 우측 발목 부상은 이 사건 제3사고로 인하여 급성으로 발생하였을 것이라는 소견을 제시한 점 등에 비추어 보면, 우측 발목 상이는 이 사건 제3사고로 인하여 발생 또는 자연경과적인 진행속도 이상으로 급격하게 악화된 것으로 보이며, 증인 이○○의 2016. 1. 14.경 혹한기 훈련 중 원고와 함께 부대 안전순찰을 돌다가 이 사건 제3사고가 발생하였다는 취지로 증언한 점을 감안, 재해부상군경으로 인정.

(14) 【좌측 족관절 불유합】 입대 후 훈련 중 좌측 족관절 부상을 당하였다며 등록을 신청하였는바 중학교 때 좌측 발목뼈가 골절된 적이 있다는 이유로 비해당 었으나, 훈련 도중 부상으로 인해 기존의 상이가 자연경과적인 속도 이상으로 급격하게 악화되었음을 이유로 재해부상군경으로 인정된 사례(서울고등법원 2020. 12. 23. 선고 2020누42424 판결)

• **법원의 판단요지**

제1심 법원의 진료기록감정의는 '원고의 불유합 부위는 섬유성 유합이 되었던 것으로 추정되고 섬유성 유합이라도 일상생활, 체육활동이 가능한 정도의 안정성을 보이는 경우에는 무증상으로 지낼 수 있으며, 골절로 불유합이 발생한 상태에서 안정적인 섬유성 유합 없이는 별다른 접질림 증상 없이 장기간 걷기, 뛰기 등의 활동을 포함한 수색업무 등을 수행할 수 없을 것으로 사료된다'는 소견을 제시한 점 등을 더하여 보면, 원고의 좌측 족관절은 2007. 11.경 훈련 중 해당 부위를 다치기 전까지 안정적인 섬유성 유합이 이루어져 통증이나 잦은 접질림 등의 증상 없이 일상생활이나 체육활동 등을 할 수 있는 상태였다고 보임. 원고는 2007. 11.경 국지도발 훈련 도중 좌측 발목을 다쳤고, 당시 사단의무대에서 진료를 받았으나 별다른 치료를 받지 못하고 부대로 복귀하였고, 이후 국군홍천병원에서 좌측 발목 부위에 대한 진료를 받았는데 원고는 위 진료과정에서 좌측 발목이 자주 접질림을 호소하였으며, '잦은 발목의 접질림 증상은 불유합이 원인이라기보다 섬유성 유합이 외상으로 손상되어 안정성이 손상되었을 때 적절한 치료로 수복되지 않는 경우에 나타나게 되고, 섬유성 유합은 훈련 중 심하게 넘어지거나 발목을 크게 접질리는 정도로도 훼손될 수 있다.'는 제1심 법원의 진료기록감정의의 소견에 비추어 보면, 원고는 2007. 11.경 훈련 도중 좌측 발목을 다침으로 인하여 기존에 안정적으로 유지되던 섬유성 유합이 훼손되었고 이로 인하여 별다른 증상을 보이지 않던 이 사건 상이가 자연경과적인 진행속도 이상으로 급격하게 악화되어 통증이나 잦은 발목 접질림 등의 증상이 발생하게 된 것으로 봄이 타당.

(15) 【우측 견관절 전하방 관절순 파열, 전상방 상방 후상방 관절순 파열, 슬랩병변】 하계 해상침투 훈련 일환으로 중대원들과 보트를 옮기던 중 보트의 중심이 흔들리면서 본인에게 기울어져 보트 손잡이를 잡고 있던 우측 팔과 어깨가 꺾인 상태로 보트 밑에 깔려 부상을 입었다며 등록을 신청하였는바 4살 때 입은 쇄골 골절 등 과거 골절 기록이 확인된다는 이유로 공상군경 비해당 처분되었으나, 입대 전 과거 골절 기록에도 불구하고 위 해상침투훈련 중 상이를 입었다고 보는 것이 맞는다는 이유로 공상군경으로 인정된 사례(대전고등법원 2021. 5. 26. 선고 2020누1804 판결)

• 법원의 판단요지

원고에 대한 진료기록감정의는 '2010. 9. 3.자 MRI 촬영에서 관절 와순 파열과 함께 골부종 소견이 관찰되고, 이는 외상성 상해를 시사한다. 제1상이는 진구성이 아니고, 4살 때 입은 쇄골골절이나 2008. 5. 2. 1회 경구약을 처방받은 정도의 쇄관절 동통이 제1상이의 주요 원인이 될 수 없다. 같은 부상을 입었다고 해도 상이자가 느끼는 통증의 강도는 다를 수 있어 제1상이 정도에 해당하는 상해를 입고 특전사 훈련을 수행할 수 있는지 여부는 사람마다 다르다. 군 훈련 외에 저명한 외상의 과거력이나 기록이 있다면 모르지만, 그렇지 않다면 제1상이는 훈련 중에 생긴 부상으로 보는 것이 합당하다고 생각된다. 이 부분에 대해서는 훈련 외 시간에 외상력이 있었는지에 대한 파악이 필요할 것으로 보인다'는 소견을 제시. 원고의 제1상이는 진구성이 아닌 외상성으로 4살 때 우측 쇄골이 골절된 교통사고나 2008. 5. 2. 어깨관절 염좌 등을 가져온 부대훈련은 그 원인으로 보기 어려운 반면, 이 사건 사고 외에는 우측 어깨부위를 다친 이력이 존재하지 않을 뿐만 아니라 그로 인해 우측 어깨 관절의 관절순 여러 곳이 파열되어 봉합수술까지 받는 등 상해 정도도 중한 점 등에 비추어 볼 때, 제1상이는 이 사건 사고로 인해 발생한 것으로 넉넉히 추인됨. 한편, 이 사건 사고가 발생한 제○ ○공수여단의 해상침투훈련은 군인의 수색, 정찰 등 임무와 관련하여 기본적으로 갖추어야 할 체력 및 전투기술을 배양하기 위한 것이므로, 이 사건 사고는 '국가의 수호 · 안전보장 등과 직접적인 관련이 있는 실기 · 실습 교육훈련 중 사고'에 해당.

(16) 【좌측 청각 기능장애】 1987. 8. 26. 집회시위 진압과정에서 시위대에 의하여 타박상을 입었고, 경찰이 신청인을 구출하는 과정에서 투척한 사과탄 파편이 머리와 이마 등에 박혀 좌측 고막파열 등 부상을 입었고, 1990년부터 청력이 조금씩 떨어지기 시작하여 2005년에는 청각장애 6급 판정을 받고 2010년경부터는 이명증이 발병하였으며, 좌측 고막파열 등 부상에 의하여 우측 청각장애도 발생하였다며 등록을 신청하였는바 좌측 청각장애 부분에 대하여 비해당 처분되었으나, 원고의 부상 당시 수술과정을 목격한 공중보건의사의 인우보증서와 사실조회를 통해 재해부상군경으로 인정된 사례(광주지방법원 2021. 4. 22. 선고 2020구단384 판결)

• **법원의 판단요지**

제주경찰서의 1987년 치안일지에 의하면, '1987. 8. 25. 경찰국 장비보급계에서는 시위진압을 위한 화학장비로 전경대 등에 최루탄(SY44S)을 보급하였고, 1987. 8. 26.에 제주시 서사로 시외버스터미널 주변의 운수업계 종사자들의 시위진압현장에 121중대가 출동하였는데 당시 경찰관 6명, 전/의경 8명의 부상자가 발생하였다'고 기재되어 있어 위 시위현장에서 실제 최루탄이 사용되었을 가능성이 높아 보임. 1987. 5. 1경부터 제주 ○ ○ ○전경대대 의무실에서 공중보건의로 복무하고 있었던 부□ □은, 【당시(1987. 8. 27.) 제주의료원에서 원고의 수술과정을 지켜보았는데 원고의 좌측 귀 부위에 3개의 사과탄이 박혀 있었고, 그 중 하나가 깊이 박혀 좌측 고막이 손상되었고, 이마, 팔, 손, 다리 부위에도 30여 개의 파편이 박혀있었다. 당시 수술을 담당했던 이비인후과 의사는 자신에게 '원고의 좌측 고막이 손상되었고 내이 손상이 동반되었을 수 있어 후유증 및 장애가 남을 수 있다.'고 했으며, 그 후 의무실에서 원고의 상처 부위 소독을 하여 주었고, 수술 후 좌측 귀에 중이염이 발생되어 제주의료원에 통원치료를 받으러 다녔다】는 내용의 인우보증서를 작성해 주었고, 이 법원의 부ㅁㅁ에 대한 사실조회에 대해서도 동일한 내용으로 회신.

(17) 【좌측 제1, 2, 3, 4족지 절단】 1958. 3. 14. 육군에 현역병으로 입대하였고 군 복무기간 중 1959. 5. 13. 휴가를 마치고 열차를 타고 가다가 논산역 부근에서 일부 탑승 장병에게 밀려 열차에서 떨어지는 사고를 당하였다며 등록을 신청하였는바 입증할 기록이 없고 중과실을 이유로 비해당 처분되었으나, 부상(좌측 제1, 2, 3, 4족지 절단) 당시 여러 정황들이 고려되어 재해부상군경으로 인정된 사례(전주지방법원 2021. 3. 31. 선고 2020구단732 판결)

• **법원의 판단요지**

원고는 소속부대가 있는 강원도 지역이 아닌 논산역 부근에서 사고를 당하였는데, 제출된 증거만으로는 구체적인 사고의 경위와 원인을 명확하게 확인하기 어렵다. 다만, 당시 작성된 군 의무기록에는 원고가 '열차사고'로 이 사건 상병을 입게 되었다고 기재되어 있고, 원고는 당시 좌측 족지 4개를 절단해야 하는 심각한 부상을 입었음에도 지체 없이 주위의 도움을 받아 사고 장소와 가까운 116군병원으로 후송되어 수술을 받았는 바, 이에 비추어 보면 원고는 적어도 자택인 익산에서 군용열차를 탑승하고 가다가 이 사건 상병의 원인이 된 사고를 당한 것으로 보임. 원고가 위 사고 당일 116군병원에서 처음 진료를 받은 시각은 22:15인바, 당시 운행되던 군용열차의 시간표에 비추어 보면 원고는 익산영(당시 역명 '이리역')에서 19:49경 출발하는 군용열차 상행선을 타고 가던 중 사고를 당한 것으로 보이고, 원고의 소속 부대는 강원도에 위치하고 있었으므로 원고는 자택인 익산에서 소속부대 방향으로 이동하기 위하여 위 군용열차를 탑승하였을 가능성이 매우 높다. 나아가 위 군용열차는 1일 1회만 운행되었고, 1959년 당시의 교통수단이 현재에 비하여 매우 열악하였던 사정을 고려하면 원고는 1959. 5. 14. 소속부대로 복귀하기 위하여 그 전날 위 군용열차를 탑승하였을 여지가 많음. 피고는 원고가 만원인 군용열차에 매달린 채 가다가 떨어져 이 사건 상병을 입었고 이는 불가피한 사유 없이 원고의 고의 또는 중대한 과실로 발생한 사고라고 주장하나, 1959년 당시의 군용열차 시간표에 의하면, 원고가 탑승한 호남선 상행 군용열차는 1일 1회 운행된 것으로 보이고, 그 당시의 교통수단이 현재에 비하여 매우 열악하였던 사정을 고려하면 설령 원고가 탑승한 군용열차가 만원이었다 하더라도 원고가 위 군용열차 외에 다른 교통수단을 이용할 것으로 기대하기는 어렵다고 판단되고, 그 밖에 원고에게 이 사건 상병 발생에 대한 고의 또는 중대한 과실이 있었다고 볼 수 없음.

(18) 【왼손 손목, 손바닥, 약지, 후천성 서혜부 탈장】 부식창고 철거작업 중에 깨진 유리창 파편으로 인하여 좌측 손목 등에 상이를 입었다며 등록을 신청하였는바 이물질 제거술 직전 포상휴가 중이었던 것으로 보아 휴가기간 중 부상을 입었을 가능성을 배제할 수 없는 점 등을 감안하여 비해당 처분되었으나, 상관 및 작업동료의 진술이 신빙성이 있다고 보아 재해부상군경으로 인정된 사례(서울행정법원 2020. 11. 25. 선고 2018구단55633 판결)

• **법원의 판단요지**

원고가 휴가에서 군부대로 복귀한 2007. 4. 2. 당일 상관인 행정보급관 임□□의 지시로 노후화되어 철거작업이 진행 중이던 부식창고 정리작업에 투입되었고, 다른 병사들과는 달리 원고가 소속부대의 작업병이자 사수로서 유리창을 분리하는 작업을 직접 수행하다가 이 사건 사고를 당하게 되었다고 이 사건 신청 당시부터 이 법원에 이르기까지 일관되게 진술하고 있음. 당시 원고에게 부식창고 정리와 철거작업을 지시한 상관인 행정보급관 임□□과 원고와 같은 부대 소속 동료이자 부식창고 정리작업을 함께 수행하였던 병사 김□□도 이 법정에서 원고의 이 사건 사고에 대한 진술 내용과 일치하게 진술하고 있고, 위 증인들의 증언은 부식창고의 구조, 원고가 부식창고 정리 및 철거작업에 투입된 경위, 이 사건 제2상이를 입게 된 경위 등에 대하여 비교적 상세하게 묘사하고 있어 그 신빙성이 인정됨.

(19) 【박리성 골연골염】 2014. 10. 5.경 유격훈련, 행군하느라 발목에 무리가 갔고, 2014. 11.11.경 준비태세 훈련시 발목 통증이 많이 있었고 2014. 12. 25. 전투체육 시 뜀걸음을 하던 중 발목에 통증이 있었다며 등록을 신청하였는바 특이 외상

력 확인되지 아니하고 과거력이 확인된다는 이유로 비해당 처분되었으나, 기존병변이 있었더라도 훈련으로 인해 자연경과적인 진행속도 이상의 급격한 악화로 볼 수 있다며 재해부상군경으로 인정된 사례(대전지방법원 2021. 6. 24. 선고 2018구단406 판결)

• **법원의 판단요지**

원고는 다소 과체중인 상태로 현역병으로 군에 입대한 후 이 사건 상이(박리성 골연골염)를 진단받기 전까지 약 4개월 동안 전방부대에서 주로 박격포 탄약수 보직으로 직무를 수행했으므로 그 과정에서 족관절 부위에 과도한 부하가 작용하여 미세손상이 발생하고 그것이 반복 · 누적되던 중 2014. 12.경 부상으로 인한 손상까지 더해져 이 사건 상이가 발병했을 가능성이 적지 않음. 군 입대 전에는 정상적인 근무가 가능했던 기초질병이나 발병소인이 약 4개월간의 군 복무기간 동안 족관절에 무리가 가는 직무수행 또는 교육훈련이 반복되던 끝에 2014. 12.경 족관절 부상까지 겹쳐져 자연적인 진행속도 이상으로 급격하게 악화되어 입대 후 불과 4개월 만에 이 사건 상이가 발생했다고 봄이 상당하다. 이 법원의 대한의사협회에 대한 진료기록감정촉탁 및 사실조회 결과에서도 원고는 군 입대 전에 병변의 소인을 갖고 있는 상태에서 군 복무 중 유격훈련, 공사작업, 전투체육 등 일련의 직무수행 또는 교육훈련으로 인해 더 빠르게 자연경과적 진행속도 이상으로 급격히 악화되었을 가능성이 높다는 의학적 견해가 제출되었고, 그 후 피고의 신청으로 재차 이루어진 경부대학교 병원에 대한 진료기록감정촉탁 결과에서도 2014. 12. 29. 국군춘천병원 영상소견에 급성손상을 의미하는 소견도 있어 입대 전부터 잦은 염좌에 의한 손상이 누적되어 퇴행성 변화만으로 이 사건 상이가 발생된 것으로 보기 어렵다거나 우측 족관절에 미확인된 병변이 존재하다가 군에서 훈련이나 체육활동 중 자연경과적 진행속도 이상으로 악화되었다고 판단된다는 의학적 견해가 제출되었음.

(20) 【우측 흉쇄관절 아탈구】 2010. 8. 6. 서울송파소방서 거여119안전센터 차고에서 펌프차량의 출동 장비, 적재 비품을 점검하는 업무 도중 차량 적재물에 걸려 넘어지면서 기둥 벽에 부딪치며 바닥으로 떨어져 우측 흉쇄관절 탈구 부상을 입었다며

등록을 신청하였는바 당시 검사 CT상 쇄골탈구가 확인되지 아니하여 비해당 처분되었으나, 상이 정도가 경미하다는 사정은 상이등급 판정 단계에서 따져야 할 부분이라는 이유로 재해부상군경으로 인정된 사례(수원지방법원 2021. 8. 20. 선고 2018구단9501 판결)

• 법원의 판단요지

순천향대학교 부천병원장에 대한 진료기록감정촉탁 결과 "경찰병원에서 촬영된 2010. 8. 6. 쇄골 엑스레이 영상 및 2010. 8. 25. 흉쇄관절 CT영상에서 경도의 아탈구 소견이 확인됨. 원고는 우측 흉쇄관절에 경도의 관절염이 있던 사람으로서, 외상으로 인해 경미한 골절이 동반되었던 것으로 사료됨. 다만 흉쇄관절의 탈구 및 골절은 대부분 비수술적 치료로 잘 회복되는 외상으로 원고와 같이 손상의 정도가 경미한 경우 추후 지속되는 통증 및 장해의 원인이 될 가능성은 매우 적을 것으로 사료됨." 확인됨. 사실조회 결과, "외상으로 인한 경미한 골손상의 증거는 있으나 보통의 흔한 흉쇄관절염 환자에게서 경미한 아탈구는 매우 흔한 증상으로 이와 비교하여 차이가 있다고 할 수 없고 외상으로 인한 저명한 탈구 소견이 확인되지 않음" 확인됨. 우측 흉쇄관절 아탈구의 상이 정도가 경미하여 흉쇄관절 관절염에서 나타날 수 있는 아탈구 소견 정도와 비교하여 심하지 않고, 비수술적 치료로 잘 회복되며 추후 지속되는 통증이나 후유장해의 원인이 될 가능성이 매우 적다고 하더라도 이러한 사정은 상이등급 판정 단계에서 따져야 할 부분으로 이를 이유로 위 상이와 직무수행 사이의 상당인과관계 자체를 부정하기는 어려움.

(21) 【우측 발목 전거비인대 골연골염】 2015년 대대 전술훈련 간 우측 발목 등에 상이를 입었다며 등록을 신청하였는바 부상 직후의 진료내역이 없고 구체적인 상병경위를 확인할 수 없으며 장기복무 부사관인 점 등을 감안해 비해당 처분되었으나, 지속적인 외력과 잦은 외상에 의해 발생한 것으로 보인다는 이유로 재해부상군경으로 인정된 사례(의정부지방법원 2021. 10. 18. 선고 2019구단7131 판결)

• **법원의 판단요지**

진료기록감정촉탁 결과, "우측 발목 상이는 만성적 족관절 불안정성에 동반된 전거비 인대손상, 거골 골연골 병변으로 보인다. 보행이나 구보를 하는 동안에 급성 외측 인대 손상이 흔히 발생하고 그중 10~30%에서 만성 족관절 불안정성이 동반된 손상이 발생하며, 골연골 병변은 대부분 외상에 의하여 발생하나 외상 후 상당한 기간이 경과한 이후에 발생하기도 한다. 원고의 이 사건 제2상이는 만성 소견으로 급성 및 외상성 소견이 보이지 않으며, 자연경과적 진행 속도 이상으로 현저히 악화되었다고 판단할 수 없다." 확인됨. 이 사건 제2상이는 1회의 족관절 손상으로 바로 발생하기는 어렵고 흔히 족관절의 미세손상이 반복, 누적되어 발생하는데 원고는 2002년 및 2009년 발목을 수차례 접질린 부상을 입고도 군 직무수행을 정상적으로 수행하면서 지속적인 외력과 작은 외상(접질림) 등이 가해진 것으로 보임. 따라서 원고의 이 사건 제2상이의 발생은 단 한 번의 외상이 아닌 한 번의 부상 이후 지속적인 외력과 잦은 외상에 의해 발생한 것으로 보임. 이 법원 감정의도 이 사건 제2상이는 대부분 외상에 의하여 발생한다고 소견을 제시하였는 바, 2002. 1. 9. 육군훈련소 지구병원에 외진을 가기 전에 이 사건 제2상이와 관련하여 별도로 진료받은 사실이 확인되지 않는 이상 이 사건 제2상이의 발생 자체는 군 직무수행으로 인한 것으로 보는 것이 경험칙에 반한다고 볼 수는 없음. (※ 제1상이인 요추 4~5, 요추 5~천추1은 불인정)

(22) 【전십자인대 파열, 내측반달연골 찢김】 2016. 5.경 전투체육을 하던 중 넘어지면서 우측 무릎에 부상을 입었다며 등록을 신청하였는바 부상 직후 진료내역이 없고 구체적인 상병경위를 확인할 수 없는 점 등을 감안하여 비해당 처분되었으나, 의무기록에서 원고의 부상시기 진술이 일관되고 영상자료 판독상 '최근 외상'의 소견이 확인되어 재해부상군경으로 인정된 사례(대전지방법원 2021. 10. 14. 선고 2020구단102435 판결)

• **법원의 판단요지**

진료기록감정촉탁 결과, "진료기록 및 2016. 7. 23. 촬영된 자기공명영상 검사를 참고했을 때 우측 슬관절 전방십자인대 파열 및 내측 반월상연골판의 파열은 검사

시기 전 수상에 의해 발생한 것으로 보는 것이 타당함. 원고가 2016. 5.말경부터 통증을 느꼈다는 점과 자기공명영상 검사상 혈관절증이나 골수강 내 부종 등의 급성기 소견이 저명하지 않다는 점은 2016. 5.말경의 수상이 원인일 가능성을 보다 시사함. 전방십자인대 파열의 경우 시간이 경과함에 따라 통증은 완화될 수 있어 일상적인 업무로의 복귀는 가능했을 것이나 무리할 활동에 의해 추가 부상의 위험이 커지고 증상이 악화될 수 있음" 확인됨. 비록 원고가 주장하는 상이 발생 당일 소속 부대 의무대에서 진료받은 기록은 확인할 수 없으나, 제출된 진료기록상 최초 진료일인 2016. 6. 30. 이후의 각종 진료기록에 이 사건 상이의 발생 경위에 관하여 원고가 진술한 내용은 완전히 일관되어 있을 뿐, 서로 모순되거나 어색한 내용이 전혀 없음. 원고가 2016. 5.경 전투체육 중 부상으로 이 사건 상이를 입은 후 2016. 6. 30. 군병원 및 민간병원에서 진료받기까지 약 한 달 동안 부대사정 등으로 별다른 치료를 받지 않았다고 하여 그것이 2016. 5.경 전투체육 중 부상사실의 진위를 의심할 정도로 극히 이례적인 행동이라고 보기도 어려움.

(23) 【요추 추간판탈출증(L4-5,L5-S1)】 1997. 9.경 소속부대 연병자에서 부속품을 들어 옮기다가 갑자기 허리통증 발생하였고 전역 후에도 허리 통증과 다리 증상이 계속 되어 공상군경 등록을 신청하였는바 2010. 11. 요건 비해당 처분, 그에 불복하여 제기한 소송에서 광주지방법원의 승소판결, 동 판결취지에 따른 공상군경 해당 처분, 이어진 신체검사에서 기준등급 미달 판정, 약 7년 뒤 재확인신체검사를 위한 등록신청, 이에 대해 2019. 6. 20. 재해부상군경 요건 해당 처분이 내려졌으나, 원고의 직무는 국가의 수호 등과 직접 관련된 것이라는 이유로 공상군경으로 인정받은 사례(제1심 광주지방법원 2020. 2. 13. 선고 2019구단10958 판결, 항소심 광주고등법원 2020. 9. 25. 선고 2020누10394 판결, 상고심 대법원 2021. 1. 28. 선고 2020두51839 판결)

• **법원의 판단요지**

(**1심 판결**) 추간판탈출증은 퇴행성병변으로 원고의 퇴원심사의결서 상 외상의 과거력이 없고, 두 레벨에 걸쳐 수핵탈출이 된 것으로 보아 질환을 가지고 있었던 것으로 사료되고 비전공상 처리된 점 등에 비추어 원고 패소

(**2심 판결**) 원고가 수행한 차량부품을 수리하거나 나르는 업무는 국가유공자법 시행령 별표 1 '장비 · 물자 등 군수품의 정비 · 보급 · 수송 및 관리업무'로서 국가의 수호 등과 직접 관련된 직무수행에 해당함. 입대 전 허리에 관한 어떠한 진단이나 치료를 받은 적이 없기에 원고가 종전부터 이 사건 상이와 관련된 질환을 가지고 있었던 것으로 보기 어려우며, 기존 질병이 해당 질병의 발생 또는 악화에 일부 관련되거나 영향을 미쳤다고 볼 여지가 있는 경우에도 직무수행 또는 교육훈련이 발병의 주된 원인으로 볼 수 있다면 국가유공자 요건을 충족하는 것으로 보아야 한다(대법원 2016. 8. 30. 선고 2014두46034 판결)는 판례에 비추어 설령 원고에게 척추의 퇴행성 변화가 내재되어 있었다고 하더라도 원고가 공상군경에 해당된다는 결론에는 영향이 없음.

(24) 【추간판탈출증】 2013. 5. 공군에 입대하여 가혹한 얼차려를 받았으며 무리한 훈련을 받은 결과 의병전역 후 2개월 경 추간판탈출증 진단받고 등록을 신청하였는바 추간판탈출증 기록 이외에 군 공무수행과의 관련성을 입증할 만한 자료가 확인되지 않는다는 이유로 비해당 처분되었으나, 얼차려의 내용과 시간, 입대 3주차부터 받은 교육훈련의 내용과 강도 등에 비추어 재해부상군경으로 인정된 사례(서울고등법원 2021. 12. 1. 선고 2020누40909 판결)

• **법원의 판단요지**

추간판탈출증의 경우 2013. 6. 5. 받은 얼차려의 내용과 시간, 입대 3주차부터 받은 교육훈련의 내용과 강도 등에 비추어 보면 원고의 추간판탈출증을 악화시켰을 가능성이 충분함. 신체감정의는 외상 기여도 50%라는 의학적 소견을, 신체감정촉탁결과에 의하면 서울대학교병원 신경외과 의학자문에 따르면 "얼차려가 허리에 무리가 될 가능성을 배제할 수 없으므로 20~30%의 관여도 판단이 적합할 것이다"라는 의견임. 사실조회 결과, 원고가 근육의 힘을 잘 사용할 수 없는 상태에서 계속적으로 전투구보, 1, 2차 유격, 각개전토, 완전군장 워리어워크 및 20㎏ 이상의 완전군장을 한 채 산악구보를 하는 등 강한 기본군사훈련을 받았을 경우 퇴행성 병변이 자연경과적인 진행 속도 이상으로 급격히 악화되었을 가능성을 인정하여 재해부상군경으로 인정.

(25) 【좌족부 신경병변】 2001년 전투화 착용으로 인해 발이 지속적으로 압박되는 상태에서 훈련소 훈련 및 시위진압 등 직무수행, 교육훈련으로 인한 충격과 부담이 더해져 좌족부 신경병변이 발생하였다며 등록을 신청하였는바 특별한 외상력이 없이 증상 발현하였고 유전적 질환인 점을 감안하여 비해당 처분되었으나, 유전자 변이 및 증상이 확인되지 않았고 직무로 인한 상이임을 감안 공상군경으로 인정되었고(1심), 최종적으로 체질적 소인이나 생활습관이 영향을 고려하여 재해부상군경으로 인정(2심)된 사례(1심 의정부지방법원 2021. 1. 12. 선고 2018구합16005 판결, 2심 서울고등법원 2021. 7. 9. 선고 2021누33489 판결)

- 법원의 판단요지

(**1심 판결**) 신체감정촉탁 결과, 유전성 질병으로 판단하기 위한 유전자 변이 및 증상이 확인되지 않았고 꽉 끼는 전투화에 의한 물리적 압박이 발병의 주된 원인이라는 소견이 있는 점, 원고가 받은 신병교육훈련 내용에 비추어 당시 장시간 전투화를 착용한 상태에서 강도 높은 신체활동이 이루어진 것으로 보이는 점, 장기간 전투화를 착용한 상태에서 시위진압 등 과격한 신체활동을 동반한 직무를 수행하고 휴식이나 취침 중에도 버스 안에서 생활하는 등의 여건에 처해 있었던 것으로 보이는 점 등을 근거로 공상군경으로 인정.

(**2심 판결**) 상이가 체질적 소인이나 생활습관으로부터 일정한 영향을 받았을 것으로 보이므로 재해부상군경으로 인정.

(26) 【소뇌위축증】 소방공무원으로 건강하게 임용되어 70~80년대 열악한 소방장비에 공기호흡기도 없이 화재 현장에 뛰어 들어 농연과 유해물질을 많이 흡입하여 37년간 반복된 생활로 2004년 소뇌위축증이 발병하였다며 등록을 신청하였는바 원고의 직무수행과 소뇌위축증 사이에 직접적 인과관계를 입증할 수 없어 재해부상군경 해당 의결되었으나, 장기간 지속적으로 화학물질에 노출되었던 점 등을 감안하여 공상군경으로 인정된 사례(제1심 대구지방법원 2019. 11. 22. 선고 2019구단10240 판결, 제2심 대구고등법원 2021. 6. 25. 선고 2019누5527 판결)

• 법원의 판단요지 ··

(1**심 판결**) 소뇌위축증은 희귀 난치성 질환으로서 현대의학에서 소뇌위축증의 발병원인을 명확하게 찾지 못하고 있으나 유전이나 대사질환, 독성물질이나 유해화학물질의 흡입 등과 같은 환경적 요인에 의해 발병하는 것으로 추정하고 있는 점으로 보아, 경방업무가 상병의 악화 요인으로 작용하였을 가능성은 있으나 주된 발병원인이라고 인정하기 어렵고 화재현장에서의 유해물질 또는 유해환경에의 반복적인 노출이 발생원인이라는 의학적 근거로 부족하여 재해부상군경으로 인정.

(2**심 판결**) 소방공무원으로 채용될 당시 상병에 걸릴 유전적 소인이나 가족력이 없고, 화재진압 직무의 특성으로 인하여 장기간 지속적으로 유해화학물질에 노출되었던 점, 현대의학에서 소뇌위축증의 발병원인을 명확하게 찾고 있지는 못하지만 유해화학물질의 흡입 등과 같은 환경적 요인을 그 발병원인의 하나로 추정하고 있는 점 등을 감안하여 공상군경으로 인정.

(27)【추간판 압박골절】1979년 1월경 야간 경계근무를 마치고 복귀 중 용변을 보다가 추락하여 추간판 압박골절 부상을 입었다며 등록을 신청한바 병상일지 등 객관적인 자료가 확인되지 아니하여 비해당 처분되었으나, 입대 7개월 만에 전역한 원고가 휴가 등의 기간 동안 상이를 입었다는 특별한 사정이 없었다는 이유로 재해부상군경으로 인정된 사례(서울고등법원 2021. 11. 12. 선고 2021누37849 판결)

• 법원의 판단요지 ··

(1**심 판결**) 요건관련사실확인서에 상이원인 등이 기재되어 있지 않고 구체적인 발병경위, 치료내용 등을 확인할 객관적인 기록이 확인되지는 않으나, 27살에 현역병으로 입대하여 불과 7개월 만에 제대하였고 영외출입이 자유롭지 않았을 것으로 보이므로 제대 원인이 된 부상(요추 2번 압박골절)은 군 복무 중 발생하였다고 판단하여 재해부상군경으로 인정.

(2**심 판결**) 의무복무자로서 영내 또는 근무지에서 휴식 또는 내무생활 중 사고 또는 재해로 사망하거나 상이를 입은 사람도 보훈보상대상자로 규정하고 있는 바, 입대 7개월 만에 전역한 원고가 휴가 등의 기간 동안 상이를 입었다는 특별한 사정이 없다면 영내 생활 중 발생하였다고 볼 수 있으므로 재해부상군경으로 인정.

(28) 【사망】 2018. 6.경 휴가 출도를 위해 백령도 용기포항 여객터미널 내에서 대기하다가 여객터미널 건너편 약 70미터 지점 암석지대에서 동료 군인들과 함께 사진촬영을 하던 중 떨어져 사망하였다며 등록을 신청한바 휴가지로 이동하는 순리적 경로를 이탈하였다는 점과 망인의 과실이 경합하였다며 비해당 처분되었으나, 휴가지로 이동하는 순리적인 경로를 이탈하지 않았다는 이유 또는 여객선 출항 이후부터 휴가가 시작된다는 이유로 재해사망군경으로 인정된 사례(서울고등법원 2021. 9. 16. 선고 2021누37696 판결)

• **법원의 판단요지**

(**1심 판결**) 백령도에서 육지로의 유일한 교통수단인 여객선이 기상악화로 출항이 지연되자 망인과 동료들이 휴가 출발을 위해 불가피하게 대기 중인 상태에서 장시간 휴식을 취하다 산책을 하는 과정에서 일어난 것으로 상급자인 중위 장○○의 인솔이나 통제를 벗어났다고 보기도 어렵고 휴가를 허가 받은 군인인 망인이 휴가 목적지로 이동하기 위한 유일한 교통수단인 여객선의 출항을 기다리면서 그곳에 머무르는 일반인들과 다를 바 없이 일상적인 방법으로 주변 암벽에서 사진촬영을 하던 것은 '휴가지로 이동하는 순리적인 경로'를 이탈하지 아니한 것으로 판단.

(**2심 판결**) 복무하던 부대가 백령도에 위치하여 휴가 당일 여객선이 운행하지 않는 경우 다시 부대로 복귀하여 정상근무를 하게 되었을 것이고, 여객선터미널이 망인의 휴가목적지가 아님은 분명해 보이며, 사고 이후 근무하던 부대에서 작성한 '하절기 휴가자 관리지침'에 여객선 출항 이후부터 휴가가 시작된다는 취지로 기재되어 있는 점 등을 고려하여 재해사망군경으로 인정.

(29) 【요추부의 척수 완전손상에 의한 하반신 마비, 신경성 방광】 학군사관후보생으로 해외군사문화 및 역사현장 탐방에 참여하여 학군단 단결활동의 일환으로 서핑을 하던 중 요추부의 완전손상으로 하지가 마비되었다며 등록을 신청한바 '해외군사문화 탐방'은 교육과목에 포함되어 있지 않다는 등의 사유로 비해당 처분되었으나, '해외탐방'이 정규 교육과정에 편입되어 있다는 이유로 재해부상군경으로 인정된 사례(수원지방법원 2021. 8. 11. 선고 2020구단7812 판결)

• 법원의 판단요지 ....

학군단의 교내교육 중 정규 이수과목 외에 기회교육의 일환으로 '해외탐방'이 학생군사교육의 정규 교과과정에 편입되어 있어 병역법이 규정한 보상의 대상이 되는 학생군사교육에 충분히 포함됨. ㅁㅁ대학교 2014년 해외군사문화 역사현장 탐방일정 중 4일차 공식일정으로 와이키키 해변에서 학군단 단결활동이 예정되어 있었고, 실제로 당일 훈육관의 지휘하에 와이키키 해변에서 서핑타기 연습과정에 참여하던 중 부상을 입게 되었고, 이는 학생군사교육이 직접적인 원인이 되어 부상을 입은 경우에 해당함.

(30) 【L4-5 수핵탈출증】 부사관으로 1982년 고공강하훈련 중 추락사고로 인하여 허리 부위에 상당한 외력이 발생하여 수핵탈출증이 발생하였고 퇴행성 척추증은 단순히 자연경과에 의한 것이 아닌 누적된 훈련의 결과라며 등록을 신청하였는바 공무로 인해 급격하게 악화된 것으로 보기는 어려운 점 감안하여 비해당 처분되었으나, 입대 전에 허리 부위에 기왕증이 있었다고 볼 만한 자료가 없어 재해부상군경으로 인정된 사례(서울행정법원 2021. 10. 20. 선고 2020구단61273 판결)

• 법원의 판단요지 ....

법원 정형외과 진료기록 감정의는 원고가 장기 군 복무 과정에서 발생한 여러 사고와 강도 높은 훈련 등이 함께 작용하여 상이를 악화시켰을 가능성을 배제할 수 없고, 원고에게 상이를 발생시킬 만한 개인적 요인을 확인할 수 없다는 소견이고, 원고는 육군 특정사로서 34년 9개월간 복무를 하였고, 1000회 이상 고공강하훈련 등을 하였는 바, 원고의 군 복무 및 훈련은 허리에 상당한 부담으로 작용할 수 있고, 달리 원고가 입대 전에 허리 부위에 기왕증이 있었다고 볼 만한 자료는 없고, 원고는 1997년경 및 2011년경 척추 수술을 시행하였는 바, 당시 L4-5 부위에 상당한 신경학적 증상이 있었다고 보고 추가 상이 재해부상군경으로 인정.

(31) 【1번 척추 골절】 86. 2. 20. 해안방어 교대 야간근무 이동 중 도로변 급경사지(약 5m)에서 추락하여 1번 요추골절로 14주 입원 치료 후 의병 제대하였다며 등록을

신청하였는바 병적기록표 상 90일간 공상으로 병가 처리된 기록이 확인되어 재해부상군경으로 해당 의결되었으나, 원고의 주장에 부합하는 증언과 의병전역의 경위 등을 종합적으로 고려하여 공상군경으로 인정된 사례(대구지방법원 2021. 9. 17. 선고 2020구합11041 판결)

• 법원의 판단요지

원고와 같이 군 복무를 하였던 증인 김ㅁㅁ는 원고가 주장하는 사고와 관련하여 원고의 주장에 부합하는 증언을 하였는데, 증언은 그 내용이 구체적이고 일관되며 원고가 당한 사고를 직접 목격한 자의 증언이어서 이를 신빙할 수 있다고 판단. 군 복무 중 90일이라는 장기간 병가를 받을 정도로 큰 부상을 입었고 그로 인하여 의병전역까지 하게 되었다면 그 부상 경위가 뚜렷이 있었을 것으로 보이는데, 원고가 주장하고 증인이 증언한 추락사고 외에 원고에게 이 사건 상이의 발병 원인이 달리 있었던 사정은 전혀 보이지 아니함. 피고도 증인의 증언을 객관적 입증자료로 인정하기 어렵다는 주장 이외에는 원고가 군 복무 중 다른 경위로 부상을 입었을 개연성에 대하여 구체적인 주장을 하고 있지 않음.

(32) 【외상 후 스트레스 장애】 경찰공무원으로 범인 검거 중 피의자로부터 폭행을 당하여 외상 후 스트레스 장애가 발병하였다며 등록을 신청하였는바, 공무수행과의 관련성이 없어 비해당 처분되었으나, 의학적 소견을 고려하여 공상군경으로 인정된 사례(대전고등법원 2020. 9. 25. 선고 2020누10409 판결)

• 법원의 판단요지

원고가 이 사건 사고 이전에 정신건강의학과의 진료를 받은 바는 있지만, 우울장애로 인한 것으로 이 사건 상이로는 진료 받은 바 없고, 이 사건 사고로부터 2주 정도 지난 후부터 이 사건 상이를 진단 받고 진료를 시작한 점, 의료기록상 원고는 이 사건 사고에 대한 과각성, 재경험, 회피 등의 증상을 꾸준히 보이고 있는 점에 비추어 이 사건 사고는 원고가 성추행 피의자를 체포하는 과정에서 발생한 것으로 국가의 수호 · 안전보장 또는 국민의 생명 · 재산보호와 직접적인 관련이 있는 직무수행에 해당한다고 보아야 함.

(33) 【감염성 심내막염, 뇌경색증】 의무복무자로서 야외훈련에 참가한 후에 감염성 심내막염이 발병하여 군병원 및 민간병원에서 치료를 받았으나 호전되지 않고 뇌경색증(뇌내출혈)이 발병하여 의병전역 하였다며 등록을 신청하였는바 객관적 입증자료가 없다는 이유로 비해당 처분되었으나, 군 입대 전 심장질환으로 치료받은 적이 없고 감염성 심내막염 증상이 나타나기 전까지는 정상적으로 군 복무를 하였다는 점 등을 감안하여 재해부상군경으로 인정된 사례(수원지방법원 2021. 4. 23. 선고 2019구단8413 판결)

• **법원의 판단요지**

원고는 군 입대 전 심장질환으로 치료받은 적이 없고 감염성 심내막염 증상이 나타나기 전까지 정상적으로 군 복무를 하였으며 가족력도 발견되지 않은 점, 의무복무자는 군 생활이 매우 통제되어 있고 휴가 직전 5일간 지상협동훈련 및 마일즈 훈련에 참가한 점, 비록 원고가 휴가를 나와 치아교정 검진을 받았으나 출혈을 동반하는 발치나 마취를 포함한 시술을 받은 바가 없는 등 휴가기간 중 특별히 발병위험성이 높은 환경에 노출되어 있었다고 볼 만한 자료가 없는 점 등을 감안하면, 군 직무수행과 상당한 인과관계가 인정된다고 봄이 타당.

(34) 【적응장애 양극성정동장애】 군 입대 후 논산훈련소에서 훈련을 받던 도중 적응장애로 진단받았고 27사단 공병대 전입한 2014년 6월 이후 생활관 3층 난간에서 1층으로 투신자살을 시도하였으며 그 직후 사단의무대 응급치료를 거쳐 국군수도병원으로 후송되어 두개골 수술 등을 받았다며 등록을 신청하였는바 직무수행이나 교육훈련과 상당인과관계를 인정할 수 없어 비해당 처분되었고 1심에서도 원고의 청구를 기각하였으나, 2심에서는 정신적으로 취약한 원고가 군 복무로 인하여 발병 또는 자연경과적 진행속도 이상으로 악화되었다고 판단하며 재해부상군경으로 인정한 사례(수원지방법원 2019. 8. 23. 선고 2016구단9576 판결, 수원고등법원 2021. 6. 11. 선고 2019누12469 판결)

• 법원의 판단요지

(**1심 판결**) 원고가 입대 전부터 환각, 환청을 경험하고 수차례 자살시도 내지 자해를 하는 등 정신적으로 취약한 소인을 가지고 있었던 것으로 보이고, 감정의는 군 직무수행으로 인한 스트레스가 발병 원인이라고 보기 어렵다고 하였으며, 입대 45일 만에 자살시도를 하였는데 발병 또는 자연경과적인 진행속도 이상의 급격한 악화를 줄 만한 과중한 직무 등이 없었고 여자 친구와의 헤어짐이 영향을 미쳤을 가능성이 있으며, 완벽하지는 않지만 군 당국이 나름대로 치료 및 자살 예방 조치를 한 점 등을 감안하여 원고의 청구를 기각.

(**2심 판결**) 원고가 입대 전 건강하였으나 복무 중 이 사건 상이 증세 발현하였고, 가족력 없고 비교적 원만한 성격의 원고가 폐쇄적 · 집단적 병영생활에 적응하기 어려웠던 점, 우울증은 취약한 개인이 환경적 스트레스를 받는 경우에도 발병할 수 있는 점, 육군이 적절한 치료적 개입을 하지 않아 자살시도로 이어졌을 가능성이 있는 점, 상관의 꾀병 진단 시 영창간다는 발언 등이 상당한 스트레스로 작용하여 악화시켰을 것으로 보이는 점, 여자 친구로 인한 절망감은 발병 및 악화에 영향을 미쳤더라도 주된 발생원인으로 볼 수 없는 점 등을 감안하여, 정신적으로 취약한 원고가 군 복무로 인하여 발병 또는 자연경과적인 진행 속도 이상으로 악화되었다고 판단.

(35) 【정신분열증】 군 복무 중 선임병들의 잦은 구타로 정신분열질환이 발병하였다고 진술하며 등록을 신청하였는바 입대 전 발병한 정신질환이 군 직무수행이나 교육훈련과 상당인과관계가 되어 자연경과적 진행속도 이상으로 급격히 악화되었다거나 적시 절절한 치료 또는 조치를 받지 못하여 악화되었다고 볼 만한 구체적 · 객관적 자료가 없어 비해당 처분되었으나, 원고의 군 복무 당시(1970년도) 실태를 감안하면 직접적 자료가 없더라도 원고의 구체적이고 일관된 진술 등을 감안하여 재해부상군경으로 인정된 사례(대구지방법원 2021. 7. 23. 선고 2019구단977 판결)

• 법원의 판단요지

원고는 입대 전까지 정신병 치료를 받은 적이 없었고 정신질환의 가족력도 없었다. 비록 원고가 선임병들로부터 구타 또는 가혹행위를 당하였음을 증명할 수 있는 직접적 자료는 없으나, 이에 관한 원고의 진술이 비교적 구체적이고 일관되고, 원고가 가해자로 지목한 사람들이 실제 원고와 같은 사단 및 연대에서 같은 시기에 근무한 것으로 확인되며, 원고가 고막 천공 등 사유로 장기간 입원한 사정에 더하여 1970년대 초 최전방 군부대의 억압적인 군대생활 실태를 감안하여 볼 때, 원고가 선임병들로부터 구타 및 폭언 등 가혹행위를 당하였다고 추인할 수 있음. 원고는 내성적, 소극적 성격이어서 최전방 부대라는 열악한 환경에서 군의 폐쇄적 병영생활에 적응하는 데 어려움을 겪었을 것으로 보이며, 특히 귀가 잘 들리지 않는 상태에서 GOP 근무수행을 원만히 수행하기 어려웠을 것으로 보이며 여기에 선임병들의 가혹행위와 질책까지 더해서 신체적 정신적으로 큰 스트레스를 받았을 것으로 판단됨. 원고는 1970. 3.경 가슴이 답답하다는 이유로 연병장에서 주운 실탄을 공포로 발포하였는바, 감정의는 '원고의 행위는 원고가 규율의 의미에 대하여 이해를 하지 못하고 막연한 분노를 표현하며 충동억제에 어려움을 겪고 목적에 적합한 해결방안을 찾지 못하는 상태에 있음을 보여주며, 따라서 당시 이 사건 상이의 급성기 증상이 나타났다고 판단되었다며 정신건강의학과적 입원치료를 고려해야 하는 상황이었다.'는 소견을 제시한 점 등을 감안하면, 원고가 군 복무 이후 받게 된 심한 신체적, 정신적 스트레스 및 적절한 치료의 지연과 원고의 개인 소인과 복합적으로 작용하여 이 사건 상이가 자연적인 진행경과 이상으로 급격하게 악화된 것으로 판단.

(36) 【사망(심인성쇼크)】 망인은 파출소 순찰 근무자로서 관내 순찰 및 교통단속 등 업무를 맡으며 3인 2교대로 근무하면서 주 · 야간이 바뀌는 근무형태로 피로가 누적된 상태였고, 사망 3개월 전 및 1주일 전에는 상당한 수준의 초과근무를 하고 있었던 바, 형사계 근무하던 중 갑자기 쓰러져 사망하였다며 등록을 신청하였는바, 망인이 사망하기 약 9년 전에 발병한 심근경색으로 수술한 후에 계속 병원 진료 및 약을 복용해 온 것으로 확인되고 당뇨병으로 계속 진료한 내용 확인되는 점 등을 감안, 기저질환이나 위험요인이 원인이 되어 악화되었을 가능성을 배제하기 어려워 비해당 처분되었으나, 망인의 사망 당시 근무형태와 근무량, 기저질환의 관리상태를 근거로 재해사망군경으로 인정된 사례(창원지방법원 2021. 11. 10. 선고 2020구단10631 판결)

• 법원의 판단요지

망인은 사망 당시 '3조2교대(주간 08:30~19:00, 야간 18:30~익일 09:00, 비번)'이며 근무조건 및 환경은 "3조2교대 근무자로서, 주주주야비야비야비 형태의 근무, 즉 9일 주기로 주간근무 연속 3일, 야간근무 후 비번의 형태로 6일 근무"로 주·야간이 바뀌는 근무형태로 근무하였고, 망인의 심근경색 발병 시점은 수사과 강력계 근무 중 발병한 것으로 당시 망인이 상당히 과로하였음이 초과근무내용에서 확인되며, 이 사건 순환기내과 감정의는 2006년의 경우 다른 원인 없이 근무 중 과로로 발생되었다고 소견 제된 점, 사망 직전 3개월(20.62%) 및 1주일(33.75%) 전에 상당한 수준의 초과근무가 이루어졌으며, 망인의 기저질환인 당뇨와 협심증은 사망 즈음에 잘 관리되고 있었다고 감정의 소견 제시된 점 등을 감안, 망인의 사망과 직무수행 사이에 상당인과관계가 인정된다고 판단하여 재해사망군경 인정.

(37) 【정신질환】 정신질환이 없는 상태로 군에 입대를 하였다가 군 복무 중 힘든 공병대 근무, 가혹행위, 따돌림 등으로 상이가 발병하였거나 적어도 국군통합수도병원에서 입원 치료 후 호전되어 자대로 다시 배치된 후 왕따와 따돌림을 받아 원고의 정신질환적 소인이 전보다 심각한 상태로 악화되었다며 등록을 신청하였는바 구타 또는 가혹행위 등 다른 동료에 비해 특수한 근무환경에서 고된 훈련 및 부조리한 상황 등에 처해 있었다고 볼만한 사정이 확인되지 않아 비해당 처분되었으나, 군병원 치료 후 복귀한 자대에서 적절한 조치가 이루어지지 않았다고 보아 재해부상군경으로 인정된 사례(광주지방법원 2021. 12. 9. 선고 2021구단10050 판결)

• 법원의 판단요지

원고는 왜소한 체격에 내성적이고 소극적이며 가정 내 문제로 다소 우울하고 혼자 있기를 좋아하였던 점을 보면, 군대 내의 공병 업무를 수행하기는 신체적으로 어려움이 있었고, 성격적으로 부대생활에 적응하지 못해 보호사병으로 지목되어 고참 등에게 지적 받는 등 힘든 병영생활을 했던 것으로 추정됨. 군병원에서 성격장애(미성숙, 경도) 등으로 입원 치료 후 증세 호전되어 자대 복귀하였으나 특박으로 사촌형 집에 갔다가 길을 잃고 구대하지 못해 탈영으로 헌병대에 구속되었다가 정신질환이 있다는 사유로 석방, 정신분열증 진단하에 재입원 치료받고 의병전역 하였으며, 정신분열증(조현병)의 치료는 크게 약물치료와 정신치료로 구분되어 급성기의 약물치료는 스트레스에 민감한 조현병 환자를 스트레스의 영향을 덜 받도록 보호하는 작용을 하고 이는 재발을 방지하는데 중요한 역할을 하되, 약물치료만이 아니라 개인 정신치료, 가족치료, 집단 정신치료, 입원 치료 등 다각적 치료를 시행해야 한다고 알려져 있는데, 원고는 정신과에서 입원치료로 증세가 호전되었으나 다시 당초 원고가 적응에 어려움을 겪었던 동일한 자대로 배치되어 기존의 스트레스 환경이 그대로 유지되었을 뿐만 아니라, 오히려 부대 복귀 후 정신질환자 취급까지 받으면서 그 정신적 스트레스가 더욱 가중된 환경에 노출되어 원고의 정신분열증의 발병 또는 악화에 원인이 되었다고 판단함.

(38) 【양측 만성 화농성 중이염, 청력장애, 이명】 군 복무 중 사격훈련소에서 사격훈련 조교로부터 두부 및 귀뺨을 맞는 구타 등으로 '양성 만성 화농성 중이염'이 발생하였다며 등록을 신청하였는바, 공상군경으로 인정된 사례(광주고등법원 2021. 2. 17. 선고 2019누203420 판결)

• **법원의 판단요지**

원고의 소속 부대장은 1978. 6. 1. 원고에게 이 사건 부상을 "공상"으로 확인하는 내용이 담긴 <공무상병인증서(갑 6)>를 발급한 사실, 이 사건 소송 계속 중 원고의 진료기록을 검토한 대한의사협회에서는 다음과 같은 의학적 소견 (즉, "안면부 구타를 통해 외상성 고막 천공이 발생하였고, 이후 농 분비물, 난청 증상이 발생할 수 있다.", "고막 천공에 대해 적절한 치료를 받지 않아 고막천공을 동반한 화농성 중이염이 추가로 발생할 수 있다고 추정됩니다.")을 제시한 사실 등을 인정할 수 있는데, 이러한 사실관계에 의하면, '이 사건 부상 중 적어도 일부는 국가의 수호 · 안전보장 또는 국민의 생명 · 재산 보호와 직접적 관련이 있는 교육훈련을 <주된 원인>으로 하는 것'이었다고 추단할 여지가 충분함에도 불구하고 이와 다른 판단에 기초하여 원고를 이른바 '공상군경'으로 판정하지 않은 이 사건 처분은 위법하다고 볼 수밖에 없다고 판시. 이명이 위와 같은 '외상성 고막 천공' 발생 후 '화농성 중이염'으로 진행하여 발생한 것이라는 취지로 보이지는 아니한 점 등으로 불인정.

(39) 【치아손상 11개(기인정 5개, 추가상이 6개)】 1987년 기동대로 복무하던 중 경비 업무 및 상황진압 작전 중 데모대와 청중들이 던진 돌에 맞아 치아 5개가 완전 소실되어 2002년 '절치골절(5개), 구순부 열창'으로 공상군경 인정되었는데, 기 인정된 치아의 지대치로 사용된 치아를 추가상이처로 인정받고자 등록을 신청하였는바 노화에 따른 자연경과적인 악화로 보아 비해당 처분되었으나, 최초 외상 당시의 충격으로 많이 약해진 상태에서 보철치료가 된 것으로 보아 추가상이(공상) 인정한 사례(대구지방법원 2021. 3. 26. 선고 2019구단1383 판결)

• **법원의 판단요지**

브리지 시술에 사용되는 지대치의 경우, 자연치를 삭제하여 브리지를 씌울 수 있는 공간을 만들게 되며, 지대치로 사용되는 치아가 오랜 기간이 지나면 이차우식즈, 치주염 등이 유발되어 치아의 치료나 발치를 요하게 될 수 있다는 것이 이 법원 감정의의 의학적 견해임. 2002년도에 이미 지대치로 사용된 치아들이 치조골염으로 통증을 호소하고 있으므로 그 치아들을 재차 발치해야 한다는 진단을 받았다. 위 진단 당시 원고의 나이가 만 37세에 불과한 점, 원고가 통증을 호소한 부위는 브리지 시술을 한 치아 부위인 점, 손상이 생긴 이 사건 제2치아는 저작력을 크게 받거나 많이 사용되는 부위가 아닌 앞쪽 부위인 점, 이 사건 제2치아는 이 사건 사고 당시 이 사건 제2치아 역시 일부 손상을 입거나 약화되었을 가능성도 배제할 수 없는 점 등에 비추어 볼 때, 치주염의 발생에 개인의 위생상태, 흡연, 연령, 전신질환 등 개인의 체질적 소인이나 생활 습관이 영향을 미칠 수 있다는 점을 감안한다고 하더라도, 이 사건 최초 상이로 인한 브리지 시술로 인하여 지대치로 사용된 이 사건 제2치아의 약화, 잇몸 염증 등이 발병 또는 자연적인 진행 속도 이상으로 급격하게 악화된 것이라고 봄이 타당함.

(40) 【화상(두 발, 등 뒤, 오른손)】 특수임무수행 교육훈련 중 차량 폭파훈련을 하다가 폭약이 폭발하여 상이를 입었다며 등록을 신청하였는바, 증인신문내용 및 북파공작원이라는 특수한 상황을 감안하여 공상군경으로 인정된 사례(서울행정법원 2020. 12. 27. 선고 2020구단53555 판결)

• **법원의 판단요지**

증인의 진술은 이 사건 사고 당시의 정황에 비추어 보면 충분히 납득할 만하고, 함께 훈련하던 동료가 폭발로 인하여 큰 화상을 입은 사건은 오래 전의 일이라고 하더라도 상세히 기억하는 것이 자연스러움. 원고는 이 사건 사고로 인하여 양쪽 다리, 오른쪽 팔, 등에 화상을 입었고 위 부위에 흉터가 남아 있음. 원고가 복무하였던 부대는 소위 북파공작원 부대로서 납치, 폭파, 요인암살 등을 수행하여 공식적으로 편제된 곳이 아니었고 관련된 자료가 보존되어 있지 않는 바, 이 사건 상이에 대한 의무기록이나 이 사건 사고에 대한 기록이 남아있지 않은 것은 이와 같은 측면에서 이해할 수 있음. 이 사건 상이는 훈련 중에 발생한 폭발사고 외에 원고가 전역 이후 사고를 당하여 이 사건 상이를 입었을 가능성은 적다고 보임. 이 사건 상이는 원고가 군부대 내에서 차량 폭파훈련을 하던 중 발생한 사고로 인하여 입게 된 것인데 위 훈련은 그 성격에 비추어 볼 때 '국가의 수호 · 안전보장 또는 국민의 생명 · 재산 보호와 직접적인 관련이 있는 교육훈련'에 해당된다고 판단.

(41) 【양측 이명(기존 상이처), 양측 난청】 야간 사격훈련 중 소음으로 '양측 이명과 난청'이 발병하였다며 등록을 신청한 결과 '양측 이명'에 대해서는 공상군경으로 인정되었으나 '양측 난청'에 대해서는 비해당 처분되었는바, 제대 후 약 10년이 지나서도 고음역대에서 청력역치의 감소가 있어 소음성 난청의 특징적인 소견으로 보아 공상군경으로 인정한 사례(대구지방법원 2021. 6. 25. 선고 2020구단10260 판결)

• **법원의 판단요지**

원고는 군 제대 이후 약 10년이 지난 후인 2005년경부터 '감각신경성 난청' 진단을 받았으나, 고음역에 국한된 난청의 경우 전체적으로 듣는 기능에 이상을 인지하지 못하여 인지 시점이 늦어질 경우가 있을 것을 보임. 원고는 2005년 청력검사에 전체적으로는 정상 소견을 보였으나 이미 고음역대에서는 우측 70dB 좌측 60dB의 심한 난청을 보이고 있었고 이는 소음성 난청의 특징적인 소견이라는 것이 이 법원 진료기록감정의의 소견임. 나아가 이 법원의 진료기록감정의는 소음성 난청의 경우 큰 소음 노출 후에 청력이 회복되더라도 달팽이관의 유무세포와 성친경을 연결하는 시냅스에 영구적인 손상이 있을 수 있으며 이러한 경우 장기 추적관찰에서 점진적인 청력손상이 진행될 수 있다는 의학적 견해를 제시함. 따라서 원고에 대하여 군복무 당시 정확한 청력에 대한 검사가 있었다고 볼 자료가 없는 이상, 10년 이후 이 사건 상이 진단을 받았다는 사정만으로 이 사건 상이가 군 복무수행으로 인하여 발병한 것이 아니라고 단정하기는 어렵다고 판단.

(42) 【우측 난청 및 이명】 2006년 대통령경호실로 작전배속 되어 약 11년간 경호관으로 임무수행 하였고 2014년 대통령경호실 후반기 사격측정에 대비하여 집중적으로 다량의 사격훈련을 실시하던 중 '우측 귀 난청, 이명' 이 발현되어 등록을 신청하였는바 상당기간 중이염, 고막염 등 기저질환을 지니고 있었다는 사유로 비해당 처분되었으나, 원고의 상이는 경호임무수행을 위한 사격훈련이 원인이 되어 발생한 것으로서 공상군경으로 인정된 사례(수원지방법원 2021. 7. 23. 선고 2020구단6925 판결)

• 법원의 판단요지

원고는 약 10년 8개월간 대통령경호실에서 근무하였고 경호임무 수행을 위하여 계속적·반복적으로 높은 강도의 실사격 훈련을 실시하였으며, 복무 중이던 2017. 4.경부터 난청과 이명 증상이 발현되었음. 직업환경의학과 감정의는 원고가 받은 사격훈련의 양과 노출시간, 소음노출의 강도를 고려할 때 소음성 난청을 일으킬 수 있는 노출력이라는 소견을 밝혔고 이비인후과 감정의도 사격훈련으로 우측에 소음성 난청의 발병을 초래할 가능성이 있다는 취지의 소견을 밝힌 점, 원고의 난청은 중이염 등 기존 질병이 악화되어 발생한 전음성 난청이라기 보다는 감각신경성(소음성) 난청의 특성을 보이는 점, 적어도 대통령경호실에서 경호관으로 근무하기 전까지 원고의 우측 청력은 정상이었다고 봄이 타당하고 총기 소음 외에 이 사건 상이를 유발할 수 있는 다른 소음에 노출되어 있었다고 볼만한 사정을 찾을 수 없는 점, 이 사건 상이의 주된 원인으로 평가되는 사격훈련은 국가의 수호 등과 직접 관련이 있는 직무수행 또는 교육훈련에 해당하는 점 등에 비추어 보면, 중이염, 고막염 등 원고의 기존 질환이 이 사건 상이에 일부 관련되거나 영향을 미쳤다고 볼 여지는 있으나 이 사건 상이는 국가의 수호 등과 직접 관련된 군 직무수행 또는 교육훈련을 주된 원인으로 하여 직접적으로 발생한 것이 타당함.

(43) 【우측 만성중이염】 해상수중침투훈련 중 우측 고막 파열 및 출혈로 국군통합병원에서 수술 및 입원치료 하였다며 등록을 신청하였는바 진술 이외 외상기록 없고 동 질환의 악화요인이 확인되지 아니한 점 등을 이유로 비해당 처분되었으나, 수중침투훈련이 아닌 원고의 체질이나 원래 가진 질병, 생활습관 등은 만성 중이염을 일으킬 만한 것이 아니라는 점을 고려하여 공산군경으로 인정된 사례(울산지방법원 2021. 9. 2. 선고 2020구합7317 판결)[148]

• **법원의 판단요지**

국가유공자법 제4조 제1항 제6호의 공상군경에 해당하기 위해서는 단순히 직무수행 또는 교육훈련과 사망 또는 상이 사이에 상당인과관계가 있는 것만으로는 부족하고, 사망 또는 상이가 국가의 수호 · 안전보장 또는 국민의 생명 · 재산 보호와 직접적인 관련이 있는 직무수행 또는 교육훈련을 주된 원인으로 하는 것이어야 하므로, 사망 또는 상이에 직무수행이나 교육훈련이 일부 영향을 미쳤더라도 그것이 주로 본인의 체질적 소인이나 생활습관에 기인한 경우 또는 기존의 질병이 직무수행이나 교육훈련으로 인하여 일부 악화된 것에 불과한 경우 등과 같이 직무수행이나 교육훈련이 사망이나 상이의 주된 원인이 되었다고 볼 수 없는 경우에는, 국가유공자법령에 정한 국가유공자 요건의 인정 범위에 해당한다고 보기는 어렵다 할 것이나, 다만 교육훈련 또는 직무수행과 그 사망 · 상이 사이의 관계는 반드시 의학적 · 자연과학적으로 명백히 증명하여야 하는 것은 아니고 제반 사정을 고려할 때 교육훈련 또는 직무수행이 그 사망 · 상이의 주된 원인이 되었다고 후단되는 경우에도 그 증명이 있다고 보아야 한다(대법원 2014. 9. 24. 선고 2013두6442 판결, 대법원 2016. 7. 27. 선고 2015두46994 판결 등 참조). 원고는 1982. 7. 수중 침투 훈련을 받았고, 1983. 3. 내지 4.경 '우측 고막 천공 및 이루', '우측 만성 중이염', '우측 유양돌기염'의 진단을 받았으며, 진단 직후 1983. 5. 8. 우측 고막 성형술을 받았다. 원고가 1982. 7.경 받은 수중 침투 훈련 전에 귀에 청력이상 등 어떠한 기왕증이 있었다거

148) 원고는 1977. 9.에 군에 입대하였고 1981. 2.에는 장교로 임관하였으며 1990. 3.에 대위로 전역하였다. 이후 2005년에 이 사건 상이에 대해 등록을 신청하여 공상군경으로 인정받았다. 그런데 신체검사 결과 '기준미달' 되자 2020년 재등록 신청을 하였다. 이에 대해 국가보훈처는 요건 비해당으로 의결하였다. 동일한 사안에 대해 2005년에는 공상군경으로 처분하고 2020년에는 비해당 처분을 한 것이다. 원고가 소송에서 승소한 것은 이런 경위가 어느 정도 참작된 것으로 보인다.

나 통증을 호소하였다고 인정할 자료는 없는 점, 원고가 받은 수중 침투 훈련은 물의 압력 등으로 인하여 귀에 미치는 영향이 상당히 크다고 보이는 점, 원고는 장교 임용 및 공수특전단 배치를 위한 신체검사에서 아무런 이상도 발견되지 않아 적격 판정을 받았음에도 1983. 3.경부터 우측 청력 장애, 통증, 이루 등을 호소하였고 그 무렵 시행된 신체검사에서 우측 고막천공 및 우측 만성 중이염의 진단을 받았으며 진단 후 바로 수술적 처치까지 받았는바, 원고의 우측 귀 상태는 위 수중 침투 훈련 무렵부터 현저하게 악화된 것으로 보인다.

(44) 【좌안 황반부 변성】 유격훈련의 야간 독도법 훈련 중 레이저 포인터 광선에 노출된 후 왼쪽 눈이 갑자기 안 보여 군병원으로 이송된 후 좌안 황반부 변성이 발병하였다며 등록을 신청하였는바 공무수행과 관련하여 발병 · 악화되었음을 인정할 객관적인 기록이 확인되지 않는다는 이유로 비해당 처분되었으나, 레이저 포인터에 의한 황반변성으로 진단하는 것이 타당하다는 진료기록감정의 소견 등을 토대로 공상군경으로 인정된 사례(서울행정법원 2021. 8. 15. 선고 2020구단56141 판결)

• **법원의 판단요지**

진료기록감정의는, 원고는 기존의 병력에서 특이사항이 발견되지 않았고 기존에 교정시력 저하가 없던 눈에 황반변성이 갑자기 발생하였으며 안과검사 상 좌안 망막 시세표 내분절과 외분절 경계면의 비연속성이 관찰되고, 당시 좌안 최대 교정시력이 0.08~0.1인 점 등을 고려하면 레이저 포인터에 의한 황반변성으로 진단하는 것이 가장 타당하다는 소견이고, 원고의 건강상태 등이 원고와 같은 젊은 나이에 갑작스럽게 발생한 황반변성을 다른 요인 없이 유발 및 악화시킬 유의한 요인이라고 보기에는 가능성이 낮고, 원고의 입대 전 성장기 안과질환도 이 사건 상이의 발생에 영향을 주었다고 보기 어렵다는 소견임. 국군강릉병원 외래진료 당시 군입대한 지 2개월도 채 되지 않는 상태에서 군 복무 중에 갑자기 시력이 저하된 상황에서 시력 저하의 원인을 진료 당시에 구체적으로 언급하는 것이 쉽지 않았을 것으로 보이는 점, 원고가 2010. 10. 28. 진료를 받으면서 군용 레이저에 좌안을 맞은 적이 있다고 구체적으로 진술한 내용(동료들의 진술 포함)을 확인할 수 있는 점을 더하여 보면, 원고가 2010. 10.경 유격훈련 중 독도법 훈련 과정에서 레이저 포인터 광선에 노출되었다고 봄이 상당함. 원고가 받은 독도법 훈련은 저녁에 주변 불빛도 없는 어두운 곳에서 진행이 되어 당시 레이저 포인터에 의한 광선 노출의 영향이 더 컸을 것으로 보인다고 판시.

(45) 【자해사망】 망인이 전역을 앞두고 정기휴가 중 대구 소재 8가구의 지붕 위를 뛰어다니면서 지붕 3곳을 파손하고 인근에 위치한 건물 4~5층 난간에서 투신하여 사망하자 유족이 등록을 신청하였는바 부대 내 최선임병인 망인이 부대 내 구타, 폭언, 가혹행위 등을 당하였다는 내용이나 과중한 업무 부담, 스트레스로 사망하였다고 인정할 만한 구체적이고 객관적인 기록이 확인되지 않아 비해당 처분되었으나, 사망 직전에 군 복무로 인한 스트레스로 정신질환을 앓고 있었던 것으로 추정되고 망인의 직무수행과 사망 사이에 상당인과관계를 인정할 수 있다고 보아 재해사망군경으로 인정된 사례(대구고등법원 2021. 3. 26. 선고 2020누3640 판결)

• **법원의 판단요지**

망인은 해병대 군생활 중 구타, 인격모욕적인 폭언 및 욕설 등 가혹행위를 당하여 극심한 정신적 고통과 직무상 스트레스를 겪었고, 이로 인하여 정상적인 의식능력이나 행위 선택 능력, 정신적 억제력이 현저히 저하된 상태에서 자살에 이르게 되었다고 볼 수 있고, 망인의 직무수행과 사망 사이에 상당인과관계를 인정할 수 있다. 망인은 군인으로서 국가의 수호 · 안전보장 또는 국민의 생명 · 재산 보호와 직접적인 관련이 없는 직무수행 중 사망하였으므로 보훈보상자법 제2조 제1항 제1호의 보훈보상대상자에 해당한다. 따라서 망인이 보훈보상대상자에 해당하지 아니한다는 이 사건 처분은 위법하다.

(46) 【사망(교통사고)】 망인이 지방공무원으로서 퇴비증산을 독려하기 위하여 목적지까지 이동하던 중 버스에 치이는 교통사고로 사망(1959년)하였다며 등록을 신청하였는바 제출한 자료를 교차검증할 수 있는 공적자료 등의 추가 기록이 확인되지 아니하여 비해당 처분되었으나, 소 진행 중 사실조회 회신 등을 통해 확인된 자

료를 토대로 재해사망공무원으로 인정된 사례(대전지방법원 2021. 1. 28. 선고 2019구단101535 판결)

• 법원의 판단요지

망인이 논산시 노성면 공무원으로 재직하였다거나 재직 중 출장지에서 발생한 교통사고로 사망하였음을 입증할 수 있는 객관적 기록이 확인되지 않고, 재직 또는 경력사항을 확인할 수 있는 인사기록카드나 경력증명서 등의 공식적인 기록도 확인할 수 없고, 망인의 장례와 관련하여 작성된 약력보고, 조사, 인우보증서 등을 교차 검증할 수 있는 공적자료 등의 추가 기록 등이 확인되지 아니하여 국가유공자 및 보훈보상대상자 요건 비해당하였으나, 소 진행 중 사실조회 회신을 통하여 망인이 1956. 2. 8. 노성면 면사무소 지방서기로 임명된 후 사망 시까지 계속 근무한 사실과 <문서감정>을 통하여 확인된 '경력보고'가 망인 사망 당시의 문서로 확인됨에 따라 그 내용의 증명력을 인정하여 원고의 주위적 주장은 이유 없으나 예비적 청구는 인용한다고 판시.

(47) 【자해사망】 군 복무 당시 잦은 보직변경에 대한 부담감과 심리적 압박감 및 추가적인 업무로 인한 불면증과 우울증세로 스트레스가 누적되어 외출 중 자해 사망하였다며 망인의 유족이 국가유공자 등록을 신청하였는바 사망과 공무와의 관련성을 인정할 만한 구체적이고 객관적인 관련 기록이 확인되지 아니한다는 이유로 비해당 처분되었으나, 망인이 직무수행 중 상당한 스트레스를 받았고 이로 인해 사망에 이르게 된 것으로 보아 재해사망군경으로 인정된 사례(부산지방법원 2021. 4. 21. 선고 2020구단20396 판결)

• 법원의 판단요지

망인이 휴대용 지대공유도무기 운용병에서 장갑차 정비병, 보급병 등 여러 보직을 옮기면서 스트레스를 받고 업무상 부담을 갖게 된 것으로 판단되며, 3일에 한 번씩 서는 당직근무로 인하여 힘들어 하였던 점, 망인이 우수병사라는 이유로 예외적으로 상병 초기에 분대장으로 보직되어 분대 관리 문제로 적지 않은 부담과 스트레스를 받은 것으로 보이는 점, 전역을 얼마 남겨두지 않은 시점에서 부대원들이 기피하는 일인 중대 보급병일을 추가로 맡게 되어 스트레스를 받고 자존감도 떨어지게 된 것으로 보이는 점, 중대장 면담까지 신청한 망인에 대해 적극적 조치가 필요했던 상황으로 보이는 점, 망인에 대한 심리부검 결과에서도 망인의 성격적 취약성 외에도 부대 내적요인 역시 망인이 사망에 이르게 된 원인으로 지목된 점, 망인이 직무외적으로 개인적인 스트레스 상황에 있었다고 보이지 않는 점 등으로 망인의 군복무상 직무수행과 망인의 자해사망 사이에 상당인과관계가 있음을 인정함.

(48) 【자해사망】 생활관에서 몰래 휴대폰 사용 중 적발되자 징계나 처벌 등 제재에 대한 부담감 등으로 자살하였다며 망인의 유족이 국가유공자 등록을 신청하였는바 소속부대 관리소홀 및 액임이라고 단정짓기에는 한계가 있고 망인의 성격장애가 자해사망의 주 원인이라는 의견을 감안하여 비해당 처분되었으나, 망인의 병영생활 중 발생한 극심한 정신적 스트레스가 사망에 상당히 기여했다고 보아 재해사망군경으로 인정한 사례(대전지방법원 2021. 3. 26. 선고 2020구단102121 판결)

• **법원의 판단요지**

망인은 특별한 임무나 훈련 없이 부대 생활관에서 휴식을 취하던 중 휴대폰 무단반입 및 사용 사실이 적발된 후 생활관 화장실에서 목을 매 자살하였으므로, 의무복무자로서 영내에 또는 근무지에서 휴식 또는 내무생활 중 사고로 사망한 경우에 해당함. 망인의 사망에 계기가 된 휴대폰 무단 반입 등의 규칙 위반행위는 망인의 고의 또는 중대 과실로 인한 것이지만, 이는 전체적으로 군 복무 중의 병영생활 등 직무수행의 범주에 속하는 것이고, 그에 대한 진술서 작성 등의 조사 및 징계 절차도 망인의 병무생활 등 직무수행 중에 이루어졌으며, 망인의 자살도 군 복무 중 병영생활의 상당부분이 이루어지는 생활관에서 발생하였으므로 망인의 사망이 군복무 당시의 직무수행과 무관하다고 보기는 어려움. 망인이 사망 직전 작성한 진술서 등에 의하면, 망인은 본인의 위반행위로 인해 동료들에게 피해를 끼칠 수 있다는 걱정과 징계나 처벌 등 제재에 대한 부담감 및 당시 지원을 준비 중이던 전문하사에 선발되지 못할 것이라는 좌절감 등으로 인한 정신적 스트레스로 인해 자살을 결심하고 실행한 것으로 보이므로 망인의 사망에는 병영 생활 중 그와 관련하여 발생한 극심한 정신적 스트레스가 상당히 기여한 것으로 볼 수 있다고 봄. 망인의 자살은 군 복무 당시의 직무수행과 상당인과관계가 있다고 인정함.

(49) 【자해사망】 복무 중 군대 내의 과도한 업무와 5개월가량 대대장의 폭언, 폭행 등 가혹행위에 시달리다가 자살하였다며 망인의 유족이 국가유공자 등록을 신청하였는바, 소속 대대장이 유독 망인에게만 특별히 가혹행위를 한 것은 아닌 점, 동거녀와의 불화, 미래에 대한 불투명 등 개인적인 요인에 의한 사망 가능성도 배제할 수 없는 점 등을 이유로 비해당 처분되었으나, 망인의 직무상 스트레스와 정신적 고통으로 자살에 이르게 된 것으로 보아 재해사망군경으로 인정된 사례(의정부지방법원 2021. 11. 15. 선고 2020구단5940 판결)

• **법원의 판단요지**

망인은 과중한 업무를 하고 있었던 것으로 보이고 비록 대대장 김ㅁㅁ의 가혹행위가 특히 망인에게만 집중되어 있는 것은 아니었으나, 망인은 김ㅁㅁ과의 관계에서 지속적으로 상당히 스트레스를 받아 온 것으로 보이고 그로 인하여 자살하기 2달 전에는 전출을 신청할 정도에 이른 것으로 보이는 점, 망인의 동거녀와의 갈등도 자살에 계기가 된 것으로 보이나 망인의 일기에 의하면 그에 못지않게 대대장과의 갈등 역시 망인의 스트레스에 상당한 비중으로 작용하였던 것으로 보이는 점이 인정되는 바, 망인은 자살 직전 극심한 직무상 스트레스와 정신적인 고통으로 정상적인 인식능력이나 행위선택 능력, 정신적 억제력이 현저히 저하된 상태에서 자살에 이르게 된 것으로 볼 수 있고, 이에 망인의 동거녀와의 불화 등 개인적인 사정 역시 일부 영향을 미쳤다고 하여 달리 볼 것은 아님. 따라서 망인의 사망과 군 직무수행 사이에 상당인과관계가 있음.

(50) 【독립유공자 주로 부양】 독립유공자의 2남이 독립유공자를 주로 부양했다고 주장하며 등록을 신청하였는바, 주로 부양의 의미를 탄력적으로 해석하여 원고를 독립유공자를 주로 부양한 사람에 해당한다고 인정한 사례[대구지방법원 2020. 4. 24. 선고 2019구단10905 판결(기각), 대구고등법원 2021. 1. 15. 선고 2020누2746 판결(인용), 대법원 2021. 5. 13. 선고 2021두335678 판결(상고 기각)]

• **법원의 판단요지**

독립유공자법 제12조 제4항 제1호에서 정해진 '부양'이란 독립유공자의 생활안정 및 복지향상에 도움이 되는 일체의 지원과 부조를 의미하는 것으로, 경제적 급부뿐만 아니라 독립유공자의 수요나 필요에 따른 일상적 · 정서적인 지원과 원조도 포함될 수 있으며, 단기간에 일시적 · 간헐적으로 이루어진 것이라 하더라도 무방함. 2남이 노년기에 든 유공자를 경제적 · 일시적 · 정서적으로 지원과 원조를 하여 생전에 다른 유족이 그를 부양한 것보다 특별히 더 높은 수준으로 유공자를 부양하였다고 봄이 타당하고, 실제로 2남 외에 유공자를 직접 부양한 자녀가 따로 있다고 볼만한 자료도 찾아볼 수 없다고 판단. 장남 이ㅁ ㅁ은 유공자 사망 전 2년 6개월 동안 유공자와 동일한 주소지에서 거주하며 간병을 하였으나 독리유공자 주로 부양 비해당 결정의 취소를 구하는 행정소송에서 패소하였고, 수권자인 1녀 이△△을 비롯하여 장남 이ㅁ ㅁ을 제외한 다른 자녀들은 2남을 보상금 수급자로 지정하는 데 동의하였음.

(51) 【사실혼 배우자】 유공자 사망 후 '사실혼 배우자'라고 주장하며 등록을 신청하였는바 신청인이 유공자를 간병한 기록은 확인되나 동거기간이 짧고 경제활동을 함께 하였다는 자료 등이 확인되지 않아 사실혼 관계에 있었던 것으로 보이지 않는다고 판단하여 비해당 처분되었으나, 사회관념 상 가족질서적인 면에서 부부공동생활을 인정할만한 혼인생활의 실체가 객관적으로 존재하지 않았다고 볼 수 없다는 이유로 사실혼 배우자로 인정된 사례(수원지방법원 2021. 10. 28. 선고 2020구단4028 판결)

• **법원의 판단요지**

원고는 2016년부터 망인의 거주지로 주소지를 옮겨 동거를 시작한 점, 동거기간 중 망인 및 그 자녀와 함께 여행, 식사, 결혼식 등에 원고가 함께 참여한 점, 분당서울대학교병원 응급실 초기간호정보 상 배우자로 원고 이름이 기록되어 있는 점, 2018. 6. 9. 간호기록상 면담인원으로 부인, 자녀가 동행한 기록이 확인되는 점에 비추어 보면 2018년 8월경 혼인의사의 합치가 있기 전부터 사회적 · 정서적으로 상당한 결속이 있었던 것으로 보이며, 또한 망인의 자녀 5명 전원이 망인과 원고 사이의 사실혼 관계를 인정하고 있고, 망인의 집과 가까운 거리에 거주하던 오ㅁ ㅁ(유공자

전처의 동생)도 법정증언에서 사실혼 관계를 인정하는 취지인 점을 감안할 때, 사회관념상 가족질서적인 면에서 부부공동생활을 인정할만한 혼인생활의 실체가 객관적으로 존재하지 않았다고 할 수 없음. 따라서 원고는 망인의 사망 당시 망인과 사실혼 관계에 있었다 할 것이며, 망인의 장례식장 전광판에 원고가 배우자로 게시되지 않은 사정 내지 고인이 생전에 원고에 관한 신상변동신고를 하지 않았다는 사정만으로는 위 인정을 뒤집기에 부족함.

(52) 【좌측 팔꿈치】 2007. 1. 24. 행군 중 나무뿌리에 걸려 넘어져 좌측 팔꿈치 부분에 부상을 입어 의무대 입원치료를 하였고 이후 계속된 통증에도 참고 견뎌왔으나 전역 후에도 통증이 있다며 등록을 신청하였는바, '손상'은 광범위한 표현으로 주관절 부위에 기능장애가 있다고 볼 만한 구체적 병명으로 보기 어렵고 의무대 진료기록지상 확진된 병명이 확인되지 아니하며 외래병원에서 '팔꿈치의 염좌 및 긴장'으로 진료 받은 기록은 확인되나 '염좌'는 일시적이고 단기간의 치료로 치유가 가능하고 일상생활에 장애를 남기지 않는다는 점에서 요건 비해당 처분되었으나, 원고의 팔꿈치에 골절이 있었다고 보는 것이 타당하다는 이유로 공상군경으로 인정된 사례(대구지방법원 2018. 9. 14. 선고 2017구단10819 판결, 대구고등법원 2019. 9. 27. 선고 2018누4510 판결)

• **법원의 판단요지**

망인은 군생활 초기에 모범병사로 선정되는 등 업무수행을 잘 해냄으로써 부대내에서 더 많은 임무와 역할을 부여받는 한편 잦은 보직 변경 등으로 복무에 어려움을 겪게 되었는데 그러한 상황을 참고 견디는 와중에 스트레스가 누적되고 우울감 등이 심화되어 자해에 이르게 된 것으로서, 망인의 사망은 군복무와 상당인과관계가 있다고 할 것이다. 따라서 이 사건 처분 중 보훈보상대상자 비대상 결정 부분은 이와 다른 전제에서 이루어진 것으로 위법하고, 원고의 이 부분 주장은 이유 있다.

(53) 【우측 슬관절 외측 반월상 연골 양동이 손잡이형 재파열(봉합술)】 2015. 6. 30. 경 기본군사훈련단에서 제식훈련 중 오른쪽 무릎에 부상을 입었고 자대배치 후 근무 중 통증이 악화되어 수술을 받았다며 등록을 신청하여 재해부상군경으로 인

정받았으나, 이 사건 상이가 제식훈련이 주된 원인이 되어 발생하였다는 원고의 주장을 받아들여 공상군경으로 인정된 사례(대구고등법원 2020. 7. 17. 선고 2019누4012 판결)

• **법원의 판단요지**

반월상 연골 파열은 봉합술이 기술적으로 어렵고 치유능력이 불량한 부분도 많아 재파열 빈도가 높은데, 원고가 연골 파열에 대한 치료 후에도 훈련이나 군 복무 중에 쪼그려 걷기를 하거나 무거운 물건을 들다가 증상이 재발 또는 악화되어 현재 상태에 이른 것으로 보임. 피고는 ① 원고가 2012년 무릎 통증으로 진료받은 병력이 확인되므로 기왕증의 기여를 무시할 수 없는데다 ② 원고가 2015. 7. 1. 의무대에서 최초 진료를 받을 당시 우측 무릎 부위에 충격이 가해졌다고 볼 사고에 대하여 아무런 언급이 없었고 ③ 2015. 10. 2. 촬영한 MRI 영상에서 진구성 파열 소견이 확인된다는 점을 들어 이 사건 상이가 위 제식훈련 중의 사고 또는 재해로 발생한 것으로 볼 수 없다고 주장하나, 원고가 2012년에 진료받은 내용은 슬개건 또는 경골 조면으로서 이 사건 상이와 직접적인 관련이 없으므로 이 사건 상이를 위와 같은 기왕증의 발현이라 볼 수 없고, 이 사건 상이의 최초 발생 시점, 진행경과, 부대 내 의료여건 등 여러 사정에 비추어 최초 진료기록에 '외상력 없음'이라고 기재되어 있을 뿐 이 사건 상이의 경위에 관하여 구체적인 기재가 없다는 점만으로 이 사건 상이의 원인이나 경위를 달리 보기 어려우며, 관절삼출액, 골 타박상(골좌상), 연부조직 및 골수 부종, 혈관절증 등 급성소견인자가 소멸하기에 충분한 3개월이 경과한 후에(실제 경과일수는 94일) 실시한 2015. 10. 2.자 MRI 검사에서 위와 같은 급성소견 인자가 발견되지 않는다는 점만으로 이 사건 상이가 진구성 질환이라고 단정할 수도 없음.

(54) 【양측 고관절, 양측 무릎】 2016. 2. 15. 해병대에 입대하여 훈련 기간 중 무릎부위의 염좌 및 긴장으로 진단을 받았고 2016. 4. 21. 국군수도병원에서 MRI 촬영 결과 상세불명의 스트레스골절(골반부위 및 대퇴) 진단을 받았으며, 2016. 7. 28. 좌측 고관절 무혈성 괴사에 대한 천공술 수술을 받고 의병전역 하였다며 등록을 신청하였는바, 공상군경으로 인정된 사례(부산고등법원 2019. 12. 20. 선고

2019누21658 판결)

• 법원의 판단요지

원고는 군 복무 중 교육훈련을 받다가 발생한 피로골절로 인하여 이 사건 상이를 입었다 할 것이므로, 원고가 받은 교육훈련이 이 사건 상이 발병, 악화의 주된 원인이 되었다고 봄이 상당함.

원고가 해병대에 입대하기 이전에는 양측 고관절, 양측 무릎 부위의 부상과 관련하여 치료받은 전력이 전혀 없고, 이 사건 상이가 원고의 군 입대 전부터 발생하였으나 무증상인 상태로 있다가 군 복무 도중 발현된 것일 가능성도 낮음. 제1심 진료기록감정의가 진료기록상 대퇴골두 무혈성 괴사를 급성으로 유발할 만한 골절이나 탈구 등의 외상이 관찰되지 않고 다발성 무혈성 괴사의 발병 시점은 MRI 영상에서 피로골절이 관찰되지 않는다는 2016. 5. 20. 이후 2016. 7.경 이 사건 상이를 진단받기 전 최근에 발병하였을 가능성이 높으며, 피로골절 치료를 위하여 투여된 스테로이드가 이 사건 상이의 발병, 악화에 영향을 주었을 가능성을 배제할 수 없다는 소견을 제시하였음. 위와 같이 제1심 진료기록감정의의 의학적 소견은 훈련 중 발생한 피로골절은 스테로이드 투여 직후인 2016. 5. 20.경 완치되었고, 이 사건 상이는 피로골절과는 별개의 원인, 즉 치료를 위하여 투여된 스테로이드로 인하여 발병하였다는 취지로 이해됨. 그러나 이 법원 진료기록감정의의 의학적 소견은 스테로이드 투여를 시작한 2016. 5. 19. 이전인 2016. 4. 11.과 2016. 4. 21. 각 촬영한 MRI 영상 등과 피로골절이 관찰되지 않는다는 2016. 5. 20. 촬영한 MRI 영상에서 이미 대퇴골두 무혈성 괴사가 발병하였고, 그 진행정도도 2기에 이르렀다는 것인바 위와 같은 이 법원 진료기록감정의의 의학적 소견에다가 피로골절 발생과 스테로이드 투여 사이에 무혈성 괴사의 발병을 초래할 만한 다른 원인이 개재되었다고 볼 만한 자료는 없는 점을 더하여 살펴보면, 이 사건 상이는 스테로이드 투여가 아니라 원고에게 발생한 피로골절로 인하여 발병하였을 가능성이 더욱 높은 것으로 보임.

(55) 【우측 슬관절 반월상 연골판 파열, 우측 슬관절 전방십자인대 파열】 2016. 9. 26. 실시된 신병교육대의 각개전투 도중 깊이가 약 1.5m이고 바닥이 경사진 호 속으로

투입되어 착지하는 과정에서 무릎이 꺾이는 사고를 당하였고, 2016. 11. 1. 국군 일동병원에서 전방십자인대 파열, 내측 외측 반달연골의 찢김 등의 진단을 받았으며 2016. 11. 28. 전방십자인대 재건술 및 외측 반월상 연골 봉합술을 받고 전공상 전역하였다며 등록을 신청하였는바, 공상군경으로 인정된 사례(광주고등법원 2020. 5. 13. 선고 2019누2027 판결)

• **법원의 판단요지**

앞서 든 증거들, 갑 제5 내지 14호증의 각 기재, 제1심법원의 E병원장에 대한 2019. 2. 8.자 신체감정결과(이하 '이 사건 감정서'라 한다), 제1심법원의 E병원장에 대한 2019. 4. 25.자 보완감정결과(이하 '이 사건 보완감정서'라 한다), 제1심법원의 E병원장에 대한 2019. 8. 16.자 사실조회회신(이하 '이 사건 사실조회서'라 한다)에 변론 전체의 취지를 종합하여 인정할 수 있는 아래 사정들을 종합하면, 이 사건 사고로 인하여 원고에게 우측 반월상 연골판 파열이 발생한 사실을 인정할 수 있다.

그리고 위 인정사실에 의하면 위 상이가 발생한 2016. 9. 26.자 신병교육대의 각개전투는 위 관계 법령이 규정하는 '국가의 수호 · 안전 보장 또는 국민의 생명 · 재산 보호와 직접적 관련이 있는 군인의 교육 훈련'에 해당한다고 할 것이므로, 우측 반월상 연골판 파열 부분에 관하여 피고가 2018. 4. 16. 원고에게 한 국가유공자 요건 비해당처분은 위법하다고 할 것이다.

(56) 【좌측 팔꿈치】 1980. 8. 6. 소대장 주관 하 전투체육의 날 행사의 일환으로 전투씨름을 하던 중 넘어지면서 왼손으로 땅을 짚으면서 부상을 입었다며 등록을 신청하였는바, 재해부상군경으로 인정된 사례(대구고등법원 2020. 9. 18. 선고 2020누2142 판결)

• **법원의 판단요지**

원고는 입대 전까지 왼쪽 팔꿈치 부위에 중대한 부상을 입거나 치료를 받은 적이 없었고 특별히 관심을 기울일 만한 질병이나 장해도 없었으며, 이 사건 사고 당시 원고는 왼팔에 상당한 정도의 충격을 받았을 것으로 보임. 이동외과병원 입원 당시 왼쪽 주관절 운동범위가 45도에 불과했으며 진통제를 맞으며 재활운동을 지속한 겨과 이 사건 사고로부터 43일이 지난 1980. 9. 17. 퇴원한 것을 보면 군 의료기관의 의무기록에 기재된 진단명(단순 염좌) 또는 엑스레이 사진(비특이 소견)에도 불구하고 원고의 실제 부상 정도는 심각한 수준이었던 것으로 추정됨. 군 의무시설에서 치료를 받은 후에도 휴가기간 중 상주성모병원에서 주관절 이상에 대한 추가 치료를 받았고 휴가 복귀 후 재차 여단 의무실에서 입원 치료를 받기도 하였는데, 이러한 후속 치료 경위에 비추어 보면 원고가 퇴원 후에도 여전히 이 사건 사고로 인한 부상에서 완쾌되지 못하였던 것으로 보임. 삼성서울병원에서 수술 당시 44세에 불과하였고, 왼쪽 주관절 부위 엑스레이 사진에 퇴행성 변화 외에 내측에 골편 2개, 외측에 골편 2개 정도가 있었던 것으로 보아 원고의 상이를 단순한 퇴행성 질환이라고 단정하기 어려움. 원고는 전역 이후 왼쪽 팔꿈치에 추가적인 외상을 입거나 이로 인해 치료받은 적이 없으며 1988년경부터 양조업에 종사하면서 직업상 무거운 물건을 자주 들었다고는 하나 위 양조업 종사기간 중에 팔을 과도하게 사용하여 팔꿈치에 무리가 가해졌다거나 이로 인해 검사나 수술을 받았다고 인정할 증거가 없음. 제1심 감정의는 "1980년의 부상 내역과 이후 불규칙한 서울삼성병원 방문 의료기록으로 보아 이 사건 상이는 최초 진단 당시 있었던 근육이나 인대 등의 손상이 장기간이 경과함에 따라 퇴행성 변화 점차 진행된 것으로, 사고로부터 33년이 경과한 현재 시점에서 명확한 기록없이 인과관계에 대하여 명확하게 밝히는 것은 어렵다'고 하면서도 위 부상의 기여도를 50% 정도라고 판단하였음.

(57) 【우측 족관절 유합술】 2004. 7. 실시한 헬기레펠 훈련, 2007. 2. 실시한 혹한기 전술훈련 복귀행군, 2010. 3. 실시한 헬기레펠 훈련 등으로 발목에 부상을 입었다며 등록을 신청하였는바, 군 공무수행과 관련한 특별한 외상력이 가해져 부상하였다고 볼 만한 자료가 없고 원고가 주장하는 헬기레펠 훈련 중 부상 당시의 병상일지 등 객관적 자료가 없다는 등의 이유로 비해당 처분되었으나, 이 사건 상병은 원고의 직무수행 또는 교육훈련 등이 원인이 되어 발병하였거나 그것이 원인이 되어 자연적인 진행속도 이상으로 급격하게 악화된 것을 보는 것이 타당하다고 보아 재해부상군경으로 인정된 사례(의정부지방법원 2020. 1. 9. 선고 2018구합16067 판결)

• **법원의 판단요지**

앞서 본 인정사실에다가 앞서 든 증거들에 변론 전체의 취지를 더하여 알 수 있는 아래와 같은 사정들을 종합하면, 이 사건 상병은 원고의 직무수행 또는 교육훈련 등이 원인이 되어 발병하였거나 그것이 원인이 되어 자연적인 진행속도 이상으로 급격히 악화된 것이라고 봄이 타당하므로, 직무수행 및 교육훈련을 비롯한 원고의 군 공무수행과 이 사건 상병 사이에는 상당인과관계가 있다. 다음 사정들을 종합하면 최소한 2004. 7.경에는 원고가 헬기레펠 훈련 중 우측 발목을 부상했던 것으로 보인다. ① 원고는 강동성심병원 수술 직후 국군고양병원에 입원한 2004. 11. 23.부터는 낙하 훈련을 하다가 다쳤다는 사실을 구체적으로 언급하였고, 이후 작성된 각 병원의 의무기록지를 비롯하여 의무기록조사서, 공무상병확인서에도 원고가 헬기레펠 훈련을 하다가 우측 발목을 다쳤다는 사실이 지속적이고 반복적으로 기재되어 있다. ② 원고가 2004. 3. 11. 헬기레펠 훈련을 하였다는 사실을 확인할 수 있는 부대일지 등의 자료는 없지만, 2004. 7. 22. 헬기레펠 훈련을 한 사실은 부대일지로 확인이 된다. 그리고 원고가 최초로 외래진료를 받은 2004. 8. 12.은 2004. 7. 22. 헬기레펠 훈련을 했을 때부터 약 20일 정도밖에 지나지 않은 때이다. ③ 국군병원에서는 공상 여부에 대한 판단을 위한 조사를 거쳐 원고가 2004년 7월경 헬기레펠 훈련을 하면서 발목을 손상하여 원고의 부상이 공무상 상병이라고 판단하였다. 또한 원고와 같은 부대에서 근무하였던 동료들도 인우보증서를 통해 원고가 2004년경 헬기레펠 훈련 중 발목을 다쳤다고 진술하고 있다. ④ 원고는 2004년경 족관절 탈구의 진단을 받았으므로 그 무렵 탈구가 발생할 만한 사고가 있었을 것으로 보인다. 그런데 원고가 주장하는 헬기레펠 훈련 외에 원고가 다른 사고를 당하였다고 볼 만한 자료는 없고, 족관절 탈구가 원고의 신체조건 등에 따라 자연적으로 발생했다고 볼 만한 사정도 없다(원고에게 발목의 불안정성은 있었던 것으로 보이나 그러한 사정만으로 족관절 탈구가 자연적으로 발생했다고 보기는 어렵다). ⑤ 헬기레펠은 헬기를 착륙시키지 않고 헬기에서 줄을 걸어 직접 하강하는 것이므로 발목을 다칠 수 있을 만한 훈련이다. ⑥ 한편, 원고에게는 발목의 불안정성이 있어서 자주 접질리면서 그러한 원고의 상태도 족관절 탈구에 관여되었을 수 있는 점, 강동성심병원 의무기록지에 원고가 군인이라는 것은 나타나 있지 않고 진료기록지에는 자주 접질린다는 기재만 있는 점, 간호기록지의 기재상 운동이라는 표현이 군사훈련과 별개라고 단정할 수 없는 점, 원고의 증상이 최초 발생 시부터 장기간 진행되어 그 발생 시점 등을 정확히 기억하기 어려웠을 것으로 보이는 점 등에 비추어 볼 때 강동성심병원의 진료기록부에 6개월 전부터 자주 접질린다거나 운동하다가 다쳤다는 취지의 기재가 있다거나 각 병원 진료기록부 등에 최초 부상일지 일치하지 않는 부분이 있다는 사정만으로 2004. 7.경 헬기레펠 훈련 중 부상이 없었다고 보기는 부족하다.

(58) 【우측 슬관절 반월상 연골 파열】 2017. 1. 20. 대대 혹한기 훈련으로 야간행군을 실시하였는데 행군 중 무릎에 극심한 통증을 느껴 군병원에 입원하였으나 수술이 불가하여 민간병원에서 수술을 받고 의병전역 하였다며 등록을 신청하였는바, ① 의학자문결과 진구성(old)이라는 의학적 소견이 제시되었고 ② 입대 전 외상력과 통증을 느낀 기록만이 확인될 뿐 군 복무 와 관련하여 우측 슬관절 부위에 특별한 외상력을 입은 기록이 확인되지 않은 점으로 보아 급성으로 발생한 상이로 보기에는 어려움이 있으며, ③ 군 입대 이전 병변이 군 직 무수행 등으로 인해 자연경과적인 진행 속도 이상으로 급격하게 악화되었다고 볼 만한 입증자료도 확인하기 어렵다'는 등의 이유로 요건 비해당 처분되었으나, 기왕증인 퇴행성 관절염이 있다는 사실만으로 상당인과관계가 부정되지 않는다는 점 등을 근거로 재해부상군경으로 인정된 사례(의정부지방법원 2020. 5. 19. 선고 2018구합16906 판결)

• **법원의 판단요지**

원고는 군 복무 중 통증을 호소하기는 하였으나 통상적인 훈련, 작업에 빠지지 않고 참가하는 등 정상적인 생활을 하는 데 문제가 없었다. 그런데 입대 후 4개월 정도가 지나 참가한 행군훈련 중 20km를 마치고 걸을 수 없는 정도의 통증을 호소하며 더 이상 행군훈련을 지속하지 못하였고, 입원 후 의병전역하게 되었다. 2015. 1.경 수술은 외상으로 인한 것으로 당시에는 미세한 관절연골의 손상이 있었을 뿐 결손이나 관절 내 유리체 등은 관찰되지 않았다. 반면 2017. 발생한 이 사건 상이는 우측 무릎 연골 부위의 광범위한 손상으로 수술하였다. 피고 측 자문의의 소견은 무릎에서 관찰되는 퇴행성 관절염이 입대 전부터 존재하였을 것이라는 취지이다. 그러나 이 사건 상이와 같은 관절 연골의 손상은 무릎에 무리한 하중이 가해지는 경우 또한 연골손상의 주된 원인에 해당하며, 퇴행성 관절염이 있는 경우 필연적으로 연골손상으로 이어진다고 단정하기도 어려운 점을 고려할 때, 위와 같은 소견이나 원고에게 기왕증인 퇴행성 관절염이 있다는 사실만으로 상당인과관계가 부정된다고 볼 수는 없다.

(59) 【경추간판 장애, 오른쪽 발목 인대 및 비골신경의 손상】 2014. 1. 20.부터 1. 23.까지 혹한기 훈련을 하다가 1. 21. 도로 결빙지역에서 오른쪽 발목을 접질렸다며 등록을 신청하였는바, 이 사건 사고에 대한 객관적인 자료가 없고 오른쪽 발목 통증이 수년전부터 증상이 시작되었다는 내용이 있어 비해당 처분되었으나, 동료들의 인우보증서 등에 비추어 훈련과 상이 사이의 상당인과관계를 인정한 사례(의정부지방법원 2020. 5. 11. 선고 2019구단6299 판결)

• 법원의 판단요지

의료기록에 이 사건 사고가 제대로 명시되지 않은 것은 맞으나 이는 사고 직후 원고가 적극적으로 치료를 받지 않은 탓이고, 함께 훈련을 받던 원고가 속한 부대의 동료들이 원고가 발목을 접질리는 현장을 목격하였다는 내용의 인우보증서를 작성한 점에 비추어 이 사건 사고가 그 시기에 실제로 발생하였다고 봄이 타당하다. 이 법원의 신체감정 결과 감정의는, '2012. 4. 9.경 양쪽 발목 관절이 유사한 상태에 있었으나 2014. 9.경 오른쪽 발목 관절이 더 악화된 소견 등에 비추어 이 사건 사고로 인해 오른쪽 발목 관절에 심한 인대 손상이 발생하고 업무 및 훈련 탓에 점진적 손상이 누적되어 외상성 관절염으로 발전한 것이어서 이 사건 사고와의 연관성은 90%라고 판단된다'는 의견이므로 결국 이 사건 상병은 원고가 혹한기 훈련 중 이 사건 사고를 당하면서 발병하였다고 봄이 타당하다.[149)]

(60) 【우측 슬관절 내측 반월상연골 양동이 손잡이형 파열】 2009. 9.경 훈련소 유격훈련 중 우측 슬관절 전방십자인대 파열 및 내측 반월상연골 양동이 손잡이형 파열

149) 훈련 중 이 사건 상이를 입었다면 공상군경으로 볼 수 있으나, 혹한기 훈련을 계기로 손상이 발생한 후 복무 중 손상이 누적되어 이 사건 상이에 이르게 된 것으로 보아 재해부상군경으로 인정되었다.

진단을 받았다며 등록을 신청하였는바, 입대 전부터 있던 병변으로 보이고 자연경과 이상으로 급속히 악화되었다고 볼 객관적 근거가 없다는 이유로 비해당 처분되었으나, 입대 후 원고의 우측 슬관절 내측 반월상 연골판 파열이 자연경과 속도 이상으로 악화되었을 가능성을 이유로 재해부상군경으로 인정된 사례(서울행정법원 2020. 2. 20. 선고 2019구단52624 판결)

• **법원의 판단요지**

인정사실 및 갑 제5호증의 기재에 변론 전체의 취지를 종합하면 위 상이는 원고의 교육훈련으로 인하여 발생하였거나 자연경과적인 진행속도 이상으로 급격하게 악화된 것이라고 봄이 상당하다.

가) 이 사건 진료기록감정의는 '우측 슬관절 내측 반월상연골 양동이 손잡이형 파열'은 통상 종파열 등 내측 반월상 연골판의 손상이 있다가 외상 혹은 비틀림으로 인해 악화되는 경우가 흔하다는 의학적 견해를 밝혔고, 군사기초훈련 중 원고가 유격훈련을 받으면서 수행한 점프 후 착지하는 동작 등은 슬관적 부위에 상당한 부담을 줄 수 있는 것으로 보이므로, 원고의 우측 슬관절 내측 반월상 연골판의 파열의 정도 및 형태를 자연경과 속도 이상으로 악화시켰을 가능성이 인정된다.

나) 국군수도병원의 2009. 10. 30.자 외래기록지에는 원고가 '무릎을 완전히 신전시키기 힘들다.'고 호소한 것으로 기록되어 있는데 이는 양동이 손잡이형 파열의 전형적인 증상에 해당하는 것으로 보인다. 그런데 원고가 주장하는 유격훈련 과정에서의 부상 이전에도 원고에게 이러한 증상이 있었다고 볼 만한 정황이 없고, 오히려 원고는 2009. 9. 10. 육군 훈련소에서 군사기초훈련을 시작하여 2009. 9. 24.경까지 2주 가량의 기간 동안에는 별다른 문제 없이 훈련을 수행하여 온 것으로 보인다.

다) 원고는 사고 발생 당일인 2009. 9. 24. '오늘 우측 무릎에 부상을 입었다'는 취지로 진술하였고, 2009. 9. 30. '금일 저녁 계단 내려가던 중 삐끗한 후 통증이 악화되었다.'는 취지로 진술하였으며, 2009. 10. 10. B병원에서 상이의 발병경위에 관하여 '유격 후에 통증이 심해졌다.'고 진술한바 있다. 원고의 최초 국가유공자 등 등록신청은 이와 같은 진술들이 이루어진 때로부터 2년 가량 결과한 2011. 10. 11. 이루어진 점에 비추어, 상이의 경위에 관한 위 진술들이 국가유공자등 등록 신청을 염두

에 두고 허위로 이루어졌을 가능성은 그다지 높지 않다고 보았다.

라) 원고가 입대 전인 2006. 5. 16. C의원에서 무릎 관절증으로 1회 진료르 받은 내역이 확인되나, '우측 슬관절 내측 반월상연골 양동이 손잡이형 파열'의 상이로 진단을 받거나 치료를 받았던 것으로 보이지는 않는다.

4) 따라서 이 사건 보훈보상대상자 비해당 결정 처분 중 '우측 슬관절 전방십자인대파열'에 관한 부분은 적법하고, '우측 슬관절 내측 반월상연골 양동이 손잡이형 파열'에 관한 부분은 위법하므로 취소되어야 한다.

(61) 【우측 족관절 관절염】 2008. 6. 20. 해상훈련 실시간 야간 침투훈련 시 낙상으로 '우측 발목'에 부상(족관절 관절염)을 입었다며 등록을 신청하였는바, 이에 대해서는 퇴행성 관절염이 동반한 것으로 확인되고 증상이 발현한 지 상당 기간 경과한 후 진료 받은 기록이 확인될 뿐 군복무 중 외상을 입고 급성 증상으로 진료 받은 기록이 확인되지 아니하며 병사와 달리 비교적 영외 출입과 이동의 자유가 보장되는 장교인 점 등을 감안하면 훈련 중 부상과 관련하여 발생하였거나 자연경과적인 진행 속도 이상으로 급격하게 상태가 악화되었다고 보기 어렵다는 이유로 비해당 처분되었으나, 교육훈련 중 낙상하는 사고 등이 이 사건 상이를 자연경과적인 진행속도 이상으로 급격하게 악화시켰을 가능성이 있다는 점 등을 감안하여 재해부상군경으로 인정된 사례(서울행정법원 2020. 8. 13. 선고 2019구단3493 판결)

• **법원의 판단요지**

2008. 6. 20. 발생한 제1사고(야간침투훈련 시 낙상) 이전에 원고의 우측 발목 부위에 이미 상당한 손상이 존재하였을 것으로 보이기는 함. 그러나 진료기록감정의는 족관절 연골의 인장강도가 강하고 고관절, 슬관절에 비하여 단단한 연골하골을 갖고 있으므로 족관절의 관절염은 외상 없이 발생하기 힘들고 동일 부위의 반복된 외상으로 악화되었을 것이라는 의학적 견해를 밝혔는바, 교육훈련 중 낙상하는 제1하고 등이 원고의 우측 발목부위에 부담을 주어 원고의 우측 발목 상이를 자연경과적인 진행속도 이상으로 급격하게 악화시켰을 가능성이 있음. 2008. 7. 6. 을지병원에서 "약 3년 전에 훈련 받다가 부상에 의해 우측 발목 통증이 생겼으나 별다른 치료 없이 지낸 후 잦은 손상이 누적되어 오다가 약 3개월 전부터 통

증이 악화되기 시작하였다."라고 진술하였고, 2009. 1. 11. 같은 병원에서 "2004년 훈련 도중 우측 발목에 통증이 발생하였다."고 진술하였는바 1995. 3. 1.부터 2018. 2. 18.까지 23년간 군복무를 하면서 그 직무수행 내지 교육훈련 중에 우측 발목부위에 부담 가하는 동작을 여러 차례 취하였을 것이고 그로 인하여 반복적인 외상을 입었을 것으로 보임.

(62) 【좌측 무릎 외측 반월상 연골 파열】 특수전학교에서 특전병 교육을 수료한 후 공수교육(착지)과정에서 착지 훈련을 되풀이 하게 되자 좌측 무릎 통증이 발생하여 무릎 외측 반월상 연골 파열진단을 받았으며 이어 외측 반월상 연골 후각부 절제술 및 봉합술을 받았다며 등록을 신청하였는바, 입대 전부터 좌측 무릎 부위의 과거력이 확인되고 입대후 급성으로 발병하였음을 인정할 만한 특별한 외상력 없이 증상 지속된 기록이 확인 되는 점 등을 감안하여 비해당 처분하였으나, 기존 질병의 자연경과적 속도 이상의 급격한 악화로 보아 재해부상군경으로 인정된 사례 (창원지방법원 2020. 4. 29. 선고 2019구단11034 판결)

- **법원의 판단요지**

이 사건 2차 수술을 담당한 의사는, 원고가 최초 수술력(기존질환)이 있으나 이후 2년 8개월간 증상이 없는 상태로 추가적 발병 및 악화에 대해서는 발병부위에 무리가 가는 업무활동 또는 외상력에 기인한 것으로 인과관계가 있다는 소견이고, 반면 피고 자문의는 2018. 7. 9. 원고의 MRI 상 이 사건 2차 수술 후 외측에 골극 등 관절염 상태가 나타나고 만성으로 사료된다는 소견임. 이 법원 진료기록감정의의 이 사건 상병에 대한 의학적 소견 중 주요 내용은 다음과 같다. ① 원고가 2015. 1. 10. 진단받은 좌측 슬관절 외측 반월상 연골변성을 동반한 피판파열은 퇴행성 변화나 하지에 축성압력이 가해질 때 발생할 수 있고, 이 사건 1차 수술 후 축구선수로서 활동은 가능하나 퇴행성 변화가 서서히 진행될 수 있음, ② 이 사건 상병은 좌슬관절 반월상 연골판 전외부 제거상태에서 후각부 변연부 파열이 있다는 점에서 위의 상병과 차이가 있음, ③ 이 사건 상병은 손상으로 인하여 급성으로 발생하기보다는 기존 질병의 자연경과적 진행속도 이상의 급격한 악화로 발생할 수 있음(2018. 7. 9. 이 사건 상병 진단 시 영상 소견상 최근 1주일 이내 골절, 미세출혈 등에 의한 외상 또는 급성 손상은 없음), ④ 이 사건 1차 수술 후 원고가 참가한 27회의 축구경기와 입대 후 공수교육훈련(뜀걸음, 착지)이 모두 이 사건 상병의 원인이 될 수 있고, 입대 전 입은 손상부위와 입대 후 입은 손상부위는 상이함. 그러므로 이 사건 상병은 원고가 군에서 수행한 직무수행이나 교육훈련으로 인하여 발생하였거나 자연경과적인 진행 속도 이상으로 급격하게 악화된 경우로서 그와 상당인과관계가 있다.

(63) 【우측 슬관절 전방십자인대 파열】 2009. 8.경 해상침투훈련 중에 있었던 중대 대항 씨름경기에 중대 대표로 참가하여 씨름을 하다가 무릎이 뒤틀린 상태로 넘어지면서 부상을 입어 재해부상군경으로 처분되었으나, 위 씨름경기는 국가의 수 · 안전보장 등과 직접적인 관련이 있는 교육훈련이므로 공상군경으로 인정된 사례(청주지방법원 2019. 12. 19. 선고 2019구합6203 판결)

- 법원의 판단요지

제○○공수여단이 2009. 8. 5. 실시한 해상침투훈련은 군인의 수색, 정찰 등 임무와 관련하여 군인이 기본적으로 가져야 할 체력 및 전투기술을 배양하기 위한 것이므로 국가유공자법 시행령 제3조 제1항 [별표 1] 제2호 2－2의 '군인의 경계 · 수색 · 매복 · 정찰 · 장비 · 물자 등과 직접 관련된 실기 · 실습 · 교육훈련'에 해당함. 원고 소속 중대의 중대장이었던 송□□의 증언에 따르면, 해상침투훈련은 바닷가에서 육지로 침투하는 것을 목적으로 이루어지는 것으로 수영뿐만 아니라 대항군을 만났을 때 이를 제압하는 것 또한 포함되는데, 사건 당일 중대 대항 씨름경기는 해상침투훈련의 일환으로 이루어진 것이고 이와 같은 증인 송□□의 증언은 증인의 진술태도와 그 내용의 구체성 · 일관성 등에 비추어 신빙성이 있음.

(64) 【오른손 검지 및 중지 부위 절손】 1970. 6.경 월남 참전 중 수도사단 공병대대에서 근무하면서 손가락 부상을 입었다며 등록을 신청하였는바, 군 병원에 입원한 기록이 없고 부상부위 및 부상경위를 입증할 수 있는 병상일지 등의 의무기록도 확인되지 아니하며 최초 주민등록증 발급 신청서상에도 10개 손가락 지문이 모두 확인되고 있음 등을 이유로 비해당 처분하였으나, 증언 등을 토대로 군수품의 정

비 및 관리 직무수행이 직접적인 원인이 되어 발생한 사고로 상이를 입은 사람에 해당된다고 보아 공상군경으로 인정된 사례(인천지방법원 2020. 9. 11. 선고 2019구단1002 판결)

• **법원의 판단요지**

원고는 군인으로서 군수품의 정비 및 관리 직무수행이 직접적인 원인이 되어 발생한 사고 상이를 입은 사람에 해당한다고 봄이 타당함. 증인 박○○의 증언 및 변론 전체의 취지에 의하면, 원고가 1970. 6.경 월남참전 중 수도사단 공병대대에서 근무하면서 수도사단 예하 기갑연대에서 발전기를 수리하다가 프로펠라에 오른손가락이 부딪치는 사고를 당하여 오른손 검지와 중지에 절상의 부상을 입은 사실이 인정됨. 피고는 상이를 입었다는 객관적인 자료가 없고 1975년 작성된 주민등록표 신청서 상 10손가락의 지문이 뚜렷한 점을 이 사건 처분의 이유로 들고 있으나, 당시 전쟁 상황에서 군병원에 입원하지 아니하고 자대 의무실에서 손가락을 치료받으면서 근무를 계속하였다는 원고의 주장에 수긍이 되고, 손가락 절상을 입어 검지, 중지에 변형이 나타난 것이므로 지문이 뚜렷한 점은 위 사실인정에 방해가 되지 아니함.

(65) 【발목 및 발목부위 인대파열, 이단성 골연골염】 입영신체검사에서 발목 불안정성으로 신체등급 3급을 받아 발목 통증을 견디며 복무 중 버스계단에서 내리다가 우측 발목을 접질러 발목 수술을 받은 후 신체등급 4급으로 조정되었고, 이후 사회복무요원으로 복무 중 업무를 하다가 바닥에 넘어지며 부상을 입었다며 등록을 신청하였는바, 입대 전 15회 진료 받은 내역이 있는 등 과거력을 이유로 비해당 처분되었으나, 군 입대 후 시행된 각종 훈련 등이 자연경과 이상으로 발목을 악화시켰을 가능성이 높다는 점 등을 감안하여 재해부상군경으로 인정된 사례(대전지방법원 2020. 11. 12. 선고 2019구단101252 판결)

• **법원의 판단요지**

원고는 2011년경부터 발목의 만성 염좌 및 긴장으로 지속적으로 치료 받았고 발목 만성 염좌의 악화는 지속적인 발목 접지름으로 인하여 악화되며, 군 입대 후 시행된 각종 훈련 등은 자연경과 이상으로 발목을 악화시켰을 가능성이 높으며, 특히 2017. 6. 18. 휴가 복귀 중에 발생한 '외상(발목 접지름)'은 인대의 만성화 염좌 상태에서 '급성 손상 상태'로 자연경과 이상으로 급격히 악화시켰을 가능성이 매우 높음. 2018. 11.경의 MRI상 이전에 수술 받은 우측 발목 외측 인대는 수술 후 상태가 유지되고 있으나, 거골 외측의 이단성 골연골염은 2017. 7.경의 MRI 영상과 비교하여 이단성 골연골염 병변의 크기 및 깊이가 커져 있어 악화된 상태에 해당함. 원고가 받은 미세천공술 및 자가 줄기세포 이식술은 거골외측에 있는 박리성 골연골염에 대하여 시행한 수술로 이는 2017. 7.경의 MRI 상 관찰되는 이단성 골연골염 병변이 지속적으로 악화된 병변에 관한 수술임. 2018. 2. 5. 당시의 부상이 기존의 박리성 골연골염에 영향을 주어 병변이 악화되었을 가능성을 배제할 수 없으며, 외상은 박리성 골연골염 병변의 주요 발생 원인임. 원고가 미세 천공술 및 자가 줄기세포 이식술을 받아야 할 정도로 증상이 악화된 주원인은 발목 인대의 재손상이 아니라 '박리성 골연골염'의 악화로 인한 것이며, MRI 상 박리성 골연골염의 악화는 자연경과적인 악화라기 보다는 2018. 2. 5. 사회복무요원으로 근무 중 발생한 외상으로 인한 것임.

(66) 【좌측 발목의 박리성 골연골염】 2014. 7. 30. 사회복무요원 복무지인 어린이집으로 택시를 타고 출근하던 중 교통사고가 발생하여 기왕증인 좌측 발목의 박리성 골연골염이 심화되었다며 등록을 신청하였는바, 기존 질병인 좌측 족관절의 박리성 골연골염이 자연 경과적인 진행속도 이상으로 급격히 악화되었다고 보기 어렵다는 이유로 비해당 처분되었으나, 이 사건 사고로 인해 기존 질병이 급속히 악화된 점을 감안하여 재해부상군경으로 인정된 사례(서울고등법원 2020. 5. 27. 선고 2017누51138 판결)

• **법원의 판단요지**

원고의 이 사건 기존 질병은 이 사건 사고 발생 이전에는 안정적인 상태를 유지하고 있었다. 원고는 2012. 4.경 이 사건 기존 질병에 대해 마지막 치료를 받은 후 이 사건 사고 발생 이전까지 약 2년 3개월간 이와 관련하여 추가로 진료를 받지 않았고, 사고 발생일인 2014. 7. 30.까지 사회복무요원으로 근무하면서 이 사건 기존 질병으로 말미암아 큰 어려움을 겪지 않았으며 좌측 족관절의 통증을 호소하지도 않았다. 안정적인 상태를 유지하고 있던 원고의 이 사건 기존 질병은 이 사건 사고 발생 이후 급격하게 악화되었다. 원고가 이 사건 사고를 당한 직후인 2014. 8.경에 이르러서는 골연골 병변의 크기가 전보다 다소 증가하는 등 연골 손상 범위가 넓어졌고 거기에 골낭종과 골부종의 증상까지 동반될 정도로 악화되었다. 이 사건 사고 발생이 원고의 이 사건 기존 질병의 급속한 악화에 주요 원인이 되었다. 제1심의 고려대학교 구로병원장에 대한 진료기록감정촉탁 결과와 이 법원의 대한의사협회 의료감정원장에 대한 사실조회 결과에 따르면, '거골 내측에 발생한 골연골염이 외상에 의하여 발생할 수 있다'고 보고 있다. 그뿐 아니라 위 감정촉탁 및 사실조회결과에 따르면 이 사건 사고 당시 원고의 족관절 위치에 따라 족저굴곡에 의한 충격을 받았을 가능성도 배제할 수 없고, 이 사건 사고로 인한 족관절 부위의 충격이나 외상으로 인하여 박리성 골연골염이 급성 손상으로 병변이 악화되거나 증상이 악화될 가능성이 높으며, 이 사건 기존 질병의 악화에 이 사건 사고의 기여도가 50%에 이른다고 보고 있다. 게다가 이 사건 사고 발생 전 또는 그 직후에 원고의 사회복무요원 복무와 무관한 사적 영역에서 이 사건 기존 질병의 급격한 악화를 가져올 수 있는 요인이 있었다고 볼 사정도 찾아볼 수 없다. 이와 같은 제반 사정을 고려할 때, 이 사건 기존 질병의 악화가 이 사건 사고로 인한 것이라는 것이 의학적 · 자연과학적으로 명백히 증명된 것은 아니라고 하더라도, 이 사건 시설에 출근하던 도중 발생한 이 사건 사고 발생 이후에 안정 적인 상태를 유지하고 있던 원고의 이 사건 기존 질병이 급격하게 악화되었다면, 원고의 직무수행과 이 사건 기존 질병의 급격한 악화 사이에 상당인과관계가 있다고 추단된다.

(67) 【요추 3-4번, 4-5번 추간판탈출증】 복무 중 총기운반 업무와 유격훈련으로 인하여 자연경과 이상으로 악화되었다며 등록을 신청하였는바, 구군대구병원 전문의 소견을 감안하여 재해부상군경으로 인정된 사례(서울고등법원 2020. 1. 22. 선고 2017누67645 판결)

• **법원의 판단요지**

원고는 입대 전에 이미 허리통증으로 진료를 받은 바 있으나 이 사건 상이와 같은 병명으로 진단받거나 치료를 받은 사실은 없다. 원고는 2008. 3.경 입대 직후 총기

계원으로 근무하다가 허리부위에 통증을 느끼게 되자 그에 대한 검진과정에서 제4-5번 추간판탈출증이 확인되었고, 2009. 5.경 유격훈련을 받은 이후에 허리부위에 통증을 느끼게 되자 그에 대한 검진과정에서 제3-4번 추간판탈출증이 확인되었다. 이와 같은 증상 발생시기와 치료경위 등에 비추어 보면, 이 사건 상이의 발생시기가 입대 전이라고 하더라도 그 증상이 급격하게 악화된 데에는 원고의 직무수행이나 원고가 받은 교육훈련이 상당 부분 영향을 미친 것임을 어렵지 않게 알 수 있다. 경희대학교병원 감정의는 이 사건 상이의 발병 또는 악화에 총기운반업무와 유격훈련이 70% 기여했다는 소견을 제시하였다. 국군대구병원 전문의는 이 사건 상이의 발생 또는 악화의 주된 요인이 총기운반업무, 유격훈련이라는 소견을 제시했다. 그렇다면 원고의 주위적 청구는 이유 없어 이를 기각하고, 원고의 예비적 청구는 이유 있어 이를 인용하여야 한다.

(68) 【요추간판탈출증(L5-S1)】 복무 중 배터리 상자를 운반하다가 이 사건 상이를 입었다며 등록을 신청하였는바, 이 사건 상이가 국가의 수호 · 안전보장 또는 국민의 생명 · 재산보호와 직접적인 관련이 있는 직무수행으로 인하여 발생한 것으로는 인정되지 않고, 그와 관련이 없는 군 직무수행 또는 교육훈련 중 자연경과 이상으로 악화된 것이라는 이유로 공상군경이 아닌 재해부상군경으로 인정되었으나, 이 사건 상이가 '군수품의 정비 · 보급 · 수송 및 관리행위' 도중 허리에 순간적으로 가하여진 과도한 하중이 직접적인 원인이 되어 급성으로 발생한 것으로 보아 공상군경으로 인정된 사례(서울고등법원 2016. 1. 29. 선고 2015누42130 판결)

• **법원의 판단요지**

원고는 군 입대 이전에 허리와 관련하여서는 이를 사용함에 있어 특별한 문제가 없는 상태에서 입대한 것으로 보이고, 원고가 2002년 말경 허리부분의 통증으로 1회 치료받은 경력이 있기는 하나 당시 요통이 있었던 부위와 원인이 특정되지 않았고, 그로 인하여 추가치료를 받은 것으로 보이지도 않는 점, 원고에 대한 공무상병인증서, 발병경위서, 전공상심사의결서상으로는 원고의 발병 경위 및 그 후 치료 경과에 대하여 비교적 자세하게 시간순으로 기재되어 있는데, 비록 국군벽제병원 진료기록상 최초 수상일이 다소 다르게 기재되어 있다고 하나, 다른 기록들에 의하면 원고가 2004. 말경 혹은 2005. 초경 겨울철에 무거운 통신용 배터리 상자를 운반하다가 허리의 급작스런 심한 통증을 호사하였고 그 후부터 의무대에서 치료를 받아오다가 호전되지 않아 국군벽제병원 및 기타 외부병원에서 진료 및 수술을 받게 된 과정을 충분히 알 수 있는 점, 진료기록감정의는 원고의 추간판탈출증에 대하여 기왕증이 50% 정도라고 하면서도 '입대한 이후 의무대를 방문하기 전까지는 군 업무를 별 문제 없이 수행하였던 것으로 보이므로 증상을 일으킬 정도가 아니었다'는 의견을 제시한 점 등을 종합하여 보면, 이 사건 상이는 "군수품의 정비 · 보급 · 수송 및 관리행위" 도중 허리에 순간적으로 가하여진 과도한 하중이 직접적인 원인이 되어 급성으로 발생한 것으로 인정함이 타당하다.

CHAPTER

04

상이등급 판정

Chapter 04

상이등급 판정

국가유공자 또는 보훈보상대상자가 되기 위한 요건심사를 통과하면 신체검사를 통해 상이등급을 판정받게 된다. 국가유공자법에서 정하고 있는 신체검사의 종류, 상이등급 판정의 효력 및 상이의 추가인정 등에 관해서는 보훈보상대상자 등 다른 국가보훈대상자들에게도 준용된다.[1] 따라서 이하에서 설명하는 내용은 국가유공자뿐만 아니라 전체 국가보훈대상자의 신체검사에 대한 설명으로 이해하면 된다.

제1절 | 신체검사

1. 의의(意義)

앞서 본 바와 같이, 국가보훈처장은 보훈심사위원회의 요건심사 결과 전상군경 · 공상군경 · 4 · 19혁명부상자 · 공상공무원 · 국가사회발전특별공로상이자 · 재해부상군경 · 재해부상공무원으로 결정된 희생 · 공헌자 및 다른 법률에서 국가유공자법의 예우 등을 받도록 규정된 사람에 대해 그가 입은 상이정도 또는 상이처의 변경 등으로 인한 상이등급을 판정하기 위하여 신체검사를 실시한다.[2]

1) 보훈보상자법 6조 2항, 고엽제법 6조의2, 특수임무유공자법 3조

2. 신체검사의 대상

신체검사의 대상은 아래와 같다.

구분	대상자
국가유공자	국가유공자법 제4조 제1항 제4호(전상군경), 6호(공상군경), 제12호(4 · 19혁명부상자), 제15호(공상공무원), 제17호(특별공로상이자) 및 제73조(6 · 18자유상이자)로 등록되었거나 등록될 사람의 상이정도 또는 상이처의 변경 등으로 인한 상이등급 판정을 위한 신체검사를 받는 사람
보훈보상대상자	보훈보상자법 제2조 제1항 제2호(재해부상군경), 제4호(재해부상공무원)로 등록되었거나 등록될 사람의 상이정도 또는 상이처의 변경 등으로 인한 상이등급 판정을 위한 신체검사를 받는 사람
국가유공자등의 유족 또는 가족	국가유공자법 시행령 제7조 및 제21조, 보훈보상자법 시행령 제4조 및 제12조, 5 · 18민주유공자법 시행령 제5조 및 특수임무유공자법 시행령 제5조에 따라 생활능력이 없는 정도의 심신장애 판정을 위한 신체검사를 받는 사람
독립유공자의 유족 또는 가족	독립유공자법 시행령 제13조에 따라 부양능력이 없는 정도의 장애 판정을 위한 신체검사를 받는 사람
고엽제후유증환자	고엽제법 제5조 제1항(고엽제후유증)에 해당하는 질병으로 결정된 사람의 상이정도 또는 상이처의 변경 등으로 인한 상이등급 판정을 위한 신체검사를 받는 사람[3]
고엽제후유증의환자 및 2세환자	고엽제법 제5조 제2항(고엽제후유의증) 및 제3항(고엽제후유증2세환자)에 해당하는 질병으로 결정된 사람의 장애정도 또는 장애상태의 악화 등으로 인한 장애등급 판정을 위한 신체검사를 받는 사람[4]
특수임무유공자	특수임유공자법 제3조 제2호(특수임무부상자)로 등록되었거나 등록될 사람의 상이정도 또는 상이처의 변경 등으로 인한 상이등급 판정을 위한 신체검사를 받는 사람[5]

2) 법 6조의3 1항
3) 고엽제법 6조의2 1항
4) 고엽제법 6조의2 2항
5) 특수임무유공자법 3조 2호

3. 신체검사의 종류

종류	신규	재심	재확인	재판정
대상	최초 등록 신청 후 보훈심사위원회에서 심의 · 의결한 인정 상이 또는 고엽제 질병에 대한 검진 결과 해당 질병으로 인정한 경우 실시하는 신체검사[6]	신규 신체검사 판정에 이의가 있는 사람에 대하여 실시하는 신체검사[7]	신규 · 재심 · 재확인 신체검사에서 상이 또는 장애등급을 판정받지 못한 사람에 대하여 실시하는 신체검사[8]	상이 또는 장애등급을 받은 법적용대상자 중 본인의 신청 또는 처장의 직권에 의하여 상이등급을 다시 판정하기 위해 실시하는 신체검사[9]
방법	상이 또는 질병 해당 시 본인에게 안내	신체검사 결과 통지서를 받은 날부터 60일 이내에 신청	최종 판정일부터 2년 경과 또는 상이처 악화 · 재발 시 신청	• 신청 : 판정일부터 2년 경과 또는 상이처 악화 · 재발 시 • 직권 : 뇌경색 등 22개 질환에 대해 상이등급 판정을 받은 후 2~3년 이내
신검 서류	• 심의의결서 및 고엽제 검진 통보서 • 병상일지 및 검진 결과지 등 신체검사 관련 서류	• 신규 신검 시 관련 서류 일체	• 종전 신체검사 시 관련 서류 일체	• 종전 신체검사 시 관련 서류 일체 • 추가 인정 상이처 신청 시 심의의결서 등 관련 서류
	수검자가 신체검사와 관련하여 제출한 서류(진단서, 영상자료, 진료기록지 등)			

가. 신규신체검사

국가유공자법 제6조 제1항에 따라 등록을 신청한 사람에 대하여 보훈심사위원회가 국가유공자 또는 보훈보상대상자의 요건에 해당한다고 심의 · 의결한 경우에 실시하는 최초의 신체검사이다.[10]

6) 법 6조의3 2항 1호
7) 법 6조의3 2항 2호
8) 법 6조의3 2항 3호
9) 법 6조의3 2항 4호
10) 법 6조의3 2항 1호

나. 재심신체검사

신규신체검사의 판정에 이의가 있는 경우에 실시하는 신체검사이다.[11] 재심신체검사를 신청하는 사람은 그 사유를 작성하여 신체검사결과 통지서를 받은 날부터 60일 이내에 국가보훈처장에게 신청할 수 있다. 국가보훈처장은 신청이 이유 있다고 인정할 때에는 재심 신체검사를 하여야 한다.[12]

다. 재확인신체검사

신규신체검사나 재심신체검사에서 상이등급의 판정을 받지 못한 사람에 대하여 실시하는 신체검사이다.[13] 판정이 있은 날부터 2년이 지나거나, 상이처의 재발이나 악화 등으로 상이등급 판정을 받을 수 있는 상당한 사유가 있는 경우에 등록을 신청하면서 재확인신체검사를 신청할 수 있다.[14] 재심신체검사와 달리 재확인신체검사는 등록절차를 새로이 진행하는 것이다. 따라서 국가유공자법 제6조 제1항에 따른 등록신청서를 다시 제출해야 한다. 다만, 이렇게 할 경우 요건심사를 다시 거쳐야 하지만 동일한 절차를 반복할 필요는 없으므로 요건심사는 생략할 수 있다.[15] 재확인신체검사에서 상이등급의 판정을 받지 못했어도 그 판정이 있은 날부터 2년이 지나거나, 상이처의 재발이나 악화 등으로 상이등급의 판정을 받을 수 있는 상당한 사유가 있는 경우에는 다시 재확인신체검사를 신청할 수 있다.[16] 이때도 등록신청서를 다시 제출해야 함은 물론이다.

---

11) 법 6조의3 2항 2호
12) 영 15조
13) 법 6조의3 2항 3호
14) 영 16조 1항
15) 영 16조 2항. 실무에서는 특별한 사정이 없는 한, 요건심사는 대부분 생략된다. 그런데 요건심사를 생략해서는 안 되는 경우가 있다. 2012년 보훈체계 개편 전에 국가유공자 요건에 해당하는 것으로 보훈심사위원회에서 심의 · 의결된 사람 중 신규신체검사나 재심신체검사에서 상이등급의 판정을 받지 못한 사람이 보훈체계 개편 후 다시 국가유공자 등으로 등록 신청하는 경우에는 보훈심사위원회에서 요건심사를 다시 해야 한다(2012. 6. 27. 대통령령 제23885호로 개정된 구 국가유공자법 시행령 부칙 제2조 참조). 보훈보상대상자 해당 여부도 심사해야 하기 때문이다.
16) 영 16조 4항

라. 재판정신체검사

신규신체검사, 재심신체검사 또는 재확인신체검사에서 상이등급의 판정을 받아 법의 적용 대상이 된 사람 중 본인의 신청 또는 국가보훈처장의 직권에 의하여 상이등급을 재판정할 필요가 있다고 인정되는 사람에 대하여 실시하는 신체검사이다.[17]

(1) 신청에 의한 재판정신체검사

최종 상이등급의 판정을 받은 날부터 2년이 지났거나, 상이처의 재발이나 악화 등으로 상이등급의 변동이 있을 수 있는 상당한 사유가 있는 경우에 재판정신체검사를 신청할 수 있다.[18]

(2) 신청간주에 의한 재판정신체검사

국가유공자가 기존의 상이처 외에 별개의 상이처 인정을 추가로 신청하는 경우, 기존 상이처에 대해 재판정신체검사를 신청한 것으로 본다.[19] 추가 상이처 신청이 있으면 그에 대해서는 별도로 요건심사를 거쳐야 한다.[20] 추가 상이처 자체는 새로운 등록신청이나 마찬가지기 때문이다.

(3) 직권에 의한 재판정신체검사

상이의 특성상 일정한 기간이 지난 후 상이등급을 재판정할 필요가 있다고 인정되는 경우나 그 밖에 상이등급을 재판정할 필요가 있다고 국가보훈처장이 인정하는 경우에는 직권에 의한 재판정신체검사를 실시한다.[21] 직권에 의한 재판정신체검사를 받아야 하는 상이 및 시기는 다음 표와 같다.

---

17) 법 6조의3 2항 4호
18) 영 17조 1항
19) 법 6조의5 2항
20) 법 6조의5 1항
21) 법 6조의3 4항

직권 재판정신체검사 대상 상이 및 시기

구분	질병명	한국표준질병 사인분류코드(KCD)	시기
1. 특정 감염성 및 기생충성 질환	결핵성 수막염	A17.0 †	3년 이후
	바이러스수막염	A87 ~ A87.9	3년 이후
2. 정신 및 행동장애	조현병	F20 ~ F20.9	3년 이후
	양극성 정동장애(조울병)	F31 ~ F31.9	3년 이후
	우울병 에피소드	F32 ~ F32.9	3년 이후
	재발성 우울병장애	F33 ~ F33.9	3년 이후
	외상후 스트레스장애	F43.1	3년 이후
	적응장애	F43.2	3년 이후
3. 신경계통의 질환	수막염	G00.9 ~ G03.9	3년 이후
	얼굴 신경마비	G51.0	2년 이후
4. 눈 및 눈 부속기의 질환	각막 혼탁	H17.1 ~ H17.9	2년 이후
	망막 질환	H33 ~ H42.8*	2년 이후
	유리체	H43 ~ H43.9	2년 이후
	무수정체안	H27.0	2년 이후
5. 귀 및 꼭지돌기의 질환	평형기능 장애	H81 ~ H81.9	2년 이후
6. 순환계통의 질환	뇌경색	I60.1 ~ I67.9	3년 이후
	만성 심부전	I50 ~ I50.9	3년 이후
7. 호흡계통의 질환	후두협착	J38.6	2년 이후
	기관협착	J39.8	2년 이후
8. 소화계통의 질환	턱관절내장증	K07.60	2년 이후
9. 피부 및 피하조직의 질환	피부의 흉터 병태 및 섬유증	L90.5	3년 이후
	비대성 흉터	L91.0	3년 이후
10. 근골격계통 및 결합조직의 질환	결핵성 척추염	M49.0* ~ M49.09*	3년 이후
	교감신경이영양증(복합부위 통증증후군)	M89.0 ~ M89.09	3년 이후

11. 손상, 중독 및 외인에 의한 특정 기타 결과	뇌출혈	S06.6 ~ S06.7	3년 이후
	화상	T20 ~ T25.7, T29 ~ T31.9	3년 이후
비고: 위 표의 시기란의 기간의 기산시점은 상이등급의 판정을 받은 날로 한다.			

4. 신체검사 담당의사

신체검사는 보훈병원의 장이 위촉한 해당 분야 전문의 등 의사가 실시한다. 고엽제 환자는 해당 보훈병원 의사가 실시하지만 전 · 공상 상이자의 경우 객관성을 담보하기 위해 당해 보훈병원 전문의가 아니라 다른 지역의 보훈병원 전문의가 서로 교차하는 방식으로 실시한다(교차 신검).

구분	전 · 공상 상이자	고엽제 환자
신검 시기	매월 1주, 4주 차	매월 2주, 3주차
신체 검사	• 장소 : 5개 보훈병원 신검장 • 신검의 : 보훈병원 전문의 - 보훈병원간 교차 신검	• 장소 : 5개 보훈병원 신검장 • 신검의 : 보훈병원 전문의 - 해당 병원 의사가 신검
등급 판정	보훈심사위원회 심의 · 의결	• 후유증 : 보훈심사위원회 심의 · 의결 • 후유의증 : 지방보훈청장

5. 신체검사 장소

신체검사 장소는 아래 표와 같다.

신체검사 실시기관	신검 대상자	신검 장소
서울지방보훈청	서울지방보훈청 및 서울북부 · 서울남부 · 인천 · 경기남부 · 경기북부 · 경기동부 · 강원서부 · 강원동부보훈지청 관내거주자	중앙 보훈병원
부산지방보훈청	부산지방보훈청 및 울산 · 경남동부 · 경남서부보훈지청, 제주특별자치도 관내거주자	부산 보훈병원
대전지방보훈청	대전지방보훈청 및 충북남부 · 충북북부 · 충남서부 · 충	대전 보훈병원

	남동부보훈지청 관내거주자	
대구지방보훈청	대구지방보훈청 및 경북북부 · 경북남부보훈지청 관내거주자	대구 보훈병원
광주지방보훈청	광주지방보훈청 및 전남동부 · 전남서부 · 전북동부 · 전북서부보훈지청 관내거주자	광주 보훈병원

6. 신체검사 항목

가. 복수의 상이(傷痍)를 인정받은 경우의 신체검사

신체검사는 대상자가 보훈심사위원회로부터 인정받은 상이(傷痍) 모두에 대해 실시한다. 이는 당연한 것이다. 예컨대, 왼쪽 팔과 왼쪽 다리를 각각 상이처로 인정받았으면 팔과 다리 모두에 대해 신체검사를 실시하는 것이다.

나. 상이(傷痍)와 질병(疾病)이 경합하는 경우의 신체검사

보훈심사위원회로부터 인정받은 상이와 고엽제 검진 결과 고엽제후유증으로 인정받은 질병, 즉 상이와 질병이 경합하는 경우에도 상이와 질병 모두에 대해 신체검사를 실시한다.[22] 예컨대, 요건심사에서 추간판탈출증으로 허리에 상이를 인정받았고 고엽제후유증 폐암진단을 받았으면 허리와 폐에 대해 모두 신체검사를 실시하는 것이다. 그런데 이 사례에서 과거 허리의 상이에 대해 '등급기준 미달' 판정을 받은 후 고엽제후유증인 폐암진단을 받은 경우라면 허리의 신체검사는 상이등급을 받아도 실익이 별로 없다. 폐암으로 받을 상이등급이 높을 것이기 때문이다. 그래서 실무상으로는 기존 상이에 대한 신체검사를 포기하고 신체검사를 생략하는 경우가 많다. 그러면 관할지청장은 해당 상이처에 대해 등급기준 미달 소견으로 보훈심사위원회에 심사를 의뢰하게 되고,[23] 보훈심사위원회는 해당 상이처에 대해 '등급기준 미달 판정'을 하게 된다.

---

22) 상이판정 등 신체검사 시행세칙(국가보훈처 훈령 제1362호) 4조 3항
23) 상이판정 등 신체검사 시행세칙(국가보훈처 훈령 제1362호) 4조 4항

다. 추가로 인정받은 상이처의 신체검사

등록신청 후 신체검사 대기 중인 사람 또는 신규 · 재심 · 재확인 신체검사에서 상이등급을 판정받지 못한 사람이 전 · 공상으로 인정받은 상이처 이외의 새로운 상이처를 보훈심사위원회로부터 전 · 공상으로 인정받은 경우에는 이미 인정된 상이처와 함께 신규신체검사 규정을 준용하여 신체검사를 실시한다.[24]

상이등급 판정을 받은 사람이 전 · 공상으로 인정받은 상이처 이외의 새로운 상이처를 보훈심사에서 전 · 공상으로 인정받은 경우에는 법 제6조의 5 제2항에 따라 이미 인정된 상이처와 함께 재판정신체검사 규정을 준용하여 신체검사를 실시한다.[25]

7. 서면에 의한 신체검사

(1) 다음 어느 하나의 해당하는 사유가 있는 경우, 상이등급 판정을 위한 신체검사는 서면심사로 할 수 있다.[26][27]

(가) 법 제1항 제4호(전상군경) · 제6호(공상군경) · 제12호(4 · 19혁명부상자) · 제15호(공상공무원) 및 제17호(국가사회발전특별공로상이자)에 따라 적용대상자로 될 상이를 입은 사람으로서 법 제6조제1항 및 제2항에 따라 국가유공자 등록을 신청하기 전에 사망하여 법 제6조의 3 제2항 제1호에 따른 신규신체검사를 받지 못한 경우

(나) 다음의 어느 하나에 해당하는 사람으로서 본인의 귀책사유 없이 해당 신체검사를 받지 못하고 사망한 경우

1) 법 제4조 제1항제4호(전상군경) · 제6호(공상군경) · 제12호(4 · 19혁명부상자) · 제15호(공상공무원) 및 제17호(국가사회발전특별공로상이자)에 따라 적용 대상자로 될 상이를 입은 사람으로서 법 제6조 제1항 및 제2항에 따라 국가유공자 등록을 신청한 사람

2) 법 제15조에 따른 재심신체검사를 신청한 사람

---

24) 상이판정 등 신체검사 시행세칙(국가보훈처 훈령 제1362호) 8조 1항
25) 상이판정 등 신체검사 시행세칙(국가보훈처 훈령 제1362호) 8조 3항
26) 법 6조의 3 1항 단서
27) 영 13조 각 호

3) 법 제17조에 따른 재판정신체검사를 신청한 사람(동법 제6조의 5 제2항에 따라 재판정신체검사를 신청한 것으로 보는 사람 포함)

(다) 법 제6조의 3 제2항 제1호부터 제3호까지의 규정에 따른 신체검사에서 상이등급의 판정을 받지 못하고 사망한 후 상이등급 결정 기준 관련 법령의 변경이나 병상일지 등 새로운 자료의 확인을 통해 상이등급 판정을 받을 수 있는 상당한 사유가 있다고 국가보훈처장이 인정하는 경우

(라) 법 제6조의 3 제2항에 따른 신체검사 대상자가 의료법 제3조의 4에 따른 상급종합병원의 진단서(병명란에 최종 진단을 적은 것으로 한정)를 제출하는 경우

(마) 상이등급의 판정에 대한 행정심판의 재결 또는 법원의 확정판결에 따라 상이등급을 조정할 필요가 있는 경우

(바) 「감염병의 예방 및 관리에 관한 법률」 제2조 제2호의 제1급 감염병으로 「재난 및 안전관리기본법」 제38조에 따른 심각 단계의 위기경보가 발령되어 한국보훈복지의료공단법 제7조에 따른 보훈병원의 장이 서면심사가 필요하다고 인정하는 경우

8. 신체검사 실시 후의 조치

가. 신체검사 소견서와 신체검사 문진표 작성

신체검사 의사는 수검 대상자의 상이부위를 확인하고 신체검사 의사 소견서를 작성한다. 소견서 ＜상이 정도＞에는 법 시행령 제14조 제3항 관련 별표 3의 상이등급 구분표에 따른 신체장애 정도를 기재하고, ＜검진 소견＞에는 신체상이 부위의 장애상태 및 이로 인한 합병증과 기능 장애정도를 자세히 기록하며, ＜직권 재판정＞에는 신체검사 해당 상이 중 법 시행령 제17조 제5항 관련 별표 3의 2에서 규정한 상이에 해당하는지 여부와 직권 재판정 대상에 해당하는 경우에 기간을 기재한다.[28]

나. 보훈심사위원회에 상이등급 심사 의뢰

관할(지)청장은 상이등급 판정 신체검사 실시 후 신체검사 의사 소견서와 문진표

---

28) 상이판정 등 신체검사 시행세칙(국가보훈처 훈령 제1362호) 11조 1호

기재내용과 신체검사 관련 자료를 확인한 후 착오 사항이나 누락 사항을 보완하여 보훈심사위원회에 상이등급 심사를 의뢰한다.[29)]

제2절 | 상이등급 판정

1. 상이(傷痍)의 뜻

(1) 국가유공자법이나 보훈보상자법에는 상이(傷痍)의 개념에 관한 규정은 없다. 한자 뜻을 풀이하자면, 다칠 상(傷)에 상처 이(痍)라고 할 수 있다. 즉, '상처를 입는 것'이다. 정부수립 후 법률에 최초로 상이(傷痍)라는 용어가 사용된 것은 1950년 6월 1일 제정된 군사원호법으로 확인된다.[30)] 그런데 상이(傷痍)의 개념에 관해서는 규정되어 있지 않았다. 이후 군사원호법은 군사원호보상법, 국가유공자법으로 이어져왔으나 현재까지도 상이(傷痍) 개념에 대해서는 침묵하고 있다. 그런데 군사원호법상의 상이(傷痍)라는 용어는 1963년 1월 28일 제정된 군인연금법에서 '상이연금'이라는 용어로 연결되었다.[31)] 군인연금법은 상이연금을 '군인이 공무상 질병 또는 부상으로 인하여 폐질상태로 되어 퇴직한 때에 그때부터 사망할 때까지 지급하는 급여'[32)]라고 규정하였다. 즉, 군인연금법상 상이(傷痍)는 '공무상 질병 또는 부상으로 인한 폐질상태'라고 볼 수 있었다.

(2) 그런데 폐질상태란 무엇인가? 대법원에 따르면, '폐질상태'라 함은 "질병 또는 부상이 치유되었으나 신체에 영구적인 정신적 또는 육체적 훼손상태가 잔존하게 된 경우를 말하고, 여기에서 '치유'란 질병 또는 부상에 대한 치료의 효과를 기대할 수 없게 되었거나 그 증상이 고정된 상태에 이르게 된 것"을 뜻한다고 판시하였다.[33)]

---

29) 상이판정 등 신체검사 시행세칙(국가보훈처 훈령 제1362호) 12조 1항

30) 동법은 제3조에서 "본 법에서 상병군인이라 함은 다음 각 호의 1에 해당하는 자를 말한다. 1. 장병으로서 전투 또는 공무로 인하여 상이를 입거나 또는 질병에 걸려 이로 인하여 퇴직한 자, 2. 전호에 게기한 자를 제외하고 장병으로서 고의 또는 중대한 과실에 인하지 않고 전지 또는 계엄 지구에서 상이를 입거나 질병에 걸려 이로 인하여 퇴직한 자"라고 규정하고 있었다.

31) 구 군인연금법(1963. 1. 1. 시행, 법률 제1260호) 23조 1항 "군인이 공무상 질병 또는 부상으로 인하여 폐질상태로 되어 퇴직한 때에 그때부터 사망할 때까지 지급하는 급여"

32) 구 군인연금법(1963. 1. 1. 시행, 법률 제1260호)

이후 2020년 군인재해보상법(2020. 6. 11. 시행, 법률 제16761호)이 군인연금법에서 분리 · 제정되면서 상이연금이 장해급여에 속함을 처음으로 명시하였다.[34] 즉, 상이(傷痍)는 장해(障害)라고 본 것이었다. 군인재해보상법상 장해(障害)란 "부상 또는 질병이 치유되었으나 정신적 또는 신체적 결손으로 인하여 노동능력이 상실되거나 감소된 상태"이다.[35] 이런 입법연혁을 고려해 보면 결국 국가유공자법상 상이(傷痍)는 군인재해보상법상 장해(障害)와 뜻이 같다고 생각해도 좋을 것이다.

2. 상이가 있는 신체부위의 특정

상이등급을 판정하려면 신체의 상이부위를 해부학적으로 구분한 후 그 부위를 생리학적으로 구분한 부위("상이계열"이라 한다)별로 해야 한다.[36]

가. 상이부위

신체의 상이부위는 다음과 같이 구분한다.[37]

(1) 눈은 안구의 좌 또는 우, 눈꺼풀의 좌 또는 우

(2) 귀는 속귀 등의 좌 또는 우, 귓바퀴의 좌 또는 우

(3) 코

(4) 입

(5) 신경계통의 기능 또는 정신기능

(6) 흉복부장기(외부생식기 포함)

(7) 체간은 척추와 그 밖의 체간골

(8) 팔은 팔의 좌 또는 우, 손가락의 좌 또는 우

(9) 다리는 다리의 좌 또는 우, 발가락의 좌 또는 우

---

33) 대법원 1988. 5. 24. 선고 87누121 판결 참조. 이 대법원 판례가 나온 이후 산업재해보상보험법(2008. 7. 1. 시행, 법률 제8694호)이 대법원 판례 취지를 수용해 '장해'의 의미를 정의규정에 명시하였고, 공무원재해보상법(2018. 9. 21. 시행, 법률 제155522호)도 유사한 정의규정을 담았다.

34) 군인재해보상법 7조 2호

35) 군인재해보상법 3조 4호

36) 규칙 8조 1항

37) 규칙 8조 2항 별표 2

나. 상이계열

상이계열은 아래 표와 같다.[38)]

부위		기질적 상이	기능적 상이	계열번호
눈	안구(좌 또는 우)		시력 또는 시야 기능상이	11
			운동 또는 조절 기능상이	12
	눈꺼풀(좌 또는 우)	결손상이	운동 기능상이	13
귀	속귀 등(좌 또는 우)		청력 기능상이	21
	귓바퀴(좌 또는 우)	결손상이		22
코	외부 코	결손상이	비호흡 기능상이	23
입		치아상이	씹는 기능상이	24
			언어 기능상이	25
머리, 얼굴, 목		흉터상이		31
신경 · 정신		신경상이		41
		정신상이		42
흉복부장기		흉복부장기상이		51
		외부 생식기상이		52
체간	척추	변형상이	기능상이	61
	그 밖의 체간골	변형상이(빗장뼈, 복장뼈, 갈비뼈, 어깨뼈 또는 골반뼈)		62
팔	팔(좌 또는 우)	결손상이	기능상이	71
		변형상이		72
		단축상이		
	손가락(좌 또는 우)	결손상이	기능상이	73
다리	다리(좌 또는 우)	결손상이	기능상이	81

38) 규칙 8조 2항 별표 2

	변형상이		82
	단축상이		
발가락(좌 또는 우)	결손상이	기능상이	83

3. 상이등급의 구분 및 판정기준

신체검사 대상자의 상이등급은 그 상이정도에 따라 1급에서 7급으로 구분된다.[39] 1급과 6급은 1항부터 3항까지로 세분한다.[40] 상이등급의 기준은 상이 부위 및 양태, 사회생활의 제약을 받는 정도 등을 종합적으로 고려하여 정한다.[41] 신체상이의 정도에 따른 상이등급의 구분은 다음 표[42]와 같다.[43] 이하에서는 국가유공자법시행령과 시행규칙에 규정되어 있는 상이등급 구분과 결정 기준을 모두 포함하여 설명하기로 한다.

가. 눈의 장애

(1) 장애 측정방법[44]

(가) 시력은 국제시력표를 사용하여 측정한다. 다만, 국제시력표만으로 시력을 정확히 측정하기 어려운 경우에는 문자 · 도형 등의 시표(시력검사용 표지)를 이용하는 시시력표(試視力表) 등을 함께 사용할 수 있다.

(나) 굴절 이상이 있는 사람은 시력의 안경 · 콘택트 렌즈 등 굴절 이상의 교정법을 이용한 최대 교정시력을 기준으로 한다.

(다) 시야란 눈으로 한 점을 주시하고 있을 때에 그 눈으로 볼 수 있는 외계의 넓이를 말한다. 시야검사는 시야장애가 있거나 예상되는 경우에 표준화된 시야장비로 검사하며, 객관적인 검사결과일 경우에만 인정한다.

39) 법 6조의4 1항
40) 영 14조 1항
41) 법 6조의4 2항
42) 영 14조 3항 [별표 3], 규칙 8조의3
43) 신체부위별 장애내용, 그 측정 방법과 준용등급 결정에 관해서 규칙 별표 4를 한꺼번에 상이등급 구분표에 정리하였다.
44) 규칙 [별표 4] 1호 가목

(라) 시력과 시야 등의 상이정도는 안과적 검사소견이 있고, 현재의 의학적 지식으로 설명이 가능한 경우에만 인정한다.

(마) 시력은 원칙적으로 원거리 시력에 의해 결정되며, 시력손실과 시야감소가 각각 독립적이지 않은 경우에는 상이가 심한 쪽의 장애만을 반영한다.

(바) 겹보임[복시(複視)]는 마비사시 또는 제한사시로 인해 프리즘 안경을 착용하거나 수술적 치료에도 불구하고 영구적으로 장애가 남은 경우에만 인정한다.

(사) 실명이란 안구(眼球)를 상실하거나 명암을 가리지 못하는 경우를 말한다.

(아) 눈꺼풀에 고도의 결손이 남은 사람이란 눈꺼풀이 30% 이상 결손되고 보통으로 눈을 감았을 경우 각막이 완전히 덮히지 않는 사람을 말한다.

(2) 상이등급 구분 및 판정 기준[45]

상이등급	분류번호	신체상이정도
1급 1항	1101	두 눈이 실명되고 언어와 청각기능을 모두 잃어 항상 다른 사람의 도움과 보호가 필요한 사람
1급 2항	1102	두 눈이 실명된 사람
2급	1103	한 눈이 실명되고 다른 눈의 교정시력이 0.04 이하인 사람
	1104	두 눈의 교정시력이 각각 0.02 이하인 사람
3급	1105	한 눈이 실명되고 다른 눈의 교정시력이 0.1 이하인 사람
	1106	두 눈의 교정시력이 각각 0.06 이하인 사람
4급	1107	한 눈이 실명되고 다른 눈의 교정시력이 0.3 이하이면서, 시각신경 위축으로 시야가 중심 15도 이하이거나 반맹성(半盲性) 시야협착(시야 좁아짐)이 있는 사람
	1108	두 눈의 교정시력이 각각 0.08 이하인 사람
5급	1109	한 눈이 실명되고 다른 눈의 교정시력이 0.3 이하인 사람
	1110	두 눈의 교정시력이 각각 0.1 이하인 사람
6급 1항	1111	한 눈의 교정시력이 0.02 이하이고, 다른 눈의 교정시력이 0.4 이하인 사람
	1112	한 눈이 실명된 사람

45) 영 [별표 3] 1호, 규칙 [별표 4] 1호 나목

6급 2항	1113	한 눈의 교정시력이 0.02 이하인 사람
	1114	한 눈의 교정시력이 0.05 이하이고, 다른 눈의 교정시력이 0.5 이하인 사람
	1118	두 눈의 시각신경 위축으로 시야가 중심 30도 이하이거나 두 눈에 반맹증(한쪽시야결손)이 있는 사람
	1301	두 눈의 눈꺼풀에 고도의 결손이 남은 사람
7급	1115	한 눈의 교정시력이 0.1 이하인 사람
	1116	두 눈의 교정시력이 각각 0.6 이하인 사람
	1117	당뇨병성 망막 합병증이 있는 사람 [규칙 별표 4] 당뇨병성 망막합병증으로 안저검사(眼底檢査)상 중등도 이상의 소견을 보이는 사람
	1204	사시로 인하여 정면 또는 하방 20도 이내 주시 시 겹보임[복시(複視)]이 있는 사람
	1205	한 눈 또는 두 눈의 동공의 대광반사(對光反射)기능이 완전 상실된 사람
	1302	한 눈의 눈꺼풀에 고도의 결손이 남은 사람

나. 귀, 코 및 입의 장애

(1) 장애측정 방법[46]

(가) 청력은 24시간 이상 소음작업을 중단한 후 500(a) · 1,000(b) 및 2,000(c) 및 4,000(d) 헤르츠의 주파수음에 대한 청력역치(주파수별로 단순음을 들려주었을 때 각 주파수대에서 검사대상자가 들을 수 있는 가장 작은 소리나 말)를 측정하여 6분법 [(a+2b+2c+d]/6]으로 판정한다. 이 경우 순음청력계기는 국제표준화기구(ISO : International Organization for Standardization)의 기준으로 보정된 계기를 사용해야 한다.

(나) 청력검사는 순음청력검사와 청성뇌간반응검사(聽性腦幹反應檢査)를 함께 실시(순음청력검사는 2일~7일의 간격으로 2회 이상 실시한다)한 후 그중 최소 가청력치를

46) 규칙 [별표 4] 2호 가목

청력장애로 인정한다. 다만, 순음청력검사의 신뢰도가 떨어지는 경우에는 청성뇌간반응검사를 1회 더 실시할 수 있다.

(다) 고막의 외상성 천공(穿孔)과 그에 따른 귓물[이루(耳漏)]은 수술적 처치 후 청력장애가 남으면 해당 상이의 정도에 따라 등급을 결정해야 한다.

(라) 속귀의 손상으로 인한 평형기능 장애에 대해서는 신경계통의 기능장애에 준하여 등급을 결정하되, 좌·우를 동일한 상이부위로 본다.

(마) 외부 코란 비골(코뼈)·비연골(鼻軟骨)과 이를 덮고 있는 피부 또는 피하조직을 말한다.

(바) 씹는 기능장애에는 턱관절, 치열과 교합의 장애 및 입벌림 장애가 포함되며, 씹는 기능의 평가는 부정교합, 치아상태, 입벌림장애 등을 단순방사선사진, 전산화단층영상촬영(CT) 또는 자기공명영상촬영(MRI), 하악(아래턱)운동검사 등으로 확인하여 종합적으로 판단한다. 하악운동검사 시에는 객관성과 재현성을 확보하여 평가해야 하고, 재현성과 객관성을 확보하기가 어려울 경우에는 진정요법 또는 전신마취를 시행한 후 평가한다. 입벌림장애는 치야의 상태에 대한 임상증상과 영상의학적 소견이 일치해야 한다.

(사) 자음정확도는 언어재활사가 공인된 검사방법으로 2회 이상 실시한 후 좋은 검사결과를 기준으로 평가한다. 구강암 또는 상악동암 수술 후에는 구강 내 장치를 착용하지 않은 상태에서 측정한다.

(아) 상실된 치아가 크거나 치아와 치아 사이의 간격이 커서 상실된 치아의 수와 의치의 수가 다른 경우에는 상실된 치아의 수에 따라 상이등급을 판정한다.

(자) 외상으로 치아가 결손된 후 그 후유증으로 결손된 치아의 좌·우측 치아가 상실된 경우에는 이를 포함하여 상이등급을 판정한다.

(차) 식도의 협착, 혀의 이상, 인후지배신경의 마비 등으로 생기는 삼킴장애에 대해서는 그 상이의 정도에 따라 음식물을 씹는 기관의 기능에 준하여 상이등급을 인정한다.

(카) 미각 상실은 테스트페퍼와 각종 약물에 의한 검사결과가 전부 무반응일 경우에만 인정한다.

(2) 상이등급 구분 및 판정 기준[47)]

상이등급	분류번호	신체상이정도	
		영	규칙
2급	2401	음식물을 씹는 기관과 음성기관의 기능을 모두 잃은 사람	[규칙 별표 4] 1) 혀 유착 또는 혀신경 마비로 발음과 씹는 기능이 완전 상실된 사람 2) 상악골(위턱뼈) 또는 하악골(아래턱뼈)이 70퍼센트 이상 결손되고, 흉터조직으로 인하여 수술로써 기능회복이 불가능한 사람 3) 상악기저부 및 비강의 완전상실로 기능회복이 불가능하며 극심하게 흉한 모양인 사람 4) 턱관절 유착, 근육강직, 신경마비 또는 화상으로 인하여 극심하게 흉한 얼굴의 모양을 보이며 입벌림 및 씹기가 불가능한 사람 5) 영구적으로 비위관(코위관)을 사용하거나 위루관(위샛길관, gastrostomy tube)을 사용하여 음식물을 섭취하는 사람
3급	2101	두 귀의 청력을 모두 잃은 사람	[규칙 별표 4] 1) 두 귀의 청력상태가 공기전도 90 데시벨(dB) 이상 골전도 40 데시벨(dB) 이상인 사람 2) 한쪽 귀의 청력장애가 공기전도 100 데시벨(dB) 이상 골전도 50 데시벨(dB) 이상이고, 다른 쪽 귀의 청력장애가 공기전도 80 데시벨(dB) 이상 골전도 40 데시벨(dB) 이상인 사람
	2402	음식물을 씹는 기관의 기능을 모두 잃은 사람	[규칙 별표 4] 1) 턱관절을 포함하여 하악골(아래턱뼈)이 50퍼센트 이상 결손되어 수술로써 기능회복이 불가능한 사람 2) 상악골(위턱뼈)ㆍ하악골(아래턱뼈)의 부정유합(뼈가 제 위치에

47) 영 [별표 3] 2호, 규칙 [별표 4] 2호 나목

			붙지 않은 것)으로 고도의 전이가 되어 수술 또는 보철로써 씹는 기능 회복이 불가능한 사람 3) 상악골(위턱뼈) 또는 비골(코뼈)을 포함해서 위턱 기저골(이뿌리의 끝 부위를 둘러싸고 있는 뼈)이 상실된 사람 4) 상악구개부와 볼 안쪽막을 포함해서 지름 30밀리미터 이상의 천공이 있는 사람 5) 구강점막 또는 턱관절 유착으로 입벌림이 6밀리미터 이하인 사람 6) 위턱과 아래턱에 치아가 없고 치조골(이틀뼈)이 완전 상실되어 보철로써 기능회복이 불가능한 사람 7) 혀가 50퍼센트 이상 상실되어 씹는 기능과 발음보조기능이 상실된 사람
	2501	음성기관의 기능을 모두 잃은 사람	[규칙 별표 4] 1) 구순음 · 치설음 · 구개음 · 후두음 중 3종 이상의 발음을 할 수 없는 사람 2) 후두손상으로 인한 성대 기능의 완전상실로 발성이 불가능한 사람 3) 후두 전체가 적출되거나 후두협착으로 기관삽관이 지속적으로 필요한 사람
4급	2102	두 귀의 청력에 최고도의 기능장애가 있는 사람	[규칙 별표 4] 1) 두 귀의 청력장애가 공기전도 80 데시벨(dB) 이상 골전도 40 데시벨(dB) 이상인 사람 2) 한쪽 귀의 청력장애가 공기전도 90 데시벨(dB) 이상 골전도 50 데시벨(dB) 이상이고, 다른 쪽 귀가 공기전도 70 데시벨(dB) 이상 골전도 40 데시벨(dB) 이상인 사람
	2403	음식물을 씹는 기관과 음성기관에 고도의 기능장애가 있는 사람	[규칙 별표 4] 1) 상악구개부와 볼 안쪽막을 포함해서 지름 25밀리미터 이상 30밀리미터 미만의 천공이 있는 사람 2) 구강점막 또는 턱관절 유착으로 입벌림이 6밀리미터 초과 10밀리미터 이하인 사람

			3) 후두손상으로 성문상부 후두절제술을 받거나 상윤상(上輪牀) 후두 부분 절제술을 받은 사람 4) 하악골(아래턱뼈)이 30퍼센트 이상 상실되어 수술로써 기능회복이 불가능한 사람 5) 턱관절 장애로 기능회복이 불가능한 진구성 탈구(오래된 탈구)가 있는 사람
5급	2103	두 귀의 청력에 고도의 기능장애가 있는 사람	[규칙 별표 4] 1) 두 귀의 청력장애가 공기전도 70 데시벨(dB) 이상 골전도 40 데시벨(dB) 이상인 사람 2) 한쪽 귀의 청력장애가 공기전도 90 데시벨(dB) 이상 골전도 50 데시벨(dB) 이상이고, 다른 쪽 귀의 청력장애가 공기전도 60 데시벨(dB) 이상 골전도 30 데시벨(dB) 이상인 사람
	2404	음식물을 씹는 기관에 고도의 기능장애가 있는 사람	[규칙 별표 4] 1) 상악구개부에 지름 15밀리미터 이상 25밀리미터 미만의 천공이 있는 사람 2) 중증의 턱관절내장증 등으로 입벌림이 10밀리미터 이하인 사람 3) 아래턱의 과두돌기가 결손되어 음식물을 씹을 대 아래턱뼈가 편측으로 20밀리미터 이상 전이되는 사람
	2502	음성기관에 고도의 기능장애가 있는 사람	[규칙 별표 4] 1) 구순음 · 치설음 · 구개음 · 후두음 중 2종의 발음을 할 수 없는 사람 또는 철음(綴音)기능의 장애로 인하여 언어만으로는 의사소통을 할 수 없는 사람 2) 후두손상으로 수직후부 두분 절제술을 받은 사람
6급 1항	2104	두 귀의 청력에 중등도(重等度)의 기능장애가 있는 사람	[규칙 별표 4] 두 귀의 청력장애가 각각 공기전도 60 데시벨(dB) 이상인 사람
	2405	음식물을 씹는 기관에 중등도의 기능장애가 있는 사람	[규칙 별표 4] 1) 위턱 또는 아래턱에 치아가 없고

			치조돌기가 흡수되어 보철장착에 불편을 초래하는 사람 2) 아래턱의 관상돌기가 결손되어 음식을 씹거나 발음할 때 아래턱뼈가 편측으로 20밀리미터 이상 전이되는 사람 3) 아래턱 볼 안쪽막과 경구개(단단입천장)를 포함하여 지름 15밀리미터 이상의 천공이 있어 보철장착 후 발음이 새는 사람 4) 얼굴 연조직의 심한 결손과 함께 경조직의 결손으로 입벌림이 20밀리미터 이하인 사람
	2406	치아가 21개 이상 상실되어 보철을 하거나 보철을 필요로 하는 사람	
	2503	음성기관에 중등도의 기능장애가 있는 사람	[규칙 별표 4] 자음 정확도가 50퍼센트 미만인 사람
6급 2항	2105	두 귀의 청력에 경도의 기능장애가 있는 사람	[규칙 별표 4] 두 귀의 청력장애가 각각 공기전도 40 데시벨(dB) 이상인 사람
	2201	두 귀가 70퍼센트 이상 상실되거나 변형된 사람	
	2302	외부 코의 70퍼센트 이상을 잃어 호흡에 고도의 기능장애가 있는 사람	
	2407	음식물을 씹는 기관에 경도의 기능장애가 있는 사람	[규칙 별표 4] 1) 아래턱의 과도돌기 또는 관상돌기가 결손되어 발음하거나 음식을 씹을 때 흉한 모양을 보이는 사람 2) 악안면(턱얼굴) 흉터조직으로 흉한 모양과 치아의 부정교합이 있는 사람 3) 20밀리미터 이상의 상악골(위턱뼈) · 하악골(아래턱뼈)의 결손으로 골이식이 필요한 사람 4) 턱관절내장증 등으로 입벌림이 10밀리미터 초과 20밀리미터 이하인 사람 5) 음식물을 씹는 기능 및 발음기능에 경도의 장애를 초래하는 상악골(위턱뼈) · 하악골9아래턱뼈)

			의 부정교합이 있는 사람
	2408	치아가 15개 이상 상실되어 보철을 하거나 보철을 필요로 하는 사람	
	2504	음성기관에 경도의 기능장애가 있는 사람	[규칙 별표 4] 1) 구순음 · 치설음 · 구개음 · 후두음 중 1종의 발음을 할 수 없는 사람 2) 신경손상으로 발음에 지장을 초래하는 사람 3) 제2형, 제3형, 제4형 성대 절제술을 받은 사람
6급 3항	2303	외부 코의 50퍼센트 이상을 잃어 호흡에 중등도의 기능장애가 있는 사람	
	2409	치아가 10개 이상 상실되어 보철을 하거나 보철을 필요로 하는 사람	
7급	2106	두 귀의 청력에 완고한 기능장애가 있는 사람	[규칙 별표 4] 두 귀의 청력장애가 각각 공기전도 40 데시벨(dB) 이상인 사람
	2107	한 귀의 청력에 고도의 기능장애가 있는 사람	[규칙 별표 4] 두 귀의 청력장애가 공기전도 80 데시벨(dB) 이상 골전도 40 데시벨(dB) 이상인 사람
	2202	한 귀가 70퍼센트 이상 상실되거나 변형된 사람	
	2304	외부 코의 30퍼센트 이상을 잃어 호흡에 경도의 기능장애가 있는 사람	
	2410	치아가 5개 이상 상실되어 보철을 하거나 보철을 필요로 하는 사람	
	2411	치아외상, 악안면(顎顔面: 턱얼굴) 파편 조각 또는 흉터조직 등으로 치아의 기능에 경도의 장애가 남은 사람	[규칙 별표 4] 1) 악안면(턱얼굴) 부위에 파편조각이 박힌 경우로서 다음의 어느 하나에 해당하는 사람 가) 파편조각이 박힌 부위의 치아가 3개 이상 상실된 경우 나) 파편조각이 박혀 씹기 근육의 신경마비로 씹기나 교합에 이상이 있는 경우(해당 장애에 대하여 등급평가를 하되, 다른 장애에 의하여 평가되면 제외한

		다)
		다) 2) 악안면(턱얼굴) 부위에 흉터조직이 남아 있는 경우로서 다음의 어느 하나에 해당하는 사람 가) 흉터조직으로 입벌림이 25밀리미터 이하인 사람 나) 상악골(위턱뼈) · 하악골(아래턱뼈)의 부정유합이 있어 음식물을 씹는 기능에 장애가 있는 사람 다) 턱관절내장증 등으로 입벌림이 20밀리미터 초과 25밀리미터 이하인 사람
2505	음성기관에 악성종양으로 진단받은 후 경과를 관찰 중인 사람	[규칙 별표 4] 1) 후두미세술 시행 후 경과를 관찰 중인 사람 2) 침샘암 진단 후 경과를 관찰 중인 사람

(3) 준용등급 결정[48)]

(가) 이명은 3회 이상의 이명검사(tinnitogram)에서 모두 이명이 있고, 이명이 있는 귀의 청력장애가 공기전도 40 데시벨(dB) 이상인 난청을 동반해야 7급(두 귀의 이명이 있는 경우는 2106, 한 귀의 이명이 있는 경우는 2107)으로 인정한다.

(나) 머리 외상이나 턱 주위 조직의 손상 또는 혀의 손상으로 생긴 미각 상실에 대해서는 7급(2411)으로 인정한다.

다. 흉터의 장애

(1) 장애측정 방법[49)]

(가) 흉터는 성형수술 등 치료를 마친 후 판정하며, 센티미터자와 함께 찍은 무수정 칼라사진을 이용하여 평가한다.

(나) 흉터는 질병이나 손상에 의해 진피와 심부의 구조적 변화가 생겨 주변의 정상피부와 달리 경화, 융기, 함몰 등이 보이는 경우를 말한다.

48) 규칙 [별표 4] 2호 다목
49) 규칙 [별표 4] 3호 가목

(다) 흉터로 인한 흉한 모양은 색조의 변화나 함몰, 융기를 동반하거나 켈로이드성의 흉터로 사람의 눈에 띄는 정도 이상의 보기 흉한 흉터를 말한다.

(라) 면상흉터란 폭이 1센티미터 이상인 흉터를 말하고, 선상흉터란 폭이 0.5센티미터 이상인 흉터를 말하며, 조직함몰이란 연부조직 또는 뼈 조직이 결손된 채로 상처가 치유되면서 흉터 부위에 0.5센티미터 이상 패인 것을 말한다.

(마) 선상흉터의 길이는 그 모양에 따라 실제 길이를 측정하고, 면상흉터 및 조직함몰의 넓이는 흉터 또는 0.5센티미터 이상 패인 부위의 넓이를 합산하여 상이등급을 결정한다.

(바) 2개 이상의 면상휴천 또는 선상흉터가 인접해 있거나 모여 있어 하나의 면상흉터 또는 선상흉터처럼 보이는 경우에는 그 넓이 또는 길이를 합산하여 상이등급을 결정한다.

(사) 외모의 흉터 중 면상흉터 · 선상흉터와 조직함몰의 경우 눈썹 · 두발 등을 감추어지는 흉터는 상이등급의 대상에서 제외한다.

(아) 하나의 흉터에 면상흉터와 선상흉터가 동시에 있는 경우에는 면상흉터에 해당하는 상이등급과 선상흉터에 해당하는 상이등급 중 높은 등급을 인정한다.

(자) 얼굴의 신경마비로 인하여 나타나는 입 비뚤어짐은 외모의 흉터로 인정하며, 보통으로 눈을 감을 수 없는 경우에는 눈꺼풀의 장애로 인정한다.

(2) 상이등급 구분 및 판정 기준[50)]

상이등급	분류번호	신체상이정도	
		영	규칙
2급	3101	신체표면의 60퍼센트 이상 또는 전체 얼굴(이마 · 눈 · 코 · 귀 · 입을 포함한다. 이하 같다)에 3도 화상이나 이에 준하는 손상으로 인한 고도의 흉터로 인한 흉한 모양으로 통상적인 사회생활이 불가능한 사람	
3급	3102	얼굴에 고도의 흉터로 인한 흉한 모양이 남아 있고 두 귀와 코가 변형되	[규칙 별표 4] 1) 얼굴(이마 · 눈 · 코 · 입을 포함

50) 영 [별표 3] 3호, 규칙 [별표 4] 3호 나목

		거나 상실된 사람	한다. 이하 같다)의 50퍼센트 이상에 흉터로 인한 모양이 있고 두 귀와 코가 70퍼센트 이상 변형된 사람 2) 얼굴의 30퍼센트 이상에 흉터로 인한 흉한 모양이 있고 두 귀와 코가 70퍼센트 이상 상실된 사람 3) 얼굴 전체의 흉터로 인한 흉한 모양으로 귀와 코가 30퍼센트 이상 변형된 사람
	3103	신체표면의 40퍼센트 이상에 화상이나 이에 준하는 손상으로 흉터가 남은 사람	[규칙 별표 4] 만발성 피부포르피린증으로 인한 물집, 흉터, 좁쌀종, 색소변화, 털과다증, 피부경화증 모양 피부소견 등이 항말라리아제나 정맥절개술 등의 치료를 받아도 호전을 보이지 않는 사람
5급	3104	신체표면의 30퍼센트 이상에 화상이나 이에 준하는 손상으로 흉터가 남은 사람	[규칙 별표 4] 만발성 피부포르피린증으로 인한 물집, 흉터, 좁쌀종, 색소변화, 털과다증, 피부경화증 모양 피부소견 등이 항말라리아제나 정맥절개술 등의 치료를 받아 호전을 보이는 사람
	3110	머리, 얼굴 또는 목에 고도의 흉터가 남은 사람	[규칙 별표 4] 다음의 어느 하나에 해당하여 2미터 떨어진 거리에서 볼 때 사람의 눈에 띄는 정도 이상의 흉터가 남아 있는 사람 가) 얼굴에 50 제곱센티미터 이상의 면상흉터, 16 제곱센티미터 이상의 조직함몰 또는 20센티미터 이상의 선상흉터가 남은 사람 나) 머리 또는 목에 100 제곱센티미터 이상의 면상흉터, 32 제곱센티미터 이상의 조직함몰 또는 40센티미터 이상의 선상흉터가 남은 사람
6급 2항	3105	신체표면의 20퍼센트 이상에 화상이나 이에 준하는 손상으로 흉터가 남은 사람	[규칙 별표 4] 1) 만발성 피부포르피린증으로 인한 물집, 흉터, 좁쌀종, 색소변화, 털과다증, 피부경화증 모양 피부소견 등이 자외선 차단과 금

			주, 약물주의, 철분제 사용 등으로 호전을 보이는 사람 2) 염소성 여드름으로 인하여 연노랑의 낭종, 면포, 색소변화가 관자놀이, 귀 뒤, 하악, 액와부, 음낭에 있으며, 눈, 신경, 간과 관련된 전신증상이 있는 사람
	3107	머리, 얼굴 또는 목에 중등도의 흉터가 남은 사람	[규칙 별표 4] 다음의 어느 하나에 해당하여 2미터 떨어진 거리에서 볼 때 사람의 눈에 띄는 정도 이상의 흉터가 남아 있는 사람 가) 얼굴에 가장 긴 쪽의 길이가 5센티미터 이상인 흉터 또는 선상흉터, 가장 긴 쪽의 길이가 3센티미터 이상인 조직함몰, 관골(광대뼈) · 하악골(아래턱뼈) 등의 손상으로 타인에게 심한 불쾌감을 주는 흉터로 인한 흉한 모양이 남은 사람 나) 머리 또는 목에 가장 긴 쪽의 길이가 10센티미터 이상의 흉터가 남은 사람
7급	3106	신체표면의 10퍼센트 이상에 화상이나 이에 준하는 손상으로 흉터가 남은 사람	[규칙 별표 4] 염소성 여드름으로 인하여 연노랑의 낭종, 면포, 색소변화가 관자놀이 · 귀 뒤 · 하악 · 액와부 · 음낭에 있는 사람
	3108	머리, 얼굴 또는 목에 경도의 흉터가 남은 사람	[규칙 별표 4] 다음의 어느 하나에 해당하여 2 미터 떨어진 거리에서 볼 때 사람의 눈에 띄는 정도 이상의 흉터가 남아 있는 사람 가) 얼굴에 가장 긴 쪽의 길이가 3센티미터 이상인 흉터 또는 선상흉터, 관골(광대뼈) · 하악골(아래턱뼈)의 손상으로 인해 생긴 흉터로 인한 흉한 모양 또는 코 및 입술의 변형으로 인해 생긴 흉터로 인한 흉한 모양이 남은 사람 나) 머리 또는 목에 가장 긴 쪽의 길이가 5센티미터 이상인 흉터가

			남은 사람
	3109	두 팔의 팔꿈치 관절 아래 또는 두 다리의 무릎 관절 아래의 75퍼센트 이상의 부위에 화상이나 이에 준하는 손상으로 흉터가 남은 사람(다리의 경우 발목 아래는 제외한다)	

라. 정신장애 또는 신경계통의 기능장애

(1) 장애 측정방법[51)]

(가) 중증의 뇌전증발작은 전신 경련을 동반하는 발작 또는 신체의 균형을 유지하지 못하고 쓰러지는 발작으로 의식장애가 3분 이상 지속되는 발작을 말한다.

(나) 경증의 뇌전증발작은 운동장애가 발생하나 스스로 신체의 균형을 유지할 수 있는 발작으로 3분 이내에 의식이 정상으로 회복되는 경우를 말한다.

(다) 중증 또는 경증의 뇌전증발작은 발작유형, 발작횟수, 발작이 노동능력에 미치는 정도, 비발작시 정신증상 등을 종합적으로 판단한다. 뇌전증발작으로 상이판정을 받으려는 사람의 경우에는 진료기록부상 자세한 발작의 임상양상, 뇌파 검사 소견, 뇌 영상 촬영소견 등 확실한 발작의 종류별 분류근거, 정확한 발생 빈도, 항전간제 복용 등 적극적 치료의 근거 등을 확인해야 한다.

(라) 뇌전증중첩상태 또는 뇌전증 발작 등 뇌 손상으로 인한 기능장애는 뇌파검사 상 이상소견이 확인되어야 한다.

(마) 중추신경계의 장애는 전산화단층영상촬영(CT), 자기공명영상촬영(MRI), 양전자단층촬영(PET)과 같은 영상의학적 검사 또는 신경생리학적 검사와 같은 기능검사로 이상소견이 확인되어야 한다.

(바) 신경손상으로 인한 장애는 신경전도검사로 측정하며, 검사 결과 감각신경활동전위 및 복합근육활동전위의 잠복기가 지연되거나 진폭이 감소되거나 또는 전도 속도가 감소하는 등의 이상소견이 확인되어야 한다. 상이등급은 해당 부위의 절단장애보다 높을 수 없다.

51) 규칙 [별표 4] 4호 가목

(사) 복합부위통증증후군(CRPS)

1) 복합부위통증증후군으로 상이판정을 받으려는 사람은 진단서, 최소 1년 이상의 입원 · 외래의무기록 등을 제출해야 한다.

2) 진단기준 및 검사방법

진단 기준	진단 방법
1. 피부색깔	진찰, 사진 촬영
2. 피부온도	적외선 체열검사
3. 부종	진찰
4. 피부상태	진찰, 사진촬영
5. 피부의 탄력	진찰
6. 연부조직의 위축여부 및 정도	진찰
7. 관절 운동범위	진찰, 운동범위검사
8. 손발톱의 변화	진찰, 사진 촬영
9. 모발의 변화	진찰, 사진 촬영
10. 이영양성 골변화, 골다공증	단순방사선 검사 [필요시 골밀도검사 또는 전산화 단층영상촬영(CT)을 포함한다]
11. 혈류 분포 정도 또는 동위원소 흡수 정도	삼상 골스캔

3) 장애점수표

가) 장애점수는 2)의 진단기준 해당 여부에 대한 점수와 아래의 치료방법에 대한 점수를 합산한 점수로 산출한다.

나) 치료방법에 대한 점수는 상이판정을 받으려는 사람이 받은 각각의 치료방법(같은 치료방법을 반복하여 받은 경우를 포함)에 대한 점수를 모두 더한 점수로 하되, 모두 더한 점수는 4점을 넘을 수 없다.

진단 기준	점수
8개 이상	8
7개	7

치료방법	점수
척수강내 약물주입펌프이식술	2
척수신경자극술	2

6개	6
5개	5
4개	4

대뇌운동피질자극술	1
말초신경자극술	1
신경파괴술	1

(아) 척추의 골절로 인해 척추에 기형 또는 기능장애가 남은 동시에 척수손상으로 인해 다른 부위에 기능장애가 남은 경우에는 이를 종합하여 등급을 결정한다.

(자) 파편 또는 총탄 등 전·공상 상이처가 여러 개 있는 경우에는 그 증상을 종합적으로 고려하여 상이등급을 결정한다.

(차) 척추관협착증은 추간판탈출증에 준용하여 판정한다.

(카) 정신장애로 상이판정을 받으려는 사람은 의무기록 사본, 장애 발생 당시의 의무기록, 외래기록(최근 2년), 입원기록(최근 1년간의 의무기록, 간호기록과 투약내용), 현재 환자의 진단과 상태 및 호전가능성 여부가 기재된 진단서, 임상신경심리검사 보고서, 생활기록부(첫 신체검사 시에만 첨부) 등의 자료를 제출해야 한다.

(타) 기질적 정신장애로 상이판정을 받으려는 사람은 상이 판정을 받기 전까지 1년 이상 충분하고 성실하게 전문가의 치료를 받아야 하고, 뇌 영상검사와 심리검사를 통하여 기질성 유무가 확인되어야 한다.

(파) 정신장애로 인한 노동능력 상실 또는 취업제한의 정도의 판정을 위하여 필요한 경우에는 정신장애 평가도구[간편정신평가척도(Brief Psychiatiric Rating Scale), 총괄기능평가척도(Global Assessment Function)]를 활용할 수 있다.

(하) 침샘암의 얼굴마비 정도는 하우스－브랙만(House－Brackmann) 얼굴신경마비 평가기준(이하 "얼굴신경마비 평가기준")에 따른다.

(2) 상이등급 구분 및 판정 기준[52)]

상이등급	분류번호	신체상이정도	
		영	규칙
1급 1항	4101	최고도의 신경계통의 기능장애로 다른 사람의 도움과 보호 없이는 혼	[규칙 별표 4] 1) 뇌전증중첩상태 또는 주 2회 이

52) 영 [별표 3] 4호, 규칙 [별표 4] 4호 나목

		자 힘으로 일상생활을 전혀 할 수 없는 사람	상의 중증의 뇌전증발작이 연 6개월 이상의 기간 동안 있는 사람으로서 발작 시 유발된 호흡장애, 흡인성 폐렴, 심한 탈진, 두통, 구역, 인지기능 장애 등으로 심각한 요양관리가 필요하며, 항상 침상에서 생활하는 사람 2) 뇌손상으로 인한 완전 편마비와 실어증의 합병, 뇌간손상으로 인하여 폐용(기능상실)에 준하는 사지마비와 구음장해 합병 등 식물인간 상태에 준하는 장애를 가진 사람 3) 뇌손상으로 인한 완전마비로 보행능력과 언어기능을 모두 잃은 사람 4) 척추 손상으로 인한 신경장애로 양쪽 팔과 양쪽 다리의 기능을 모두 잃은 사람
	4201	최고도의 정신장애로 다른 사람의 도움과 보호 없이는 혼자 힘으로 일상생활을 전혀 할 수 없는 사람	[규칙 별표 4] 최고도의 정신장애로 인한 자학, 광폭한 행위 또는 식사거부나 이물질 섭취행위 등으로 자제력이 완전 상실되어 항상 감시상태에서 보호가 필요한 사람
1급 2항	4116	최고도의 신경계통의 기능장애로 항상 다른 사람의 도움과 보호가 필요한 사람	[규칙 별표 4] 1) 머리 손상으로 반신마비가 된 사람으로서 연 6개월 이상의 기간 동안 월 1회 이상의 중증의 뇌전증발작 또는 주 1회 이상의 경증의 뇌전증 발작이 있는 사람 2) 하반신 마비로 보행능력을 완전히 잃은 사람으로서 배변과 배뇨 기능에 장애가 있어 항상 다른 사람의 도움과 보호가 필요한 사람 3) 하반신 마비로 보행능력을 완전히 상실하고 언어 기능을 모두 잃어 다른 사람의 도움과 보호가 필요한 사람
1급 3항	4202	최고도의 정신장애로 항상 다른 사람의 도움과 보호가 필요한 사람	
2급	4108	고도의 신경계통의 기능장애로 수시로 다른 사람의 도움과 보호가 필	[규칙 별표 4] 1) 월 5회 이상의 중증의 뇌전증발

		요한 사람	작 또는 월 10회 이상의 경증의 뇌전증 발작이 연 6개월 이상의 기간 동안 있는 사람으로서 발작 시 유발된 호흡장애, 흡인성 폐렴, 심한 탈진, 두통, 구역, 인지기능 장애 등으로 요양관리가 필요하며, 수시로 다른 사람의 도움과 보호가 필요한 사람 2) 좌반신 또는 우반신 마비로 보행기능과 언어기능에 고도의 장애가 있는 사람
	4203	고도의 정신장애로 수시로 다른 사람의 도움과 보호가 필요한 사람	[규칙 별표 4] 고도의 정신장애로 인하여 생명유지에 필요한 일상생활의 처리동작에 수시로 다른 사람의 도움과 보호가 필요하거나 치매 · 환각망상 · 발작성의식장애의 다발 등으로 인하여 수시로 타인의 감시가 필요한 사람
3급	4110	신경계통의 기능장애로 일생 동안 노무에 종사할 수 없는 사람	[규칙 별표 4] 1) 월 2회 이상의 중증의 뇌전증발작 또는 주 1회 이상의 경증의 뇌전증발작이 연 6개월 이상의 기간 동안 있는 사람 2) 좌반신 또는 우반신 마비로 독립적 보행이 불가능하고 언어기능에 장애가 있는 사람 3) 머리 손상을 입은 사람으로서 평형실조 또는 이상운동을 수반하거나 언어 장애가 있는 사람 4) 파킨슨병에 의한 임상증상이 고도로 양측에서 나타나고 체간 침범을 보이며, 극심한 자세 불안정과 균형장애를 보이는 사람
	4204	정신장애로 일생 동안 노무에 종사할 수 없는 사람	
4급	4111	신경계통의 기능장애로 노동능력을 일반 평균인의 3분의 2 이상 잃은 사람	[규칙 별표 4] 1) 뇌손상으로 인한 신경장애로 노동능력을 일반 평균인의 3분의 2 이상 잃어 특별히 손쉬운 노무 외에는 종사할 수 없는 사람 2) 파킨슨병에 의한 임상 증상이 고도로 양측에서 나타나고 중등도로 체간 침범을 보이며, 심한 자

			세 불안정과 균형장애를 보이는 사람
	4205	정신장애로 노동능력을 일반 평균인의 3분의 2 이상 잃은 사람	[규칙 별표 4] 정신장애로 노동능력을 일반 평균인의 3분의 2 이상 잃어 특별히 손쉬운 노무 외에는 종사할 수 없는 사람
5급	4112	신경계통의 기능장애로 노동능력을 일반 평균인의 2분의 1 이상 잃은 사람	[규칙 별표 4] 1) 월 1회 이상의 중증의 뇌전증발작이 연 6개월 이상의 기간 동안 있는 사람 2) 뇌손상으로 인한 신경장애로 노동능력을 일반 평균인의 2분의 1 이상 잃어 취업상 상당한 제한을 받는 사람 3) 전신성 말초신경병으로 양팔 전체 또는 양다리 전체에 뚜렷한 근위축과 근약증이 있는 사람 4) 파킨슨병에 의한 임상 증상이 중등도로 양측에서 나타나고 체간 침범을 보이며, 중등도의 자세 불안정과 균형장애를 보이는 사람
	4206	정신장애로 노동능력을 일반 평균인의 2분의 1 이상 잃은 사람	[규칙 별표 4] 정신장애로 노동능력을 일반 평균인의 2분의 1 이상 잃어 취업상 상당한 제한을 받는 사람
6급 1항	4113	신경계통의 기능장애로 노동능력을 일반 평균인의 5분의 2 이상 잃은 사람	[규칙 별표 4] 1) 뇌손상으로 인한 신경장애로 노동능력을 5분의 2 이상 잃어 손쉬운 노무 외에는 종사할 수 없는 사람 2) 전신성 말초신경병으로 양쪽 손과 양쪽 발에 뚜렷한 근위축과 근약증이 있는 사람 3) 복합부위통증증후군(CRPS)의 가목8)다)의 장애 점수표에 따른 진단기준 점수와 치료방법에 대한 점수를 합산한 점수가 8점 이상인 사람. 이 경우 적외선 체열검사, 단순방사선 검사[필요시 골밀도 검사 또는 전산화단층영상촬영(CT) 포함], 골스캔 검사에서 모두 이상소견이 확인되어야 한다. 4) 파킨슨병에 의한 임상 증상이 경

			도로 양측에서 나타나고 체간 침범을 보이며 경도의 자세 불안정과 균형장애를 보이는 사람 5) 침샘암 치료 후 얼굴이 완전 마비된 사람(얼굴신경 마비 평가기준에 따라 6단계에 해당하는 사람을 말한다)
	4207	정신장애로 노동능력을 일반 평균인의 5분의 2 이상 잃은 사람	[규칙 별표 4] 정신장애로 노동능력을 일반 평균인의 5분의 2 이상 잃어 손쉬운 노무 외에는 종사할 수 없는 사람
6급 2항	4114	신경계통의 기능장애로 노동능력을 일반 평균인의 3분의 1 이상 잃은 사람	[규칙 별표 4] 1) 12개월 이상의 기간 동안 중증의 뇌전증발작과 경증의 뇌전증발작이 각각 3개월에 1회 이상 나타나는 사람 2) 뇌손상으로 인한 신경장애로 노동능력을 일반 평균인의 3분의 1 이상 잃어 취업상 부분적으로 제한을 받는 사람 3) 외상으로 인하여 고도의 1측 얼굴 신경마비가 있는 사람 4) 두 개(머리) 내 이물질 잔류로 인하여 두통 또는 불면증이 있는 사람 5) 1측 횡경막 신경이 외상으로 인하여 마비된 사람 6) 전신성 말초신경병으로 양쪽 손 또는 양쪽 발에 뚜렷한 근위축과 근약증이 있는 사람 7) 복합부위통증증후군(CRPS)의 가목8)다)의 장애 점수표에 따른 진단 기준점수와 치료방법에 대한 점수를 합산한 점수가 8점 이상인 사람. 이 경우 반드시 적외선 체열검사, 단순방사선 검사[필요시 골밀도 검사 또는 전산화단층영상촬영(CT) 포함], 골스캔 검사 중 1개 이상에서 이상소견이 확인되어야 한다. 8) 파킨슨병에 의한 임상 증상이 경도로 양측 침범을 보이는 사람 9) 침샘암 치료 후 얼굴에 중고등도의 마비가 있는 사람(얼굴 신경마비 평가기준에 따라 4단계 또는 5

			단계에 해당하는 사람을 말한다)
	4208	정신장애로 노동능력을 일반 평균인의 3분의 1 이상 잃은 사람	
7급	4115	신경계통 기능장애로 노동능력을 일반 평균인의 4분의 1 이상 잃은 사람	[규칙 별표 4] 1) 파편 또는 총탄 등으로 인하여 신경에 이상 징후가 확인되는 사람 2) 전신성 말초신경병증으로 양쪽 손의 손가락 전체 또는 양쪽 발의 발가락 전체에 뚜렷한 감각신경 이상과 근약증이 있는 사람 3) 복합부위통증증후군(CRPS)의 가목8)다)의 장애 점수표에 따른 진단 기준점수와 치료방법에 대한 점수를 합산한 점수가 6점 이상인 사람. 이 경우 반드시 적외선 체열검사, 단순방사선 검사[필요시 골밀도 검사 또는 전산화단층영상촬영(CT) 포함], 골스캔 검사 중 1개 이상에서 이상소견이 확인되어야 한다. 4) 파킨슨병에 의한 임상증상이 경도로 편측 침범을 보이는 사람 5) 침샘암 치료 후 얼굴에 중고등도의 마비가 있는 사람(얼굴 신경마비 평가기준에 따라 4단계 또는 5단계에 해당하는 사람을 말한다)
	4209	정신장애로 노동능력을 일반 평균인의 4분의 1 이상 잃은 사람	[규칙 별표 4] 정신장애로 1년 이상 약물 치료 후에도 노동능력을 일반 평균인의 4분의 1 이상 잃어 취업상 경도의 제한을 받는 사람

(3) 준용등급 결정[53)]

(가) 척수의 장애

1) 생명유지에 필요한 일상생활의 처리 동작에 대하여 항상 다른 사람의 도움과 보호를 받아야 하는 사람은 1급 1항(4101)을 인정한다.

53) 규칙 [별표 4] 4호 다목

2) 생명유지에 필요한 일상생활의 처리 동작에 대하여 수시로 다른 사람의 도움과 보호를 받아야 하는 사람은 2급(4108)을 인정한다.

3) 생명유지에 필요한 일상생활의 처리 동작은 가능하나 일생 동안 노무에 종사할 수 없는 사람은 3급(4110)을 인정한다.

4) 마비나 그 밖의 뚜렷한 척수증상으로 인하여 노동능력을 일반 평균인의 3분의 2 이상 잃은 사람은 4급(4111)을 인정한다.

5) 명백한 척수증상으로 인하여 노동능력을 일반 평균인의 2분의 1 이상 잃은 사람은 5급(4112)을 인정한다.

6) 노동능력에 별다른 지장은 없지만 의학적으로 증명할 수 있는 척수증상이 남은 사람은 7급(4115)을 인정한다.

(나) 조화운동못함증(실조) · 현기증 및 평형기능장애

1) 고도의 조화운동못함증 또는 평형기능장애로 인하여 생명유지에 필요한 일상생활의 처리동작 외에는 일생 동안 노무에 종사할 수 없는 사람은 3급(4110)을 인정한다.

2) 뚜렷한 조화운동못함증 또는 평형기능장애로 인하여 노동능력이 일반 평균인의 3분의 2 이상 잃은 사람은 4급(4111)을 인정한다.

3) 중등도의 조화운동못함증 또는 평형기능장애로 인하여 노동능력을 명백하게 일반 평균인의 2분의 1 이상 잃은 사람은 5급(4112)을 인정한다.

4) 노동능력이 어느 정도 남아 있으나 현기증의 자각증상이 강하거나 타각적(대상자의 주관적 의사표현 없이 증상이 확인되는 것)으로 눈떨림증(안구진탕증) 그 밖에 평형기능 검사결과 명백한 이상소견이 인정된 사람은 6급 2항(4114)을 인정한다.

5) 노동능력에 별다른 지장은 없지만 눈떨림증 그 밖에 평형기능 검사결과 이상소견이 인정된 사람은 7급(4115)을 인정한다.

마. 흉복부장기 등의 장애

(1) 장애 측정방법[54)]

(가) 흉복부장기 등의 장애는 흉강과 복강 내 장기 등에 타각적으로 증명될 수 있

54) 규칙 [별표 4] 5호 가목

는 변화가 인정되고 그 기능에도 장애가 증명되는 것을 말한다.

(나) 흉복부장기 등의 장애로 인하여 생명유지에 필요한 일상생활의 처리동작에 항상 다른 사람의 도움과 보호를 받아야 하는 사람은 일상생활의 범위가 항상 병상으로 제한되는 사람을 말한다.

(다) 흉복부장기 등의 장애로인하여 생명유지에 필요한 일상생활의 처리 동작에 수시로 다른 사람의 도움과 보호를 받아야 하는 사람은 일상생활의 범위가 주로 병상에 한정되나, 식사, 용변, 자택 내 보행 등을 위하여 단시간 병상을 떠나는 것이 가능한 사람을 말한다.

(라) 심장질환

1) 의학적 치료에도 불구하고 호흡곤란, 흉통, 부종 등의 임상증상과 이를 증명할 수 있는 흉부방사선 검사, 심전도 검사, 심장초음파 검사, 운동부하 검사, 심혈관조영술 등의 객관적 검사 결과를 기준으로 판단한다.

2) 관상동맥 조영상 혈관의 지름과 협착의 정도는 영상자료를 토대로 판정하며, 이견이 있을 경우 검증된 소프트웨어를 이용한 정량적 관상동맥조영술(QCA, Quantitative Coronary Angiography)의 결과를 판정의 근거로 삼는다.

3) 허혈성심장질환의 경우 변이형 협심증, 미세혈관 협심증 및 심근교(심장표면을 주행하는 관상동맥이 심장근육 속에 들어가 있는 경우를 말한다)는 상이등급 평가에서 제외한다.

(마) 호흡기질환

1) 폐기능 검사(1초간 노력성 호기량, 노력성 폐활량), 흉부 단순방사선촬영 등의 객관적인 검사 결과에 따라 판정한다.

2) 폐기능 검사는 한국인의 연령별 정상 폐활량 예측치를 고려한 최정근식 검사방법에 의한다. 이 경우 기관제확장제를 투여한 후 시행하되, 1회 검사 시 3차례 시행된 검사 결과 중 가장 좋은 검사 결과를 기준으로 평가한다. 다만, 외상이나 수술에 의한 경우엔느 기관지확장제를 투여하지 않고 시행할 수 있다.

3) 폐결핵, 폐결핵성 늑막염으로 인한 기능장애는 영상의학적 소견과 일치해야 한다.

(바) 신장질환

1) 혈철크레아티닌, 사구체 여과율(청소율), 단회뇨(spot urine)의 알부민/크레아티닌비로 평가하며, 2주 이상의 간격을 두고 시행한 2회의 검사 결과를 토대로 판정한다.

2) 신장이식을 시행한 경우에는 신장의 기능이 안정화 되면 바로 평가할 수 있으며, 급성 신부전일 경우에는 평가에서 제외한다.

(사) 종양

종야은 크게 근치된 경우와 전이 또는 재발한 경우로 나누어 평가한다.

1) 근치 후 일시적 또는 영구적으로 손상된 장기별 기능에 대해 평가하며, 근치 후 기능 손상이 영구장애로 판단될 경우에는 다시 평가하지 않는다.

2) 근치 후 종양으로 인한 기능장애는 상이등급 구분표의 신체상이 정도에 준하여 판정한다(예를 들면, 방광암으로 방광을 완전 적출하여 완치되었다면 상이는 방광 완전 소실에 상응하는 장애로 평가한다).

3) 전이성 또는 재발성 종양은 완치를 기대할 수 없으므로 기대되는 평균여명, 치료식, 그리고 신체활동도에 따라 평가한다.

4) 폐암은 호흡기계 질환에서 따로 분류하여 등급을 결정하며 비소세포 폐암과 소세포폐암으로 나누어 평가한다.

5) 악성 임파종, 백혈병, 다발골수종, 연조직육종은 따로 분류하여 등급을 결정한다.

(아) 요도협착

1) 요도협착으로 배뇨기능에 장애가 남은 사람은 방광의 장애로 간주하여 등급을 결정한다.

2) 요도협착으로 신기능에 장애가 남은 사람은 신장의 장애로 간주하여 등급을 결정한다.

(2) 상이등급 구분 및 판정 기준[55)]

상이등급	분류번호	신체상이정도	
		영	규칙
1급 1항	5101	흉복부장기 등의 장애로 항상 침상에서 생활해야 하는 사람	
1급 3항	5102	흉복부장기 등에 최고도의 기능장애가 있어 항상 다른 사람의 도움과 보호가 필요한 사람	[규칙 별표 4] 흉복부장기의 장애로 인하여 생명유지에 필요한 일상생활의 처리동작에 항상 다른 사람의 도움과 보호를 받아야 하는 사람으로서 다음의 어느 하나에 해당하는 사람 1) 외상으로 인하여 폐나 심장의 기능장애를 초래하여 안정 시에도 호흡곤란 · 현기증 · 청색증 하지(다리와 발) 또는 전신부종이 있는 사람 2) 당뇨합병에 의한 신장 손상 등으로 평생 혈액투석을 해야 하고 항상 침상에서 생활하는 사람 3) 간장 및 담도계통의 손상으로 인하여 진행성인 불치의 간기능장애를 초래한 사람으로 심한 전신쇠약으로 항상 침상에서 생활하는 사람 4) 흉복강 내 맥관계통의 장애로 인한 심한 순환장애로 체강 내 액체정류를 일으켜 항상 침상에서 생활하는 사람 5) 악성종양이 더 이상의 치료가 불가능하며, 항상 간병이 필요하고 침상에서 생활하는 사람(호스피스 병동기록, 여명치료 종료 후 자가 요양 등의 기록을 확인한다)
2급	5103	흉복부장기 등의 장애로 수시로 다른 사람의 도움과 보호가 필요한 사람	[규칙 별표 4] 홍복부장기 등의 장애로 인하여 생명유지에 필요한 일상생활의 처리동작에 수시로 다른 사람의 도움과 보호를 받아야 하는 사람으로서 다

55) 영 [별표 3] 5호, 규칙 [별표 4] 5호 나목

			음의 어느 하나에 해당하는 사람 1) 한쪽 폐를 적출하고 다른 폐에도 고도의 기능장애가 있어 수시로 간병이 필요한 사람 2) 난치성 지속성 상부위장관, 담도, 췌장의 샛길로서 그 분출량이 1일 200cc 이상이고 고도의 전신 합병증이 생긴 사람 3) 당뇨합병에 의한 신장 손상 등으로 평생 혈액투석과 수시로 간병이 필요한 사람 4) 악성종양이 진행하여 2차 항암제에 불응하고 수시로 간병이 필요한 사람(호스피스 병동기록, 여명치료 종료 후 자가 요양 등의 기록을 확인한다) 5) 허혈성심장질환으로 심부전 증상이 있는 경우로서 최소 6개월 이상의 치료 이후에 실시한 심장초음파 검사 결과 심구출율(EF)이 30퍼센트 이하이고 항상 침상에서 생활하는 사람 6) 간경화증에 의한 고도의 합병증으로 수시로 간병이 필요한 사람 7) 방광을 전부 적출하고, 회장도관 또는 신생방광 조성술을 시행했으나, 그 기능이 적절치 않아 경피적 신루술을 유지해야 하는 사람 8) 영구적인 식도의 통과장애로 통관영양이 필요한 사람
3급	5104	흉복부장기 등의 장애로 일생 동안 노무에 종사할 수 없는 사람	[규칙 별표 4] 생명유지에 필요한 일상생활의 처리 동작은 가능하나 거의 대부분을 병상에 있어 일생 동안 노무에 종사할 수 없는 사람으로서 다음의 어느 하나에 해당하는 사람 1) 간장 및 담도 계통의 손상으로 간기능 장애를 초래하여 단순한 노무에 의해서도 복수나 전신부종을 일으키는 사람 2) 직장 또는 항문괄약근의 장애로 항상 고형변에 대한 변실금이 있는 사람(항문직장근이나 항문괄약근의 해부학적 손상이 있고 직장압력측정상 이상이 입증된 사

			람으로 한정한다) 3) 장의 광범위한 유착으로 통과장애가 있어서 항상 유동식을 섭취해야 하는 사람 4) 방광샛길, 신루(腎瘻) · 요관피부문합을 시행하여 영구적으로 요도를 통한 배뇨를 할 수 없는 사람 5) 방광기능 소실로 항상 도뇨가 필요한 사람(영구적 요로전환에 준하는 경우로 한정한다) 6) 당뇨합병에 의한 말기 신부전으로 평생 혈액 또는 복막투석이 필요한 사람 7) 허혈성심장질환으로 심부전 증상이 있는 경우로서 최소 6개월 이상의 치료 이후에 실시한 심장초음파검사에서 심구출율(EF)이 30퍼센트 이하이고, 신체주위의 일은 간신히 할 수 있지만 그 이상의 활동에는 심부전 또는 협심증 증상이 있어 수시로 침상 생활을 하는 사람 8) 만성 폐질환으로 다음의 어느 하나에 해당하는 사람 가) 1초간 노력성 호기량(FEV1) 25퍼센트 이하인 사람 나) 노력성 폐활량(FVC)이 35퍼센트 이하인 사람 다) 호흡기 질환으로 인하여 가정산소요법을 처방받아야 할 정도로 폐기능 저하가 심한 사람(호흡기 내과 전문의에 의한 처방이 있는 경우로 한정한다) 9) 소장의 70퍼센트 이상이 절제되어 단장증후군이 초래된 사람 10) 직장 또는 회음부의 손상으로 인공항문을 조성하였으나 난치성 다발성의 회음부루 또는 농양이 남아 있는 사람 11) 비호지킨임파선암이나 다발골수종 또는 만성림프구성 백혈병이 진행하여 2차 항암요법(항암요법은 화학요법 또는 방사선요법을 말한다. 이하 같다) 중이거나 2차 항암요법이 필요한 사람

			12) 연조직육종(GIST 포함)이 전이성이거나 재발하여 항암요법이 필요한 사람 13) 만성골수구성 백혈병에서 가속기 · 금성기 질환으로 항암요법이 필요한 사람 14) 비소세포폐암 4기(전이성, 재발성) 또는 3B기인 사람 15) 소세포폐암 확장병기에 있는 사람 16) 여타의 악성종양이 전이성 또는 재발성 질환으로 항암요법이 필요한 사람
	5201	생식기의 기능을 모두 잃고 방광에 고도의 기능장애가 있는 사람	[규칙 별표 4] 1) 음경고 고환이 모두 상실된 사람 2) 음경의 손상으로 인해 회음부로 요도를 전환하고, 양측 고환을 모두 상실한 사람
4급	5105	흉복부장기 등의 장애로 인하여 노동능력을 일반 평균인의 3분의 2 이상 잃은 사람	[규칙 별표 4] 흉복부장기 등의 장애로 인하여 노동능력을 일반 평균인의 3분의 2 이상 잃은 사람으로서 다음의 어느 하나에 해당하는 사람 1) 허혈성심장질환으로 심부전 증상이 있는 경우로서 최소 6개월 이상의 치료 이후에 실시한 심장초음파 검사에서 심구출율(EF)이 40퍼센트 이하이고, 가정 내에서 극히 쉬운 활동은 가능하나 그 이외의 활동에는 심부전 또는 협심증 증상이 있어 약물치료가 필요한 사람 2) 내시경검사로 식도정맥류가 확인되고, Child C에 준하는 간경변이 있는 사람 3) 만성 폐질환으로 1초간 노력성호기량(FEV1)이 25퍼센트 초과 30퍼센트 이하이거나 노력성폐활량(FVC)이 35퍼센트 초과 40퍼센트 이하인 사람 4) 신장 등 흉복부장기를 이식받은 사람 5) 부신에 손상을 입어 부전으로 인하여 평생 치료가 필요한 사람 6) 수술 또는 외상 후 발생한 복벽에

			탈장 수술을 했으나 지속적으로 재발하여 복원수술이 불가능한 상태이고 결손부위의 최대 지름이 10센티미터 이상인 사람 7) 영구적 인공항문을 만든 사람 8) 위를 전부 적출한 후에 지속적인 대량의 역류성 담즙구토로 인한 전신합병증이 있거나 통관영양이 필요한 사람 9) 대장이 70퍼센트 이상이 절제되어 지속적으로 합병증이 초래되거나 영구적 인공항문이 필요한 사람
5급	5106	흉복부장기 등의 장애로 인하여 노동능력을 일반 평균인의 2분의 1 이상 잃은 사람	[규칙 별표 4] 흉복부장기 등의 장애로 인하여 노동능력을 일반 평균인의 3분의 2 이상 잃은 사람으로서 다음의 어느 하나에 해당하는 사람 1) 반복된 장절제로 인한 심한 유착으로 가벼운 노무도 감당하기 어려운 사람 2) 당뇨 합병에 의한 만성 신부전으로 최소 2주 이상의 간격으로 실시한 2회의 혈액검사 결과 혈중 크레아티닌 농도가 모두 3.0㎎/㎗ 이상인 사람 3) 간경변증으로 진단받아 지속적 치료나 관리가 필요한 사람(복수가 있는 간경변증 또는 식도정맥류를 동반한 Child B 간경변증이 있는 사람으로 한정) 4) 만성 폐질환으로 1초간 노력성 호기량(FEV1)이 30퍼센트 초과 40퍼센트 이하이거나 노력성 폐활량(FVC)이 40퍼센트 초과 50퍼센트 이하인 사람 5) 허혈성심장질환으로 다음의 어느 하나에 해당하는 사람 가) 관상동맥중재술이나 관상동맥우회술이 필요하지만 수술이 불가능한 경우로서 최소 6개월 이상의 치료 이후에 실시한 심장초음파 검사 결과 심구출율(EF)이 40퍼센트 이하인 사람 나) 관상동맥중재술이나 관상동맥

			우회술을 받은 경우로서 최소 6개월 이상의 치료 이후에 실시한 심장초음파 검사 결과 심구출율(EF)이 40퍼센트 이하인 사람 6) 위를 전부 적출한 사람 7) 요로 변경술 후 요관장문합을 남긴 채로 치유의 상태에 달한 사람(요도를 통한 배뇨가 가능한 사람으로 한정) 8) 만성골수성 백혈병의 만성기로 2차 항암요법 중인 사람 9) 만성림프구성 백혈병 또는 다발골수종으로 1차 항암요법 중이거나 항암요법 후 관해 · 안정상태로 관찰 중인 사람 10) 비소세포폐암으로 한쪽 폐를 전부 절제한 사람 11) 소세포폐암 제한 병기인 사람 12) 담낭암(담도암을 포함)으로 췌십이지장절제술, 대량간절제술, 침습장기 합병절제술 등 해당 병변과 그 주변 장기까지를 포함하는 근치적(根治的) 절제술을 받은 사람
	5202	생식기를 완전히 상실한 사람	[규칙 별표 4] 1) 음경의 손상으로 인해 회음부로 요도를 전환한 사람 2) 양쪽 고환이 상실된 사람 3) 생식기능이 완전 상실되고 지속적인 요도확장술이 필요한 사람 4) 수술 불가능한 질부결손으로 성교가 불가능한 사람 5) 양쪽 고환의 기능이 상실된 사람 또는 한쪽 고환이 상실되고 다른 쪽 고환의 기능이 상실된 사람
6급 1항	5107	흉복부장기 등의 장애로 인하여 노동능력을 일반 평균인의 5분의 2 이상 잃은 사람	[규칙 별표 4] 흉부대동맥 또는 복무대동맥에 대동맥박리가 있는 사람
	5203	생식기의 기능에 고도의 장애가 있는 사람	[규칙 별표 4] 1) 음경의 손실이 있으나 요도를 통해 소변을 볼 수 있는 사람 2) 신경손상으로 음경 발기력이 상

			실된 사람(수면 중 발기검사 또는 발기유발제 주사 후 도플러 초음파 음경 혈류검사로 진단한다) 3) 사정관 또는 양쪽 정관 손상으로 사정이 불가능한 사람 4) 자궁 또는 양쪽 난소가 상실되거나 그 기능이 완전 상실된 사람 5) 양쪽 난관 손상으로 배란이 불가능한 사람 6) 정자 생산능력과 남성호르몬 생산능력이 모두 상실된 사람 7) 양쪽 유선이 상실된 사람
6급 2항	5108	흉복부장기 등의 장애로 인하여 노동능력을 일반 평균인의 3분의 1 이상 잃은 사람	[규칙 별표 4] 흉복무장기 등의 장애로 인하여 노동능력을 일반 평균인의 3분의 1 이상 잃은 사람으로서 다음의 어느 하나에 해당하는 사람 1) 식도의 손상으로 중등도의 식도 협착이 있는 사람 2) 간 손상으로 후유증이 있는 사람 3) 방광의 손상 또는 부분 절제하여 무의식적인 배뇨장애가 있는 사람 4) 수술 또는 외상 후 발생한 복벽에 탈장 수술을 했으나 지속적으로 재발하여 복원수술이 불가능한 상태이고 결손부위의 최대 지름이 4센티미터 이상 10센티미터 미만인 사람 5) 방광괄약근에 이상이 있고 중등도 이상의 요실금이 있는 사람 6) 직장 또는 항문괄약근의 기능장애로 항상 변실금이 있는 사람 7) 당뇨 합병증에 의한 신장기능의 손상으로 최소 2주 이상의 간격으로 실시한 2회의 혈액검사에서 혈중 크레아티닌 농도가 모두 1.8㎎/㎗ 이상인 사람 8) 허혈성심장질환으로 다음의 어느 하나에 해당하는 사람 가) 관상동맥조영술 검사 결과 좌주간짓관상동맥(LM) 또는 좌전하행관상동맥 근위부(pLAD)에 70퍼센트 이상의 협착 병변이 있는 사람[좌전하행지(LAD) 근

			위부는 처음 분지하는 대각분지(D1, D2) 또는 중격분지(septal branch, S1)가 갈라지기 이전의 부위를 말한다] 나) 관상동맥조영술 검사 결과 좌주간지관상동맥(LM)이나 좌전하행지 근위부(pLAD) 관상동맥을 제외한 주요 혈관에 70퍼센트 이상의 협착 병변이 있고 심초음파, 운동부하검사 등 검사 결과 심근허혈이 있는 사람[주요 혈관은 좌전하행지(LAD), 좌회선지(LCX), 우측관상동맥(RCA), 지름 2.5밀리미터 이상의 주요 분지(대각분지(D1, D2), 둔각분지(OM1, OM2), 후하행지(PDA), 후외측분지(PL)를 포함한다) 다) 영상검사와 기능검사 결과 허혈성심장질환으로 인한 심근경색증으로 진단되어 관상동맥우회술 또는 내과적 중재술을 받았거나 약물치료 중인 사람 9) 만성 폐질환으로 1초간 노력성호기량(FEV1)이 40퍼센트 초과 50퍼센트 이하이거나 노력성폐활량(FVC)이 50퍼센트 초과 60퍼센트 이하인 사람 10) 한쪽 폐를 전부 절제하거나 양측의 폐엽 절제술을 시행한 사람 11) 비장을 적출한 후 후유증(뇌막염, 폐렴, 세균혈증)이 있어 입원치료를 받은 사람
	5205	생식기 기능에 중등도의 장애가 있는 사람	[규칙 별표 4] 전립선암 진단 후 치료(방사선치료, 호르몬치료 또는 양성자치료) 중이거나 치료 후 경과를 관찰 중인 사람
6급 3항	5110	흉복부장기 등을 부분 절제 또는 적출하거나 흉복부장기 등에 악성종양이 있어 노무에 경도의 제한을 받는 사람	[규칙 별표 4] 1) 위를 부분절제한 후 심한 소화기능 장애가 있는 사람(내시경적 점막절제를 한 경우는 제외) 2) 폐암으로 폐엽을 절제한 사람 3) 만성폐질환으로 1초간 노력성호기량(FEV1)이 50퍼센트 초과 60퍼센트 이하이거나 노력성폐활량

			(FVC) 60퍼센트 초과 70퍼센트 이하인 사람 4) 악성림프종으로 확진되어 항암요법을 받은 사람 5) 연조직육종 환자에서 근치적 절제가 된 상태인 사람 6) 만성골수성백혈병의 만성기로 1차 항암요법을 받은 사람 7) 만성림프구성 백혈병으로 진단받고 항암치료 없이 경과 관찰 중인 사람 8) 다발성 골수종에서 형질세포종(Plasmacytoma), 단세포군 감마글로불린병(MGUS), 무증후성 골수종으로 근치적 치료 중인 사람 9) 비소세포폐암 1기, 2기, 3A기인 사람 10) 담낭암(담도암을 포함)으로 진단 후 경과를 관찰 중이거나 담낭절제술, 간외담관절제술, 제한적 간절제술 등 해당 병변에 대한 근치적 절제술을 받은 사람
7급	5111	흉복부장기 등의 장애로 인하여 노동능력을 일반 평균인의 4분의 1 이상 잃은 사람	[규칙 별표 4] 흉복부장기 등의 장애로 인하여 노동능력을 일반 평균인의 4분의 1 이상 상실한 사람으로서 다음의 어느 하나에 해당하는 사람 1) 당뇨 합병증에 의한 신장기능 장애로 다음의 어느 하나에 해당하는 사람 가) 최소 2주 이상의 간격으로 실시한 2회 이상의 소변검사에서 모두 현증(1+ 이상)의 단백뇨 소견이 보이는 사람 나) 최소 2주 이상의 간격으로 실시한 2회의 혈액검사에서 혈중 크레아티닌의 농도가 모두 1.5㎎/㎗ 이상 1.8㎎/㎗ 미만인 사람 2) 만성 폐질환으로 1초간 노력성호기량(FEV1)이 60퍼센트 초과 80퍼센트 미만인 사람 3) 흉강 내 부상 또는 전공상 잔유물로 경도의 늑막유착증상이 있는 사람

			4) 장의 절제로 경도의 유착증상이 있는 사람 5) 위의 부분절제로 유착이 있는 사람 6) 폐암 이외의 질환으로 폐의 부분절제(segmentectomy 또는 wedge resection)를 받은 사람 7) 방광 · 직장 또는 항문괄약근의 기능장애로 간헐적으로 무의식적인 배변 또는 배뇨장애가 있는 사람 8) 관상동맥조영술 검사 결과 가지혈관을 포함한 관상동맥 여타의 부위에 50퍼센트 이상의 협착 병변이 있고 이로 인한 협심증 증상이 있어 지속적인 약물 치료가 필요한 사람 9) 갑상선 손상으로 평생 동안 약제를 복용해야 하는 사람 10) 주기적인 요도확장술을 받는 사람 11) 궤양성 대장염이 있는 사람으로서 지속적인 투약을 받는 사람 12) 수술 또는 외상 후 발생한 복벽탈장 수술을 하였으나 재발하였거나, 수술이 불가능한 상태로 결손부위의 최대 지름이 4센티미터 미만인 사람 13) 휴부대동맥 또는 복무대동맥에 최대 지름 5센티미터 이상의 동맥류가 있거나 이로 인해 시술 또는 수술을 한 사람 14) 비장 또는 한쪽 신장을 적출한 사람
	5204	생식기 기능에 경도의 장애가 있는 사람	[규칙 별표 4] 1) 한쪽 유선이 상실된 사람 2) 한쪽 고환이 상실된 사람 3) 전립선암을 진단 받은 후 경과를 관찰 중인 사람 4) 한쪽 난소가 상실된 사람 5) 한쪽 난관이 상실된 사람

(3) 준용등급 결정[56)]

(가) 신장장애 치료의 종결 단계에서 요도(尿道瘻)·방광샛길과 여러 번의 수술에도 불구하고 그대로 루공이 남이 일정한 기간 후 다시 수술이 필요하다고 인정되나 그 상태에서 일단 치유한 사람은 7급(5111)을 인정한다.

(나) 방광장애

1) 방광의 기능이 완전히 없어진 사람은 2급(5103)을 인정한다.

2) 위축방광(용량 50cc 이하)인 사람은 5급(5106)을 인정한다.

3) 항상 요로샛길을 동반하는 경도의 방광기능부전 또는 방광 경련으로 인한 지속성의 배뇨통은 7급(5111)을 인정한다.

바. 체간의 장애

(1) 장애 측정방법[57)]

(가) 척추의 장애는 기능장애와 변형장애로 구분하며, 단순방사선촬영, 전산화단층영상촬영(CT), 자기공명영상촬영(MRI), 골주사(bone scan), 근전도, 유발전위검사 등의 객관적 자료로 평가한다.

(나) 척추의 기능장애란 척추의 유합으로 인하여 운동제한 소견이 명확히 나타나는 경우 또는 신경근 병변에 의한 운동마비 소견이 잔존하는 경우를 말한다.

(다) 척추분절의 고정이란 골유합술이나 고정술을 시행하여 척추 한 분절 이상을 붙게 한 것을 말한다. 고정된 분절은 그 분절의 운동기능이 모두 상실한 것으로 보고, 고정된 분절 외의 분절은 해당 분절의 운동기능을 정상으로 보아 산출한다. 다만, 척추분절의 운동이 가능한 수술(연성고정술, 와이어고정술, 인공디스크삽입술 등)은 이에 포함되지 않는다.

(라) 척추의 변형장애란 척추의 골절로 인하여 형태의 변화가 뚜렷하게 나타나는 경우를 말한다. 척추체 압박률은 골절이 있는 척추체 높이와 상·하 정상 척추체의 높이를 비교하여 압박률을 정한다. 2 추체 이상의 다발성 압박골절시 압박률 측정

---

56) 규칙 [별표 4] 5호 다목
57) 규칙 [별표 4] 6호 가목

은 압박정도가 큰 2 추체의 압박률을 합산하여 적용한다.

(마) 척추의 기능장애와 변형장애가 동일 부위에 동시에 남은 경우에는 그 중 높은 등급을 인정한다.

(바) 추간판탈출증

1) 추간판탈출증은 의학적 임상증상과 특수검사(CT · MRI · 근전도 등) 소견이 일치하는 경우에만 인정한다.

2) 추간판탈출증에 대한 상이등급은 수술(재수술을 포함) 등 가능한 모든 치료에도 불구하고 후유증상이 지속되는 경우에 그 후유신경증상에 따라 결정한다. 다만, 수술 등으로도 치료효과를 기대하기 어렵다고 인정되는 경우에는 그 후유증상에 따라 상이등급을 결정할 수 있다.

3) 인공디스크삽입술을 한 경우에는 그 수술 후의 상이정도에 따라 판정한다.

4) 수술적 치료란 관혈적 수술 또는 내시경을 이용한 추간판제거술을 말한다.

5) 추간판탈출증으로 복합된 척추신경근의 완전마비가 있는 경우에는 신경계통의 기능장애 정도에 따라 등급을 결정한다.

(2) 상이등급 구분 및 판정 기준[58]

상이등급	분류번호	신체상이정도	
		영	규칙
4급	6102	척추에 최고도의 기능장애가 있는 사람	[규칙 별표 4] 척추체 골절이나 인대손상으로 척추고정술을 포함한 적극적 치료 후에도 뚜렷한 운동마비(Grade III)가 있으며, 배뇨장애 또는 배변장애가 있는 사람(도뇨관을 지속적 또는 간헐적으로 사용하거나 배변 감각의 소실로 인하여 기저귀를 지속적으로 착용하는 경우로 한정)
5급	6103	척추에 고도의 기능장애가 있는 사람	[규칙 별표 4] 척추체 골절이나 인대손상으로 척추 고정술을 포함한 적극적 치료 후에도 뚜렷한 운동마비(Grade III)가 있거나 정상운동범위의 50퍼센트 이상의 제한이 있는 사람

	6104	척추에 고도의 변형장애가 있는 사람	[규칙 별표 4] 명백한 척추의 골절로 35도 이상의 후만변형과 20도 이상의 측만변형이 있는 사람
6급 1항	6105	척추에 중등도의 기능장애가 있는 사람	[규칙 별표 4] 척추체 골절이나 인대손상으로 척추 고정술을 포함한 적극적 치료 후에도 정상운동범위의 30퍼센트 이상 50퍼센트 미만의 제한이 있는 사람
	6106	척추에 중등도의 변형장애가 있는 사람	[규칙 별표 4] 척추의 골절로 압박 골절이 추체 높이의 50퍼센트 이상으로서 35도 이상의 후만변형 또는 20도 이상의 측만변형이 있는 사람
6급 2항	6107	척추에 경도의 기능장애가 있는 사람	[규칙 별표 4] 1) 2개 이상의 추체 간에 추간판탈출증에 대한 수술을 하고 연속적인 2개 분절 이상의 추체 간 유합술을 시행한 사람으로서 신경증상이 지속되는 사람 2) 척추체 골절이나 인대손상으로 척추 고정술을 포함한 적극적 치료 후에도 정상운동범위의 10퍼센트 이상 30퍼센트 미만의 제한이 있는 사람 3) 추간판탈출증에 대한 수술 등 치료에도 근전도 이상 소견과 뚜렷한 운동마비(Grade III 이하)가 있는 사람
	6108	척추에 경도의 변형장애가 있는 사람	[규칙 별표 4] 1) 척추의 골절로 인하여 압박골절이 추체 높이의 50퍼센트 이상으로서 15도 이상의 후만변형 또는 10도 이상의 측만변형이 있는 사람 2) 척추의 골절로 인하여 압박골절이 추체 높이의 30퍼센트 이상 50퍼센트 미만으로서 35도 이상의 후만변형 또는 20도 이상의 측만변형이 있는 사람
	6201	쇄골(빗장뼈), 흉골(복장뼈) 또는 견갑골(어깨뼈)의 골절 등으로 한쪽 어깨운동에 50퍼센트 이상 제한을	

		받는 사람	
	6202	늑골(갈비뼈) 6개 이상이 제거된 사람	
7급	6109	척추에 경미한 기능장애가 있는 사람	[규칙 별표 4] 1) 척추의 골절로 인하여 고정술을 받은 사람으로서 기능장애를 동반하는 사람(일시적으로 고정술을 한 사람은 제외) 2) 추간판탈출증으로 수술적 치료에도 불구하고 특수검사상 뚜렷한 신경압박 소견을 보이며, 근전도 이상소견 또는 경도의 운동마비(Grade IV)가 있는 사람
	6110	척추에 경미한 변형장애가 있는 사람	[규칙 별표 4] 척추의 골절로 인하여 압박골절이 추체 높이의 20퍼센트 이상으로서 15도 미만의 후만변형 또는 10도 미만의 측만변형이 있는 사람
	6203	쇄골(빗장뼈), 흉골(복장뼈), 늑골(갈비뼈), 견갑골(어깨뼈), 골반골(골반뼈)에 부정유합(뼈가 제 위치에 붙지 않은 것을 말한다)으로 인한 외관상 기형이 있는 사람	[규칙 별표 4] 나체가 되었을 때 그 변형(결손을 포함)을 명백하게 알 수 있는 사람. 이 경우 늑골(갈비뼈)의 변형은 그 개수 · 정도 · 부위에 관계 없이 늑골 전체를 일괄하여 하나의 장애로 인정한다.

사. 팔 및 손가락의 장애

(1) 장애 측정방법[59)]

(가) 절단 장애는 절단 위치에 따라 판정하며 평가부위에 대한 단순방사선사진을 촬영하여 정확한 절단부위를 확인한다. 다만, 단순방사선사진 없이 맨 눈으로 절단부위를 명확하게 확인할 수 있을 때는 단순방사선사진 촬영을 생략할 수 있다.

(나) 관절강직의 정도는 수동적 관절운동범위로 평가하는 것을 원칙으로 한다. 관절운동범위는 각도기(goniometer)를 사용하여 측정한다. 이때 신체검사 대상자

58) 영 [별표 3] 6호, 규칙 [별표 4] 6호 나목
59) 규칙 [별표 4] 7호 가목

는 의사의 요구에 최대한 협조하여야 하며, 협조하지 않을 경우 기능장애가 없는 것으로 평가할 수 있다.

(다) 수술적 치료를 통해 장애상태의 개선이 가능할 것으로 예측되는 모든 경우[장관골(긴뼈)의 불유합이나 부정유합, 관절 불안정성, 재발성 또는 습관성 탈구, 흉터 구축, 팔꿈치관절 강직 등] 수술적 치료를 원칙으로 한다. 다만, 마취를 할 수 없거나 감염이 우려되는 등 수술로 인한 치료부다 수술로 인한 후유합병증이 더 크거나, 적절한 수술 후에도 장애가 남을 것으로 의학적으로 인정되는 경우에는 수술을 하지 않은 상태에 근거하여 상이판정을 할 수 있다.

(라) 손가락의 끝마디는 끝쪽 손가락뼈마디 관절(엄지손가락의 경우에는 지관절)부터 손가락뼈의 끝이 아닌 연부조직의 끝까지를 말한다.

(마) 하나의 장애에 다른 장애가 파생되는 관계에 있는 경우(단축, 강직과 변형 등)에는 그중 상이등급이 높은 것 하나만 인정한다.

(2) 상이등급 구분 및 판정 기준[60]

상이등급	분류번호	신체상이정도	
		영	규칙
1급 1항	7101	두 팔을 손목관절 이상에서 잃고, 두 다리를 발목관절 이상에서 잃은 사람	
1급 2항	7102	두 팔을 팔꿈치관절 이상에서 잃은 사람	[규칙 별표 4] 1) 두 팔의 어깨관절과 팔꿈치관절 사이에서 상완골(위팔뼈)이 절단된 사람 2) 두 팔의 팔꿈치관절에서 상완골(위팔뼈)과 요골(노뼈) 및 척골(자뼈)이 서로떨어져 탈락된 사람
	7103	두 팔과 한 다리 또는 한 팔과 두 다리를 손목관절이나 발목관절 이상에서 잃은 사람	
	7104	두 팔과 한 다리 또는 한 팔과 두 다리의 기능을 모두 잃은 사람	[규칙 별표 4] 두 팔과 한 다리 또는 한 팔과 두 다리의 3대 관절이 모두 완전히 굳은 사람
1급 3항	7105	두 팔을 손목관절 이상에서 잃은 사람	[규칙 별표 4]

			1) 두 팔이 팔꿈치관절과 손목관절 사이에서 절단된 사람 2) 두 팔의 손목관절에서 요골(노뼈) 및 척골(자뼈)과 수근골(손목뼈)이 서로 떨어져 탈락된 사람
	7106	한 팔은 어깨관절 이하의 기능을 모두 잃고, 다른 팔은 손목관절 이하의 기능을 모두 잃은 사람	[규칙 별표 4] 한 팔의 3대 관절과 다른 팔의 손목관절 이하(모든 손가락관절을 포함)가 모두 완전히 굳은 사람
	7107	양쪽 손가락 모두를 중수지관절(손허리손가락관절) 이상에서 잃고, 한 다리를 발목관절 이상에서 잃은 사람	
2급	7108	한 팔을 어깨관절 이상에서 잃은 사람	
3급	7109	한 팔을 팔꿈치관절 이상에서 잃은 사람	[규칙 별표 4] 1) 한 팔의 어깨관절과 팔꿈치관절 사이에서 상완골(위팔뼈)이 절단된 사람 2) 한 팔의 팔꿈치 관절에서 상완골과 요골(노뼈) 및 척골(자뼈)이 서로 떨어져 탈락된 사람
4급	7110	한 팔을 팔꿈치관절에 근접해서 잃어 인공 아래팔 착용이 불가능한 사람	
	7111	한 팔의 3대 관절에 고도의 기능장애가 있는 사람	[규칙 별표 4] 1) 한 팔의 3대 관절이 모두 운동가능 영역에서 4분의 3 이상 제한되거나 완전히 굳은 사람 2) 한 팔의 상완신경총(팔신경얼기)이 완전 마비된 사람
5급	7112	한 팔을 손목관절 이상에서 잃은 사람	[규칙 별표 4] 1) 한 팔이 팔꿈치관절과 손목관절 사이에서 절단된 사람 2) 한 팔의 손목관절에서 요골(노뼈) 및 척골(자뼈)과 수근골(손목뼈)이 서로 떨어져 탈락된 사람
	7113	한 팔에 신경마비, 혈행장애 등으로 고도의 기능장애가 있는 사람	[규칙 별표 4] 인공관절 재치환술을 받았으나 신경마비 또는 고도의 근위축 등으로 항상 보조기를 착용해야 하는 사람

	7114	한 팔의 3대 관절 중 2개 관절에 고도의 기능장애가 있는 사람	[규칙 별표 4] 한 팔의 3대 관절 중 2개 관절에 각각 다음의 어느 하나에 해당하는 기능장애가 있는 사람 가) 관절의 운동가능 영역이 4분의 3 이상 제한된 경우 나) 인공관절 재치환술을 받은 경우
	7115	한 팔의 팔꿈치관절 이하에 신경마비, 가관절(假關節: 부러진 뼈가 완전히 아물지 못하여 그 부분이 마치 관절처럼 움직이는 상태를 말한다. 이하 같다), 뼈 손상, 흉터 구축 등으로 고도의 기능장애가 있는 사람	
6급 1항	7117	한 팔의 팔꿈치관절 부위에 신경마비로 인한 고도의 근위축이 있는 사람	[규칙 별표 4] 1) 한 팔의 상박신경총(상신경근군)이 마비되어 어깨와 팔꿈치관절의 운동기능에 고도의 장애가 있는 사람 2) 한 팔의 상박신경총(중신경근군)이 마비되어 팔의 내전(모으기) · 외전(벌리기) 및 회전기능, 팔꿈치관절의 굴곡(굽히기) 및 회전기능과 손목관절의 신전(펴기)기능에 고도의 장애가 있는 사람 3) 한 팔의 상박신경총(하신경근군)이 마비되어 손목관절 및 손가락에 고도장애가 있거나 완전 마비된 사람 4) 한 팔의 요골(노뼈)신경이 마비되어 손목관절 및 손가락의 신전 · 굴곡, 손의 뒤침[회외(回外) : 손바닥이 위를 향한 상태가 되도록 움직이는 것], 팔꿈치관절의 신전 · 굴곡과 파지력(손으로 쥐었을 때의 힘) 등의 기능에 고도장애가 있거나 완전 마비된 사람 5) 한 팔의 척골(자뼈)신경이 마비되어 넷째손가락과 새끼손가락의 굽힘근 수축, 손바닥의 고도의 위축 등으로 손가락 운동과 손목관절의 기능이 완전 마비된 사람
	7118	한 팔의 3대 관절 중 2개 관절에 중등도의 기능장애가 있는 사람	[규칙 별표 4] 한 팔의 3대 관절 중 2개 관절에 각

			각 다음의 어느 하나에 해당하는 기능장애가 있는 사람 가) 관절의 운동가능영역이 2분의 1 이상 제한된 경우 나) 인공관절을 삽입 · 치환한 경우
	7119	한 팔의 3대 관절 중 1개 관절에 고도의 기능장애가 있는 사람	[규칙 별표 4] 한 팔의 3대 관절 중 1개 관절의 운동가능영역이 4분의 3 이상 제한되거나 인공관절 재치환술을 받은 사람
	7201	한 팔에 가관절이 남아 있어 고도의 기능장애가 있는 사람	[규칙 별표 4] 1) 한 팔의 상완골(위팔뼈)에 가관절(假關節 : 부러진 뼈가 완전히 아물지 못하여 그 부분이 마치 관절처럼 움직이는 상태)이 남은 사람 2) 한 팔의 요골(노뼈)과 척골(자뼈)의 양쪽에 가관절이 남은 사람
	7301	한 손의 엄지손가락과 둘째손가락을 포함하여 4개 이상의 손가락을 잃은 사람	[규칙 별표 4] 엄지손가락에 지관절(손가락관절), 그 밖의 손가락은 근위지관절(몸쪽손가락뼈마디관절) 이상에서 잃은 사람
	7302	엄지손가락과 둘째손가락을 포함하여 5개 이상의 손가락을 잃은 사람	[규칙 별표 4] 엄지손가락에 지관절(손가락관절), 그 밖의 손가락은 근위지관절(몸쪽손가락뼈마디관절) 이상에서 잃은 사람
	7303	두 손의 엄지손가락을 중수지관절(손허리손가락관절) 이상에서 잃은 사람	
	7314	한 손의 2개 이상 손가락을 중수지관절(손허리손가락관절) 이상에서 잃은 사람	[규칙 별표 4] 1) 한 손의 엄지손가락과 둘째손가락을 중수지관절(손허리손가락관절) 이상에서 잃은 사람 2) 한 손의 엄지손가락을 포함하고 둘째 손가락을 제외한 3개 손가락을 중수지관절(손허리손가락관절) 이상에서 잃은 사람 3) 한 손의 엄지손가락을 제외한 4개 손가락을 중수지관절(손허리손가락관절) 이상에서 잃은 사람

	7120	한 팔의 팔꿈치관절 부위에 신경마비로 인한 중등도의 근위축이 있는 사람	[규칙 별표 4] 1) 한 팔의 정중신경이 마비되어 척골(자뼈)신경측으로 기울어지는 손가락근육의 위축이 있고, 손가락운동 및 손목관절의 기능장애가 있는 사람 2) 한 팔의 팔꿈치관절 이하에서 근위축된 사람 3) 한 팔의 어깨관절 이하에서 신경이 마비된 사람 4) 한 팔의 팔꿈치관절 이하에서 신경이 마비된 사람
	7121	한 팔의 3대 관절 중 2개 관절에 경도의 기능장애가 있는 사람	[규칙 별표 4] 한 팔의 3대 관절 중 2개 관절의 운동가능영역이 각각 4분의 1 이상 제한된 사람
	7122	신경손상에 의한 손바닥의 마비 또는 뼈 손상 등으로 집는 운동이 불가능한 사람	
6급 2항	7123	한 팔의 3대 관절 중 1개 관절에 중등도의 기능장애가 있는 사람	[규칙 별표 4] 한 팔의 3대 관절 중 1개 관절의 운동가능영역이 2분의 1 이상 제한되거나 인공관절을 삽입 · 치환한 사람
	7202	한 팔의 길이가 5센티미터 이상 짧아진 사람	
	7203	한 팔의 요골(노뼈) 또는 척골(자뼈) 중 한쪽에 가관절이 남아 있는 사람	
	7304	엄지손가락과 둘째손가락을 제외한 5개 손가락을 근위지관절(몸쪽뼈마디손가락관절) 이상에서 잃거나 5개 손가락의 모든 관절이 굳은 사람	
	7305	두 손의 엄지손가락을 지관절(손가락관절) 이상에서 잃은 사람	
	7306	두 손의 엄지손가락의 기능을 모두 잃은 사람	[규칙 별표 4] 두 손의 엄지손가락의 중수지관절(손허리손가락관절)과 지관절(손가락관절)의 운동가능영역이 각각 2분의 1 이상 제한되거나 굳은 사람

	7307	한 손의 손가락의 기능을 모두 잃은 사람	[규칙 별표 4] 한 손의 5개 손가락의 중수지관절(손허리손가락관절) 또는 근위지관절(몸쪽손가락뼈마디관절)[엄지손가락의 경우에는 지관절(손가락관절)]의 운동가능영역이 각각 2분의 1 이상 제한된 사람
	7308	한 손의 엄지손가락과 둘째손가락을 잃은 사람	[규칙 별표 4] 엄지손가락에 지관절(손가락관절), 그 밖의 손가락은 근위지관절(몸쪽손가락뼈마디관절) 이상에서 잃은 사람
	7309	한 손의 둘째손가락을 포함하여 3개의 손가락을 잃은 사람	[규칙 별표 4] 엄지손가락에 지관절(손가락관절), 그 밖의 손가락은 근위지관절(몸쪽손가락뼈마디관절) 이상에서 잃은 사람
6급 3항	7310	한 손의 둘째손가락을 포함하여 2개의 손가락을 잃은 사람	[규칙 별표 4] 엄지손가락에 지관절(손가락관절), 그 밖의 손가락은 근위지관절(몸쪽손가락뼈마디관절) 이상에서 잃은 사람
7급	7124	한 팔의 3대 관절 중 1개 관절에 경도의 기능장애가 있는 사람	[규칙 별표 4] 1) 한 팔의 3대 관절 중 1개 관절의 운동가능영역이 4분의 1 이상 제한된 사람 2) 한 팔의 재발성 또는 습관성 탈구로 어깨관절 수술 후에도 방사선 진단 또는 의무기록에서 탈구와 정복이 확인되는 사람
	7204	팔의 장관골(긴뼈)에 명백한 기형이 남은 사람	[규칙 별표 4] 상완골(위팔뼈)의 변형 또는 요골(노뼈)과 척골(자뼈)의 양쪽 변형이 외부에서 보아 알 수 있는 정도(15도 이상 활처럼 굽어 부정 유합된 경우) 이상인 사람을 말하며, 장관골(긴뼈)의 골절부가 양방향에 단축없이 유착되어 있는 사람은 제외한다. 다만, 요골 또는 척골 중 한 쪽만의 변형이라 하더라도 정도가 뚜렷한 사람(25도 이상 활처럼 굽어 부정 유합된 경우)을 포함한다.

	7311	1개 이상의 손가락을 잃은 사람	[규칙 별표 4] 1) 엄지손가락을 지관절(손가락관절) 이상에서 잃은 사람 2) 둘째손가락을 원위지관절(끝쪽손가락뼈마디관절) 이상에서 잃은 사람 3) 그 밖의 손가락을 근위지관절(몸쪽손가락뼈마디관절) 이상에서 잃은 사람
	7312	한 손의 엄지손가락이나 둘째손가락의 기능을 모두 잃은 사람	[규칙 별표 4] 한 손의 엄지손가락이나 둘째손가락이 2개 이상 관절에서 각각 운동가능영역이 2분의 1 이상 제한되거나 굳은 사람
	7313	한 손의 엄지손가락과 둘째손가락을 제외한 2개의 손가락의 기능을 모두 잃은 사람	[규칙 별표 4] 한 손의 엄지손가락이나 둘째손가락을 제외한 2개의 손가락이 2개 이상 관절에서 각각 운동가능영역이 2분의 1 이상 제한되거나 굳은 사람
	7315	엄지손가락과 둘째손가락을 제외한 2개 이상의 손가락을 원위지관절(끝쪽손가락뼈마디관절) 이상에서 잃은 사람	
	7316	3개 이상 각 손가락 끝마디의 50퍼센트 이상 잃은 사람	

(3) 준용등급 결정[61]

(가) 관절의 동요는 타동적인지 자동적인지 여부에 관계없이 일상생활에 지장이 있어 항상 고정장구의 장착이 필요한 사람은 6급2항(7123)을 인정하며, 일상생활에는 지장이 없으나 노동에 있어 고정장구의 장착이 필요한 사람은 7급(7124)을 인정한다.

60) 영 [별표 3] 7호, 규칙 [별표 4] 7호 나목
61) 규칙 [별표 4] 7호 다목

아. 다리 및 발가락의 장애

(1) 장애 측정방법[62]

(가) 절단 장애는 절단 위치에 따라 판정하며 평가부위에 대한 단순방사선사진을 촬영하여 정확한 절단부위를 확인한다. 다만, 단순방사선사진 없이 맨 눈으로 절단부위를 명확하게 확인할 수 있을 때는 단순방사선사진 촬영을 생략할 수 있다.

(나) 관절강직의 정도는 수동적 관절운동범위로 평가하는 것을 원칙으로 한다. 관절운동범위는 각도기(goniometer)를 사용하여 측정한다. 이때 신체검사 대상자는 의사의 요구에 최대한 협조하여야 하며, 협조하지 않을 경우 기능장애가 없는 것으로 평가할 수 있다.

(다) 관절이 인대손상에 의한 불안정성은 환측이 관절 동요를 측정하고 건측의 관절 동요를 차감하여 결정하되, 전방십자인대가 파열된 경우에는 무릎관절을 약 20도 이상 30도 이하의 정도로 굽힌 상태에서 스트레스 방사선으로 촬영(기계를 이용해 스트레스를 부과하여 촬영하는 것을 말한다)하고, 후방십자인대가 파열된 경우에는 무릎관절을 약 70도 이상 90도 이하의 정도로 굽힌 상태에서 스트레스 방사선으로 촬영한다. 다만, 두 다리에 동요관절이 발생된 경우에는 스트레스를 부과하지 않은 상태와 스트레스를 부과한 상태를 비교하여 측정된 동요정도를 그대로 인정한다.

(라) 수술적 치료를 통해 장애상태의 개선이 가능할 것으로 예측되는 모든 경우[장관골(긴뼈)의 불유합이나 부정유합, 관절 불안정성, 흉터 구축, 무릎관절 강직 등] 수술적 치료를 원칙으로 한다. 다만, 마취를 할 수 없거나 감염이 우려되는 등 수술로 인한 치료보다 수술로 인한 후유합병증이 더 크거나, 적절한 수술 후에도 장애가 남을 것으로 의학적으로 인정되는 경우에는 수술을 하지 않은 상태에 근거하여 상이판정을 할 수 있다.

(마) 다리의 길이는 단순방사선사진으로 전상장골극부터 하퇴의 경골내과까지 또는 대퇴골두상단면부터 경골하다면까지의 길이를 정상측 길이와 비교하여 판단한다. 이 때 종골(발꿈치뼈) 변형이 있는 경우에는 종골하단면까지 포함하다.

(바) 하나의 장애에 다른 장애가 파생되는 관계에 있는 경우(단축, 강직과 변형 등)

---

62) 규칙 [별표 4] 8호 가목

에는 그 중 상이등급이 높은 것 하나만 인정한다.

(2) 상이등급 구분 및 판정 기준[63)]

상이등급	분류번호	신체상이정도	
		영	규칙
1급 2항	8101	두 다리를 무릎관절 이상에서 잃은 사람	[규칙 별표 4] 1) 두 다리가 엉덩이관절과 무릎관절의 사이(넓적다리)에서 절단된 사람 2) 두 다리의 무릎관절에서 대퇴골(넙다리뼈)과 하퇴골이 서로 떨어져 탈락된 사람
1급 3항	8102	두 다리를 발목관절 이상에서 잃은 사람	[규칙 별표 4] 1) 두 다리가 무릎관절과 발목관절의 사이(하퇴부)에서 절단된 사람 2) 두 다리의 발목관절에서 하퇴골과 거골(목말뼈)이 서로 떨어져 탈락된 사람
	8103	한 다리는 엉덩이관절 이하의 기능을 모두 잃고, 다른 다리는 발목관절 이하의 기능을 모두 잃은 사람	[규칙 별표 4] 한 다리의 3개 관절과 다른 다리의 발목관절 이하(모든 발가락관절 포함)가 모두 완전히 굳은 사람
	8123	한 다리를 무릎관절 이상에서 잃고, 다른 다리를 발목관절 이상에서 잃은 사람	
2급	8104	한 다리를 엉덩이관절 이상에서 잃은 사람	[규칙 별표 4] 1) 한 다리의 엉치뼈와 엉덩이관절이 서로 떨어져 탈락된 사람 2) 한 다리의 관골(볼기뼈)과 대퇴골(넙다리뼈)이 서로 떨어져 탈락된 사람
	8124	한 다리를 무릎관절 이상에서 잃고, 다른 다리를 발허리뼈(중족골) 이상에서 잃은 사람	
3급	8105	한 다리를 무릎관절 이상에서 잃은 사람	[규칙 별표 4] 1) 한 다리가 엉덩이관절과 무릎관절의 사이(넓적다리)에서 절단된 사람

			2) 한 다리의 무릎관절에서 대퇴골(넙다리뼈)과 하퇴골이 서로 떨어져 탈락된 사람
	8106	두 다리의 무릎관절 이하에 고도의 기능장애가 있는 사람	[규칙 별표 4] 두 다리의 모든 무릎관절과 발목관절에 각각 다음의 어느 하나에 해당하는 기능장애가 있는 사람 가) 관절의 운동가능영역이 4분의 3 이상 제한된 경우 나) 인공관절 재치환술을 받은 경우
4급	8108	한 다리를 무릎관절에 근접해서 잃어 인공다리(종아리 이하 부분을 말한다) 착용이 불가능한 사람	
	8109	한 다리의 3대 관절에 고도의 기능장애가 있는 사람	[규칙 별표 4] 한 다리의 3개 관절에 각각 다음의 어느 하나에 해당하는 기능장애가 있는 사람 가) 관절의 운동가능영역이 4분의 3 이상 제한된 경우 나) 인공관절 재치환술을 받은 경우
	8125	한 다리를 발목관절 이상에서 잃고, 다른 다리를 발허리뼈(중족골) 이상에서 잃은 사람	
5급	8110	한 다리를 발목관절 이상에서 잃은 사람	[규칙 별표 4] 1) 한 다리가 무릎관절과 발목관절의 사이(하퇴부)에서 절단된 사람 2) 한 다리의 발목관절에서 하퇴골과 거골이 서로 떨어져 탈락된 사람
	8111	한 다리에 신경마비, 혈행장애 등으로 고도의 기능장애가 있는 사람	[규칙 별표 4] 인공관절 재치환술을 받았으나 신경마비 또는 고도의 근위축 등으로 항상 보조기를 착용해야 하는 사람
	8112	한 다리의 3대 관절 중 2개 관절에 고도의 기능장애가 있는 사람	[규칙 별표 4] 한 다리의 3대 관절 중 2개 관절에 각각 다음의 어느 하나에 해당하는 기능장애가 있는 사람 가) 관절의 운동가능영역이 4분의 3 이상 제한된 경우 나) 인공관절 재치환술을 받은 경우

	8301	두 발을 뒤꿈치뼈 또는 중족골(발허리뼈) 이상에서 잃은 사람	[규칙 별표 4] 1) 두 발의 엄지발가락을 포함하여 두 발에서 각각 2개 이상의 발가락을 중족골(발허리뼈) 이상에서 잃은 사람 2) 두 발의 엄지발가락을 중족골(발허리뼈) 이상에서 잃은 사람 3) 두 발의 엄지발가락을 제외하고 두 발에서 각각 3개 발가락을 중족골(발허리뼈) 이상에서 잃은 사람
6급 1항	8114	한 다리의 무릎관절 이하에 신경마비, 가관절, 뼈 손상, 흉터 구축 등으로 고도의 기능장애가 있는 사람	
	8115	한 다리의 무릎관절 부위에 신경마비로 인한 고도의 근위축이 있는 사람	
	8116	한 다리의 3대 관절 중 2개 관절에 중등도의 기능장애가 있는 사람	[규칙 별표 4] 한 다리의 3대 관절 중 2개 관절에 각각 다음의 어느 하나에 해당하는 기능장애가 있는 사람 가) 관절의 운동가능영역이 2분의 1 이상 제한된 경우 나) 인공관절을 삽입 · 치환한 경우
	8117	한 다리의 3대 관절 중 1개 관절에 고도의 기능장애가 있는 사람	[규칙 별표 4] 한 다리의 3대 관절 중 1개 관절에 다음의 어느 하나에 해당하는 기능장애가 있는 사람 가) 관절의 운동가능영역이 4분의 3 이상 제한된 경우 나) 인공관절 재치환술을 받은 경우
	8202	한 다리에 가관절이 남아 있어 고도의 기능장애가 있는 사람	[규칙 별표 4] 1) 대퇴골(넙다리뼈)에 가관절이 남은 사람 2) 경골(정강이뼈)과 비골(종아리뼈)의 양쪽에 가관절이 남은 사람
	8302	양쪽 발가락 모두를 중족지관절(발허리발가락관절) 이상에서 잃은 사람	
	8310	한 발을 뒤꿈치뼈 또는 중족골(발허리뼈) 이상에서 잃은 사람	[규칙 별표 4] 1) 한 발의 엄지발가락을 포함하여 3개 발가락을 중족골(발허리뼈)

			이상에서 잃은 사람 2) 한 발의 엄지발가락을 제외한 4개 발가락을 중족골(발허리뼈) 이상에서 잃은 사람 3) 한 발의 중족골(발허리뼈)이 3분의 2 이상 절단되거나 한 발의 설상골(쐐기뼈) 이하 모두를 잃은 사람
6급 2항	8118	한 다리의 무릎관절 부위에 신경마비로 인한 중등도의 근위축이 있는 사람	
	8119	한 다리의 3대 관절 중 2개 관절에 경도의 기능장애가 있는 사람	[규칙 별표 4] 한 다리의 3대 관절 중 2개 관절에 각각 다음의 어느 하나에 해당하는 기능장애가 있는 사람 가) 관절의 운동가능영역이 4분의 1 이상 제한된 경우 나) 적절한 치료에도 불구하고 관절 인대손상에 의한 불안정성이 10밀리미터 이상인 경우 다) 적절한 치료에도 불구하고 관절의 퇴행성 변화가 엑스선 촬영 등의 검사에서 KL grade III 이상인 경우
	8120	신경손상으로 발이 마비되거나 중족골(발허리뼈) 또는 뒤꿈치뼈 손상으로 보행에 지장이 있는 사람	
	8121	한 다리의 3대 관절 중 1개 관절에 중등도의 기능장애가 있는 사람	[규칙 별표 4] 한 다리의 3대 관절 중 1개 관절에 다음의 어느 하나에 해당하는 기능장애가 있는 사람 가) 관절의 운동가능영역이 2분의 1 이상 제한된 경우 나) 인공관절을 삽입 · 치환한 경우
	8203	한 다리의 길이가 5센티미터 이상 짧아진 사람	
	8204	한 다리의 경골(정강이뼈)에 가관절이 남은 사람	
	8303	양쪽 발가락 모두를 근위지관절(몸쪽발가락뼈마디관절) 이상에서 잃은	

		사람	
	8304	양쪽 발가락 중 5개 발가락을 중족지관절(발허리발가락관절) 이상에서 잃은 사람	
	8305	한 발의 발가락의 기능을 모두 잃은 사람	[규칙 별표 4] 엄지발가락과 둘째발가락은 중족지관절(발허리발가락관절) 또는 근위지관절[몸쪽발가락뼈다미관절(엄지발가락의 경우는 지관절)]의 운동가능영역이 각각 2분의 1 이상 제한되고, 셋째발가락 · 넷째발가락 · 새끼발가락이 완전히 굳은 사람
6급 3항	8306	한 발의 엄지발가락을 포함하여 2개 이상의 발가락을 잃은 사람	[규칙 별표 4] 엄지발가락을 중족지관절(발허리발가락관절) 이상에서, 다른 발가락은 근위지관절(몸쪽발가락뼈마디관절) 이상에서 잃은 사람
7급	8122	한 다리의 3대 관절 중 1개 관절에 경도의 기능장애가 있는 사람	[규칙 별표 4] 한 다리의 3대 관절 중 1개 관절에 다음의 어느 하나에 해당하는 기능장애가 있는 사람 가) 관절의 운동가능영역이 4분의 1 이상 제한된 경우 나) 적절한 치료에도 불구하고 관절 인대손상에 의한 불안정성이 10밀리미터 이상인 경우 다) 적절한 치료에도 불구하고 관절의 퇴행성 변화가 엑스선 촬영 등의 검사 결과 KL grade III 이상인 경우[64]
	8205	다리의 장관골(긴뼈)에 명백한 기형이 남은 사람	[규칙 별표 4] 대퇴골(넙다리뼈)의 변형 또는 경골(정강이뼈)과 비골(종아리뼈)의 변형이 외부에서 보아 알 수 있는 정도(15도 이상 활처럼 굽어 부정유합된 것) 이상인 사람
	8206	한 다리의 길이가 3센티미터 이상 짧아진 사람	
	8307	한 발의 엄지발가락을 중족지관절(발허리발가락관절) 이상에서 잃은	

		사람	
	8308	한 발의 엄지발가락을 제외한 모든 발가락을 근위지관절(몸쪽발가락뼈마디관절) 이상에서 잃은 사람	
	8309	한 발의 엄지발가락을 포함하여 2개 이상의 발가락 기능을 모두 잃은 사람	[규칙 별표 4] 1) 엄지발가락과 둘째발가락의 중조지관절(발허리발가락관절) 또는 근위지관절(몸쪽발가락뼈마디관절)[엄지발가락은 지관절(발가락관절)]의 운동가능영역이 각각 2분의 1 이상 제한된 사람 2) 엄지발가락은 중족지관절(발허리발가락관절) 또는 발가락관절(지관절)의 운동가능영역이 2분의 1 이상 제한되고, 셋째발가락 · 넷째발가락 · 새끼발가락 중 1개 발가락이 완전히 굳은 사람
	8311	한 발의 4개 이상의 발가락을 원위지관절(끝쪽발가락뼈마디관절) 이상[엄지발가락의 경우에는 지관절(발가락관절) 이상을 말한다]에서 잃은 사람	
	8312	양쪽 발가락 중 4개 이상의 발가락을 근위지관절(몸쪽발가락뼈마디관절) 이상[엄지발가락의 경우에는 지관절(발가락관절) 이상을 말한다]에서 잃은 사람	
	8313	양쪽 발가락 중 6개 이상의 발가락을 원위지관절(끝쪽발가락뼈마디관절) 이상[엄지발가락의 경우에는 지관절(발가락관절) 이상을 말한다]에서 잃은 사람	

63) 영 [별표 3] 8호, 규칙 [별표 4] 8호 가목

64) "7급 8122호의 장애내용에 관하여 '적절한 치료에도 불구하고 연골판 손상에 의한 외상 후 변화가 엑스선 촬영 등의 검사에서 퇴행성이 명백히 나타나는 사람'이라고 규정한 의미를 유기적 · 체계적으로 해석하면, 이는 '적절한 치료에도 불구하고 연골판 손상에 의한 외상 후 변화가 엑스선 촬영 등의 검사에서 퇴행성이 명백히 나타나고 그로 인하여 경도의 기능장애가 있는 사람'을 뜻한다고 해석함이 상당하다."(대법원 2016. 6. 10. 선고 2016두33186 판결)
위 판결에서 인용된 7급 8122호의 장애내용은 구 국가유공자법 시행규칙(2020. 2. 1. 시행, 총리령 제1593호로 개정되기 전의 것) [별표 4]에 규정된 내용인데, 현행 규칙 [별표 4] 7급 8122호의

자. 2개 이상의 상이처의 장애[65]

상이등급	분류번호	신체상이정도
1급 1항	9011	1급 2항 또는 1급 3항에 해당하는 상이처가 둘 이상인 사람으로서 항상 다른 사람의 도움과 보호를 필요로 하는 사람
1급 2항	9012	1급 3항에 해당하는 상이자 중 2급 이상의 상이처가 복합되어 1급 2항에 상당하는 기능장애가 있는 사람
1급 3항	9013	2개 부위 이상의 상이처가 총리령으로 정하는 상이처 종합판정 기준에 따라 1급 3항에 해당하는 사람
2급	9020	2개 부위 이상의 상이처가 총리령으로 정하는 상이처 종합판정 기준에 따라 2급에 해당하는 사람
3급	9030	2개 부위 이상의 상이처가 총리령으로 정하는 상이처 종합판정 기준에 따라 3급에 해당하는 사람
4급	9040	2개 부위 이상의 상이처가 총리령으로 정하는 상이처 종합판정기준에 따라 4급에 해당하는 사람
5급	9050	2개 부위 이상의 상이처가 총리령으로 정하는 상이처 종합판정 기준에 따라 5급에 해당하는 사람
6급 1항	9061	2개 부위 이상의 상이처가 총리령으로 정하는 상이처 종합판정 기준에 따라 6급 1항에 해당하는 사람
6급 2항	9062	3개 부위 이상의 상이처가 총리령으로 정하는 상이처 종합판정 기준에 따라 6급 2항에 해당하는 사람
6급 3항	9063	3개 부위 이상의 상이처가 총리령으로 정하는 상이처 종합판정 기준에 따라 6급 3항에 해당하는 사람
7급	9070	2개 부위 이상의 상이처가 총리령으로 정하는 상이처 종합판정 기준에 따라 7급에 해당하는 사람

장애내용도 유사하므로 동일한 해석이 가능할 것으로 생각된다.

65) 영 [별표 3] 9호

4. 상이등급의 판정

가. 판정시기

(1) 상이가 고정된 상태

상이등급은 수술 등 치료를 마치거나 진료를 받은 후 그 상이가 고정된 상태에서 판정한다.[66] '상이가 고정된 상태'란 질병 또는 부상에 대한 치료의 효과를 기대할 수 없게 되었거나 그 증상이 고정된 상태를 뜻한다고 할 수 있다.[67]

(2) 상이가 고정되지 않은 상태

상이가 고정되지 않은 경우에는 다음과 같이 판정한다. 첫째, 6개월 이내에 상이가 고정될 수 있음이 의학적으로 인정되는 경우에는 그 상이가 고정된 때에 판정한다. 다만, 6개월 이내에 상이가 고정되지 않은 경우에는 6개월이 되는 날에 장차 고정될 것으로 인정되는 상이에 대하여 판정한다.[68] 둘째, 6개월 이내에 상이가 고정될 수 없음이 의학적으로 인정되는 경우에는 수술 등 치료를 마친 날 또는 진료를 받은 날부터 6개월 이내에 장차 고정될 것으로 인정되는 상이에 대하여 판정한다.[69]

나. 판정기준의 변경

의술(醫術)과 의료기기의 발전 그 밖에 사회 환경의 변화 등에 따라 상이등급 판정기준은 변경될 수 있다. 국가유공자법도 1985년 시행된 이래 여러 차례 개정을 통해 현실에 맞게 판정기준을 변경해 왔다. 이렇게 판정기준이 변경될 경우, 어느 시점의 판정기준을 적용할 것인가가 문제될 수 있다. 신규신체검사의 경우에는 당연히 최신 판정기준이 적용될 것이다. 이것이 문제되는 이유는, 국가유공자법상 재판정신체검사제도 때문이다. 판정기준의 변경에 따라 최초 신체검사를 받았을 때 적용되었던 판정기준과 재판정신체검사를 받는 시점의 판정기준이 다를 수 있는데,

66) 규칙 8조 3항 본문
67) 대법원 1988. 5. 24. 선고 87누121 판결 참조
68) 규칙 8조 3항 1호
69) 규칙 8조 3항 2호

상이정도에 변동이 없는데도 재판정 시점의 판정기준이 강화된 경우 등급이 하락하기 때문이다. 수검자의 입장에서는, 판정기준이 강화되는 경우 종전의 기준을 적용해 달라고 요구할 것이고, 완화되는 경우에는 새로운 기준을 적용해 달라고 요구할 것이다.

과거 국가유공자법 시행령은 재판정신체검사의 상이등급 판정기준 적용시점에 관하여 명확한 규정을 두고 있지 않다가 2018년 개정된 국가유공자법 시행령 제17조(재판정신체검사) 제2항에서 '국가보훈처장은 제1항에 따른 신청이 이유 있다고 인정할 때에는 다시 신체검사를 하여야 한다. 이 경우 상이등급 판정을 위한 기준은 재판정신체검사 실시 당시의 별표 3에 따른다.'라고 규정하여 재판정신체검사를 받는 경우 그 시점의 판정기준이 적용됨을 명확히 하였다.[70] 그런데 그 이후 또 판정기준이 변경되어 보훈심사위원회가 상이등급에 관해 심의 · 의결할 무렵의 판정기준이 그 전과 다르면 어떻게 할 것인가 하는 문제가 제기되었다. 이럴 경우 보훈심사위원회 심의 · 의결 당시의 판정기준을 적용하는 것이 합리적일 것이다. 이런 연유로, 2020년 개정된 시행령은 위 제17조 제2항 후문을 삭제하고 제19조 제1항에서 '법 제6조의 4에 따라 상이등급은 보훈병원의 장이 위촉한 해당 분야 전문의 등 의사가 신체검사를 실시하고 보훈심사위원회의 심의 · 의결을 거쳐 판정한다. 이 경우 상이등급 판정기준은 보훈심사위원회 심의 · 의결을 거쳐 판정한다.'고 하여 재판정신체검사의 상이등급 판정기준의 적용시점을 '보훈심사위원회 심의 · 의결 당시'로 통일하였다.[71] 신규신체검사 등은 모두 보훈심사위원회 심의 · 의결 당시의 판정기준을 적용하는데, 재판정신체검사만 달리 적용할 이유가 없기 때문이다.[72]

만약, 상이정도에 아무런 변동이 없는데도 불구하고 재판정신체검사 결과 강화된 판정기준이 적용되어 상이등급이 하락한다면 어떻게 될까. 국가유공자법 시행령

70) 2018년 개정된 시행령의 개정이유를 보면, "상이등급 기준이 개정되기 전의 규정에 따라 상이등급의 판정을 받은 사람이 상이등급 개정 이후 재판정신체검사를 받는 경우 개정된 상이등급 기준이 적용됨을 명확히 하여 전상군경 등에 대한 상이등급 판정이 보다 객관적이고 정확하게 이루어질 수 있도록 하려는 것'이었다(2018. 11. 20. 개정, 대통령령 제29296호 개정이유 참조).

71) 대전지방법원 2022. 4. 7. 선고 2021구단1614 판결 참조

72) 2020년 개정된 시행령의 개정이유를 보면, '상이등급은 신체검사를 실시하고 보훈심사위원회의 심의 · 의결을 거쳐 판정하는데, 신규신체검사 등과 재판정신체검사의 상이등급 판정기준의 적용시점이 달라 집행하는 혼란이 발생하므로 상이등급의 판정을 보훈심사위원회 심의 · 의결 당시의 기준에 따르도록 정한 것'이다(2020. 1. 7. 개정, 대통령령 제30343호 개정이유 참조).

은 과거 판정기준이 변경될 때 그 부칙[제20514호(2007. 12. 31.), 제21686호(2009. 8. 13.), 제23885호(2012. 6. 27.)]에서 "이 영 시행 당시 종전의 별표 3에 따라 상이등급을 판정받은 사람으로서 상이정도에 변동이 없음에도 불구하고 별표 3의 개정 규정에 따라 상이등급이 하락하는 자는 종전의 상이등급을 유지하는 것으로 본다."는 취지의 경과규정을 담은 적이 있었다. 대법원은 이와 대단히 유사한 고엽제법시행령 부칙(2014. 11. 24.) 제2조 제2항[73]과 관련한 사건에서 "개정 전 기준에 따라 장애등급을 판정받은 고엽제후유의증환자에 대하여 재판정신체검사를 실시할 경우 개정 전 기준에 의할 때 장애등급이 낮아질 정도로 장애상태가 호전되지 않았음에도 단지 법령규정이 개정되었다는 이유만으로 장애등급을 강등시키는 것은 가혹하다는 취지에서 개정 전 기준에 따라 장애등급을 판정하도록 한 예외적 규정"이라고 보았다.[74] 대법원의 이러한 법리에 비추어 보면, 국가유공자법의 경과규정도 동일하게 해석할 수 있을 것이다.[75] 즉, 위와 같은 경과규정이 적용되는 사안에서는 종전의 판정기준에 따라야 하는 것이다.[76]

다. 보훈심사위원회의 상이등급 판정

(1) 상이등급은 신체검사 결과를 바탕으로 보훈심사위원회의 심의 · 의결을 거쳐야 하는데, 위에서 본 바와 같이 상이등급 판정은 보훈심사위원회 심의 · 의결 당시의 '상이등급 구분표'와 규칙 제8조의3 관련 별표 4 '신체부위별 상이등급 결정', 제8조의 4 관련 별표 5 '상이처의 종합판정기준'에 따른다.[77][78]

(2) 국가유공자법에 의한 전상군경 또는 공상군경이 보훈보상자법에 따른 재해

---

73) "이 영 시행 당시 종전의 규정에 따라 장애등급을 판정받은 사람으로서 장애정도에 변동이 없음에도 불구하고 별표 1의 개정규정에 따라 장애등급이 낮아지는 사람에 대해서는 종전의 규정에 따른다."

74) 대법원 2017. 11. 9. 선고 2017두42071 판결

75) 대전지방법원 2018. 8. 23. 선고 2018구단31 판결 참조

76) 구 산업재해보상보험법 시행령(2008. 6. 25. 대통령령 제20875호로 개정된 것)도 장해등급 판정기준의 변경으로 인해 유사한 문제가 생기자 부칙 제11조 제1항에 "이 영 시행 당시 종전의 규정에 따라 장해등급이 결정된 사람이 재요양을 받고 치유된 후 장해의 상태가 종전에 비하여 호전되지 아니하였음에도 불구하고 제53조제1항의 개정규정을 적용하면 장해등급이 낮아지게 되는 경우에 그 장해에 대한 장해등급은 종전의 규정에 따른다."라는 경과규정을 두었다.

77) 영 19조 1항

78) 상이판정 등 신체검사 시행세칙(국가보훈처 훈령 제1362호) 13조 1항

부상군경에도 해당하는 경우에는 국가유공자법에 의한 상이등급과 보훈보상자법에 의한 상이등급을 종합하여 판정하는데,[79] 국가유공자법 제6조의6, 같은 법 시행규칙 제8조의4 관련 별표 5 '상이처의 종합판정기준'에 따라 전 · 공상군경의 상이등급으로 종합판정한다. 마찬가지로 공상공무원이 재해부상공무원에도 해당하는 경우에도 마찬가지다.[80]

(3) 상이등급 판정의 심의의결서에는 국가유공자법 시행령 제14조 제3항 관련 별표 3의 상이등급 구분표에 해당하는 등급과 분류번호를 모두 기록하고, 상이등급 판정을 받은 상이가 2개 이상인 경우에는 국가유공자법 시행규칙 제8조의4 관련 별표 5의 '상이처의 종합판정기준'에 따라 판정한 후 별표 3의 예시와 같이 등급과 분류번호 및 대상구분을 표시한다.[81]

(4) 신체부위의 상이가 2개 이상인 경우라 하더라도 하나의 상이가 원인이 되어 다른 상이가 파생되는 경우 또는 하나의 상이가 상이등급 구분표에 의해 둘 이상의 등급에 해당되더라도 하나의 상이를 각각 다른 관점에서 평가하는 데 지나지 아니하는 경우에는 종합판정 기준에 의하지 아니하고 그 중 상위의 등급을 판정한다.[82]

(5) 상이등급 구분표의 신체상이 정도에 규정되지 아니한 신체상이가 있는 경우에는 그 상이정도에 따라 같은 표의 신체상이 정도에 준하여 상이등급을 판정한다.[83]

(6) 국가보훈처장은 보훈심사위원회로부터 상이등급에 관한 심의 · 의결 결과를 통보받으면 그 취지에 따라 상이등급을 판정한다. 요건심사 결과와 마찬가지로 상이등급에 관한 보훈심사위원회의 심의 · 의결은 처분청을 기속한다고 할 것이다. 반면, 보훈심사위원회는 상이등급 판정결과에 스스로 기속되는 법 없이 이전과 다른 판단을 할 수 있다고 보아야 한다. 상이 정도가 다르다고 판단되면 상이등급도 달라져야 하기 때문이다.

79) 법 6조의6 1항 1호
80) 법 6조의6 1항 2호
81) 상이판정 등 신체검사 시행세칙(국가보훈처 훈령 제1362호) 13조 3항
82) 상이판정 등 신체검사 시행세칙(국가보훈처 훈령 제1362호) 13조 4항
83) 영 14조 4항

5. 상이등급 판정 결과

가. 상이등급의 판정을 받지 못하는 경우

(1) 등록기각으로 간주

신규신체검사에서 상이등급의 판정을 받지 못한 경우에는 등록신청이 기각된 것으로 본다.[84] 요건심사를 통과한 것만으로는 부족하고 상이등급의 판정을 받아야 비로소 국가유공자나 보훈보상대상자로 등록될 수 있다.

(2) 재심신체검사

(가) 의의

신규신체검사에서 등급을 받지 못하는 경우 재심신체검사 신청서에 그 사유를 작성하여 신체검사결과 통지서를 받은 날부터 60일 이내에 국가보훈처장에게 재심신체검사를 신청할 수 있다.[85]

(나) 재심신체검사 시의 특례

신규신체검사에서 상이등급의 판정을 받지 못한 사람은 등록신청이 기각된 것으로 보기 때문에[86] 재심신체검사를 신청하는 경우 이론상으로는 새로이 요건심사를 거쳐야 재심신체검사도 가능할 것처럼 보인다. 그런데 통상 60일이라는 단기간 내에 사정이 달라지지는 않을 것이므로 이 경우 새로운 요건심사 없이 판정에 대한 이의를 검토하는 방식으로 재심신체검사를 하도록 정하였다.[87]

(3) 재확인신체검사

(가) 의의

신규신체검사나 재심신체검사에서 상이등급의 판정을 받지 못한 사람은 그 판정이 있은 날부터 2년이 지나거나, 상이처의 재발이나 악화 등으로 상이등급을 판정받을 수 있는 상당한 사유가 있는 경우 재확인 신체검사를 받을 수 있다.[88] 일단 요

---

84) 법 6조의3 3항 1호
85) 영 15조 1항
86) 법 6조의3 3항
87) 영 15조 참조

건심사를 통과해 놓으면 당장 상이등급을 받지 못하더라도 상당한 기간이 지나도 추후에 상이등급을 받을 수 있는 길이 열려 있는 셈이다.

(나) 재확인신체검사 시의 특례

신규신체검사나 재심신체검사에서 상이등급의 판정을 받지 못한 사람은 등록신청이 기각된 것으로 보기 때문에[89] 설령 상이처의 재발이나 악화 등으로 상이등급의 판정을 받을 수 있는 상당한 사유가 있더라도 등록 절차를 다시 밟아야 한다. 다만, 이미 요건심사를 통해 상이처의 인과관계가 밝혀졌기 때문에 또 요건심사를 반복하는 것은 크게 의미가 없다. 그래서 이러한 경우에는 요건심사 없이 곧바로 신체검사를 허용하고 있다.[90]

(4) 의료지원 수혜 가능

(가) 의의

요건심사에서 통과했으나 상이등급 판정을 받지 못한 경우, 법령에서 정한 모든 예우와 지원을 받을 수는 없지만 해당 상이에 대한 의료지원의 일부는 받을 수 있다. 즉, 국가는 국민의 생명 · 재산보호와 직접적인 관련이 있는 직무수행이나 교육훈련 중에 상이를 입고 퇴직하였으나 상이등급의 판정을 받지 못한 경찰 · 소방공무원 등 대통령령으로 정하는 사람에 대하여 보훈병원 또는 국가보훈처장이 지정하여 진료를 위탁한 의료기관에서 그 상이처(본인의 고의로 악화된 경우는 제외)에 대한 진료를 받게 할 수 있다. 이 경우 그 진료비용은 국가가 부담한다.[91]

(나) 지원대상

① 법 제4조 제1항 제4호에 따른 전상군경

② 법 제4조 제1항 제6호에 따른 공상군경

③ 법 제4조 제1항 제12호에 따른 4 · 19혁명부상자

④ 법 제4조 제1항 제15호에 따른 공상공무원

⑤ 법 제4조 제1항 제17호에 따른 특별공로상이자

---

88) 영 16조 1항
89) 법 6조의3 3항
90) 영 16조의2
91) 법 73조의2

⑥ 법 제73조 각 호의 어느 하나에 해당하는 6·18자유상이자

⑦ 법 제74조 제1항에 따라 전상군경 또는 공상군경으로 보아 보상을 받는 사람

나. 상이등급의 변동이 없는 경우

기존에 상이등급 판정을 받은 사람이 등급상향을 위해 재심신체검사나 재판정신체검사를 했음에도 상이등급의 변동이 없는 경우에는 신체검사가 기각된 것으로 본다.[92] 이 경우에도 추후 상이처의 재발이나 악화 등으로 상이등급의 변동이 있을 수 있는 상당한 이유가 있다면 재판정신체검사를 통해 다시 등급 상향의 기회는 계속 열려 있다.[93]

제3절 | 상이등급 심사 사례

(1) 【좌안 외상성 백내장】 철사줄에 의한 외상으로 인한 좌안 외상성 백내장에 관하여 공상군경 요건에는 해당, 등급기준에는 미달 판정을 받았는바, 심리 결과 상이등급 7급에 해당된다고 인정받은 사례(창원지방법원 2019. 10. 16. 선고 2017구단10990 판결)

• **법원의 판단요지**

① 감정의는 국제시력표에 근거하여 원고에 대한 시력측정을 4회 실시하였고, 모두 0.06 이하였다는 소견인 점, ② 감정의는 국제시력표뿐만 아니라 시야검사, 안구광학단층촬영, 안저검사 등 과학적 검사를 모두 거쳐 종합적으로 검토한 결과 상이등급 7급에 해당한다는 소견을 제시하였던 점, ③ 피고는 이 사건 처분의 위법여부를 심사함에 있어서는 당시 원고의 신체상태를 기준으로 해야 하고, 이 사건 소송에서 적용된 신체상태는 고려할 수 없음이 타당하다고 주장하나, 행정소송에서 증거자료는 이 사건 처분 당시에 존재했던 자료만이 증거가 될 수 있는 것이 아니고, 이

92) 법 6조의3 3항 2호
93) 영 17조 1항 3호

사건 처분의 적법성을 추단할 수 있는 자료라면 처분 이후의 자료도 증거로서 판단 대상이 된다고 할 것인 점, ④ 원고는 공상군경으로서 상이를 입고서도 단지 상이등급에 미달한다는 이유로, 장기간 불편을 감수하면서 생활해왔고, 더 나아가 녹내장으로 발전되었으며, 녹내장으로 인한 시력감소는 불가역적이라는 점, ⑤ 시력측정 결과는 매번 동일할 수는 없으므로, 피고 측의 시력측정 수치를 절대적으로 인정할 것은 아닌바, 법원 감정의가 측정한 수치가 시간적으로 이 사건 처분 후에 측정된 것이라는 점만으로 이를 배척할 것은 아닌 점 등을 종합하면, 이 사건 상이의 상이등급은 제7급에 해당된다고 봄이 타당하다.

(2) 【정신분열증】 정신분열증으로 심신장애 퇴역한 후 보훈보상대상자로 인정되어 신체검사결과 7급 4115호의 상이등급으로 판정되었고 이에 불복하여 실시한 재심신체검사에서도 7급 4115호의 상이등급으로 판정되었는바, 6급 2항에 해당될 수도 있음을 이유로 위 7급 4115호 상이등급 판정처분이 위법하다고 인정된 사례(인천지방법원 2020. 11. 27. 선고 2019구단50561 판결)

• **법원의 판단요지**

원고에 대한 의학적 소견을 종합해보면, 원고는 현재 상이등급 6급 2항 4208호에 해당하고 향후 꾸준한 치료를 통해 7급 4115호에 해당할 가능성이 있는 상태로 보인다. 피고가 이러한 원고의 상태를 고정되지 아니하였다고 판단한다면, 그것이 6개월 이내에 고정될 수 있음이 의학적으로 인정되는 경우인지를 다시 판단하여야 한다. 그리고 6개월 이내에 상이가 고정될 수 있음이 의학적으로 인정되는 경우에는 그 상이가 고정될 때까지 기다렸다가 판정하고, 6개월 이내에 상이가 고정될 수 없음이 의학적으로 인정되는 경우에는 우선 그 인정되는 때의 상이에 대하여 판정하고, 추후 치료가 종료되는 때에 장차 고정될 것으로 인정되는 상이에 대하여 다시 판정해야 한다. 그러함에도 불구하고 이와 같은 방법으로 판정하지 아니하고, 상이가 고정되지 아니하였다고 하여 단순히 기존 7급 4115호로 판정한 피고의 이 사건 처분은 위법하다.

(3) 【요추 4-5 추간판탈출증】 해병대에 입대하여 군복무 중 요추 4/5 추간판탈출증을 입고 7급 6019호의 상이등급을 부여받았으나, 척추에 경도의 장애가 있는 사람으로 인정되어 6급으로 인정된 사례(부산지방법원 2019. 2. 20. 선고 2018구단832 판결)

• **법원의 판단요지**

원고는 이 사건 상이가 재발하여 2016. 12. 7. 요추 4/5 척추분절 골유합술을 받아 위 요추분절이 고정되었고, 그 운동범위가 정상인의 운동가능범위 240°의 175° 내지 190°로 20.8% 내지 27.1% 정도 제한되었으며, 근전도 검사 결과 다발성 신경근 병증이 확인되고, 좌측 하지에 뚜렷한 근위축 소견(우측 종아리 38cm, 좌측 종아리 27cm)인 사실을 인정할 수 있고, 반증 없다. 위 인정사실에 의하면 원고는 위 시행령 제14조 별표 3 소정의 '척추에 경도의 기능장애가 있는 사람' 또는 '척추에 경도의 변형장애가 있는 사람', 위 시행규칙 제6조의3 별표4 6의 가항 소정의 '척추분절 골유합술 등으로 고정되어 정상 운동범위의 10% 이상 30% 미만으로 제한되고 근전도 검사·특수검사 등에서 의학적으로 명백히 입증될 수 있는 신경증상이 남아 있음이 확인되는 사람'에 해당한다. 따라서 원고의 상이등급은 6급 2항 6107호 또는 6108호가 되어야 한다.

(4) 【요추간판(L4-5)탈출증】 요추(L4-5)간판탈출증 진단을 받고 의병전역한 후 2005년 상이등급 7급 판정을 받아 공상군경으로 등록되었으며, 2008년 척추고정술을 받고 상이등급 6급 2항 32호 판정을 받았으나 2015년 재판정신체검사 시 상이등급 7급 6109호 판정을 받았는바, 소를 제기한 결과 상이등급 6급에 해당된다고 인정된 사례(창원지방법원 2019. 1. 23. 선고 2018구단10041 판결)

• **법원의 판단요지**

① 원고는 이 사건 상이로 1988년경 수술을 받았고, 2008. 1. 15. 척추고정술을 받았으며, 2014. 12. 3. 디스크제거술 및 인공물 삽입수술 등 수차례 수술을 받았음에도 능동적 자세에서 정상운동범위의 18.4%의 운동제한 장애가 남은 점, ② 감정의

는 "척추에 경도의 기능장애 또는 변형장애가 있는 사람, 즉 상이등급 6급에 해당한다."는 소견인 점, ③ 원고는 반복적으로 수술을 받았고, 이는 추간판 제거를 위한 것이 아니라, 척추불안증을 해결하기 위한 것인바, 단순한 추간판탈출증의 장애가 아니라 추체간 장애로 보아서 별표 4. 제6의 가항을 적용함이 타당한 점, ④ 위 별표 4. 제6의 가항 중 "척추분절 골유합술 등으로 고정되어 정상 운동범위의 10% 이상 30% 미만으로 제한된 경우"에서, 척추분절 골유합술은 척추수술의 예시로 봄이 타당하므로, 원고가 유사 목적으로 척추고정술을 받은 이상 위 요건에 해당한다고 보이는 점, ⑤ 원고는 과거에 이미 상이등급 6급을 받은 바 있었고, 부산보훈병원 신체검사에서 검진의는 원고가 6급에 해당한다는 의견을 제시하기도 하였던 점 등을 종합하면, 원고의 이 사건 상이는 척추에 경도의 기능장애 또는 변형장애가 있는 정도로서 6급 2항에 해당한다고 봄이 타당하다.

(5) 【허혈성심장질환과 당뇨병】 허혈성심장질환과 당뇨병을 고엽제 후유증으로 인정받아 신체검사 결과 당뇨병 7급 1117호, 허혈성심장질환 7급 5111호로 판정되었고, 2018년 재판정신체검사에서도 동일한 상이등급(종합 7급)에 해당된다고 판정받았는바, 당뇨 합병증으로 인한 시력저하에 따라 3급 1106호(혹은 4급 1108호, 5급 1110호, 6급 2항 1114호)에 해당될 여지가 있음을 이유로 위 2018년 상이등급 판정처분이 취소된 사례(인천지방법원 2020. 9. 8. 선고 2018구단1647 판결)

• **법원의 판단요지**

앞에서 든 증거들에 이 법원의 가톨릭대학교 서울성모병원장에 대한 진료기록감정촉탁결과 및 사실조회결과와 변론 전체의 취지를 종합하여 인정할 수 있는 아래 사정들에 비추어 보면, 원고의 시력저하는 당뇨병으로 인한 것이라고 볼 것이고 원고의 당뇨병 상이등급은 6급 이상에 해당한다고 봄이 타당하며, 을 제6, 7호증의 각 기재만으로는 위 인정에 방해가 되지 아니한다. 따라서 당뇨병 상이등급이 7급 1117호에 해당함을 전제로 한 이 사건 처분은 위법하고, 원고의 주장은 이유 있다.
① 원고는 2001년부터 황반변성의증이 있었고, 2005년에는 녹내장 소견을 받았다. 진료기록감정의는 '원고의 당뇨망막병증은 2005~2007년경 발병한 것으로 사료되고, 2001년 진료기록상 기본시력이 당뇨망막병증에 비하여 심한 상태이며, 이에 비

추어 시력저하에는 일반적인 당뇨망막병증뿐 아니라 여러 가지 복합요인이 작용하였을 것이라고 생각된다'는 소견을 보였다. ② 그러나 한편 진료기록감정의는 '녹내장, 백내장은 시력저하와 관련이 없고, 원고 시력저하의 주된 원인은 당뇨망막병증이며, 현재로서는 7급보다는 상향조정이 맞지 않나 사료된다.'는 의학적 견해를 밝혔다. ③ 을 제5, 6호증의 기재에 의하면, 원고가 피고를 상대로 이 법원 2001구2136호로 국가유공자결정청구의 소를 제기하였다가 2002. 4. 25. 소를 취하하였고, 위 사건에서의 신체감정촉탁결과 '잘 조절되지 않는 당뇨병과 고혈압, 안저검사상 황반 및 후극부 변성과 녹내장으로 인한 시력장애'라는 회신이 있었던 사실은 인정된다. 그러나 위 인정사실과 피고가 제출하는 증거만으로는 '원고의 당뇨망막병증은 과거 소송 이후인 2005~2007년경 발병하였고, 원고 시력저하의 주된 원인은 당뇨망막병증 및 기저질환인 황반 기능저하가 동반된 것이며, 황반변성과 녹내장은 시력저하 원인으로 보기 어렵다.'는 위 진료기록감정촉탁결과를 배척하기 어렵다. ④ 원고의 시력저하는 당뇨병으로 인한 것이라고 볼 것이고, 당뇨병의 상이등급은 7급 1117호를 초과한다고 할 것이다.

(6) 【우측 슬관절 반월상 연골 파열 외측(술후 상태)】 훈련소에서 기본군사훈련을 받던 중 돌부리에 걸려 넘어지면서 우측 무릎 외측 연골판 아전 절제술을 받고 의병전역한 뒤 2005년 위 상이에 관하여 공상군경 7급 807호로 등록되었는데 2014년 및 2016년 재판정신체검사에서 상이등급 6급 1항 8117호로 처분되었는데, 2017년 우하지 기능장애로 실시한 재판정신체검사에서는 7급 8112호로 판정되었는바, 원고의 우측 무릎관절의 운동가능범위가 4분의 3 이상 제한되므로 6급 1항 8117호에 해당된다고 인정된 사례(서울행정법원 2021. 4. 21. 선고 2018구단65845 판결)

• **법원의 판단요지**

이 사건 신체감정 당시 원고의 우측 무릎 관절의 능동적 운동범위는 10도(신전 -10도, 굴곡 20도), 수동적 운동범위는 20도(신전 0도, 굴곡 20도)로 측정된 사실, 2016. 6. 30.자 중앙보훈병원의 진단서 및 2007. 7. 11. 자 중앙보훈병원의 진단서에 원고의 우측 무릎관절의 수동적 운동범위가 0－10도로 기재되어 있는 사실은 앞에서 본 바와 같다. 위 인정사실에 의하면, 원고의 무릎관절의 운동가능영역은 표준운동각도 150도의 4분의 1인 37.5도 이하로서 '관절의 운동가능영역의 4분의 3 이상 제한된 상태'이므로, 이 사건 인정상이에 대한 상이등급은 국가유공자법 시행규칙 제8의4 [별표 4] 8. 가.항의 6급 1항 8117호에 해당된다고 봄이 상당하다.

(7) 【척수염, 흉추부】 재판정신체검사에서 척수염 상이등급 2급 23호로 판정처분 되었으나, '하반신 불수로 보행능력을 완전히 상실한 사람으로서 배변 및 배뇨기능에 장애가 있어 항상 다른 사람의 도움과 보호가 필요한 사람'으로 보아 1급 2항 4104호[94]로 인정된 사례(서울행정법원 2020. 6. 18. 선고 2019구단55401 판결)

• 법원의 판단요지

신체감정촉탁결과에 의하면 원고는 양측 하지의 근력이 0(ZERO)으로 하반신 불수로 보행능력을 완전히 상실한 상태이다. 또한 원고는 신경인성 방광으로 정상적인 자가 배뇨능력이 없어 간헐적 자가도뇨를 하여야만 하고, 배변기능 장애로 수지관장을 하여야 하는 것으로 보인다. 중앙보훈병원에서의 수정 바델지수 평가결과에 의하면, 원고는 소변조절의 경우 최대의 도움이 필요하고, 목욕하기, 용변처리 및 대변조절의 경우 각 중등도의 도움이 필요하며, 개인위생, 식사하기 및 의자/침대이동의 경우 각 최소의 도움이나 감시가 필요하다. 이에 비추어 보면 원고는 일상생활에 필요한 동작들의 거의 대부분을 다른 사람의 도움과 보호를 받아야만 수행이 가능한 것으로 보인다. 이와 같은 사정들에 비추어 보면, 원고는 이 사건 규정의 '하반신 불수로 보행능력을 완전히 상실한 사람으로서 배변 및 배뇨기능에 장애가 있어 항상 다른 사람의 도움과 보호가 필요한 사람'의 요건을 충족한다고 할 것이다. 이 사건 진료기록감정의(신경외과)도 이와 동일한 소견을 제시하였다.

94) 이 당시 국가유공자법 시행령 [별표 3] 제4호 신경 및 정신계통의 장애에는 1급 2항으로 4104호, 4105호, 4106호가 있었는데, 그중 4104호는 "하반신 불수로 보행능력을 완전히 상실한 사람으로서 배변 및 배뇨기능에 장애가 있어 항상 다른 사람의 도움과 보호가 필요한 사람"으로 규정되어 있었으나, 그 후 2020. 1. 7. 대통령령 제30343호로 개정되어 1급 2항은 4116호 "최고도의 신경계통의 기능장애로 항상 다른 사람의 도움과 보호가 필요한 사람"으로 바뀌었다.

(8) 【우 견봉 쇄골 관절 탈구】 2000년경 우 견봉 쇄골 관절 탈구에 대하여 상이등급 7급의 공상군경으로 등록되었다가 2018년경 재판정신체검사를 신청하였는데, 오히려 '기준미달' 판정을 받게 되자 소를 제기하여 다시 상이등급 7급 71254호로 인정받은 사례(대전지방법원 2019. 5. 30. 선고 2018구단100979 판결)

• **법원의 판단요지**

이 사건에서 보건대, 앞서 본 사실들과 증거들, 이 법원의 순천향대학교 서울병원장에 대한 신체감정촉탁결과와 변론 전체의 취지를 종합하여 인정되는 다음과 같은 사실 및 사정, 즉 ① 원고는 2018. 10. 10. 순천향대학교 서울병원 정형외과 신체감정의 진료 당시 우측 어깨 통증 및 관절 운동 제한의 증상을 호소하였고, AMA 방식으로 어깨 관절운동범위를 측정한 결과 상이등급 7급에 해당하였던 점, ② 이 사건 상이는 전적으로 원고의 군 복무 중 사고로 발병한 것인 점, ③ 피고의 재판정을 위한 신체검사일인 2018. 2. 23.과 위 신체감정일인 2018. 10. 10. 사이에 달리 이 사건 상이에 영향을 줄 만한 사정이 있었던 것으로 볼 수 없는 이상 피고의 이 사건 처분 당시에도 원고의 이 사건 상이에 관한 상태는 위 신체감정 당시의 상태와 상이하지 않다고 보는 것이 합리적인 점 등에 비추어 보면, 원고는 '한 팔의 3대 관절 중 1개 관절에 경도의 기능장애가 있는 사람'으로서 상이등급 7급 7124호에 해당한다고 봄이 타당하다.

(9) 【추간판탈출증 L3-4, L4-5, L5-S1(L3, L5 부분척추궁절제술과 디스크제거술 후 상태, L4 부분척추궁절제술과 디스크제거술 및 후방척추체유합술 후 상태')】 추간판탈출증 L3-4, L4-5, L5-S1의 인정상이처에 대한 신체검사 결과 상이등급 7급 6109호로 판정되자 소를 제기하여 상이등급 6급 2항으로 인정받은 사례(수원지방법원 2019. 5. 22. 선고 2018구단9129 판결, 수원고등법원 2020. 2. 19. 선고 2019누11121 판결)

• **법원의 판단요지**

원고는 요추 제4－5번 사이의 골유합술로 척추가 고정되어 운동범위가 정상운동각도에서 16.7% 제한되고, 근전도 검사에서 후유 신경증상이 확인되므로, 국가유공자법 시행규칙 [별표4] 제6항 '체간의 장애' 중 가항의 '상이등급 내용' 중 6급 2항의 상이등급, 즉 척추분절 골유합술 등으로 고정되어 정상 운동범위의 10% 이상 30% 미만으로 제한되고 근전도 검사 · 특수검사에서 의학적으로 명백히 입증될 수 있는 신경증상이 남아 있음이 확인되는 사람에 해당한다.

(10) 【허혈성심장질환】 허혈성심장질환으로 고엽제후유증환자로 등록되었고 신체검사에서 "원고가 허혈성 심장질환으로 내과적 중재 시술을 받았고, 흉복무 장기 등의 장애로 인하여 노동능력을 일반 평균인의 3분의 1 이상 잃은 사람에 해당하여 6급 2항 5108호에 해당한다."는 소견을 받았으나 보훈심사위원회 심사에서 상이등급 7급으로 판정처분되자 소를 제기하여 6급 2항 5108호로 인정받은 사례(의정부지방법원 2020. 2. 13. 선고 2018구합12522 판결)

• **법원의 판단요지**

관계 법령의 규정에 의하면, 원고가 고엽제후유증환자로서 6급 2항 5108호에 해당하는 상이등급을 인정받으려면, ① 흉복부장기 등의 장애로 인하여 노동능력을 일반 평균인의 3분의 1 이상 상실해야 하고(상이 정도), ② 허혈성 심장질환으로 (a) 관상동맥조영술 검사 결과 좌주간지관상동맥이나 좌전하행관상동맥 외에 혈관에 70% 이상의 협착 병변이 있으며, (b) 기능 검사 결과 심근허혈이 있어야 한다(장애내용). 원고에게 그중 ②의 (a)에 해당하는 '중위우관상동맥에 70% 이상의 협착 병변이 있다'는 점은 다툼이 없다. 다만 원고에게 위 ①의 상이 정도가 인정되고 위 ②의 (b)에 해당하는 장애내용이 있는지가 문제되는 바, 이하에서 이에 관하여 본다. 앞서 든 증거들 및 이 법원의 가톨릭대학교 서울성모병원장에 대한 신체감정촉탁결과 및 사실조회결과에 변론 전체의 취지를 더하여 알 수 있는 다음과 같은 사정들을 종합하여 보면, 원고를 위 기준에 해당하는 사람으로 보아 원고의 상이등급을 6급 2항 5108호로 봄이 타당하다. 따라서 이와 달리 원고의 상이등급을 7급으로 판정한 이 사건 처분은 위법하다.

(11) 【좌 무지 및 수부사출 손상】 수송부에서 5톤 유압 카고 트럭을 정비하던 중 유압 호스에서 터져 나온 유압유가 원고의 왼손바닥을 뚫고 들어가는 부상(좌 무지 및 수부사출 손상)에 대해 공상군경 요건에 해당된다는 인정을 받았으나 보훈병원의 신체검사 결과 기준미달처분을 받았는바, 상이등급 7급 4115호에 해당된다고 본 사례(창원지방법원 2020. 5. 16. 선고 2019구단10376 판결)

• **법원의 판단요지**

원고의 이 사건 상이는 상이등급 7급 4115호에 해당한다고 봄이 상당하므로 등급 기준에 미달한다고 판정한 이 사건 처분은 위법하고, 이를 다투는 원고의 주장은 이유 있다. ① 원고는 이 사건 상이로 2002. 4. 22. 국군춘천병원에서 응급진료 후 절개 및 배농술, 세척술을 받은 뒤 2002. 5. 7.부터 2002. 12. 17.까지 입원 치료를 받았다. ② 원고는 전역 후 좌측 엄지 부분에 잔유물이 잔존하는 채로 토목 관련 일을 하는 직장생활을 하던 중 통증의 악화로 2007. 8. 30. 부산 동아대학교병원에서 재수술을 받았으나 잔유물을 완전히 제거하지 못하였다. ③ 원고는 2016. 11.경 이 사건 상이로 더 이상 일을 하기 어렵다는 판단 하에 직장에서 퇴사하여 특별한 직업 없이 친동생을 도와주고 있다. ④ 이 법원의 감정의는 원고가 좌측 엄지 두덩 부위의 이물감과 간헐적인 통증을 호소하고, 촉진에서 같은 종물같은 것이 만져지며 이로 인하여 주먹을 꽉 쥐지 못하는 상태로 '파편 또는 총탄 등의 잔유물로 인하여 동통 및 신경증상이 지속되는 사람'에 해당된다는 소견이다. ⑤ 또한 위 감정의의 소견에 의하면 원고의 증상은 고정되었고, 자기공명영상에서 같은 부위의 피해조직에 이물질에 의한 육아종으로 보이는 병변이 확인되며, 그 크기도 2.5×2×1cm에 이르는 등 작다고 할 수 없다. 신경증상 여부에 관하여 근전도나 신경전도 검사는 이를 밝히는 데 한계가 있고 검사 결과 정상이 나온다고 하더라도 신경증상이 없다고 단정할 수 없다. 동통 여부는 원고의 진술과 촉진 등에 의하여 판단하였는데, 이는 주관적 증상으로 환자의 진술에 의존할 수밖에 없고 객관적으로 검사할 수 있는 방법은 없다. ⑥ 원고는 피고 자문의의 신체검사 때에도 같은 부위에 관절운동이 잘 안되고 잡는 동작에서 동통이 있다는 취지로 진술하였다.

(12) 【요추 4번-5번 추간판탈출증(후궁절제술 및 추간판절제술 후 상태)】 군복무 중 탄약박스에 대한 정기적 치환작업 등으로 척추에 과도한 스트레스가 누적되어 요추 4번-5번 추간판탈출증(후궁절제술 및 추간판제거술 후 상태)에 관하여 재해부상군경의 요건에는 해당되나 신체검사에서 기준미달로 상이등급 판정을 받게 되자, 소를 제기하여 7급 6109호로 인정된 사례(수원지방법원 2019. 9. 19. 선고 2018구합61049 판결)

• **법원의 판단요지**

① 피고는 이 사건 신청에 관하여, 이 사건 상이 부위는 원고가 1987년에 추간판탈출증으로 '요추4번−5번 척추궁제절술 및 수핵제거술'을 받은 뒤 직무수행이나 교육훈련으로 자연적 진행속도 이상의 급격한 퇴행이 발생하여 척추협착이 생겼다고 보아 보훈보상대상자 요건 기준에 부합한다는 판정을 하였다. 피고는 원고가 신청한 나머지 부위(요추5번−천추1번)는 직무수행이나 교육훈련보다는 퇴행성 질환에 기인하였다고 보아 보훈보상대상자 요건 기준에 부합하지 않는다고 판단하였다. 다시 말해 피고는 원고의 현 상태, 즉 1987년도에 추간판탈출증으로 이 사건 부위에 수술을 받은 뒤 척추협착이 발생하여 2015년도에 재수술을 받은 상태가 요추4번−5번 추간판탈출증으로부터 악화된 것임을 전제로, 그 증상의 정도만을 판정하기 위해 원고에 대한 신체검사 대상자 결정을 한 것이다. ② 원고는 수술을 포함한 모든 치료에도 불구하고 이 사건 상이 부위에 요통·방사통 등의 증상을 느끼고 있다. 근전도검사 결과 원고에게 '요추5번 신경근병증, 다발성 신경근증'이 확인되었다. 따라서 이 사건 상이는 국가유공자법 시행규칙 제8조의3 [별표 4] 제나항 제1호 나목에서 정하는 구근위축 또는 근력약화와 같은 임상소견이 뚜렷하고 특수보조검사에서 이상이 있으며, 척추신경근의 불완전마비가 인정되는 경우에 해당한다. 재심 신체검사의와 신체감정의도 요추4번−5번 추간판탈출증 진행이 원인이 되어 요추4번−5번 협착증이 발병하였음을 전제로 이 사건 상이의 정도를 7급 6109호로 판정하였다.

(13) 【제1요추 압박골절, 제2요추 방출성 골절, 제5요추-제1천추간 추간판탈출증】 제1요추 압박골절, 제2요추 방출성 골절, 제5요추-제1천추간 추간판탈출증의 상해

를 입고 공상군경 및 재해부상군경으로서 신체검사를 한 결과 상이등급 5급 6104호에 해당된다는 신검의의 소견을 받았음에도 보훈심사위원회 심의에서 상이등급 6급 6105호로 판정되자 소를 제기하여 5급 6103호로 인정받은 사례(수원지방법원 2019. 11. 15. 선고 2018구단8492 판결)

• **법원의 판단요지**

① 원고는 이 사건 사고로 인하여 제1요추에 압박골절상을, 제2요추에 방출성골절상을 입어 제1－2－3요추간 「2개」의 척추분절에 골유합술(후방고정술)을 받았는데, 이는 위 국가유공자 등 예우 및 지원에 관한 법률 시행규칙 제8조의3 [별표 4]가 정한, 상이등급 5급 6103호의 장애 내용과 정확히 일치한다. ② 위 중앙행정심판위원회 재결서 등에 의하면, 보훈심사위원회가 원고의 상이등급을 6급 1항 6105호로 심의 · 의결한 이유는 '원고가 요추 2번의 방출성 골절에 따른 골유합술을 받았으므로 1개의 척추분절에 골유합술을 받은 것으로 보아야 한다'는 것으로 추측된다. 그러나 위 대한의사협회장에 대한 진료기록감정촉탁결과에 의하면, 원고가 받은 제1－2－3요추간 척추분절에 대한 골유합술의 대상은 제1요추 압박골절 및 제2요추 방출성 골절이고, 제1요추 압박골절이 심하지 않은 상태여서 제1－2－3요추간 척추분절에 대해 골유합술을 시행한 것으로 보이며, 제1요추 압박골절이 심했다면 제12흉추－제1－2－3요추간 척추분절에 대한 골유합술이 필요했을 수 있다는 것이다. ③ 위 대한의사협회장은 위와 같이 원고가 제1요추 압박골절 및 제2요추 방출성 골절로 제1－2－3요추간 척추분절에 골유합술을 받은 것으로 평가하여 원고의 상이등급을 5급 6104호로 판정하는 것이 합당하다는 소견을 밝혔다. ④ 위 손해배상청구사건에 제출된 분당차병원의 신체감정촉탁회신에 따르면, 이 사건 처분 즈음 이 사건 사고로 입은 척추의 골절로 인한 원고의 후유신경증상도 지속되었던 것으로 보인다.

(14) 【우안 무수정체】 육군 1101야공단 소속으로 복무 중 폐품처리작업 하다가 철사가 튀면서 우측 눈을 다쳤는바('우안 무수정체') 이에 대하여 상이등급 6급 2항 51호의 공상군경으로 등록되었으나, 재판정신체검사에서 등급기준 미달로 판정

되자 소를 제기하여 7급 1205호로 인정받은 사례(수원지방법원 2019. 1. 18. 선고 2017구단6789 판결)

• 법원의 판단요지

중앙보훈병원의 2015. 11. 26.자 재판정신체검사내역(을 제1호증)에는 '각막혼탁 부위가 중심 약간 아래쪽이고 황반부에 특이소견 없으며 이전 병력기록상 교정시력 우안 0.8까지 측정되었음'이라는 소견하에 '등급기준 미달'로 기재되어 있다. 2016년도 320차 보훈심사위원회 회의록(을 제4호증)에는 '당초 2003년에 우안 무수정체안 각막 혼탁 및 반흔, 교정시력 0.02라고 해서 6급 2항 51호를 받았음. 이번에 재판정신체검사로 다시 해보니까 각막혼탁 부위가 중심이 약간 아래쪽이고 황반변성 등 특이소견이 없으며 이전 병력기록상 교정시력 우안 0.8까지 올라갔기 때문에 이 건 회생이 가능하다고 봐서 등급기준 미달로 신검의 소견되었음. 한양대병원 외래초진 기록지 및 황반검사결과지, 분당서울대병원 외래경과기록지 및 검사자료를 보완해서 두 분한테 의학자문을 구했는데 한 분은 기준미달이 적절하다고 했고 한 분은 malingering(꾀병)의 가능성이 있기 때문에 이걸 가지고 등급을 주는 건 어렵지 않는냐 해서 일단은 등급기준 미달로 제안했음'이라고 기재되어 있다. 피고는 위와 같은 자료를 근거로 원고에 대하여 등급기준 미달로 판정하는 '이 사건 처분'을 한 것이다. 그러나 이 법원의 촉탁에 따라 원고에 대한 신체감정절차를 진행한 분당서울대학교병원 안과의사 양희경은 다음과 같은 의견[95)]을 제시하였다. …<중략>… 위와 같은 사정을 종합적으로 고려하면, 원고는 상이등급 6급 2항 1113호(한 눈의 교정시력이 0.02 이하인 사람)에는 해당하지 않지만 상이등급 7급 1205호(한 눈 또는 두 눈의 동공이 대광반사기능이 완전 상실된 사람)에 해당한다고 봄이 타당하다.

(15) 【턱 부위 비대성 흉터】 턱 부위 비대성 흉터를 인정 상이처로 하여 공상군경 상이등급 7급 3108호로 판정받았으나, '안면부에 있어서 가장 긴 쪽의 길이가 5cm 이상인 반흔'이 있는 경우로서 '외모에 고도의 흉터가 남아있는 사람'에 해당된다고

95) "우안의 대광반사기능이 완전히 소실되어 국가유공자 상이등급 7급 1205호에 해당함"이라는 신체감정 결과를 제출하였다.

소를 제기하여 6급 2항 3107호로 인정받은 사례(서울행정법원 2018. 9. 6. 선고 2017구단35458 판결)

• **법원의 판단요지**

① 신체감정의와 피고의 자문의는 이 사건 상이가 턱 끝부분에 위치하고 있는 점에 비추어 상이처를 안면부로 판단한 점, ② 신체감정의는 선상흔 형태의 반흔인 이 사건 상이의 길이를 7.5cm로 측정한 점, ③ 또한 신체감정의는 현재 이 사건 상이 부위에 수염이 자라지 않고, 주변 피부와 색이 달라 2미터 떨어진 거리에서도 그 흉터가 눈에 잘 띄는 상태라는 소견을 제시한 점, ④ 미세한 상흔까지 측정하였는지 또는 눈에 띄는 상흔을 측정하였는지 여부에 따라 측정된 반흔의 길이의 차이가 발생할 수 있는데, 앞서 본 시행규칙은 '위 표에 기재된 2) 또는 3) 어느 하나에 해당'하고, 그리고 '2미터 떨어진 거리에서 볼 때 사람의 눈에 띄는 정도 이상의 흉터가 남아 있는 경우'를 규정하고 있으므로, 2미터 떨어진 거리에서 보이는 정도의 흉터 길이를 측정할 것을 전제하고 있다고 보기는 어려운 점 등에 비추어 보면, 원고는 안면부에 고도의 흉터가 남아 있는 사람으로서 원고의 상이등급은 6급 2항 3107호에 해당한다고 봄이 상당하다. 이와 다른 전제에서 이루어진 피고의 이 사건 처분은 위법하다.

(16) 【하악골 복잡순쇄골절, 외상성 치아상실, 하순열상】 1990년경 직무 수행 중 교통사고를 당하여 하악골 복잡순쇄골절, 외상성 치아상실, 하순열상을 인정상이처로 공상공무원 상이등급 7급 306호로 판정받았고 2016년경 추가상이를 이유로 재판정신체검사를 하였는데 모든 상이가 '기준등급 미달'로 판정되자, 소를 제기하여 7급 2410호에 해당된다고 인정받은 사례(춘천지방법원 강릉지원 2018. 7. 26. 선고 2017구합30147 판결)

• **법원의 판단요지**

이 법원의 가톨릭대학교 서울성모병원장에 대한 신체감정촉탁결과에 의하면, 원고는 이 사건 교통사고 당시 치아 6개를 상실하였고, 이후 치아 6개를 추가로 상실하여 현재 보철을 하거나 보철을 필요로 하는 치아가 총 12개인 사실은 인정된다. 그러나 이 사건 교통사고 이후 이 사건 감정촉탁결과 사이에 약 27년의 기간이 경과한 점, 위 기간 동안 원고가 추가로 6개의 치아를 상실한 데에 이 사건 교통사고가 영향을 미쳤다고 인정할 증거가 없는 점 등을 종합하면, 원고가 이 사건 교통사고 당시 상실한 치아 6개 외에 추가로 상실한 치아 6개 또한 이 사건 교통사고로 인한 것이어서 원고를 같은 항목 중 '6급 3항(2409)', 즉 '상악 · 하악 치아 중 10개 이상 상실되어 보철을 하거나 보철을 필요로 하는 사람'에 해당한다고 보기는 어렵다(오히려 원고가 신체감정신청서에 첨부하여 제출한 소견서 등에 의하면 우식 등이 치아 추가 상실의 원인이 된 것으로 보인다). 다만, 원고가 이 사건 교통사고 당시 치아 6개를 상실하였던 것은 분명하고 현재도 그로 인하여 보철을 하거나 보철을 필요로 하는 상태에 있으므로[하악 상실 치아 2개는 고정성 가공의치(브릿지)로 보철을 한 상태이고, 상악 상실 치아 4개는 임시 고정성 가공의치(임시 브릿지)로 보철치료가 진행 중이다], 원고는 국가유공자법 시행령 별표 3 상이등급 구분표상의 '귀, 코 및 입의 장애' 항목 중 '7급(2410)' 즉, '상악 · 하악 치아 중 5개 이상 상실되어 보철을 하거나 보철을 필요로 하는 사람'에 해당한다고 보아야 한다.

(17) 【양측 견관절 습관성 탈구】 양측 견관절 재발성 탈구를 인정상이처로 하여 재해부상군경 요건 해당처분 받았으나 신체검사에서 등급기준 미달 판정을 받아 소를 제기하였고, 이에 상이등급 7급 7124호로 인정받은 사례(서울고등법원 2017. 9. 5. 선고 2017누34782 판결)

• 법원의 판단요지

① 원고가 2004. 4.경과 2004. 7.경 전곡정형외과에서 우측 어깨관절의 탈구로 도수정복술 등을 시행받은 사실, ② 원고는 2014. 11. 5.부터 차의과대학교 분당차병원에서 양측 어깨 관절에 대한 외래진료를 받아 왔는데, MRI 검사결과 방카트 병변과 힐삭스 병변이 확인되었고, 이학적 검사인 불안검사와 재위치검사 결과 모두 양성반응을 보여 양측 어깨관절의 재발성(습관성) 탈구 진단을 받은 사실, ③ 원고는 상이등급 판정을 위하여 중앙보훈병원에서 두 차례 신체검사를 받았는데, 원고의 신체상태를 검사한 정형외과 전문의는 불안검사와 재위치검사결과 양측 견관절에

불안감 및 동통 등이 있다는 이유로 두 번 모두 양성소견을 제시한 사실, ④ 제1심 법원의 신체감정의 또한 원고의 양측 어깨관절의 불안검사와 재위치검사 결과 양성소견을 제시하면서, 원고의 경우 반복적인 두부상 활동을 요하는 스포츠에 의하여 관절낭이 후천적으로 이완되어 불안정성으로 진행하는 미세 외상형 또는 후천성 불안정성으로 사료된다고 판단한 사실, ⑤ 한편 원고는 이 사건 소 제기 이후인 2016. 4. 30.에도 좌측 견관절 탈구로 차의과대학 분당차병원 응급실에 내원하여 정복술을 받았고, 2016. 5. 2. 위 병원에서 재진을 받으면서 반복적인 어깨 탈구 증상을 호소한 사실을 인정할 수 있다. 위 인정사실에서 알 수 있는 양측 견관절 탈구의 발현 시점, 현 상태, 양측 견관절에 대한 의학적 판단 등을 고려할 때, 원고는 후천적으로 양측 견관절에 습관성 탈구가 있는 사람으로서 상이등급 7급 7124호에 해당한다고 봄이 타당하다.

(18) 【우측 족관절부 이킬레스건 파열】 육군에 입대하여 복무하던 중 축구시합을 하다 넘어져 우측 족관절부 아킬레스건 파열의 상이를 입고 재해부상군경으로 요건 인정되었으나 신체검사에서 기준등급 미달 판정을 받게 되자, 소를 제기하여 상이등급 7급 8122호로 인정받은 사례(서울행정법원 2017. 7. 27. 선고 2016구단11103 판결)

• 법원의 판단요지

의학적 소견과 위 거시증거, 갑 제11, 12호증의 각 기재에 변론 전체의 취지를 더하여 알 수 있는 아래의 사정들을 종합하여 보면, 고도의 기능장애를 전제로 원고의 상이등급이 제5급 8111호에 해당한다는 원고의 주장은 나머지 점에 관하여 더 나아가 살펴볼 필요 없이 이유 없고, 원고가 '관절의 운동가능영역이 4분의 1 이상 제한된 사람'에 해당하므로 국가유공자법 시행규칙 [별표 4]에 규정된 제6급 제2항 8119호에 해당한다는 원고의 주장 역시 이유 없으나, 원고의 관절 운동가능영역은 60으로 원고는 '관절의 운동가능영역이 4분의 1 이상 제한된 사람', 즉 '관절에 경미한 기능장애가 있는 사람'에 해당하여 원고의 상이등급은 제7급 8122호로 봄이 상당하다. 고려대학교 구로병원 신체감정촉탁의의 신체감정서에 기재한 배굴 운동각도를 표준운동각도 20도를 전제로 한 것으로 수정하면, 위 신체감정서에 기재된 배굴, 척굴, 외번, 내번의 각 운동각도 및 운동가능영역은 가톨릭대학교 서울성모병원 신체감정촉탁의의 신체감정서에 기재된 그것들과 정확히 일치하는 점, 그 외 병원에서의 운동각도 측정 결과는 원고의 주관적 의사가 반영되었을 소지를 배제할 수 없거나 측정방법의 정확성이 담보되었다고 볼 만한 별다른 자료가 제출되지 않아 그 내용을 그대로 신빙하기는 어려운 점 등을 종합해 보면, 원고의 관절 운동가능영역은 60도로 원고는 '관절의 운동가능영역이 4분의 1 이상 제한된 사람', 즉 '관절에 경미한 기능장애가 있는 사람'에 해당한다.

(19) 【슬관절 전방십자인대 파열】 우측 슬관절 전방십자인대 파열 및 우측 무릎 외측 반월성연골 복합파열에 대해 신체검사 결과 "등급기준 미달"로 판정되자 소를 제기하여 자신의 상이는 7급에 해당된다고 주장하였으나 받아들여지지 않은 사례 (부산고등법원 2017. 2. 3. 선고 2015누23311 판결)

• **법원의 판단요지**

능동적 검사에 의한 운동범위는 굴곡이 110도이나 수동적 검사에 의한 운동범위는 굴곡이 130도로서 수동적 검사결과에 따르면 그 운동가능범위는 4분의 1의 운동가능범위인 112.5도보다 크다는 것인 바, 이 결과에 의하면 원고는 7급 1항에 해당하지 아니한다. 원고의 경우에는 관절의 운동가능 영역이 4분의 1 미만으로 제한되고 있고, 불안정성이 10밀리미터 미만인 것 또한 명백하다. 만일 7급 제3항을, 원고의 주장과 같이 외상 치료 후에 명백한 퇴행성 변화가 있기만 하면 더 이상 경도의 기능장애를 요하지 않는다거나, 설령 경도의 기능장애가 있어야 하더라도 널리 경도의 기능장애가 있으면 되고 7급 제1항 또는 7급 제2항에서 정한 정도에 이를 필요가 없다고 해석한다면, 외상으로 인한 기능장애와 외상과 기능장애 사이에 퇴행성 변화가 개입한 경우를 구별하여 후자를 전자보다 유리하게 취급하는 결과를 초래하는데, 이러한 결과는 형평에 반할 뿐만 아니라 7급 8122호와 관련된 전체적인 법령해석 체계에도 반하므로 수용할 수 없다.

(20) 【우측관절 전방십자인대 완전파열, 내 · 외측 반월상 연골 파열】 육군 57사단 소총수로서 훈련 시 다쳐 2003. 1. 10. '우측관절 전방십자인대 완전파열, 내 · 외측 반월상 연골 파열'을 인정상이처로 하여 공상군경 요건 해당되었으나 신체검사 결과 상이등급 기준미달 판정을 받았고, 이후 재확인신체검사를 신청하자 2015. 1. 12. 위 부상을 인정상이처로 하여 재해부상군경 요건 해당되었으나[96] 신체검사 결과 상이등급 기준미달 판정을 받았는바, 소를 제기하여 상이등급 7급 8122호로 인정받은 사례(수원지방법원 2017. 5. 12. 선고 2015구단32814 판결)

• **법원의 판단요지**

위 인정사실에서 본 바와 같이 전문의들의 의견을 종합적으로 고려하면, 원고는 '우측 슬관절의 운동가능영역이 4분의 1 이상 제한되거나, 적절한 치료에도 불구하고 관절인대 손상에 의한 불안정성이 10mm 이상인 사람'에는 해당하지 않지만, 'KL grade II에 해당하는 퇴행성 변화가 명백히 나타날 뿐만 아니라 우측 슬관절 통증 및 전방 불안정성(8.5mm)의 영구장해가 있는 점'에 비추어 볼 때 '적절한 치료에도 불구하고 연골판 손상에 의한 외상 후 변화가 엑스선 촬영 동의 검사에서 퇴행성이 명백히 나타나고 그로 인하여 경도의 기능장애가 있는 사람'으로서 상이등급 7급 8122호에 해당한다고 봄이 타당하므로,[97] 위와 같은 등급기준에 미달함을 전제로 한 이 사건 처분은 위법하므로 취소되어야 하고, 이를 지적하는 원고의 주장은 이유 있다.

---

96) 재확인신체검사를 신청하는 경우 요건심사는 생략되는 것이 실무관행인데(영 제16조 제2항), 이 사례에서 보는 것처럼 2012년 보훈체계 개편 이전에 요건심사에서 국가유공자 등의 요건에 해당하는 것으로 보훈심사위원회에서 심의 · 의결된 사람 중 신체검사에서 상이등급의 판정을 받지 못한 사람이 보훈체계 개편 이후 다시 국가유공자 등으로 등록 신청하는 경우에는 요건심사를 다시 하도록 하고 있다(2012. 6. 27. 시행, 대통령령 제23885호로 개정된 국가유공자법 시행령 부칙 제2조). 2012년 보훈체계 개편 이후 '보훈보상대상자'제도가 신설되어 국가유공자와 보훈보상대상자를 주위적/예비적 관계로 반드시 심의토록 하였기 때문이다.

97) 위 판결이 있던 당시의 상이등급 기준(2016. 6. 29. 시행, 총리령 제1287호 별표 4 제8항 나목)에는 "적절한 치료에도 불구하고 연골판 손상에 의한 외상 후 변화가 엑스선 촬영 등의 검사에서 퇴행성이 명백히 나타나는 사람"으로 되어 있었으나, 이후 개정 시행규칙(2020. 2. 1. 시행, 총리령 제1593호 별표 4 제8항 나목)에서는 "적절한 치료에도 불구하고 관절의 퇴행성 변화가 엑스선 촬영 등의 검사 결과 KL grade III 이상인 경우"로 바뀌었다. 따라서 위 판결의 결론은 지금은 인정되기 어려울 것으로 보인다.

(21)【제4-5요추간 추간판탈출증】 육군 23사단에서 군 복무 중 제4-5요추간 추간판탈출증 악화로 2012. 12. 25. 공상군경 요건 해당처분 받았으나 상이등급 기준미달 판정을 받았는바, 소를 제기하여 상이등급 7급 6109호로 인정받은 사례(전주지방법원 2015. 5. 13. 선고 2013구합1840 판결)

• **법원의 판단요지**

국가유공자법 제6조의4 제2항, 국가유공자법 시행령 제14조 제2항, 국가유공자법 시행규칙 제8조 제3항은 '상이등급은 고정된 상태에서 판정한다.'고 규정하고 있고, 국가유공자법 시행규칙 제8조의3 [별표 4] 제6호 나목 2)는 '추간판탈출증에 대한 상이등급은 수술을 포함한 모든 치료에도 불구하고 후유증상이 지속되는 경우에 그 후유신경증상에 따라 결정한다. 다만, 수술 등으로도 치료효과를 기대하기 어렵다고 인정되는 경우에는 그 후유증상에 따라 상이등급을 결정할 수 있다'고 규정하고 있으며, 위 나목 2)의 가)는 '특수검사(CT, MRI) 소견이 뚜렷한 재발이 있으며 감각 이상 · 요통 · 방사통 등의 자각증상이 있고 하지직거상 검사에 의한 양성소견이 있는 경우에는 상이등급 7급(6109)을 인정한다.'고 규정하고 있다. 이 사건 상이가 고정된 상태인지 여부에 관하여 보건대, 앞서 본 의학적 견해 및 변론 전체의 취지에 의하여 인정되는 다음과 같은 사정들을 종합하여 보면, 원고가 수술을 받지 않았다고 하더라도 원고의 이 사건 상이는 고정된 상태라고 보이고, 현재의 후유증상에 따라 상이등급을 결정할 수 있다고 볼 여지가 충분하므로, 이와 다른 전제에 선 이 사건 처분은 위법하다.

(22)【요각통(신경근병증을 동반한 요추골 및 기타 추간판), 슬안풍(무릎 관절증), 추간판탈출증(C5-6, C6-7, L4-5), 척추협착증(L4-5), 신경근병증(C5-6, C6-7 우측, L4-5 우측)】 육군에서 천리행군 중 부상[요각통(신경근병증을 동반한 요추골 및 기타 추간판), 슬안풍(무릎 관절증), 추간판탈출증(C5-6, C6-7, L4-5), 척추협착증(L4-5), 신경근병증(C5-6, C6-7 우측, L4-5 우측)]을 입었고 이를 인정상이처로 하여 1978년경 공상군경 상이등급 6급 2항으로 판정받았으나, 2015년경 재판정신체검사 결과 위 상이처 중 슬안풍(무릎 관절증)을 제외한 나머지 상이처는 7급 6109호에 해당하고 슬안풍(무릎 관절증)은

등급미달로서 결국 종합판정 상이등급 7급 6109호로 등급하락 되었는바, 소를 제기하여 상이등급 6급 2하에 해당된다고 인정받은 사례(서울행정법원 2017. 2. 10. 선고 2015구단16132 판결)

• **법원의 판단요지**

체간의 장애로 상이등급 6급에 해당하기 위해서는 추간판탈출증의 경우 의학적 임상증상과 특수검사(근전도 · CT · MRI 등)의 소견이 일치하여야 하고, 상이등급은 수술을 포함한 모든 치료에도 불구하고 후유증상이 지속되는 경우에 그 후유신경증상에 따라 결정하되 다만 수술 등으로도 치료효과를 기대하기 어렵다고 인정되는 경우에는 그 후유증상에 따라 상이등급을 결정할 수 있는데, 신경마비로 인하여 사지에 경도의 단마비가 있거나(6급 2항 6107), 2개 이상의 추체 간에 추간판탈출증에 대한 수술을 하고 2개 이상의 추체간 융합술을 시행한 경우 후유증상이 뚜렷하여야 한다(6급 2항 6108). 특수검사(CT · MRI) 소견에 뚜렷한 재발이 있으며 감각이상 · 요통 · 방사통 등의 자각증상이 있고 하지직거상 검사에 의한 양성소견이 있는 경우거나 근위축 또는 근력약화와 같은 임상소견이 뚜렷하고 특수보조검사에서 이상이 있으며, 척추신경근의 불완전마비가 인정되는 경우에는 상이등급 7급을 인정할 뿐이다. 그런데 척추분절 골유합술 등으로 고정되어 정상 운동범위의 10% 이상 30% 미만으로 제한되고 근전도 검사 · 특수검사 등에서 의학적으로 명백히 입증될 수 있는 신경증상이 남아 있음이 확인되는 사람(6급 2항 6107)도 경도의 기능장애가 있다고 보는데, 추간판탈출증의 경우 위와 같은 경우에 해당하면 경도의 기능장애가 있다고 보는지에 관하여 보면, 구 국가유공자 등 예우에 관한 법률 시행규칙(2016. 2. 29. 총리령 제1263호로 개정되기 전의 것) 제8조의3 [별표 4] 신체부위별 상이등급 결정(이하 '이 사건 결정기준'이라 한다)에서 체간의 장애를 제6의 가.항의 상이등급 내용과 제6의 나.항의 추간판탈출증으로 나누어 추간판탈출증의 경우 6의 가.항이 아닌 6의 나.항이 특별규정으로 적용되는 것으로 보이기도 하나, 장해상태를 기준으로 상이등급을 판단함에 있어 그 원인이 무엇인지, 즉 추간판탈출증인지 아닌지에 따라 같은 장해상태임에도 달리 볼 이유가 없는 점, 6의 가.항의 제목에서 장해의 다른 원인인 상이를 기재하는 것이 아니라 단순히 상해등급 내용이라고만 표시한 점, 이 사건 결정기준과 유사한 산업재해보상보험법 시행규칙은 2008. 7. 1. 노동부령 제304호로 전부 개정되면서 이전에 척주 등의 장해를 8의 가.항 척추의 장해와 8의 나.항 추간판탈출증으로 구분하다가 추간판탈출증을 별도의 항목으로 두지 않고 척주의 기능장해, 척주의 변형장애, 척추 신경근의 장해, 그 밖의 체간골의 장해로 나누어 추간판탈출증으로 인한 것인지를 묻지 않고 그 장해 정도에 따라 장해등급을 구분하는 것으로 개정한 점 등을 고려하면, 추간판탈출증이 상이처더라도 척추분절 골유합술 등으로 고정되어 정상 운동범위의 10% 이상 30% 미만으로 제한되고 근전도검사·특수검사 등에서 의학적으로 명백히 입증될 수 있는 신경증상이 남아 있음이 확인되면 6급 2항으로 인정하여야 할 것이다.

(23) 【좌 · 우측 상 · 하지 마비】 1972년 부대 내에서 머리를 구타당한 후 발생한 좌 · 우측 상 · 하지 마비를 인정상이처로 하여 국가유공자 등록을 신청하였으나 비해당 결정(제1처분)되자 소를 제기하였고 결국 2015년 제1처분이 위법하다는 확정판결에 따라 공상군경 요건 해당처분 받았으나 신체검사 결과 상이등급 기준에 미달한다는 이유로 국가유공자요건 비해당 결정(제2처분)을 받자 소를 제기하여 3급 4110호로 인정받은 사례(부산지방법원 2017. 4. 26. 선고 2015구단21227 판결)

• **법원의 판단요지**

원고에 대한 신체감정촉탁결과에 따르면 경추부 골절과 경수 손상에 의해 이 사건 상이가 발생하였음이 인정된다. 그리고 경추부 골절이나 경수 손상이 최근에 발생하였다고 보기 어렵다는 감정결과와 전 행정소송의 판결의 이유를 종합하면 군복무 중 발생한 머리 부위 구타에 의해 경추부에 병변이 발생한 것으로 봄이 타당하다. 피고는, 전 행정소송의 판결에서 이 사건 상이에 대해 '상병명은 전간, 발병원인은 두부외상'으로 구체적으로 한정하였기 때문에 경추부 골절 등에 대하여는 보훈심사위원회에서 심의된 적이 없으므로, 경추부 골절 등은 요건을 인정받은 상이처에 대해서만 실시되는 국가유공자 상이등급 신체검사 판정대상이 될 수 없다고 주장한다. 그러나 전 행정소송의 판결에서는 원고가 국가유공자 등록신청을 한 상이처 중 이 사건 상이(좌·우측 상·하지 마비)와 군 공무수행 사이에 상당인과관계가 있다고 인정하여 이 사건 상이를 국가유공자법상의 요건이 인정되는 상이처로 판단하였고, 보훈심사위원회도 '전간, 두부외상'이 아닌 이 사건 상이를 국가유공자법상

인정상이로 하는 의결을 하였으며, 이에 따라 실시된 신체검사는 인정상이인 이 사건 상이가 국가유공자법상 상이등급 어디에 해당되는지를 판정하기 위해 실시되었다고 할 것이다(피고 또한 뇌뿐 아니라 경추부에 대해서도 MRI 검사를 시행하였다). 따라서 군 복무 중의 머리 부위 구타로 인해 발생한 경추부 골절과 경수 손상으로 인해 생긴 이 사건 상이는 국가유공자 상이등급 신체검사의 판정대상이 되고, 따로 경추부 골절 등과 군 복무수행 사이의 관련성에 대해 보훈심사위원회의 요건 인정이 선행되어야 한다고 보기 어렵다. 원고에 대한 신체감정촉탁결과에 따르면 원고의 상이등급은 '척수의 장애로 생명유지에 필요한 일상생활의 처리 동작은 가능하나 일생 동안 노무에 종사할 수 없는 사람'인 상이등급 3급 4110호에 해당한다.

(24) 【요추 제3-4번, 요추 제5번-천추 제1번 추간판탈출증】 육군 7사단에서 복무하던 중 허리 통증이 발생하자 2003년 '요추 제3-4번, 요추 제5번-천추 제1번 추간판탈출증'을 인정상이처로 하여 공상군경 7급 802호로 인정받았는데, 2014년 재판정신체검사를 신청하였더니 신체검사에서 6급 2항에 해당된다는 소견임에도 보훈심사위원회의 7급 6109호 심의 · 의결을 근거로 '재판정신체검사 결과 안내(무변동)' 처분을 받았는바, 소를 제기하여 상이등급 6급 2항을 인정받은 사례(울산지방법원 2017. 2. 9. 선고 2016구합5154 판결)

• **법원의 판단요지**

이 법원의 부산대학교병원장에 신체감정 촉탁결과 및 사실조회 결과에 따르면, ① 이 사건 검사시까지 원고에게 요추 제5번－천추 제1번 골유합술과 요추 제3－4번과 제4－5번의 고정술이 시행되었고, ② 원고는 정상운동범위의 10~30%의 운동제한이 있는 상태이며, ③ 신경증상이 남아 있다. 따라서 원고는 '척추분절 골유합술 등으로 고정되어 정상 운동범위의 10% 이상 30% 미만으로 제한되고, 근전도 검사·특수검사 등에서 의학적으로 명백히 입증될 수 있는 신경증상이 남아 있음이 확인되는 경우'에 해당하는 바, 이 사건 규정 6의 가항 "상이등급 내용표"에 따를 때 6급 2항에 해당한다.

(25) 【우측 슬관절 전방십자인대 파열, 우측 슬관절 내측 반월상연골 양동이형 파열】 육군 30사단에서 복무 중 대대창설기념 체육대회 축구경기 중 입은 '우측 슬관절 전방십자인대 파열, 우측 슬관절 내측 반월상연골 양동이형 파열'로 보훈보상대상자 요건 해당 통지를 받았으나 상이등급에서는 기준미달 처분을 받았는바, 소를 제기하여 상이등급 7급 8122호로 인정받은 사례(울산지방법원 2017. 1. 19. 선고 2015구합5614 판결)

• **법원의 판단요지**

① 원고의 우측 무릎 운동범위 중 굴곡이 120°로 제한되어 있는 점, ② 다수 의사들은 원고의 우측 슬관절 손상에 의한 불안정성이 10mm 이상이라는 취지의 소견을 제시하였고, 이 법원의 신체감정의는 '이 사건 검사 당시 이 사건 상이의 상태와 현재 상태 사이에 큰 차이가 없다.'는 취지의 소견을 제시한 점, ③ 현재 원고의 우측 슬관절 상태는 재파열 및 2차 수술로 인한 것으로 보이나, 앞서 본 바와 같이 피고는 이 사건 처분 당시 이를 이 사건 처분사유로 삼지 않았고, 이 사건 처분 당시 재파열 및 2차 수술의 영향력의 정도에 관한 평가도 이루어지지 않았던 점 등을 종합하면, 이 사건 처분 당시 이 사건 상이의 상이등급은 7급 8122호(적절한 치료에도 불구하고 관절인대 손상에 의한 불안정성이 10mm 이상인 사람)에 해당한다고 할 것이다. 따라서 이 사건 검사 당시 이 사건 상이가 상이등급 기준에 미달함을 전제로 한 피고의 이 사건 처분은 위법하다.

(26) 【우측 슬관절 전방십자인대 파열(재건술)】 육군 특전부사관으로서 고등산악훈련 중 입은 우측 슬관절 전방십자인대 파열(재건술)을 인정상이처로 하여 국가유공자 해당 처분을 받았으나 신체검사에서 등급기준 미달로 판정되었는바, 소를 제기하여 상이등급 7급 807호로 인정받은 사례(의정부지방법원 2016. 11. 16. 선고 2014구단1145 판결)

• **법원의 판단요지**

원고의 우측무릎 불안전성이 건측의 생리적 동요보다 10mm 이상인지에 대하여 살피건대, 원고의 좌측무릎 또한 2019. 2. 27. 이단성 골연골염에 의한 수술을 받은 적이 있는 사실은 위에서 본 바와 같으므로 원고의 경우 건측과의 비교가 불가능하다. 다만, 이 사건 처분의 근거가 되는 재신체검사 당시 보훈병원에서 행한 전방전위검사 결과는 우측 무릎에 대하여 '동요없음'으로 나왔지만 전방전위검사는 다른 검사방법에 비하여 그 정확도가 상대적으로 떨어질 뿐만 아니라 당시 검사 시행이 정확하게 진행되지 아니하여 이를 신뢰하기 어려운 점, 반면 상대적으로 정확도가 높아 신뢰할 수 있는 KT−1000 검사에서는 우측 무릎에 대하여 13mm 및 10mm로 나왔는데 13mm로 측정된 곳은 원고가 개인적으로 진단을 받은 서울나우병원이고 10mm로 측정된 곳은 이 법원이 신체검사를 촉탁한 을지병원이므로 을지병원의 검사가 더 공신력이 있다고 볼 수도 있지만 서울나우병원의 검사는 2013. 7. 12.에 행한 것으로서 을지병원의 검사일인 2015. 4. 10.보다 이 사건 처분일에 더 근접하므로 '이 사건 처분 당시'의 불안전성을 더 잘 반영한다고 볼 수 있는 점, 가장 객관적인 검사방법으로 신뢰도가 높은 KT−2000 검사와 스트레스뷰 검사에서는 우측무릎이 각 16mm 및 11.24mm로 측정되었는데, KT−2000 검사결과인 16mm는 위에서 본 논문내용에 따른 건측 평균 5.7mm(KT−2000으로 검사하는 경우에 나오는 수치임)를 감안하더라도 불안전성이 10mm를 초과하고, 스트레스뷰 검사결과인 11.24mm는 원고의 또 다른 환측인 왼쪽 무릎이 0.44mm로 나온 것에 비추어 볼 때 다른 검사방법 보다 불안전성 수치가 엄격하게 나오는 것으로 보이며 측정을 시행한 감정의는 두 무릎의 차이가 10.80mm로서 우측무릎의 불안전성이 10mm 이상이라고 견해를 밝힌 점 등을 종합하면, 원고의 우측무릎의 불안전성은 10mm 이상인 것으로 봄이 타당하고 이는 7급 807호에 해당하므로, 원고를 등급미달로 판정한 이 사건 처분은 위법하다.

(27) 【추간판탈출증 L5-S1(부분척추궁절제술 L5, 디스크제거술 L5-S1)】 1979년 육군 33사단 포수직으로 배치되어 근무하던 중 제5요추부분 척추궁 절제술 및 제5요추-제1천추 추간판제거술을 받고 1980년 의병전역하였는데, 2015년 추간판탈출증 L5-S1(부분척추궁절제술 L5, 디스크제거술 L5-S1)을 인정상이처로 하여 보훈보상대상자 요건해당 처분을 받았으나 신체검사에서는 등급기준 미달로 판정되어 보훈보상대상자 적용 비해당자로 결정되었다는 통보를 받았는바, 소를 제기하여 상이등급 7급 6109호로 인정받은 사례(의정부지방법원 2016. 12. 14. 선고 2015구단5588 판결)

• **법원의 판단요지**

원고에게 뚜렷한 재발이 있는가의 점에 대하여 보건대, 비록 피고의 의학자문의는 수술적 치료 후 5년 이내에 추간판이 다시 튀어나오는 것을 재발로 보아야 한다는 소견이지만, 추간판제거술이 추간판의 돌출된 부위를 제거하는 수술인 점을 감안할 때 돌출된 부위가 제거된 그 추간판이 더 튀어나와 증상을 유발하는 경우로 한정하기 보다는 추간판제거술 시행으로 인하여 증상이 소멸 또는 완화되었다가 위 수술로 인해 수술부위의 물리적인 변화를 유발하거나 가속화함으로써 수술 전 증상이 다시 발생 또는 악화되는 것도 포함하는 개념으로 보는 것이 상당한 점, 이 법원의 감정의도 1980.경 시행된 추간판절제술로 인하여 오랜 시간이 경과하면서 진행된 추간판 붕괴 및 추간판 높이 감소로 인한 섬유륜의 돌출이 있고 이러한 섬유륜의 돌출로 인한 현재의 증상을 재발로 볼 수 있다고 평가한 점, 비록 추간판절제술 시행 후의 시간 경과와 원고의 연령을 고려할 때 수술부위에 퇴행이 진행되었지만 앞서 본 바와 같이 이 사건 수술로 인해 일반적인 경우보다 퇴행이 더 빠르고 심하게 진행된 것으로 볼 수 있는 점 등을 고려할 때 원고에게 추간판탈출증의 뚜렷한 재발이 있다고 봄이 타당하다. 이에 더하여 원고가 요통 및 방사통을 호소하고 있고, 비록 원고의 하지직거상 양성소견이 제5요추－제1천추간의 추간판탈출증에 의한 것으로 한정할 수는 없지만 직거상검사 자체가 제3－4－5요추－제1천추간의 추간판탈출증에서 관찰할 수 있는 검사이므로 제5요추－제1천추간 추간판탈출증이 하지직거상 양성소견의 한 요인을 이루고 있다고 봄이 상당하다. 결국 원고는 시행규칙 [별표4] '특수검사(CT, MRI) 소견이 뚜렷한 재발이 있으며 감각 이상 · 요통 · 방사통 등의 자각증상이 있고 하지직거상 검사에 의한 양성소견이 있는 경우'로서 상이등급 7급(6109)에 해당한다 할 것이다. 따라서 이에 반하는 이 사건 처분은 위법하다.

(28) 【우측 슬관절 외측반월상연골 파열(부분절제술, 봉합술) 및 전방십자인대 만성 손상(재건술)】 2010년 육군에 입대하여 2011년 의병전역한 사람으로서, 2014년 '우측 슬관절 외측반월상연골 파열(부분절제술, 봉합술) 및 전방십자인대 만성 손상(재건술)'을 인정상이처로 하여 국가유공자 요건 해당 통지를 받았으나 신체검사에서는 등급기준 미달 판정을 받았는바, 소를 제기하여 상이등급 7급 8122

호로 인정받은 사례(대구고등법원 2016. 11. 11. 선고 2016누5076 판결)

• 법원의 판단요지

제1심 법원의 경북대학교병원장에 대한 신체감정촉탁결과, 이 법원의 대한의사협회에 대한 사실조회결과에 변론 전체의 취지를 종합하면, 원고의 오른쪽 무릎관절에 퇴행성 변화 및 근위축은 없으나, 그 운동범위가 '수동적 굴곡 110도, 신전 -10도(범위 100도)', '능동적 굴곡 90도, 신전 -10도(범위 80도)'로서 정상인의 운동가능영역인 '굴곡 150도, 신전 0도(범위 150도)'와 비교하여 능동적 및 수동적 운동범위 모두 4분의 1 이상의 제한에 해당하는 사실을 알 수 인정할 수 있다. 위 인정사실에 의하면, 원고의 무릎관절 부분은 7급 8122호에 해당하므로, 이와 다른 전제에서 한 이 사건 처분은 위법하다.

(29) 【좌안 외상성 백내장】 1967년 해군에 입대하여 1973년 전역하였고 1997년 사망한 A의 배우자가 'A가 군에서 함정 정비 중 눈에 못이 튀는 사고를 당하여 왼쪽 눈을 다친 사실이 있다'는 이유로 국가유공자 등록을 신청하여 2013년 '좌안 외상성 백내장'을 인정상이처로 한 재해부상군경 요건 해당 통지를 받았으나, 이후 서면 신체검사에서 상이등급 7급 1115호로 판정받자 소를 제기하여 상이등급 6급 111호로 인정받은 사례(의정부지방법원 2016. 11. 30. 선고 2014구단5642 판결)

• 법원의 판단요지

이 사건의 쟁점은 이 사건 사고로 인한 치료를 담당한 국군진해통합병원의 병상일지에 고인에 대한 상태를 표시한 'loss of vision'이 실명을 의미하는지 또는 교정시력이 0.02 이하임을 의미하는지 아니면 교정시력이 0.06 이하임을 의미하는지라 할 것이다. 우선, 'loss of vision'의 사전적인 의미가 '시력상실'인 점, 진료기록 감정의들도 대체적으로 실명 또는 교정시력 0.02 이하로 봄이 상당하다고 의학적 소견을 제시하고 있는 점을 종합하면 고인의 한쪽 눈 교정시력이 0.06 이하임을 전제로 한 이 사건 처분은 위법하다. 더 나아가, 고인의 상태가 실명인지 아니면 교정시력 0.02 이하인지에 대하여는 명확하지 아니하나, 고인의 치료를 담당한 군 병원의 정확한 측정을 통하여 명시적으로 실명 또는 교정시력을 기재하지 아니하고 단지 'loss of vision'이라고 기재한 불이익을 원고에게 돌리는 것은 온당하지 아니하고 위에서 본 바와 같이 그 사전적 의미가 시력상실이므로, 고인의 상태는 실명으로서 6급 1112호에 해당한다고 봄이 타당하다.

(30) 【제4-5요추간 추간판탈출증】 육군 23사단에서 복무하다가 2009년 의병전역한 사람으로서, '제4-5요추간 추간판탈출증'을 인정상이처로 하여 공상군경에 해당하는 것으로 통지받았으나 이후 신체검사에서 등급기준 미달판정을 받자 소를 제기하여 피고의 등급기준미달 판정이 취소된 사례(전주지방법원 2015. 5. 13. 선고 2013구합1840 판결)[98)]

• 법원의 판단요지

이 사건 상이가 고정된 상태인지 여부에 관하여 보건대, 앞서 본 의학적 견해 및 변론 전체의 취지에 의하여 인정되는 다음과 같은 사정들을 종합하여 보면, 원고가 수술을 받지 않았다고 하더라도 원고의 이 사건 상이는 고정된 상태로 보이고, 현재의 후유증상에 따라 상이등급을 결정할 수 있다고 볼 여지가 충분하므로, 이와 다른 전제에 선 이 사건 처분은 위법하다. ① 원고는 2001년 '신허요통, 한요통' 증상으로 진료를 받았는데, 현재 약 15년이 경과하였고, 원고는 2009. 4. 7. 이 사건 상이로 의병전역을 한 이후 현재까지 계속하여 요통, 방사통 등의 증상을 호소하며 재활치료 및 약물치료를 받았으며, 6년 이상이 경과한 현재 더 이상 호전될 가능성이 없어 보인다. ② 원고가 의병 전역하기 전인 2008. 12. 19.자 진료소견서에 의하면, 일단 보전적 치료를 한 후 호전이 없는 경우 수술적 치료를 고려할 수 있다는 취지로 기재되어 있으나, 2013. 8. 5.자 진단서에 의하면, 원고의 요추부 통증은 더 이상 호전을 보이지 않는 상태라고 기재되어 있어서 이 사건 상이는 고정된 상태로 보인다. 또한 이 법원의 원광대학교 의과대학병원장에 대한 신체감정촉탁결과에 의하면, 현재 원고는 수술이 필요 없고, 치료가 종결된 상태라고 판단하고 있다. ③ 이 사건 처분 당시 원고의 신체검사를 담당한 광주보훈병원 의사는 문진 · 시진 · 수진만을 실시한

98) 이 재판은 항소심(광주고등법원 2016. 12. 19. 선고 2015누498 판결)에서도 그대로 유지되었고, 피고의 항소는 기각되었다.

후, 원고가 제시한 MRI 자료를 토대로 별다른 근거도 없이 수술 등 적극적 치료로 호전가능성이 높다는 의견만을 제시하고 등급기준미달 판정을 하였다. ④ 추간판탈출증의 치료방법으로 수술을 고려할 때 수술이 모든 추간판탈출증의 치료에 효과가 있는 것은 아니고 부작용(운동제한 등)이 발생할 수 있으므로, 수술의 치료효과가 부작용 등을 충분히 상쇄할 만한 환자에 한하여 신중하게 시행할 필요가 있다.

(31) 【왼쪽 팔, 왼쪽 다리 부상으로 인한 신경손상으로 왼쪽 팔과 다리를 잘 사용하지 못하는 장애】 A는 1955년 육군에 입대하여 지뢰폭발 사고를 당한 후 왼쪽 팔과 다리에 부상을 입었다. 2010년 '왼쪽 팔, 왼쪽 다리 부상으로 인한 신경손상으로 왼쪽 팔과 다리를 잘 사용하지 못하는 장애'의 상이를 입었다고 주장하며 국가유공자 등록을 신청하였으나 비해당 처분되었고, 이에 소를 제기한 결과 승소판결을 받았으나 관할 보훈지청장이 A에 대한 상이처를 선행 소송판결의 취지와 달리 '다발성 반흔(좌측 팔, 좌측 다리)'로 인정하는 바람에 결국 등급기준 미달로 국가유공자법 적용 비해당자 결정처분을 받게 되자 다시 소를 제기하여 위 비해당자 결정처분의 취소를 이끌어 낸 사례[서울행정법원 2015. 8. 27. 선고 2015구단52497 판결(원고 패소), 서울고등법원 2016. 8. 25. 선고 2015누57767 판결(원고 승소), 대법원 2016. 11. 25. 선고 2016두51528 판결(원고 승소)]

• **법원의 판단요지**

선행소송 판결에 의하여 이 사건 상이를 공상으로 인정하지 않는 취지의 이 사건 종전처분이 취소되었음에도 불구하고 피고가 이 사건 상이에 대한 공상불인정결정 내지 공상비해당결정에 해당하는 2013. 9. 4.자 통지를 하였음은 앞서 본 바와 같고, 을 제10호증의 기재 및 변론 전체의 취지에 의하면, 그 통지 당시 개최된 보훈심사위원회는 기존에 확인된 자료에 선행소송 과정에서 법원에 현출된 자료만을 추가로 고려하여 피고 인정 상이에 대한 심의 · 의결을 하였음을 인정할 수 있는바, 이를 위 법리에 비추어 보면, 선행소송 판결에 의하여 이 사건 상이를 공상으로 인정하지 않는 취지의 이 사건 종전처분이 취소되었으므로 그 처분을 행한 피고는 이 사건 종전처분 후에 별다른 사정변경이 없는 이상 이 사건 상이와 원고의 군 직무수행 사이에 상당인과관계가 있다는 위 판결의 취지에 따라 보훈심사위원회의 심의 · 의결을 거쳐 이 사건 상이를 공상으로 인정하는 취지의 처분을 하였어야 하나, 피고는 위 판결의 취지와 달리 피고 인정 상이만을 공상으로 인정하는 취지의 2013. 9. 4.자 통지를 하여 선행소송판결의 기속력에 반하는 처분을 한 것으로서 그 하자가 중대하고 명백하여 당연 무효이고, 2013. 9. 4.자 통지에 기하여 이루어진 이 사건 처분 역시 위법하다.

CHAPTER
05

법적용 배제

Chapter 05

법적용 배제

국가유공자 요건심사 및 상이등급 판정을 받더라도 법 제79조 제1항 소정의 법적용 배제 사유가 있으면 국가유공자로 등록이 되지 않는다. 법적용 배제 사유는 대개 국가나 사회질서에 해악을 끼치는 중한 죄를 범한 경우를 중심으로 규정되어 있다. 이런 반국가·반사회적 죄를 범한 사람을 국가유공자로 예우하는 것은 부적절하기 때문이다. 한편, 이미 국가유공자로 등록되어 법령상 각종 예우와 지원을 받고 있는 사람이 국가나 사회에 해악을 끼치는 중한 죄를 범하는 경우에도 법 적용 대상에서 배제된다. 국가와 사회로부터 남다른 예우와 지원을 받으면서도 반국가적·반사회적 죄를 범했다면 더 이상 예우와 지원을 할 까닭이 없기 때문이다.[1] 이처럼 법적용 배제제도는 사전에 국가유공자 등록을 차단한다는 점에서 등록결격사유이기도 하고, 이미 등록된 국가유공자의 등록을 말소시킨다는 측면에서는 등록취소사유이기도 하다. 편의상 이 절에서 양자를 한꺼번에 설명하기로 한다.

1) 서울고등법원은 2020. 11. 19. 선고 2020누45041 판결에서, "이 사건 조항을 포함하는 국가유공자법 제79조 제1항은 모든 범죄를 저지른 자를 법적용 대상에서 배제한 것이 아니라 일정한 범죄를 저질러 규정된 형량 이상의 실형을 선고받아 확정된 사람 또는 상습적으로 품위손상행위를 한 사람에 한하여 국가유공자의 유족 또는 가족으로서 보상을 받지 못하도록 한 것으로서 이와 같이 범죄의 종류, 행위 태양, 형량 등에 따라 예우를 달리하는 것에 입법 정책적으로 합리적인 이유가 있다"고 보았다.

제1절 | 개요

1. 의의(意義)

가. 등록결격사유로서의 법적용 배제 제도

'법적용 배제'란 장차 국가유공자법을 적용받을 사람이 과거 국가보안법 등 일정한 죄를 범한 경우 국가유공자법의 적용 대상에서 제외하고 국가유공자, 그 유족 또는 가족이 받을 수 있는 모든 보상을 하지 아니하는 제도를 말한다.[2)]

국가유공자 자격을 갖춘 사람이라도 국가보안법 등 일정한 죄를 범한 것이 확인되면 국가유공자로 등록이 되지 않으므로 그 법적 성격은 일종의 등록결격제도라고 볼 수 있다. 이 제도의 취지는 반국가적 · 반사회적 죄를 범한 사람에 대해서는 국가유공자 지위를 부여하지 않겠다는 것이다.

나. 등록취소사유로서의 법적용 배제 제도

이때의 '법적용 배제'란 이미 국가유공자법의 적용을 받고 있는 사람이 등록 이후 국가보안법 등 일정한 죄를 범한 경우 국가유공자법의 적용대상에서 제외시키고 국가유공자, 그 유족 또는 가족으로서 받고 있던 모든 보상을 하지 아니하는 제도를 말한다.[3)]

국가유공자로 예우 및 지원을 하고 있다 하더라도 국가보안법 등 일정한 죄를 범한 것이 확인되면 국가유공자 등록을 말소하므로 그 법적 성격은 일종의 등록취소사유라고 볼 수 있다. 마찬가지로 반국가적 · 반사회적 죄를 범한 사람에 대해서는 국가유공자 지위를 부여하지 않겠다는 것이다.

---

2) 법 79조 1항, 2항
3) 법 79조 1항, 2항

2. 법적용 배제 제도의 연혁

가. 국가유공자법 이전

국가유공자법 이전의 관련 법률에는 주로 등록취소사유 중심의 법적용 배제규정을 단편적으로 두고 있었다. 즉, 「군사원호법」(1950. 4. 14. 제정, 1950. 6. 1. 시행, 법률 제127호)은 상병군인에게 국가보안법 위반 등 일정 사유가 있을 경우 부조를 하지 아니한다는 규정을 가지고 있었다.[4] 동법 제정 1년여 후에 제정된 「경찰원호법」(1951. 4. 12. 제정, 1951. 6. 1. 시행, 법률 제187호)에는 상이경찰관이 금고 이상의 형을 언도받은 때에는 그 본인과 가족에 대해 생계부조를 하지 않는 등의 규정을 두고 있었다.[5] 양 법률은 1961. 11. 1. 군사원호보상법으로 통합되었다. 「군사원호보상법」(1961. 11. 1. 제정 및 시행, 법률 제758호)은 동법 적용대상자가 3년 이상의 자격정지 또는 그 이상의 형을 받고 집행이 확정되었을 때에는 보호 및 보상을 받을 자격을 상실하도록 규정하였다.

이처럼 국가유공자법 이전의 법률들은 법적용 배제 제도라기보다는 일정한 행위에 대한 사후적 징벌로서의 등록취소사유를 규정한 것에 불과하였다. 뉘우침 심사를 통한 재등록 제도가 없었음은 물론이다.[6]

---

4) 군사원호법

12조 : 상병군인으로서 3년이상의 징역 또는 금고의 형을 받거나 국가보안법 위반 또는 내란, 외환에 관한 죄등 국가의 존립을 해하는 죄에 관하여 유죄의 언도를 받았을 때에는 그 본인과 그 가족에 대하여 부조를 하지 아니한다.

13조 : 상병군인 또는 하사관병이 국가보안법 위반 또는 내란, 외환에 관한 죄등 국가존립을 해하는 죄 이외의 죄로 3년 미만의 징역 또는 금고의 형을 받았을 때에는 그 형의 집행을 종료하거나 또는 집행을 받지 아니하기로 확정될 때까지 그 상병군인과 그 가족 또는 하사관병의 가족에 대하여 부조를 하지 아니한다.

14조 : 상병군인 또는 하사관병의 가족 또는 장병의 유족으로서 3년 이상의 징역 또는 금고의 형을 받았을 때에는 그 자에 대하여 부조를 하지 아니한다.

15조 : 장병으로서 도망하거나 또는 행방이 불명한 때에는 그 도망 또는 행방불명의 기간 그 가족에 대하여 부조를 하지 아니한다.

16조 : 상병군인 또는 장병으로서 태타 또는 소행이 불량한 때에는 그 상병군인과 장병 또는 상병군인의 가족에 대하여 부조를 하지 아니하거나 또는 부조의 정도를 감소 혹은 중지할 수 있다.

5) 경찰원호법 제10조(상이경찰관이 금고이상의 형의 언도를 받은 때에는 그 본인과 그 가족에 대하여 생계부조를 하지 아니 한다) 내지 제11조(상이경찰관의 가족 또는 순직경찰관의 유가족이 금고이상의 유죄의 언도를 받은 때에는 그 자에 대하여 생계부조를 하지 아니한다)

6) 1962년에 제정된 「국가유공자 및 월남귀순자 특별원호법 시행령」에 등록결격사유가 규정되기는

나. 등록취소사유로서의 법적용 배제 제도 도입

본격적인 법적용 배제제도가 도입된 계기는 이전의 보훈관계법을 통폐합한 국가유공자법(1985. 1. 1. 시행, 법률 제3742호)의 제정이었다. 동법상 법적용 배제 대상은 이미 등록이 된 국가유공자 및 그 유족 또는 가족이었다. 따라서 법적용 배제의 법적 성격은 '등록 취소'를 의미하였다. 법적용 배제 사유는 ① 국가보안법 위반행위로 금고 이상의 형의 선고를 받고 그 형이 확정되었거나 ② 국외에서 반국가행위를 한 경우,[7] 또는 ③ 대통령령이 정하는 품위손상행위를 하여 전체 국가유공자의 명예를 크게 훼손한 경우였다.[8] 다만, 그렇게 법적용이 배제되어 보상에서 제외된 사람들은 그 제외된 날로부터 2년(금고 이상의 형의 선고를 받은 경우에는 그 집행이 종료되거나 집행을 받지 아니하기로 확정된 날로부터 2년)이 지난 후에는 '뉘우침 심사'를 통해 다시 법적용 대상자가 될 수 있었다.[9]

법률		1985. 1. 1. 시행 법률 제3742호
법적용 배제대상 (79조 1항)		처장은 **국가유공자, 그 유족 또는 가족**이 다음 각 호의 1에 해당하는 경우에는 이 법의 적용대상에서 제외하고 이 법에 의한 국가유공자의 보상과 관련된 모든 보상을 행하지 아니한다.
법적용	국가보안법 위반행위 (1호)	1. 국가보안법의 위반행위로 인하여 금고이상의 형의 선고를 받고 그 형이 확정된 자

했지만, 이를 법적용 배제제도라 부르기는 어려울 것이다.

7) 1985년 법(1984. 8. 2. 법률 제3742호로 제정) 법률안 심사보고서에 의하면 "국가유공자 등은 안 제10조의 품위유지의무를 질뿐만 아니라 이 법의 이념상 보다 더한 긍지와 사명감을 생활화하여야 함이 마땅하다 할 것이므로 국외에서 반국가행위를 하거나 전체 국가유공자의 명예를 크게 손상시키는 품위손상행위를 하는 등 국가유공자로서의 품위를 크게 손상시키는 행위를 한 자에 대하여는 일부 강력한 제재가 필요"하다고 설명하고 있다(「국가유공자 예우 등에 관한 법률안」 심사보고서(1984. 7.). 사견으로는, 이 법적용 배제제도가 도입될 당시 해외 반국가활동이란 반독재투쟁의 성격이 강했다고 할 수 있는데, '반국가행위'의 정의규정도 없이 원님 재판하듯 국가유공자에게 불이익을 주어 사상전향을 강요하는 측면이 있었다고 보여진다. 이후 여러 차례에 걸친 제도 개정으로 나아지긴 했지만 여전히 '뉘우침 심사'와 같이 행정부가 국민 개인의 양심을 심사한다는 점에서 위헌적 요소가 있지 않나 의심된다.

8) 동법 79조 1항 각 호

9) 동법 79조 2항

<table>
<tr><td rowspan="2">배
제
사
유</td><td>해외
반국가행위
(2호)</td><td>2. 국외에서 반국가행위를 한 자(79조 1항 2호)

※ 대통령령 제98조 제2항
법 제79조 제1항 제2호의 규정에 의하여 법적용 대상으로부터 배제되는 자는 반국가행위자의처벌에관한특별조치법 제2조제1항에 해당하는 자로 한다.</td></tr>
<tr><td>품위손상행위
(3호)</td><td>3. 대통령령이 정하는 품위손상행위를 하여 전체국가유공자의 명예를 크게 손상한 자(79조 1항 3호)

※ "대통령령이 정하는 품위손상행위"(대통령령98조 3항)
가. 살인 · 강도 또는 특수폭행등 사회질서를 파괴하는 범죄행위자
나. 상습적으로 제1항 각호의 품위손상행위를 하는 자

※ "상습적으로 제1항 각호의 품위손상행위"
국가유공자 및 그 유족 또는 가족이 신분을 이용하여 부당한 시혜를 강요하거나 이를 알선하는 행위
폭행 기타의 방법으로 공무집행을 방해하는 행위
기타 법령에 위반되거나 사회질서를 문란하게 함으로써 국가유공자의 품위를 손상하는 행위</td></tr>
<tr><td colspan="2">뉘우침 심사대상
(79조 2항)</td><td>처장은 제1항의 규정에 의하여 이 법의 적용대상에서 제외된 자가 그 제외된 날로부터 2년(禁錮이상의 刑의 宣告를 받은 경우에는 그 執行이 終了되거나 執行을 받지 아니하기로 확정된 날로부터 2年)이 지난 후에는 그가 뉘우친 정도가 현저하다고 인정되는 경우에 한하여 제6조의 규정에 의한 등록신청을 받아 다시 이 법의 적용대상자로 결정하여 보상을 행할 수 있다.
금고 이상의 형의 선고를 받은 경우에는 그 집행이 종료되거나 집행을 받지 아니하기로 확정된 날부터 3년을 경과한 때
형의 집행유예의 선고를 받은 경우에는 그 집행유예기간이 경과한 때. 다만, 집행유예기간이 2년 미만인 경우에는 선고를 받은 때부터 2년을 경과한 때로 한다.
제1호 및 제2호 외의 경우에는 이 법의 적용대상에서 제외된 날부터 2년을 경과한 때</td></tr>
<tr><td colspan="2">시행일자</td><td>이 법은 1985년 1월 1일부터 시행한다.</td></tr>
</table>

다. 등록결격사유로서의 법적용 배제 제도 추가

1991년 국가유공자법 개정(법률 제4457호)을 통해 법적용 배제 대상자에 큰 변화가 있었다. 즉, 기존의 등록된 국가유공자, 그 유족 또는 가족뿐만 아니라 장차 등록될 국가유공자, 그 유족 또는 가족도 법적용 배제 대상에 포함시켰다. 이에 따라 법적용 배제 사유는 등록취소사유만이 아니라 등록결격사유의 성격도 동시에 지니게 되었다. 국외에서의 반국가행위를 「반국가행위자의 처벌에 관한 특별조치법」 제2조 제1항에 해당하는 자로 특정하였고, 형법상 죄명과 사회보호법상의 죄명을 구체적으로 적시하였다. 뉘우침 심사를 신청할 수 있는 요건도 세분화하였다.

<table>
<tr><th colspan="2">법률</th><th>1992. 1. 1. 시행 법률 제4457호</th></tr>
<tr><td colspan="2">법적용 배제대상
(79조 1항)</td><td>처장은 이 법을 적용받거나 받을 자가 다음 각 호의 1에 해당하는 경우에는 이 법의 적용대상에서 제외하고 이 법 및 다른 법률에 의하여 그가 받을 수 있는 모든 보상을 하지 아니 한다.</td></tr>
<tr><td rowspan="3">법
적
용

배
제
사
유</td><td>국가보안법위
반행위
(1호)</td><td>1. 국가보안법의 위반행위로 인하여 금고이상의 형의 선고를 받고 그 형이 확정된 자</td></tr>
<tr><td>해외
반국가행위
(2호)</td><td>2. 국외에서 반국가행위를 한 자

※ 대통령령 제98조 제2항
법 제79조 제1항 제2호의 규정에 의하여 법적용 대상으로부터 배제되는 자는 반국가행위자의처벌에관한특별조치법 제2조제1항에 해당하는 자로 한다.</td></tr>
<tr><td>대통령령이
정하는 범죄
(3호)</td><td>3. 대통령령이 정하는 죄를 범하여 금고 1년 이상의 형의 선고를 받고 그 형이 확정된 자

※ “대통령령이 정하는 죄”(시행령 98조 3항)

1. 형법 제250조 내지 제253조의 죄 또는 그 미수죄, 제333조 내지 제336조의 죄 또는 그 미수죄
2. 사회보호법 별표에서 정한 죄

※ “사회보호법 별표”
1. 형법
가. 제287호 내지 제 제289조, 제292조(제287조 내지 제289조에 해당하는 경우에 한한다), 제293조의 죄 또는 그 미수죄
나. 제297조 내지 제303조, 제305조의 죄
다. 제337조 내지 제339조의 죄 또는 제337조 전단 · 제338조 전단 · 제339조의 미수죄
라. 제351조(제347조, 제348조의 상습범에 한함)의 죄 또는 그 미수죄
2. 폭력행위등처벌에관한법률
제2조 제1항, 제3조 제3항, 제6조(제2조 제1항과 제3조 제3항의 미수범에 한함)의 죄
3. 특정범죄가중처벌등에관한법률
4. 특정경제범죄가중처벌등에관한법률</td></tr>
</table>

	제3조의 죄 제5조의2, 제5조의4, 제5조의5의 죄
상습 품위손상 행위 (4호)	4. 상습적으로 대통령령이 정하는 품위손상행위를 한 자 ※ "대통령령이 정하는 품위손상행위"(영 98조 1항 각호) 가. 국가유공자 및 그 유족 또는 가족이 신분을 이용하여 부당한 시혜를 강요하거나 이를 알선하는 행위 나. 폭행 기타의 방법으로 공무집행을 방해하는 행위 다. 기타 법령에 위반되거나 사회질서를 문란하게 함으로써 국가유공자의 품위를 손상하는 행위
뉘우침 심사대상 (79조 2항)	처장은 제1항의 규정에 의하여 이 법의 적용대상에서 제외된 자가 **다음 각 호의 1에 해당하게 된 때에는** 그의 뉘우친 정도가 현저하다고 인정되는 경우에 한하여 제6조의 규정에 의하여 등록신청을 받아 다시 이 법의 적용대상자로 결정하여 보상을 행할 수 있다. 금고 이상의 형의 선고를 받은 경우에는 그 집행이 종료되거나 집행을 받지 아니하기로 확정된 날부터 3년을 경과한 때 형의 집행유예의 선고를 받은 경우에는 그 집행유예기간이 경과한 때. 다만, 집행유예기간이 2년 미만인 경우에는 선고를 받은 때부터 2년을 경과한 때로 한다. 제1호 및 제2호 외의 경우에는 이 법의 적용대상에서 제외된 날부터 2년을 경과한 때
시행일자	이 법은 1992년 1월 1일부터 시행한다.

라. 주요 개정사항

(1) 1995년 국가유공자법 개정(법률 제4857호)에서는 법적용 배제 대상을 국가유공자로 한정하고 그 유족이나 가족은 제외시켰다. 이에 따라 뉘우침 심사대상도 국가유공자로 한정되었다. 법적용 배제 사유를 '형의 선고'에서 '실형의 선고'로 바꾸어 집행유예를 받은 경우에는 법적용 배제대상에서 제외하였다(반국가행위는 제외).

(2) 2001년 국가유공자법 개정(법률 제6339호)에서는 법적용 배제 사유 중 "반국가행위자의처벌에관한특별조치법 제2조 제1항에 해당하는 자로서 동항에 규정된 죄로 유죄판결을 받고 그 형이 확정된 자"라는 사유가 삭제되었다. 동법의 일부 규정이 피고인의 공정한 재판을 받을 권리를 침해하고 적법절차 및 과잉금지원칙 등에 위배된다는 이유로 헌법재판소가 이 법에 대하여 위헌결정[10]을 함에 따라 동법을 폐지하였기 때문이었다.

(3) 2006년 국가유공자법 개정(법률 제7873호) 시에는 법적용 배제 대상에 다시 국가유공자의 유족 또는 가족을 포함시켰다. 다만 그 배제 사유로는 형법 제250조(살인, 존속살해), 제252조(촉탁, 승낙에 의한 살인 등) 또는 제253조(위계 등에 의한 촉탁 살인 등)의 죄로 실형이 확정된 경우로 제한하였다.[11] 이에 따라 위 개정 규정은 시행 후 최초로 등록을 신청하거나 변동신고하는 경우부터 적용하기로 하였다.[12] 또한 뉘우침 심사대상에 유족 또는 가족을 제외함으로써 법적용 배제 사유가 있는 유족 또는 가족은 일체의 보상을 받지 못하게 되었을 뿐만 아니라, 뉘우침을 통한 재등록의 길도 원천 봉쇄하였다.[13] 그 밖에, 법적용 배제사유에 「형법 제87조 내지 제90조, 제92조 내지 제101조 또는 제103조를 위반하여 금고 이상의 실형을 선고받고 그 형이 확정된 자」를 포함시켰다.[14]

(4) 2012년 국가유공자법 개정(법률 제11041호) 시에는 유족 또는 가족의 법적용 배제 사유를 국가유공자와 동일하게 통일시켰다. 유족 또는 가족의 법적용 배제 사유가 대폭 늘어난 것이다. 이에 따라 동법은 동 개정법률 부칙 제11조 제2항을 통해, 국가유공자의 유족 또는 가족이 동법 시행 후 법적용 배제 사유에 해당하는 죄를 범하였을 경우부터 적용하도록 하였다.[15] 또 다른 개정 내용은, 「아동·청소년의 성보호에 관한 특례법」 위반행위와 공무원의 뇌물죄가 추가되었다. 이에 따라 위 개정 규정은 국가유공자가 동법 시행 후 행한 행위로 금고 1년 이상의 실형을 선고받고 그 형이 확정된 경우부터 적용하도록 하였다.[16]

(5) 2013년 국가유공자법 개정(법률 제11731호)은, 2000년 12월 13일 우리나라가

---

10) 헌법재판소 1996. 1. 25. 선고 95헌가5 결정 반국가행위자의처벌에관한특별조치법 제2조 제1항 제2호 등 위헌제청사건. 헌법재판소는 위 사건에서 "특조법 제7조 제5항은 검사의 청구에 의하여 법원으로 하여금 처음부터 의무적으로 궐석재판을 행하도록 하고 있으며, 재판의 연기도 전혀 허용하지 않고 있어, 중형에 해당하는 사건에 대하여 피고인의 방어권을 일절 행사될 수 없는 상태에서 재판이 진행되도록 규정한 것이므로 그 입법목적의 달성에 필요한 최소한의 범위를 넘어서 피고인의 공정한 재판을 받을 권리를 과도하게 침해한 것"이며, 동법 제8조도 적법절차 및 과잉금지의 원칙에 어긋나고, 결국 "위 법 제7조 제5항, 제6항, 제7항 본문, 제8조가 위헌으로 실효될 경우 위 법 전체가 존재의미를 상실하여 시해될 수 없게 되므로 헌법재판소법 제45조 단서 규정에 의하여 위 법 전체에 대하여 위헌결정을 한다."고 선언하였다.

11) 법 79조 2항

12) 위 개정법률(제7873호) 부칙 제3조

13) 법 79조 3항

14) 법 79조 1항 2의2호

15) 법(법률 제11041호) 부칙 11조 2항

16) 법(법률 제11041호) 부칙 11조 1항

서명한 「인신매매방지의정서」의 국내적 이행을 위해 인신매매죄를 신설하는 등 형법의 관련내용이 개정됨에 따라 이를 반영하기 위한 것이었다. 이에 따라 해당 변경 조문을 반영하되, 다만 결혼을 목적으로 한 경우는 제외하였다. 결혼을 목적으로 약취, 유인, 인신매매한 경우에는 정상참작의 여지가 있다는 취지에서 법적용 대상에 포함한 것으로 짐작된다. 그러나, 이런 발상에서 결혼목적 약취 · 유인죄를 법적용 배제 사유에서 뺀 것이라면 잘못이라 생각한다. 결혼목적이라 하더라도 약취 · 유인죄 등은 엄벌해야 하고, 법적용 배제 사유에 포함시키는 것이 타당하다고 할 것이다.

(6) 2016년 국가유공자법 개정(법률 제13717호, 제13718호)은, 헌법재판소가 「특정범죄가중처벌 등에 관한 법률」 중 마약수입죄 가중처벌(제11조 제1항, 2014. 4. 24. 2011헌바2), 국내통용 통화위조 및 행사죄 가중처벌(제10조, 2014. 11. 27. 2014헌바224), 상습절도 · 장물취득죄 가중처벌(제5조의 4 제1항, 2015. 2. 26. 2014헌가14, 2014헌가19, 2014헌가23) 규정에 대하여 형법과 같은 기본법과 동일한 구성요건을 규정하면서 법정형만 상향한 규정은 형벌체계상의 정당성과 균형을 잃어 헌법의 기본원리에 위배되고 평등의 원칙에 위반된다는 이유로 각각 위헌결정을 함에 따라 위헌결정 대상조항 및 위헌결정 대상조항과 유사한 문제를 지닌 조항이 개정되자 법도 관련 조문을 개정한 것이었다. 같은 이유로 「폭력행위 등 처벌에 관한 법률」도 상습폭행 등 상습폭력범죄의 가중처벌 규정(제2조 제1항)을 삭제하고 흉기휴대폭행 등 특수폭력범죄의 가중처벌 규정(제3조 제1항) 및 상습특수폭력범죄의 가중처벌 규정(제3조 제3항)을 삭제함에 따라 법적용 배제 사유에서 「폭력행위 등 처벌에 관한 법률」 위반죄는 아예 삭제하였다.

(7) 2018년 국가유공자법 개정(법률 제15028호)에서는 위헌적 성격 때문에 삭제되었던 상습폭행 등 「폭력행위 등 처벌에 관한 법률」 위반죄를 다시 법적용 배제 사유에 포함시켰다. 「폭력행위 등 처벌에 관한 법률」 위반죄가 법적용 배제 사유에서 아예 삭제되다보니 개정 전 범죄 전력도 법적용 배제사유에서 제외되는 불합리한 결과가 발생했기 때문이었다. 이와 함께 처음으로 군사기밀보호법 제11조(탐지, 수집), 제11조의2(비인가자의 군사기밀 점유), 제12조(누설), 제13조(업무상 군사기밀 누설), 제13조의2(군사기밀 불법거래에 관한 가중처벌) 및 제15조(외국 또는 외국인을 위한 죄에 관한 가중처벌)의 죄를 법적용 배제 사유에 포함시켰다.

(8) 2021년 국가유공자법 개정(법률 제18232호)에서는 「아동 · 청소년의 성보호에 관

한 법률」 제17조 제1항이 삭제됨에 따라 동항을 법적용 배제 사유에서도 삭제하였고, 처음으로 전기통신사업법 제95조의2 제1호의2 및 제1호의3의 죄를 포함시켰다.[17)]

<table>
<tr><th colspan="2">법률</th><th>2021. 6. 8. 시행 법률 제18232호</th></tr>
<tr><td colspan="2">법적용 배제대상
(79조 1, 2항)</td><td>① 국가보훈처장은 이 법을 적용받고 있거나 적용받을 국가유공자가 다음 각 호의 어느 하나에 해당하면 이 법의 적용 대상에서 제외하고 이 법 또는 다른 법률에 따라 국가유공자, 그 유족 또는 가족이 받을 수 있는 모든 보상을 하지 아니한다(국가유공자).
② 국가보훈처장은 이 법을 적용받고 있거나 적용받을 국가유공자의 유족이나 가족이 제1항 각 호의 어느 하나에 해당하면 이 법의 적용 대상에서 제외하고 그가 받을 수 있는 모든 보상을 하지 아니한다(국가유공자의 유족 또는 가족).</td></tr>
<tr><td rowspan="3">법적용 배제사유</td><td>국가보안법위반행위
(1호)</td><td>1. 국가보안법의 위반행위로 인하여 금고이상의 형의 선고를 받고 그 형이 확정된 자</td></tr>
<tr><td>내란 · 외환죄
(2호)</td><td>2.「형법」 제87조부터 제90조까지, 제92조부터 제101조까지 또는 제103조를 위반하여 금고 이상의 실형을 선고받고 그 형이 확정된 사람</td></tr>
<tr><td>형사법규
위반행위
(3호)</td><td>3. 다음 각 목의 어느 하나에 해당하는 죄를 범하여 금고 1년 이상의 실형을 선고받고 그 형이 확정된 사람
가.「형법」 제250조부터 제253조까지의 죄 또는 그 미수죄, 제264조의 죄, 제279조의 죄 또는 그 미수죄, 제285조의 죄 또는 그 미수죄, 제287조부터 제292조까지 및 제294조의 죄, 제297조, 제297조의2, 제298조부터 제301조까지, 제301조의2, 제302조, 제303조와 제305조의 죄, 제332조의 죄(제329조부터 제331조까지의 상습범으로 한정한다) 또는 그 미수죄, 제333조부터 제336조까지의 죄 또는 그 미수죄, 제337조부터 제339조까지의 죄 또는 제337조 · 제338조 전단 · 제339조의 미수죄, 제341조의 죄 또는 그 미수죄, 제351조(제347조, 제347조의2, 제348조, 제350조, 제350조의2의 상습범으로 한정한다)의 죄 또는 그 미수죄, 제363조의 죄
나. 법률 제13718호로 개정되기 전의「폭력행위 등 처벌에 관한 법률」 제2조제1항, 제3조제3항 및 제6조(제2조제1항과 제3조제3항의 미수범으로 한정한다)의 죄
다.「특정범죄가중처벌 등에 관한 법률」 제5조, 제5조의2, 제5조의4 및 제5조의5의 죄
라.「특정경제범죄 가중처벌 등에 관한 법률」 제3조의 죄
마.「성폭력범죄의 처벌 등에 관한 특례법」 제3조부터 제10조까지 및 제15조(제3조부터 제9조까지의 미수범으로 한정한다)의 죄</td></tr>
</table>

17)「아동 · 청소년의 성보호에 관한 법률」 제17조 제1항이 전기통신사업법에서 규율됨에 따라 전기통신사업법 위반의 죄를 법적용 배제 사유에 포함시킨 것이었다.

구분	내용
	바. 「아동 · 청소년의 성보호에 관한 법률」 제7조, 제8조 및 제11조부터 제16조까지의 규정에 따른 죄 사. 「군사기밀 보호법」 제11조, 제11조의2, 제12조, 제13조, 제13조의2 및 제15조의 죄 아. 「전기통신사업법」 제95조의2제1호의2 및 제1호의3의 죄
공무원의 수뢰행위 (4호)	4. 「국가공무원법」 제2조 및 「지방공무원법」 제2조에 규정된 공무원과 국가나 지방자치단체에서 일상적으로 공무에 종사하는 대통령령으로 정하는 직원으로서 재직기간 중 직무와 관련된 「형법」 제129조부터 제133조까지, 제355조부터 제357조까지의 죄, 「특정범죄 가중처벌 등에 관한 법률」 제2조 및 제3조의 죄를 범하여 금고 1년 이상의 형을 선고받고 그 형이 확정된 사람
상습 품위손상 행위 (5호)	5. 상습적으로 대통령령이 정하는 품위손상행위를 한 사람 ※ "대통령령이 정하는 품위손상행위"(영 98조 1항 각호) 1. 국가유공자가 그 신분을 이용하여 부당한 혜택을 강요하거나 알선하는 행위 2. 폭행 · 협박, 기물파손 또는 그 밖의 방법으로 부당하게 공무집행을 방해하는 행위
뉘우침 심사대상 (79조 2항)	국가보훈처장은 제1항에 따라 이 법의 적용 대상에서 제외된 사람이 다음 각 호의 어느 하나에 해당하게 되면 그 뉘우친 정도가 현저하다고 인정되는 경우에만 제6조에 따라 등록신청을 받아 이 법의 적용 대상자로 결정하여 보상을 할 수 있다. 다만, 제1항제2호에 해당하는 경우에는 그러하지 아니하다. 금고 이상의 형을 선고받은 경우에는 그 집행이 끝나거나 집행을 받지 아니하기로 확정된 날부터 3년이 지난 경우 삭제 〈2009. 2. 6.〉 제1호 외의 경우에는 이 법의 적용 대상에서 제외된 날부터 2년이 지난 경우
시행일자	이 법은 공포 후 6개월이 경과한 날(2021. 12. 9.)부터 시행한다. **제79조제1항 제3호의 개정규정은 공포한 날(2021. 6. 8.)부터 시행한다.**

3. 유사 입법례

가. 국민체육진흥법

「국민체육진흥법」(2021. 8. 10. 타법개정, 2022. 2. 11. 시행, 법률 제18380호)은 국가대표선수 또는 국가대표선수를 지도하는 사람이 국제경기대회의 경기, 훈련 또는 이를 위한 지도 중에 사망 또는 중증 장애를 입은 경우 그 선수 또는 지도자를 대한민국체육유공자로 지정하고, 본인 또는 그 유족 및 가족에게 국가유공자에 준하는 보상을 하도록 규정하고 있다.[18] 동법 시행령 제15조의19 제1항은 보상 대상자에게 일정한 사유가 있을 경우 보상 대상으로부터 배제하고 있는바, 이는 국가유공자법 제79조 제1항 각 호의 사유와 거의 동일하다.[19] 국가유공자법과 마찬가지로 뉘우침 심사를 통해 다시 보상을 할 수 있다.[20] 대한민국체육유공자, 그 유족 또는 가족을 법적용 대상에서 제외하거나, 제외된 자를 다시 적용 대상자로 할 경우에는 보상심사위원회의 의결을 거쳐야 한다.[21] 국가유공자 법적용 배제제도와 입법구조가 동일하다고 볼 수 있다.

나. 국립묘지의 설치 및 운영에 관한 법률

「국립묘지의 설치 및 운영에 관한 법률」은 국가나 사회를 위하여 희생·공헌한 사람이 사망한 후 그를 안장하고 그 충의와 위훈의 정신을 기리며 선양하는 것을 목적으로 하는데, 동법 제5조는 제1항에서 국립묘지 안장 대상자를 규정하는 한편, 제4항에서는 일정한 사유가 있는 경우 그 대상에서 제외하고 있다. 제외 대상은 대한민국 국적을 상실한 사람, 복무 중 전사 또는 순직 외의 사유로 사망한 사람, 국가유공자법상 배제 사유(제79조 제1항 제1호부터 제4호)에 해당하는 사람(다만, 수형 사실 자체가 「민주화운동 관련자 명예회복 및 보상 등에 관한 법률」 제2조 제2호에 해당하는 사람으로서 공적이 되는 경우에는 예외), 탄핵이나 징계처분에 따라 파면 또는 해임된 사람, 안장대상심의위원회가 국립묘지의 영예성을 훼손한다고 인정한 사람이다.

제2절 | 법적용 배제요건

1. 법적용 배제 사유

가. 국가보안법 위반행위 : 국가보안법을 위반하여 금고 이상의 실형을 선고받고 그 형이 확정된 사람

금고 이상의 '실형'을 선고받아야 하므로 형의 집행을 유예 받은 경우에는 법적용

18) 국민체육진흥법 14조의2
19) 국민체육진흥법시행령 15조의19 1항 각 호 참조. 군사기밀보호법위반의 죄와 전기통신사업법 위반의 죄는 국가유공자법과 달리 그 사유에서 빠져 있다.
20) 국민체육진흥법시행령 15조의19 3항
21) 국민체육진흥법시행령 15조의19 4항

배제 대상에 해당되지 아니한다.

나. 내란 · 외환죄 : 형법 제87조(내란), 제88조(내란목적의 살인), 제89조(미수범), 제90조(예비, 음모, 선동, 선전), 제92조(외환유치), 제93조(여적), 제94조(모병이적), 제95조(시설제공이적), 제96조(시설파괴이적), 제97조(물건제공이적), 제98조(간첩), 제99조(일반이적), 제100조(미수범), 제101조(예비, 음모, 선동, 선전), 제103조(전시군수계약불이행)의 죄를 범하여 금고 이상의 실형을 선고받고 그 형이 확정된 사람

국토를 참절하거나 국헌을 문란할 목적으로 폭동한 자[22]나 외국과 통모하여 대한민국에 대하여 전단을 열게 한 자[23] 등을 국가유공자로 예우하는 것은 온당하지 않으므로 이들을 법적용 배제대상에 포함시켰다.

다. 형사법규 위반행위 : 아래 어느 하나의 죄를 범하여 금고 1년 이상의 실형을 선고받고 그 형이 확정된 사람

(1) **살인죄** : 형법 제250조(살인, 존속살해), 제251조(영아살해), 제252조(촉탁, 승낙에 의한 살인 등), 제253조(위계 등에 의한 촉탁살인 등)의 죄 또는 그 미수죄

(2) **상해 · 폭행죄** : 형법 제264조{상습으로 제257조(상해, 존속상해), 제258조(중상해, 존속중상해), 제258조의 2(특수상해), 제260조(폭행, 존속폭행) 또는 제261조(특수폭행)의 죄를 범한 때}의 죄

(3) **체포 · 감금죄** : 형법 제279조{상습으로 제276조(체포, 감금, 존속체포, 존속감금), 제277조(중체포, 중감금, 존속중체포, 존속중감금)의 죄를 범한 때}의 죄 또는 그 미수죄

(4) **협박죄** : 형법 285조{상습으로 제283조 제1항, 제2항(협박, 존속협박), 제284조(특수협박)의 죄를 범한 때}의 죄 또는 그 미수죄

(5) **약취 · 유인죄** : 형법 제287조(미성년자 약취, 유인), 제288조(추행 등 목적 약취, 유인 등), 제289조(인신매매), 290조(약취, 유인, 매매, 이송 등 상해 · 치상), 제291조(약취, 유인, 매매, 이송 등 살인 · 치사), 제292조(약취, 유인, 매매, 이송된 사람의 수수 · 은닉 등)의 죄 및 미수죄

---

22) 형법 87조 내란죄
23) 형법 92조 외환유치죄

(6) **강간 · 추행죄** : 형법 제297조(강간), 제297조의 2(유사강간), 제298조(강제추행), 제299조(준강간, 준강제추행), 제300조(제297조, 제297조의 2, 제298조, 제299조의 미수범), 제301조(준강간 등 상해 · 치상), 제301조의 2(강간 등 살인 · 치사), 제302조(미성년자 등에 대한 간음), 제303조(업무상위력 등에 의한 간음), 제305조(미성년자에 대한 간음, 추행)

(7) **상습절도죄** : 형법 제332조{상습으로 제329조(절도), 제330조(야간주거침입절도), 331조(특수절도)의 죄를 범한 자}의 죄 또는 그 미수죄

(8) **강도죄** : 형법 제333조(강도), 제334조(특수강도), 제335조(준강도), 제336조(인질강도)의 죄 또는 그 미수죄, 제337조(강도상해, 치상), 제338조(강도살인 · 치사), 제339조(강도강간) 또는 제337조(강도상해 · 치사) · 제338조 전단(강도살인) · 제339조(강도강간)의 미수죄, 제341조{상습으로 제333조(강도), 제334조(특수강도), 제336조(인질강도), 제340조 제1항(해상강도)의 죄를 범한 자}의 죄 또는 그 미수죄

(9) **사기 · 공갈죄** : 형법 제351조{상습으로 제347조(사기), 제347조의 2(컴퓨터 등 사용사기), 제348조(준사기), 제350조(공갈), 제350조의 2(특수공갈)의 죄를 범한 때}의 죄 또는 그 미수죄

(10) **상습 장물죄** : 형법 제363조{상습으로 제362조(장물의 취득, 알선 등)의 죄를 범한 때}의 죄

(11) **폭처법** : 법률 제13718호[24]로 개정되기 전의 「**폭력행위등 처벌에 관한 법률**」 **제2조 제1항**{상습적으로 형법 제260조 제1항(폭행), 제283조 제1항(협박), 제319조(주거침입, 퇴거불응) 또는 제366조(재물손괴 등)의 죄를 범한 사람, 형법 제260조 제2항(존속폭행), 제276조 제1항(체포, 감금), 제283조 제2항(존속협박), 제324조(강요)의 죄를 범한 사람, 형법 제257조 제1항(상해), 제2항(존속상해), 제276조 제2항(존속체포, 존속감금), 제350조(공갈)의 죄를 범한 사람}, **제3조 제3항**(상습적으로 단체나 다중의 위력으로써 또는 단체나 집단을 가장하여 위력을 보임으로써 제2조 제1항의 죄를 범한 사람), 제6조(제2조 제2항, 제3조 제3항의 미수범)의 죄

(12) **특가법** : 「**특정범죄가중처벌 등에 관한 법률**」 제5조(국고 등 손실), 제5조의 2(약취 · 유인죄의 가중처벌), 제5조의4(상습강도 · 절도죄 등의 가중처벌), 제5조의5(강도상해 등 재범자의 가중처벌)의 죄

24) 2016년 1월 6일 시행

(13) 성폭력범죄 : 「**성폭력범죄의 처벌 등에 관한 특례법**」 **제3조**{형법 제319조(주거침입), 제330조(야간주거침입절도), 제331조(특수절도), 제342조(제330조 및 331조의 미수범)의 죄를 범한 사람이 형법 제297조(강간), 제298조(강제추행), 제299조(준강간, 준강제추행)의 죄를 범한 경우, 형법 제334조(특수강도), 제342조(제334조의 미수범)의 죄를 범한 사람이 형법 제297조(강간), 제297조의 2(유사강간), 제298조(강제추행), 제299조(준강간, 준강제추행)의 죄를 범한 경우}

(14) **아동 · 청소년의 성보호법 위반죄** : 「**아동 · 청소년의 성보호에 관한 법률**」 제7조(아동 · 청소년에 대한 강간 · 강제추행 등), 제8조(장애인인 아동 · 청소년에 대한 간음 등), 제11조(아동 · 청소년성착취물의 제작 · 배포 등), 제12조(아동 · 청소년의 매매행위), 제13조(아동 · 청소년의 성을 사는 행위 등), 제14조(아동 · 청소년에 대한 강요행위 등), 제15조(알선영업행위 등), 제15조의 2(아동 · 청소년에 대한 성착취 목적 대화 등), 제16조(피해자 등에 대한 강요행위)의 죄

(15) **군사기밀보호법** : **군사기밀보호법** 제11조(탐지 · 수집), 제11조의2(비인가자의 군사기밀 점유), 제12조(누설), 제13조(업무상 기밀누설), 제13조의2(군사기밀 불법거래에 관한 가중처벌), 제15조(외국 또는 외국인을 위한 죄에 관한 가중처벌)의 죄

(16) **전기통신사업법** : **전기통신사업법** 제95조의2 제1호의 2(부가통신사업자의 불법촬영물 등 유통방지 위반), 제1호의 3(부가통신사업자의 불법촬영물 등 유통방지 위반)의 죄

라. 공무원의 수뢰행위 : 국가공무원법 제2조 및 지방공무원법 제2조에 규정된 공무원과 국가나 지방자치단체에서 일상적으로 공무에 종사하는 대통령령으로 정하는 직원으로서 재직기간 중 직무와 관련된 형법 제129조(수뢰, 사전수뢰), 제130조(제삼자뇌물제공), 제131조(수뢰후부정처사, 사후수뢰), 제132조(알선수뢰), 제133조(뇌물공여 등)의 죄를 범하여 금고 1년 이상의 형을 선고받고 그 형이 확정된 사람

마. 상습 품위손상행위 : 상습적으로 대통령령으로 정하는 품위손상행위를 한 사람

대통령령으로 정하는 품위손상행위란, ① 국가유공자가 그 신분을 이용하여 부당한 혜택을 강요하거나 알선하는 행위, ② 폭행 · 협박, 기물파손 또는 그 밖의 방법으로 부당하게 공무집행을 방해하는 행위를 말한다.[25)]

2. 법적용 배제 대상

법적용 배제대상은 <등록예정인 국가유공자와 그 유족 또는 가족>과 <기 등록된 국가유공자와 그 유족 또는 가족>으로 구분할 수 있다.[26] 등록예정인 국가유공자와 그 유족 또는 가족의 법적용 배제 사유는 '등록결격사유'의 성격을 지니고, 기 등록된 국가유공자와 그 유족 또는 가족의 법적용 배제 사유는 '등록취소사유'의 성격을 지닌다.

법적용 배제제도가 도입될 당시(1985년)에는 <기 등록된 국가유공자와 그 유족 또는 가족>만이 그 대상이었으나 1992년 1월 1일 시행된 국가유공자법(법률 제4457호)에서 <등록예정인 국가유공자와 그 유족 또는 가족>도 법적용 배제대상에 포함시켰다.

가. 장차 등록예정인 국가유공자와 그 유족 또는 가족의 경우

(1) 등록예정인 국가유공자에게 법적용 배제 사유가 있는 경우

장차 등록예정인 국가유공자에게 법적용 배제 사유가 있으면 국가유공자 본인뿐만 아니라 그 유족 또는 가족도 당연히 보상에서 제외된다.[27] 예컨대, 등록 신청한 국가유공자가 요건심사를 통과하고 상이등급을 판정받더라도 과거에 살인죄를 범하여 징역 3년의 실형을 선고받고 그 형의 집행을 만료한 사실이 확인된 경우 등록이 거부되고, 그 국가유공자뿐만 아니라 그 유족 또는 가족도 모두 보상에서 제외된다. 다만, 국가유공자의 뉘우친 정도가 현저하다고 인정되는 경우 다시 등록이 가능한데[28], 법적용 배제조치 없이 뉘우침 심사를 할 수 있는지가 문제된다. 이 문제는 아래 '제3절 2. 법적용 배제조치 후 재등록' 부분에서 검토한다.

(2) 등록예정인 국가유공자의 유족 또는 가족에게 법적용 배제사유가 있는 경우

등록예정인 국가유공자에게 법적용 배제 사유가 없더라도 그 유족 또는 가족에게 법적용 배제 사유가 있으면 해당 유족 또는 가족은 보상에서 제외된다.[29] 그런데 앞서

25) 영 98조 1항
26) 법 79조 1항, 2항
27) 법 79조 1항
28) 법 79조 3항
29) 법 79조 2항

본 바와 같이 유족 또는 가족에게는 재등록을 통해 뉘우친 정도가 현저한지 여부를 심사할 기회가 부여되지 않으므로 결국 그 유족 또는 가족은 보상에서 영구히 제외된다.

(3) 법적용 배제사유의 적용 범위

등록 예정인 국가유공자에 대해 법적용을 배제하려면 등록 이전에 법 제79조 제1항 각 호 소정의 죄를 범했거나 품위손상행위를 했어야 한다. "이 법을 적용받을 국가유공자"라는 법문의 요건에 비추어 보면 이는 당연하다.

문제는, 과거의 언제 적 범죄까지 법적용 배제 사유로 볼 것인가 하는 것이다. 예컨대, 1955년에 상습절도죄로 징역 1년의 실형을 선고받고 그 형이 확정되어 복역을 마친 사람이 1958년에 군에 입대하여 복무하던 중 1968년 월남전에 참전하여 전상을 입고 제대 후 한참 세월이 흐른 후인 2019년 전상군경 등록신청을 한 사례에서 1955년의 범죄를 법적용 배제 사유로 볼 수 있을 것인가의 문제다.

국가공무원법의 경우 금고 이상의 실형을 선고받고 그 집행이 종료되거나 집행을 받지 아니하기로 확정된 후 5년이 지나면 더 이상 임용결격사유가 아니다.[30] 군인사법도 국가공무원법과 비슷하다.[31] 즉, 국가공무원법이나 군인사법은 임용예정 5년 전 범죄까지만 임용결격사유로 보는 것이다. 그 이전의 범죄는 법률상 당연 결격사유가 아니다. 장차 국가유공자가 될 자에 대한 법적용 배제 사유는 그 성격이 등록결격사유에 해당하여 공무원이나 군인의 임용결격사유와 유사한 구조를 지니고 있음에도 국가유공자법은 언제 그 사유가 발생한 것이어야 하는지에 대해 명확한 규정을 두고 있지 않다. 국가유공자법 제79조 제1항을 보면 단지 "이 법의 적용을 받을 국가유공자가", "… (중략) … 금고 이상의 실형(또는 금고 1년 이상의 실형)을 선고받고 그 형이 확정된 사람"라고만 규정하고 있을 뿐이다. 위 문구의 해석에 대하여는 견해가 나뉘고 있다.

갑설은, 아무리 오래된 과거의 행위라도 위 문구에 해당된다면 모두 법적용 배제 대상이 된다는 견해이다. 국가보훈처가 취하고 있는 입장이다.[32]

---

30) 국가공무원법 33조 3호 : 금고 이상의 실형을 선고받고 그 집행이 종료되거나 집행을 받지 아니하기로 확정된 후 5년이 지나지 아니한 자

31) 군인사법 10조 2항 4호 : 금고 이상의 형을 선고받고 그 집행이 종료되거나 집행을 받지 아니하기로 확정된 후 5년이 지나지 아니한 사람

32) 국가보훈처는 참전유공자의 법적용 배제와 관련하여 2006. 1. 24. 심사정책과-341호 "법적용

을설은, 법적용 배제대상이 "이 법을 적용받을 국가유공자"라고 되어 있으므로 국가유공자로 될 수 있는 신분이나 지위를 득한 상태에서 법적용 배제 사유에 해당하는 행위를 해야 비로소 배제대상이 된다고 하는 견해이다. 대법원[33]과 중앙행정심판위원회[34]가 이 입장에 선 판단을 한 사례가 있지만 분명한 입장이라고 보기는 아직 이른 것 같다.

생각건대, 갑설은 소위 '뉘우침 심사'를 통해 구제의 길이 열려 있으므로 가혹한 것이 아니라고 주장하지만, 국가유공자가 될 거라는 인식이나 기대가 전혀 없던 시기의 범죄행위를 당연 법적용 배제 사유로 하는 것은 자기 책임의 원리에 맞지 않다. 유족이나 가족에게는 뉘우침 심사의 기회도 봉쇄되어 있다. 무엇보다 법 제79조 제1항은 "이 법을 적용받을 국가유공자가 다음 각 호의 어느 하나에 해당하면"이라고 하여 시간적으로 볼 때 국가유공자 신분이나 지위를 먼저 획득한 상태에서 동항 각 호의 사유에 해당되는 범죄나 품위손상행위가 있을 것을 요구하고 있다. 따라서 을설이 타당하다고 생각한다.

나. 기 등록된 국가유공자와 그 유족 또는 가족의 경우

(1) 기 등록된 국가유공자에게 법적용 배제 사유가 있는 경우

등록된 국가유공자에게 법적용 배제 사유가 생기면 국가유공자 본인뿐만 아니라 그 유족 또는 가족도 모든 보상에서 제외된다.[35] 예컨대, 등록된 국가유공자가 살인죄를 범하여 금고 1년 이상의 실형을 선고받고 그 형이 확정되었을 경우 국가유공

배제대상 범죄 적용지침 시달"이라는 공문을 통해 "2000. 10. 1. 이후 등록자에 대해서는 형 확정시기에 관계없이 모든 배제대상 범죄를 적용"하도록 한 바 있다. 보훈심사 실무도, 전 생애를 통틀어 법적용 배제 사유가 없어야 한다는 입장이다.

33) 대법원 2012. 7. 26. 선고 2012두1501 판결

34) 중앙행정심판위원회 2021. 6. 22. 2021－4963 국가유공자법 적용배제결정 등 취소청구 재결. 동 재결은 보훈처의 국가유공자법 적용배제결정을 취소하면서 그 이유로, "위 인정사실에 따르면, 청구인은 군 입대 전인 1968. 2. 28. 국가유공자법 제79조 제1항 제3호 소정의 죄를 범하여 징역 1년 6월의 실형을 선고받고 그 형이 확정된 후, 1970. 12. 7. 육군에 입대하여 1971. 8. 11.부터 1972. 8. 11.까지 월남전에 참전하였다가 1973. 10. 25. 전역하였는바, 군 입대 후 국가유공자법 제79조 제1항 제3호 소정의 죄를 범한 적이 없는 청구인은 국가유공자법 제79조 제1항의 배제대상에 해당한다고 볼 수 없으므로 청구인이 국가유공자법 제79조 제1항 제3호에 해당한다는 이유로 한 이 사건 처분 1, 2는 위법·부당하다."는 점을 들고 있다.

35) 법 79조 1항

자 본인은 물론이고 그 유족이나 가족도 법에 따른 모든 보상에서 제외된다. 다만 국가유공자의 뉘우친 정도가 현저하다고 인정되는 경우 재등록이 가능하므로[36] 이때는 보상을 다시 받을 수 있다.

법적용 배제 이후 국가유공자가 사망한 경우에는 어떻게 될까. 국가유공자가 이미 사망하였으므로 뉘우침 심사를 할 수 없고 따라서 결국 이 경우에는 국가유공자의 유족 또는 가족 역시 보상을 다시 받을 수 없다는 견해가 있다. 반면, 그 유족 또는 가족이 재등록신청을 하여 그 뉘우친 정도가 현저한지 여부를 심사할 수 있다는 견해도 있다. 실무에서는 국가유공자가 사망하기 전 재등록을 신청한 경우에 한해 뉘우친 정도가 현저한 지 여부를 심사하고 있다.

(2) 기 등록된 국가유공자의 유족 또는 가족에게 법적용 배제 사유가 있는 경우

기 등록된 국가유공자의 유족 또는 가족에게만 법적용 배제 사유가 생긴 경우에는 당해 유족 또는 가족만 보상에서 제외된다.[37] 예컨대, 등록된 국가유공자가 사망하여 자녀가 보상을 받고 있는 사례에서 그 자녀가 살인죄를 범하여 징역 1년의 실형을 선고받고 그 형이 확정되었다면 그 자녀는 보상대상에서 제외되는 것이다. 1995년 1월 1일부터는[38] 국가유공자의 유족 또는 가족에게 뉘우침 심사 기회가 부여되지 않으므로 결국 이들은 모든 보상에서 영구히 제외된다.

(3) 법적용 배제 사유의 적용 범위

기 등록된 국가유공자에 대해 법적용을 배제하려면 등록 이후 법 제79조 제1항 각 호 소정의 죄를 범했거나 품위손상행위를 했어야 한다. "이 법을 적용받고 있는 국가유공자"라는 법문의 요건에 비추어 보면 이는 당연하다.

문제는, 국가유공자 등록 이후 상당한 기간이 경과한 뒤에 등록 이전의 법적용 배제범죄가 발견된 경우이다. 즉, 등록 당시 법적용 배제 조치를 간과하고 국가유공자로 등록된 경우이다. 대법원은 군인사법상 임용결격사유가 있는데도 장교 · 준사관 또는 하사관으로 임용된 경우 그 임용행위는 당연 무효라고 판시한 바 있다.[39] 임용

36) 법 79조 3항
37) 법 79조 2항
38) 1995. 1. 1. 시행, 법률 제4857호
39) 대법원 2019. 2. 14. 선고 2017두62587 판결 등

시 결격사유가 있었다면 시간이 아무리 지났어도 그 임용은 무효라는 것이다. 동 법리를 유추적용하면, 등록심사 당시 국가유공자와 그 유족 또는 가족에게 법적용 배제사유가 있었음에도 이를 간과하고 등록결정을 한 경우 그 등록처분은 당연 무효라고 보아야 할 것이다.

다. 유의할 점

(1) 유족 또는 가족의 경우

국가유공자의 유족 또는 가족의 경우 2012년 7월 1일 법률 제11041호의 개정, 시행 때부터 포괄적 법적용 배제대상에 포함되었으므로 동 개정법률 시행 이후에 동법 제79조 제1항 각 호 소정의 죄를 범했거나 품위손상행위를 했어야 한다는 점(2012년 7월 1일 이전에 형법 제250조, 제252조 또는 제253조의 죄로 실형이 확정된 경우는 예외)을 유념해야 한다.[40]

<table>
<tr><th colspan="2" rowspan="2">형 확정시기 및 내용 / 죄명 및 등록시기</th><th rowspan="2">2006.3.2. 이전 〈실형 확정〉</th><th rowspan="2">2006.3.3. 이후~ 2012.6.30. 이전 〈실형 확정〉</th><th colspan="2">2012.7.1.이후 〈실형 확정〉</th></tr>
<tr><th>1년 미만</th><th>1년 이상</th></tr>
<tr><td rowspan="3">살인죄 (형법 제250조, 제252조 또는 제253조)</td><td>2006.3.2. 이전</td><td>배제대상 아님</td><td>배제대상</td><td>배제대상 아님</td><td>배제대상</td></tr>
<tr><td>2006.3.3. 이후~ 2012.6.30. 이전</td><td>배제대상</td><td>배제대상</td><td>배제대상 아님</td><td>배제대상</td></tr>
<tr><td>2012.7.1. 이후</td><td colspan="4">• 범행시기 및 형 확정시기 불문,
• 금고 1년 이상의 실형이 확정된 사람은 법 적용 배제</td></tr>
</table>

※ 살인죄(미수죄는 제외) 이외의 범죄행위로 「국가유공자법」 제79조제1항 각호에 해당하게 된 경우에는 2012.7.1. 이후 행한 범죄행위로 형이 확정된 경우에 한해 국가유공자 본인과 동일하게 법 적용 배제

(2) 새로이 죄명이 추가된 경우

새로이 법적용 배제 죄명이 추가된 경우에는 어떻게 될까? 법은, 아동 · 청소년의

---

40) 법률 제11041호 부칙 11조 2항

성보호법 위반죄 계열의 죄와 공무원의 뇌물죄 계열의 죄는 이들 죄명이 추가된 2012년 7월 1일(개정 법률 제11041호) 이후 행한 행위로 금고 1년 이상의 실형이 확정된 경우라야 법적용 배제 사유가 된다고 명시하였고,[41] 군사기밀보호법 위반의 죄도 2017년 10월 31일(개정 법률 제15028호) 이후에 행한 행위로 금고 1년 이상의 실형이 확정된 경우라야 법적용 배제 사유가 된다고 규정하였다.[42] 「폭력행위 등 처벌에 관한 법률」 및 「특정범죄가중처벌 등에 관한 법률」 일부 조항 폐지에 따라 2016년 1월 6일자로 새로 추가된 형법 제264조, 제279조, 제285조, 제332조, 제341조, 제351조(제350조 및 제350조의2 상습범에 한함), 제363조의 죄는 2016년 1월 5일 이전 등록자의 경우에는 2016년 1월 6일 이후 해당 조항이 적용되어 형이 확정된 사람에 한하여 법적용이 배제된다.[43] 이런 명시 규정이 없더라도 새로운 죄명이 추가된 경우에는 그 이후에 죄를 범해야 법적용 배제가 가능할 것이다.

(3) 「폭력행위 등 처벌에 관한 법률」 위반죄의 경우

「폭력행위 등 처벌에 관한 법률」 위반죄의 경우 2016년 1월 6일 법률 제13718호로 법적용 배제 사유에서 삭제되었으나 2018년 5월 1일 개정 법률 제15028호에서는 다시 부활되어, 2016년 1월 6일 법률 제13718호로 개정되기 전의 법률 제2조 제1항, 제3조 제3항 및 제6조(제2조 제1항과 제3조 제3항의 미수범으로 한정)의 죄를 범한 경우 법적용 배제 사유가 된다.[44] 이에 따라 ① 개정규정 시행 전에 제6조에 따라 등록된 국가유공자(다만, 1992년 1월 1일 전에 등록된 경우에는 1992년 1월 1일 이후에 제79조제1항 제3호 나목의 개정규정에 따른 죄를 범하여 금고 1년 이상의 실형을 선고받고 그 형이 확정된 사람)와[45] ② 개정규정 시행 전에 제6조에 따라 등록된 국가유공자의 유족 또는 가족으로서 2012년 7월 1일 이후에 같은 개정규정에 따른 죄를 범하여 금고 1년 이상의 실형을 선고받고 그 형이 확정된 사람에게도 적용되는 것으로 경과조치를 두었다.[46]

41) 법률 제11041호 부칙 11조 1항
42) 법률 제15028호 부칙 4조 2항
43) 등록관리예규, p.81.
44) 2018. 5. 1. 시행, 법률 제15028호 제79조 제1항 나목
45) 구 국가유공자법(법률 제15028호) 부칙 제4조 1항 1호
46) 구 국가유공자법(법률 제15028호) 부칙 제4조 1항 2호

제3절 | 법적용 배제효과

국가유공자, 그 유족 또는 가족에게 법적용 배제 사유가 확인될 경우 처분청은 이들에 대해 당연히 법의 적용을 배제해야 한다. 법적용 배제조치는 재량의 여지가 없는 기속행위다.

1. 법적용 배제조치

가. 등록예정자의 경우

(1) 국가유공자가 될 본인에게 배제사유가 확인된 경우

국가유공자가 될 본인에게 등록결격사유로서의 법적용 배제사유가 확인되면 관할 보훈(지)청장은 국가유공자법 제79조 제1항에 따라 국가유공자를 법적용 대상에서 제외 결정한다. 이 경우, 그 유족 또는 가족 역시 법적용 대상에서 제외된다.

(2) 국가유공자의 유족 또는 가족에게 배제 사유가 확인된 경우

국가유공자의 유족 또는 가족에게 등록결격사유로서의 법적용 배제 사유가 확인되면 국가유공자법 제79조 제2항에 따라 법적용 대상에서 제외 결정한다.

(3) 상습적 품위손상행위의 경우

국가유공자법 제79조 제1항 제5호(상습적 품위손상행위) 해당자는 배제조치 전에 보훈심사위원회의 심의 · 의결을 거쳐야 한다.[47)]

나. 기등록자의 경우

(1) 국가유공자 본인에게 배제 사유가 확인된 경우

국가유공자 본인에게 등록취소사유로서의 법적용 배제 사유가 확인되면 관할 보훈(지)청장은 국가유공자법 제79조 제1항에 따라 법적용 대상에서 제외 결정한다.

---

47) 법 79조 4항, 보훈보상자법 72조 4항

이 경우, 그 유족 또는 가족 역시 법적용 대상에서 제외된다.

(2) 국가유공자의 유족 또는 가족에게 배제 사유가 확인된 경우

국가유공자의 유족 또는 가족에게 등록취소사유로서의 법적용 배제 사유가 확인되면 국가유공자법 제79조 제2항에 따라 법적용 대상에서 제외하고, 국가유공자법 제6조 제3항에 따라 보훈심사위원회 심의 · 의결을 거쳐 차순위자에게 승계(순위변경) 조치한다.

(3) 상습적 품위손상행위의 경우

국가유공자법 제79조 제1항 제5호(상습적 품위손상행위) 해당자는 배제조치 전에 보훈심사위원회의 심의 · 의결을 거쳐야 한다.[48]

(4) 보상받을 권리의 소멸시기

법적용 배제 사유가 확인되면 그 해당되는 사유가 발생한 날이 속하는 달의 다음 달부터 국가유공자법에 따라 보상을 받을 권리가 소멸된다.[49] '그 해당되는 사유가 발생한 날'이 구체적으로 언제일까. 예컨대, 2010. 1. 1. 국가유공자로 등록된 사람이 2015. 5. 1. 법적용 배제 사유에 해당되는 죄를 범해 2017. 5. 31. 징역 3년을 선고받고 2017. 6. 6. 그 판결이 확정되었다면, <판결 확정일>인 2017. 6. 6.이 '그 해당되는 사유가 발생한 날'이 된다. 그런데 예컨대, 2010. 1. 1. 법적용 배제 사유에 해당되는 죄를 범해 2015. 5. 1. 징역 3년을 선고받고 같은 달 8. 그 판결이 확정된 후 그 사실이 간과된 채 2017. 1. 1. 국가유공자 등록이 된 사람의 경우에는 <등록일>인 2017. 1. 1.이 '그 해당되는 사유가 발생한 날'이 된다.

2. 법적용 배제조치 후 재등록

가. 의의

국가유공자법에는 등록결격사유 또는 등록취소사유가 있어 법적용이 배제되더

---

48) 법 79조 4항, 보훈보상자법 72조 4항
49) 법 9조 3항

라도 다시 구제될 수 있는 '황금의 다리'가 있다. 소위 '뉘우침 심사'라고 하는 재등록 심사 절차이다. 법적용 배제제도가 처음 도입되었던 1984. 8. 2. 개정 국가유공자법(제3742호)의 국회 심사보고서를 보면 "본조의 제재가 국가유공자로서의 자격박탈을 의미하는 것이 아니라 이 법 적용대상으로부터의 일시 배제를 뜻하는 것"이라고 설명하고 있다. 즉, 법적용 배제는 태생적으로 국가유공자 지위의 영구적 박탈이 아니라 일시적 배제를 의도했던 것이다. 이러한 특성을 반영한 것이 바로 '뉘우침 심사'제도다.

나. 재등록 신청권자

국가유공자법 제79조 제1항에 따라 법적용이 배제된 국가유공자로서, 금고 이상의 형의 선고를 받은 사유로 법적용이 배제된 경우에는 그 집행이 끝나거나 집행을 받지 아니하기로 확정된 날부터 3년이 지난 경우, 그 외의 경우에는 법적용 대상에서 제외된 날부터 2년이 지난 경우에 재등록 신청을 할 수 있다.[50] 국가유공자의 유족 또는 가족에게는 이러한 재등록 기회가 부여되지 않는다는 점을 유념해야 한다.

다. 뉘우침 심사

국가보훈처장은 법적용이 배제된 국가유공자로부터 재등록 신청을 받은 경우 보훈심사위원회의 의결을 거쳐 등록대상자로 다시 결정할 수 있다.[51] 등록대상자로 다시 결정하려면 '뉘우친 정도가 현저하다'고 인정되어야 한다.[52][53] 다만, 국가유공자법 제79조 제1항 제2호(형법 제87조부터 제90조까지,[54] 제92조부터 제101조까지[55] 또는 제103조[56]를 위반하여 금고 이상의 실형을 선고받고 그 형이 확정된 사람)에 해당하

50) 법 79조 3항
51) 법 79조 4항
52) 법 79조 3항 본문
53) 보훈심사위원회는 '뉘우친 정도가 현저한지' 여부를 심사하기 위해 출소 후 경과기간, 참작사유, 사회활동, 재범 여부, 질병, 연령, 경제사정 등을 종합적으로 고려한 내부기준을 만들어 이를 참고하고 있다.
54) 형법 제2편 제1장 87조(내란), 88조(내란목적의 살인), 89조(미수범), 90조(예비, 음모, 선동, 선전)
55) 형법 제2편 제2장 92조(외환유치), 93조(여적), 94조(모병이적), 95조(시설제공이적), 96조(시설파괴이적), 97조(물건제공이적), 98조(간첩), 99조(일반이적), 100조(미수범), 101조(예비, 음모, 선동, 선전)
56) 형법 103조(전시군수계약불이행)

는 경우에는 재등록 기회가 부여되지 않는다.[57)]

라. 관련 쟁점

(1) 신규 등록 신청자가 요건심사와 신체검사는 통과하였으나 법적용 배제 사유에 해당하는 범죄로 형을 선고받고 집행을 종료한 지 이미 3년이 경과한 경우, 법적용 배제처분 없이 바로 뉘우침 심사를 할 수 있는지 여부

예컨대, 2021년 9월 1일 A가 신규로 국가유공자 등록을 신청해서 상이등급 판정까지 받았지만 2000년 상습절도죄로 징역 1년을 선고받아 복역을 마친 사실이 발견되었다. 이런 경우 A는 법적용 배제 사유에 해당되는 범죄(형법 제332조 상습절도죄)로 금고 1년 이상의 실형을 선고받고 그 형이 확정된 사람이므로 법 제79조 제1항에 따라 법적용 배제, 즉 국가유공자 등록이 거부될 것이다. 그런데 한편, A는 금고 이상의 형을 선고받고 집행을 끝낸 지 3년이 지난 경우이므로 법 제79조 제3항에 따라 뉘우침 심사 대상이 될 수도 있다. 이처럼 법적용 배제대상으로 판명된 국가유공자가 이미 집행을 종료한 지 3년이 경과했다는 이유로 재등록 신청을 한 경우, 법적용 배제처분 없이, 또는 법적용 배제처분과 동시에 뉘우친 정도가 현저하다고 인정되는지를 판단한 뒤 (재)등록 여부를 결정할 수 있는지가 문제된다.

이에 대해서는, 국가유공자법 제79조 제1항 각 호에 따라 금고 이상의 형을 선고받고 집행이 끝나거나 집행을 받지 아니하고 확정된 날부터 3년이 지난 사람이 동법 제6조에 따라 신규로 국가유공자 등록 신청을 하는 경우 국가보훈처장은 그 사람을 법적용 배제하는 결정 절차 없이 바로 동법 제3항에 따라 뉘우친 정도가 현저하다고 인정되는지 판단한 후 등록 결정할 수 있다는 견해가 있다(긍정설).[58)] 왜냐하면 ① 위 사례에서 A가 "이 법을 적용받을 국가유공자"로서 3년간 법적용 대상에서 제외되고 있던 것이 분명하므로 국가보훈처장이 지난 3년간 법적용 배제대상이었다고 다시 결정하는 절차가 불필요하고, ② 국가유공자법 제79조 제3항의 개정취지가 위와 같은 상황에서 별도의 배제결정 없이 뉘우침 심사를 할 수 있도록 하려던 것이기 때문이라고 한다.[59)]

---

57) 법 79조 3항 단서

58) 법제처 법령해석총괄과 – 2467, '21. 5. 28. 법령해석 요청에 대한 회신

59) 2016. 5. 29. 법률 제14255호로 개정되기 전의 구 국가유공자법은 제79조 제3항은 "국가보훈처

그러나, A는 '법적용이 되지 않고 있었던 상태'였을 뿐 이를 '법적용 대상에서 제외되고 있었던 상태'였다고 할 수는 없는 것이고, 등록결격사유가 있으면 국가유공자가 될 수 없는 것이 원칙이며, 당사자에게 명시적으로 불복기회를 부여하는 것이 필요하므로 일단 법적용 배제처분을 하는 것이 바람직하다는 견해도 있다(부정설). 긍정설에 의하면 법적용 배제처분에 대해 불복을 하지 못한 채 '뉘우친 정도가 현저한 지 여부'에 대한 심의만 하게 되는 문제가 있을 뿐만 아니라, 당사자가 재등록 신청을 거부할 경우 법적용 배제처분도 뉘우침 심사도 모두 하지 못하게 되는 문제점이 있는데, 부정설은 그런 문제점을 남기지 않는다는 장점이 있다.

(2) 기 등록자가 등록 이전에 법적용 배제 사유에 해당하는 범죄로 형을 선고받고 집행을 종료한 지 3년이 경과했으나 등록 과정에서 이를 간과한 경우, 법적용 배제처분 없이 바로 뉘우침 심사를 할 수 있는지 여부

예컨대, A가 2004년 7월 참전유공자로 등록했는데 등록 이전인 1986년 11월 국가보안법 위반 등으로 징역 6년의 형을 선고받아 확정되었으며 1988년 12월 집행을 종료(잔형 집행 면제)한 사실이 2021년 확인되었다. 앞서 본 (1)번 쟁점 사례와 비슷한데 기 등록자라는 사실이 다른 경우이다. 이 사례에서는 기 등록자이므로 보훈급여금을 향후 정지해야 할 뿐만 아니라 기왕에 지급했던 금액을 환수해야 하는 문제가 있어서 실무에서는 더 골치 아픈 사안이다.

이 문제도 앞서 본 (1)번 쟁점 사례와 마찬가지로 긍정설과 부정설이 대립되고 있다. 긍정설에 의할 경우 A에 대해 법적용 배제처분 하지 않고 곧바로 뉘우침 심사를 할 수 있을 것이다. 부정설에 의하면 일단 법적용 배제처분을 한 후 당사자의 재등록 신청에 따라 뉘우침 심사를 할 수 있을 것이다.

(3) 이상에서 본 바와 같은 문제점에 대해서는 입법적으로 명확히 해결해야 할 것이다.

장은 제1항에 따라 이 법의 적용 대상에서 제외된 자가 다음 각 호의 어느 하나에 해당하게 되면 그 뉘우친 정도가 현저하다고 인정되는 경우에만 제6조에 따라 등록신청을 받아 다시 이 법의 적용 대상자로 결정하여 보상을 할 수 있다."라고 되어 있었다. 그런데 개정법률 제14255호는 위 '다시'라는 단어를 삭제했는데, 그 이유는 본 사례와 같은 사안에서 뉘우침 심사를 하는 경우 별도의 배제결정을 하지 않는다는 점을 명확히 하기 위해서라는 것이다.

제4절 | 법적용 배제 관련 사례

(1) 【참전유공자의 특수강도죄 등】 1980년 제1심 법원에서 특수강도죄와 폭력행위등처벌에관한법률위반죄 모두 유죄가 인정되어 징역 5년의 형을 선고받았으나 제2심 법원에서 특수강도죄에 대해 무죄 판단을 받고 폭력행위등처벌에관한법률위반의 범죄사실만 유죄가 인정되어 징역 2년의 실형을 선고받고 복역을 마친 월남전 참전군인이 2018년 참전유공자 등록신청을 하였는바, 특수강도죄로 징역 2년의 실형을 선고받고 그 형이 확정되었음을 전제로 참전유공자법의 적용이 배제되었으나 원고의 실제 전과사실(폭처법위반)이 참전유공자법 소정의 법적용 제외사유에 해당하지 않는다는 이유로 동법의 적용대상으로 인정된 사례(울산지방법원 2019. 12. 19. 선고 2019구합341 판결)

• **법원의 판단요지**

원고가 이 사건 범행에 대하여 폭력행위등처벌에관한법률위반죄로 처벌받았고, 이에 대한 적용법조는 '구 폭력행위처벌법 제2조 제2항, 제1항, 형법 제350조 제1항' 이었음은 앞서 본 바와 같다. 위와 같은 적용법조는 참전유공자법 제39조 제1항 제3호 각 목이 규정하고 있는 죄의 유형 어느 것에도 해당하지 않는다. 피고는 원고가 형법 제333조를 적용법조로 하는 특수강도죄로 징역 2년의 실형을 선고받고 그 형이 확정되었음을 전제로 이 사건 처분을 한 것이나, 이는 참전유공자법 제39조 제1항 적용의 전제가 되는 사실을 잘못 인정한 것이다. 결국 이 사건 처분은 사실을 잘못 인정하여 원고가 참전유공자법 제39조 제1항 소정의 법적용 제외 사유에 해당하지 않음에도 원고가 이에 해당함을 전제로 이루어진 것으로서 위법하다.

(2) 【참전유공자의 특정경제가중처벌법위반 등】 2002. 5.경부터 참전유공자로, 2004. 3.경부터는 고엽제후유의증환자로 등록되어 예우를 받아 오던 월남전 참전군인이 업무상배임으로 인한 특정경제범죄가중처벌등에관한법률위반 등으로 징역 3년 6월의 형을 선고받아 집행 종료 후 3년이 지난 2016년 참전유공자 재등록 신청을 하였는바, ① 봉사활동에 대한 자료가 제출되지 않은 점, ② 출소 후 3년밖에 지나지 않아 현저히 뉘우쳤다고 보기 어려운 점, ③ 수형 관련 가석방이나 사면 등 감형 참

작사유가 확인되지 않는 점, ④ 법적용 배제결정 이후 추가 범죄가 확인된 점 등을 감안하여 비해당 처분되었으나, 재량권의 일탈 · 남용을 이유로 참전유공자법 적용이 인정된 사례(서울고등법원 2018. 11. 21. 선고 2017누77475 판결)

• **법원의 판단요지**

① 참전유공자법 제39조 제2항 제1호에서 집행이 끝난 날부터 3년이 지난 경우에는 '뉘우친 정도가 현저한지 여부'를 판단하여 다시 적용대상자로 결정할 수 있도록 하였는데, 출소 후 만 3년밖에 지나지 않은 점을 들어 뉘우친 정도가 현저하다고 보기 어렵다고 하는 것은 3년보다 더 많은 기간을 경과하여야 뉘우친 정도가 현저하다고 볼 수 있다는 취지여서 법률에서 정한 요건보다 엄격한 요건을 추가한 셈이 되어 타당하지 않은 점, ② 적용 대상 배제 사유가 된 각 판결에서 피해자들에게 피해에 대한 배상을 하지 못한 점들도 고려되어 형이 정해지고 그에 따라 집행을 마침으로써 그 죄에 대한 처벌을 받았다 할 것이므로 원칙적으로는 그 죄의 죄질이나 피해 변제 여부 등 그 죄와 관련된 사정을 '뉘우친 정도가 현저한 여부'의 판단 기준으로 삼는 것은 타당하지 않은 점, ③ '법 적용 배제 결정 이후 추가 범죄'는 원고가 장기간 구금되어 있는 불안정한 상태에서 저지른 것으로 보이고 형의 집행과 노역장 유치를 모두 마친 후 죄를 저지른 것은 아닌 점, ④ 참전유공자법 적용 대상으로부터 배제된 사람이 잘못을 뉘우치는 뜻을 표시하고 그에 상응하는 봉사활동 등의 행동을 한 것으로 인정되는 경우 신빙성이 없거나 진정성이 없다고 인정되는 경우가 아니라면 '뉘우친 정도가 현저하다.'고 인정함이 타당하고, 행정청으로서는 위와 같은 기준 또는 그 밖의 '뉘우친 정도가 현저한지 여부'에 관한 객관적 기준을 만들어 그에 따라 재량적 판단을 하는 것이 참전유공자에게 합당한 예우와 지원을 하려는 참전유공자법의 취지에 부합하는 것으로 보이는 점, ⑤ 원고는 1947. 5. 27생으로서 2014. 3. 8. 약 8년 11개월 동안의 형의 집행과 노역장 유치를 마쳤을 당시 만 66세 남짓이었고 2016년에 파산선고를 받고 면책불허가사유에 해당하지 아니하여 면책결정을 받았는바, 채무자의 효율적인 회생을 도모하는 것 등을 목적으로 하고, 누구든지 회생절차 · 파산절차 또는 개인회생절차 중에 있다는 사유로 정당한 사유 없이 취업의 제한 또는 해고 등 불이익한 처우를 받지 아니하도록 한 채무자 회생 및 파산에 관한 법률의 취지에 비추어 보더라도, 앞서 본 각 형사판결의 피해자들에 대한

피해를 회복하지 못하였다는 것 또는 앞서 본 민사판결에 따른 부당이득금의 반환을 면하게 되었다는 것을 '뉘우친 정도'에 관한 판단 기준으로 삼는 것은 타당하지 아니한 점 등을 종합하면, 원고에 대하여 '뉘우친 정도가 현저하다고 보기 어렵다.'고 한 이 사건 처분은 재량권을 일탈 · 남용하였다 할 것이다.

(3) 【참전유공자의 아 · 청법위반】 2000. 3.경 참전유공자로 등록된 참전유공자가 2014. 9.경 법원에서 아동 · 청소년의 성보호에관한법률위반(강제추행)죄로 징역 1년을 선고받아 그 판결이 확정되어 2015. 6. 24. 형기 만료로 출소하자 동인에 대해 2015. 2.경 참전유공자법의 적용 배제 결정이 이루어졌고 이에 동인이 2020. 1.경 참전유공자 재등록신청을 하자 ○○보훈지청으로부터 등록 거부된 사안에서, ○○보훈지청의 등록거부 처분은 위법하다고 보기 어렵다고 판단된 사례(창원지방법원 2020. 11. 25. 선고 2020구단1026 판결)

• **법원의 판단요지**

이 사건에서 보건대, 앞서 든 각 증거에 더하여 갑 제2호증의 기재 및 변론 전체의 취지에 의하여 인정되는 다음과 같은 사정, 즉 이 사건 처분은 형의 집행이 종료된 2015. 6. 24.로부터 약 5년 정도가 지난 시점에 이루어졌고, 원고의 봉사 활동은 2017. 3. 이후 집중적으로 이루어진 점, 참전유공자법 제외 결정의 근거가 된 범죄사실의 내용은 사실상 원고의 의붓딸이자 청소년인 피해자를 대상으로 한 것으로 그 죄질이 좋지 않고 사회적 비난 가능성이 큰 점 등에 비추어 보면, 원고가 제출한 증거만으로는 원고의 뉘우친 정도가 현저하지 아니하다고 판단한 피고의 이 사건 처분이 그 재량권을 일탈 · 남용하여 위법하다고 할 정도에 이르렀다고 인정하기 어려우므로, 원고의 주장은 이유 없다.

(4) 【참전유공자의 특가법위반 등】 A는 1969. 8. 16.부터 1970. 8. 14.까지 월남전에 참전하였다. 1997. 12.경 특가법(절도)위반죄로 징역 1년 6월, 2000. 9.경 특가법(절도) 및 자동차관리법위반죄로 징역 3년의 형을 각 선고받아 확정되었다. A는 2006. 8.경 참전유공자로 등록신청을 하였고 법적용 대상자에 해당된다는 보훈심사위원회 의결(제1차 의결)에 따라 참전유공자로 등록되었다. A는 2013. 3.경에

뇌출혈로 고엽제후유의증환자등록신청을 하였고 법적용 대상자에 해당된다는 보훈심사위원회 의결(제2차 의결)에 따라 고엽제환자로 등록되었다. A는 2017. 6.경 폐암으로 고엽제후유증환자등록신청을 하였으나 보훈심사위원회는 A가 2008. 1.경 도로교통법위반(무면허운전)으로 징역 6월에 집행유예 2년, 사회봉사명령을 ㅂ다고, 2008. 6.경 다시 도로교통법위반(무면헌운전)으로 징역 10월에 집행유예 3년, 수강명령, 보호관찰을 선고받아 출소 후 5년 만에 두 번의 범죄기록이 확인되어 범죄를 뉘우쳤다고 보기 어려우며 가족의 진술과 인우보증인의 진술 외에 죄를 뉘우쳤음을 확인할 수 있는 객관적인 자료가 없는 점 등을 종합하여 국가유공자 등 예우 및 지원에 관한 법률 제79조 제3항에 해당하지 아니하는 사람으로 심의 · 의결(제3차 의결)하였다(보훈심사위원회는 제2차 의결까지 A의 음주운전 관련 신규통보 범죄내역을 통보받지 못하다가, 제3차 의결 전에야 그 존재를 알게 되었다). 이에 A는 소송절차를 진행하였으나 패소하였다(부산지방법원 2019. 10. 2. 선고 2019구단20529 판결, 부산고등법원 2020. 1. 15. 선고 2019누23784 판결, 대법원 2020. 5. 14. 선고 2020두34230 판결).

• 법원의 판단요지

피고가 망인에게 보훈심사위원회의 제1, 2차 의결을 거쳐 참전유공자나 고엽제후유의증환자로 등록한 사실은 앞서 본 바와 같다. 그러나 제2차 의결 당시 '추가 범죄행위가 확인되지 아니하며'라는 문구가 있어, 보훈심사위원회가 2008년에 저지른 위 신규통보 범죄내역을 알았더라도 제2차 의결과 같이 고엽제후유의증환자로 인정하였을 것이라는 신뢰를 부여하는 공적 표명을 하였다고 볼 수 없다. 아울러 망인은 제2차 의결 당시 신규통보 범죄내역과 같이 제1차 의결 이후 새로운 범죄행위가 있었음을 알았을 것이어서, 제3차 의결 역시 동일한 결론이 날 것이라고 합리적으로 신뢰하였다고 보기 어렵다. 아울러 제3차 의결에 기초한 이 사건 처분으로 인하여 제1, 2차 의결에 의한 참전유공자, 고엽제후유의증환자로 등록된 지위가 박탈되는 것으로 보이지도 않는다. 따라서 이 사건 처분이 신뢰보호원칙에 위반되어 재량권 일탈 · 남용에 해당한다는 원고의 주장은 이유 없다. 다음과 같은 사실 또는 사정을 더하면, 피고가 비례의 원칙을 위반하여 재량권을 일탈 · 남용하였다고 보기 어렵다. ① 보훈의 정체성의 측면에서 가장 높은 국가적 존경과 예우의 대상이 될 만한 희생을 한 사람만이 국가유공자로 인정되어 가장 많은 존경과 혜택을 받을 수 있도록 하고 있다. 따라서 국가유공자의 대상이 되는지 판단함에 있어 '뉘우친 정도가 현저하다고 인정되는 경우'는 보다 엄격하게 해석되는 것이 타당하다. 아울러 국가유공자에게 요구되는 품위와 도덕성의 기준은 시간의 흐름에 따라 변경될 수 있으므로, 그 기준에 대한 행정부의 판단은 존중되는 것이 타당하다. ② 망인이 '폐질환'으로 6급 3항 5110호의 상이등급을 받는다면, 고엽제후유의증 등 환자지원 및 단체설립에 관한 법률 제5조 제1항 및 제6조 제1항에 따라 '전상군경'으로 인정되어 국가유공자의 처우를 받게 된다. 따라서 망인이 법적용 배제 대상자에 해당하는 한, '뉘우친 정도가 현저하다고 인정되는 경우'는 국가유공자에 걸맞은 존경과 예우를 받을 수 있을 정도의 행동이 현저히 드러나는지를 판단하여야 한다. ③ 제2차 의결 전에 망인은 4회의 도로교통법위반(무면허위반)죄, 1회의 절도행위가 적발되어 2차례 징역형의 집행유예 형을 선고받았는데, 이와 같은 사실이 밝혀지지 않아 제2차 의결이 이루어졌으나, 제3차 의결 당시 위와 같은 사실이 국가보훈위원회에 새롭게 알려졌다. 위 죄들은 제1차 의결로 참전유공자로 등록된 지위를 부여받은 후에 모두 저지른 것이며, 망인이 이전에도 도로교통법위반(무면허운전)죄로 적어도 4차례 이상 적발되어 벌금형이 확정되거나 그에 대한 약식명령의 청구가 이루어진 상태에서 다시 연속적으로 이루어진 것이다. 아울러 망인은 도로교통법위반(무면허운전)이 적발되어 형사 처분 절차가 진행 중임에도 계속해서 같은 범죄를 저지르고 절도까지 저질렀다. 망인의 위와 같은 도로교통법위반(무면허운전), 절도의 시기, 빈도나 태양 등을 볼 때 비난가능성이 높고, 준법의식이 높지 않다고 판단된다. ④ 이 사건 처분이 신규통보 범죄내역의 최종 집행유예 기간이 끝난 후 7년 7개월여가 경과하여 이루어졌고, 최종 판결 시부터 뇌출혈로 쓰러진 4년 9개월여 동안 망인이 다른 범죄를 저지른 것으로 보이지는 않는다. 아울러 망인이 베트남전에 참전하여 폐암과 같은 중대한 질병을 얻어 사망에까지 이르렀고 망인의 가족들이 생활고를 겪고 있는 점도 알 수 있다. 그러나 망인이 참전유공자나 고엽제후유의증환자로 등록된 사실이 소멸되는 것은 아니고, 이 사건 처분으로 기존의 이익이 박탈되거나 소급적으로 소멸하는 것도 아니다. 망인의 가족들은 달느 사회보장제도를 이용할 수도 있다. 이러한 제반 사정들에다가 앞서 본 망인의 이전 범죄 전력의 죄질, 앞서 본 신규통보범죄내역의 범죄시기 등, 범죄 전체의 빈도 등을 볼 때 원고가 주장하는 망인의 생전 활동 등을 고려하더라도 '뉘우친 정도가 현저하다고 인정되는 경우'에 해당하지 않는다고는 피고의 이익형량이 현저하게 부당하다고 보기 어렵다.

(5) 【국가유공자 유족의 특경가법위반】 국가유공자로 등록된 B의 배우자인 A가 B의 유족으로 연금을 지급받던 중 2018. 8.경 특정경제범죄가중처벌 등에 관한 법률위반죄로 징역8년의 형을 선고받아 확정된 후 교도소에서 수감생활 중(형기종료일 2023. 10. ○○.) 법적용 배제되었다고 통보받자 재등록을 신청하였으나 거부된 사례(의정부지방법원 2020. 5. 25. 선고 2019구단6725 판결)

• 법원의 판단요지

아직 징역형의 집행조차 끝나지 않은 상태인 원고가 법 제79조 제3항에 의해 법 적용 대상자로 결정될 여지가 없다는 점은 위 조문 규정상 명백하다. 원고의 주장은 더 나아가 살필 필요 없이 이유 없다.[60)]

(6) 【5 · 18 민주유공자의 특경가법위반】 5 · 18민주유공자로 등록된 사람이 특정경제범죄 가중처벌 등에 관한 법률위반죄(사기)로 징역 3년을 선고받고 확정되어 5 · 18 유공자법의 적용 배제결정을 받게 되자 동 처분의 취소를 구하는 소를 제기하였는바, 동 처분은 5 · 18유공자법에 따른 것으로서 재량행위가 아니라는 이유로 기각된 사례(서울행정법원 2019. 10. 31. 선고 2019구단10385 판결)

• 법원의 판단요지

5·18민주유공자예우에 관한 법률 제67조 제1항은 "국가보훈처장은 이 법을 적용받거나 적용받을 5·18 민주유공자가 다음 각 호의 어느 하나에 해당하면 이 법의 적용 대상에서 제외하고 이 법 및 다른 법률에 따라 5·18 민주유공자와 그 유족 또는 가족이 받을 수 있는 모든 예우를 하지 아니한다"고 규정하면서 제3호 라목에서 '특정경제범죄 가중처벌 등에 관한 법률 제3조의 죄를 범하여 금고 1년 이상의 실형을 선고받고 그 형이 확정된 자'를 그 중 하나로 규정하고 있다. 원고가 이 사건 범죄

60) 이 사례에서 국가유공자의 유족인 원고(A)는 재등록신청 권한 자체가 없다. 국가유공자법 제79조 제3항은 국가유공자에게만 재등록 기회를 부여하고 있다. 따라서 A가 설령 징역형의 집행을 종료했다고 하더라도 그는 재등록 심사를 받을 수 없다.

로 징역 3년을 선고받아 그 판결이 확정된 사실은 앞서 살펴본 바와 같으므로 5·18 민주유공자예우에 관한 법률 제67조 제1항 제3호 라목에 따른 피고의 이 사건 처분에는 어떠한 위법이 없고, 이를 재량행위로 볼 수 없으므로 원고가 주장하는 것과 같이 이 사건 처분이 원고에게 가혹하여 이에 재량권의 일탈이나 남용이 있다고 보기도 어렵다. 또한 이 사건 범죄에 대한 판결이 확정된 이상 이에 대하여 원고가 재심이나 헌법소원심판을 청구하였다고 하더라도 피고가 이 사건 처분을 보류하여야 할 아무런 근거가 없다. 따라서 원고의 주장은 이유 없다.

(7) 【국가유공자의 특경가법위반】 국가유공자(6급)으로 등록된 A가 2015. 4.경 특정경제범죄 가중처벌 등에 관한 법률 위반죄(사기)로 징역형을 선고받고 확정되자 그 무렵 국가유공자법의 적용이 배제되고 기 지급된 보훈급여금의 반납처분을 받게 되자 동 처분의 취소를 구하는 소를 제기하였으나 패소한 사례(수원지방법원 2017. 2. 10. 선고 2016구단8467 판결)

• **법원의 판단요지**

원고가 「특정경제범죄 가중처벌 등에 관한 법률」 제3조 제1항 제2호에 해당하는 범죄로 징역형을 선고받고 2015. 4. 23. 그 형이 확정된 사실은 앞서 본 바와 같으므로, 원고가 공무원연금법 등에 정한 연금 등을 받을 수 있는 것은 별론으로 하고, 피고가 국가유공자법 제9조 제2항, 제79조 제1항에 정한 바에 따라 원고에 대하여 그 해당하는 사유가 발생한 날이 속하는 달의 다음 달부터 국가유공자법의 적용대상에서 제외하고 국가유공자법에 정한 모든 보상을 하지 않기로 하면서 원고가 위와 같이 국가유공자법에 따라 보상을 받을 권리가 소멸되었음에도 불구하고 지급받은 2015. 5. ~ 2015. 9. 보훈급여금 합계 5,980,000원을 과오급금으로 반납할 것을 명령한 것은 적법하다고 할 것이며, 이러한 이 사건 처분이 원고의 헌법상 보장된 평등권, 재산권, 행복추구권, 인간으로서의 존엄, 장애인에 대한 사회적 보장을 침해한다거나, 법률상 이중처벌 금지에 위반된다고 할 수 없다.

(8) 【참전유공자의 특경가법위반】 2002년경부터 참전유공자로 등록되어 예우를 받아 오던 A가 업무상배임으로 인한 특정경제범죄가중처벌등에관한법률위반 등으로 징역 3년 6월의 형을 선고받아 확정되어 2007년경 참전유공자법 배제결정을 받았는바, 위 형기 종료일인 2012. 8.경을 기준으로 보면 5년이 경과하였고 현재 고혈압, 당뇨, 뇌경색, 허혈성심장질환 등 고엽제질환으로 힘든 상태임에도 환경보존과 봉사활동을 하고 있으므로 취소를 구하였으나 기각된 사례(수원지방법원 2017. 9. 20. 선고 2017구단200 판결)

• 법원의 판단요지

원고가 2006. 1. 26. 서울고등법원에서 특경법위반(배임) 등으로 징역 3년 6월을 선고받은 사건의 경우 그 범죄사실을 보면 부동산 이중매매로 인하여 피해자들에게 거액의 손해를 입히고 수표와 약속어음의 부도를 지연시키기 위해 제3자를 무고하는 등 그 죄질이 좋지 아니하다. 원고는 위 범죄와 별도로 2009. 4. 30. 서울고등법원에서 특경법위반(횡령) 등으로 징역 4년을 선고받은 전력도 있는데, 위 사건의 경우에도 그 범죄사실을 보면 재건축조합의 공사대금 5억원 이상을 횡령하고 허위의 분양계약서를 이용하여 은행으로부터 약 16억원의 중도금 대출금을 편취하는 등 그 범행위 수법과 태양 및 결과가 불량하다. 원고가 반성문 등을 통하여 그 잘못을 뉘우치고 있고 최근에도 지역사회에 자발적인 봉사활동을 하고 있는 사실은 인정되지만, 앞서 본 범죄의 피해자들에게 그 피해를 회복시켜 주었다는 자료를 제출한 바 없고, 원고 스스로도 인정하듯이 이 사건 처분 당시 자발적인 봉사활동 등에 관한 증빙자료를 제출하지도 못하였으며, 7년 이상의 수형기간 동안 가석방이나 사면 등 개전의 정을 추정할 수 있는 감형 참작사유 등에 관한 자료도 제출하지 못하였다. 원고는 참전유공자법에서 배제 사유로 규정한 범죄인 특경법위반 등으로 인한 수형기간의 종료일로부터 약 5년이 경과되었다는 사정을 강조하고 있으나, 참전유공자법의 적용 대상자 여부를 결정함에 있어 단순히 형기가 종료된 시점으로부터 3년 이상이 경과되었다는 사정은 위 법 적용에서 배제된 자가 다시 적용 대상자로 등록되기 위해 기본적으로 요구되는 전제조건일 뿐, 위와 같은 기간의 경과가 곧바로 법 적용 대상자 요건으로서 '그 뉘우친 정도가 현저하다고 인정되는 경우'를 의미하는 것은 아니다. 앞서 본 참전유공자법의 관련 규정에 의하면 참전유공자의 적용 대상에서 제외된 자를 다시 적용 대상자로 결정하는데 있어서 행정청에게 상당한 정도의 재량을 부여하고 있고, 그러한 행정청의 정책적, 재량적 판단은 참전유공자법의 목적과 입법 취지 등에 비추어 가급적 존중하여야 한다.

CHAPTER

06

등록

Chapter 06

등록

제1절 | 법적용 대상 결정

1. 법적용 대상 결정 및 통보

가. 보훈심사위원회 심의·의결이 필요 없는 경우

국가보훈처장은 소속기관이 통보한 내용과 신청서 및 첨부 서류상의 성명, 생년월일, 상이처, 군번, 사망일자, 가족관계 등 주요 내용을 확인한 후 보훈심사위원회의 심의·의결 없이도 등록이 가능한 경우에는 즉시 등록 결정하여 신청인에게 보상(지원) 내역과 함께 통지한다.[1] '보훈심사위원회의 심의·의결 없이도 등록이 가능한 경우'란, 국가유공자나 그 유족, 가족의 요건이 객관적인 사실에 의하여 확인된 경우로서 ① 「상훈법」에 따른 무공훈장·보국훈장(국가유공자법 제4조 제1항 제8호 가목의 사람만 해당) 또는 건국포장을 수여받은 사실이 훈장증·포장증 또는 수여증명 서류에 의하여 확인된 경우 ② 가족관계기록사항에 관한 증명서나 제적등본 등 공적인 기록에 의하여 국가유공자와 그의 유족 또는 가족의 신분요건이 확인된 경우 ③ 「재외동포의 출입국과 법적지위에 관한 법률」 제16조에 따라 대한민국 국

1) 법 6조 4항 단서, 영 10조 3항

적회복 이전까지 보훈급여금을 받은 사실이 확인된 경우를 말한다.[2)]

나. 보훈심사위원회 심의 · 의결을 거친 경우

(1) 국가보훈처장은 보훈심사위원회로부터 요건심사 결과와 상이등급 판정 결과를 통보받으면 법의 적용대상 여부를 결정한 후 그 사유를 분명히 밝혀 신청인과 소속기관장에게 통보하여야 한다.[3)] 법문상으로는 국가보훈처장이 법의 적용대상 여부를 결정하는 것처럼 되어 있으나, 앞서 살펴본 바와 같이 보훈심사위원회의 심의 · 의결은 처분청을 기속하므로 실제로는 보훈심사위원회 심의 · 의결 내용대로 결정하고 있다.

(2) 실무를 보면, 관할 지방보훈청장이 "국가유공자(공상군경) 등록결정 안내"와 같은 제목으로 아래 표(예시)와 같은 내용을 통보한다.

통보내용의 예시

신검 종류	성 명 (생년월일)	상이등급 판정일	인정 상이처	상이등급 및 호수	사 유
신규	홍길동 (55. 12. 12.)	2022. 5. 10.	양측 감각 신경성 난청	7급 2106호	공상군경 요건 인정 상이처 '양측 감각신경성 난청'에 대하여 관련 자료와 해당 진료과목 전문의의 신체검사 소견 및 보훈심사위원회 결과를 종합하여 판단하건대, 이는 국가유공자 등 예우 및 지원에 관한 법률 시행령 별표 3. 상이등급 구분표에 따라 상이등급 7급 2106호에 해당 의결함

(3) 이와 함께, 보훈급여금 지급에 필요한 계좌정보를 제공해 줄 것과 상이등급 판정결과에 이의가 있을 경우 불복절차에 관한 사항을 안내한다.

다. 요건 불인정자 등에 대한 불복절차 안내

요건 불인정자 · 일부 인정자, 법적용 배제자, 상이 · 장애등급 등외판정자에 대하

2) 영 8조 3항 각 호
3) 법 6조 3항 내지 5항, 영 10조 3항

여 비등록 처분할 때에는 그 사유를 구체적으로 안내하고 그 처분에 불복할 경우 통보를 받은 날부터 90일까지 처분청을 상대로 행정심판 또는 행정소송을 청구 또는 제기할 수 있음을 안내한다. 신규 상이 · 장애등급 등외판정자, 등급판정자에 대하여는 재심 신체검사제도를 안내한다. 법적용 배제자에 대한 배제처분 시에는 재등록 신청할 수 있음을 안내한다.[4)]

2. 통합보훈시스템 등록

등록이 결정되면 보훈관서 담당자는 등록결정자를 인적 사항 등 각종 신상정보를 통합보훈시스템에 입력하고 보훈번호를 부여하며, 대통령 명의의 증서와 신분증을 교부한다.

가. 통합보훈시스템 입력

등록결정자에 대해서는 가족관계증명서의 성명 · 주민등록번호, 병적기록의 군번, 사망일자 등 일치여부를 확인하고 동일한 군번 · 성명 · 생년월일로 기 등록한 사람이 있는지 여부를 확인한 후 통합보훈시스템에 관련 자료를 입력한다. 계급은 병적증명서상의 계급을 기록하되, 무공수훈자는 전역 당시의 계급을 기록하며, 전 · 공사상일은 요건확인서상의 상이(사망)일자를 기록한다. 요건확인서에 전역(퇴직)일이 등재되어 있지 않은 사람으로서 복무(근무) 중 사망자는 사망일을 전역(퇴직)일로 본다.[5)]

나. 국가유공자증 교부

등록결정자에 대해서는 국가유공자증을 발급하여 교부한다.[6)]

다. 대통령 명의 증서 수여

등록결정자에 대해서는, 공헌과 희생에 대한 명예선양과 긍지를 함양하고 국가

---

4) 등록관리예규, p.33
5) 등록관리예규, p.37
6) 등록관리예규. p.161

유공자로서의 품위를 유지함과 아울러 애국정신의 귀감으로서 국민으로부터 예우 받는 보훈풍토 조성을 위해 대통령 명의의 국가유공자 증서를 수여한다. 수여 시기는 국가유공자로의 결정이 최종 통보되어 국가유공자증 수령 등을 위해 내청 시 개별적으로 전수함을 원칙으로 한다. 다만, 본인 희망에 따라 방문이나 우편으로도 전수할 수 있다.[7)]

제2절 | 보상수급권의 발생

국가유공자로 등록이 결정되면 보상을 받을 권리가 발생한다. 보훈급여금을 비롯해서 국가유공자로서의 법적 지위에 터 잡은 각종 법령상의 지원을 받을 수 있다.

1. 보상수급권의 의의

가. 보상수급권의 법적 성격

보상수급권은 생명 또는 신체의 손상이라는 특별한 희생에 대한 국가보상적 내지 국가보훈적 성격을 띠면서, 장기간에 걸친 수급권자의 생활보호를 위하여 주어진다고 하는 특성도 가지고 있으므로 사회보장적 성질도 겸하고 있다. 따라서 보상수급권은 다른 국가보상적 내지 국가보훈적 수급권이나 사회보장수급권과 마찬가지로 구체적인 법률에 의하여 구체적으로 형성되는 권리라고 할 것이고, 국가가 국가유공자에게 지급할 구체적인 보상의 내용 등에 관한 사항은 국가의 재정부담능력과 전체적인 사회보장의 수준, 국가유공자에 대한 평가기준 등에 따라 정하여질 수밖에 없으므로 입법자의 광범위한 입법형성의 자유영역에 속하는 것이다.[8)]

---

7) 등록관리예규, p.165
8) 헌법재판소 2010. 5. 27. 선고 2009헌바49 결정

나. 보상수급권의 발생 시기

(1) 등록신청을 한 날이 속하는 달

등록이 결정되면, 등록신청을 한 날이 속하는 달부터 보상을 받을 권리가 발생한다.[9] 예컨대, 2020년 1월 1일 등록신청을 하였고 요건심사 등을 거쳐 2020년 10월 5일 등록결정을 통보받은 국가유공자라면 2020년 1월부터 법에 따른 보상을 받을 권리가 발생하는 것이다. 다만, 전상군경 · 공상군경 · 공상공무원이 전역 · 퇴직 전 6개월 이내에 등록을 신청하였다면 보상받을 권리는 전역일 · 퇴직일 다음 날이 속하는 달부터 발생한다.[10] 예컨대, A가 전역을 5개월 앞둔 2020년 1월 1일 국가유공자 등록을 신청한 뒤 같은 해 5월 31일 전역하고 그 해 10월 5일에 등록결정을 통보받았다면 A는 2020년 6월부터 보상을 받을 권리가 발생하는 것이다.

(2) 희생 · 공헌을 한 날로 소급되는지 여부

등록이 결정되면 보상받을 권리는 등록신청을 한 날이 속하는 달에 소급할 뿐[11] 희생과 공헌의 시기로까지 소급하지는 않는다. 이것이 과연 타당한가에 대해서 논의가 있다. 이에 대해 헌법재판소는, "보상수급권을 취득하기 위하여 등록을 필요로 함과 아울러 등록신청한 날을 기준으로 보상수급권을 인정한 이유는 첫째, 등록신청을 하도록 하지 아니하면 국가유공자에 해당하는 사람이 있더라도 이를 파악하는 데에 어려움이 있고, 따라서 국가예산을 수립함에 있어서 보훈 목적의 예산이 얼마나 필요한 지 알 수 없어 결국 국가재정 형편을 감안하여 결정되는 보상수준 자체를 결정하는 데 어려움이 생기게 된다는 점, 둘째, 등록신청 시를 기준으로 그 이후부터만 보상금수급권을 인정하는 제도를 채택하지 아니하고 전 · 공상 및 순직 등의 사유가 발생한 때부터 보상수급권을 인정하게 되면 등록을 지체한 채 오랜 세월이 지나 전 · 공상과 여타 사유로 인한 증상이 병발한 경우 그 구별이 어렵게 되는 점,

---

9) 법 9조 1항 본문

10) 법 9조 1항 단서

11) 등록결정은 실무상 등록신청 후 8~9개월 정도 소요된다. 길게는 2년가량 소요되는 경우도 있다. 등록이 결정되면 등록신청을 한 날이 속하는 달부터 소급하여 보상받을 권리가 발생한다. 보상금을 받는 경우라면 등록신청한 날이 속하는 달부터 등록결정한 날이 속하는 달까지 소급하여 한꺼번에 지급된다.

셋째, 6·25사변이 끝난 지 오래여서 전몰군경유족 및 전·공상자의 대부분이 소정의 등록절차를 밟아 급여금법 등 관계법에 의한 보호를 받아오고 있는 점, 넷째, 예우 대상자의 수가 대폭 증가함에 따라 소급지급이 국가재정 형편상 어렵게 된 점 등을 들 수 있다. 이러한 이유들을 고려할 때 예우법 제9조 본문[12]은 그 나름대로 합리성을 갖추고 있다고 할 것이고 객관적으로 정의와 형평에 반한다거나 자의적인 것이라고 할 수 없으므로 헌법 제11조에서 보장한 평등의 원칙에 위반되지 않는다."라고 결정한 바 있다.[13][14]

2. 보상수급권의 종류

(1) 보훈급여금과 기타의 지원

보상수급권은 보훈급여금과 기타의 지원으로 구분할 수 있다. 국가유공자법은 제2장에서 보훈급여금을, 제3장 이하에서 교육지원(제3장), 취업지원(제4장), 의료지원(제5장), 대부(제6장), 기타의 지원(제7장)으로 나누어 규정하고 있다. 보훈급여금 중 보상금은 등록된 국가유공자에게 등급에 따라 차등적 액수의 금원을 지급하는 것으로 내용으로 하고 있는 반면, 나머지 지원은 국가유공자의 종류와 성격에 따라 지원 대상을 개별적으로 규정하고 있다.

---

12) 저자 註 : 구 국가유공자법 제9조(1984. 8. 2. 법률 제3742호로 제정되고, 2002. 1. 26. 법률 제6648호로 개정되기 전의 것) (보상을 받을 권리의 발생 및 소멸시기 등) ① 이 법에 의하여 보상을 받을 권리는 제6조제1항의 규정에 의한 등록신청을 한 날이 속하는 달로부터 발생한다.

13) 헌법재판소 2006. 11. 30. 선고 2005헌바25 결정

14) 국가유공자의 법적 지위와 보상받을 권리는 여타 법률관계와 다른 특징적 요소가 있다. 즉, 그 법적 지위와 보상받을 권리가 처음부터 명확하게 규정된 것이 아니라 전후(戰後) 한국 사회가 안정되면서 오랜 시간에 걸쳐 점진적으로 그 성격과 내용이 형성되어 온 것이다. 그런 연유로 인해 국가유공자는 자신에게 추상적으로 부여된 법적 지위와 보상받을 권리를 명확하게 인식하지 못한 채 상당기간 세월이 지나는 경우가 많다. 특히 6·25 한국전쟁 참전유공자처럼 제대로 된 보훈체계가 성립되기 전에 군을 떠난 경우에는 자신의 법적 지위와 권리를 제대로 고지 받지도 못한 채 수십 년 세월을 보낸 경우가 많다. 따라서 입법론적으로는, 희생·공헌의 시점에 보상받을 권리를 인정하되 등록시점을 기준으로 단기의 소멸시효(예컨대, 3년 또는 5년)를 두는 것이 어떨까 싶다.

(2) 금전적 수급권과 비금전적 수급권

보상수급권은 금전적 수급권과 비금전적 수급권으로 구분할 수 있다. 금전적 수급권은 보훈급여금이 대표적이다. 그 외 교육지원이나 취업지원 중에도 금전적 지원이 있다. 국가유공자법 제25조 및 제25조의2에 따른 수업료 등, 동법 제26조에 따른 학습보조비, 동법 제38조에 따른 직업재활훈련비 · 직업능력개발훈련비, 동법 제39조에 따른 능력개발 장려금 · 지원비, 동법 제42조 및 제42조의2에 따른 의료지원비, 동법 제55조에 따른 보조금, 동법 제63조의2에 따른 요양지원에 대한 보조금이 바로 그것이다. 보훈급여금 등 금전적 지원금이 위법하게 지급된 경우, 즉 ① 거짓이나 그 밖의 부정한 방법으로 보상을 받은 경우, ② 보상을 받은 후 그 보상을 받게 된 사유가 소급하여 소멸한 경우, ③ 잘못 지급된 경우에는 환수하여야 한다.[15)] 반면 비금전적 수급권에 기한 지원은 그 성격상 환수사유가 있더라도 환수가 불가능하거나 제한적일 수밖에 없어 국가유공자법도 이들 비금전적 지원에 대해서는 환수나 손해배상청구 등의 규정을 두고 있지 않다.

(3) 이하에서는 보상수급권의 내용을 국가유공자법에 규정된 순서대로 설명한다.

3. 보훈급여금

가. 보훈급여금 제도 연혁

(1) 「전몰군경유족과 상이군경연금법」(1952년~1962년)

(가) 1950년 6 · 25 한국전쟁이 발발하고 전사자와 부상자가 속출하였다. 이 당시 「군사원호법」(1950. 4. 14. 제정, 1950. 6. 1. 시행, 법률 제127호)으로 전사한 장병의 유족, 상병군인과 그 가족에 대해 생계부조, 직업보호, 수용보호 등의 원호제도를 시행하고 있었으나 연금제도는 없었다. 이에 정부는 전몰장병과 상이군경에 대해 연금을 지급하여 생활의 안정을 도모하고자 1952년 9월 26일 「전몰군경유족과 상이군경연금법」(1952. 9. 26. 시행, 법률 제256호)을 제정하였다.

(나) 그 주요내용은 다음과 같다. ① 전투 또는 전투에 준할 행위로 인하여 전몰한

15) 법 75조 1항

군인 또는 경찰관의 유족과 상이를 받은 군인 또는 경찰관은 연금을 받는다(동법 제1조). ② 유족이라 함은 전몰군경의 조부, 조모, 부, 모, 배우자(사실혼 배우자 포함) 또는 자녀로서 전몰군경의 사망 당시 이와 동일한 호적 또는 기류부에 있던 자를 말한다(동법 제3조). ③ 상이군경이라 함은 군인 또는 경찰관으로서 전투 또는 전투에 준할 행위로 인하여 상이를 받아 퇴직(현역면제 · 소집해제 · 병적면제 또는 퇴교 등을 포함)한 자를 말한다(동법 제4조). ④ 유족으로서 연금을 받을 권리는 배우자 · 미성년자녀 · 부 · 모 · 성년자녀 · 조부 · 조모의 순위에 의한다(동법 제5조). ⑤ 연금을 받을 권리는 군인 또는 경찰관이 전몰 또는 상이를 받은 월의 익월부터 발생한다(동법 제7조).

(다) 이때는 「군사원호법」에서 생계부조, 직업보호, 수용보호라는 원호제도를 규정하였고, 「전몰군경유족과상이군경연금법」에서는 오로지 전몰군경 및 상이군경에 대한 연금제도만을 규정하였었다. 전투 또는 전투에 준하는 행위로 인하여 전몰한 군경유족과 상이를 입은 군경을 대상으로 연금을 지급하기 시작했으며, 1953년 5월 24일 법률을 개정하여 군속, 전시근로노동자, 청년단원, 향토방위대, 소방대, 애국단체원으로서 군경과 행동을 같이 하면서 전투 또는 전투에 준하는 행위로 인하여 상이를 입은 자 또는 사망한 자의 유족을 연금대상에 추가하였다.

(라) 당시의 연금지급업무는 보건사회부장관 관장 하에 우체국을 통해 위탁지급하였으며, 연금 지급액은 1952년에 연 6,000환, 1953년에 연 1만 2,000환, 1955년부터 연 2만 4,000환씩 대상자 구별 없이 균일하게 지급하였다. 1961년 5 · 16 당시에는 유족에게 연 8만 4,000환을, 상이자에게는 상이정도에 따라 1급 18만 환, 2급 12만환, 3급 6만 환으로 차등을 두어 지급하였다. 군인사망급여금은 군인 또는 군속이 군무수행 중 사망하였을 경우 장례식 경비를 국가가 부담하고 그 유족을 위안하고자 지급하는 일시금으로서, 1951년 2월 28일 「군인사망급여금규정」을 대통령령으로 제정 공포하고 국방부장관 관장 하에 지급하여 왔다. 이와 같이 연금지급업무와 군인사망급여금업무를 각각 다른 기관에서 관장함으로써 연금을 받기 위한 절차가 복잡하고 연금액도 너무 적어 사실상 생활에 도움이 되지 못하고 오히려 민원의 대상이 되었다.[16)]

16) 이 단락은 보훈 50년사, 국가보훈처(2011), p.312 참조

(2) 「국가유공자 및 월남귀순자 특별원호법」과 「군사원호보상급여금법」(1962년~1984년)

(가) 5 · 16군사정변으로 출범한 군사정부는 이전의 「군사원호법」을 폐지하고 「군사원호보상법」으로 원호법령을 대대적으로 정비하였다. 이 「군사원호보상법」은 제7조에 연금에 관해 규정하고 있었으나 이에 대해서는 따로 법률로 정한다고 하였다. 이에 만들어진 법률이 바로 과 「국가유공자 및 월남귀순자 특별원호법」(1962. 4. 16. 시행, 법률 제1053호)과 「군사원호보상급여금법」(1962. 4. 16. 시행, 법률 제1054호)이다.

(나) 그 주요 내용은 다음과 같다. ① 연금의 종류는 상이연금과 유족연금으로 구분한다(동법 제1조). ② 수당은 생계부조수당, 보철구수당, 간호수당 및 근로수당으로 구분한다(동법 제2조). ③ 상이군경에게는 상이연금, 생계부조수당 및 간호수당(간호대상자), 생계부조수당(취업불능자), 보철구수당(보철구 필요자)을 지급한다(동법 제11조, 제12조) ④ 전몰군경의 유족에게는 유족연금을 지급한다(동법 제18조). ⑤ 상이군경의 수급권은 제적 또는 퇴직이 확인된 익월부터, 유족의 수급권은 전몰군경의 사망이 확인되었거나 수급요건이 성립한 익월부터 발생한다(동법 제13조, 제20조).

(다) 이에 따라 애국지사 본인에게는 연금 · 생계보조수당 · 가족수당 · 사망일시금을, 애국지사 유족에게는 연금 · 가족수당을 지급하였다. 상이군경에게는 연금 · 생계부조수당(1, 2급), 간호수당(1급), 보철구수당 · 사망일시금을, 전몰군경유족에게는 연금을 지급하였고, 4 · 19혁명상이자 및 사망자 유족에게는 연금 및 생계부조수당을 지급하였다.1963년 1월부터는 무의탁미망인에 대하여 생계부조수당을 지급하였으며, 1965년 1월부터는 무의탁부모, 2명 이상 전사자에 대하여는 생계부조수당을 지급하였고, 1969년 1월부터는 6 · 25참전재일학도의용군인에게 정착수당을 지급하였다.[17]

(라) 지급방법을 보면, 1962년 당시 기본연금은 연 4회로 구분하여 분기별로 매 분기 마지막 월의 25일부터 지급하였고, 간호수당과 생계부조수당은 매월 25일부터 농협을 통하여 위탁지급하였다. 1963년 1월 1일부터 기본연금은 연 2회로 나누어 전기분은 6월 1일부터, 후기분은 12월 1일부터 원호(지)청의 창구에서 직접 지급하거나 농협지소를 통해 출장 지급하였고, 간호수당과 생계부조수당은 매월 25일

17) 이 단락은 보훈 50년사, 국가보훈처(2011), p.312 참조

에 지청창구에서 직접 지급하였다.[18)]

(3) 국가유공자법에 의한 보훈급여금 제도(1985년~현재)

(가) 정부는 원호 관련 14개 법률 중 「군사원호보상법」, 「국가유공자 및 월남귀순자 특별원호법」, 「군사원호보상급여금법」, 「군사원호대상자 자녀교육보호법」, 「군사원호대상자 임용법」, 「군사원호대상자 고용법」, 「원호대상자 정착대부법」 등 7개 법률을 흡수하여 예우와 지원을 하나의 단일한 법률체계인 「국가유공자 예우 등에 관한 법률」(1985. 1. 1.시행, 법률 제3872호)로 통합하였다.

(나) 국가유공자법에서 비로소 국가유공자의 자격요건과 상이등급, 그에 따른 예우와 지원, 권리의 발생/변동/정지/소멸이 완결된 형태로 체계화되었다.

(다) 국가유공자법의 시행으로 애국지사 및 그 유족에 대한 연금은 상이군경 등의 연금 상당액을 기본연금으로 하고 초과분은 부가연금으로 전환하였으며, 상이군경 의료수당, 각종 생계부조수당과 애국지사 및 그 유족의 연금 중 기본연금을 공제한 잔여연금액을 부가연금으로 흡수하였으며, 구호수당의 명칭을 변경하여 생활조정수당으로 지급하고 간호수당은 종전대로 유지하였다. 1986년 1월부터 독자사망자 부모에게 부가연금을 지급하였으며, 1987년 11월부터는 고령자에 대한 노령부가연금을 지급하기 시작했다. 1995년 1월부터 독립유공자 유족 4등급~5등급을 3등급과 마찬가지로 처와 유족으로 구분하였으며, 1996년 1월부터는 화재진압 및 인명구조 소방공무원에게 연금을 지급하였다. 1996년 4월부터 고엽제후유의증수당을 지급하기 시작했다. 1998년 1월부터 6·25전몰군경자녀에 대해 생활조정수당 지급 및 고엽제2세환자(척추2분증환자)에 대한 보상을 실시하게 되었다. 1999년 12월부터는 「재외동포의 출입국과 법적지위에 관한 법률」이 제정되면서 국적을 상실한 재외동포에게도 보훈급여금을 지급할 수 있게 되었다. 2000년 1월부터는 7급 경상이자에 대한 보상을 실시하여 보훈급여금 지급대상 및 전체 국가유공자 등록인원이 크게 증가하게 되었다. 2000년 10월 참전유공자에 대한 생계보조비를 시작으로 2001년 7월부터는 65세 이상 무공수훈자에 대한 무공영예수당을 지급하였다. 또한 종전 6·25전몰군경자녀에 대하여 지급되던 생활조정수당을 폐지하고 6·25전몰군경자녀수당을 신설하였다. 2002년 10월부터는 참전유공자에 대하여 생계곤란도와

---

18) 이 단락은 보훈 50년사, 국가보훈처(2011), p.312 참조

관계없이 70세 이상인 자에 대하여 참전명예수당을 지급하였다. 2007년 1월부터는 희생과 공헌에 상응한 보상금 지급을 위하여 복잡, 다양한 보상종목을 유사 성질별로 조정, 통합할 필요성이 대두되었다. 이에 기본연금과 부가연금 중 희생과 공헌에 상응한 급여는 보상금으로 통합하고 부가연금 중 개별여건 등을 고려한 급여는 수당으로 조정하여 종전 21종이던 보상종목을 15종으로 통합하였다.[19]

나. 보훈급여금 개관

(1) 보훈급여금의 종류

보훈급여금은 보상금, 수당 및 사망일시금으로 구분한다.[20][21]

(가) 보상금

보상금은 전상군경 · 공상군경 등 국가유공자법 제12조 제1항 각호의 국가유공자에게 매월 일정액이 지급되는 금원으로서 보훈급여금에서 핵심적 위치를 차지하는 급여이다.[22]

(나) 수당

수당은 생활조정수당, 간호수당, 무공영예수당, 6 · 25전몰군경자녀수당, 부양가족수당, 중상이부가수당, 4 · 19혁명공로수당, 그 밖에 대통령령이 정하는 수당으로 구분된다.

(다) 사망일시금

사망일시금은 보상금을 받고 있는 국가유공자가 사망한 경우에 지급하는 수당이다.[23]

(2) 지급대상의 확인

국가보훈처장은 보훈급여금을 지급받는 사람이 보훈급여금을 지급받을 권리가 있는 사람인지를 확인하기 위하여 필요한 경우 보훈급여금을 지급받는 사람의 신상

---

19) 이 단락은 보훈 50년사, 국가보훈처(2011), p.313~314 참조
20) 법 11조 1항
21) 보훈보상자법 10조 1항
22) 법 12조 1항
23) 법 17조 1항

조사를 시장·군수·구청장 또는 제주특별자치도지사에게 연 1회 이상 의뢰할 수 있으며, 의뢰받은 해당 기관의 장은 지체 없이 조사하여 통보하여야 한다.[24)]

(3) 지급방법

보훈급여금은 이를 받을 사람이 지정하는 예금계좌에 입금하는 방법으로 지급한다.[25)] 보훈급여금만 입금될 수 있는 예금계좌를 개설하여 지정한 경우에는 해당 예금계좌로 보훈급여금을 입금하여야 한다.[26)] 이렇게 지정된 전용계좌에 보훈급여금이 입금되면 법 제19조 제3항에 따라 대통령령으로 정하는 액수 이하의 금액[27)]에 관한 예금채권은 압류할 수 없게 된다.

(4) 지급일

보훈급여금은 매월 15일에 지급한다. 다만, 그 지급일이 토요일이나 공휴일인 경우에는 그 전날에 지급한다.[28)] 천재지변·재해 또는 이에 준하는 사유 등 특별한 사정이 있는 경우 국가보훈처장이 따로 지급일을 정할 수 있다.[29)] 국외거주자로서 보훈급여금을 송금받는 자에게는 1월부터 12월까지의 보훈급여금을 12월에 한꺼번에 지급할 수 있다.[30)] 보훈급여금이 입금되는 예금계좌가 개설된 체신관서 또는 은행이 폐업, 업무정지, 정보통신 장애 등으로 정상영업이 불가능하여 보훈급여금을 이체할 수 없거나 그 밖에 국가보훈처장이 현금 지급이 불가피하다고 인정하는 경우에는 현금으로 지급할 수 있다.[31)]

---

24) 영32조의3
25) 법 17조의2 1항
26) 법 17조의2 2항
27) "대통령령으로 정하는 액수 이하의 금액이란 법 제17조의2 제2항에 따라 입금된 월 보훈급여금 전액을 말한다(영 30조의2)." 따라서 입금된 월 보훈급여금 전액을 압류할 수 없게 되는 셈이다. 예컨대, 월 보훈급여금이 100만원이고 그 계좌의 잔액이 80만원이라고 한다면, 그 80만원은 압류할 수 없는 것이다. 그런데 월 보훈급여금을 인출하지 않아 잔고가 500만원이라면 400만원까지는 압류가 가능해진다. 보훈급여금을 보호하려는 취지라면 영 30조의 2에서 "입금된 월 보훈급여금 전액"을 "입금된 보훈급여금 전액"으로 개정하는 것이 좋을 것으로 생각된다. 그렇지 않으면 보훈급여금 전용계좌를 지정한 의미가 퇴색될 것이다.
28) 영 29조 1항
29) 영 29조 2항
30) 영 29조 3항
31) 영 28조의2

(5) 미지급 보훈급여금의 지급

보상금과 수당을 지급받을 자가 국가유공자법 제13조 제3항 제1호 또는 제3호의 어느 하나에 해당하면 그 지급이 확정된 보상금과 수당은 사망일시금 지급의 예에 따라 지급한다.[32)]

(6) 보훈급여금의 보호

보훈급여금을 받을 권리는 양도하거나 압류할 수 없으며, 담보로 제공할 수 없다.[33)] 다만, 보훈법령에 따른 대부를 받으려는 경우에는 이를 담보로 제공할 수 있다.[34)] 입금된 보훈급여금 중 「국민기초생활 보장법」 제2조 제11호에 따른 기준 중위소득과 보훈급여금 등을 고려하여 대통령령으로 정하는 액수 이하의 금액에 관한 채권은 압류할 수 없다.[35)] 보훈법령에 따라 보훈급여금을 환수하는 경우에는 압류할 수 있다.[36)]

(7) 보훈급여금의 지급정지

(가) 내용

보훈급여금을 받고 있거나 받을 사람이 한국보훈복지의료공단법 제2조에 따른 한국보훈복지의료공단에서 운영하는 양로시설이나 양육시설에서 국가의 부담으로 지원을 받고 있으면 그 지원을 받게 된 날이 속하는 달의 다음 달부터 그 지원을 받지 아니하게 된 날이 속하는 달까지는 보상금 중 대통령령으로 정하는 금액과 수당(무공영예수당은 제외)은 지급하지 아니한다.[37)]

(나) 지급정지되는 금액

지금정지되는 금액은 국가유공자법 시행령 별표 6의2에 정해져 있다.[38)]

---

32) 법 18조
33) 법 19조 1항
34) 법 19조 2항
35) 법 19조 3항
36) 법 19조 4항
37) 법 20조
38) 영 31조

영 [별표 6의2] 지급이 정지되는 보상금의 금액

2022년도 보상금 지급정지 구분표

1. 전상군경, 공상군경, 4 · 19혁명부상자 및 특별공로상이자

상이등급별	월 정지금액(천원)	상이등급별	월 정지금액(천원)
1급 1항	1,455	3급	1,038
1급 2항	1,455	4급	637
1급 3항	1,455	5급	278
2급	1,212	6급 1항	126

2. 전몰군경, 순직군경, 4 · 19혁명사망자 및 특별공로순직자의 유족과 전상군경, 공상군경, 4 · 19혁명부상자, 특별공로상이자 및 재일학도의용군인에 해당하는 사람이 사망한 경우의 그 유족

구분	월 정지금액 (천원)
가. 전몰군경, 순직군경의 유족 1) 배우자 2) 미성년 자녀 또는 미성년 제매 3) 부모 또는 조부모	 296 575 265
나. 4 · 19혁명사망자 및 특별공로순직자의 유족과 상이등급 1급부터 5급까지에 해당하는 전상군경, 공상군경, 4 · 19혁명부상자, 특별공로상이자와 재일학도의용군인의 유족 1) 배우자 2) 미성년 자녀 또는 미성년 제매 3) 부모 또는 조부모	 63 307 38
다. 상이등급 6급에 해당하는 전상군경, 공상군경, 4 · 19혁명부상자, 특별공로상이자의 유족 1) 배우자 2) 미성년 자녀 또는 미성년 제매 3) 부모 또는 조부모	 36 283 7

비고: 사망자가 2명 이상인 유족에 대해서는 사망자 1명당 보상금 지급정지 구분에 해당하는 월 정지금액을 각각 합산하여 정지한다.

(다) 재산권 침해 논란

보훈급여금 지급정지 규정으로 인해 종전에 지급받고 있던 부가연금이나 생활조정수당 등의 지급이 정지되므로 이는 국가유공자의 재산권을 침해하는 것이 아니냐는 논의가 있었다. 이에 대해서는, 설령 이 규정으로 인하여 등록 국가유공자가 보훈원에서 보호를 받고 있는 동안 종전에 지급받던 부가연금이나 생활조정수당 등의 지급이 정지된다고 하더라도 국가의 부담으로 시설보호를 받음으로써 거주비, 식비, 피복비의 대부분을 스스로 부담하지 않게 되어 사실상 종전에 지급받던 보상금 중 상당부분에 갈음하여 다른 형태의 보상을 받고 있다고 볼 수 있고 또 위와 같은 시설보호를 받을 지의 여부는 국가유공자의 선택에 달려 있다는 점 등을 고려하면, 이 규정으로 인하여 국가유공자의 재산권이 침해되었다고 볼 수 없다고 할 것이다.[39] 국가는 한정된 예산의 범위 안에서 부가연금이나 생활조정수당 등 직접적으로 국가유공자에게 지급하던 사회보장적, 보훈적 성격의 연금 및 수당 대신 양로시설의 주거비, 식비, 피복비 등을 지원하여 국가유공자의 기본적 생활을 보장하는 것이며 그 혜택은 결국 다른 형태로 양로시설 등에 입소한 국가유공자들에게 돌아가는 것이고 위와 같은 차별취급에 대한 선택권은 국가유공자에게 주어져 있으므로, 이 규정에 따라 국가 등의 양로시설에 입소하는 국가유공자에게 부가연금, 생활조정수당 등을 지급하지 아니함으로써 양로시설에 입소하지 아니한 그 밖의 국가유공자와의 사이에 생기는 차별은 나름대로 합리성을 갖추고 있기 때문이다.[40]

다. 보상금

(1) 보상금의 의의

보상금이란 매월 일정액이 지급되는 금원으로서, 과거에는 연금이라 불렸다.[41] 연금은 매년 정기적으로 지급되는 보상금의 한 종류로서 앞서 본 바와 같이 1952년부터 지급되었다. 그렇지만 연금체계가 제대로 구비된 것은 1985년 시행된 「국가유공자 예우 등에 관한 법률」에서였다. 1985년부터는 연금 중에서 모든 보훈대상자에

39) 헌법재판소 2000. 6. 1. 선고 98헌마216 전원재판부 결정
40) 헌법재판소, 위 결정
41) 구 국가유공자법(2007. 1. 1. 시행, 법률 제7873호로 개정된 것)부터 보상금을 보훈급여금으로, 연금을 보상금으로 명칭을 변경했다.

게 일률적인 금액으로 지급되는 부분을 기본연금으로, 여타 부분 즉 연령, 생활여건이나 상이정도, 공훈 등에 따라 달리 지급되는 부분을 부가연금이나 수당으로 구분하였다.[42]

(2) 보상금의 법적 성격

보상금의 법적성격은 무엇인가. 서울고등법원은, "보상금은 국가를 위하여 공헌하거나 희생한 국가유공자 등에 대하여 국가가 응분의 예우를 행함으로써 그 생활향상과 복지향상을 도모하기 위한 목적으로 사회보장적 차원에서 지급되는 것"으로서, 그 법적 성격은 "위자료의 성질을 가지는 것"이라 하였다.[43]

(3) 보상금의 지급대상

국가유공자에 대한 보상금은 다음에 해당하는 사람에게 지급한다.[44]

① 전상군경, 공상군경, 4·19혁명부상자 및 특별공로상이자

② 재일학도의용군인 및 그가 사망한 경우 그 유족 중 선순위자 1명

③ 전몰군경, 순직군경, 4·19혁명사망자 및 특별공로순직자의 유족 중 선순위자 1명

④위 ①에 해당하는 사람 중 대통령령으로 정하는 상이등급[45] 이상으로 판정된 사람이 사망한 경우 그 유족 중 선순위자 1명

위 ②부터 ④까지에 해당하는 유족 중 자녀는 25세 미만의 자녀로 한정하되, 그 자녀가 대통령령으로 정하는 생활능력이 없는 정도의 장애가 있으면 25세가 된 이후에도 25세 미만인 자녀의 예에 따라 지급한다.[46] 대통령령으로 정하는 생활능력이 없는 정도의 장애[47]가 있는 미성년 제매가 성년이 된 경우에도 또한 같다.[48]

---

42) 보훈 50년사, 국가보훈처(2011), p.315

43) 서울고등법원 1991. 3. 13. 선고 90나48312 판결. 동 판결은 손해배상을 구하는 것이었는데, 국가유공자법상의 보상금은 위자료의 성격을 가지는 것이므로 이를 이유로 일실수입을 감해서는 안 된다고 판단하였다.

44) 법 12조 1항

45) 상이등급 6급을 말한다(영 제20조).

46) 법 12조 2항 전문

47) 별표 2. 장애인장애구분표에 해당하는 심신장애를 말한다(영 제21조).

48) 법 12조 2항 후문

공상공무원을 국가유공자로 예우하되 공산군경 등과 달리 연금지급 대상자에는 포함시키지 아니한 것이 평등의 원칙이나 평등권을 침해하는 지 여부가 문제된 사안에서 헌법재판소는 국가에 대한 공헌과 희생, 업무의 위험성의 정도, 국가의 재정상태 등을 고려하여 군인·경찰공무원과 달리 연금 및 사망일시금을 지급하지 않는다고 해서 이를 합리적인 이유 없는 차별이라고 단정할 수 없고, 평등의 원칙이나 평등권을 침해하여 위헌이라고 할 수 없다고 결정한 바 있다.[49]

(4) 유족의 지급순위

(가) 원칙

보상금을 받을 유족의 순위는 법 제5조 제1항 또는 보훈보상자법 제3조 제1항 각 호의 순위로 한다.[50] 따라서 그 순위는 제1순위 배우자, 제2순위 자녀, 제3순위 부모, 제4순위 성년인 직계비속이 없는 조부모, 제5순위 60세 미만의 직계존속과 성년인 형제자매가 없는 미성년 제매가 된다. 위 유족 중 자녀는 25세 미만인 자녀로 한정하되, 그 자녀가 대통령령으로 정하는 생활능력[51]이 없는 정도의 장애가 있으면 25세가 된 이후에도 25세 미만인 자녀의 예에 따라 지급한다.[52] 보상금을 받을 순

49) 헌법재판소 2001. 6. 28. 선고 99헌바32 결정. "공상공무원의 경우, 1974. 12. 24. 법률 제2715호 국가유공자및월남귀순자특별원호법등개정법률에 의하여 공상공무원 및 순직공무원의 유족에 대한 원호제도가 신설되어 원호대상자로 추가되었고, 그들의 미성년자녀에 대한 교육보호가 실시되었으나 연금 및 제수당의 지급은 배제되었는데, 그 후 1982. 12. 28. 법률 제3590호 국가유공자등특별원호법개정법률에 의하여 보철구수당이 지급되도록 개정되었으며, 이 사건 법률 규정에 의하여 연금과 사망일시금을 제외한 생활조정수당·간호수당·보철구수당 등의 보상금과 교육보호·취업보호·의료보호·대부 등 각종 혜택을 부여받을 수 있게 하는 등, 국가유공자로서의 예우를 국가의 재정능력, 전체적인 사회보장의 수준과 국가에 대한 공헌과 희생의 정도 등을 감안하여 합리적인 범위 내에서 단계적으로 확대, 조정 실시해 왔다고 할 수 있다. 그렇다면, 일반 공상공무원의 경우 위와 같은 생활보조수당, 간호수당, 보철구 수당, 학자금지급 등의 혜택은 주어지되, 국가에 대한 공헌과 희생, 업무의 위험성의 정도, 국가의 재정상태 등을 고려하여 군인·경찰상이공무원과 달리 연금 및 사망일시금은 지급하지 않는다고 해서 이를 합리적인 이유 없는 차별이라고 단정할 수 없다. 그리고 군인, 경찰 이외의 일반 공상공무원의 경우도 그 업무의 중요서, 위험성뿐만 아니라 공무원의 총체적인 처우개선, 사기진작을 위하여 연금지급을 확대하는 것이 바람직하다고 하더라도, 국가예산이나 재정, 전체적인 사회보장의 수준 등을 고려하여 단계적인 입법을 통하여 해결하는 것이 합리적이고 타당한 방안이라고 할 것이며, 위와 같은 이유로 이를 평등의 원칙이나 평등권을 침해하여 위헌이라고 할 수는 없다고 할 것이다."

50) 법 13조 1항, 보훈보상자법 12조 1항

51) "대통령령으로 정하는 생활능력이 없는 정도의 장애"란 별표 2의 장애인장애구분표에 해당하는 심신장애를 말한다.

위의 유족이 더 이상 없으면 보상금 지급이 종결된다.

(나) 복수의 동순위자가 있을 경우

보상금을 받을 유족 중 같은 순위자가 2명 이상이면 다음의 순서로 보상금을 지급한다.[53][54]

1) 협의에 의한 순위

같은 순위 유족 간 협의에 의하여 같은 순위 유족 중 1명을 보상금을 받을 사람으로 정한 경우에는 그 사람에게 보상금을 지급한다.[55] 유족 간의 협의에 의하여 보상금을 지급받으려는 사람은 같은 순위인 유족 모두의 협의를 거쳐 보상금수급자 지정서에 같은 순위 유족 모두의 인감증명서(같은 순위의 유족이 미성년자인 경우에는 그 법정대리인의 인감증명서)를 첨부하여 국가보훈처장에게 제출해야 한다.[56] 다만, 외국에 거주 중인 같은 순위 유족이 있는 등 보상금수급자 지정서를 제출할 수 없는 부득이한 사정이 있는 경우에는 보상금수급자로 지정한 사실을 나타내는 공증인법에 따른 공정증서를 제출하는 것으로 보상금수급자 지정서의 제출을 갈음할 수 있다.[57] 위와 같이 같은 순위 유족 간에 한 협의의 효력은 협의 당사자 일방의 의사에 의하여 변경되지 않는다.[58] 따라서 같은 순위 유족이 재협의를 통해 선순위 유족을 변경하는 것은 허용된다. 국가유공자의 부모가 협의에 의하여 부모 중 1명을 보상금을 받을 사람으로 정했더라도 부모 중 1명이 법 제13조 제2항 제3호에 따른 보상

52) 구법(2022. 1. 4. 법률 제18716호로 개정되기 전의 것)에서는 “미성년인 자녀”로 규정하였었다. 이에 대해 헌법재판소는 “국가유공자의 자녀라 할지라도 그 자녀가 성년의 나이에 도달한 경우 신체적 · 정신적으로 성숙하여 스스로 생활을 영위할 수 있는 사회적 독립성과 근로능력을 갖춘 것이라 인정될 수 있으므로, 국가가 한정된 재원으로 국가유공자 유족연금제도를 운영하게 되는 것을 고려하면, 그 성년자들을 연금수급 대상에서 제외한 것은 자의적이거나 비합리적인 것이라 보기 어렵다.”는 태도를 취했다(헌법재판소 2003. 11. 27. 선고 2003헌바39 결정 참조). 그런데, 이에 대해 성년에 도달하여도 대학생으로 학업을 하는 경우 등 25세 정도까지는 근로할 수 있는 형편이 아닌 경우가 많다는 여론에 따라 만 24세까지 보상금을 지급하는 것으로 개정되었다.

53) 법 13조 2항

54) 헌법재판소는 6 · 25전몰군경자녀에게 6 · 25전몰군경자녀수당을 지급하면서 그 수급권자를 6 · 25전몰군경자녀 중 1명에 한정하는 것은 헌법에 불합치한다고 판단하였다(헌법재판소 2021. 3. 25. 선고 2018헌가6 결정). 이런 판단의 취지는 6 · 25전몰군경자녀에만 해당하는 것이 아니라 국가유공자 보훈급여금 전반에도 적용될 수 있다.

55) 법 13조 2항 1호

56) 영 24조 1항 본문

57) 영 24조 1항 단서

58) 영 24조 2항 본문

금 분할 지급을 신청한 경우에는 그 보상금수급자 지정 협의의 효력이 상실된다.[59)]

2) 주로 부양하거나 양육한 사람

협의에 의하여 보상금을 받을 유족이 정해지지 않으면 국가유공자를 주로 부양하거나 양육한 사람에게 보상금을 지급한다.[60)] 국가유공자를 주로 부양하거나 양육한 사람으로서 보상금을 지급받으려는 사람은 그 사실을 증명할 수 있는 서류를 국가보훈처장에게 제출해야 한다.[61)] 국가유공자를 주로 부양하거나 양육한 사람의 확인에 관한 사항은 보훈심사위원회의 심의 · 의결사항인데,[62)] 주로 부양 또는 양육을 증명할 때 같은 순위 유족 간에 다툼이 있는 경우에도 보훈심사위원회의 심의 · 의결을 거쳐 보상금을 지급받을 사람을 결정한다.[63)]

3) 연장자

협의에 의하거나 주로 부양한 사람도 없을 때에는 나이가 많은 사람에게 보상금을 지급하되, 같은 순위자가 국가유공자의 부모인 때에는 균등하게 분할하여 지급한다.[64)] 협의나 주로 부양한 사람이 없는 경우 연장자에게 지급하는 것은 납득하기 어렵다. 같은 순위자가 국가유공자의 부모인 경우 균등하게 분할 지급하는 것과 마찬가지로 동 순위자에게 균등하게 분할 지급하는 것이 타당할 것이다.[65)]

(5) 지급액수 등

보상금은 월액으로 하되, 상이등급별로 구분하여 지급한다.[66)]

보상금의 지급수준은 통계법 제3조 제2호에 따라 통계청이 지정하여 고시하는 통계 중 가계조사통계의 전국가구 가계소비지출액 등을 고려하여 국가유공자의 희생과 공헌의 정도에 상응하게 결정하여야 한다.[67)]

---

59) 영 24조 2항 단서
60) 법 13조 2항 2호
61) 영 24조의2 1항
62) 법 74조의5 1항 5호
63) 영 24조의2 2항
64) 법 13조 1항 3호
65) 앞서 본 바와 같이 헌법재판소의 결정(2018헌가6)으로 6 · 25전몰군경자녀수당도 균등하게 분할지급 하는 것으로 개정될 것이므로 차제에 연장자 우선 지급 규정은 삭제하는 것이 타당하다고 생각한다.
66) 법 12조 3항, 5항
67) 법 12조 4항

2022년도 국가유공자의 보상금 지급 구분표

1. 전상군경, 공상군경, 4 · 19혁명부상자 및 특별공로상이자

상이등급별	월 지급액	상이등급별	월 지급액
1급 1항	3,323,000	5급	1,733,000
1급 2항	3,134,000	6급 1항	1,581,000
1급 3항	3,000,000	6급 2항	1,455,000
2급	2,667,000	6급 3항	977,000
3급	2,493,000	7급	521,000
4급	2,092,000		

2. 재일학도의용군인: 월 145만5천원
3. 전몰군경, 순직군경, 4 · 19혁명사망자 및 특별공로순직자의 유족과 전상군경, 공상군경, 4 · 19혁명부상자, 특별공로상이자 및 재일학도의용군인에 해당하는 사람이 사망한 경우 그 유족

구분	월 지급액
가. 전몰군경 및 순직군경의 유족 1) 배우자 2) 미성년 자녀 또는 미성년 제매 3) 부모 또는 조부모	 1,751,000 2,030,000 1,720,000
나. 4 · 19혁명사망자 및 특별공로순직자의 유족과 상이등급 1급부터 5급까지에 해당하는 전상군경, 공상군경, 4 · 19혁명부상자, 특별공로상이자와 재일학도의용군인에 해당하는 사람이 사망한 경우 그 유족 1) 배우자 2) 미성년 자녀 또는 미성년 제매 3) 부모 또는 조부모	 1,518,000 1,762,000 1,493,000
다. 상이등급 6급에 해당하는 전상군경, 공상군경, 4 · 19혁명부상자, 특별공로상이자가 사망한 경우 그 유족 1) 배우자 2) 미성년 자녀 또는 미성년 제매 3) 부모 또는 조부모	 557,000 804,000 528,000

비고: 사망자가 2명 이상인 유족에 대해서는 사망자 1명당 보상금 지급 구분에 해당하는 월 지급액을 각각 합산하여 지급한다.

2022년도 보훈보상대상자의 보상금 지급 구분표

1. 재해부상군경

상이등급별	월 지급액	상이등급별	월 지급액
1급 1항	2,327,000	5급	1,214,000
1급 2항	2,194,000	6급 1항	1,107,000
1급 3항	2,100,000	6급 2항	1,019,000
2급	1,867,000	6급 3항	684,000
3급	1,746,000	7급	365,000
4급	1,465,000		

2. 재해사망군경의 유족과 재해부상군경 중 상이등급 6급 이상으로 판정된 사람이 사망한 경우 그 유족

구분	월 지급액
가. 재해사망군경의 유족 1) 배우자 2) 미성년 자녀 또는 미성년 제매 3) 부모 또는 조부모	 1,226,000 1,421,000 1,204,000
나. 재해부상군경 중 상이등급 1급부터 5급까지에 해당하는 사람이 사망한 경우 그 유족 1) 배우자 2) 미성년 자녀 또는 미성년 제매 3) 부모 또는 조부모	 1,063,000 1,234,000 1,046,000
다. 재해부상군경 중 상이등급 6급에 해당하는 사람이 사망한 경우 그 유족 1) 배우자 2) 미성년 자녀 또는 미성년 제매 3) 부모 또는 조부모	 390,000 563,000 370,000

비고: 사망자가 2명 이상인 유족에 대해서는 사망자 1명당 보상금 지급 구분에 해당하는 월 지급액을 각각 합산하여 지급한다.

라. 수당

(1) 생활조정수당

(가) 지급대상

① 국가유공자, ② 국가유공자의 유족 중 보상금을 받는 사람, ③ 국가유공자의 유족 중 보상금을 받을 사람이 없는 때에는 법 제5조 제1항 각 호의 순위에 따른 선순위자 1명에게 생활수준을 고려하여 생활조정수당을 지급할 수 있다.[68]

국가유공자의 유족 중 보상금을 받는 사람이 없어 법 제5조 제1항 각 호의 순위에 따른 선순위자 1명에게 생활조정수당을 지급하고자 할 때 유족 중 같은 순위가 2명 이상이면, 법 제13조 제2항을 준용한다.[69]

생활조정수당은 일반의 표준생계비, 민간의 임금 및 물가의 변동 등을 고려하여 국가보훈처장이 정하여 고시하는 기준[70]에 해당하는 사람에게 지급한다.[71] 이에 따라 생활조정수당은 생활수준 조사결과 소득인정액이 중앙생활보장위원회에서 결정한 중위 소득(이하 "기준 중위소득")을 고려하여 국가보훈처장이 정한 가구당 기준금액의 50% 이하, 40% 이하, 30% 이하(아래 표의 기준금액 이하)이면서 ① 부양의무자가 없는 사람이나 ② 부양의무자가 있어도 소득이 수권자 기준금액의 100분의 40과 해당 부양의무자 기준금액을 더한 금액 미만인 경우에 해당하는 부양능력이 없는 사람에게 지급한다.[72]

(단위 : 원)

구 분	기준금액	기준금액의 50%
1인	2,382,000	1,191,000
2인	3,260,085	1,630,043
3인	4,194,701	2,097,351

68) 법 14조 1항
69) 법 14조 2항
70) 생활수준에 따른 지원에 관한 기준 고시(2021. 10. 13. 시행, 국가보훈처 고시 제2021－10호)
71) 영 25조 1항
72) 위 고시 8조 1항

4인	5,121,080	2,560,540
5인	6,024,515	3,012,258
6인	6,907,004	3,453,502
7인	7,780,592	3,890,296

(나) 지급신청

생활조정수당 수급희망자는 국가보훈처장에게 생활조정수당 지급을 신청하여야 한다.[73] 신청을 할 경우 본인과 그 부양의무자는 ① 「금융실명거래 및 비밀보장에 관한 법률」 제2조 제2호 및 제3호에 따른 금융자산 및 금융거래의 내용에 대한 자료 또는 정보 중 예금의 평균잔액과 그 밖에 대통령령으로 정하는 자료 또는 정보와 ② 「신용정보의 이용 및 보호에 관한 법률」 제2조 제1호에 따른 신용정보 중 채무액과 그 밖에 대통령령으로 정하는 자료 또는 정보, ③ 보험업법 제4조 제1항 각 호에 따른 보험에 가입하여 납부한 보험료와 그 밖에 대통령령으로 정하는 자료 또는 정보 제공에 동의한다는 서면을 제출하여야 한다.[74]

(다) 생활수준 조사

국가보훈처장은 생활조정수당 수급권의 발생 또는 상실을 확인하기 위하여 생활조정수당 수급희망자 및 생활조정수당 수급자와 그 부양의무자에 대하여 필요한 서류나 그 밖에 소득 · 재산에 관한 자료의 제출을 요구할 수 있으며, 소속공무원으로 하여금 생활조정수당 수급희망자 및 생활조정수당 수급자와 그 부양의무자의 주거, 그 밖에 필요한 장소에 출입하여 서류 등을 조사하게 하거나 관계인에게 필요한 질문을 하게 할 수 있다.[75]

73) 법 14조의2 1항
74) 법 14조의2 2항
75) 법 14조의3 1항

(라) 지급액수

2022년도 국가유공자/보훈보상대상자의 생활조정수당 지급 구분표

구분	월 지급액
국가유공자와 그 유족 중 국가보훈처장이 정하여 고시하는 기준에 해당하는 사람	1. 가족이 1명 이하인 경우 가. 소득인정액이 가구당 가계지출비의 100분의 30 이하인 경우: 283,000원 나. 소득인정액이 가구당 가계지출비의 100분의 30 초과 100분의 40 이하인 경우: 252,000원 다. 소득인정액이 가구당 가계지출비의 100분의 40 초과 100분의 50 이하인 경우: 220,000원 2. 가족이 2명 이상 3명 이하인 경우 가. 소득인정액이 기준 중위소득의 100분의 30 이하인 경우: 283,000원 나. 소득인정액이 기준 중위소득의 100분의 30 초과 100분의 40 이하인 경우: 252,000원 다. 소득인정액이 기준 중위소득의 100분의 40 초과 100분의 50 이하인 경우: 220,000원 3. 가족이 4명 이상인 경우 가. 소득인정액이 기준 중위소득의 100분의 30 이하인 경우: 336,000원 나. 소득인정액이 기준 중위소득의 100분의 30 초과 100분의 40 이하인 경우: 305,000원 다. 소득인정액이 기준 중위소득의 100분의 40 초과 100분의 50 이하인 경우: 273,000원

비고
1. "소득인정액"이란 가구의 소득평가액과 재산의 소득환산액으로서 국가보훈처장이 정하여 고시하는 금액을 말한다.
2. "가구당 가계지출비용"이란 「통계법」 제17조에 따라 통계청장이 고시하는 지정통계에 따른 전년도 가계조사의 도시근로자 가구원 수별 가구당 가계지출비에 근거하여 국가보훈처장이 추계한 비용을 말한다.
3. "기준 중위소득"이란 「국민기초생활 보장법」 제2조제11호에 따른 기준 중위소득을 말한다.

(2) 간호수당

(가) 지급대상

전상군경, 공상군경, 4·19혁명부상자, 공상공무원 및 특별공로상이자로서 상이 정도가 심하여 다른 사람의 보호 없이는 활동이 어려운 사람에게 간호수당을 지급한다.[76]

76) 법 15조 1항

(나) 지급기준 등

간호수당은 월액으로 하며,77) 그 지급기준과 지급액은 국가유공자법 시행령 별표 5의2와 같다.

2022년도 국가유공자/보훈보상대상자의 간호수당 지급 구분표

구분	지급기준	월 지급액
1. 상시 간호수당	가. 상이등급 1급 1항에 해당하는 사람 나. 상이등급 1급 2항 4116호에 해당하는 사람 다. 상이등급 1급 3항 4202호 및 5102호에 해당하는 사람 라. 두 눈, 두 팔 또는 두 다리 중 어느 하나의 부위에 상이등급 1급에 해당하는 상이가 있고, 다른 부위에 5급 이상에 해당하는 상이가 있어 일상생활에 필요한 동작을 하기 위하여 항상 다른 사람의 간병이 필요하다고 국가보훈처장이 정하여 고시하는 대상에 해당하는 사람	2,763,000원
2. 수시 간호수당	가. 상이등급 2급 4108호, 4203호 및 5103호에 해당하는 사람 나. 상시 지급 대상이 아닌 상이등급 1급에 해당하는 사람. 다만, 별표 3 제9호에 따른 2개 이상의 상이처 상이등급 판정기준에 따라 1급이 되는 사람으로서 국가보훈처장이 정하여 고시하는 대상에 해당하는 사람은 제외한다. 다. 가목에 해당하지 않는 상이등급 2급 또는 상이등급 3급부터 5급까지에 해당하는 상이가 있어 일상생활에 필요한 동작을 하기 위하여 수시로 다른 사람의 간병이 필요하다고 국가보훈처장이 정하여 고시하는 대상에 해당하는 사람	1,843,00원

(3) 부양가족수당

(가) 지급대상

다음 각 호의 어느 하나에 해당하는 사람으로서 부양가족이 있는 경우에는 그 수에 따라 부양가족수당을 지급한다.78)

① 전상군경, 공상군경, 4·19혁명부상자 및 특별공로상이자 중 대통령령으로 정하는 상이등급 이상으로 판정된 사람 및 재일학도의용군인.

② 전몰군경, 순직군경, 4·19혁명사망자 및 특별공로순직자의 배우자 및 위 ①

77) 법 15조 2항
78) 법 15조의2 1항

에 해당하는 사람이 사망한 경우 그 배우자

③ 전몰군경, 순직군경, 4·19혁명사망자 및 특별공로순직자의 자녀와 위 ①에 해당하는 사람이 사망한 경우 그 자녀. 다만, 보상금을 받는 자녀에 한정한다.

위 ①에 해당하는 사람의 부양가족은 국가유공자의 배우자 및 미성년 자녀이고,[79] 위 ②와 ③에 해당하는 사람의 부양가족은 국가유공자의 미성년 자녀이다.[80] 다만, 국가유공자의 미성년 자녀가 대통령령으로 정하는 생활능력이 없는 정도의 장애가 있으면 그가 성년이 된 경우에도 부양가족의 범위에 포함한다.[81]

(나) 지급기준 등

부양가족수당은 월액으로 하며,[82] 그 지급기준과 지급액은 국가유공자법 시행령 별표 5의3과 같다.

2022년도 국가유공자/보훈보상대상자의 부양가족수당 지급 구분표

구분	부양가족	월 지급액
1. 법 제15조의2제1항제1호에 해당하는 사람	가. 배우자 나. 미성년 자녀 1명당	100,000원 100,000원
2. 법 제15조의2제1항제2호에 해당하는 사람	미성년 자녀 1명당	100,000원
3. 법 제15조의2제1항제3호에 해당하는 사람	미성년 제매 1명당	200,000원

(4) 중상이부가수당

(가) 지급대상

전상군경, 공상군경, 4·19혁명부상자, 특별공로상이자 중 대통령령으로 정하는 상이등급 이상으로 판정된 사람에게 중상이부가수당을 지급한다.[83] 대통령령으로 정하는 상이등급이란 상이등급 1급을 말한다.[84]

---

79) 법 15조의2 2항 1호
80) 법 15조의2 2항 2호
81) 법 15조의2 3항
82) 법 15조의2 4항
83) 법 16조 1항, 보훈보상자법 19조 1항

(나) 지급기준 등

국가유공자 중상이부가수당의 지급기준 및 지급액수는 다음과 같다.[85)]

① 상이등급 1급 1항에 해당하는 사람 : 2,492,000원

② 상이등급 1급 2항에 해당하는 사람 : 1,724,000원

③ 상이등급 1급 3항에 해당하는 사람 : 1,050,000원

(5) 무공영예수당

(가) 지급대상

60세 이상 무공수훈자에게 무공의 영예를 기리기 위해 무공영예수당을 지급한다.[86)] 무공수훈자가 보상금이나 참전명예수당의 지급대상에도 해당되는 경우에는 무공영예수당과 보상금, 참전명예수당 중에서 선택할 수 있다.[87)]

무공수훈자 중 60세 이상의 자에 대해서만 무공영예수당을 지급하는 것이 헌법상 평등권을 침해하는 지 여부가 문제된 사안에서 헌법재판소는, "무공영예수당의 입법목적 및 연혁, 지급요건, 그리고 현행 국가유공자예우제도 현황 등에 비추어 볼 때, 이 사건 법률조항이 국가의 재정부담 능력, 전체적인 사회보장 수준 등을 종합적으로 고려하여, 사회활동능력이 상대적으로 저하 내지 상실되었다고 볼 수 있는 고령의 무공수훈자 집단을 우선적으로 처우하는 입장에서, 무공영예수당의 수급자격을 60세 이상으로 제한한 것이 입법재량의 범위를 벗어난 자의적인 차별로서 청구인의 헌법상 평등권을 침해한다고 볼 수 없다."고 결정한 바 있다(헌법재판소 2007. 3. 29. 선고 2004헌마207 결정).

(나) 지급기준 등

무공영예수당은 상훈법에 따른 무공훈장의 등급별로 구분하여 지급하되, 2개 이상의 무공훈장을 받은 사람에 대하여는 그 중 가장 높은 등급에 해당하는 1개의 무공훈장을 기준으로 지급한다.[88)] 무공영예수당의 구체적인 지급기준 및 지급액수 등은 국가유공자법 시행령 별표 5의4와 같다.[89)]

---

84) 영 26조의3 1항, 보훈보상자법 시행령 22조 1항
85) 영 26조의3 2항
86) 법 16조의2 1항 전문
87) 법 16조의2 1항 후문
88) 법 16조의2 2항

2022년도 국가유공자의 무공영예수당 지급 구분표

구분	월 지급액
1. 태극무공훈장	430,000원
2. 을지무공훈장	425,000원
3. 충무무공훈장	420,000원
4. 화랑무공훈장	415,000원
5. 인헌무공훈장	410,000원

(6) 6·25전몰군경자녀수당

(가) 제도의 연혁과 취지

6·25전몰군경자녀는 어려서 6·25전쟁으로 부친이 사망한 사람들로서 6·25전쟁 이후 이들에 대한 보상제도가 마련되었으나 그 금액이 매우 적었다. 1970년대에 시행되던 군사원호보상법은 성년자녀를 유족의 범위에서 제외함으로서 6·25전몰군경자녀에 대한 보상은 이들이 성년에 이른 1973년경 실제적으로 종결되었다. 1985년부터 시행된 국가유공자법에서는 성년자녀도 국가유공자의 유족에 포함시킴에 따라 6·25전몰군경자녀도 지원을 받을 수 있게 되었으나 연금지급은 여전히 미성년자인 자녀만을 대상으로 하였으며, 그 외 취업지원 등은 35세까지로 한정하여 그 당시 연령이 대부분 40대~50대에 이르는 6·25전몰군경자녀는 실제로 지원을 받기가 어려웠다. 그 후 1990년대에 이르러 국가유공자 및 유족에 대한 연금이 대폭 인상되어 1987년 6월까지 월 25,000원이던 기본연금이 2001년에는 그 21배인 535,000원으로 인상되었는데, 6·25전몰군경자녀의 경우 모가 생존한 경우에는 모의 연금 수령으로 인상된 연금의 혜택을 간접적으로 입게 되었으나, 그렇지 않은 경우에는 이미 성년이 된 6·25전몰군경자녀는 이러한 혜택을 받지 못하게 되었다. 이처럼 6·25전몰군경자녀는 6·25전쟁 당시 부친의 전사 및 모친의 개가 등으로 인해 전쟁고아라는 불우한 환경에서 성장함으로써 사회·경제적 어려움에 처했음에도 불구하고 법에 의한 지원이 미비하여 사실상 보훈혜택을 받지 못하다가 성년이 되어서는 연금지급대상에서 제외되는 등 보훈혜택을 제대로 받지 못하였다. 이들에게 과거의 미흡한 보상과 특별한 희생에 대한 정당한 보상을 실시하여 이들이 경제

89) 영 27조의2

적으로 안정된 생활을 영위하고, 국가유공자 자녀로서 자긍심과 품위를 갖도록 하기 위하여 1998. 1. 1.부터 월 250,000원의 생활조정수당을 지원하게 되었다. 즉, 1998. 5. 9. 국가유공자법 시행령 "별표 5. 생활조정수당지급구분표"가 개정되어 6·25전몰군경자녀에 대하여 생활정도를 참작, 다른 국가유공자와 그 자녀보다 4배~5배 많은 월 250,000원의 생활조정수당을 지원할 수 있도록 하면서 부칙에서 이를 1998. 1. 1.부터 소급하여 적용하되, 다만 유족 중 1998. 1. 1. 이후 연금을 받은 사실이 있는 자는 그 지급대상에서 제외하도록 규정하였다. 2000. 12. 30. 국가유공자법 개정 시 위 시행령에 규정되어 있던 6·25전몰군경자녀에 대한 생활조정수당이 6·25전몰군경자녀수당으로 명칭이 변경되어 국가유공자법 제16조의3으로 신설되었으며, 이전에는 일정 생활등급 이하의 자에게 지급하던 것을 생활정도에 관계없이 그 수당을 지급하도록 대상을 확대하였으나, 유족 중 1998. 1. 1. 이후 연금을 받은 사실이 있는 6·25전몰군경자녀는 여전히 지급대상에서 제외하도록 규정하였다. 국가유공자법 제16조의3 제1항은 그 이후에도 몇 차례 개정되었으나 그 자구 등이 일부 수정되었을 뿐 실질적인 내용은 변경되지 않았고, 2015. 12. 29. 법률 제13697호로 개정된 국가유공자법에 의하여 비로소 유족이 사망한 미승계 유자녀도 자녀수당을 지급받을 수 있게 되었다.[90]

(나) 지급대상

1) 6·25전몰군경자녀 중 보상금 지급순위가 선순위인 1명

가) 정전협정 체결일인 1953년 7월 27일 이전 및「참전유공자 예우 및 단체설립에 관한 법률」별표에 따른 전투기간 중에 전사하거나 순직한 전몰군경 또는 순직군경의 자녀 중 법 제13조에 따른 보상금 지급순위가 선순위인 사람 1명에게 6·25전몰군경자녀수당을 지급한다.[91]

나) 헌법재판소는 2021. 3. 25. 선고 2018헌가6 결정에서 "국가유공자 등 예우 및 지원에 관한 법률(2019. 11. 26. 법률 제16659호로 개정된 것) 제16조의3 제1항 본문 중 '자녀 중 1명'에 한정하여 6·25전몰군경자녀수당을 지급하도록 한 부분 및 '제13조 제2항 제3호에 따른 선순위인 사람' 부분 가운데 '나이가 많은' 자녀에게 6·25전몰군경자녀수당을 지급하도록 한 부분은 헌법에 합치되지 아니한다. 위 각 법률조항

90) 헌법재판소 2016. 2. 25. 선고 2015헌바189 결정
91) 법 16조의3 1항 본문

은 2022. 12. 31.을 시한으로 입법자가 개정할 때까지 계속 적용된다."라고 헌법불합치 결정을 내렸다.

다) 헌법재판소가 볼 때 복수의 6·25전몰군경 자녀가 있을 경우 법 제13조 제2항 특히 동항 제3호에 따라 지급순위가 결정된다면 자녀 중 연장자가 수급자가 될 것인데 이는 헌법상 평등의 원칙에 반한다고 본 것이다.[92]

라) 국가유공자법 제13조의 보상금 지급순위 결정기준은 비단 6·25전몰군경자녀의 경우에만 문제되는 것이 아니라 보상금을 비롯한 보훈급여금 전반에도 해당되는 것이어서 조만간 헌법재판소의 결정 취지를 반영한 개정이 예상된다.

2) 지급의 예외

유족 중 한 사람이 보상금을 지급받고 있는 전몰군경이나 순직군경의 자녀에게는 지급하지 아니한다.[93] 이 조항은 2015. 12. 29. 법률 제13697호로 개정된 것인데, 개정 전에는 "다만, 1998년 1월 1일 이후 유족 중 1명이 보상금을 받은 사실이 있는 전몰군경이나 순직군경의 자녀에게는 지급하지 아니한다."라고 되어 있었다. 개정 전 규정에 의하면, 유족이 보상금을 받다가 1997. 12. 31. 이전에 사망한 6·25전몰군경의 자녀('승계 유자녀')에게는 자녀수당을 지급하면서, 1998. 1. 1. 이후 유족 중 1명이 보상금을 받은 사실이 있는 6·25전몰군경의 자녀('미승계 유자녀')에게는 일체 자녀수당을 지급하지 않게 된다는 문제점이 있었다.[94] 이에 따라 유족 중

92) 헌법재판소는 "이 사건 법률조항은 국가가 국가유공자의 유족인 6·25전몰군경자녀에게 이 사건 수당을 지급함에 있어 합리적인 이유 없이 그 수급권자의 수를 자녀 중 1명에게 한정하고, 수급권자의 수를 확대할 수 있는 어떠한 예외를 두지 않고 있으며, 6·25전몰군경자녀 중 나이가 많은 자와 그렇지 않은 자를 합리적 이유 없이 차별하여 나이가 많은 자에게 우선하여 이 사건 수당을 지급하고 있으므로, 나이가 적은 6·25전몰군경자녀의 평등권을 침해하여 헌법에 위반된다."라고 설시하였다.

93) 법 16조의3 1항 단서

94) 이에 대해 헌법재판소는, "이 사건 단서조항에서 1998. 1. 1. 이후 유족 중 연금을 지급받은 자가 있는 6·25전몰군경자녀를 이 사건 수당의 지급대상에서 제외하고 있는 것은 1997. 12. 31. 이전에 연금지급이 종결되어 직접적으로든 간접적으로든 어떠한 혜택을 받지 못하는 6·25전몰군경자녀에 대한 보상의 필요성이 우선한다고 입법자가 판단한 것으로 볼 수 있다. 그렇다면, 1998. 1. 1. 이후 유족 중 1인이 연금을 지급받고 있는 6·25전몰군경자녀에게이 사건 수당을 지급하지 아니함으로써 그렇지 아니한 6·25전몰군경자녀와의 사이에 생기는 차별은 나름대로 합리성을 갖추고 있다고 할 것이고 객관적으로 정의와 형평에 반한다거나 자의적인 것이라고 할 수 없다."고 판단했다(헌법재판소 2002. 12. 18. 선고 2001헌마546 결정) 그러나 위 헌법재판소의 결정의 사례처럼, 6·25전몰군경자녀의 어머니가 1999. 12. 20.까지 연금을 받다가 사망하였다는 이유로 6·25전몰군경자녀수당 지급대상에서 제외된 경우라면 현실적으로 형평의 문제가 있음을 부

보상금을 실제로 지급받고 있는 6·25전몰군경자녀의 경우에만 수급자격을 제한하기로 하였다.

(다) 지급금액

2022년도 6·25전몰군경자녀수당 지급 구분표

지급 구분	월 지급액
1. 전몰군경 또는 순직군경의 유족이 보상금을 전혀 받지 못한 경우 2. 전몰군경 또는 순직군경의 미성년 자녀가 보상금을 받다가 성년이 되어 보상금 수급권이 소멸한 경우	기본급: 1,456천원 위로가산금: 80천원
3. 전몰군경 또는 순직군경의 유족 중 미성년 자녀를 제외한 유족이 보상금을 받다가 1997년 12월 31일 이전에 보상금 수급권이 소멸한 경우	기본급: 1,239천원
4. 전몰군경 또는 순직군경의 유족 중 미성년 자녀를 제외한 유족이 보상금을 받다가 1998년 1월 1일 이후에 보상금 수급권이 소멸한 경우	기본급: 364천원 추가지원금: 114천원(제25조에 따라 국가보훈처장이 정하여 고시하는 기준에 해당하는 사람에 대해서만 지급한다)

비고: 보상금은 2006년 12월 31일까지는 연금을 말한다.

(7) 4·19혁명공로수당

(가) 지급대상

4·19혁명공로자에게 4·19민주이념을 기리기 위하여 4·19혁명공로수당을 지급한다.[95] 2018년도에 신설된 수당항목이다.

(나) 지급액수 등

4·19혁명공로수당의 지급액은 2021년 현재 월 351,000원이다.[96]

정하기 어렵다. 이런 이유로 이 사건 단서 조항이 개정된 것이다.

95) 법 16조의4 1항

96) 영 27조의4

(8) 대통령령으로 정하는 수당

법 제11조는 수당의 종류 중 "그 밖에 대통령령으로 정하는 수당"을 정하고 있는 바, 현재 고령수당, 2명 이상 사망수당, 전상수당 등 세 가지 종류의 수당이 있다.[97)]

대통령령으로 정하는 수당 지급 구분표(2022년도)

구분	지급 대상	월 지급액(천원)
고령수당	가. 법 제12조제1항제1호에 해당하는 사람 또는 같은 항 제2호의 재일학도의용군인 중 60세 이상인 사람 나. 법 제12조제1항제2호부터 제4호까지에 해당하는 사람 중 60세 이상인 배우자 다. 법 제12조제1항제2호부터 제4호까지에 해당하는 사람 중 60세 이상인 부모 또는 조부모	97 149 97
2명 이상 사망수당	법 제12조제1항제2호부터 제4호까지에 해당하는 사람 중 배우자 또는 부모로서 가. 사망자(상이등급 7급에 해당하는 전상군경, 공상군경, 4ㆍ19혁명부상자 및 특별공로상이자는 제외한다)가 2명인 경우 나. 사망자가 3명 이상인 경우에는 가목의 지급액에 2명을 초과하는 1명당 274천원을 더하여 지급한다.	1) 사망자가 2명인 경우 : 274 2) 사망자가 3명 이상인 경우 : 1)의 금액에 2명을 초과하는 1명 당 274천원을 추가하여 지급한다.
전상수당	법 제12조제1항제1호에 해당하는 사람 중 전상군경	90

마. 사망일시금

(1) 지급대상

(가) 보상금을 받고 있는 국가유공자가 사망한 경우

보상금을 받고 있는 국가유공자가 사망한 경우에는 그 유족에게 보상금 지급순위에 따라 사망일시금을 지급한다.[98)] 이 경우 유족이 없으면 사망 당시 생활을 같이하고 있던 친족 중 상속인이 될 자의 신청에 따라 그 상속인에게 지급한다.[99)] 상속인이 될 자도 없는 경우에는 장제를 행하는 자에게 지급할 수 있다.[100)]

---

97) 영 23조 1항
98) 법 17조 1항 전문
99) 법 17조 1항 후문

(나) 보상금을 받고 있는 국가유공자의 유족이 사망한 경우

보상금을 받고 있는 국가유공자의 유족이 사망한 경우에는 그 보상금을 받을 수 있는 다른 유족이 없는 경우에만 지급하되, 사망 당시 생활을 같이하고 있던 친족 중 상속인이 될 자의 신청에 따라 그 상속인에게 지급한다.[101] 상속인이 될 자도 없는 경우에는 장제를 행하는 자에게 지급할 수 있다.[102]

(2) 지급기준 등

2022년 사망일시금 지급 구분표

사망자별	지급액(천원)
1. 전상군경, 공상군경, 4 · 19혁명부상자 및 특별공로상이자 가. 상이등급 1급에 해당하는 사람 나. 상이등급 2급부터 7급까지에 해당하는 사람으로서 유족이 보상금 지급대상이 아닌 사람 다. 상이등급 2급부터 7급까지에 해당하는 사람으로서 유족이 보상금 지급대상인 사람	 1,704 1,444 1,127
2. 재일학도의용군인	1,127
3. 보상금 지급대상인 유족	1,127

4. 교육지원

국가는 국가유공자와 그 유족 또는 가족이 교육기관에서 필요한 교육을 받음으로써 건전한 사회인으로 자립할 수 있도록 교육지원을 실시한다.[103]

가. 지원 대상자

(1) 교육지원을 받을 수 있는 사람(이하 '교육지원 대상자'라 한다)은 다음과 같다.

① 전상군경, 공상군경, 무공수훈자, 보국수훈자, 재일학도의용군인, 4 · 19혁명부상자, 4 · 19혁명공로자, 공상공무원, 특별공로상이자 및 특별공로자[104]

100) 법 17조 3항
101) 법 17조 2항
102) 법 17조 3항
103) 법 21조
104) 법 22조 1항 1호

② 전몰군경, 순직군경, 4·19혁명사망자, 순직공무원 및 특별공로순직자의 배우자
③ 위 ①에 해당하는 사람의 자녀
④ 전몰군경, 순직군경, 4·19혁명사망자, 순직공무원, 특별공로순직자의 자녀, 미성년 제매 및 위 ①에 해당하는 사람이 사망한 경우의 그 미성년 제매

(2) 위 교육지원 대상자 중 ⓐ무공수훈자, 보국수훈자, 4·19혁명공로자 및 특별공로자 ⓑ 앞의 ⓐ에 해당하는 사람의 자녀 ⓒ 전상군경, 공상군경, 4·19혁명부상자, 공상공무원 및 특별공로상이자 중 대통령령으로 정하는 상이등급[105] 미만으로 판정된 사람의 자녀에 대해서는 대통령령이 정하는 바에 따라 생활수준[106]을 고려하여 교육지원을 할 수 있다.[107] 이 ⓐ,ⓑ,ⓒ에 해당하는 사람이 교육지원을 받으려는 경우에는 국가보훈처장에게 교육지원을 신청해야 하는데, 이 경우 신청인의 생활수준 파악을 위한 절차 등에 관하여는 법 제14조의 2부터 법 제14조의 4까지의 규정(생활조정수당 지급을 위한 생활수준 조사규정)을 준용한다.[108]

(3) 위 ③, ④에 해당하는 사람에 대한 교육지원은 그 사람이 30세 이전에 교육기관에 취학(입학·재입학·편입학 또는 전입학하는 경우를 포함)하는 경우에만 실시한다.[109]

국가보훈법령상 교육지원대상자

독립 유공자법	1. 독립유공자 및 그의 배우자 2. 독립유공자의 자녀 및 손자녀	없음	없음
국가 유공자법	1. 1~7급 상이자, 1~6급 상이자의 자녀, 재일학도의용군인 및 그의 자녀 * 상이자(전 · 공상군경, 4 · 19혁명부상자, 공상공무원, 특별공	1. 7급 상이자의 자녀 (전 · 공상군경, 4 · 19혁명부상자, 공상공무원, 특별공로상이자) * '12.7.1.이후 등록자부터 적용	'12.7.1.이후 등록자의 자녀 및 미성년제매

105) 상이등급 6급을 말함(영 34조의2 1항)
106) 이들에 대하여는 일반의 표준생계비, 민간의 임금 및 물가의 변동 등을 고려하여 국가보훈처장이 정하여 고시하는 기준["생활수준에 따른 지원에 관한 기준", 국가보훈처 고시 제2021-10호]에 해당하는 경우에만 교육지원을 실시한다(영 34조의2 2항).
107) 법 22조 3항
108) 법 22조 4항
109) 법 22조 2항

	로상이자) 2. 전몰군경, 순직군경, 4 · 19혁명 사망자, 순직공무원 및 특별공로 순직자의 배우자 3. 전몰군경, 순직군경, 4 · 19혁명 사망자, 순직공무원, 특별공로 순직자의 자녀, 미성년 제매 및 제1호에 해당하는 사람이 사망한 경우의 그 미성년 제매	2. 무공수훈자, 보국수훈자, 4 · 19혁명공로자, 특별공로자 본인 및 자녀	
보훈 보상자법	1. 1~7급 재해부상군경 및 재해부상공무원, 1~6급 재해부상군경 및 재해부상공무원의 자녀 2. 재해사망군경 및 재해사망 공무원의 배우자 3. 재해사망군경 및 재해사망 공무원의 자녀, 미성년 제매	1. 7급 재해부상군경 및 재해부상공무원의 자녀	자녀 및 미성년제매
고엽제법	1. 수당지급 대상자인 고엽제 후유의증환자 2. 제1호의 수당지급 대상자 중 중등도 장애 이상에 해당하는 사람의 가족 또는 유족 중 자녀	1. 고엽제 경도환자의 자녀 * '16.6.23.이후 등록자부터 적용	'12.7.1.이후 등록자의 자녀
5 · 18 유공자법	1. 장해등급 1~14급 5 · 18민주화운동부상자 및 장해등급 1~11급 5 · 18민주화운동부상자의 자녀 2. 5 · 18민주화운동사망자 또는 행방불명자의 배우자 3. 5 · 18민주화운동사망자 또는 행방불명자의 자녀 및 미성년 제매와 제1호에 해당하는 사람이 사망한 경우의 그 미성년 제매	1. 장해등급 12~14급 5 · 18 민주화운동부상자의 자녀 * '16.6.23.이후 등록자부터 적용 2. 5 · 18민주화운동희생자 본인 및 자녀	'16.6.23.이후 등록자의 자녀 및 미성년제매
특수임무 유공자법	1. 상이등급 1~7급 특수임무부상자 및 상이등급 1~6급 특수임무부상자의 자녀 2. 특수임무사망자 또는 행방불명자의 배우자 3. 특수임무사망자 또는 행방불명자의 자녀	1. 7급 특수임무부상자의 자녀 *'12.7.1.이후 등록자부터 적용	'12.7.1.이후 등록자의 자녀
		2. 특수임무공로자 본인 및 자녀	'16.6.23.이후 등록자의 자녀

대상자별 교육지원 기준

구분	대상구분	본인	배우자	손자녀	미성년 제매	자녀 ('12.6.30. 이전 등록자)	자녀 ('12.7.1. 이후 등록자)		자녀 ('16.6.23. 이후 등록자)	
					직계존속 및 성년 형제자매	희생/ 공헌도	희생/ 공헌도	나이	희생/ 공헌도	나이
독립유공자법	순국선열		○	○		○	○	-	-	-
	애국지사	○	○	○		○	○	-	-	-
국가유공자법	전몰군경		○		○	○	○	30세 이하	-	-
	순직군경		○		○	○	○	30세 이하	-	-
	전상군경	○			○ (본인 사망시)	○	○ (1~6급) △(7급)	30세 이하	-	-
	공상군경	○			○ (본인 사망시)	○	○ (1~6급) △(7급)	30세 이하	-	-
	무공수훈자	△			○ (본인 사망시)	△	△	30세 이하	-	-
	보국수훈자	△			○ (본인 사망시)	△	△	30세 이하	-	-
	재일학도 의용군인	○			○ (본인 사망시)	○	○	30세 이하	-	-
	4 · 19혁명 사망자		○		○	○	○	30세 이하	-	-
	4 · 19혁명 부상자	○			○ (본인 사망시)	○	○ (1~6급) △(7급)	30세 이하	-	-
	4 · 19혁명 공로자	△			○ (본인 사망시)	△	△	30세 이하	-	-
	순직공무원		○		○	○	○	30세 이하	-	-
	공상공무원	○				○	○ (1~6급) △(7급)	30세 이하	-	-
	국가사회발전 특별공로순직자		○		○	○	○	30세 이하	-	-
	국가사회발전 특별공로상이자	○			○ (본인	○	○ (1~6급)	30세 이하	-	-

					사망시)		△(7급)			
	국가사회발전 특별공로자	△			○ (본인 사망시)	△		30세 이하	-	-
	6.18 자유상이자	○				○	○ (1~6급) △(7급)	30세 이하	-	-
	지원순직군경		○			○	-	-	-	-
	지원공상군경	○				○	-	-	-	-
	지원순직 공무원		○			○	-	-	-	-
	지원공상 공무원	○				○	-	-	-	-
보훈보상대상자법	재해사망군경		○		○		○	30세 이하	-	-
	재해부상군경	○					○ (1~6급) △(7급)	30세 이하	-	-
	재해사망 공무원		○		○		○	30세 이하	-	-
	재해부상 공무원	○					○ (1~6급) △(7급)	30세 이하	-	-
고엽제법	고엽제 후유의증 (제적지원포함)	○				○	○	30세 이하	○(고도, 중등도) △(경도)	-
5·18민주유공자법	5·18민주화운동사망자/행방불명자		○		○	○	○	-	○	30세 이하
	5 · 18민주화 운동부상자	○			○ (본인사망시)	○	○	-	○ (1~11급) △(12~14등급)	30세 이하
	5 · 18민주화 운동희생자	△			○ (본인사망시)	△	△	-	△	30세 이하
특수임무유공자법	특수임무 사망자/ 행방불명자		○			○	○	-	○	30세 이하
	특수임무 부상자	○				○	○ (1~6급) △(7급)	30세 이하	-	-
	특수임무 공로자	△				△	△	-	△	30세 이하

※ ○(등록결정), △(생활수준조사)

출처 : 국가보훈처 보훈업무 시행지침(I)

나. 지원내용

(1) 국가유공자 의무적 합격제

(가) 의무합격 비율

다음 어느 하나에 해당하는 교육기관은 학년별로 그 학생정원의 3% 범위 내에서 교육지원 대상자를 의무적으로 합격시켜야 한다.[110]

① 「초 · 중등교육법」 제2조에 따른 중학교, 고등학교 및 그 밖에 이에 준하는 학교. 다만, 같은 법 제60조의 2에 따른 외국인학교는 제외한다.

② 「고등교육법」 제2조에 따른 대학(산업대학 · 교육대학 · 전문대학 · 원격대학 및 기술대학 포함) 및 그 밖에 이에 준하는 학교. 다만, 같은 법 제29조의 2의 대학원과 같은 법 제30조의 대학원대학은 제외한다.

③ 「평생교육법」에 따라 학력이 인정되는 평생교육시설

④ 「학점인정 등에 관한 법률」에 따라 평가인정을 받은 학습과정을 운영하는 교육훈련기관

(나) 취학비율의 조정

교육부장관은 교육지원 대상자의 지역별 분포 상태를 고려하여 필요하다고 인정하면 대통령령으로 정하는 바에 따라 지역별로 위 취학비율을 6%까지 확대할 수 있다.[111] 국가보훈처장은 고등학교, 그 밖에 이에 준하는 학교에 취학할 교육지원 대상자의 지역별 분포수가 3%를 초과할 때에는 해당 지역에 대한 교육지원 대상자의 분포수를 교육부장관에게 통보하여야 한다.[112] 교육부장관은 그 통보를 받은 경우 특별시 · 광역시 · 시 · 군 · 특별자치도 단위별로 그 취학비율을 결정하고 입학시험 10일 전까지 특별시 · 광역시 · 시 · 군 · 특별자치도의 교육감에게 통보하여야 한다.[113]

---

110) 법 23조 1항
111) 법 23조 2항
112) 영 35조 1항
113) 영 35조 2항

(2) 수업료 면제

(가) 교육기관은 교육지원 대상자에 대하여 교육에 필요한 수업료, 입학금 및 그 밖의 학비(이하 "수업료 등")를 면제한다.[114] 수업료 등의 면제는 교육지원 대상자가 수업료 등을 면제하여 줄 것을 신청한 날이 속하는 달부터 실시한다.[115] 다만, 교육기관 중 대학, 원격대학 형태의 평생교육시설 및 전문대학 이상의 학위 취득에 필요한 학점이 인정되는 학습과정을 운영하는 교육훈련기관(이하 "대학 등")의 경우에는 교육지원 대상자가 수업료 등의 면제를 신청한 이후 최초로 납부기한이 도래하는 수업료 등부터 면제한다.[116] 국외 대학의 수업료는 면제되지 않는데, 이에 대해 헌법재판소는 국가의 재정부담능력 등을 감안한 제도의 단계적 개선의 일환으로서 우선 국내 대학에 취학한 자만을 수혜의 영역에 포함시키는 것이 현저히 합리성을 결여한 자의적 기준에 의한 차별이라고 보기 어렵다고 판단한 바 있다.[117]

(나) 사립인 대학 등이 국가유공자법 제22조 제1항 제3호[118] 또는 4호[119]에 해당하는 교육지원 대상자에 대하여 수업료 등을 면제한 경우 국가는 그 면제금액의 절반을 보조한다.[120] 국가가 사립대학에 수업료 등의 반액을 보조하도록 한 취지는 국가유공자의 자녀에 대해서까지 수업료 등을 면제한 사립대학에 부분적으로나마 재정적인 지원을 함으로써 그 사회적 책임 분담을 장려하기 위한 것이다. 이러한 취지에 비추어 볼 때, 입법자가 국가로 하여금 보조금 상당액을 국가유공자의 자녀에게 직접 지원하게 하지 않고 먼저 대학에 의해 수업료 등이 면제된 경우에 한하여 보조금을 지급하도록 규정한 것은 일응 합리성이 있다.[121]

(다) 국가는 교육지원 대상자가 국가유공자, 그 유족 또는 가족으로 등록을 신청한 후 수업료 등을 면제받기 전까지 실제로 부담한 수업료 등에 해당하는 금액을 지

114) 법 25조 1항
115) 법 25조 2항 본문
116) 법 25조 2항 단서
117) 헌법재판소 2003. 5. 15. 선고 2001헌마565 결정
118) "전상군경, 공상군경, 무공수훈자, 보국수훈자, 재일학도의용군인, 4 · 19혁명부상자, 4 · 19혁명공로자, 공상공무원, 특별공로상이자 및 특별공로자"에 해당하는 사람의 자녀
119) 전몰군경, 순직군경, 4 · 19혁명사망자, 순직공무원, 특별공로순직자의 자녀, 미성년 제매 및 제1호에 해당하는 사람이 사망한 경우의 그 미성년 제매
120) 법 25조 3항
121) 헌법재판소 2003. 5. 15. 선고 2001헌마565 결정

원할 수 있다.[122)]

(3) 수업료 등의 일부 보조

(가) 지급대상

교육지원 대상자가 다음 어느 하나에 해당하는 외국인학교 등에 취학하는 경우 예산의 범위 안에서 수업료 등의 일부를 보조할 수 있다.[123)]

① 「초 · 중등교육법」 제60조의2에 따른 외국인학교 중 같은 법 제2조에 따른 중학교 또는 고등학교에 상응하는 외국인학교

② 「경제자유구역 및 제주국제자유도시의 외국교육기관 설립 · 운영에 관한 특별법」 제2조 제2호에 따른 외국교육기관 중 「초 · 중등교육법」 제2조에 따른 중학교 또는 고등학교에 상응하는 외국교육기관과 대학에 상응하는 외국교육기관

(나) 지급기준 및 액수 등[124)]

외국교육기관 수업료등 보조금 지급 구분표(제42조의3 제1항 관련)

구분	지급액
1. 법 제25조의2제1항제1호에 따른 외국인학교와 같은 항 제2호에 따른 외국교육기관 중 「초 · 중등교육법」 제2조에 따른 고등학교에 상응하는 외국교육기관	「초 · 중등교육법 시행령」 제76조의2제1호에 해당하는 고등학교의 전년도 평균 수업료등을 고려하여 국가보훈처장이 정하여 고시하는 금액

(4) 학습보조비 지급

(가) 지급대상

① 장애인 등에 대한 특수교육법 제2조 제1호에 따른 특수교육을 받고 있는 교육지원 대상자[125)]

② 국가유공자법 제22조 제1항 제1호 또는 제2호에 해당하는 사람으로서 법 제22조의2 각 호의 어느 하나에 해당하는 교육기관 또는 동법 제25조의2 제1항

122) 법 25조 4항
123) 법 25조의2 1항
124) 영 [별표 6의3]
125) 법 26조 1항 1호

각 호의 어느 하나에 해당하는 외국인학교 등에 재학 중인 사람[126]

③ 국가유공자법 제22조 제1항 제3호 또는 제4호에 해당하는 사람으로서 동법 제22조의2 제1호에 따른 교육기관, 같은 조 제3호에 따른 평생교육시설(중학교 · 고등학교 과정의 평생교육시설만 해당) 또는 동법 제25조의2 제1항 각 호의 어느 하나에 해당하는 외국인학교 등(대학에 상응하는 외국교육기관은 제외)에 재학 중인 사람[127]

(나) 지급기준 및 액수[128]

학습보조비 지급 구분표

구분	중학교, 그 밖에 이에 준하는 학교	고등학교, 그 밖에 이에 준하는 학교		특수학교		대학, 그 밖에 이에 준하는 고등교육기관 및 학점이 인되는 교육훈련기관
		인문	실업	유치원 및 초등학교에 준하는 과정	중학교 및 고등학교에 준하는 과정	
1명당 연 지급액 (천원)	124	144	186	534	718	236

(다) 지급방법

학습보조비는 교육지원 대상자나 그 보호자에게 4월 15일과 10월 15일 연 2회 지급하되, 그 지급일이 토요일이나 공휴일인 경우에는 그 전날에 지급하고, 천재지변, 재해 또는 이에 준하는 사유가 있는 경우에는 국가보훈처장이 따로 정할 수 있다.[129]

5. 취업지원

국가는 국가유공자와 그 유족 등의 생활안정 및 자아실현을 위하여 취업지원을

126) 영 43조 1항 1호
127) 영 43조 1항 2호
128) 영 43조 2항
129) 영 43조 3항

한다.[130]

가. 취업지원 대상자

(1) 취업지원 대상자의 구분

(가) 2012년 보훈체계 개편

2012년 보훈체계 개편 이전에는 국가유공자 본인뿐만 아니라 그 가족까지 취업을 지원했었다. 취업지원은 당초 상대적으로 미흡했던 보상금의 보전적 차원에서 도입된 것으로서 국가유공자의 생활안정을 도모하기 위한 제도였으나 점차 국가유공자 본인보다는 젊은 자녀 위주로 취업지원이 이루어지고 있어 제도 취지에 맞지 아니하였다. 이런 비판을 수용하여 2012년 보훈체계 개편 시 국가유공자 본인 중심의 취업지원제도로 변경하였다.[131] 이에 더하여, 제도 개편 이후 취업지원 대상자

---

130) 법 28조

131) 이러한 대대적인 제도 개편은 2006년 헌법재판소의 헌법불합치 결정에 따른 것이었는데, 헌법재판소는 국가유공자 가족에 대해 가산점을 부여하는 법 제31조 제1항 · 제2항이 입법목적과 그 달성수단 간의 비례성을 현저히 초과하는 것이어서 일반 공직시험 응시자들의 평등권을 침해한다고 판단하였다[헌법재판소 2006. 2. 23. 선고 2004헌마675 · 981 · 1022(병합) 전원재판부 결정].

헌법재판소는 이 사건에서, "1. 헌법재판소는 2001. 2. 22. 선고 2000헌마25 결정에서, 이 사건 조항과 동일한 내용을 지닌 구 국가유공자등예우및지원에관한법률 규정(제34조 제1항 중 동법 제1호 소정의 '국가기관' 부분)이 일반 응시자의 평등권이나 공무담임권을 침해하지 않는다고 판단하였다. 이 사건에서는 다음과 같은 점에서 종전 결정과 달리 판단될 필요가 있다. 가. 가산점 수혜대상이 되는 취업보호대상자가 1984년 이후 대폭 증가하여 온 것에 대하여, 종전 결정 이후인 2002년에는 광주민주유공자예우에관한법률이, 2004년에는 특수임무수행자지원에관한 법률이, 해당자들과 그 유가족에게 가산점 혜택이 주어지고 있다. 또한 2000년부터 보훈대상자(가산점 수혜대상자)가 비약적으로 증가하고 있으며, 이는 보훈대상자가 되는 가족들이 늘어나기 때문이다. 나. 국가공무원직 7급의 경우, 국가유공자 가산점 수혜자의 합벽비율이 2002년도에는 전체 합격자의 30.3%(189명), 2003년도에는 25.1%(159명), 2004년도 34.2%(163명)에 이르고 있으며, 국가공무원직 9급의 경우, 2002년도에는 26.9%(784명), 2003년도 17.6%(331명), 2004년도 15.7%(282명)에 이르고 있다. 한편 2005. 6. 30. 현재 우선적 근로기회를 부여받은 취업보호대상자(가산점 수혜자)는 86,862명인데 이 중 7,013명(8%)만이 국가유공자(상이군경 등 포함) 본인이고, 79,849명(92%)이 그들의 유 · 가족이며, 그 중 국가유공자의 자녀가 차지하는 비율은 83.7%(72,777명)이다. 이러한 추세는 국가유공자 가산점제도가 오늘날 국가유공자 본인을 위한 거이라기보다는 그 가족을 위한 것으로 변질되고 있는 것을 보여준다. … (중략) … 2. 가. 이 사건 조항은 일반 응시자들의 공직취임의 기회를 차별하는 것이며, 이러한 기본권 행사에 있어서의 차별은 차별목적과 수단 간에 비례성을 갖추어야만 헌법적으로 정당화될 수 있다. 국가유공자의 가족의 경우 가산점의 부여는 헌법이 직접 요청하고 있는 것이 아니

를 **사망한 국가유공자와 6급 이상 국가유공자의 자녀**로 제한하였다. 따라서 **7급 상이자 및 신체희생이 없는 국가유공자의 자녀와 보훈보상대상자의 자녀**는 지원대상에서 제외된다.

국가유공자법 개정 전	국가유공자법 개정 후 (2012. 7. 1. 시행, 법률 제11401호)
제29조(취업지원 대상자) ① 취업지원을 받을 취업지원 대상자는 다음과 같다.	제29조(취업지원 대상자) ① 취업지원을 받을 수 있는 사람(이하 "취업지원 대상자"라 한다)은 다음 각 호와 같다.
1. 전상군경, 공상군경, 무공수훈자, 보국수훈자, 재일학도의용군인, 4ㆍ19혁명부상자, 4ㆍ19혁명공로자, 공상공무원, 특별공로상이자 및 특별공로자와 **그 가족** 2. 전몰군경, 순직군경, 4ㆍ19혁명사망자, 순직공무원 및 특별공로자의 유족 3. 제1호에 해당하는 국가유공자가 사망한 경우의 그 유족	1. 전상군경, 공상군경, 무공수훈자, 보국수훈자, 재일학도의용군인, 4ㆍ19혁명부상자, 4ㆍ19혁명공로자, 공상공무원, 특별공로상이자 및 특별공로자 2. 전몰군경, 순직군경, 4ㆍ19혁명사망자, 순직공무원 및 특별공로자의 **배우자** 3. 제1호에 해당하는 사람의 **배우자**
〈신설〉	4. **전몰군경, 순직군경, 4ㆍ19혁명사망자, 순직공무원 및 특별공로순직자의 자녀**
〈신설〉	5. 전상군경, 공상군경, 4ㆍ19혁명부상자, 공상공무원 및 특별공로상이자 중 **대통령으로 정하는 상이등급 이상으로 판정된 사람의 자녀** 및 재일학도의용군인의 자녀

고, 그러한 법률상의 입법적책은 능력주의 또는 성과주의를 바탕으로 하여야 하는 공직취임권의 규율에 있어서 중요한 예외를 구성한다. 헌법적 요청이 있는 경우에는 합리적 범위 안에서 능력주의가 제한될 수 있지만, 단지 법률적 차원의 정책적 관점에서 능력주의의 예외를 인정하려면 해당 공익과 일반 응시자의 공무담임권의 차별 사이에 엄밀한 법익형량이 이루어져야 한다. 이 사건 조항으로 인한 공무담임권의 차별효과는 앞서 본 바와 같이 심각한 반면, 국가유공자 가족들에 대하여 아무런 인원제한도 없이 매 시험마다 10%의 높은 가산점을 부여해야만 할 필요성은 긴요한 것이라고 보기 어렵고, 입법목적을 감안하더라도 일반 응시자들의 공무담임권에 대한 차별효과가 지나친 것이다. 이 사건 조항의 경우 명시적인 헌법적 근거 없이 국가유공자의 가족들에게 만점의 10%라는 높은 가산점을 부여하고 있는 바, 그러한 가산점 부여 대상자의 광범위성과 가산점 10%의 심각한 영향력과 차별효과를 고려할 때, 그러한 입법정책만으로 헌법상의 공정경쟁의 원리와 기회균등의 원칙을 훼손하는 것은 부적절하며, 국가유공자의 가족은 공직 취업기회를 위하여 매년 많은 일반 응시자들에게 불합격이라는 심각한 불이익을 입게 하는 것은 정당화 될 수 없다. **이 사건 조항의 차별로 인한 불평등 효과는 입법목적과 그 달성수단 간의 비례성을 현저히 초과하는 것이므로, 이 사건 조항은 청구인들과 같은 일반 공직시험 응시자들의 평등권을 침해한다.**"고 판단하였다.

(나) 취업지원을 받을 수 있는 사람(이하 '취업지원 대상자'라 한다)은 다음과 같다.

① 전상군경, 공상군경, 무공수훈자, 보국수훈자, 재일학도의용군인, 4·19혁명부상자, 4·19혁명공로자, 공상공무원, 특별공로상이자 및 특별공로자[132)]

② 전몰군경, 순직군경, 4·19혁명사망자, 순직공무원 및 특별공로순직자의 배우자

③ 위 ①에 해당하는 사람의 배우자

④ 전몰군경, 순직군경, 4·19혁명사망자, 순직공무원, 특별공로순직자의 자녀

⑤ 전상군경, 공상군경, 4·19혁명부상자, 공상공무원 및 특별공로상이자 중 대통령령으로 정하는 상이등급[133)] 이상으로 판정된 사람의 자녀 및 재일학도의용군인의 자녀

국가유공자의 손자녀는 유족 또는 가족의 범위에 원칙적으로 포함되지 않기 때문에 취업보호의 대상이 아니다.[134)]

(2) 취업지원 대상자의 제한

국가유공자법 제32조(국가기관 등의 채용의무)와 동법 제34조(보훈특별고용)에 따른 취업지원을 실시할 경우 위 (라) 및 (마)에 해당하는 사람에 대하여는 1명에게만 실시한다.[135)]

(3) 취업지원 횟수의 제한

(가) 취업지원 대상자는 국가유공자법 제32조(국가기관 등의 채용의무) 및 동법 제34조(보훈특별고용)에 따른 취업지원과 관련하여 동법 제32조 제2항(일반직공무원 등 특별채용)에 따라 채용되는 횟수와 제34조에 따라 고용되는 횟수를 합하여 3회 이내에서 취업지원을 받을 수 있다.[136)]

(나) 2012년 보훈체계 개편 이전에는 지원횟수는 제한이 없고 가구당 자녀 3명에 대해 지원했으나, 개편 이후에는 지원횟수를 1인 3회로 제한하고 가구당 자녀도 1명

132) 법 22조 1항 1호
133) 상이등급 6급을 말한다(영 제46조의2 제1항).
134) 헌법재판소 2006. 6. 29. 선고 2006헌마87 결정 참조
135) 법 29조 2항
136) 법 29조 3항, 영 46조의2 2항

만 지원하는 것으로 변경하였다. 이는, 본인(배우자 포함)에 대해서는 보훈특별고용을 통한 취업알선으로, 취업경쟁력이 있는 자녀에 대해서는 가점취업을 적극 유도하여 보다 내실 있는 지원을 하기 위한 것이었다. 더불어, 재취업에 대한 기대심리로 단기퇴직, 불성실 근무 등 취업지원 대상자의 도덕적 해이를 방지하기 위한 측면도 있었다.

국가유공자법	국가유공자법 시행령
제29조(취업지원 대상자) ① 4. **전몰군경, 순직군경, 4 · 19혁명사망자, 순직공무원 및 특별공로순직자의 자녀** 5. 전상군경, 공상군경, 4 · 19혁명부상자, 공상공무원 및 특별공로상이자 중 **대통령으로 정하는 상이등급 이상으로 판정된 사람의 자녀** 및 재일학도의용군인의 자녀 ② 제32조 및 제34조에 따른 취업지원을 실시할 경우 제1항제4호 및 제5호에 해당하는 사람에 대하여는 1명에게만 실시한다. ③ 취업지원 대상자는 제32조 및 제34조에 따른 취업지원과 관련하여 제32조제2항에 따라 채용되는 횟수와 제34조에 따라 고용되는 횟수를 합하여 대통령령으로 정하는 횟수 이내에서 취업지원을 받을 수 있다.	제46조의2 (취업지원 상이등급 및 횟수) ① 법 제29조제1항제5호에서 **"대통령령으로 정하는 상이등급"이란 상이등급 6급**을 말한다. ② 법 제29조제3항에서 **"대통령령으로 정하는 횟수"란 3회**를 말한다.

(다) '가구당 자녀 1명에 대한 지원'이라 함은 자녀 중 1명이 취업하고 있거나 취업신청 상태가 아니면 어떤 자녀든 지원이 가능함을 의미한다. 즉, 장남이 퇴직한 이후 취업 진행사항이 없으면 차남의 취업지원도 가능하다.[137]

취업지원 대상자 및 지원 횟수

2012.6.30. 이전 등록자	2012.7.1. 이후 등록자
〈취업지원 대상자〉 • 상이등급 및 비상이 여부와 관계 없이 - 본인, 배우자, (조)부모, 자녀	〈취업지원 대상자〉 • 본인, 배우자 • 상이 6급 이상 및 전몰 · 순직자, 재일학도의용군인의 자녀 * 상이 7급 및 비상이자(무공 · 보국수훈자 등) 자녀는 취업지원 대상에서 제외

137) 2012 보훈대상 및 보상체계 개편 법령해설, p.84

〈특별고용 횟수〉 • 보훈특별고용 (일반직공무원특별채용 포함) 1인당 취업지원 횟수 제한 없음	〈특별고용 횟수〉 • 보훈특별고용 (일반직공무원 특별채용 포함) 1인당 취업지원 횟수 3회
〈자녀 보훈특별고용 등 인원〉 • 자녀에 대한 보훈특별고용 (일반직공무원 특별채용 포함) 취업은 3명까지 * 가점취업은 인원 및 횟수 제한 없음	〈자녀 보훈특별고용 등 인원〉 • 자녀에 대한 보훈특별고용 (일반직공무원 특별채용 포함) 취업은 1명 * 가점취업은 인원 및 횟수 제한 없음

(4) 지정취업제도 폐지

2012년 보훈체계 개편 시 지정취업제도를 폐지하였다. 종전에는 취업이 어려운 국가유공자의 부 또는 모가 지정하는 그의 자녀 1인, 6·25전몰·순직군경자녀가 지정하는 그의 자녀 1인에 대하여 취업을 지원하였으나, 본인 중심의 취업지원이라는 관점에서 이 제도는 폐지되었다. 이에 따라 개편 전에 등록된 유족 등은 지정취업이 가능하지만 개편 이후 신규로 등록되는 사람은 지정취업 지원대상에서 제외되었다.

국가유공자법 개정 전	국가유공자법 개정 후 (2012. 7. 1. 시행, 법률 제11401호)
제29조(취업지원 대상자) ② 제1항의 유족이나 가족에 해당하지 아니하는 사람 중 다음 각 호의 어느 하나에 해당하는 사람에 대하여는 그를 지정하는 취업지원 대상자인 부 또는 모가 질병·장애 또는 고령으로 취업이 어려운 경우에만 취업지원을 할 수 있다. 이 경우 질병·장애 또는 고령 등에 관한 기준과 취업지원에 필요한 구체적인 사항은 대통령령으로 정한다. 1. 사망한 국가유공자에게 배우자와 자녀가 없고 부모만 있는 경우에는 그 부 또는 모가 지정하는, 사망한 국가유공자의 형제자매 중 1명 2. 1953년 7월 27일 이전 및 「참전유공자예우에 관한 법률」 별표에 따른 전투 중 전사하거나 순직한 군인 또는 경찰공무원의 자녀가 지정한 그의 자녀 중 1명. 다만, 전몰군경·순직군경의 배우자나 부모가 1993년 1월 1일 이후 제12조에 따른 보상금을 받은 사실이 있는 경우는 제외한다.	〈지정취업 관련 규정 삭제〉

(5) 신체검사 합격기준

취업지원 대상자인 전상군경, 공상군경, 4·19혁명부상자, 공상공무원 및 특별공로상이자의 신체검사의 합격기준은 그가 채용될 직종에서 직무를 수행할 수 있는 정도로 하며, 그 합격판정은 대통령령으로 정하는 의료기관[138]에서 한다.[139]

나. 취업지원 실시기관

(1) 구분

취업지원 실시기관은 다음과 같이 구분된다.[140]

① 국가기관, 지방자치단체, 군부대, 국립학교와 공립학교

② 일상적으로 하루에 20명 이상을 고용하는 공·사기업체 또는 공·사단체. 다만, 영 [별표 9]의 분류번호 제10호부터 제33호까지에 해당하는 제조업체로서 200명 미만을 고용하는 기업체는 제외한다.

③ 사립학교

(2) 차별대우 금지

취업지원 실시기관은 이 법에 따른 취업자(신규로 채용된 자를 포함한다. 이하 같다)에 대하여 직급의 부여·보직(補職)·승진·승급(昇給) 등 모든 처우에서 채용의무에 따라 채용한 것을 사유로 다른 직원보다 불리한 대우를 하여서는 아니 된다.[141] 국가보훈처장은 취업지원 실시기관이 차별대우를 한 것으로 인정되면 그 시정을 요구할 수 있다.[142] 시정을 요구받은 취업지원 실시기관은 이에 따른 시정조치를 하여야 하며, 그 결과를 국가보훈처장에게 통보하여야 한다.[143] 차별대우 시정조치 결

---

138) 영 제59조(채용신체검사의 판정) ① 법 제35조에 따른 전상군경, 공상군경, 4·19혁명부상자, 공상공무원 및 특별공로상이자에 대한 채용신체검사 합격판정은 「의료법」 제3조의3에 따른 종합병원에서 한다. ② 제1항에 따른 의료기관의 장은 상이처로 인한 신체적 부자유만을 이유로 취업지원 대상자의 직무수행 능력을 불리하게 판정하여서는 아니 된다.

139) 법 35조

140) 법 30조

141) 법 36조 1항

142) 법 36조 2항

143) 법 36조 3항

과의 통보는 그 시정요구를 받은 날부터 30일 이내에 하여야 한다.[144)]

다. 지원 내용

(1) 채용시험 가점

(가) 가점 비율

취업지원 실시기관이 그 직원을 채용하기 위하여 채용시험을 실시하는 경우에는 그 채용시험에 응시한 취업지원 대상자의 점수에 다음의 구분에 따라 가점하여야 한다.[145)]

① 만점의 10%를 가점하는 취업지원 대상자

- 국가유공자법 제29조 제1항 제1호에 해당하는 사람(전상군경, 공상군경, 무공수훈자, 보국수훈자, 재일학도의용군인, 4 · 19혁명부상자, 4 · 19혁명공로자, 공상공무원, 특별공로상이자 및 특별공로자)
- 국가유공자법 제29조 제1항 제2호(전몰군경, 순직군경, 4 · 19혁명사망자, 순직공무원 및 특별공로순직자의 배우자) 및 제4호(전몰군경, 순직군경, 4 · 19혁명사망자, 순직공무원, 특별공로순직자의 자녀)에 해당하는 사람

② 만점의 5%를 가점하는 취업지원 대상자

- 국가유공자법 제29조 제1항 3호(제1호에 해당하는 사람의 배우자)에 해당하는 사람
- 국가유공자법 제29조 제1항 제5호(전상군경, 공상군경, 4 · 19혁명부상자, 공상공무원 및 특별공로상이자 중 대통령령으로 정하는 상이등급[146)] 이상으로 판정된 사람의 자녀 및 재일학도의용군인의 자녀)에 해당하는 사람

(나) 가점 방식

채용시험이 필기 · 실기 · 면접시험 등으로 구분되어 실시되는 경우에는 각 시험마다 가점 비율을 적용하여야 하며, 둘 이상의 과목으로 실시되는 시험에서는 각 과목별로 가점 비율을 적용하여야 한다. 다만, 취업지원 대상자의 점수가 만점의 40% 미만인 과목이 있거나 점수로 환산할 수 없는 시험인 경우에는 그러하지 아니하

---

144) 영 61조
145) 법 31조 1항
146) 상이등급 6급을 말한다(영 제46조의2 제1항).

다.[147]

(다) 가점제도 합격자 수의 제한

가점을 받아 채용시험에 합격하는 사람은 그 채용시험 선발예정인원의 30%를 초과할 수 없다. 다만, 응시자의 수가 선발예정인원과 같거나 그보다 적은 경우에는 그러하지 아니하다.[148] 채용시험의 합격자를 결정할 때 선발예정인원을 초과하여 동점자가 있으면 동점자 중 취업지원 대상자를 우선하여 합격자로 결정하여야 한다.[149]

(라) 가점대상 계급 및 직급

가점대상 계급 및 직급(제48조 관련)

구분	가점대상 계급 및 직급
1. 국가기관 · 지방자치단체 · 군부대 및 국공립학교	가. 「국가공무원법」 제2조 및 「지방공무원법」 제2조에 따른 공무원 중 다음의 어느 하나에 해당하는 공무원 1) 일반직공무원 중 6급 이하 공무원 또는 연구사 · 지도사 2) 특정직공무원 가) 「경찰공무원법」 제2조에 따른 경찰공무원 중 경위 이하 나) 「소방공무원법」 제3조에 따른 소방공무원 중 소방경 이하 다) 「초 · 중등교육법」 제19조에 따른 교직원 중 교사 라) 「유아교육법」 제20조에 따른 교직원 중 교사 마) 「군인사법」 제3조에 따른 군인 중 준사관 및 부사관 바) 「군무원인사법」 제3조에 따른 일반군무원 중 6급 이하 사) 「국가정보원직원법」 제2조에 따른 직원 중 6급 이하 아) 그 밖에 다른 법률에서 특정직공무원으로 지정하는 공무원 중 6급 이하 나. 「기간제 및 단시간근로자 보호 등에 관한 법률」 제2조제1호에 따른 기간제근로자 및 같은 법 제5조에 따른 기간의 정함이 없는 근로계약을 체결한 근로자
2. 공사기업체 · 공사단체	• 채용 직원의 모든 직급
3. 사립학교	가. 교원 • 「초 · 중등교육법」 제19조에 따른 교사 • 「유아교육법」 제20조제1항에 따른 교사 나. 교원을 제외한 교직원 • 채용 직원의 모든 직급

147) 법 31조 2항
148) 법 31조 3항
149) 법 31조 4항

(2) 국가기관 등의 의무적 특별 채용

(가) 의의

국가유공자법 제30조 제1호(국가기관, 지방자치단체, 군부대, 국립학교, 공립학교)에 해당하는 취업지원 실시기관으로서 기관장이 대통령령이 정하는 일반직공무원과 일반군무원(이하 "일반직공무원 등")의 임용권을 가지고 있고 일반직공무원 등의 정원이 5명 이상인 기관(이하 "국가기관 등")은 일반직공무원 등의 정원에 대하여 대통령령으로 정하는 채용비율(이하 "채용비율") 이상으로 취업지원 대상자를 일반직공무원 등으로 채용하여야 한다.[150)]

(나) 의무적 특별채용 대상 일반직 공무원

"대통령령으로 정하는 일반직공무원"이라 함은 영 [별표 8의2]에 따른 일반직공무원을 말한다.[151)]

[별표 8의2] 특별채용대상 일반직공무원

<table>
<tr><th colspan="2" rowspan="2">구분</th><th colspan="3">특별채용대상 일반직공무원</th></tr>
<tr><th>직군</th><th>직렬</th><th>직류</th></tr>
<tr><td rowspan="11">1. 국가
공무원</td><td rowspan="7">가. 「국가공무원법」 제4조제1항 및 「공무원임용령」 제3조제1항 · 제4항</td><td>1) 행정</td><td>방호</td><td>방호
경비</td></tr>
<tr><td rowspan="5">2) 기술</td><td>간호조무</td><td>간호조무</td></tr>
<tr><td>운전</td><td>운전</td></tr>
<tr><td>등대관리</td><td>등대관리</td></tr>
<tr><td>위생</td><td>위생
사역</td></tr>
<tr><td>조리</td><td>조리</td></tr>
<tr><td>3) 우정</td><td>우정</td><td>우정</td></tr>
<tr><td rowspan="4">나. 「국가공무원법」 제4조제4항 및 「국회인사규칙」 제4조제1항</td><td rowspan="2">1) 행정</td><td>방호</td><td>방호</td></tr>
<tr><td>안내</td><td>안내</td></tr>
<tr><td rowspan="2">2) 기술</td><td>운전</td><td>운전</td></tr>
<tr><td>조경</td><td>조경</td></tr>
</table>

150) 법 32조 1항
151) 영 50조 1항

<table>
<tr><td></td><td></td><td></td><td>후생</td><td>후생</td></tr>
<tr><td rowspan="8"></td><td rowspan="8">다. 「국가공무원법」 제4조제4항 및 「법원공무원규칙」 제4조제1항</td><td rowspan="5">1) 사법행정</td><td>행정사무</td><td>행정사무</td></tr>
<tr><td>속기</td><td>속기</td></tr>
<tr><td>보안관리</td><td>보안관리
보안</td></tr>
<tr><td>병기</td><td>병기</td></tr>
<tr><td>조경</td><td>조경</td></tr>
<tr><td rowspan="3">2) 기술</td><td>환경</td><td>환경</td></tr>
<tr><td>관리</td><td>관리
운전</td></tr>
<tr><td colspan="2"></td></tr>
<tr><td rowspan="10"></td><td rowspan="5">라. 「국가공무원법」 제4조제4항 및 「헌법재판소 공무원 규칙」 제4조제1항</td><td rowspan="2">1) 행정</td><td>보안</td><td>보안</td></tr>
<tr><td>교환</td><td>교환</td></tr>
<tr><td rowspan="3">2) 기술</td><td>시설</td><td>시설조경</td></tr>
<tr><td>방송통신</td><td>통신기술</td></tr>
<tr><td>관리</td><td>운행관리</td></tr>
<tr><td rowspan="5">마. 「국가공무원법」 제4조제4항 및 「선거관리위원회 공무원 규칙」 제4조제1항</td><td>1) 행정</td><td>방호</td><td>방호</td></tr>
<tr><td rowspan="4">2) 기술</td><td>방송통신</td><td>통신사
통신기술</td></tr>
<tr><td>운전</td><td>운전</td></tr>
<tr><td>위생</td><td>위생
사역</td></tr>
<tr><td>조리</td><td>조리</td></tr>
<tr><td rowspan="6">2. 지방 공무원</td><td rowspan="6">「지방공무원법」 제4조제1항 및 「지방공무원 임용령」 제3조제1항</td><td>1) 행정</td><td>방호</td><td>방호
경비</td></tr>
<tr><td rowspan="5">2) 기술</td><td>위생</td><td>위생
사역</td></tr>
<tr><td>조리</td><td>조리</td></tr>
<tr><td>간호조무</td><td>간호조무</td></tr>
<tr><td>시설관리</td><td>시설관리
조례로 정하는 직류</td></tr>
<tr><td>운전</td><td>운전</td></tr>
</table>

(다) 의무적 특별 채용비율

국가기관 등이 취업지원 대상자를 일반직공무원 등으로 특별채용해야 하는 채용

비율은 일반직공무원 등의 정원의 20% 범위 이내에서 국가보훈처장이 정한다.[152]

(라) 채용비율 미달한 경우의 특별채용

채용비율 이상으로 취업지원 대상자를 일반직공무원 등으로 채용하지 아니한 국가기관의 장은 일반직공무원 등을 신규로 채용할 때 일반직공무원 등의 채용에 관한 다른 법령의 규정에도 불구하고 국가보훈처장으로부터 취업지원 대상자를 추천받은 경우 그 추천받은 취업지원 대상자 중에서 선택하여 특별 채용하여야 한다.[153] 채용비율에 미달하는 국가기관의 장은 일반직공무원 등을 채용하려는 경우 해당 국가기관 등의 취업지원 대상자 수가 채용비율에 해당하는 인원이 될 때까지는 인사관계법령에 따른 채용시험 공고절차를 거치지 아니하고 국가보훈처장에게 채용하려는 일반직공무원 등의 채용예정인원, 자격요건 등을 명시하여 취업지원 대상자 추천을 의뢰하여야 한다.[154] 국가보훈처장은 추천의뢰를 받으면 국가기관 등의 장이 요구한 채용예정인원의 5배의 범위에서 해당 자격요건을 갖춘 취업지원 대상자를 일반직공무원 등 특별채용대상자 추천서에 따라 추천의뢰를 받은 날부터 7일 이내에 국가기관 등에 추천하여야 한다.[155] 국가기관 등의 장은 추천을 받은 경우 인사관계법령에서 정하는 바에 따라 취업지원 대상자를 채용하고 그 결과를 일반직공무원 등 특별채용 통보서에 따라 국가보훈처장에게 통보하여야 한다.[156]

(마) 국가기관 등에 대한 채용실태 확인

국가기관 등은 소속 공무원 중 일반직공무원 등의 정원과 채용에 관한 사항을 국가보훈처장에게 통보하여야 한다.[157] 국가보훈처장은 국가기관 등의 일반직공무원 등 채용실태 등을 확인 · 점검할 필요가 있다고 인정되면 해당 국가기관 등에 관련 자료를 제출하도록 요청하거나 그 밖의 방법으로 확인 · 점검할 수 있으며, 확인 · 점검 결과 시정이나 보완이 필요하다고 인정되는 경우에는 해당 국가기관 등의 장에게 시정이나 보완을 요구할 수 있다.[158] 시정이나 보완을 요구받은 국가기관 등의

152) 영 50조 2항
153) 법 32조 2항
154) 영 51조 1항
155) 영 51조 2항
156) 영 51조 3항
157) 법 33조 1항
158) 법 33조 2항

장은 필요한 조치를 취하고, 그 결과를 국가보훈처장에게 통보하여야 한다.[159)]

(3) 기업체 등의 의무적 우선고용

(가) 의의

이 제도는 기업체 등으로 하여금 취업지원 대상자를 일정 비율 우선 고용하도록 강제하는 제도이다.

(나) 고용비율

국가유공자법 제30조 제2호(일상적으로 하루에 20명 이상을 고용하는 공·사기업체 또는 공·사단체. 다만, 대통령령으로 정하는 제조업체로서 200명 미만을 고용하는 기업체는 제외)에 해당하는 취업지원 실시기관은 전체 고용인원의 3% 이상 8% 이하의 범위에서 대통령령으로 정하는 대상업체별 고용비율 이상으로 취업지원 대상자를 우선하여 고용하여야 한다.[160)]

분류번호	업종	대상업체별 고용비율(%)
01	농업	5
02	임업	3
03	어업	3
05	석탄, 원유 및 천연가스 광업	3
06	금속 광업	5
07	비금속광물 광업(연료용 제외)	4
08	광업 지원 서비스업	3
10	식료품 제조업	5
11	음료 제조업	5
12	담배 제조업	7
13	섬유제품 제조업(의복 제외)	4

159) 법 33조 3항
160) 법 33조의2 1항

14	의복, 의복액세서리 및 모피제품 제조업	3
15	가죽, 가방 및 신발 제조업	3
16	목재 및 나무제품 제조업(가구 제외)	3
17	펄프, 종이 및 종이제품 제조업	4
18	인쇄 및 기록매체 복제업	3
19	코크스, 연탄 및 석유정제품 제조업	6
20	화학물질 및 화학제품 제조업(의약품 제외)	6
21	의료용 물질 및 의약품 제조업	6
22	고무제품 및 플라스틱제품 제조업	5
23	비금속 광물제품 제조업	7
24	1차 금속 제조업	6
25	금속가공제품 제조업(기계 및 가구 제외)	3
26	전자부품, 컴퓨터, 영상, 음향 및 통신장비 제조업	4
27	의료, 정밀, 광학기기 및 시계 제조업	3
28	전기장비 제조업	6
29	기타 기계 및 장비 제조업	5
30	자동차 및 트레일러 제조업	4
31	기타 운송장비 제조업	4
32	가구 제조업	3
33	기타 제품 제조업	3
35	전기, 가스, 증기 및 공기조절 공급업	8
36	수도사업	8
37	하수, 폐수 및 분뇨 처리업	3
38	폐기물 수집운반, 처리 및 원료재생업	4
39	환경 정화 및 복원업	3
41	종합 건설업	5
42	전문직별 공사업	5

45	자동차 및 부품 판매업	5
46	도매 및 상품중개업	4
47	소매업(자동차 제외)	4
49	육상운송 및 파이프라인 운송업	3
49100	철도운송업	5
49211	도시철도 운송업	5
50	수상 운송업	4
51	항송 운송업	5
52	창고 및 운송 관련 서비스업	5
55	숙박업	4
56	음식점 및 주점업	4
58	출판업	3
59	영상 · 오디오 기록물 제작 및 배급업	3
60	방송업	3
61	통신업	5
62	컴퓨터 프로그래밍, 시스템 통합 및 관리업	4
63	정보서비스업	4
64	금융업	7
65	보험 및 연금업	7
6511	생명 보험업	5
65121	손해 보험업	5
66	금융 및 보험 관련 서비스업	7
68	부동산업	5
682	부동산 관련 서비스업	4
69	임대업(부동산 제외)	4
70	연구개발업	5
71	전문서비스업	3

72	건축기술, 엔지니어링 및 기타 과학기술 서비스업	3
73	기타 전문, 과학 및 기술 서비스업	3
74	사업시설 관리 및 조경 서비스업	3
75	사업지원 서비스업	3
84	공공행정, 국방 및 사회보장 행정	4
85	교육 서비스업	4
86	보건업	4
87	사회복지 서비스업	4
90	창작, 예술 및 여가 관련 서비스업	3
91	스포츠 및 오락 관련 서비스업	5
94	협회 및 단체	5
95	수리업	5
96	기타 개인 서비스업	3
97	가구내 고용활동	3

비고

1. 위 표의 업종별 분류번호는 「통계법」 제22조에 따라 통계청장이 작성 · 고시하는 한국표준산업분류에 따른다.
2. 위 표에 따른 분류번호란의 특정 중분류(2단위) 내에 소분류(3단위), 세분류(4단위) 또는 세세분류(5단위)별로 고용비율을 다르게 정하고 있는 경우에는 해당 업종별 고용비율에 대해서는 ① 세세분류(5단위), ② 세분류(4단위), ③ 소분류(3단위), ④ 중분류(2단위)의 순서로 적용한다.

(다) 고용비율의 확대

국가보훈처장은 취업지원 대상자가 그 능력에 상응한 직종에 취업할 수 있도록 하기 위하여 필요하면 대통령령으로 정하는 바에 따라[161] 다음의 취업지원 실시기관에 대하여 고용비율을 9%까지 확대할 수 있다.[162]

① 「공공기관의 운영에 관한 법률」 제4조부터 제6조까지의 규정에 따라 지정 · 고시된 공공기관

② 지방공기업법 제49조에 따른 지방공사 및 같은 법 제76조에 따른 지방공단

161) 별표 9의 고용비율에 각각 1%를 더한 비율로 한다(영 제53조 제1항).

162) 법 33조의2 2항

③ 그 밖에 국가유공자법 제30조 제2호에 해당하는 취업지원 실시기관으로 대통령령으로 정하는 기업체 또는 단체[163)]

(라) 사립학교의 고용비율에 관한 특칙

국가유공자법 제30조 제3호(사립학교)에 해당하는 취업지원 실시기관 중 교원을 제외한 교직원의 정원이 5명 이상인 사립학교는 교원을 제외한 고용인원의 10% 이상으로 취업지원 대상자를 우선하여 고용하여야 한다.[164)]

(마) 우선고용비율 미달한 경우의 보훈특별고용

1) 국가보훈처장의 보훈특별고용 추천

국가보훈처장은 고용비율에 미달한 업체 등에 그 업체 등이 고용할 사람을 선택할 수 있도록 취업지원 대상자를 복수로 추천하여야 한다.[165)]

국가보훈처장은 다음과 같은 사유가 있을 경우에는 취업지원 대상자를 복수로 추천하지 아니할 수도 있다.[166)]

① 취업지원 대상자가 국가유공자법 제29조 제1항 제1호부터 제3호까지에 해당하는 사람인 경우

② 취업지원을 신청한 취업지원 대상자 중 해당 업체 등에 추천할 수 있는 사람이 고용할 것을 명할 인원과 같거나 그 보다 적은 경우

③ 업체 등과 복수 추천을 하지 아니하기로 협의한 경우

④ 그 밖에 복수 추천이 곤란하다고 국가보훈처장이 인정하는 경우

---

163) "대통령령으로 정하는 기업체 또는 단체"라 함은,
1. 국가나 지방자치단체가 단독 또는 공동으로 출자한 금액이 자본금의 100분의 20 이상이 되는 기관으로서 국가나 지방자치단체가 최다 출자자인 정부출자기관
2. 「공공기관의 운영에 관한 법률」 제4조부터 제6조까지의 규정에 따라 지정 · 고시된 공공기관이나 제1호에 따른 정부출자기관이 단독 또는 공도으로 재출자한 금액이 100분의 20 이상이 되는 기관으로서 공공기관이나 정부출자기관이 최다 출자자인 기업체 또는 단체
3. 국가나 지방자치단체가 출연하거나 보조한 금액이 기업체나 단체 재산의 100분의 20 이상이 되는 기관으로서 국가나 지방자치단체가 최다 출연자 또는 보조자인 기업체나 단체
4. 정부나 지방자치단체에서 위탁한 업무를 수행하거나 그 대표자 또는 임원이 국가나 지방자치단체에 의하여 임명되거나 승인되는 기업체 또는 단체

를 말한다(영 제53조 제2항).

164) 법 33조의2 3항

165) 법 34조 1항

166) 법 34조 1항 단서

취업지원 대상자를 복수로 추천받은 업체 등은 대통령령으로 정하는 바에 따라 추천받은 사람 중에서 고용할 사람을 선택하여 국가보훈처장에게 통보하여야 한다.[167]

2) 국가보훈처장의 보훈특별고용 명령

국가보훈처장은 다음의 구분에 따라 취업지원 대상자를 업체 등에 고용할 것을 명할 수 있다.[168]

① 업체 등이 국가유공자법 제34조 제2항에 따른 통보를 한 경우 : 업체 등이 선택한 취업지원 대상자

② 업체 등이 정당한 사유 없이 국가유공자법 제34조 제2항에 따른 통보를 하지 아니한 경우(고용할 것을 명할 인원보다 적은 취업지원 대상자를 선택하여 통보한 경우 포함) : 국가보훈처장이 복수로 추천한 취업지원 대상자 중 선택한 사람

③ 국가보훈처장이 복수로 추천하지 아니한 경우

국가보훈처장은 위와 같이 고용할 것을 명하는 경우에는 업체 등을 지정하여 해당 취업지원 대상자에게 취업할 것을 통지하여야 한다.[169]

(바) 보훈특별고용에 따른 취업지원 연령

국가유공자법 제29조 제1항 제4호 및 제5호에 해당하는 사람을 업체 등에 고용할 것을 명하는 경우 그 취업지원 연령의 상한은 35세까지로 한다.[170] 다만, 35세 이전에 취업희망 신청서를 제출한 사람에 대해서는 해당 취업희망 신청서에 한정하여 38세까지 보훈특별고용에 따른 취업지원을 한다.[171]

1953년 7월 27일 이전 또는 「참전유공자예우 및 단체설립에 관한 법률」 별표에 따른 전투 중에 전사하거나 순직한 군인이나 경찰공무원의 자녀 중 그의 부모 또는 조부모가 1993년 1월 1일 이후 법 제12조에 따른 보상금을 받은 사실이 없는 자에게는 제56조 제1항에도 불구하고 보훈특별고용에 따른 취업지원 연령을 55세까지로 한다.[172]

---

167) 법 34조 2항
168) 법 34조 3항
169) 법 34조 4항
170) 법 34조 5항, 영 56조 1항
171) 영 56조 1항 단서

(사) 경력기간의 합산

업체 등은 우선고용한 취업지원 대상자의 군복무경력을 호봉획정(號俸劃定)을 위한 경력기간에 합산(合算)할 수 있다.[173] 합산할 경우 취업지원 대상자의 군복무경력의 30% 이상에 해당하는 기간을 호봉획정을 위한 경력기간에 합산할 수 있다.[174] 다만, 공공기관, 지방공사, 지방공단, 정부출자기관 등 국가유공자법 제33조의2 제2항 각 호의 어느 하나에 해당하는 취업지원 실시기관이 취업지원 대상자를 우선 고용하는 경우에는 「공무원보수규정」 제8조 및 제9조를 준용하여 합산할 수 있다.[175]

(4) 취업사실 등의 통보

취업지원 실시기관은 취업지원 대상자가 취업하거나 이 법에 따른 취업자가 퇴직하거나 해임 또는 해고된 경우에는 그 사실이 발생한 날부터 10일 이내에 그 내용을 국가보훈처장에게 통보하여야 한다.[176]

(5) 직업훈련

(가) 직업재활훈련

국가보훈처장은 전상군경, 공상군경, 4·19혁명부상자, 공상공무원 및 특별공로상이자가 취업에 필요한 기술을 습득할 수 있도록 직업재활훈련을 실시할 수 있다.[177] 직업재활훈련을 실시할 때에는 대상자의 신체기능에 적합한 직장취업 또는 자영사업(自營事業)에 필요한 과목을 선정하여 실시한다. 이 경우 훈련과목의 선정절차, 그 밖에 직업재활훈련에 필요한 사항은 국가보훈처장이 정한다.[178]

(나) 직업능력개발훈련

국가보훈처장은 「근로자직업능력 개발법」에 따른 직업능력개발훈련시설에 취

172) 영 57조 1항
173) 법 35조의2
174) 영 60조 본문
175) 영 60조 단서
176) 법 37조, 영 61조의2
177) 법 38조 1항
178) 영 61조의3 1항

업지원 대상자를 추천하여 직업능력개발훈련을 받게 하여야 한다.[179] 이 경우 추천할 취업지원 대상자의 수는 「직업교육훈련 촉진법」 제10조에 따른 우선실시비율의 범위에서 고용노동부장관과 협의하여 정한다.[180] 국가보훈처장은 취업지원 대상자가 직업능력개발훈련을 희망하는 경우에는 직업능력개발훈련시설에 총리령으로 정하는 우선직업능력개발훈련 대상자 추천서에 따라 우선직업능력개발훈련 대상자로 추천하여야 한다.[181]

(다) 비용 부담

직업재활훈련과 직업능력개발훈련에 필요한 비용은 국가가 부담한다.[182]

(6) 능력개발 장려금의 지급 등

(가) 의의

국가보훈처장은 취업에 필요한 자격이나 능력 등을 개발하려는 취업지원 대상자에게 예산의 범위에서 그 비용의 전부 또는 일부를 지원하거나 장려금을 지급할 수 있다.[183]

(나) 지급 대상

취업능력개발 장려금이나 취업능력개발에 드는 비용을 지원할 수 있는 대상의 범위는 다음과 같다.[184]

① 취업능력개발 장려금 지급대상자 : 취업지원 대상자로서 국가유공자법 제38조 제2항에 따른 직업능력개발훈련시설에서 직업능력개발훈련을 받는 사람과 「직업안정법」 제2조의2 제1호에 따른 직업안정기관에서 직업지도 등을 받는 사람

② 취업능력개발 비용 지원대상자 : 취업지원 대상자로서 취업에 필요한 자격이나 능력을 개발하기 위하여 국가보훈처장이 정하는 직업능력개발훈련시설에서 직업능력개발훈련을 받는 사람

179) 법 38조 2항 전단
180) 법 38조 2항 후단
181) 영 61조의3 2항
182) 법 38조 3항
183) 법 39조 1항
184) 영 61조의4 1항

(다) 지급 절차 등

국가보훈처장은 취업능력개발 장려금이나 취업능력개발 비용을 지원하는 경우 취업지원 대상자가 직업능력개발훈련이나 직업지도 등을 받은 사실을 확인하기 위하여 직업능력개발훈련시설이나 지방고용노동관서에 필요한 자료의 제출을 요청할 수 있다. 이 경우 자료제출을 요청받은 기관은 특별한 사정이 없으면 요청에 따라야 한다.[185]

(7) 취업지원 제한

(가) 제한 사유

국가보훈처장은 취업지원 대상자가 다음 어느 하나에 해당하면 취업지원을 일정 기간 제한하거나 그 횟수를 제한할 수 있다.[186]

① 취업통지를 받고도 정당한 사유 없이 취업을 하지 아니한 경우

② 취업한 후 정당한 사유 없이 대통령령이 정하는 기간[187] 미만을 근무하고 퇴직한 경우

"정당한 사유"란 다음 어느 하나에 해당하는 경우를 말한다.[188]

(a) 1개월 이상의 치료를 필요로 하는 부상 또는 질병이 있는 경우

(b) 보훈특별고용 통지를 받은 업체등의 감원이나 휴업 등의 사유로 고용이 지연되어 해당 업체등에 취업하기를 포기하거나 업체등의 긴박한 경영상의 사유로 퇴직하거나 해고된 경우

(c) 채용신체검사에 불합격한 경우

(d) 3개월 이상 임금이 체불(滯拂)된 경우

(e) 취업지원 대상자가 취업하려는 직종 또는 취업한 직종에서 요구하는 기술이나 자격이 없는 등 국가보훈처장이 인정하는 상당한 사유가 있는 경우

③ 근무태만 · 직무유기 또는 부정행위의 사유로 징계에 의하여 면직된 경우

185) 영 61조의4 2항

186) 법 34조의2 2항

187) "대통령령으로 정하는 기간"이란 6개월을 말한다(영 제58조 제4항).

188) 영 58조 3항

(나) 제한 기간[189)]

① 취업통지를 받고도 정당한 사유 없이 취업을 하지 아니한 경우 : 취업하지 아니하겠다는 의사를 표시한 날부터 6개월

② 취업한 후 정당한 사유 없이 대통령령이 정하는 기간 미만을 근무하고 퇴직한 경우 : 퇴직한 날부터 6개월

③ 근무태만 · 직무유기 또는 부정행위의 사유로 징계에 의하여 면직된 경우 : 징계에 의하여 면직된 날부터 1년

6. 의료지원

국가는 국가유공자와 그 유족 등이 건강한 생활을 유지하고 필요한 진료 등을 받을 수 있도록 의료지원을 한다.[190)]

가. 진료(診療)

(1) 전상군경, 공상군경, 4 · 19혁명부상자, 공상공무원 및 특별공로상이자

(가) 전상군경, 공상군경, 4 · 19혁명부상자, 공상공무원 및 특별공로상이자(이하 "진료대상자"라 함)가 그 상이처에 대한 진료를 필요로 하거나 질병(부상 포함)에 걸린 경우에는 국가의 의료시설 또는 지방자치단체의 의료시설에서 진료하거나 그 외의 의료시설에 위탁하여 진료할 수 있다.[191)]

1) 이들 진료대상자에 대한 진료는 다음의 구분에 따라 하되, 입원진료는 부득이한 사유가 있는 경우를 제외하고는 보훈병원에서 한다.[192)]

① 응급진료 : 불의의 재해나 그 밖의 위급한 상태에서 즉시 필요한 처치를 하지 아니하면 생명을 보전할 수 없거나 중대한 합병증을 초래할 것으로 판단되는 환자에게 하는 진료

② 입원진료 : 의료시설에 입원을 시켜 하는 진료

---

189) 영 58조 1항
190) 법 41조
191) 법 42조 1항
192) 영 62조 1항

③ 통원진료 : 의료시설에 입원을 시키지 아니하고 왕래하게 하여 하는 진료

2) 국가가 진료대상자에 대한 진료를 위탁할 수 있는 국가나 지방자치단체 외의 의료시설은 「의료법」 제3조에 따라 개설된 민간의 의료기관으로 한다.[193]

(나) 진료비용

1) 원칙

진료비용은 국가가 부담한다.

2) 지방자치단체의 의료시설에서 진료한 경우

다만, 지방자치단체의 의료시설에서 진료한 경우에는 지방자치단체가 그 일부를 부담할 수 있다. 지방자치단체가 부담할 비용은 진료 비용의 50%로 한다.[194]

3) 상이등급 7급의 경우

전상군경, 공상군경, 4·19혁명부상자, 공상공무원 및 특별공로상이자 중 상이등급 6급 미만으로 판정된 사람이 그 상이처 외에 질병에 걸려 의료시설 또는 위탁 의료시설에서 진료를 받는 경우에는 그 진료 비용의 일부를 본인에게 부담하게 할 수 있다.[195] 이에 따라 상이등급이 7급인 진료대상자가 그 상이처 외의 질병에 걸려 진료를 받는 경우에는 총리령으로 정하는 바에 따라 진료 비용 중 본인이 부담하게 될 비용의 100분의 10을 부담한다. 다만, 응급증상이 발생하여 제62조 제1항 제1호에 따른 응급진료를 받는 경우에는 국가가 비용 전액을 부담한다.[196]

(2) 기타 유공자 등

(가) ① 위 가.항에 따른 의료지원 대상자가 아닌 국가유공자와 ② 국가유공자의 가족 중 배우자, 그리고 ③ 국가유공자의 유족 중 선순위자 1명(국가유공자의 부 또는 모인 때에는 선순위자가 아닌 모 또는 부를 포함)에 대하여는 보훈병원에서 진료한다.[197] 그런데, 「재난 및 안전관리 기본법」 제3조 제1호의 재난이 발생하여 보훈병

---

193) 영 62조 2항
194) 영 62조 3항
195) 법 42조 4항
196) 영 63조의2 2항
197) 법 42조 5항 전단

원에서의 진료에 중대한 차질이 발생하거나 발생할 우려가 있는 경우에는 보훈병원 외의 의료기관에 진료를 위탁할 수 있다.[198]

(나) 진료비용

진료비용은 총리령으로 정하는 바에 따라 진료에 든 비용을 면제하거나 해당 비용의 100분의 60 범위에서 감액할 수 있으며,[199] 그 감면된 비용은 국가보훈처장이 예산의 범위에서 해당 보훈병원에 지급할 수 있다.[200] 재난상황에서 보훈병원 외의 의료기관에 진료를 위탁한 경우 그 진료비용은 감면하며, 그 감면된 비용은 국가가 부담한다.[201] 국가가 부담하는 몫은「국민건강보험법 시행령」별표 2의 요양급여비용 중 국민건강보험공단 등에서 부담하는 비용을 제외한 금액에 별표 1의2에 따른 국가유공자의 유족 또는 가족 등의 진료비용 감면비율을 곱한 금액이다.[202]

(3) 75세 이상의 무공수훈자 등

(가) 75세 이상으로서 다음의 어느 하나에 해당하는 사람은 보훈병원 외에 국가보훈처장이 지정하여 진료를 위탁한 의료기관에서 진료를 받을 수 있다.[203]

① 무공수훈자

② 재일학도의용군인

③ 국가유공자법 제12조 제1항 제2호부터 제4호까지의 선순위자 1명

④ 6·25전몰군경자녀수당을 지급받는 자

위 ③의 경우 선순위자가 법 부모인 경우에는 국가유공자의 부모가 협의에 의하여 1명을 정한 경우에는 그 사람, 정한 사람이 없는 경우에는 장애 여부, 질환유무, 생활수준 등을 종합적으로 고려하여 의료지원이 더 필요하다고 인정되는 사람으로 한다.[204] 그 구체적인 지정 기준은 국가보훈처장이 정한다.[205]

---

198) 법 42조의2
199) 영 64조 1항
200) 법 42조 5항 후단
201) 법 42조의2 후단
202) 규칙 9조의2
203) 법 42조 7항
204) 영 64조 4항
205) 영 64조 4항 후단

(나) 진료비용

진료비용은 감면하며, 그 감면된 비용은 국가가 부담한다.[206] 진료비용의 감면은 「국민건강보험법 시행령」 별표 2의 요양급여비용 중 본인이 부담할 비용의 부담률 및 부담액에 따라 75세 이상으로서 본인이 부담하게 될 비용(「국민건강보험법 시행령」 별표 2 제1호 다목에 따른 약제비용은 제외한다)의 100분의 60으로 한다.[207] 다만, 본인이 「국민건강보험법 시행령」 별표 2 제6호에 따라 요양급여비용을 부담하게 되는 경우에는 법 제42조 제7항에 따른 진료비용의 감면을 하지 않는다.[208]

(4) 약제비용의 부담

(가) 국가는 진료대상자와 그 유족 및 가족이 국가유공자법 제42조 제1항 · 제2항 · 제5항 또는 동법 제42조의2에 따른 의료시설 또는 의료기관의 의사가 발행한 처방전에 따라 「약사법」 제20조에 따라 등록된 약국에서 의약품을 조제받는 경우에는 약제비용의 전액 또는 감면비율에 해당하는 금액을 부담한다.[209]

(나) 국가가 부담하는 비용은 「한국보훈복지의료공단법」에 따른 한국보훈복지의료공단의 예산에 계상(計上)하여 지급한다.[210]

나. 보철구의 지급

(1) 전상군경, 공상군경, 4 · 19혁명부상자, 공상공무원 및 특별공로상이자로서 신체장애로 보철구(補綴具)가 필요한 사람에게는 보철구를 지급한다.[211]

(2) 보철구는 진료대상자의 신체기능장애나 활동력이 상실된 부분을 보충 · 정형 또는 보완하여 주는 장구로서 그 종류별 사용연한은 국가보훈처장이 정한다.[212]

---

206) 법 42조 7항 후단
207) 영 64조 2항
208) 영 64조 3항
209) 영 64조의2 1항
210) 영 64조의2 2항
211) 법 43조의2
212) 영 66조 1항

보철구의 종류 및 사용연한(국가유공자 등 보철구 지급규정)

보철구명	사용 연한	보철구명	사용 연한	보철구명	사용 연한
어깨관절의지	5	팔보조기	2	시각장애인용시계	5
위팔의지	5	다리보조기	3	저시력보조안경	3
팔꿈치관절의지	5	척추보조기	2	의이	1
아래팔의지	3	맞춤형교정용신발	1	의안(고정)	5
엉덩이관절의지	5	철크럿치	3	의안(동작)	영구
넓적다리의지	5	목발	2	의치	5
무릎관절의지	5	지팡이	2	비데	6
종아리의지	5	흰지팡이	1	욕창방석	3
손목관절의지	1	시각장애인용 안경	3	전동휠체어	6
손의지	1	인공후두	5	시각장애인용 컴퓨터	5
손가락의지	1	인공요장	1	광학문자판독기	5
발의지	1	수동휠체어	5	점자정보단말기	5
발가락의지	1	독서확대기	5	홍채렌즈	6월
전자의수	5	욕창매트리스	3	전동침대	10
팩시밀리	5	자세유지보조기(Inner)	5	종아리의지 실리콘 슬리브	5
중상이자리프트	5	다리의지 실리콘 커버	5	전동유닛	3
샤워형 휠체어	5	보청기	5	오토박스	5
트랜스퍼보드	5				

다. 재활

(1) 의학적 재활

(가) 국가보훈처장은 전상군경, 공상군경, 4·19혁명부상자, 공상공무원 및 특별공로상이자의 신체기능 퇴화를 방지하고 그 기능을 회복하게 하기 위하여 의학적 재활과 재활체육에 관한 시책을 마련하고, 그 사업을 수행한다.[213]

(나) 국가보훈처장은 의학적 재활과 재활체육을 진흥하기 위하여 필요하다고 인정되면 공단과 「국가유공자 등 단체설립에 관한 법률」에 따른 단체에 그 사업을 위탁할 수 있다. 이 경우 국가보훈처장은 그 사업을 위탁받은 공단 등에 예산의 범위에서 그 경비의 전부 또는 일부를 보조할 수 있다.[214)]

(2) 심리적 재활

(가) 국가보훈처장은 국가유공자, 그 유족 또는 가족의 심리적 안정과 사회 적응을 위하여 심리상담 등 심리재활서비스에 관한 시책을 마련하고, 그 사업을 수행하여야 한다.[215)]

(나) 국가보훈처장이 지원하는 심리재활서비스(이하 이 조에서 "심리재활서비스"라 한다)의 내용은 다음과 같다.[216)]

① 심리상담 및 심리검사

② 「정신건강증진 및 정신질환자 복지서비스 지원에 관한 법률」 제3조제4호의 정신건강증진시설로의 진료 등 이용 연계

③ 정신건강증진을 위한 교육

④ 그 밖에 심리적 안정과 사회 적응을 위하여 필요하다고 인정하여 총리령으로 정하는 서비스

라. 의료시설의 확보비용 보조

국가보훈처장은 의료지원에 필요한 시설 등의 확보 비용과 그 유지 · 관리 비용을 예산의 범위에서 공단에 보조할 수 있다.[217)]

7. 대부지원

국가는 국가유공자와 그 유족 등의 자립과 생활안정을 위하여 장기저리(長期低

---

213) 법 44조 1항
214) 법 44조 2항
215) 법 44조의2 1항
216) 영 67조의2 1항
217) 법 45조

利)로 대부(貸付)를 한다.[218]

가. 대부 대상자

대부 대상자는 다음과 같다.[219]

① 국가유공자

② 국가유공자의 유족 중 보상금을 받는 자

③ 국가유공자의 유족 중 보상금을 받는 자가 없는 경우에는 법 제5조제1항 각 호에 따른 선순위자

위 ③의 경우 같은 순위가 2명 이상이면 법 제13조 제2항을 준용한다.[220]

나. 대부의 종류

대부의 종류는 다음과 같다.[221]

① 농토구입대부

② 주택대부(주택구입대부, 대지구입대부, 주택신축대부, 주택개량대부, 주택임차대부를 말한다. 이하 같다)

③ 사업대부

④ 생활안정대부

(1) 농토구입대부[222]

(가) 대부조건

대부 종류	한도액(만원)	상환 기간	금리	담보 조건
생활안정	3,000	3년 거치 10년 균등	1.4%	구입농토

출처 : 2022년 보훈업무시행지침(I)

218) 법 46조
219) 법 47조 1항
220) 법 47조 2항
221) 법 49조
222) 이하 2021년도 보훈업무시행지침(I), p.374~375

(나) 대부대상자

대부대상자는 아래와 같다.

① 신청인(배우자) 명의 또는 직계존비속이 해당 지역에서 직접 영농에 종사하는 경우

② 직계 존비속이 영농에 종사하는 경우에도 신청인(배우자)의 주민등록표에 1년 이상 등재되어 있는 경우에만 인정

③ 영농종사자 여부는 농지원부 · 농업경영체증명서로 확인하며, 증명서상 확인이 어려운 경우 동일 시 · 군 · 구 또는 반경 20km 이내 거주 필요

④ 배우자와 공동명의인 경우 신청인의 지분이 50% 이상인 경우에만 대부지원이 가능하고, 신청인 지분과 배우자 지분까지 근저당권 설정

(다) 대상 농토

대상 농토는 토지 등기사항전부증명서 상 지목이 "전", "답", "과수원"인 농토이다.

(라) 신청시기 및 유의사항

매매계약 체결일로부터 계약서상 잔금 납부일 전까지 신청해야 하고, 이미 소유권이전등기를 완료한 경우에는 신청일 현재 토지등기사항전부증명서 상 소유권이전등기 접수일로부터 3개월 이내까지 신청 가능하나, 대부금으로 구입한 토지가 아닌 경우 지방세가 감면되지 않음을 유의해야 한다.

(2) 주택구입(신축)대부[223)]

(가) 대부조건

대부 종류	한도액(만원)		상환 기간	금리	담보 조건
주택구입(신축)	대도시(특별시 · 광역시) 중소도시(시 지역) 농어촌(군 지역)	8,000 5,500 4,000	20년	1.4%	구입(신축)주택

출처 : 2022년 보훈업무시행지침(I)

223) 이하 2021년도 보훈업무시행지침(I), p.365~366

(나) 대상자

① 신청인 명의(배우자 공동명의 포함)로 주택을 구입(신축)하는 자

② 신청인 명의(배우자 공동명의 포함)로 주택을 구입(신축)하고, 신청일 현재 소유권이전등기 접수일로부터 3개월이 경과하지 않은 자

③ 배우자와 공동명의인 경우 신청인의 지분이 50% 이상인 경우에만 대부지원이 가능하고, 신청인 지분과 배우자 지분까지 근저당권 설정

(다) 대상 주택

대상 주택은 건물등기사항전부증명서 상 용도가 주택이고 실제 주거용으로 이용하는 주택이다. 복합용도 건물인 경우 주거전용면적이 건물전용면적의 2분의 1 이상이어야 한다.

(라) 신청시기 및 유의사항

매매계약 체결일로부터 계약서상 잔금 납부일 전까지 신청해야 하고, 이미 소유권이전등기를 완료한 경우에는 신청일 현재 토지등기사항전부증명서상 소유권이전등기 접수일로부터 3개월 이내까지 신청 가능하다. 주택임차(임대아파트) 대부를 상환 중인 자는 주택구입대부 지역별 한도액에서 기존 주택임차(임대아파트) 대부 잔액을 공제하고 지급한다.

(3) 아파트 분양대부[224)]

(가) 대부조건

대부 종류	한도액(만원)		상환 기간	금리	담보 조건
아파트 분양	대도시(특별시 · 광역시) 중소도시(시 지역) 농어촌(군 지역)	8,000 5,500 4,000	20년	1.4%	분양 아파트 (후취담보)

출처 : 2022년 보훈업무시행지침(I)

(나) 대상자

① 신청인 명의로 아파트 특별분양을 받은 자

224) 이하 2021년도 보훈업무시행지침(I), p.368~369

② 신청인 명의로 일반분양(재건축 · 재개발 조합원으로 조합원 분담금이 있는 자 포함)을 받는 자. 단, 최초 분양이 아닌 아파트 분양권을 구입한 경우 잔금으로 신청하여야 한다.

③ 신청인 명의로 장기(국민)임대아파트를 공급 받은 후 분양전환 예정인 자

④ 배우자와 공동명의인 경우 신청인의 지분이 50% 이상인 경우에만 대부지원이 가능하고, 신청인 지분과 배우자 지분까지 근저당권 설정

(다) 대상 주택

대상 주택은 특별분양 아파트이다. 일반분양의 경우 주택도시보증공사의 보증서가 필수인 아파트(30세대 이하 아파트 당첨자는 지원대상에서 제외)

(라) 신청시기 및 유의사항

분양대금 납부일 기준으로 지원한다. (분양 아파트의 경우 계약 후부터 잔금 납입 이전(중도금 또는 잔금)까지 신청해야 하고, 분양전환 아파트의 경우 분양 전환 계약 후부터 잔금 납입 이전까지 신청해야 한다.

(4) 주택임차대부[225]

(가) 대부조건

대부 종류	한도액(만원)		상환 기간	금리	담보 조건
주택 임차	대도시(특별시 · 광역시) 중소도시(시 지역) 농어촌(군 지역)	5,200 3,300 2,000	7년	1.4%	보상금, 부동산

출처 : 2022년 보훈업무시행지침(I)

(나) 대상자

1) 신규임차 : 신청인 명의(배우자 공동명의 포함)로 임대차계약을 체결한 자

2) 계약 갱신 : 신청인이 해당 주책에 계속하여 3개월 이상 거주(주민등록전입일 기준)한 자로서 신청인 명의(배우자 공동명의 포함)로 임대차계약을 갱신한 자. 단, 임대아파트의 임차인이 월임대료를 임차보증금으로 전환 신청하는 경우에는

225) 이하 2021년도 보훈업무시행지침(I), p.370~372

3개월 이상 거주하지 않아도 가능하다.

(다) 대상 주택

대상 주택은 건물등기사항전부증명서 상 용도가 주택이고, 실제로 주거용으로 이용하는 주택이다. 복합용도 건물을 임차하는 경우에는 총 임차면적 중 주거전용 면적이 건물전용면적의 2분의 1 이상인 주택이어야 한다. 준주택 중 오피스텔과 노인복지주택은 대상 주택에 포함된다.

(라) 신청시기 및 유의사항

1) 신규임차 : 임대차 계약서상 잔금 납입일 이전까지 신청해야 한다.
2) 계약갱신 : 계약 갱신일부터 잔금 납입일 이전까지 신청해야 한다.
3) 대부금액은 계약금을 제외한 임차보증금의 100% 범위 내로 하며, 갱신계약의 경우 증액금액의 100% 범위 내이다.

(5) 주택개량대부[226)]

(가) 대부조건

종류	한도액(만원)	상환 기간	금리	담보 조건
주택 개량	800	7년	2.4%	보상금, 부동산

출처 : 2022년 보훈업무시행지침(I)

(나) 대상자

대부대상자는 대부신청일 현재 등기부상 신축 후 5년 이상 경과된 주택을 보수하는 자이다. 수권자(그의 배우자)와 주민등록상 1년 이상 동거하는 직계존비속 명의 주택을 보수하는 자도 포함한다.

(다) 대상 주택

대상 주택은 건물 신축 후 5년이 경과된 주택이다. 건물등기사항전부증명서상 용도가 주택이고, 실제 주거용으로 이용하는 주택이어야 한다. 복합용도 건물인 경우 주거전용면적이 건물전용면적의 2분의 1 이상인 주택이어야 한다.

226) 이하 2021년도 보훈업무시행지침(I), p.373

(라) 신청시기 및 유의사항

주택개량공사 완료한 후 3개월 이내에 신청해야 한다. 주택개량개수계획서 또는 견적서 징구 및 착수 전후 사진을 촬영하여야 한다. 착수 전 사진이 없는 경우에는 세금계산서 등 주택개량 사실을 확인할 수 있는 객관적인 자료로 대체 가능하다.

(6) 사업(창업)대부[227)]

(가) 대부조건

대부 종류	한도액(만원)	상환 기간	금리	담보 조건
사업	2,000	7년	2.4%	보상금, 부동산

출처 : 2022년 보훈업무시행지침(I)

(나) 대상자

대부대상자는 소규모 사업을 운영하거나 창업을 하기 위해 자금이 필요한 개인사업자 및 사업에 준하는 자이다. 사업자등록 신청자, 국가·지방자치단체 등이 발행하는 등록증·허가증·신고필증, 개인택시면허증 등을 제출하면 된다. 직계 존비속이 사업을 운영하는 경우에는 신청인(그의 배우자)의 주민등록표 상에 1년 이상 등재되어 신청인을 부양하는 경우에 한하여 인정한다. 제3자와의 공동명의 사업자의 경우도 대출신청이 가능하다. 단, 소요자금 산출을 위한 일회성 소요자금 및 매출액 산정 시 본인 지분에 대해서만 인정한다.

(다) 신청시기 및 유의사항

운영자금은 소요자금 필요시 신청한다. 일회성 소요자금은 대출신청일로부터 3개월 이내 지출 또는 지출 예정인 경우 신청이 가능하다. 사업장임차보증금은 잔금납부일 전까지 신청 가능하다. 신규사업자의 경우 일회성 소요자금 또는 사업장임차보증금으로 지원이 가능하고, 기존 사업자의 경우 운영자금, 일회성 소요자금, 사업자임차보증금 중에서 선택해야 한다.

---

227) 이하 2021년도 보훈업무시행지침(I), p.376~377

(7) 생활안정대부[228]

(가) 대부조건

대부 종류	한도액(만원)		상환 기간	금리	담보 조건
생활안정	일반지원 재해복구 보철용 차량 구입	300 600 1,000	3년 3년 5년	1.4%	보상금, 부동산, 연대보증인

출처 : 2022년 보훈업무시행지침(I)

(나) 대상자

대부대상자는 재해복구비, 의료비, 경조비, 보철용차량 구입 등의 가계자금이 필요한 자이다. 재외국민등록법 적용대상자는 국내 체류 기간 중에만 지원이 가능하다.

(다) 신청시기 및 유의사항

일반지원 및 재해복구비는 자금이 필요한 시기에 수시로 신청한다. 보철용차량 구입의 경우 매매계약 후부터 잔금납입일 전까지 신청해야 한다. 보철용차량 구입비는 객관적 입증자료 징구, 실소요액 범위 내에서 지급한다.

다. 대부의 한도액과 이율

(1) 대부의 종류별 한도액

(가) 대부의 종류별 한도액은 대부 재원의 범위 안에서 국가보훈처장이 정한다.[229] 실무적으로는 매년 국가보훈처장이 작성하는 해당 연도 대부계획에서 정하는 바에 따른다. 2022년도의 예를 보면 다음 표와 같다.

228) 이하 2021년도 보훈업무시행지침(I), p.378~379
229) 법 50조 1항

2022년도 대부한도액 및 상환조건

<table>
<tr><th colspan="2" rowspan="2">구분</th><th rowspan="2">한도액
(만원)</th><th colspan="2">상환조건</th><th rowspan="2">담보조건</th></tr>
<tr><th>연이율(%)</th><th>기간</th></tr>
<tr><td rowspan="4">주택대부</td><td>아파트
분양</td><td>4,000~8,000</td><td>1.4</td><td>20년균등</td><td>분양아파트(후취담보시 부동산 · 보훈급여금 · 연대보증인)</td></tr>
<tr><td>주택구입
(신축)</td><td>4,000~8,000</td><td>1.4</td><td>20년균등</td><td>구입(신축) 주택</td></tr>
<tr><td>주택임차</td><td>2,000~5,200</td><td>1.4</td><td>7년균등</td><td>부동산 · 보훈급여금(군인연금)</td></tr>
<tr><td>주택개량</td><td>800</td><td>2.4</td><td>7년균등</td><td>부동산 · 보훈급여금(군인연금)</td></tr>
<tr><td rowspan="2">자영사업</td><td>농토구입</td><td>3,000</td><td>1.4</td><td>3년거치
10년균등</td><td>구입 농토</td></tr>
<tr><td>사업(창업)</td><td>2,000</td><td>2.4</td><td>7년균등</td><td>부동산 · 보훈급여금(군인연금)</td></tr>
<tr><td colspan="2">생활안정</td><td>300~1,000</td><td>1.4</td><td>3년균등
(보철용차량
5년균등)</td><td>부동산 · 보훈급여금(군인연금) · 연대보증인
※ 보철용차량(1천만원),
재해복구비(6백만원)</td></tr>
</table>

출처 : 2022년 보훈업무시행지침(I)

(나) 대부 시 농토구입대부나 주택대부의 경우 다음의 범위 내에서 하여야 한다.[230]

① 농토구입대부 : 해당 농토의 평가액 이내

② 주택구입대부 · 대지구입대부 또는 주택신축대부: 해당 주택이나 대지의 평가액 이내

③ 주택개량대부: 주택개량에 드는 비용 이내

④ 주택임차대부: 임차금액 이내

(2) 대부금의 이율

(가) 대부금의 이율은 법 제49조 각 호에 따른 대부의 종류별로 연리(年利) 1퍼센트부터 5%까지의 범위에서 매년 12월 31일까지 국가보훈처장이 정하여 고시한다.[231] 2022년도 대부금의 이율은 다음 표와 같다.

230) 법 50조 2항
231) 영 68조 1항 본문

대상	대부종류	연이율
국가유공자 및 그 유족 등	농토구입 · 대지구입대부	1.40%
	주택구입(신축) · 아파트분양대부	1.40%
	주택임차대부	1.40%
	주택개량대부	2.40%
	사업대부	2.40%
	생활안정대부	1.40%

(나) 대부금을 상환하여야 할 자가 그 상환을 지연하는 경우에는 상환이 지연된 대부원금에 대하여 연체이자를 징수할 수 있다. 이 경우 연체이자율은 매년 1월 1일 현재 은행이 적용하는 대출금 연체이자율 중 가장 낮은 연체이자율의 한도에서 국가보훈처장이 정한다.[232] 2022년도 연체이율은 대부금 이율에 연리 3%를 가산한 것이다.[233] 대부금을 상환하여야 할 자가 국민기초생활보장법 제2조 제2호 및 제10호에 따른 수급자 또는 차상위계층이거나 법 제14조 · 보훈보상자법 제13조에 따른 생활조정수당을 받는 자에 해당할 경우에는 연체이자의 최대한도를 당해 대부원금의 20/100으로 한다.[234]

라. 대부 절차

(1) 대부 신청 및 결정

(가) 대부를 받으려는 자는 국가보훈처장에게 대부 신청을 하여야 하되, 대부를 받으려는 자가 둘 이상의 대부 대상자 요건에 해당하면 그중 하나를 선택하여 대부 신청을 하여야 한다. 대부를 받은 후 다시 대부 신청을 하는 경우에도 그 선택은 변경할 수 없다.[235]

(나) 대부를 받으려는 자는 대부 신청서를 국가보훈처장에게 제출하여야 하며, 주택대부의 경우에는 신청서에 무주택증명서류를 첨부하여야 한다.[236]

232) 영 73조 1항
233) 대부업무처리지침(국가보훈처훈령 제1352호) 8조 4항
234) 대부업무처리지침 8조 5항
235) 법 52조

(다) 국가보훈처장은 신청서를 받으면 25일 이내에 대부결정기준에 따라 대부여부를 결정하고 그 결과를 신청인에게 알려야 한다.[237)]

(2) 대부금의 상환기간

(가) 대부금은 다음의 기간의 범위에서 분할상환(分割償還)하여야 한다.[238)]

① 농토구입대부 : 3년 거치 후 12년

② 주택대부 : 20년

③ 사업대부 : 15년

④ 생활안정대부 : 5년

(나) 국가보훈처장은 대부를 받은 자가 대부금을 상환하기 곤란하다고 인정되면 3년의 범위에서 그 상환기간을 연장할 수 있다.[239)]

(다) 국가보훈처장은 대부를 받은 사람이 대부금을 그 목적 외의 용도에 사용한 경우에는 약정 상환기간에도 불구하고 미상환 대부원리금을 일시에 상환하게 하여야 한다. 다만, 생계곤란 등의 사유로 일시 상환이 곤란하다고 인정되는 경우에는 3년의 범위에서 분할 상환하게 할 수 있다.[240)]

마. 대부금의 담보

(1) 농토구입대부나 주택대부(주택개량대부 및 주택임차대부 제외)의 경우

(가) 농토구입대부나 주택대부(주택개량대부 및 주택임차대부는 제외한다)를 받는 자는 그 대부금으로 취득할 재산을 대부금의 상환이 끝날 때까지 국가에 담보로 제공하여야 한다.[241)]

(나) 농토구입대부나 주택대부(주택개량대부 및 주택임차대부는 제외한다)를 받은 자는 다음의 어느 하나에 해당하는 사유가 있으면 국가보훈처장의 승인을 받아 이

236) 영 69조 1항
237) 영 69조 2항
238) 법 53조 1항
239) 법 53조 2항
240) 영 72조
241) 법 56조 1항

미 담보로 제공한 부동산을 갈음하여 그가 상환하지 아니한 채무액 이상의 가치가 있는 부동산을 국가에 담보로 제공하여야 한다. 다만, ③의 경우에는 새로 매입한 부동산을 국가에 담보로 제공하여야 한다.[242)]

① 담보재산이 법률에 따라 수용(收用)된 경우(부분 수용으로 채권보전에 지장이 없는 경우는 제외한다)

② 담보재산이 천재지변 · 재해 또는 이에 준하는 사유로 인하여 대체가 불가피하게 된 경우

③ 대부금으로 취득한 농토나 주택의 매각이 불가피하여 같은 용도의 부동산을 매입하게 된 경우

(2) 주택개량대부 · 주택임차대부 · 사업대부 또는 생활안정대부의 경우

(가) 주택개량대부 · 주택임차대부 · 사업대부 또는 생활안정대부를 받는 사람은 부동산 또는 보훈급여금(생활조정수당 및 사망일시금 제외한다)을 국가에 담보로 제공하여야 한다. 다만, 대부를 받는 사람이 담보로 제공할 부동산이 없거나 보훈급여금을 받을 수 있는 사람이 아닌 경우에는 국가보훈처장은 보증인을 세우게 하거나 그 밖의 담보를 제공하게 할 수 있다.[243)]

(나) 주택개량대부, 주택임차대부, 사업대부 또는 생활안정대부를 받은 자가 담보로 제공한 부동산이 사업 운영상 또는 그 밖의 부득이한 사유로 대체가 불가피하게 된 경우에는 그가 상환하지 아니한 채무액 이상의 가치가 있는 부동산이나 국가보훈처장이 정하는 담보를 국가에 제공하여야 한다. 다만, 부동산 외의 담보 제공은 그가 상환하지 아니한 채무액이 국가보훈처장이 정하는 금액 이하인 경우에만 가능하다.[244)]

바. 대부의 승계

(1) 대부를 받은 자가 그 대부금의 상환기간 중에 사망하면 그 대부에 관한 채무는 그 상속인에게 승계(承繼)된다.[245)]

---

242) 법 56조 7항
243) 법 56조 5항
244) 법 56조 8항
245) 법 62조 1항

(2) 대부에 관한 채무를 승계한 자는 국가보훈처장에게 신고하여야 한다. 이 경우 대부에 관한 채무를 승계한 자가 여러 사람이면 그 대부금으로 취득한 부동산을 관리할 대표자 1명을 선정하여 함께 신고하여야 한다.[246)]

사. 대부의 종료

(1) 대부금 상환

대부의 기한 도래 시에 그 원리금이 정상적으로 상환되면 대부는 종료된다.

(2) 상계

국가보훈처장은 다음의 대부원리금(貸付元利金) 등을 보훈급여금(사망일시금은 제외한다)과 상계(相計)할 수 있다.[247)]

① 상환일이 도래한 대부원리금

② 국가유공자법 제54조제1항에 따라 건축한 주택을 분양하거나 임대한 경우에 그 납입일이 도래한 분양금 또는 임차료(賃借料)

③ 국가유공자법 제61조제1항에 따라 매수한 재산을 매각하거나 임대한 경우에 그 납입일이 도래한 매수대금 또는 임차료

(3) 채무의 인수

국가보훈처장은 담보재산에 대한 저당권이 실행되어 그 담보재산이 경매에 부쳐진 경우에, 경락인(競落人)이 대부 대상자이면 국가가 받을 수 있는 경락대금(競落代金)의 배당금 한도 안에서 그 경락인의 신청에 의하여 해당 매수대금을 내는 대신 종전 대부금의 상환에 관한 채무를 경락인으로 하여금 인수하게 할 수 있다.[248)] 채무를 인수한 자는 이 국가유공자법에 따른 대부를 받은 것으로 보고 동법 제56조 제2항(대부금으로 취득할 재산의 담보제공에 관한 규정)을 준용한다.[249)]

246) 법 62조 2항
247) 법 59조
248) 법 60조 1항
249) 법 60조 2항

(4) 담보재산의 매수

(가) 국가보훈처장은 담보재산에 대한 저당권이 실행되어 그 담보재산이 경매에 부쳐진 경우에는 「민사집행법」의 절차에 따라 그 담보재산을 매수할 수 있다.[250]

경매의 최저입찰가가 대부한 원리금보다 낮을 경우 낙찰이 되면 회계상 손실이 발생한다. 시장가격이 최저입찰가보다 높다는 판단이 든다면 국가보훈처가 직접 경매에 참여하여 담보재산을 매수한 후 적절한 시점에 매도하는 것이 대부원리금 회수에 더 유리할 때가 있다. 이런 경우를 대비한 규정이다.

(나) 국가보훈처장이 경매에 직접 참여하는 경우 입찰보증금을 내지 않아도 된다.[251]

(다) 매수한 재산은 「국유재산법」에도 불구하고 국가보훈처장이 직접 관리 · 처분할 수 있다.[252]

1) 국가보훈처장은 매수재산을 처분 시까지 임대하거나 그 처분 또는 임대 시까지 관리인을 두어 관리하게 할 수 있다. 이 경우 예산의 범위에서 관리인에게 보수와 관리재산의 유지 · 보존에 필요한 경비를 지급할 수 있다.[253]

2) 매수재산의 처분은 일반경쟁입찰로 한다. 다만, 임대한 매수재산을 그 임대를 받은 자에게 처분하는 경우에는 수의계약(隨意契約)으로 할 수 있다.[254] 매수재산의 처분대금은 일시에 전액을 납부하게 하여야 한다. 다만, 대부대상자에게 매수재산을 처분하는 경우에는 연 5%의 범위에서 국가보훈처장이 정하는 이자를 더하여 5년 이내에 분할 납부하게 할 수 있다.[255] 매수재산이 농지이면 「농지법」에 따른 농업인이나 농업법인에 매각하여야 한다.[256]

아. 대부 대상자에 대한 주택 분양

(1) 국가보훈처장은 대부 대상자에게 주택을 공급하기 위하여 필요하면 보훈기금(국가유공자 지원자금)으로 주택을 건축하여 분양 · 임대 또는 관리할 수 있다. 다

250) 법 61조 1항
251) 법 61조 1항 단서
252) 법 61조 2항 전단
253) 영 82조 1항
254) 영 82조 2항
255) 영 82조 3항
256) 법 61조 2항

만, 주택의 수급(需給) 사정에 따라 특히 필요하다고 인정되는 경우에는 대부 대상자가 아닌 자에게도 분양하거나 임대할 수 있다.[257)]

(2) 건축한 주택의 대상자별 분양가격 및 임대료는 다음과 같다.[258)]

① 대부대상자에 대한 분양가격 및 임대료 : 주택의 건축과 부대시설 및 복리시설의 설치에 든 비용 등을 고려하여 국가보훈처장이 정하는 금액

② 대부대상자 외의 자에 대한 분양가격 및 임대료 : 위 ①의 분양가격 및 임대료와 인근주택의 분양가격 및 임대료를 고려하여 국가보훈처장이 정하는 금액

(3) 주택의 분양, 임대절차, 분양금, 임대료의 납부방법, 그 밖에 필요한 사항은 국가보훈처장이 정한다.[259)]

자. 대부 대상자에 대한 보조금 지급

(1) 개요

대부대상자 중 농토구입대부나 주택대부(대지구입대부 및 주택개량대부 제외)를 받는 자에게는 예산의 범위 안에서 보조금을 지급할 수 있다.[260)]

(2) 지급대상 및 절차

대부대상자 중 ① 천재지변 · 재해 또는 이에 준하는 사유로 농토 · 주택 등이 유실되거나 훼손된 자나 ② 생계가 극히 곤란하여 대부금만으로 대부의 목적 달성이 곤란한 자에게는 보조금을 지급할 수 있는데, 보조금을 받으려는 자는 보조금 지급신청서에 사업계획서 및 피해상황 확인서를 첨부하여 국가보훈처장에게 제출하고, 국가보훈처장은 30일 이내에 보조금 지급여부를 결정한 후 그 결과를 신청인에게 통보한다.[261)]

257) 법 54조 1항
258) 영 74조 1항
259) 영 74조 2항
260) 법 55조
261) 영 75조

차. 제세감면

(1) 국민주택채권 매입 면제

국가 또는 지방자치단체에 등기 · 등록을 신청하는 자 중 대통령령으로 정하는 자는 국민주택채권을 매입하여야 한다.[262] 이에 따라 담보재산에 근저당권을 설정하는 사람은 원칙적으로 근저당권 설정금액의 10/1,000에 해당하는 주택채권을 매입해야 한다.[263] 그러나, 국가유공자법 등 보훈법령을 적용받는 자가 대부금으로 취득한 재산을 담보로 제공하거나 대부를 받기 위하여 담보로 제공하는 재산에 대하여 근저당권설정등기를 할 때에는 국민주택채권 매입이 면제된다.[264]

(2) 지방세 감면

국가유공자 등 보훈법령에 따른 대부금을 받은 사람이 취득(부동산 취득일부터 60일 이내에 대부금을 수령하는 경우 포함)하는 다음 각 호의 부동산에 대해서는 취득세가 2023년 12월 31일까지 면제된다.[265]

① 전용면적 85㎡ 이하 : 취득금액에 대하여 면제(대부금을 초과하는 부분 포함)

② 위 ① 외의 부동산 : 대부금액에 대하여 면제(대부금을 초과하는 부분 제외)

8. 그 밖의 지원

가. 양로 · 양육지원

(1) 지원 대상

(가) 양로지원 대상

1) 부양의무자가 없는 65세 이상 남성 또는 60세 이상 여성

a) 국가유공자나 그 유족(자녀는 제외)으로서 65세 이상의 남성 또는 60세 이상

262) 주택도시기금법 8조 1항 2호
263) 주택도시기금법 시행령 [별표] 4호 [부표] 15호
264) 주택도시기금법 시행령 [별표] 3호 아목
265) 지방세특례제한법 29조 1항

의 여성(전상군경, 공상군경, 4 · 19혁명부상자, 공상공무원 및 특별공로상이자인 남성은 60세 이상, 여성은 55세 이상) 중 부양의무자가 없는 자(부양의무자가 있으나 대통령령으로 정하는 부양능력이 없는 경우 포함)에 대하여는 국가의 양로시설에서 지원할 수 있다.[266)]

b) "대통령령으로 정하는 부양능력이 없는 경우"란 다음의 경우를 말한다.[267)]

① 부양의무자가 별표 2의 장애인장애구분표에 해당하는 심신장애가 있는 경우

② 부양의무자가 현역병(지원에 의하지 아니한 부사관 및 상근예비역으로 소집된 자, 「병역법」 제2조 제1항 제10호 또는 제17호의2에 따른 사회복무요원 또는 대체복무요원으로 소집된 자, 같은 법 제25조에 따라 전환복무된 사람을 포함한다)으로서 의무복무 기간 중에 있거나 1년 이상 행방불명인 경우

③ 부양의무자가 취학 · 생계곤란 등의 사유로 인하여 국가보훈처장이 부양능력이 없다고 인정하는 경우

2) 국가유공자의 배우자

국가유공자의 배우자는 국가보훈처장이 정하는 바에 따라 양로지원을 받게 되는 국가유공자와 함께 지원할 수 있다.[268)]

(나) 양육지원 대상

1) 부양의무자가 없는 미성년 자녀와 미성년 제매

a) 국가유공자의 미성년 자녀와 미성년 제매 중 부양의무자가 없는 사람(부양의무자가 있으나 대통령령으로 정하는 부양능력이 없는 경우를 포함한다) 또는 부양의무자가 양로지원을 받고 있는 사람에 대해서는 국가의 양육시설에서 지원할 수 있다.[269)]

b) "대통령령으로 정하는 부양능력이 없는 경우"란 위 양로지원 자격에서 설명한 것과 동일하다.[270)]

2) 예외

다만, 양육지원을 받고 있는 사람으로서 19세가 된 사람이 고등학교 · 대학 또는

---

266) 법 63조
267) 영 84조의2
268) 법 63조
269) 법 64조 본문
270) 영 84조의2

이에 준하는 학교에 재학 중이거나 19세가 되는 해에 고등학교·대학 또는 이에 준하는 학교에 입학하게 되는 경우에는 그 학교를 졸업할 때까지 계속 지원할 수 있다.[271)]

(2) 지원 내용

양로·양육지원 대상자에게는 의식주를 제공하고 교육지원 등을 통해 건강한 성장지원과 자활능력을 배양할 수 있게 한다. 이들에게 제공하는 입소시설은 경기도 수원시에 있는 '보훈원(한국보훈복지의료공단 위탁 운영)'으로서 215명 수용규모이고 126실의 주거시설과 보훈의원, 목욕탕, 식당 등의 부대시설이 있다.[272)]

(3) 양로·양육지원의 위탁

국가보훈처장은 양로지원과 양육지원을 할 때 필요하다고 인정되면 노인복지시설·아동복지시설 등 사회복지시설에 지원을 위탁할 수 있다. 양로지원과 양육지원에 드는 비용은 국가가 부담한다.[273)]

나. 요양지원 보조

(1) 의의

요양지원 보조란 요양등급을 판정받은 고령의 국가유공자에게 요양시설 이용에 따른 본인 부담금의 일부를 지원하여 경제적 부담을 경감시켜 주는 제도이다.[274)]

(2) 지원 대상

노인장기요양보험법 제23조 제1항 제1호 또는 제2호에 따른 재가급여나 시설급여를 받는 사람 중 다음에 해당하는 사람

① 국가유공자

② 국가유공자의 배우자

---

271) 법 64조 단서

272) 보훈업무시행지침(II), p.278

273) 법 65조

274) 법 63조의2 1항

③ 국가유공자의 유족 중 부모

(3) 지원 내용

요양지원 보조금 지급 구분표

구 분	지급대상	보조비율
1. 전상군경, 공상군경, 4 · 19혁명부상자, 공상공무원 및 특별공로상이자	소득 · 재산 등 생활수준이 국가보훈처장이 정하는 기준에 해당하는 사람	100분의 80
	「의료급여법」 제3조제1항제5호에 따른 수급권자	
2. 무공수훈자, 보국수훈자, 6 · 25참전재일학도의용군인, 4 · 19혁명공로자 및 특별공로자, 국가유공자의 배우자 및 유족 중 부모	소득 · 재산 등 생활수준이 국가보훈처장이 정하는 기준에 해당하는 사람	100분의 40
	「의료급여법」 제3조제1항제5호에 따른 수급권자	

다. 보훈재가복지 서비스

(1) 의의

보훈재가복지 서비스란 국가유공자와 그 유족 또는 가족의 원활한 일상생활을 위하여 가정에서 가사활동, 건강관리 및 정서활동 등을 지원하는 서비스를 말한다.[275]

(2) 사업체계[276]

(가) 국가유공자 등 노후복지지원

1) 지원 대상 : 국가유공자 및 유족(배우자 또는 부모)

2) 선정 기준 : 65세 이상의 노인성 질환 또는 상이처 등으로 거동이 불편한 자 중 독거노인 또는 노인 부부 세대(생활정도가 국가보훈처장이 정한 생활수준에 해당하여야 함)

(나) 독거 · 복합질환 참전유공자 노후복지지원

1) 지원 대상 : 참전유공자

2) 선정 기준 : 65세 이상인 참전유공자로서 3개 이상 복합질환이 있어 정상적 일

275) 법 63조의3 1항
276) 보훈업무시행지침(II), p.257~258

상생활 수행이 곤란한 자 중 독거노인 또는 노인 부부 세대(생활정도가 국가보훈처장이 정한 생활수준에 해당하여야 함)

라. 수송시설의 이용지원

(1) 의의

수송시설의 이용지원은 전상군경·공상군경 등에 대하여 대통령령으로 정하는 공공기관의 수송시설 이용료를 받지 아니하거나 할인을 해주는 내용의 지원이다.

"대통령령으로 정하는 공공기관"이란 「한국철도공사법」 제2조에 따른 한국철도공사와 「도시철도법」 제2조 제4호에 따른 도시철도사업을 위하여 「지방공기업법」에 따라 설립된 지방공사인 도시철도공사를 말한다.[277)]

(2) 지원 대상

수송시설 이용지원의 대상자는 다음과 같다.[278)]

① 전상군경, 공상군경, 4·19혁명부상자, 공상공무원 및 특별공로상이자

② 상이등급 1급에 해당하는 전상군경, 공상군경, 4·19혁명부상자, 공상공무원 및 특별공로상이자를 직접 보호하여 수송시설을 이용하는 자 1명

(3) 지원 내용

전상군경 등에 대한 수송시설 이용지원 규정(국가보훈처 훈령 제1394호) [별표 1]

수송시설의 종류	이용지원 대상	지원내용	증(서) 명칭
철도	애국지사 상이 국가유공자 5·18민주부상자	연간 6회 무임 7회 이후 50% 할인 * 애국지사 및 1~2급상이(장해)자 동반보호자 1인 포함	• 독립·국가·5·18민주유공자증 • 국가유공자증서(수송시설용) • 5·18민주유공자증서(수송시설용)
지하철	애국지사 상이 국가유공자 5·18민주부상자	무임 * 애국지사 및 1급상이(장해)자 동반보호자 1인 포함	• 독립·국가·5·18민주유공자증 • 국가유공자증서(수송시설용) • 5·18민주유공자증서(수송시설용)

277) 영 85조 3항
278) 법 66조 1항

고속버스	애국지사, 상이1~5급, 1~7급 5 · 18부상자	50% * 애국지사 및 1급상이(장해)자 동반보호자 1인 포함	• 국가유공자증서(수송시설용) • 5 · 18민주유공자증서(수송시설용) • 상이군경 회원증
	상이6~7급, 8~14급 5 · 18부상자	30%	• 국가유공자증서(수송시설용) • 5 · 18민주유공자증서(수송시설용) • 상이군경 회원증
시내버스	애국지사, 상이국가유공자, 5 · 18부상자	무임 * 애국지사 및 1급상이(장해)자 동반보호자 1인 포함	• 국가유공자증서(수송시설용) • 5 · 18민주유공자증서(수송시설용) • 상이군경 회원증
시외버스 농어촌버스	애국지사, 상이1~5급, 1~7급 5 · 18부상자	70% * 애국지사 및 1급상이(장해)자 동반보호자 1인 포함	• 국가유공자증서(수송시설용) • 5 · 18민주유공자증서(수송시설용) • 상이군경 회원증
	상이 6~7급, 8~14급 5 · 18부상자	30%	
내항 여객선	애국지사, 상이국가유공자 (1~5급) 5 · 18민주부상자 (장해1~7등급)	무임 * 애국지사 및 1급상이(장해)자 동반보호자 1인 포함	• 승선 이용권(무임 또는 할인) • 독립 · 국가 · 5 · 18민주유공자증 • 국가유공자증서(수송시설용) • 5 · 18민주유공자증서(수송시설용) • 상이군경회원증
	상이국가유공자 (6~7급) 5 · 18민주부상자 (장해 8~14등급)	50%	
국내선 항공기	애국지사 상이 국가유공자 5 · 18민주부상자	50%	• 독립유공자(유족) · 국가유공자(유족) · 5 · 18민주유공자(유족)증
	기타유공자 및 선순위유족	30%	

마. 고궁 등의 이용지원

(1) 의의

국가유공자, 그 유족 또는 가족에게 국가나 지방자치단체가 관리하는 고궁과 공원 등의 시설 이용료를 받지 아니하거나 할인할 수 있는 제도이다.

(2) 지원 대상

고궁 등 이용지원의 대상자는 다음과 같다.[279]

① 국가유공자와 그 배우자

② 국가유공자의 유족 중 영 제8조에 따른 선순위자. 이 경우 선순위자가 국가유공자의 부 또는 모인 때에는 선순위자가 아닌 모 또는 부를 포함한다.

③ 국가유공자 중 애국지사와 상이등급 1급 · 2급 또는 3급에 해당하는 사람의 활동을 보조하는 사람 1명

(3) 지원 내용

국가유공자 등 예우 및 지원에 관한 법률 시행령 [별표 10] 〈개정 2009.8.13〉

이용료가 감면되는 시설의 종류와 감면율(제86조 제2항 관련)	
시설의 종류	감면율(일반요금에 대한 백분율)
1. 고궁 및 능원	100분의 100
2. 국공립 공원	100분의 100
3. 독립기념관	100분의 100
4. 전쟁기념관	100분의 100
5. 국공립 박물관 및 미술관	100분의 100
6. 국공립 수목원	100분의 100
7. 국공립 자연휴양림	100분의 100
8. 국공립 공연장(대관공연은 제외한다)	100분의 50
9. 국공립 공공체육시설	100분의 50

바. 주택의 우선공급

(1) 의의

주택 우선공급제도는, 국가나 지방자치단체가 국가유공자와 그 유족 중 국가유공자법 제47조에 따른 대부 대상자에게 국가나 지방자치단체에 의하여 건설되거나 국가 또는 지방자치단체의 재정이나 「주택도시기금법」에 따른 주택도시기금의 지

279) 영 86조 1항

원을 받아 건설·공급되는 주택을 무주택기간, 생활수준 등을 고려하여 우선 공급하는 제도이다.[280]

(2) 우선공급 대상 주택[281]

(가) 대상 주택

주거면적 85㎡ 이하의 분양 또는 임대주택이다.

(나) 우선공급 대상 공공임대주택의 종류

① 영구임대주택 : 50년 이상 영구임대 목적으로 공급(10% 우선공급)

② 국민임대주택 : 30년 이상 장기임대 목적으로 공급(10% 우선공급)

③ 장기전세주택 ; 20년 이상 장기임대 목적으로 공급(10% 우선공급)

④ 분양전환공공임대주택 : 임대 후 분양 목적으로 공급(10% 우선공급)

⑤ 기존주택매입임대주택 : 기존주택을 매입하여 공급(2% 우선공급)

⑥ 기존주택전세임대주택 : 기존주택을 임차하여 공급(2% 우선공급)

⑦ 통합공공임대주택 : 30년 이상 장기임대 목적으로 공급(5% 우선공급)

(3) 주택 우선공급 대상자

① 국가유공자와 그 수권유족

② 국가유공자 부모유족 중 보상금 균분대상자(가족 관계 소멸된 경우만 각자 신청 가능)

※ 독립유공자와 그 수권유족, 영주귀국 정착금 지급대상이 되는 영주귀국 독립유공자 유족 세대주, 독립유공자의 유족인 자녀 중 독립유공자법 제14조의 5에 따라 생활지원금을 받는 자, 5·19민주유공자와 그 수권유족, 특수임무유공자와 그 수권유족, 보훈보상대상자와 그 수권유족(배우자 한정), 참전유공자 본인도 주택 우선공급 대상자에 포함된다.

(4) 지원 요건

신청자격과 세부 지원기준, 신청절차 등 자세한 내용은 보훈업무 시행지침(I)

280) 법 68조 1항

281) 2022년도 보훈업무 시행지침(I), p.459 이하 참조

p.459 이하를 참조바란다.

사. 생업지원

(1) 의의

생업지원이란 국가와 지방자치단체, 그 밖의 공공단체가 소관 공공시설 안에 식료품·사무용품·신문 등 일상생활용품의 판매를 위한 매점의 운영이나 자동판매기 등의 설치를 허가 또는 위탁하는 경우, 국가유공자와 그 유족의 신청을 우선적으로 반영하는 제도를 말한다.282)

(2) 지원대상

국가유공자와 그 유·가족이 지원대상이다. 국가유공자 본인뿐만 아니라 모든 유·가족이 지원 대상이다.283) 허가 또는 위탁을 받은 자는 중대한 질병 등 특별한 사유가 없는 한 직접 그 사업에 종사하여야 한다.284)

(3) 지원 기관

국가유공자 등에게 생업지원을 해야 하는 기관은 국가와 지방자치단체 및 그 밖의 공공단체이다.285) 공공단체의 범위는 다음과 같다.286)

① 공공기관

② 지방공기업법 제49조에 따른 지방공사와 같은 법 제76조에 따른 지방공단

③ 특별법에 따라 설립된 법인

국가, 지방자치단체 및 공공단체가 소관 공공시설에서 매점의 운영이나 자동판매기의 설치를 국가유공자와 그 유족 등에게 허가하기 위하여 국유재산법 제31조 제1항 단서 또는 「공유재산 및 물품관리법」 제20조 제2항 단서에 따라 소관 행정재산의 사용·수익을 허가하려는 경우에는 국유재산영 제27조 제3항 또는 「공유재산 및 물품관리법 시행령」 제13조 제3항에 따른 수의계약으로 사용·수익자를 결정할 수 있다.287)

---

282) 법 68조의2 1항
283) 2022년도 보훈업무시행지침(I), p.499
284) 법 68조의2 2항
285) 법 68조의2 1항
286) 영 88조의3 1항

【참고】 타법에 의한 생업지원

법령명	내용
복권 및 복권 기금법 (기획재정부)	제30조(장애인 등과의 우선계약) 복권사업자는 다음 각 호의 어느 하나에 해당하는 사람이 온라인복권을 판매하려는 경우에는 우선적으로 계약을 체결하도록 노력하여야 한다. 1.「장애인복지법」 제32조에 따라 등록한 장애인 2.「국민기초생활 보장법」 제2조제2호에 따른 수급자 3.「한부모가족지원법」 제5조에 따른 보호대상자인 한부모가족의 세대주 4.「독립유공자예우에 관한 법률」 제6조에 따라 등록 · 결정된 독립유공자와 그 유족 또는 가족 5.「국가유공자 등 예우 및 지원에 관한 법률」 제6조에 따라 등록 · 결정된 국가유공자와 그 유족 또는 가족 6. 그 밖에 저소득층, 국가를 위하여 희생하거나 공헌한 사람 등으로서 대통령령으로 정하는 사람 [전문개정 2011. 3. 30.]
복권 및 복권 기금법 시행령 (기획재정부)	제21조(장애인 등과의 우선계약) 법 제30조제6호에서 "대통령령으로 정하는 사람"이란 다음 각 호의 어느 하나에 해당하는 사람을 말한다. 〈개정 2012. 1. 26., 2012. 4. 17., 2012. 12. 21., 2016. 6. 21., 2016. 10. 18., 2021.4.6.〉 1.「5 · 18민주유공자예우 및 단체설립에 관한 법률」 제7조에 따라 결정 · 등록된 5 · 18민주유공자와 그 유족 또는 가족 2.「고엽제후유의증 등 환자지원 및 단체설립에 관한 법률」 제4조에 따라 결정 · 등록된 고엽제후유의증환자 및 고엽제후유증 2세환자 3.「참전유공자 예우 및 단체설립에 관한 법률」 제5조에 따라 결정 · 등록된 참전유공자 4.「특수임무유공자 예우 및 단체설립에 관한 법률」 제6조에 따라 결정 · 등록된 특수임무유공자와 그 유족 또는 가족 5.「보훈보상대상자 지원에 관한 법률」 제4조에 따라 등록 및 결정된 보훈보상대상자와 그 유족 [전문개정 2011. 6. 27.]
담배사업법 시행규칙 (기획재정부)	제7조(소매인의 지정절차 등) ①~⑨항은 내용 생략 ⑩ 제9항 또는 제7조의2에 따라 추첨의 방법으로 소매인을 결정하는 경우에 신청인 중 국가유공자 및 그 가족(같은 주민등록표의 직계존비속 및 배우자를 말한다. 이하 같다)이나 장애인 및 그 가족이 있으면 제9항 또는 제7조의2에도 불구하고 그 신청인을 다른 신청인에 우선하여 지정하되, 그 우선지정 대상자가 2명 이상이면 공개추첨의 방법으로 결정한다. 다만, 국가유공자 및 그 가족이나 장애인 및 그 가족이 이미 다른 장소에서 우선지정을 받아 담배소매업을 영위하고 있는 경우에는 중복하여 우선지정을 받을 수 없다. 이하 ⑪~⑬항은 내용 생략

출처 : 2022년 보훈업무시행지침(I)

287) 영 88조의3 2항

아. 자활용사촌의 지정

(1) 의의

국가보훈처장은 전상군경 및 공상군경 중 상이등급 1급에 해당하는 중상이자의 자활을 촉진하기 위하여 전·공상군경 1급 중상이자 20명 이상이 동일한 행정구역에 마을 단위로 거주하고 있는 경우 그 마을을 자활용사촌으로 지정하여 행정상·재정상의 지원을 할 수 있다.[288] 이를 자활용사촌이라 한다.

(2) 지정 요건

자활용사촌으로 지정되려면 다음의 요건을 모두 갖추어야 한다.

① 회원은 20명이며, 동일 행정구역(지방자치법에 따른 '동' 또는 '리'를 말함)에 건립 또는 구입한 단독주택이나 공동주택에 집단으로 거주하여야 한다.

② 용사촌에서는 회원들의 복리증진을 위한 복지사업으로 복지공장을 운영하여야 한다.

③ 용사촌은 용사촌 운영에 관한 기본준칙으로 자체 운영규약을 두어야 한다.

(3) 자활용사촌 관리·감독

국가보훈처장은 용사촌이 훈령 또는 훈령에 따른 지시를 위반하는 행위를 하였을 경우에는 그에 필요한 시정조치를 할 것을 지시할 수 있다.[289] 국가보훈처장은 관계공무원으로 하여금 용사촌의 회계사항과 복지사업 등 용사촌 운영에 필요한 서류를 검사하게 하거나 총회에 참석하게 하여 지도할 수 있다.[290] 국가보훈처장은 필요하다고 인정하면 각 용사촌에 보고하게 하거나 서류 또는 그 밖에 자료의 제출을 요구할 수 있다.[291]

288) 영 88조의4 1항
289) 국가유공자 자활용사촌 지원규정 25조
290) 국가유공자 자활용사촌 지원규정 26조
291) 국가유공자 자활용사촌 지원규정 27조

(4) 지원 내용

(가) 기술지도 및 생산품목의 판로 알선

관할 지방청장 또는 지청장은 관내 용사촌의 건전한 발전과 회원 복지향상을 위하여 필요하다고 인정될 때에는 관계기관과 협조하여 복지공장 운영에 따른 기술지도와 생산품목의 판로 알선 등 행정지원을 할 수 있다.[292]

(나) 생산품목 승인 등

용사촌이 「국가를 당사자로 하는 계약에 관한 법률 시행령」 제26조 제1항 제4호 가목 및 「지방자치단체를 당사자로 하는 계약에 관한 법률 시행령」 제25조 제1항 제7호 다목에 따라 수의계약에 의한 납품을 희망하는 신규 생산품목은 다른 용사촌 및 보훈단체의 생산품목과 경합되지 않아야 한다. 다만, 이미 승인을 받은 용사촌 및 보훈단체의 동의가 있는 경우에는 그러하지 아니한다.[293] 관할 지방청장 또는 지청장은 자활용사촌의 생산계획 등과 직접생산 여부를 확인한 후 위원회의 심의를 거쳐 생산품목 승인 여부를 결정하고 생산품목 승인서 및 직접생산 확인증명서를 교부하여야 하며, 그 결과를 처장에게 보고하여야 한다.[294]

(다) 보조금 등의 지원

소득이 영세하고 복지공장 운영이 취약한 용사촌에 대하여는 조속한 자립지원을 위하여 예산의 범위에서 보조금 등을 지원할 수 있다.[295]

제3절 | 보상수급권의 변동

국가유공자가 된 후에 일정한 사유가 발생하면 보상받을 권리에 변동이 생긴다.

292) 국가유공자 자활용사촌 지원규정 14조 2항
293) 국가유공자 자활용사촌 지원규정 16조 1항
294) 국가유공자 자활용사촌 지원규정 16조 4항
295) 국가유공자 자활용사촌 지원규정 19조

1. 순위변경

가. 개요

보상금을 지급받고 있던 국가유공자나 그의 유족에게 일정한 사유가 발생하면 그의 권리는 유족 또는 차순위 유족에게 승계된다. 법문에서는 '순위변경'이라는 용어[296]를 사용하고 있으나 엄밀히 말하자면 '순위변경'이라기보다 순위에 따른 '권리승계'로 보는 것이 옳을 것이다. 다만, 이해의 편의를 위해 법문과 실무에서 널리 사용되고 있는 '순위변경'이라는 용어를 여기서도 사용하기로 한다.

나. 순위변경 사유

(1) 국가유공자의 경우

(가) 사망

국가유공자 중 전상군경, 공상군경, 4·19혁명부상자 및 특별공로상이자, 재일학도의용군인이 사망한 경우 그의 권리는 선순위 유족에게 승계된다.[297]

(나) 실종선고

부재자로서 생사가 5년간 분명하지 아니하거나 전지에 임한 자, 침몰한 선박 중에 있던 자, 추락한 항공기 중에 있던 자 기타 사망의 원인이 될 위난을 당한 자의 생사가 전쟁종지 후 또는 선박의 침몰, 항공기의 추락 기타 위난이 종료된 후 1년간 분명하지 아니하여 법원으로부터 실종선고를 받은 경우에는 위 각 기간이 만료된 때에 사망한 것으로 본다.[298]

(다) 인정사망

수해, 화재나 그 밖의 재난으로 인하여 사망한 사람이 있는 경우 이를 조사한 관공서가 사체발견 등의 확증은 없으나 주위의 여러 상황을 고려하여 볼 때 사망이 확실하거나 그 개연성이 매우 높다고 판단한 때에는 유족의 의사와 관계없이 사망지의 시·읍·면의 장에게 사망통보를 하는데,[299] 이를 '인정사망'이라 한다. 인정사망

296) 법 6조의2 2항
297) 법 12조 1항
298) 민법 27조, 28조
299) 「가족관계의 등록 등에 관한 법률」 87조 본문, 「인정사망에 따른 가족관계등록사무 처리지침

의 통보가 있는 경우에는 어떻게 할 것인가. 법에는 아무런 규정이 없으나, 사망에 준해서 권리승계 조치를 취하는 것이 바람직하다고 생각된다. 다만, 인정사망에 의한 가족관계등록부에의 기재는 사망일에 사망한 것으로 추정할 뿐이므로 반대사실의 증명에 의하여 번복이 가능하다.

(2) 유족 또는 가족의 경우

(가) 사망

국가유공자의 유족이 사망하면 차순위 유족에게 권리가 승계된다.[300] 국가유공자의 경우에서 설명한 바와 같이, 실종선고나 인정사망의 경우에도 권리가 승계된다.

(나) 유족 지위 상실

보상금을 수령하고 있던 유족이 법 제5조 제1항 각 호의 어느 하나에 해당하지 아니하게 된 경우 즉, 배우자가 타인과 재혼(사실상 혼인 포함)하거나 국가유공자와의 혼인이 무효 또는 취소가 된 경우, 자녀가 25세에 도달한 경우, 국가유공자와 부모간의 친양자관계가 해소된 경우 등에는 차순위 유족에게 권리가 승계된다.[301]

(다) 1년 이상 계속하여 행방불명

1년 이상 장기간 소재가 불명한 경우에는 보상받을 권리가 차순위 유족에게 승계된다.

(라) 국적상실

보상금을 수령하고 있던 유족이 국적상실의 신고를 하면 보상받을 권리가 소멸하므로[302] 그 권리는 차순위 유족에게 승계된다.

2. 보상정지

가. 개요

국가유공자가 국가유공자법 또는 동법에 따른 명령을 위반하거나 품위손상행위

(가족관계등록예규 제477호) 3조 3항

300) 법 13조 3항 1호

301) 법 13조 3항 2호

302) 법 9조 3항 전단

를 한 경우에는 일정 기간 보상의 전부 또는 일부가 정지된다. 국가유공자로서의 권리 전부 또는 일부가 일정 기간 정지되는 것이다. 이에는 심사를 통해 보상정지 여부를 결정하는 '임의적 보상정지'와 일정한 요건이 발생하면 반드시 보상을 정지해야 하는 '필요적 보상정지' 두 가지로 구분된다.

나. 보상정지의 요건

(1) 임의적 보상정지

임의적 보상정지는 국가유공자가 법 또는 법에 따른 명령에 위반하거나 품위손상행위를 한 경우에 하는 것이다.

(가) 국가유공자법 또는 동법에 따른 명령의 위반

1) 거짓이나 그 밖의 부정한 방법으로 국가유공자법에 따른 보상을 받거나 보상을 받게 한 경우[303]

2) 국가유공자법 제6조의2에 따른 신상변동 신고를 하지 않거나 제 때 하지 않은 경우[304]

3) 직권에 의한 재판정신체검사의 실시를 통보받은 사람이 특별한 사유 없이 받지 않은 경우[305]

4) 생활조정수당 수급권의 발생 또는 상실을 확인하여 위한 조사나 질문에 응하지 않은 경우[306] 등이다.

(나) 품위손상행위

1) 국가유공자가 그 신분을 이용하여 부당한 혜택을 강요하거나 알선하는 행위

2) 폭행 · 협박, 기물파손 또는 그 밖의 방법으로 부당하게 공무집행을 방행하는 행위를 한 경우이다.

(2) 필요적 보상정지

필요적 보상정지는, 대통령령으로 정하는 죄를 범하여 금고 이상의 실형을 선고

---

303) 법 85조 1항 1호
304) 법 6조의2 1항
305) 법 6조의3 6항
306) 법 14조의3 1항, 4항

받고 그 형이 확정된 경우에는 당연히 하는 것이다.[307] '대통령령으로 정하는 죄'란 「형법」에 규정된 죄를 말한다. 다만 과실에 의한 경우는 제외한다.[308]

다. 보훈심사위원회 의결

임의적 보상정지를 하려면 보훈심사위원회의 의결을 거쳐야 한다.[309] 이때 보훈심사위원회가 보상정지를 의결하려면 반드시 해당자를 출석하게 하여 그 의견을 들어야 한다. 이 경우 해당자가 문서로 의견을 제출하면 출석한 것으로 보고, 정당한 사유 없이 지정한 일시에 보훈심사위원회에 출석하지 아니할 때에는 의견이 없는 것으로 본다.[310] 필요적 보상정지는 보훈심사위원회의 의결이나 해당자의 출석이 필요 없다. 필요적 보상정지기 때문이다.

라. 보상정지 결정의 효과

(1) 임의적 보상정지 - 3년의 범위 내 보상의 전부 또는 일부 정지

보훈심사위원회가 보상정지를 의결하면 3년의 범위에서 기간을 정하여 보훈관련법의 모든 보상을 하지 아니한다.[311] 보훈관련법의 모든 보상이란 독립유공자법 제2장(예우), 국가유공자법 제2장(보훈급여금), 제3장(교육지원), 제4장(취업지원), 제5장(의료지원), 제6장(대부), 제7장(그 밖의 지원)까지의 규정에 의한 모든 보상을 의미한다.

(2) 필요적 보상정지 - 실형 기간 보훈급여금의 지급 정지

금고 이상의 실형이 확정된 날이 속하는 달의 다음 달부터 선고받은 실형의 기간 동안 그가 받을 보훈급여금을 지급하지 아니한다.[312]

---

307) 법 78조 2항
308) 영 98조 2항
309) 법 78조 1항
310) 영 99조 1항
311) 법 78조 1항
312) 법 78조 2항

마. 보상정지와 법적용 배제 제도와의 관계

(1) 유사점

보상정지제도와 법적용 배제제도는 품위손상행위와 범죄를 적용사유로 한다는 점에서 매우 비슷한 제도다. 구체적으로 보면, 임의적 보상정지와 법적용 배제는 품위손상행위를 적용사유로 한다는 점에서 유사하고, 필요적 보상정지와 법적용 배제는 범죄를 적용사유로 한다는 점에서 유사하다. 형량의 차이는 있지만, 둘 다 금고 이상의 실형을 요구한다는 점에서 더욱 비슷하다. 양자의 제도적 목적과 효과 역시 매우 유사하다. 국가유공자로서의 품위를 손상한 사람에게 일정한 불이익을 주겠다는 점에서 목적이 유사하고, 국가유공자법이 정하고 있는 보상을 정지한다는 점에서 효과도 유사하다.

(2) 차이점

(가) 「형법」에 규정된 죄를 범해 금고 이상의 실형을 선고받으면 필요적 보상정지의 대상이지만, 법적용 배제는 국가보안법 등 법 제79조 제1항 각 호에 열거된 범죄로 제한된다.

(나) 필요적 보상정지는 금고 이상의 실형을 선고받으면 되는 데 반해, 법적용 배제의 경우 국가보안법 위반범죄나 내란 · 외환죄를 제외하고는 금고 1년 이상의 실형을 선고받아야 한다.

(다) 필요적 보상정지는 3년의 범위에서 기간을 정하여 정지하는 것이므로 최대 3년간 보상이 정지된다. 반면, 법적용 배제는 특별한 사정이 없으면 영구히 배제된다. 단지 3년이 지나면 재등록을 신청할 수 있을 뿐이다. 재등록이 되려면 뉘우친 정도가 현저하다고 인정되어야만 한다.

(3) 문제점

위에서 보다시피, 보상정지와 법적용 배제제도는 매우 유사한 요건으로 구성되어 있을 뿐만 아니라 그 제도적 목적과 효과가 중첩된다. 예컨대, 어떤 국가유공자가 형법 제332조의 상습절도죄로 징역 2년을 선고받아 확정된 경우 필요적 보상정지 대상이기도 하고 법적용 배제대상이기도 하다. 불법을 저지른 국가유공자에게

벌을 주려는 제도적 목적과 보상중단이라는 제도적 효과가 중첩되는 것이다. 다만, 법적용 배제는 영구적인 반면 보상정지는 3년 이내의 기간이라는 점이 다를 뿐이다. 이렇게 어떤 행위에 대해 중첩되는 제도를 운용하는 것은 매우 이례적이다. 어떤 제도를 어떻게 적용할 것인지 아무런 기준도 없다. 보상정지 제도는 과거부터 존재한 것이고 운용상 별다른 문제점이 없었으나, 법적용 배제제도가 도입되고 나서부터 이러한 문제점이 대두되었다. 법적용 배제제도를 도입할 당시 면밀한 검토가 부족했던 것으로 보인다. 등록결격사유로서의 성격을 지니는 법적용 배제제도는 국가유공자에 대한 등록결격사유로 변경하고, 등록취소사유의 성격을 지니는 법적용 배제제도는 폐지하는 것이 어떨까 싶다.

제4절 | 보상수급권의 소멸

1. 보상수급권의 비소급적 소멸

국가유공자, 그 유족 또는 가족이 국가유공자법 제6조의2 제1항 제1호부터 제3호까지, 제79조 제1항 및 제2항의 어느 하나에 해당하게 되면 그 해당되는 사유가 발생한 날이 속하는 달의 다음 달부터 보상수급권이 소멸된다.[313)]

가. 사망(제6조의2 제1항 제1호)

국가유공자, 그 유족 또는 가족이 사망하면 보상을 받을 권리가 소멸된다.[314)] 이 경우 국가유공자 본인이 사망하면 그 가족이 보상을 받을 권리도 함께 소멸된다.[315)] 실종선고를 받은 경우에는 실종선고기간이 만료된 때에 사망한 것으로 간주된다.[316)] 인정사망의 경우도 사망에 준해서 권리가 소멸되는 것으로 보아야 할 것이다. 다만, 인정사망에 의한 가족관계등록부에의 기재는 사망일에 사망한 것으로 추정할 뿐이므로 반대사실의 증명에 의하여 번복이 가능하다.

313) 법 9조 3항
314) 법 9조 3항 전단, 법 6조의2 1호
315) 법 9조 3항 후단
316) 민법 27조, 28조

나. 국적상실(제6조의2 제1항 제2호)

(1) 원칙

국가유공자, 그 유족 또는 가족이 국적을 상실하면 보상을 받을 권리는 소멸된다.[317] 사망과 마찬가지로, 국가유공자 본인이 국적을 상실하면 그 가족이 보상을 받을 권리도 함께 소멸된다.[318]

(2) 외국국적동포 등에 대한 보상 특례

다만, 이 경우 유의해야 할 점은, 「재외동포의 출입국과 법적 지위에 관한 법률」 제16조에 의하면 외국 국적동포는 국가유공자법에 따른 보훈급여금을 받을 수 있다는 규정이 있다. 즉, 국가유공자가 외국 국적을 취득함으로써 대한민국 국적을 상실하더라도 위 규정에 의해 보훈급여금을 계속 받을 수 있는 것이다. 그런데, 이 경우 그 외국국적동포인 국가유공자가 대한민국 국적을 상실한 상태로 사망한 경우 그 유족은 어떻게 되는가? 그 경우 국가유공자법은 대한민국 국적을 보유하고 있거나 회복한 그 유족에 대하여 보훈급여금을 지급하도록 규정하고 있다.[319]

다. 친족관계 소멸(제6조의2 제1항 제3호)

국가유공자의 유족 또는 가족이 더 이상 국가유공자의 유족 또는 가족에 해당하지 아니하게 된 경우 보상받을 권리가 소멸된다.[320]

라. 법적용 배제 사유 해당(제79조 제1항 및 제2항)

국가유공자, 그 유족 또는 가족이 국가유공자법 제79조 제1항 및 제2항의 법적용 배제 사유에 해당하게 되면 보상을 받을 권리가 소멸된다.[321] 국가유공자 본인이 법적용 배제 사유에 해당하게 된 경우에는 그 가족이 보상받을 권리도 함께 소멸된다.[322]

---

317) 법 9조 3항 전단, 법 6조의2 2호
318) 법 9조 3항 후단
319) 법 7조의3
320) 법 9조 3항 전단
321) 법 9조 3항 전단

마. 권리의 포기

법의 일반원칙상 국가유공자법상 보상받을 권리는 포기도 가능하다. 따라서 국가유공자나 그 유족 또는 가족이 보상받을 권리를 포기하면 그때부터 동인의 보상받을 권리는 소멸된다.

2. 보상수급권의 소급적 소멸

국가유공자, 그 유족 또는 가족이 거짓이나 그 밖의 부정한 방법으로 등록결정을 받은 사실이 밝혀진 경우나 요건관련 사실에 중대한 흠결이 있는 경우에는 보상수급권이 발생하였던 날로 소급하여 소멸된다.[323] 이 경우 국가보훈처장은 위 사유에 해당하는지를 판정할 때에는 그와 관련된 사실을 조사 · 확인하여 보훈심사위원회의 심의 · 의결을 거쳐야 한다.[324]

가. 거짓이나 그 밖의 부정한 방법으로 등록

거짓이나 그 밖의 부정한 방법으로 국가유공자로 등록이 된 사실이 확인되면 보상받을 권리는 소멸된다. 국가유공자 본인의 보상받을 권리가 소멸된 경우에는 그의 유족 또는 가족의 보상받을 권리도 함께 소멸된다.[325] 국가보훈처장이 이 사유에 해당하는지를 판정할 때에는 그와 관련된 사실을 조사 · 확인하여 보훈심사위원회의 심의 · 의결을 거쳐야 한다.[326]

나. 요건 관련 사실의 중대한 흠결

국가유공자법 제6조 제3항 후단에 따라, 소속하였던 기관의 장이 통보한 국가유공자 등의 요건 관련 사실에 중대한 흠결이 있어 국가유공자 등의 등록요건에 해당되지 아니하는 것으로 밝혀진 경우 보상을 받을 권리는 소멸된다.[327] 국가보훈처장

322) 법 9조 3항 후단, 법적용 배제된 국가유공자의 유족 또는 가족이 보상을 받지 못한다는 점에 대해서는 법 79조 1항 단서에도 동일 취지의 문구가 규정되어 있다.
323) 법 9조 4항
324) 법 9조 5항
325) 법 9조 4항 1호
326) 법 9조 5항
327) 법 9조 4항 2호

이 이 사유에 해당하는지를 판정할 때에는 그와 관련된 사실을 조사 · 확인하여 보훈심사위원회의 심의 · 의결을 거쳐야 한다.[328)]

제5절 | 보상수급권의 회복

1. 실종선고의 취소

실종자의 생존한 사실 또는 실종선고와 상이한 때에 사망한 사실의 증명이 있으면 실종선고를 취소하여야 한다.[329)] 국가유공자와 그 유족 또는 가족에 대한 실종선고가 취소되면 소멸되었던 권리는 회복된다. 인정사망의 경우도 마찬가지라고 볼 수 있다.

2. 국적회복

국적상실로 보상받을 권리가 상실된 사람이 국적회복 허가를 받아 다시 국적을 취득하면 어떻게 될까. 이에 대해서는 법에 아무런 규정이 없다. 생각건대, 국적상실로 권리가 소멸되었으므로 국적을 회복하더라도 자동적으로 권리가 되살아나는 것은 아니라고 생각된다. 법 제6조에 따라 다시 등록신청 절차를 밟아서 결정을 받아야 할 것이다.[330)]

3. 친족관계 회복

국가유공자의 유족 또는 가족에 해당되지 아니하게 되어 소멸된 권리이므로 다시 국가유공자의 유족 또는 가족에 해당하게 된 경우에는 권리가 회복된다고 보아야 할 것이다.[331)]

---

328) 법 9조 5항
329) 민법 29조 1항 본문
330) 등록관리예규 p.57도 같은 취지로 설명하고 있다.
331) 법 6조의2 1항 4호

4. 법적용 배제 후 재등록

법적용 배제 사유에 해당되어 법적용이 배제되었다 하더라도 일정한 요건을 갖추면 다시 재등록이 가능함은 앞서 살펴 본 바와 같다.[332] 다만, 재등록 신청을 할 수 있는 사람은 국가유공자 본인에 한정되고 그 유족이나 가족은 할 수 없음을 유의해야 한다.

332) 법 79조 3항

CHAPTER

07

기타

Chapter 07
기타

제1절 | 보훈급여금 등의 환수

1. 환수 사유

국가는 국가유공자에게 보훈급여금 등을 지급한 후에라도 아래와 같은 환수사유가 있으면 기 지급한 보훈급여금 등을 환수하여야 한다.[1)]

가. 거짓이나 그 밖의 부정한 방법으로 보상을 받은 경우[2)]

'거짓이나 그 밖의 부정한 방법'이란 정상적인 절차에 의해서는 법에 의한 보훈급여금 등을 지급받을 수 없어 지급받을 자격을 가장하거나 지급받을 자격이 없다는 점 등을 감추기 위하여 행하는 일체의 부정행위로서 보훈급여금 등의 지급에 관한 의사결정에 영향을 미칠 수 있는 적극적 및 소극적 행위를 뜻한다.[3)] 예컨대, 전투에서 총상을 입었음을 입증하기 위해 팔뚝 피부 안에 금속파편을 삽입한 후 상이등급을 받는 경우, 당뇨수치를 높이기 위해 약물을 복용한 후 소변검사를 받는 경우, 다

1) 법 75조 1항
2) 법 75조 1항 1호
3) 대법원 2017. 8. 23. 선고 2015두51651 판결, 대법원 2020. 9. 24. 선고 2016두 14852 판결 참조

른 사람의 혈액임을 알면서도 자신의 혈액인지 확인하는 질문에 묵비하는 경우 등을 들 수 있다. 예시와 같은 경우들은 국가유공자 등록결정 처분에 중대한 흠이 있어 무효로 볼 수 있거나 취소할 수 있어 그 처분에 기한 보훈급여금 등은 근거를 상실하는 것이다.

나. 보상을 받은 후 그 보상을 받게 된 사유가 소급하여 소멸한 경우[4]

보상을 받은 후 그 보상사유가 소급적으로 소멸한 경우란, (1) 국가유공자 등록결정 처분에 흠이 있어 무효 또는 취소되는 바람에 그에 따른 보상사유도 소급적으로 소멸한 경우, (2) 보상 그 자체의 사유에 흠이 있어 소급적으로 소멸한 경우가 있을 수 있다. 어떤 경우든 보상사유가 소급적으로 소멸한다는 점에서는 다를 바가 없다. 위 가.항에서 본 바와 같이 부정한 방법으로 보상을 받은 경우도 실은 보상사유가 소급적으로 소멸하는 경우의 한 예라고 볼 수 있다. 그런데 보상사유가 소멸하긴 했지만, 당사자의 귀책사유라고 보기 어려운 경우가 있다. 대표적인 경우가 소속기관장이 통보한 요건 관련사실에 중대한 오류가 있어 국가유공자의 등록요건에 해당되지 아니하는 것으로 밝혀진 경우[5]이다. 이처럼 당사자에게 귀책사유가 없다면 보훈급여금 등을 환수하기는 어려울 것이다. 국가유공자법에서도 보상받은 자의 귀책사유가 없으면 보훈급여금 등을 환수하지 않고 면제할 수 있다고 규정하고 있다.[6]

다. 잘못 지급된 경우[7]

보훈급여금 등이 잘못 지급됐을 때 국가가 이를 환수하는 것은 당연하다. 그런데 크게 보면 위 가.항과 나.항 모두 '잘못 지급된 경우'라고 볼 수 있는데도 법은 이와 별개의 독립된 사유로 '잘못 지급된 경우'를 규정하고 있다. 구체적으로 어떤 의미일까. 나.항의 환수사유인가 다.항의 환수사유인가에 따라 실무에서는 큰 차이가 발생한다. 나.항의 환수사유에 해당하는 경우에만 반환의무를 면제할 수 있다고 규정[8] 되어 있기 때문이다. 즉, 나.항의 환수사유임에도 다.항의 '잘못 지급된 경우'로 분류

4) 법 75조 1항 2호
5) 법 9조 4항 2호
6) 법 76조 1항
7) 법 75조 1항 3호
8) 법 76조 1항

하면 반환의무 면제가 불가능해지는 것이다.

'잘못 지급된 경우'라 함은, 담당공무원의 실수, 계산이나 표시의 착오로 지급된 경우 등 위 가.항과 나.항을 제외한 기타의 경우라고 해석하는 것이 타당할 것이다. 예컨대, 담당공무원이 법적용 배제대상임을 간과한 경우, 100만원을 지급해야 했는데 1,000만원을 지급한 경우라든지, 1,000달러를 지급해야 했는데 1,000유로를 지급한 경우 등을 들 수 있다. 민법상 '착오로 인한 의사표시'의 문제[9]로 보아 취소할 수 있는 경우가 많을 것이다.

2. 환수처분의 법적 성격

환수사유 중 수급자격의 소급적 자격 취소와 관련된 '보훈급여금 등의 거짓 또는 부정 수령', '보훈급여금 수령 사유의 소급 소멸'의 경우에는 환수사유가 발생하였다 하여 곧바로 그 반환의무가 발생하는 것은 아니라, 행정청이 위와 같은 환수사유를 인정하여 그 수급자의 수급자격을 먼저 취소하여 그와 관련한 법률상 원인이 소급적으로 제거됨에 따라 부당이득반환의무가 발생하는 것이고, 환수처분은 바로 이러한 수급자격의 소급적 취소로서의 성격과 그에 기초한 부당이득 내지 과오급금을 고권적으로 환수할 수 있도록 하는 성격을 겸유하게 된다.[10]

3. 환수 대상자

환수의 대상은 보훈급여금 등을 받은 자이다. 국가보훈처장은 보훈급여금 등의 환수 사유가 발생한 때에는 보훈급여금 등을 받은 자에게 보훈급여금 등의 반납고지서를 보내야 한다.[11] 보훈급여금을 받은 국가유공자가 사망한 경우에 그 상속인을 상대로 환수처분을 할 수 있을까? 1968년 독립유공자로 등록되어 보훈급여금을 수령타가 1980년 사망하고 이어 그 배우자가 보훈급여금을 수령타가 2014년 사망하였으나 2018년 타인의 공적을 자신의 것처럼 속여 서훈된 사실이 드러나 서훈이

---

9) 민법 109조 1항
10) 서울행정법원 2021. 12. 17. 선고 2021구합55791 판결
11) 영 95조 1항

취소된 A씨의 사례에서 서울행정법원은 보훈급여금을 실제 수령하지 않은 A씨 배우자의 상속인들을 상대로 한 환수처분은 잘못이라는 취지로 판단하였다.[12] 동 재판부는 그 이유로 "독립유공자법 제35조는 환수사유가 인정되는 경우 그가 받은 보훈급여금을 환수해야 한다고 규정하고 있을 뿐, 받지 않은 상속인 등 제3자를 명시적으로 환수처분 대상에 포함시키지 않고 있다. …(중략)… 따라서 과오급에 해당하는 보훈급여금에 대하여 그 돈을 받은 사람만을 환수처분 대상으로 삼은 것으로 해석하는 것이 타당하다."고 설명했다. 이 사안은 독립유공자법 사례지만, 국가유공자법에서도 동일한 해석이 가능할 것이다.

4. 환수 목적물

환수를 할 수 있는 목적물은 국가유공자법 제2장에 따른 보훈급여금, 동법 제25조 및 제25조의2에 따른 수업료, 동법 제26조에 따른 학습보조비, 동법 제38조에 따른 직업재활훈련비 · 직업능력개발훈련비, 동법 제39조에 따른 능력개발장려금 · 지원비, 동법 제42조 및 42조의2에 따른 의료지원비, 동법 제55조에 따른 보조금, 동법 제63조의2에 따른 요양지원에 대한 보조금이다.

5. 환수의 면제

가. 보상받은 자에게 책임 없는 사유

국가보훈처장은 보상을 받은 자가 국가유공자법 제75조 제1항 제2호에 해당하는 경우 즉, 보상을 받은 후 그 보상을 받게 된 사유가 소급하여 소멸한 경우에 해당하는 경우 그 보상 받은 원인이 그에게 책임이 없는 사유로 인한 것이면 그가 받은 보훈급여금을 환수하지 아니하고 면제할 수 있다.[13]

---

12) 서울행정법원 2021. 12. 17. 선고 2021구합55791 판결
13) 법 76조 1항

나. 보훈급여금 등의 반환의무를 면제할 수 있는 경우[14)]

(1) 전공사상자로 통보되었던 자의 계급 · 군번 · 성명 · 본적 · 사상일자 및 사상지역 등이 군 기록 또는 경찰기록의 통보내용과 다른 경우

(2) 전공사상자로 통보되었던 자의 사망구분과 전역구분이 비전공사상자로 정정 통보된 경우

(3) 전공사상자로 통보되었던 자가 살아 돌아오거나 살아 있음이 확인된 경우

(4) 전공사상자로 통보되었던 자의 전공사상을 군 기록이나 경찰기록상 확인할 수 없는 경우

(5) 그 밖에 법에 따라 보상을 받은 자가 그에게 책임이 없는 사유로 국가유공자 등의 등록요건에 해당되지 아니한 것으로 확인된 경우

다. 보훈심사위원회 심의 · 의결

국가보훈처장은 보훈급여금 등의 반환의무면제사유가 발생되면 지체 없이 그 사실을 조사 · 확인하여야 하며, 그 반환의무를 면제하려는 경우에는 보훈심사위원회의 의결을 거쳐야 한다.[15)]

6. 체납처분에 따른 징수

국가보훈처장은 보훈급여금 등의 환수사유가 발생한 때에는 보훈급여금 등을 받은 자에게 30일 이내의 납입기간을 정하여 반납고지서를 보내야 한다.[16)] 납입기간 내에 반납금을 납부하지 아니한 자에 대해서는 납입기간 만료일로부터 7일 이내에 15일 이내의 납입기간을 정하여 독촉장을 발부하여야 한다.[17)] 국가보훈처장은 보훈급여금 등을 반환할 자가 기간 내에 반환하지 않으면 국세 체납처분의 예에 따라 징수할 수 있다.[18)]

---

14) 영 97조 1항
15) 영 97조 2항
16) 영 95조 1항
17) 영 95조 2항
18) 법 75조 2항

7. 결손처분

국가보훈처장은 보훈급여금 등을 반납할 자가 행방불명이거나 재산이 없거나 그 밖에 불가피한 사유로 그 환수가 불가능하여 반납금의 결손처분을 할 수 있다.[19] 결손처분을 하려는 때에는 보훈심사위원회의 의결을 거쳐야 한다.[20]

제2절 | 국가유공자법에 따른 각종 의무 및 제한 사항 등

1. 국가유공자 지원단체조직 등의 제한

누구든지 국가유공자, 그 유족 또는 가족을 지원한다는 명목으로 영리를 목적으로 하는 단체를 조직하거나 단체적인 행동 또는 개인적인 활동을 하여서는 아니 된다.[21] 어떠한 단체든지 법률에 따르지 아니하고는 그 단체의 명칭에 국가유공자법에 따른 국가유공자나 그 칭호로 오인될 우려가 있는 용어를 사용하여서는 아니 된다.[22]

2. 국가유공자의 품위유지 의무

국가유공자, 그 유족 또는 가족은 국가유공자의 품위를 손상하는 행위를 하여서는 아니 된다.[23]

3. 관계기관 등의 협조의무

국가보훈처장은 국가유공자 등의 등록업무에 필요하면 국방부장관에게 의무장

19) 법 75조 3항
20) 영 96조
21) 법 80조 1항
22) 법 80조 2항
23) 법 10조

교의 파견을 요청할 수 있고,[24] 국가유공자 등의 등록 · 보상 등, 현충시설의 건립 · 관리, 그 밖에 국가유공자법 시행에 필요하면 관계 행정기관, 법인 · 단체 또는 현충시설의 소유자 등에게 필요한 협조를 요청할 수 있다.[25]

4. 사법경찰권

국가보훈처와 그 소속 기관의 공무원은 국가유공자법 제42조, 제63조 및 제64조에 따른 시설에서 발생하는 국가유공자, 그 유족 또는 가족의 범죄에 관하여 「사법경찰관리의 직무를 수행할 자와 그 직무범위에 관한 법률」로 정하는 바에 따라 사법경찰관리의 직무를 수행한다.[26] 이 사법경찰권은 오래 전부터 규정으로 존재해 왔으나, 현재 직제 등 제도화되어 있지는 않다.

5. 벌칙 등

가. 벌칙

(1) 5년 이하의 징역 또는 5천만원 이하의 벌금

다음 어느 하나에 해당하는 사람은 5년 이하 징역 또는 5천만원 이하의 벌금에 처한다.[27]

(가) 거짓이나 그 밖의 부정한 방법으로 법에 따른 보상을 받거나 보상을 받게 한 사람

(나) 국가유공자법 제14조의4 제6항(제22조 제4항 후단, 제63조의2 제2항 후단 및 제68조 제3항 후단에서 준용하는 경우 포함)을 위반하여 금융정보 등을 사용 · 제공 또는 누설한 사람

(다) 국가유공자법 제77조 제3항을 위반하여 자료 또는 정보를 조회 · 사용 · 제공 또는 누설한 사람

---

24) 법 82조의6 1항
25) 법 82조의6 2항
26) 법 81조
27) 법 85조 1항

위 (가)항의 미수범은 처벌한다.[28)]

(2) 3년 이하의 징역 또는 300만원 이하의 벌금

국가유공자법 제80조 제1항을 위반한 사람은 3년 이하의 징역이나 300만원 이하의 벌금에 처한다.[29)]

나. 과태료

(1) 1천만원 이하의 과태료

국가유공자법 제34조 제3항에 따라 고용할 것을 명하였으나 정당한 사유 없이 이에 따르지 아니한 자에게는 1천만원 이하의 과태료를 부과한다.[30)]

(2) 300만원 이하의 과태료

다음 어느 하나에 해당하는 자에게는 300만원 이하의 과태료를 부과한다.[31)]

(가) 국가유공자법 제33조의3 제1항에 따른 신고를 하지 아니하거나 거짓 신고를 한 자

(나) 국가유공자법 제33조의3 제2항에 따른 설명 요구를 따르지 아니하거나 거짓 진술을 한 자 또는 자료의 제출을 거부 · 방해 또는 기피한 자

(다) 국가유공자법 제36조 제2항에 따른 시정요구를 따르지 아니한 자

(라) 국가유공자법 제80조 제2항을 위반하여 국가유공자 단체와 유사한 명칭을 사용한 자

(3) 과태료의 구체적인 부과기준은 다음 표와 같다.[32)]

---

28) 법 85조 2항
29) 법 85조 4항
30) 법 86조 1항
31) 법 86조 2항
32) 영 103조

과태료의 부과기준(제103조 관련)

1. 일반기준
국가보훈처장은 다음 각 목의 어느 하나에 해당하는 경우에는 제2호의 개별기준에 따른 과태료의 2분의 1 범위에서 그 금액을 줄일 수 있다. 다만, 과태료를 체납하고 있는 위반행위자의 경우에는 그렇지 않다.
가. 위반행위자가 「질서위반행위규제법 시행령」 제2조의2제1항 각 호의 어느 하나에 해당하는 경우
나. 위반행위가 사소한 부주의나 오류로 인한 것으로 인정되는 경우
다. 위반행위자가 법 위반상태를 시정하거나 해소하기 위한 노력이 인정되는 경우
라. 그 밖에 위반행위의 정도, 위반행위의 동기와 그 결과 등을 고려하여 과태료를 줄일 필요가 있다고 인정되는 경우

2. 개별기준

위반행위	근거 법조문	과태료 금액
가. 법 제33조의3제1항에 따른 신고를 하지 않거나 거짓으로 신고를 한 경우	법 제86조 제2항제1호	300만원
나. 법 제33조의3제2항에 따른 설명 요구를 따르지 않거나 거짓으로 진술을 한 경우 또는 자료의 제출을 거부·방해 또는 기피한 경우	법 제86조 제2항제2호	300만원
다. 법 제34조제3항에 따라 고용할 것을 명하였으나 정당한 사유 없이 이에 따르지 않은 경우	법 제86조 제1항	1,000만원
라. 법 제36조제2항에 따른 시정요구를 따르지 않은 경우	법 제86조 제2항제3호	300만원
마. 법 제80조제2항을 위반하여 국가유공자 단체와 유사한 명칭을 사용한 경우	법 제86조 제2항제4호	300만원

6. 포상금의 지급

국가보훈처장은 다음 어느 하나에 해당하는 사람을 신고한 사람에게는 예산의 범위 안에서 신고포상금을 지급할 수 있다.[33]

가. 포상금 지급기준

포상금은 1건 당 300만원의 범위에서 다음 구분에 따라 지급한다.[34]

33) 법 82조의7 1항
34) 영 101조의3 1항

(1) 부정수급액이 500만원 이상인 경우 : 부정수급액의 100분의 10에 해당하는 금액

(2) 부정수급액이 500만원 미만이거나 없는 경우 : 50만원

(3) 포상금의 1인당 연간 지급한도는 1,500만원으로 한다.

나. 포상금의 지급방법

하나의 부정행위에 대하여 2명 이상이 공동으로 신고한 경우에는 포상금을 균등하게 배분하여 지급한다. 다만, 포상금을 지급받을 사람이 배분방법에 관하여 미리 합의하여 포상금의 지급을 신청하는 경우에는 그 합의된 방법에 따라 지급한다.[35) 하나의 부정행위에 대하여 2건 이상의 신고가 접수된 경우에는 최초로 신고한 사람에게 포상금을 지급한다.[36)

다. 포상금의 지급제한

다음 어느 하나에 해당하는 경우에는 포상금을 지급하지 아니할 수 있다.[37)

(1) 신고받은 부정행위의 내용이 언론매체에 이미 공개된 내용이거나 이미 조사 또는 수사 중인 경우

(2) 부정행위를 신고한 사람이 국가보훈처 소속 공무원 또는 직원인 경우

(3) 국가유공자법 제82조의7 제1항 제2호에 대한 신고의 경우에는 권리소멸일이 속하는 달의 말일부터 3개월이 지나지 아니한 경우

(4) 그 밖에 포상금을 지급하지 아니하는 것이 타당하다고 국가보훈처장이 인정하는 경우

---

35) 영 101조의4 1항
36) 영 101조의4 2항
37) 영 101조의5

사항색인

/ㄱ/

가점 방식 418

가점 비율 418

가점대상 계급 및 직급 419

가점제도 합격자 수의 제한 419

가혹행위 120

간편정신평가척도 259

간호 수당 47

간호수당 394

감염성 심내막염 196

거골 골연골 병변 188

거짓이나 그 밖의 부정한 방법으로 등록 471

거짓이나 그 밖의 부정한 방법으로 보상을 받은 경우 477

검토보고서 작성 99

견관절 습관성 탈구 316

결과 발생의 개연성 117

경도의 관절염 187

경력기간의 합산 429

경력직 비상임위원 86

경찰공무원 136

경찰원호법 5

경추간판 장애 218

고궁 등의 이용지원 50, 457

고엽제후유의증 등 환자지원 및 단체설립에 관한 법률 23

고엽제후유증환자 38

고용비율 423

고용비율의 확대 426

공무원 147, 164

공무원 재해보상법 124

공무원의 수뢰행위 347

공무원재해보상법 54

공상공무원 35, 147

공상군경 33, 139

공상자 139

과태료 484

관절강직 281, 289

관할 보훈(지)청 72

광주민주화유공자 9

교육지원 49, 403

교육지원대상자 404

교육훈련 144, 174

교정시설 경비교도대원 77

국가기관 등에 대한 채용실태 확인 422

국가기관 등의 의무적 특별 채용 420

국가배상법 제2조 제1항 51

국가보안법 위반행위 344

국가보훈 3

국가보훈 법령체계 21

국가보훈기본법 9, 21

국가보훈법 3

국가보훈처 소관 법령 27

국가보훈처 소속 전직 공무원에 대한 심사 87
국가보훈처장의 보훈특별고용 명령 428
국가보훈처장의 보훈특별고용 추천 427
국가보훈처장의 조치 106
국가사회발전특별공로순직자·상이자 및 공로자 35
국가유공자 31
국가유공자 등 단체설립에 관한 법률 25
국가유공자 등 예우 및 지원에 관한 법률 9, 22
국가유공자 등 요건관련 사실확인서 발급 요청서 70
국가유공자 및 월남귀순자 특별원호법 5, 30, 379
국가유공자 예우 등에 관한 법률 6
국가유공자 예우 및 지원체계 30
국가유공자 유족의 특경가법위반 364
국가유공자 의무적 합격제 408
국가유공자 지원단체조직 등의 제한 482
국가유공자(유족) 등 등록신청서 68
국가유공자로 명칭 변경 7
국가유공자법 또는 동법에 따른 명령의 위반 466
국가유공자법 연혁 4
국가유공자에 준하는 군경 13, 37
국가유공자와 보훈보상대상자의 관계 62
국가유공자의 구분 32
국가유공자의 특경가법위반 365
국가유공자의 품위유지 의무 482
국가유공자증 교부 373
국가의 자료수집책임 111
국가입증책임제 123
국가정보원직원 77
국립묘지의 설치 및 운영에 관한 법률 25, 344
국민주택채권 매입 면제 452
국민참여심사제도 93
국민체육진흥법 343
국적상실 465
국적회복 472
국적회복자 79
국제협력요원 77
군 의무기록 112
군무원 140, 151
군사원호법 4
군사원호보상급여금법 379
군사원호보상법 5
군수품 145
군인 136
군인재해보상법 54, 124
권리의 보호 46
권리의 포기 471
귀, 코 및 입의 장애 246
금전적 수급권 377
기속력 168
기술지도 및 생산품목의 판로 알선 463
기업체 등의 의무적 우선고용 423
기타 대통령령으로 정하는 수당 48

/ ㄴ /

내란·외환죄 345

내측반달연골 찢김 188
농토구입대부 438
뇌경색증 196
뇌전증발작 257
눈의 장애 244
뉘우침 심사 171, 356
능력개발 장려금의 지급 등 430

/ ㄷ /

다른 법률에 의한 공상군경 등 예우 36
다리 및 발가락의 장애 289
담배사업법 시행규칙 461
담보재산의 매수 450
당뇨병 306
대부 대상자 438
대부 대상자에 대한 보조금 지급 451
대부 대상자에 대한 주택 분양 450
대부 신청 및 결정 446
대부 절차 446
대부금 상환 449
대부금의 담보 447
대부금의 상환기간 447
대부금의 이율 445
대부의 승계 448
대부의 종료 449
대부의 종류 438
대부의 종류별 한도액 444
대부의 한도액과 이율 444
대부조건 438
대부지원 50, 437
대상구분별 요건심사 현황 110
대통령 경호실 직원 77
대통령 명의 증서 수여 373
대한민국재향군인회법 25
독도의용수비대 지원법 27
독립기념관법 26
독립성 91
독립유공자 9
독립유공자 예우에 관한 법률 13, 22
등록 371
등록결격사유로서의 법적용 배제 제도 334
등록신청 59
등록신청 내용 67
등록신청 의제규정 16
등록신청 전 사망자 12
등록신청 횟수 64
등록신청권자 65
등록신청서 67
등록신청서 제출 시 구비서류 73
등록신청에 따른 후속절차 76
등록신청의 예외 60
등록신청의 제척기간 63
등록신청절차 71
등록신청주의 59
등록처리 흐름도 64
등록취소사유로서의 법적용 배제 제도 334

/ ㅁ /

만성적 족관절 불안정성 188
만성중이염 204

무공수훈자 33
무공영예수당 47, 397
무수정체 313
미성년 제매 45, 67
미지급 보훈급여금의 지급 383
민방위 대원 77

/ ㅂ /

박리성 골연골염 185, 186, 224
반월상 연골 파열 212, 221, 319
반월상연골 양동이 손잡이형 파열 218
반월상연골 양동이형 파열 324
발목 인대 및 비골신경의 손상 218
방광장애 278
배우자 43, 66
벌칙 483
법적용 대상 결정 371
법적용 대상 결정 및 통보 371
법적용 배제 171, 333
법적용 배제 관련 사례 359
법적용 배제 대상 348
법적용 배제 사유 344
법적용 배제 사유의 적용 범위 351
법적용 배제 제도의 연혁 335
법적용 배제 후 재등록 473
법적용 배제사유의 적용 범위 349
법적용 배제요건 344
법적용 배제 제도 8
법적용 배제조치 354
법적용 배제조치 후 재등록 355
법적용 배제효과 354
베트남 참전부대 현황 154
보국수훈자 14, 33, 150
보상금 46, 381, 385
보상금의 법적 성격 386
보상금의 의의 385
보상금의 지급대상 386
보상받을 권리의 소멸시기 355
보상수급권 374
보상수급권의 발생 374
보상수급권의 발생 시기 375
보상수급권의 법적 성격 374
보상수급권의 변동 463
보상수급권의 비소급적 소멸 469
보상수급권의 소급적 소멸 471
보상수급권의 소멸 469
보상수급권의 의의 374
보상수급권의 종류 376
보상수급권의 회복 472
보상정지 465
보상정지 결정의 효과 467
보상정지와 법적용 배제 제도와의 관계 468
보상정지의 요건 466
보안 유공자 77
보조금 등의 지원 463
보철구의 지급 435
보훈급여금 46, 377
보훈급여금 개관 381
보훈급여금 등의 환수 477
보훈급여금 제도 연혁 377
보훈급여금을 받을 권리 46

보훈급여금의 보호 383
보훈급여금의 종류 381
보훈급여금의 지급정지 383
보훈기금법 26
보훈단체 및 개별 사업에 관한 법령 25
보훈보상대상자 11, 157
보훈보상대상자 요건의 기준 및 범위 162
보훈보상대상자 지원에 관한 법률 23
보훈심사위원회 81
보훈심사위원회 구성 82
보훈심사위원회 심의 회부 78
보훈심사위원회 심의구조 86
보훈심사위원회 심의절차 90
보훈심사위원회의 심사대상 81
보훈심사위원회의 조치 105
보훈심사제도 8
보훈재가 복지서비스 50, 455
보훈특별고용에 따른 취업지원 연령 428
복권 및 복권기금법 461
복수의 동순위자가 있을 경우 388
복합부위통증증후군(CRPS) 258
본회의 86
본회의 구성 86
본회의 부의안건 87
본회의 의사·의결 정족수 87
부모 44, 66
부식창고 정리작업 185
부양가족수당 48, 395
분과위원회 87
분과위원회 심의불가 사항 88
분과위원회의 구분 88
비군인 참전확인 157
비금전적 수급권 377
비상대비훈련 참가자 77
비상임위원 85
비상임위원의 종류 85

/ ㅅ /

사과탄 183
사립학교교직원 연금법 124
사립학교의 고용비율에 관한 특칙 427
사망 137, 464
사망(교통사고) 206
사망일시금 49, 381, 402
사법경찰권 483
사실규명 요구 95
사실조사 93
사실조사의 결과보고 94
사실조사의 방법 93
사실혼 배우자 210
사업(창업)대부 443
사전검토회의 101
산업재해보상보험법 123
상계 449
상당인과관계 114, 158
상당인과관계론의 적용범위 126
상당인과관계의 의의 116
상당인과관계의 입증 정도 125
상당인과관계의 입증책임 122
상습 품위손상행위 347
상이 범위 170

상이(傷痍)의 뜻 241
상이가 고정되지 않은 상태 297
상이가 고정된 상태 297
상이계열 243
상이등급 심사 사례 303
상이등급 판정 231, 241
상이등급 판정 결과 301
상이등급기준 20
상이등급의 구분 및 판정기준 244
상이등급의 판정 297
상이부위 242
상이분류번호 20
상이의 추가인정 61
상임위원 85
새로이 죄명이 추가된 경우 352
생산품목 승인 등 463
생업지원 50, 460
생활수준 조사 393
생활안정대부 444
생활조정수당 47, 392
샤르코 마리 투스 타입2 118
서면심사 원칙 90
서면에 의한 신체검사 239
섬유성 유합 181
소뇌위축증 191
소방공무원 140
소속기관장의 요건관련사실 확인 통보 78
손해배상청구 52
쇄골 관절 탈구 309
수당 381, 392
수송시설 지원 50
수송시설의 이용지원 456
수업료 등의 일부 보조 410
수업료 면제 409
수핵탈출증 194
순국선열 32, 134
순위변경 464
순위변경 사유 464
순직III형 159
순직I형 군인 79
순직공무원 35, 146
순직군경 33, 138
스트레스골절 212
슬관절 반월상 연골 파열 217
슬관절 반월상 연골판 파열 213
슬관절 외측반월상연골 파열 326
슬관절 전방십자인대 파열 213, 318
슬랩병변 182
슬안풍 320
신경성 방광 193
신경손상 329
신규 등록신청 59
신규신체검사 233
신장질환 267
신청 기한 75
신청 상이 75
신청 접수 72
신청간주에 의한 재판정신체검사 235
신청에 의한 재판정신체검사 235
신체검사 171, 231
신체검사 담당의사 237

신체검사 실시 후의 조치 240
신체검사 장소 237
신체검사 합격기준 417
신체검사 항목 238
신체검사의 대상 232
신체검사의 종류 233
신체부위의 특정 242
실종선고 464
실종선고의 취소 472
실종선고제도 137
심리적 재활 437
심사위원의 결격사유 83
심사위원의 수 82
심사위원의 자격 83
심사위원의 제척 · 기피 등 84
심사위원의 행위규범 84
심사자료 배정 95
심사자료 접수 95
심사자료의 검토 96
심사자료의 접수 및 배정 95
심의 · 의결 103
심의 · 의결 결과의 작성 104
심의의결서 165
심인성쇼크 198
심장질환 266

/ ㅇ /

아파트 분양대부 440
안건 상정 102
애국지사 32, 134
약제비용의 부담 435
양로 · 양육지원 452
양로 · 양육지원의 위탁 454
양로지원 50
양로지원 대상 452
양육지원 50
양육지원 대상 453
양측 난청 202
양측 만성 화농성 중이염 200
양측 소음성 난청 및 이명 175
양측 이명 202
어선원 및 어선 재해보상보험법 124
얼굴신경마비 평가기준 259
얼차려 190
연장자 389
예비군대원 77
예우와 지원 45
예우와 지원 의무 45
예우와 지원을 받을 권리 45
외상 후 스트레스 장애 195
외상성 백내장 327
외상성 치아상실 315
요각통 320
요건 관련 사실의 중대한 흠결 471
요건 비해당 결정 168
요건 해당 결정 169
요건심사 109
요건심사 사례 172
요건심사의 생략 113
요건심사의 효력 및 후속절차 165
요건심사의 후속절차 171
요도협착 267

요양지원 보조 50, 454
요추 추간판탈출증 189
요추간판(L4−5)탈출증 305
요추간판탈출증 176, 226
요추부의 척수 완전손상에 의한 하반신 마비 193
우선고용비율 미달한 경우의 보훈특별 고용 427
우선공급 대상 공공임대주택의 종류 459
우선공급 대상 주택 459
우측 견관절 전하방 관절순 파열 182
우측 난청 203
우측 발목 부상 180
우측 발목 전거비인대 골연골염 187
우측 슬관절 반월상 연골 파열 외측(술후 상태) 307
우측 슬관절 외측 반월상 연골 양동이 손잡이형 재파열 211
우측 흉쇄관절 아탈구 186
원상병명 62
원상병명과 현상병명의 구분 90
원인과 결과 사이의 관련성 116
월남전 참전부대 현황 154
위원장 84
위축방광 278
위험직무순직공무원 79
유엔참전용사의 명예선양 등에 관한 법률 26
유전적 질환 191
유족 지위 상실 465
의결서의 작성 및 송부 104
의결주문 166
의료시설의 확보비용 보조 437
의료지원 49, 432
의무 소방원 77
의무적 특별 채용비율 421
의무적 특별채용 대상 일반직 공무원 420
의무합격 비율 408
의학적 인과관계 117
의학적 재활 436
이단성 골연골염 223
이명 200, 203
이의신청 105, 169, 173
이의신청 기한 105
이의신청 사유 105
이의신청에 대한 불복 106
인공디스크삽입술 279
인과관계 114
인대손상에 의한 불안정성 289
인우보증인을 통한 자료의 보완 94
인정 상이 166
인정사망 464
인정사망제도 137
임의적 보상정지 466, 467

/ ㅈ /

자녀 43, 66
자녀에 대한 취업지원 폐지 15
자료의 보완 96
자유로운 의지에 따른 사망 120
자해사망 15, 119, 121, 130, 158, 206,

207, 208, 209
자해행위 178
자해행위로 인한 사망 120
자활용사촌 관리 · 감독 462
자활용사촌의 지정 462
잘못 지급된 경우 478
재 등록신청 60
재등록 신청권자 356
재심신체검사 234, 301
재심의 104, 170
재심의 및 이의신청 104
재판정신체검사 235
재해부상공무원 163
재해부상군경 161
재해사망공무원 163
재해사망군경 161
재확인신체검사 80, 234, 301
재확인신체검사 시의 특례 302
재활 436
적응장애 양극성정동장애 196
전 · 공상 추가인정 신청서 61
전거비 인대손상 188
전몰군경 32, 135
전몰군경유족과 상이군경연금법 5, 377
전문위원회 89
전문직 비상임위원 85
전방십자인대 완전파열 319
전방십자인대 파열 222, 324
전상군경 32, 135
전상방 상방 후상방 관절순 파열 182
전십자인대 파열 188
전투기 정비행위 175
전투종사 공무원 38
전투체육 188
전투화 착용 191
절단 장애 281, 289
정신분열 증세 125
정신분열증 197, 304
정신장애 또는 신경계통의 기능장애 257
정신질환 199
제1분과위원회 88
제2분과위원회 88
제3분과위원회 88
제4분과위원회 88
제5분과위원회 89
제6분과위원회 89
제대군인 10
제대군인지원에 관한 법률 24
제세감면 452
제안 102
제안 및 상정 96
조부모 44, 67
조화운동못함증(실조) 265
족관절 관절염 220
족관절 유합술 215
족관절부 이킬레스건 파열 317
족지 절단 184
종양 267
종합판정기준 20
좌안 망막박리 177
좌안 외상성 백내장 303
좌안 중심성 망막염 177

좌안 황반부 변성 177
좌측 고막파열 183
좌측 슬관절 반월상 연골판 파열 179
좌측 족관절 불유합 181
좌측 족관절 전거비 인대 부분파열 174
좌측 족부 반사성 교감신경 이영양증 174
주된 원인 127
주로 부양 209
주로 부양하거나 양육한 사람 389
주택 우선공급 대상자 459
주택개량대부 442
주택구입(신축)대부 439
주택의 우선공급 50, 458
주택임차대부 441
준비 · 정리행위 144
중상이부가수당 48, 396
지급대상의 확인 381
지급정지되는 금액 383
지방세 감면 452
지원공상공무원 37
지원공상군경 37
지원대상자 13, 129
지원순직공무원 37
지원순직군경 37
지정취업제도 폐지 416
직권 재판정신체검사 대상 상이 및 시기 236
직권 재판정신체검사제도 17
직권에 의한 재판정신체검사 235
직업능력개발훈련 429
직업재활훈련 429
직업훈련 429
직접적 원인관계 126, 130
직접적인 관련 142
진료(診療) 432
진행성 질환 17

/ ㅊ /

차별대우 금지 417
참전유공자 9, 34, 152
참전유공자 결격사유 156
참전유공자 예우 및 단체설립에 관한 법률 23
참전유공자의 아 · 청법위반 361
참전유공자의 특가법위반 361
참전유공자의 특경가법위반 366
참전유공자의 특수강도죄 359
참전유공자의 특정경제가중처벌법위반 359
채무의 인수 449
채용비율 미달한 경우의 특별채용 422
채용시험 가점 418
처리기간 90
처분청에 대한 기속력 167
척수염 308
척수의 장애 264
척추 골절 194
척추관협착증 259
척추분절의 고정 278
척추의 기능장애 278
척추의 변형장애 278

척추의 장애 278
철거작업 185
청각 기능장애 183
청력장애 200
청문 및 구술심리 92
청와대 외곽 경비 172
체간의 장애 278
체납처분에 따른 징수 481
체질적 소인 191
총괄기능평가척도 259
최근 외상 188
최루탄 183
추간판 압박골절 192
추간판절제술 312
추간판탈출증 118, 177, 190, 225, 279, 305, 309, 312, 320, 323, 325, 328
취업사실 등의 통보 429
취업지원 49, 411
취업지원 대상자 412
취업지원 대상자의 구분 412
취업지원 대상자의 제한 414
취업지원 실시기관 417
취업지원 제한 431
취업지원 횟수의 제한 414
취학비율의 조정 408
치아손상 201
친족관계 소멸 470
친족관계 회복 472

/ ㅌ /

턱 부위 비대성 흉터 314
통합보훈시스템 등록 373
통합보훈시스템 입력 373
퇴행성 병변 190
특별채용대상 일반직공무원 420
특수임무유공자 9
특수임무유공자 예우 및 단체설립에 관한 법률 24

/ ㅍ /

판정기준의 변경 297
판정시기 297
팔 및 손가락의 장애 281
평형기능장애 265
폐질상태 241
포상금 지급기준 485
포상금의 지급 485
포상금의 지급방법 486
포상금의 지급제한 486
품위손상행위 466
필요적 보상정지 466, 467

/ ㅎ /

하순열상 315
하악골 복잡순쇄골절 315
하우스－브랙만(House－Brackmann) 259
하지 마비 322
학생군사교육생 77
학습보조비 지급 410
한국보훈복지의료공단법 26
행방불명 465

허혈성심장질환 306, 310
현기증 265
현상병명 62
협의에 의한 순위 388
형사법규 위반행위 345
호흡기질환 266
화상 201
환수 대상자 479
환수 목적물 480
환수 사유 477
환수의 면제 480
환수처분의 법적 성격 479
황반부 변성 205
회의 102
회의록 작성 104
회의소집 및 안건 배부 102
회의일정 91
후유의증환자 38, 39
후유증2세환자 38, 39
후유증환자 39
후유증환자유족 38
후천성 서혜부 탈장 185
흉복부장기 등의 장애 265
흉쇄관절의 탈구 및 골절 187
흉터 172
흉터의 장애 253

/ 기타 /

2012년 보훈체계 개편 10
2개 이상의 상이처의 장애 296
4·19혁명 공로수당 48, 401
4·19혁명 사망자 34
4·19혁명 공로자 34
4·19혁명 부상자 34
5·18민주유공자 예우 및 단체설립에 관한 법률 24
5·18 민주유공자의 특경가법위반 364
6·18자유상이자 37
6·25전쟁의 전투 153
6·25전몰군경자녀수당 47, 398
6·25전쟁 152
6·25참전재일학도의용군인 34
6급3항 19

판례색인

대법원 1986. 8. 19. 선고 83다카1670 판결 ······ 116

대법원 1988. 5. 24. 선고 87누121 판결 ······ 242, 297

대법원 1989. 1. 24. 선고 88누3314 판결 ······ 81

대법원 1991. 6. 28. 선고 91누2359 판결 ······ 115, 119, 177

대법원 1992. 5. 12. 선고 91누10022 판결 ······ 116

대법원 1993. 6. 29. 선고 92누14762 판결 ······ 81, 91

대법원 1994. 3. 11. 선고 93누12398 판결 ······ 146

대법원 1994. 12. 13. 선고 93다29969 판결 ······ 51

대법원 1996. 12. 20. 선고 96다42178 판결 ······ 52

대법원 1998. 7. 10. 선고 98다7001 판결 ······ 52

대법원 1999. 6. 8. 선고 99두3331 판결 ······ 120, 125, 160

대법원 1999. 7. 27. 선고 99두2079 판결 ······ 117

대법원 2002. 5. 10. 선고 2000다39735 판결 ······ 53

대법원 2003. 9. 23. 선고 2003두5617 판결 ······ 71, 115, 123

대법원 2004. 3. 12. 선고 2003두2205 판결 ······ 120

대법원 2005. 7. 29. 선고 2005두3615 판결 ······ 123

대법원 2006. 9. 14. 선고 2005두14578 판결 ······ 120

대법원 2007. 9. 6. 선고 2006두6772 판결 ······ 118, 127

대법원 2008. 9. 25. 선고 2008두8260 판결 ······ 123

대법원 2009. 3. 26. 선고 2008두23245 판결 ······ 125

대법원 2009. 5. 28. 선고 2009두2498 판결 ······ 123

대법원 2010. 11. 25. 선고 2010두15636 판결 ······ 120

대법원 2010. 12. 9. 선고 2010두18994 판결 ······ 120

대법원 2010. 12. 9. 선고 2010두12521 판결 ······ 120

대법원 2011. 3. 10. 선고 2010두23309 판결 ······ 175

대법원 2012. 1. 27. 선고 2010두16028 판결 ······ 123

대법원 2012. 6. 18. 선고 2010두27363 전원합의체 판결 ······ 121, 158

대법원 2012. 7. 12. 선고 2012두3927 판결 ······ 121

대법원 2012. 7. 26. 선고 2012두1501 판결 ········ 350
대법원 2012. 8. 17. 선고 2012두8762 판결 ········ 121
대법원 2012. 11. 15. 선고 2010두8676 판결 ········ 106
대법원 2013. 8. 22. 선고 2011두26589 판결 ········ 129
대법원 2014. 9. 24. 선고 2013두6442 판결 ········ 204
대법원 2016. 6. 10. 선고 2016두33186 판결 ········ 295
대법원 2016. 7. 27. 선고 2015두45953 판결 ········ 106, 173
대법원 2016. 7. 27. 선고 2015두46994 판결 ········ 63, 127, 131, 165, 204
대법원 2016. 8. 18. 선고 2014두42896 판결 ········ 127, 144, 145, 174
대법원 2016. 8. 24. 선고 2016두32589 판결 ········ 129
대법원 2016. 8. 30. 선고 2014두46034 판결 ········ 128, 177, 190
대법원 2016. 11. 25. 선고 2016두51528 판결 ········ 329
대법원 2017. 2. 3. 선고 2014두40012 판결 ········ 53, 54
대법원 2017. 3. 9. 선고 2016두55933 판결 ········ 128
대법원 2017. 7. 11. 선고 2015두49153 판결 ········ 172
대법원 2017. 8. 23. 선고 2015두51651 판결 ········ 477
대법원 2017. 11. 9. 선고 2017두42071 판결 ········ 299
대법원 2018. 6. 15. 선고 2018두35292 판결 ········ 113, 172
대법원 2018. 8. 30. 선고 2015두54469 판결 ········ 175
대법원 2019. 2. 14. 선고 2017두62587 판결 ········ 351
대법원 2020. 2. 13. 선고 2017두47885 판결 ········ 130
대법원 2020. 5. 14. 선고 2020두34230 판결 ········ 362
대법원 2020. 9. 24. 선고 2016두 14852 판결 ········ 477
대법원 2021. 1. 28. 선고 2020두51839 판결 ········ 189
대법원 2021. 3. 18. 선고 2018두47264 전원합의체 판결 ········ 59, 63
대법원 2021. 5. 13. 선고 2021두335678 판결 ········ 209
대법원 2021. 9. 9. 선고 2017두45933 전원합의체 판결 ········ 116

광주고등법원 2016. 12. 19. 선고 2015누498 판결 ········ 328
광주고등법원 2020. 5. 13. 선고 2019누2027 판결 ········ 214
광주고등법원 2020. 9. 25. 선고 2020누10394 판결 ········ 189

광주고등법원 2021. 2. 17. 선고 2019누203420 판결 ······ 200
대구고등법원 2016. 11. 11. 선고 2016누5076 판결 ······ 327
대구고등법원 2019. 9. 27. 선고 2018누4510 판결 ······ 211
대구고등법원 2020. 7. 17. 선고 2019누4012 판결 ······ 212
대구고등법원 2020. 9. 18. 선고 2020누2142 판결 ······ 214
대구고등법원 2021. 1. 15. 선고 2020누2746 판결 ······ 209
대구고등법원 2021. 3. 26. 선고 2020누3640 판결 ······ 206
대구고등법원 2021. 6. 25. 선고 2019누5527 판결 ······ 191
대전고등법원 2007. 12. 13. 선고 2007누1192 판결 ······ 118
대전고등법원 2020. 9. 25. 선고 2020누10409 판결 ······ 195
대전고등법원 2021. 5. 26. 선고 2020누1804 판결 ······ 182
부산고등법원 2017. 2. 3. 선고 2015누23311 판결 ······ 318
부산고등법원 2017. 9. 29. 선고 2017누22053 판결 ······ 141
부산고등법원 2019. 12. 20. 선고 2019누21658 판결 ······ 213
부산고등법원 2020. 1. 15. 선고 2019누23784 판결 ······ 362
부산고등법원 2021. 1. 8. 선고 2020누21142 판결 ······ 179
서울고등법원 1991. 3. 13. 선고 90나48312 판결 ······ 386
서울고등법원 2012. 12. 27. 선고 2011누43678 판결 ······ 121, 158
서울고등법원 2016. 1. 29. 선고 2015누42130 판결 ······ 226
서울고등법원 2016. 8. 25. 선고 2015누57767 판결 ······ 329
서울고등법원 2017. 9. 5. 선고 2017누34782 판결 ······ 316
서울고등법원 2018. 11. 21. 선고 2017누77475 판결 ······ 360
서울고등법원 2020. 1. 22. 선고 2017누67645 판결 ······ 225
서울고등법원 2020. 5. 27. 선고 2017누51138 판결 ······ 224
서울고등법원 2020. 11. 19. 선고 2020누45041 판결 ······ 333
서울고등법원 2020. 12. 23. 선고 2020누42424 판결 ······ 181
서울고등법원 2021. 7. 9. 선고 2021누33489 판결 ······ 191
서울고등법원 2021. 9. 16. 선고 2021누37696 판결 ······ 193
서울고등법원 2021. 11. 12. 선고 2021누37849 판결 ······ 192
서울고등법원 2021. 12. 1. 선고 2020누40909 판결 ······ 190
수원고등법원 2020. 2. 19. 선고 2019누11121 판결 ······ 309

수원고등법원 2021. 6. 11. 선고 2019누12469 판결 ······ 196

광주지방법원 2020. 2. 13. 선고 2019구단10958 판결 ······ 189
광주지방법원 2021. 4. 22. 선고 2020구단384 판결 ······ 183
광주지방법원 2021. 12. 9. 선고 2021구단10050 판결 ······ 199
대구지방법원 2015. 2. 27. 선고 2014구단10382 판결 ······ 176
대구지방법원 2018. 9. 14. 선고 2017구단10819 판결 ······ 211
대구지방법원 2019. 11. 22. 선고 2019구단10240 판결 ······ 191
대구지방법원 2020. 4. 24. 선고 2019구단10905 판결 ······ 209
대구지방법원 2021. 3. 26. 선고 2019구단1383 판결 ······ 201
대구지방법원 2021. 6. 25. 선고 2020구단10260 판결 ······ 202
대구지방법원 2021. 7. 23. 선고 2019구단977 판결 ······ 197
대구지방법원 2021. 9. 17. 선고 2020구합11041 판결 ······ 195
대전지방법원 2016. 10. 27. 선고 2016구단100517 판결 ······ 121, 158, 178
대전지방법원 2018. 8. 23. 선고 2018구단31 판결 ······ 299
대전지방법원 2019. 5. 30. 선고 2018구단100979 판결 ······ 309
대전지방법원 2020. 11. 12. 선고 2019구단101252 판결 ······ 223
대전지방법원 2021. 1. 14. 선고 2019구단100204 판결 ······ 180
대전지방법원 2021. 1. 28. 선고 2019구단101535 판결 ······ 207
대전지방법원 2021. 3. 26. 선고 2020구단102121 판결 ······ 208
대전지방법원 2021. 6. 24. 선고 2018구단406 판결 ······ 186
대전지방법원 2021. 10. 14. 선고 2020구단102435 판결 ······ 188
대전지방법원 2022. 2. 17. 선고 2020구단102398 판결 ······ 145
대전지방법원 2022. 4. 7. 선고 2021구단1614 판결 ······ 298
부산지방법원 2017. 4. 26. 선고 2015구단21227 판결 ······ 322
부산지방법원 2019. 2. 20. 선고 2018구단832 판결 ······ 305
부산지방법원 2019. 10. 2. 선고 2019구단20529 판결 ······ 362
부산지방법원 2021. 4. 21. 선고 2020구단20396 판결 ······ 207
수원지방법원 2017. 2. 10. 선고 2016구단8467 판결 ······ 365
수원지방법원 2017. 5. 12. 선고 2015구단32814 판결 ······ 319
수원지방법원 2017. 9. 20. 선고 2017구단200 판결 ······ 366

수원지방법원 2019. 1. 18. 선고 2017구단6789 판결 ······ 314
수원지방법원 2019. 5. 22. 선고 2018구단9129 판결 ······ 309
수원지방법원 2019. 8. 23. 선고 2016구단9576 판결 ······ 196
수원지방법원 2019. 9. 19. 선고 2018구합61049 판결 ······ 312
수원지방법원 2019. 11. 15. 선고 2018구단8492 판결 ······ 313
수원지방법원 2021. 4. 23. 선고 2019구단8413 판결 ······ 196
수원지방법원 2021. 7. 23. 선고 2020구단6925 판결 ······ 203
수원지방법원 2021. 8. 11. 선고 2020구단7812 판결 ······ 193
수원지방법원 2021. 8. 20. 선고 2018구단9501 판결 ······ 187
수원지방법원 2021. 10. 28. 선고 2020구단4028 판결 ······ 210
울산지방법원 2017. 1. 19. 선고 2015구합5614 판결 ······ 324
울산지방법원 2017. 2. 9. 선고 2016구합5154 판결 ······ 323
울산지방법원 2017. 6. 1. 선고 2017구합5014 판결 ······ 141
울산지방법원 2019. 12. 19. 선고 2019구합341 판결 ······ 359
울산지방법원 2021. 9. 2. 선고 2020구합7317 판결 ······ 204
의정부지방법원 2016. 11. 16. 선고 2014구단1145 판결 ······ 324
의정부지방법원 2016. 11. 30. 선고 2014구단5642 판결 ······ 327
의정부지방법원 2016. 12. 14. 선고 2015구단5588 판결 ······ 325
의정부지방법원 2020. 1. 9. 선고 2018구합16067 판결 ······ 215
의정부지방법원 2020. 2. 13. 선고 2018구합12522 판결 ······ 310
의정부지방법원 2020. 5. 11. 선고 2019구단6299 판결 ······ 218
의정부지방법원 2020. 5. 19. 선고 2018구합16906 판결 ······ 217
의정부지방법원 2020. 5. 25. 선고 2019구단6725 판결 ······ 364
의정부지방법원 2021. 1. 12. 선고 2018구합16005 판결 ······ 191
의정부지방법원 2021. 10. 18. 선고 2019구단7131 판결 ······ 187
의정부지방법원 2021. 11. 15. 선고 2020구단5940 판결 ······ 209
인천지방법원 2020. 9. 8. 선고 2018구단1647 판결 ······ 306
인천지방법원 2020. 9. 11. 선고 2019구단1002 판결 ······ 223
인천지방법원 2020. 11. 27. 선고 2019구단50561 판결 ······ 304
전주지방법원 2015. 5. 13. 선고 2013구합1840 판결 ······ 320, 328
전주지방법원 2021. 3. 31. 선고 2020구단732 판결 ······ 184

제주지방법원 2015. 8. 26. 선고 2015구합5102 판결 ························ 145
창원지방법원 마산지원 2017. 6. 2. 선고 2016가단106172 판결 ························ 112
창원지방법원 2019. 1. 23. 선고 2018구단10041 판결 ························ 305
창원지방법원 2019. 10. 16. 선고 2017구단 10990 판결 ························ 303
창원지방법원 2020. 4. 29. 선고 2019구단11034 판결 ························ 221
창원지방법원 2020. 5. 16. 선고 2019구단10376 판결 ························ 311
창원지방법원 2020. 11. 25. 선고 2020구단1026 판결 ························ 361
창원지방법원 2021. 11. 10. 선고 2020구단10631 판결 ························ 198
청주지방법원 2019. 12. 19. 선고 2019구합6203 판결 ························ 222
청주지방법원 2021. 4. 22. 선고 2019구합5811 판결 ························ 180
청주지방법원 2021. 4. 22. 선고 2020구합7264 판결 ························ 146
춘천지방법원 강릉지원 2018. 7. 26. 선고 2017구합30147 판결 ························ 315

서울행정법원 2015. 8. 27. 선고 2015구단52497 판결 ························ 329
서울행정법원 2017. 2. 10. 선고 2015구단16132 판결 ························ 321
서울행정법원 2017. 7. 27. 선고 2016구단11103 판결 ························ 317
서울행정법원 2018. 9. 6. 선고 2017구단35458 판결 ························ 315
서울행정법원 2019. 10. 31. 선고 2019구단10385 판결 ························ 364
서울행정법원 2020. 2. 20. 선고 2019구단52624 판결 ························ 219
서울행정법원 2020. 6. 18. 선고 2019구단55401 판결 ························ 308
서울행정법원 2020. 8. 13. 선고 2019구단3493 판결 ························ 220
서울행정법원 2020. 11. 25. 선고 2018구단55633 판결 ························ 185
서울행정법원 2020. 12. 27. 선고 2020구단53555 판결 ························ 201
서울행정법원 2021. 4. 21. 선고 2018구단65845 판결 ························ 307
서울행정법원 2021. 8. 15. 선고 2020구단56141 판결 ························ 205
서울행정법원 2021. 10. 20. 선고 2020구단61273 판결 ························ 194
서울행정법원 2021. 12. 17. 선고 2021구합55791 판결 ························ 479, 480

헌법재판소 1994. 6. 30. 선고 91헌마161 결정 ························ 35
헌법재판소 1996. 1. 25. 선고 95헌가5 결정 ························ 340
헌법재판소 2000. 6. 1. 선고 98헌마216 전원재판부 결정 ························ 385

헌법재판소 2001. 2. 22. 선고 2000헌마25 결정 ··· 412
헌법재판소 2001. 2. 22. 선고 2000헌바38 결정 ··· 51
헌법재판소 2001. 6. 28. 선고 99헌바32 결정 ··· 387
헌법재판소 2002. 12. 18. 선고 2001헌마546 결정 ··· 400
헌법재판소 2003. 5. 15. 선고 2001헌마565 결정 ··· 409
헌법재판소 2003. 11. 27. 선고 2003헌바39 결정 ··· 388
헌법재판소 2006. 2. 23. 선고 2004헌마675 · 981 · 1022 ··· 412
헌법재판소 2006. 6. 29. 선고 2006헌마87 결정 ··· 414
헌법재판소 2006. 11. 30. 선고 2005헌바25 결정 ··· 376
헌법재판소 2007. 3. 29. 선고 2004헌마207 결정 ··· 397
헌법재판소 2010. 5. 27. 선고 2009헌바49 결정 ··· 374
헌법재판소 2016. 2. 25. 선고 2015헌바189 결정 ··· 399
헌법재판소 2016. 12. 29. 선고 2016헌바263 결정 ··· 132, 142
헌법재판소 2019. 6. 28. 선고 2018헌바189 결정 ··· 134
헌법재판소 2021. 3. 25. 선고 2018헌가6 결정 ··· 388, 389, 399
헌법재판소 2021. 5. 27. 선고 2018헌바277 결정 ··· 44

저자 약력

서울대 법학과 졸업

제10회 군법무관임용시험
사법연수원 수료
해군 법무관
국방부 법무관리관
국가보훈처 보훈심사위원장

現 변호사

국가유공자법

초판발행	2022년 8월 31일
지은이	박경수
펴낸이	안종만·안상준
편 집	윤혜경
기획/마케팅	오치웅
표지디자인	BEN STORY
제 작	고철민·조영환
펴낸곳	(주) 박영사 서울특별시 금천구 가산디지털2로 53, 210호(가산동, 한라시그마밸리) 등록 1959. 3. 11. 제300-1959-1호(倫)
전 화	02)733-6771
f a x	02)736-4818
e-mail	pys@pybook.co.kr
homepage	www.pybook.co.kr
ISBN	979-11-303-4240-5 93360

정 가 32,000원